U0095219

女性史

[法] 乔治·杜比 总主编

[法] 热纳维耶芙·弗雷斯
[法] 米歇尔·佩罗 分卷主编

陈向阳 译

革命与战争时期卷

浙江大学出版社
ZHEJIANG UNIVERSITY PRESS

· 杭州

总序：书写女性的历史

乔治·杜比（Georges Duby）与米歇尔·佩罗（Michelle Perrot）

　　长期以来，女性都屈身于历史的阴影之中。人类学的发展以及对家庭、对以日常生活为中心的心态史、对私人及个体的重视，都有助于驱散这些阴影。妇女运动及其提出的问题做出的贡献更大。"我们来自何方？我们将往何处？"女性开始问自己这些问题。人们开始在大学内外寻找自己先祖的足迹，试图去理解男女关系中主导地位的产生根源及其随着时间与空间所发生的变化。

　　"女性史"是一个简便且富有吸引力的标题，但是我们必须要坚决否定女性本身是历史客体的想法。我们想了解的是女性的地位、女性的"境况"、女性的角色和力量。我们想探究女性的行为。我们想研究她们的话语和沉默。我们想观察她们许许多多的形象：女神、圣母、妓女、女巫。从根本上来说，我们这部历史是具有关联性的。因为我们将社会视作一个整体，那么女性的历史必然也是男性的历史。

　　这是一部长时段的历史：五卷书涵盖了从古至今的西方历史。我们这部历史只包括了西方地区，从地中海到大西洋。东方、拉丁美洲和非洲妇女的历史当然完全必要，我们希望有一天这些地方的人们会将它们写下来。

　　我们这部历史是"女性主义的"，因为它持有平等的观点。我们的意图是以开放的态度接受各种解释。我们想提出问题，但我们没有程式化的答案。我们的历史是多元的：一部采用了许多不同视角的女性史。

　　这也是团队合作的结果。乔治·杜比（Georges Duby）和米歇尔·佩罗（Michelle Perrot）负责整体协调工作。每卷都有一到两位分卷主编：鲍林·施密特·潘特尔（Pauline Schmitt Pantel）（古代）、克里斯蒂亚娜·克拉皮西—

聚贝尔（Christiane Klapisch-Zuber）（中世纪）、娜塔莉·泽蒙·戴维斯（Natalie Zemon Davis）和阿莱特·法尔热（Arlette Farge）（近代早期）、热纳维耶芙·弗雷斯（Geneviève Fraisse）和米歇尔·佩罗（Michelle Perrot）（19 世纪）以及弗朗索瓦丝·提波（Françoise Thébaud）（20 世纪），他们选择了自己各卷的合作者——总共约有 68 名学者，我们希望这个团队可以代表欧洲和美国在该领域工作的研究人员。

我们认为这一系列图书是对学界迄今为止取得成果的临时性总结，同时也是进一步研究的指南。我们也希望它能将历史的乐趣带给新的读者，并起到唤醒记忆的作用。

序：秩序与自由

热纳维耶芙·弗雷斯（Geneviève Fraisse）、米歇尔·佩罗（Michelle Perrot）

对女性而言，19 世纪是个悲伤而阴郁的时代，她们在这个时期过着苦行般的生活，并且她们的行为受到了限制。19 世纪给人留下这样的印象，并不让人意外。诚然，正是在 19 世纪，女性的生活以一种新的方式被概念化，且作为个人历史而展开，并受制于一套得到准确定义、被社会精心制定的规则。然而，如果把从 1789 年到 1914 年这段时期仅仅看成男性主宰的时代、表现为对女性的绝对征服，那就大错特错了。这一个世纪（实际上是 125 年）也见证了女性主义的诞生。女性主义是个象征性的术语，既指社会结构的重要变化（如雇佣劳动、个人公民权利和女性受教育的权利），也指女性作为集体力量出现在政治舞台上。因此，我们最好说 19 世纪是女性生活发生改变的历史时刻，或者更准确地说，是女性生活视角发生变化的时刻：现代性的出现使人们可以将女性视为主体，将女性视为成熟的个体和政治生活的参与者，进而视其为公民。尽管女性的日常生活受到严苛准则的约束，但可能性的范围已经开始扩大，全新的前景也即将到来。

这一时期的开始和结束都是以重大事件为标志的：革命和战争。然而，无论是法国大革命，还是第一次世界大战，都没有提供我们理解这 125 年的关键线索。众所周知，革命和战争迫使女性进入公共生活，但一旦她们不再被需要，就会被踢出去。邀请与拒绝之间的相互作用，将女性纳入国家和国家事务与将她们排除在外之间的相互作用，都可能是微妙的。关于男性如何使用这种交替策略，我们将提出更多看法。

如果说现代性为女性提供了机会，那是因为她们受益于19世纪发生的经济、政治、社会和文化变革，有几个因素至关重要。

首先，在一个历史主义大行其道的世纪里，如果人类有历史，那么女性也有历史；她们作为男人的助手和人类繁殖媒介的地位，可能被证明其并不像表面上看起来的那样一成不变，而女性所谓的永恒本质也可能会受到多种变化的影响，其中的每一种变化都包含着新生活的希望。社会主义乌托邦（虽然这个概念已经提出来了，但正如其词源所暗示的那样，它在实际历史中"并不存在"）仍然暗示了一个不同于现在的未来的可能性。社会主义乌托邦的理论家做出了富有想象力的努力，重新思考家庭的运作、爱和母性的本质，以及女性的社会角色。从另一个角度来看，进化论对社会的起源进行了思考，尤其是针对家庭和父权制（或母权制）的起源。对女性来说，人类是有历史的（起源、过去、未来）这一事实，无疑是一个充满希望的发现。

其次，尽管工业革命以及民主政治的逐步扩张给女性带来了问题，但也打破了此前将她们束缚于父亲或丈夫的经济联系和象征性的依赖关系。女性不再仅仅被视为一个整体，而是更多地被视为个体；从这个意义上而言，女性个体要比以往任何时候都接近于男性。女性的这一形象并非没有让人产生错觉：例如，直到20世纪，女性才获得了按照自己所认为的合适的方式去支配收入的权利。然而，解放本身的矛盾心理是我们必须努力解释的：为什么女性工作既可以被视作解放，同时又为过度剥削她们提供了机会？为何女性被排除在政治领域之外竟然如此之久？

这就引出了我们的第三个因素：民主时代并非对女性有利。起初有人认为，女性应该被排除在公共事务之外，并被限制在家庭领域。原因显而易见：在封建制度下，少数人享有了某些权利，或者说是特权，这并不意味着这些权利或特权会扩展到所有人；与之相反，在民主政体下，某个人所享有的权利也将适用于所有人。因此，与其将权利赋予几乎所有女性，不如不赋予其中的任何一类，这正是当时的人们所信赖的观点，并引发了两性之间的愚蠢对抗。从这时开始，关于女性本质的辩论涉及所有女性，而不仅仅是少数女性。

然而，民主并没有将女性系统性地排除在外。排斥原则是民主制度的内部矛盾，它肯定了权利平等，确立了共和的政治形式。在整个西方，民主制度催生了女性主义。女性主义旨在通过集体社会和政治运动实现两性平等。当然，人们可以在 19 世纪之前找到有关女性主义的行为和记述；但作为 1789 年革命实践之潜台词的女性主义，直到 1830 年之后才出现。

因此，19 世纪似乎是女性历史长河中的一个转折点，就如重新洗牌一样。在工作（在家里或是车间）与家庭之间，在家庭理想与社会效用之间，在注重外表、衣着、娱乐的世界与生存、学徒、职业实践的世界之间，以及在将宗教实践作为精神训练和社会调节器与世俗学校教育的新领域之间，旧的紧张关系仍然存在。但是这些新的牌的发放方式各不相同，而且还增加了新的赌注。如果女性的生活发生了变化，那我们如何才能了解她们对这种变化的看法？她们遵守新规则吗？她们是否同意强加给她们的新秩序？这些问题很难回答，就像我们很难识别各种形式的抵抗、拒绝和越界。此外，如果说现代女性被迫放弃了某些权力，比如与其社会等级相关的权力，或者是她们对土地、家族企业或住所的所有权；从某些方面来说，与启蒙运动时期的贵族生活相比，维多利亚时代的家庭主妇的生活似乎要受到更多限制，斯塔尔夫人（Mme de Staël）[1] 哀叹她们失去了自由——但她们也获得了新的权力作为回报，尤其是那些与母亲身份有关的权力。19 世纪对生育的评价很高，而不只是简单地将其作为繁衍后代的功能。正如约瑟夫·德·迈斯特（Joseph de Maistre）[2] 所言，生育是一个"创造人类"的问题，是"伟大的生命付出，而不是像别人诅咒的那样"。不管是顺从了这种观念也好，还是因为这种观念获得了解放，女性学会了对生育的权力加以利用；有时是为了保护自己，还有的时候则是借此在社会领域获得其他权力。而女性作为学校老师的形象则向世界展示了她们的母性特质，清晰地反映了从"妈妈当老师"到"老师当妈妈"的转变。

随着时间的推移，女性的处境也发生了变化。在 19 世纪初得到阐明的规范是一套集体规范，定义了女性的社会职能，即妻子和母亲的职能，并确立了女性履行其职责的一部分权利，并将女性定义为一个社会群体，其角色和行为应该标准化，因此理应被理想化。但这种笼统而谈的提法逐渐瓦解了，女性的身份似乎在激增：母亲、工人、老姑娘、解放女性等等。一些女性承担了不止一

---

[1]　18 世纪末 19 世纪初的法国作家、随笔作者。——译者注
[2]　18 世纪末 19 世纪初的法国君主主义者，反现代派人物，法国大革命之后法国保守主义最重要的思想家。——译者注

种角色，有时还是相互矛盾的，从而引发了紧张关系。这样的紧张关系对 20 世纪的女性来说并不陌生。女性个体有了多种形式，由此也反映了机会、必要性和自由选择的复杂互动。

对于女性所扮演的角色，没有哪种单一的模式可能占据上风。将女性限制在家庭中的制度将被打破，对于女性参与公民生活的禁忌将被解除，对女性参与政治活动的禁令将受到挑战，这些都是不可避免的。由于不同程度的天真或自我意识，女性拒绝接受作为理想而呈现给她们的正常生活。即便她们认同了这种理想生活，并试图向这种生活靠拢，她们也改变了这种生活的本质。有些人培养了自己的头脑，而不仅仅是为了向社会炫耀她们的才智。有些人踏上了传道之旅，或者仅仅去追求一种属灵的冒险。有些人进城寻找工作，从而失去了家人的支持。还有一些人最后走上街头，抗议针对她们的性别或阶级的不公，或谴责对她们的奴役。此外，我们有理由怀疑，19 世纪的生活是否像人们所说的那样守旧，或者说，当时的性生活是否像公众所希望的那样简单。如果说混乱（甚至是有组织的混乱）是男性利用女性的结果（从怀孕的职业女性到患结核病的妓女），那么女性就不仅仅是受害者。即便是自由恋爱，往往也会成为陷阱。而边缘的性生活（比如同性恋），也会带来危险。

在强调服从与自由之间的关系时，我们肯定没有准确描绘 19 世纪女性的生活，也没有公正看待各种社会和职业群体。例如，在整个 19 世纪，大量的农村女性的日常生活几乎没有改变，这说明了什么？这些人可能占到了女性总人口的四分之三以上，这是我们应该记住的事实。但我们讲述的历史并不是职业史和日常生活史，也不是女性的社会史。相反，我们感兴趣的是那些改变了的事情，那些让"女性史"可以立得住的事情。在其中，女性不是匆匆过客，而是历史舞台上的女演员。

读者会注意到的另一个缺漏更难解释：我们称之为具体的现实，即女性生活的物质和社会事实。经济结构、机构（如宗教机构）的运作，以及社会阶层的相互作用经常在分析中被省略，或者仅仅是与明显属于符号、图像和话语领域的思想一起被提及。这并非偶然，也不是如今关于人们对女性的认知机制的研究之兴趣点的反映。这似乎是女性史的一个固有特征：因为女性的存在从来都离不开她的形象，因此女性史总是包含一个具象的维度。女人是符号：玛丽安娜是法兰西共和国的象征；希腊神话中主司艺术与科学的神是女性；女性出现在插图、流行版画和小说中；哲学家则告诉我们，女性是"另一半"的反映或镜子。正是通过改变这些形象，她们改变了自己，因为她们知道形象是一个陷阱：女性主义总是以讽刺的方式谴责极端的表达和行为，谴责大男子主义、粗暴和愤怒。因此，本书含有插图的章节都附有详细的注释，以尽可能远离对图像的通常解读。

因此，"女性史"的说法过于简单了：如果这部历史想从一些必要的历史表象中脱颖而出，那么它也必须是一部男性史、两性关系史、两性差异史。正如我们将在本书中看到的，这一关系的形塑因章节而异，不仅取决于作者的兴趣，也取决于所探讨的主题。女性的身体与灵魂是被放在她们与男人的关系中进行探讨的；而法律和哲学必然将两性关系概念化。宗教规范、文学描述和肖像学也从性别差异的角度进行了探讨。政治经济学的论述也是如此，它尤其表现出自然秩序与社会秩序之间的混乱、劳动的性别分工与由男女工人组成的劳动力市场之间的混乱。人们会发现，女性职业似乎是由她们的"自然"特质来定义的，而这些特质实际上完全是由语言来决定的。

所以，对语言的批判即便不是女性史的本质要素，也是基本要素。与其他学科相比，反思"事实"与展现它们的叙述是如何结合在一起的，这一点至关重要。此外，这可能是这部"女性史"对一般历史的具体贡献，它更关注将自身作为一个认知过程来审视。

本书聚焦于"西方"的做法似乎是有充分理由的，尤其是就 19 世纪而言，但正如最近的许多研究所表明的那样，因为各国历史的不同，本书也面临着不少挑战。在过去二十年，大量研究都集中于这个领域，几乎每天都有新的研究结果出现。我们所关注的西方不仅包括从大西洋到乌拉尔山、从波罗的海到地中海的欧洲，还包括北美。例如，英国与法国、意大利与德国、美国与比利时或瑞士之间都存在一些历史和文化差异。第一次政治变革的实验发生在法国，这里爆发了革命，并产生了世俗的共和国。宗教上的巨大变化也重新定义了很多事情，其中就包括天主教女性。与之相反，某些文化上的转变更具体而言似乎来自英国或德国：例如，英国和德国的女性主义在实践中具有很强的创新性，尽管有时不像其他国家那样具有政治意义。虽然《拿破仑法典》似乎是现代立法的典范，但就哲学而言，德国人为整个 19 世纪奠定了基调。创新的中心已经从欧洲转移到了北美：美国自独立战争以来不断创新，产生了基于复兴布道会和其他新形式的民主实践的早期女性主义模式。美国向西扩张和移民的影响，很快为女性主义促成了其他来源。在两性关系方面，北美大陆是一个新的世界。"新女性"一词诞生于波士顿人以及纽约犹太女性的经历。然后她光荣地回到了欧洲。在那里，"新女性"经常出现在关于性别身份的辩论当中。

西方在广义上被理解为一个比过去几个世纪更加同质化但同时又多样化的区域。这个区域不仅在行为方面存在差异，在表达方面也存在细微区别，女性主义的多样性使这一点变得非常明显，尤其是考虑到女性主义令人惊讶的国际维度和交流强度。在这场论战中，两性关系开始了一场持续至今的根本性变化。不管是男性，还是女性，他们与异性相处的方式发生了持续的，甚至可能是永无休止的变化。这个问题显然仍是我们当今时代的问题，就像 19 世纪末 20 世纪初一样。当时是一个危机四伏的时代，也是性别焦虑非常剧烈的时期。

目　录

第三部分 公共与私人领域中的女性公民

第五部分 女性的声音

第一部分

政治断裂与话语新秩序

定义女性特质的本质

在法国大革命这一历史事件和《拿破仑法典》这一文本出台之间的时间段内，历史发生了一次断裂。即便在法国和美国，这种变化也无法被精确到具体的日期，其标志是向现代性的过渡、君主制的结束和民主制的到来，而政治领域之外的公民社会也得到了定义。

这次断裂的性质是什么？首先，这不是一次中断，而是多次中断，由此引发的变化对女性产生了相互矛盾的影响。法国和美国的革命都开创了女性可以自由参与集体行动的新领域；同一个性别的个体被允许在他们通常聚集的私人空间外聚在一起。尽管法国的女性在政治方面发挥的作用比美国要大，但她们的行为绝非更加激进。无论如何，正是法国大革命为女性参与集体行动创造了可能性，而这样做的女性开始把自己视为女性个体。这无疑是19世纪女性主义实践的前身，但这一现象很快就消亡了，随之而来的是数十年的沉默。19世纪末20世纪初发生的这一断裂，也为将女性排除在公民生活之外提供了理由，这种排斥远比封建主义时期更为激进。现代革命允许女性走上街头，建立政治俱乐部，但新秩序的缔造者也可以关闭这些俱乐部，让女性回归她们的家庭。简而言之，革命的另一后果在于，公共空间与私人空间之间的分离变得更加明显：在私人生活与公共生活之间，在公民社会与政治社会之间，都被进行了细致的区分。最终，正是通过这种区分，女性被排除在政治之外，成了公民社会的附属品。

法国大革命带来的矛盾状态在其他国家并不明显，但确实存在。然而，单是法国大革命并不能解释为何现代性的到来只为女性带来了适度的进步。由政治行动开启的进程，最终因为文本的出现而得以完成：就像法国大革命一样，《拿破仑法典》的诞生是前所未有的、具有极其重要的意义，它对整个欧洲产生的影响力足以证明这一点。一些人将《拿破仑法典》称作对女性从属地位的认可。事实就是如此，但也存在矛盾的情况：虽然女性在具体方面不仅屈从于她们的父亲和丈夫，而且屈从于她们的家庭，但从该法典废除了长子继承权并赞成平等继承的角度而言，女儿获得了与儿子平等的地位。《拿破仑法典》还包含许多其他的矛盾：例如，许多条款都不适用于已成年的未婚女儿，而已婚女性作为立法者关注的主要对象，则受到各种各样的限制。而法律随后在多个领域的演变，清楚地表明了《拿破仑法典》基本思想的瓦解。这一基本思想认为女性不如男性，因此她们处于从属地位，并且理应如此。

在整个 19 世纪，由于受到当地变化和创新解释的影响，在有些情况下，还是因为受到了女性主义的鼓动，法律得到了修改。所有迹象都表明，法律绝不可能是决定性的或静止不变的。就此而言，这对哲学研究是有启发性的：当我们阅读那些被普遍认为是伟大哲学家（顺便说一下，他们都是男性）的作品时，很显然，哲学作品中有一样定义为规范的东西已经发生了根本性变化。在 19 世纪初，人们认为所有女性都应该拥有与妻子和母亲相同的命运和独特的任务（这里的"所有女性"让人联想到民主思想家所设想的"所有女性"，但她们在这里是作为生殖媒介而非公民）。但到了 19 世纪末，意识到例外、越轨和女性选择的实际多样性的思想家们提出了一个更微妙的准则。根据这一准则，每个女性的历史都将展示出对命运的特定约束。这可能被解释为恢复了女性个人的自由，她们从此可以做出影响自己生活的选择。但这种解释真的正确吗？我们有理由怀疑它。一个女人的命运现在就像一段精心谱写的乐谱，医学、社会学、精神分析和美学结合在一起，定义了女性特质的本质。

热纳维耶芙·弗雷斯　米歇尔·佩罗

第一章　自由之女与革命公民

多米妮克·戈迪诺（Dominique Godineau）

18世纪末的标志是一系列的断裂。尽管并非所有的革命都具有同等的意义或重要性，但确实是一场革命接着一场革命。仅仅观察女性是不是参与其中，这是不够的。仅仅研究男性／女性因素的影响也不够。我们还必须研究历史，以发现性别关系是如何与革命进行互动的：性别关系如何塑造了革命，以及这些革命对性别关系产生了什么影响。体制、政治、社会和意识形态的变革如何影响两性在社会中的实际作用和表现？（经济变化所产生的影响也不容忽视，但我们在此不作探讨。）

叛乱中的男女

对历史进行比较可以帮助我们回答这些问题。影响欧洲和北美的动荡发生在不同的背景下。尽管拥有启蒙运动的共同遗产，但两大洲的论战围绕不同的问题而展开。法国人试图自上而下重建和"再生"社会；他们为政治创造了一个新的空间。在这个政治舞台上，男性和女性都参与了一场强大的群众运动。而美国人在争取独立后，没有改变国家的社会基础。比利时人奋起抗议"开明专制者"的改革，并坚持要恢复他们以前就拥有的自治权。虽然不可能详尽描述所有的复杂性，但我将尽力指出两性关系在不同国家的共同变化，以及某些重大差异。我希望这将揭示一个社会——包括它的演变、它的价值观——与它构建两性关系的方式之间的联系。

"煽动动乱者"

没有反叛的群众，就不可能有革命。众所周知，在现代早期的欧洲，女性历来都会参与暴动。[1]因此，我们发现女性处于巴黎某些暴动的最前线，就不足为奇了。1789年10月5日上午，女性们率先结伴在凡尔赛宫附近游行，到下午国民警卫队就跟进了。1795年春天的起义也是从女性示威开始的。女性在城市街道上敲锣打鼓，嘲弄当局和军队，拉拢旁观者入伙，冲击商店和车间，爬上房屋的楼梯，迫使不情愿的姐妹们与她们一起参加集会。她们一拨接一拨地加入其中，很快就有全副武装的男性参与进来。一位官员后来写道，她们扮演了"煽动动乱者的角色"。[2]

与1789年和1793年5月一样，在1795年的暴动之前的几周，女性占领了街道。她们大规模地聚集在一起（1795年5月23日，国民公会禁止5人以上的集会，否则就要抓捕），号召男性采取行动，并将那些拒绝参与的人称为"懦夫"。当男人们犹豫时，女性宣称如果她们"领舞"，男性就应该"随之起舞"。在1793年5月至6月的暴动爆发之前，一位议员告诉国民公会，"女性将开始这场运动……而（男性）将帮助她们"。事实上，暴动并不是由女性发起的，但这样的观察绝非孤立，它清楚地表明了女性在动荡时期所拥有的能力。在紧张局势一触即发的情况下，政治活动家有时会转向女性，希望借此点燃火药桶。这仅仅是因为女性可以充当保护盾吗？并非如此；女性被视为活动家与民众之间的必要调解人。她们的言行足以引发一场叛乱。然而，叛乱发生了，性别的角色就发生了反转：当人群中既有男性也有女性时，后者会承认自己是为了"支持男性"。毕竟，男性公民是作为国民警卫队而组织起来的，并且配备了大炮。在这场激烈的行动中，女性仍然在充当"煽动动乱者"。一名警察在1795年5月的暴动中观察到："煽动动乱者主要针对女性，后者会向男性传达自己的愤怒，用煽动性的言辞煽动他们，进而引发最激烈的动乱。"尽管女人们一直关注着她们的男人，并会在必要的情况下重新燃起自己的热情，但正是男性在武器的帮助下领导了这场暴动。先是男性追随女性，接下来便是女性支持男性：在暴动人群明显无序和自发的背后，我们清楚地看到了性别角色的不平等分配。这是一般的民众起义的典型特征。

传统与创新

革命时期之所以引人入胜，是因为新旧元素紧密交织在一起。由于过去几个世纪的遗产与未来政治行动形式的初始预兆结合在了一起，我们可以更清楚地了解两性关系是如何演变或转向新方向的。上面所描述的模式反映了一个尚未消亡的旧世界：从 1500 年到 1800 年的 3 个世纪里，从阿姆斯特丹到那不勒斯，欧洲各地的女性都在号召男性反叛。法国大革命的暴动言论植根于一个悠久的传统：敲锣打鼓，通过嘉年华式的仪式对权威进行嘲弄，利用母亲的身份使女性的行为合法化；所有这些行为都不是什么新鲜事，而是源于古老的惯例。但是，即便法国大革命的女性反叛者仍然穿着与她的前辈一样的旧衣服，她仍然是不同的女人了。女性反叛者领导了对国民公会的冲击，挥舞着《人权宣言》，在立法会议厅宣布主权人民"不受约束"。这些创新举动表明，尽管她们在扮演传统角色，并在实施传统行为，但是已经进入了由革命开辟的新政治舞台。然而，新舞台是由男性建造的，也是为男性建造的；其结构决定了这个舞台只留给男性。因此，尽管法国女性在一段时间内能够让自己成为公民，但很快就面临与其他国家女性一样的公民身份限制。

革命不仅仅是叛乱，人们早在 1789 年就意识到了这一点。革命需要组织架构。女性被排除在各种革命机构之外。这些机构包括武装国家（无论是法国国民警卫队、巴达维亚兵团还是美国民兵）、审议大会（分区会议和乡镇会议）、地方委员会和政治团体。因此，随着暴动的演变，两性关系发生了变化：尽管女性在或多或少的自发暴动中发挥了激励作用，但一旦革命团体控制了局势，她们就被置于次要地位。在 1784 年至 1787 年荷兰奥伦治家族与爱国者之间爆发的内战当中，女性在奥伦治家族的行列中所扮演的角色显而易见：这是女性天性中所谓的反叛倾向的结果吗？事实上，奥伦治家族依靠古老的动员形式（暴动、向暴民发出呼吁），让女性发挥传统作用，并将她们推向前列；1784 年领导鹿特丹叛乱的贻贝商贩卡特·米赛尔（Kaat Mussel）就是一个例子。爱国者一方也有女性，但她们的作用不太明显，因为她们在革命指导组织的统筹下工作。1787 年后，奥伦治家族建立了自己的政治组织。在 1795 年的第二次革命中，女性在奥伦治家族队伍中的作用不再突出。[3]

在法国共和三年牧月 1 日至 4 日（即 1795 年 5 月 20 日至 23 日）发生的暴

动，雄辩地证明了政治组织在构建两性关系方面的影响力。尽管大量证词证实，女性在第一天的事件中发挥了主导作用，但她们缺席了第二天的行动，而这一行动是由地区议会和国民警卫队主导的。女性被迫退出了公众视线，之后只有在出于特定的目的（诸如要求释放囚犯或煽动反抗）时才会重返聚光灯下。在最初的骚乱中，两性都有空间，他们都没有被组织起来；可一旦男性成功地建立起了有效的政治结构（尽管该结构被认为是代表其合法性来源的主权人民，却是一个将女性排除在外的结构），新的叛乱经济就可以摆脱先前的性别关系平衡。

日复一日的革命

女性在 18 世纪末参与的革命并不局限于暴动。她们的日常参与因国家而异，这取决于当地的情况和传统。毫无疑问，法国女性的参与最为广泛，聚集在政治舞台上的女性"无套裤汉"（female sans-culottes）[1]设法将其活动纳入国家层面。她们作为武装分子的做法，在很大程度上取决于其没有公民身份的模糊身份。一些女性选择了明确的政治行为形式，以补偿她们在法律上被排除在国家之外的情况。她们还宣布自己是主权人民的成员。

论坛、俱乐部和沙龙

尽管无法参加政治议题的审议，但许多女性还是涌向了公众旁听席。同时代的人对这些旁听席中的大量女性进行了评论，并批评她们"热衷于频繁举行的（政治）集会"。这些女性绝不保持沉默。辩论经常被叫喊、混乱和掌声打断。参加这些会议的女性在 1795 年首次被称为"边织毛衣边列席国民公会的平民女性"（tricoteuse），并被描述为"站在旁听席里的女性，她们用嘶哑的声音影响聚集在一起的立法者"。她们出席这样的立法会议，无疑是女性进入政治舞台的一种方式，既实实在在，又具有象征意义。

尽管有这样的参与，尽管存在一些同时包含男女成员的大众团体，但女性

---

[1] "无套裤汉"意即没有裙裤或短裤，用来指代 18 世纪法国的底层阶级，他们中的许多人在法国大革命时期是暴力支持者。——译者注

没有被允许成为革命组织的正式成员。在至少30个城市里，一些女性确实组建了自己的政治俱乐部。在这些俱乐部的成员中，许多是著名革命者的亲属。她们会定期开会讨论法律和报纸，讨论地方和国家的政治问题，参与慈善活动，并面向其他女性公民为向宪法效忠的神职人员辩护。1792年后，这些团体变得越来越激进，并积极参与地方政治斗争，她们通常作为雅各宾派的盟友出现。在巴黎，两个女子俱乐部迅速崭露头角。由埃塔·帕姆·德奥德斯（Etta Palm d'Aelders）创立的真理之友爱国慈善协会（1791—1792年）关注贫困女孩的教育，并支持离婚和女性的政治权利。革命共和派女公民俱乐部（1793年5月10日至10月30日）是一个由激进女性（女店员、女裁缝和女产业工人）组成的协会。该俱乐部与无套裤运动密切相关。在1793年10月30日被国民公会取缔之前（同时被取缔的还有其他女子俱乐部），该俱乐部在吉伦特派与山岳派之间的冲突，以及1793年夏天的政治辩论中表现得非常活跃。在介绍取缔这些俱乐部法令的报告中，一位名叫阿马尔的议员提出了两性之间的社会和政治角色划分问题。他的结论是傲慢的："女性不可能行使政治权利。"尽管权利遭到了如此专横的取缔，但女性仍然活跃在街头和公众旁听席，并在1795年的反政府阴谋和各种叛乱运动中发挥着政治作用。

革命时期的激进行为往往成形于平时的社会行为。在18世纪民众所在的城镇地区，其典型特征在于女性之间的社会交流引人注目，而且非常积极。女人们聚在一起闲聊，相互交换信息（有时还会打嘴仗）。在此过程中，她们定义了一个相对自治的女人世界的轮廓。在法国大革命期间，这种交流呈现出了政治色彩：当一天的工作完成之后，在酒馆里相遇的洗衣工们聚在一起讨论革命演说者的演讲。曾经在家门口摆好椅子享受夏日之夜的邻居们，由于有的人支持吉伦特派，而有的人支持山岳派，最后闹得不欢而散。女性更倾向于与女性邻居而不是自己的丈夫分享自己的政治观点；有时邻居们会手挽手前往议会的公众旁听席，在路上或愉快或"激烈"地聊着天。立场激进的夫妻并不总是能够一起共事。这只不过是主流的两性关系在政治领域的反映罢了，而战争更是加剧了这种情况。当被问及妻子的政治行为时，一些男性回应称"政治与她们无关"。还有人不屑地补充道，他们很少注意到"女性的关切"。另一方面，女性的言论往往反映出其只是对自身事情的某种关注，他们并不关心男性的事情。当持不同意见的女性在街头发生冲突时，男性往往会袖手旁观，因为他们深知，无论这是私人问题还是政治问题，他们都不应该插手女性之间的争端。家庭内部的家务分配方式也影响了两性的革命实践。因此，典型的男性激进分子是一名 40 多岁的已婚男子，而典型的女性激进分子是一名尚未满 30 岁或年过 50 岁的女性——换言之，是不需要照顾多个孩子的女性。

在城市生活的舞台上为女性争取一席之地的激进行为受到了欢迎，但这些行为主要来自巴黎人。随着每一拨新的热情或愤怒最终陷入混乱，如果我们离开法国大革命的首都，沿着尘土飞扬的乡村小路前行，我们就不会再遇到成群的女性在烟雾缭绕的小酒馆里讨论政治了。农村女性选择通过不太显眼的方式来表达她们对革命的认同：有的人给国民警卫队送礼物或是为其购买步枪，还有的人则和男人一起祈祷。处于对立阵营的女性则聚集在愤怒的人群中保护当地的神父。她们要么在阻止拆除教堂大钟，要么在要求重新开放教堂。

跻身统治集团的女性则在一个完全不同的领域参与政治，该领域处于私人与公共之间的边界线上。说它是私人的，是因为相关会议是在私人住宅中举行的，而进入私人住宅是受到限制的。说它是公共的，是因为这里也是公职人员会面的地方。议员们不仅在雅各宾派俱乐部会面，也会在私人沙龙上见到彼此。正是在私人沙龙上，他们以非正式的方式为议会日后的会议做准备。罗兰夫人（Mme Roland）[1] 和孔多塞夫人（Mme de Condorcet）[2] 等女性开办的沙龙也是男女讨论政治的场所。来自对立阵营的政客们可以在轻松的环境中相互争论。例如，在吉伦特派与山岳派之间的鸿沟变得太大之前，罗伯斯庇尔（当时他属于山岳派）经常光顾罗兰夫人（她被称为吉伦特派的女顾问）的沙龙。由于沙龙具有半私人、半公共的性质，它可以发挥战略作用。在 1789 年比利时革命的早期阶段，著名的伊夫伯爵夫人（Comtesse d'Yves）的沙龙是行会领袖、贵族、民主人士和传统主义者聚在一起交谈的场所。

为了共同事业而纺纱

对美国女性而言，她们对政治承诺的渴望必须像法国女性一样考虑到其实

---

[1] 法国大革命时期女性政治人物，吉伦特派领导人之一，其丈夫让·马里·罗兰也是吉伦特派领导人。——译者注

[2] 著名的法国沙龙女主人，其丈夫孔多塞侯爵是 18 世纪法国启蒙运动时期最杰出的代表之一，他同时也是一位数学家和哲学家。——译者注

现的可能性，但这些可能性与法国并不相同。美国的女性活动受到了殖民社会两性关系的影响，凸显了法国大革命与美国独立革命之间在形式和意识形态方面的差异。在 18 世纪的美国，女性没有参加政治生活。宗教为她们公开表达立场提供了唯一可用的空间。特别是因为受到卫理公会影响，女性会在祈祷会上毫不犹豫地表达自己的观点，一些人甚至创立了新的教派。此外，在美国，革命所造成的断裂效应并没有如在法国那样同时显现在民众层面和政治层面。因此，美国女性并没有站到革命人群的前列；她们没有加入俱乐部，也没有作为旁听者参加立法会议，因为美国公众在立法过程中没有发挥监督作用。

早在 1765 年，起义的殖民地的人们就被劝诫要抵制从英国进口的商品，转而"购买美国货"。自由的人民以爱国主义的名义，呼吁女性停止向进口商订货，放弃喝茶，放弃旧大陆优雅的奢侈品，转而购买在美国制造的更粗鄙、更简单的商品。这是抵制英国商品战略的关键。事实上，甚至有人敦促美国女性自己制造进口商品的替代品；作为一名美国女人，就应该为爱国事业纺羊毛。她们单独或集体工作，聚集在一位爱国者（通常是牧师）的家中，一边听布道或唱赞美诗，一边纺纱。这种做法与女性祈祷会的传统是一致的，在当时的北美殖民地非常盛行。女性的宗教社交能力由此便承担了政治意义，这一点始终很重要。在法国，激进分子通过在公共场合宣扬政治语言来发声；在美国，女性的政治承诺体现在私人领域，而公共场合仍然是男性的。学习纺纱、穿美国制造的衣服、不喝茶，这些都是带有政治意义的个人决定，是一种公民行为，赋予了女性个体以共同事业为己任的"自由之女"意识。

美国女性的影响主要体现在家庭层面。在美国独立战争期间，女性承担的一项主要工作也彰显了这一点。在男人们前去抗击英国人之后，他们负责打理男人留下的家庭农场和企业。那些更直接地支持革命的人作出的贡献也主要是个人的：她们为爱国军队搜集情报，为军人们做厨师和洗衣女工，购买战争债券。女性唯一重要的集体行动是 1780 年费城女性协会的成员为军队募集资金。该协会主要由政治家的女性亲属组成。

写作与演讲中的女性化

无论哪里发生革命，女性都会对正在发生的事件表达自己的看法。但她们表达观点的方式，同样会受到在男女之间如何划分空间和分配日常事务的国家差异的影响。

信件、宣传册和请愿书

一些美国女性，如默茜·奥蒂斯·沃伦（Mercy Otis Warren）、朱迪思·萨贞特·默里（Judith Sargent Murray）和女奴菲丽丝·惠特蕾（Phillis Wheatley）选择在公共场合发声，但大多数人只是与家人和朋友交换意见。精英阶层的女性将信件写给了在立法机构任职的兄弟、父亲或丈夫，或是与政治人物有关的朋友。尽管阿比盖尔·亚当斯（Abigail Adams）独自经营着家庭农场，但她还是抽出时间与丈夫约翰（后来成为美国第二任总统）和她的朋友默茜（Mercy）定期通信。由于厌倦了讲述当地事务，她经常沉迷于政治反思，有时还带有女性主义色彩。1776年3月，她建议时任大陆会议代表的丈夫不要在制定新法律时忘记女性，否则新国家可能会面对女性的反叛。然而，尽管这一告诫向我们展示了一名女性的心境，但阿比盖尔·亚当斯从未公开表达过这一观点，这仍然是女人和丈夫之间的私事。寡妇和其他支持战争的女性（她们发现自己处于危险的境地，需要外界的支持）的请愿书也是私人和个人的。她们卑躬屈膝、苦苦哀求，而不是坚决要求。她们要求解决的是个人的物质需要，而不是一般的政策问题。

在法国，大多数对革命有话要说的女性都是公开表达的。在印制和手写的文本中，以及在公开演讲中，她们的目标是要将自己的声音传递给相当广泛的受众。无论如何，这些行为均超出了狭窄的家人和朋友圈子。无论是集体行为，还是个人行为，她们的表达很少局限于个案，而是置身于整个革命现象的更广泛语境。在宣传册和请愿书中，女性们表达了自己的希望、要求和改革建议。她们面对国家发表的演讲，谨慎也好，激进也罢，均反映了不将女性排除在政治生活之外的愿望；即便她们没有正式的公民身份，也希望为这座城市正在建设中的大厦添砖加瓦。其中一些文本是以女性的名义发表的。无论是就其内容（主题和语言），还是受众（同胞，不论男性和女性，更常见的是立法者）而言，她们都希望是政治性的，最终结果也是如此。她们的政治性因文本的传播方式而得到强化。许多文本在被传播之前都经过了革命组织的审查。这些印刷品被新闻小贩在街上兜售，并被激进分子购买，然后传阅给其他人。一些作家〔如孤独的奥兰普·德古热（Olympe de Gougese）[1]] 在 1795 年春天呼吁民众起义，将她们的告示张贴在墙上，路人可以大声朗读。

在法国大革命期间，男人和女人均大量使用了请愿书。这些请愿书有许多人签名支持，经常以威胁的口吻要求政府采取各种措施。其中一些文件是从各省发给国民议会的，而另一些文件则是由请愿者自己向议员们宣读的。即便写一整本书，也不足以涵盖各种各样的革命请愿书。但有些请愿书值得被更详细地研究，因为它们告诉我们，女性是如何在国家中为自己寻找一席之地的。有时候，她们的做法是错误的，但这恰好说明了其试图克服两性政治不平等的努力。当女性缺乏公民权时，她们如何能坚称自己是公民呢？在她们分享主权之前，还有哪些已经半开的门必须被完全打开？这些都是一些女性请愿书提出的问题。

象征性语言

1792 年 3 月 6 日，波利娜·莱昂（Pauline Léon）来到立法议会，宣读了一份由 300 多名巴黎女性签署的请愿书，要求获得将她们组建为国民警卫队一部分的"自然权利"[4]。成为主权人民的武装组织的一部分，是公民身份的基本要素之一。请愿者受到了欢迎，这表明她们的雄心勃勃的野心得到了鼓励，但议会主席很快提醒她们，要赋予每个性别不同的职能，"我们不能违背自然界的秩序"。这听起来就是告诫，援引的正是反对男女政治平等者非常熟悉的主题。这一论点已经被用来为取缔女性政治俱乐部提供正当性。上述要求在 1793 年被重复了多次，激进的女性要求获得这一公民权，从而在政治领域为自己争取一席之地。她们想要携带武器，这不仅仅是爱国情绪的问题，就像大约 100 名女性以个人的身份被征召入伍；它超越了情感，成了权力、公民身份和女性平等权利的问题。

1793 年 6 月 24 日，法国国民公会通过了宪法，随后提交全民公决。通过赋予男性普选权，这项公投的范围扩大至所有成年男性。一些女性反对这种制造国家分裂的企图。她们联合起来投票，宣誓，并告知人民（国家）的代表她们也支持"宪法法案"。尽管这并没有成为压倒性的运动，但这类女性请愿活动的数量很多。她们并没有表达明确的女性主义：只有两名女性公民和三家俱

---

[1]　法国女性主义者、剧作家、政治活动家，代表作为《女权和女公民权利宣言》。——译者注

乐部反对两性之间的政治不平等。然而，这波请愿并不仅仅反映了激进女性对山岳派的支持。她们团结在一起，并告知国民公会她们同意这部宪法。她们接受了宪法对女性政治权利的剥夺，并将这一私人行为转变为女性公民宣布自己是国家一分子的公共行为。她们坚持要正式通知立法者，即使"法律剥夺了她们宝贵的投票权"，她们也会批准"提交给主权人民批准"的宪法。这反映了她们尽管接受了选民男性化的事实，但仍然希望自己能够行使人民主权。

另一场涉及影响两性关系象征的集体行动爆发在"帽章大战"中。1793年9月，女性无套裤党人发起了一场运动，要求通过一项法律，强制所有女性佩戴三色帽章。在提交给国民公会之前，由男女成员共同组成的政治团体中的女性成员起草了请愿书，并在分区议会和俱乐部中进行了宣读和通过；同样，哥德利埃俱乐部（Club des Cordeliers）也承认，"与我们一起劳动的女公民，也应该一起获得好处"。赞成该法律的女性与反对该法律的女性在街头和市场上爆发了冲突。由于担心这场骚乱的严重程度，国民公会作出了让步，于9月21日批准了该法律。自1789年7月以来，帽章一直是公民身份的标志之一，强制女性佩戴帽章就是将她们视为公民。在1793年夏天的无套裤运动中，女性获得了相当大的影响力。与此同时，越来越多的女性和男性对"法律推崇平等的国家"持续存在的政治不平等感到担忧。在这种情况下，9月21日通过的法律可以被视为对现状的首次挑战。正如哥德利埃俱乐部所认识到的那样，这个问题的确是一个存在共性的问题：从短期来看，这是公民身份的象征；从长远来看，也许是权力的象征。对这项法律的评论表明，大多数男性从这些条款中看到了这样一个问题：在帽章之后，女性会要求获得代表自由的弗里吉亚帽、武器和投票权。酒馆里的谈话和剧作家法布尔·代格朗蒂纳（Fabre d'Eglantine）的演讲听起来同样令人恐惧，即一个因性别混乱而不稳定的社会不可避免地会导致混乱。如果女性获得平等的权利，她们就会变成男人，留起短发，穿着裤子，明目张胆地抽烟。两性之间能够分享权力吗？对一些男性来说，这样的事情是不可想象的，也是难以想象的。他们唯一能想象到（也是他们可以理解）的事情就是角色互换（"自然秩序颠倒""性别交换"），这让他们感到恐惧。如果女性的要求被成功地满足了，她们就会割断同伴的喉咙，开启"一个将男人关进铁链的凯瑟琳·德·美第奇式"[1]的统治。在遵循上述帽章法律的酒馆里，男性顾客们面面相觑，因为他们看到了末日般的景象，即女性将武装起来，针对男性开启一场类似于圣巴托洛缪惨案[2]的性别屠杀。这样的想法时不时地会再现，揭示了在剧烈动荡时期，象征和想象在构建两性政治关系中的重要性。在争取在帽子上别上一条小小的三色丝带的权利时，激进女性并不是在就一个"典型的女性化"的时尚问题展开辩论；她们试图修改的是政治生活中有关性别的基本公理。

两性之间的新关系

信件、文章、小册子和演讲为现实中并不存在的女性形象增添了色彩。这一现象肩负着现实生活中女性的梦想，她们希望革命造成的断裂在定义一个新时代的同时，也能给她们的社会地位、给她们与男性的关系留下印记。

美国版"潘尼洛普"

1798年，朱迪思·萨贞特·默里（Judith Sargent Murray）写道："我希望看到我们的年轻女性在女性史上形成一个新时代。"与美利坚合众国一样年轻，这位共和国的女性成长于独立战争时期。这场战争破坏了规则，导致生灵涂炭。而随着男人们奔赴战场，女性原先过着的无聊且无牵挂的生活被突然打断，开始面临养家糊口的压力。作为一名重要的宗教异见人士，朱迪思·萨贞特·默里属于"幸存者的一代"。[5] 这一代女性在遭受折磨的时候，意识到了自己的力量和勇气。正是根据她自己的经历，她树立了美国新女性的样板。她将这个新样板称为"潘尼洛普"（Penelope）[3]。古罗马神话中的潘尼洛普同样有照顾家庭需要的义务，并在丈夫长期不在家的时候让家里的炉火熊熊燃烧。在18世纪90年代，朱迪思·萨贞特·默里经常在报纸上发表文章，试图说服人们相信女

---

[1] 凯瑟琳·德·美第奇为法国王后，在1560年到1563年期间，她以儿子法国国王查理九世的名义统治着法国。——译者注
[2] 法国天主教暴徒对新教徒胡格诺派的恐怖暴行，开始于1572年8月24日，并持续了几个月。——译者注
[3] 潘尼洛普（Penelope）为古希腊神话中奥德修斯的妻子，她为了等候丈夫凯旋，坚守贞节20年，于是后人将这个名字引申为"忠贞"的代名词。——译者注

性的智力能力以及她们接受教育的必要性，从而让她们为生活在一个命运突然逆转的世界做好准备。因此，朱迪思·萨贞特·默里笔下的潘尼洛普是一个务实的年轻女性，蔑视时尚和轻浮，没有为迎合未来的丈夫而量身培养自己的个性。她没有躺在柔软的床上梦想着白马王子，也没有练习用身体来色诱男性的本事，而是选择了日出而作，将自己的一天投入学习，从中她获得了快乐和独立。因此，她准备好了面对命运的打击，无论是什么打击，她的婚姻最终将更加和谐。男人和女人以不同的方式经历了美国独立战争，这加强了女性对新教伦理典型品质的忠诚：培养自己的才能，保持"独立的崇高热情"和自尊。只有这样的潘尼洛普才能在乱世中生存，这一形象在多部文学作品中都能见到。对于 M. O. 沃伦（M. O. Warren）的《卡斯蒂利亚的女人》（*The Ladies of Castille*，1790）和 C. 布朗（C. Brown）的《奥蒙德》（*Ormond*，1799）的女主人公，那些无知、只专注于自己爱情生活的人会因为无法驾驭逆境而自尽，而那些受过教育、骄傲、坚强、"自尊"和"自立"的人，则会比前者更成熟地走出困境。美国需要的是后一种女性。

然而，国家需要她们留在家里，留在她们的家人中间。因为那里是她们的地方，没有人（无论男女）建议改变这一点。共和国的模范女性是一位母亲。她的能力，以及她从自尊中获得的力量，都是为她的家庭服务的；它们没有延伸到公共决策领域。尽管如此，这位共和国的母亲确实扮演了公民角色。通过将儿子培养成好公民，她"加强了自己生活中的公民秩序"。虽然她没有跻身政治舞台，但她有着政治责任，即使她被限制在家庭范围内。美国女性并没有要求参加公共活动，但她们确实提醒了男性：尽管男人们认为女性可以忽略不计，但革命的爆发给女性的家庭角色赋予了新的意义。她们将政治带入了私人生活，通过家庭的功能来赋予公民的本质。

建设新国家的另一项任务也留给了女性：捍卫美德和道德。这些品质使共和国赢得了战争，倘若没有这些品质，共和国就无法长存。在这种背景下，道德和美德属于私德，是个人的，也是宗教的，每个人都对上帝负责；而不是像法国大革命中所理解的那样，公开运用政治品质，使每个人都对整个社会负责。在一个由清教徒建立的社会中，这种道德角色是必不可少的，理想的共和国母亲也应具备这一点：她的美德不断提醒她的丈夫和儿子，作为良好公民在道德层面应具备什么。在一本名为《受邀参战的女性》（*Women Invited to War*）[6] 的小册子中，人们对该角色的认识更加激进。尽管这本小册子是用政治语言作为开篇的，但很快就带有宗教色彩，声称这个年轻国家的主要敌人仍然是撒旦。与男性相比，女性犯罪（尤其是酗酒和诅咒等罪）的可能性更小，因此她们有责任向邪恶的敌人开战。男性的公民斗争是政治性和公共性的；他们奠定了城市的基石，确保它的机构正常运转，而女性则在进行精神斗争。她们的战争是在私人领域进行的，而她们的使命是为所在社区的罪恶祈祷，净化她们的行为，并邀请人们做同样的事情来拯救城市的灵魂。这本小册子甚至对女性主义的宗教含义进行了阐释，因为它肯定了男女在基督那里是平等的，夏娃的诞生不是为了被糟践。尽管美国女性在独立战争期间没有组建政治俱乐部，但后来她们联合起来成立了一些组织。这些组织通常与教会有关，旨在为寡妇和孤儿提供救济。公共的集体实践正是起源于这些团体，从而为19世纪的废奴主义和女性主义运动奠定了基础。在后来的几年里，美国女性会援引自己的宗教和道德责任来为她们的政治活动辩护。

女性公民

在法国社会，"共和国母亲"也是女性的样板：女性的作用在于向孩子灌输对自由和平等的热爱，将其培养为共和国的好公民。因此，女性被允许参加政治集会，以学习革命原则，即便她们不被允许参加辩论。她们的位置既不完全在政治社会之外，也不完全在政治社会内部，而是处于外围。由于她们是没有政治权利的公民，为她们找到一个合适的地方并不容易。一些女性利用这种概念上的模糊性来为其政治活动辩护。人们仍然认为不同性别承担着不同的社会角色，但他们认为对政治任务的划分过于严苛：女性确实注定要在家庭中服务，但作为公民，她们有责任超越家庭，关心共同利益。1793年4月，议员居约马尔（Guyomar）写道，女性"关心内部事务，而男性则关注外部事务……但大家庭应该优先于每个人的小家庭，否则私人利益很快就会损害公众利益"。将私人（或者说是特定的）利益服从于一般利益的革命性观念，证明了新社会中的政治承诺和权利应该同时给予男性和女性的主张是合理的。因此，女性被定义为人类、社会和政治群体的成员。为了证明女性俱乐部存在的必要性，法国第戎的一家女子俱乐部的负责人援引了这样的观点，即就公共场合而言，"每个人都是整体的组成部分"，必须在"公共事务"中进行合作。

共和国为处理男女之间的个人关系带来了新方式，而现在的女性与以前截然不同了。从某方面而言，法国女性的愿望与美国女性的愿望相似：女性"被一种虚假和轻浮的邪教所玷污和贬低"的时代已经不复存在，而这种邪教就是"暴君的法庭"。共和国女性丢弃了象征着她们之屈从的丝带和珠宝，更重要的是，这是整个民族屈从的象征。她们过去为引诱异性所付出的努力是错误的；她们现在也不会像美国女性那样寻求维护个人品质，而是积极为公共利益做出贡献。同样，法国女性认为自己是某个群体的一部分，而不是个人。这就产生了"自由女性"的虚构概念：她们是"自由人民"中的一员，为公众利益而行动，从而参与了为所有人争取自由的行动。"自由女性"的反面是"女性奴隶"，她们属于"奴隶民族"（即没有权利的民族）的一员，其唯一作用是为男性带来快乐，而这里的男性也是奴隶。女性的目标不再是"以性易物"，而是发展她们的整体的人类特质，在一个向所有人开放的空间中进化发展。"自由女性"的形象也让我们看到一个悖论：女性是"自由人民"的成员，却受到男性的"专制"。这种专制与旧制度下国王和贵族对人民实施的专制之间存在着相似之处。美国女性用同样的措辞来反对丈夫对妻子的暴政，称这就像英国对其殖民地实施的暴政一样。但是，法国女性批评的奴隶制不仅是私人性的，也是政治性的：只要女性没有享有作为公民的全部权利，她们就会成为奴隶；而且"无论女性在哪里当奴隶，男人都会被专制的枷锁所束缚"（第戎女子俱乐部负责人如此说）。从互惠的角度出发，男性压迫的问题与人类总体自由的问题联系在一起，并始终被理解为一个社会政治结构的关键特征之一：要么是全民民主，要么是对全民实施的专制。

如果我们对大西洋两岸女性所处的位置、角色和想象中的生活进行比较，就会发现她们并不完全相同，这证明了两性关系是其所处社会的反映。然而，不管是在法国，还是在美国，对这个问题感兴趣的人均将其视为国家建设中的一个根本问题。

个人独立是美国意识形态的核心原则。国家被认为是个体成员的总和，而不是将个体统统融合在一起的集体。每个人的力量都在确保共和国的力量，但与此同时，社会允许个人努力实现自己的物质和精神成就（自力更生和自尊）。美国女性在传统上被排除在公共领域之外，但在独立战争期间，她们意识到了自己的能力。在这一断裂时期，她们发展并定义了一个角色，这使她们的后代有可能干预政治生活。

相比之下，法国革命者以"集体占有"的方式看待权力。[7]因此，法国女性首先认为自己不是独立的个体，而是一个社会的成员；在这个社会中，集体应该优先于特定的个体。这一点应该不足为奇。尽管这种思维方式是法国的典型做法，但她们还是设法将其变成自己的优势。在 18 世纪，她们就曾活跃于公共舞台。当这个舞台变成政治舞台时，她们并没有放弃。尽管没有公民身份，但她们仍然被称为女性公民。这种语言上的矛盾，源于与共和国建国原则相悖的两性关系，这揭示了法国大革命的本质和独创性：只要国家被宣布为具有主权，就不可能赋予女性任何其他头衔。因此，19 世纪的女性主义者将法国大革命称为民主的创始行为。

第二章　转折点：法国大革命

伊丽莎白·G. 希莱杰夫斯基（Elisabeth G. Sledziewski）

人们经常说，女性在法国大革命中一无所获，要么是因为法国大革命未能改变她们的地位，要么是与之相反，因为它确实改变了她们的地位，但却是以负面的方式。然而，这两种看似趋同却又相互矛盾的观点均忽视了革命动荡的重要性。这场动荡影响深远，波及了所有的社会领域和行动者；同时又成果丰硕，尽管有不少破坏，但也带来了希望。

因此，我们把法国大革命视为女性史上出现决定性变革的时代——首先是因为它是男性史和人类史出现决定性变革的时代。此外，那也是一个两性关系受到前所未有的质疑的时代。但是，女性的状况并非简单地发生了改变，因为革命的风暴让一切都改变了。从更深的意义上说，女性的状况发生了变化，是因为革命将女性问题作为其政治思想的核心原则。

这就是主要的创新。对那些发动法国大革命、反对革命或仅仅是在法国或国外观察革命的人来说，如果不界定女性的角色，就无法想象革命政体甚至是革命行为。这是明确的迹象，表明这场剧变的范围很广，撼动了整个文明，直至其国内根基：法国大革命关注两性之间的关系，就像早期基督教、宗教改革和国家理性主义一直关注的那样。新的问题提出来了，这不仅包括女性在家庭秩序中的地位，也包括她们在国家中的地位。法国大革命是西方文明发现女性可以扮演公民角色的历史性时刻。欧洲启蒙运动和美国独立战争都没有以这种方式将古老的"女性问题"政治化，使其成为政治问题，而不仅仅是道德问题。

但为何此时会有这一转变呢？法国大革命挑战了性别歧视对政治的控制，这究竟意味着什么？这个挑战是如何发起的，结果又如何？

对女性公民角色的革命性发问，并不一定会带来革命性的结果。发现女性可以发挥政治作用，与赋予她们政治角色是不同的。这种可怕的可能性甚至可能会使提出它的人吓得往后退缩，从而引发对女性的反动言论，而不是人们可能会期待的创新。

因此，我们有理由强调法国大革命的大胆性及其对历史使命的放弃。它的确拒绝了正视公共领域的两性关系问题。虽然它似乎害怕将这个问题提出来，然而，它确实把这个问题提上了议程。

女性与政治秩序

无论是在当时还是后来，法国大革命的敌人均指责说，女性解放把罪恶引入了社会秩序的核心。对女性带来的颠覆情形的想象——从边打毛衣边列席国民公会的平民女性、断头台旁的愤怒女性，到与丈夫离婚、携带武器、参加辩论和挥舞羽毛笔的女公民——一直是反对法国大革命的言论的主要内容。这就好像突然允许处于弱势的性别进入以前被禁止入内的地方，让她们发挥以前被禁止发挥的作用，这就是弱者总体进步的缩影；这也像在说，赋予女性新的能力，就足以象征一个天翻地覆的世界。

颠覆女性

君主主义理论家博纳尔德（Bonald）[1]指责革命者破坏了"自然社会"，这样的指责是准确的。在这个"自然社会"中，女性"是臣民，男性是统治者"。在这里，"男性"和"女性"这两个词是相互对立的，女性"臣民"被认为是屈从的，不能独立行动，因此被适当地剥夺了合法权利。博纳尔德认为，"只要作为社会统治者的男人，仍处于自然赋予他的位置，一切就会井井有条；如果他因为软弱而从那个地方跌落，遵从于他本来应该命令的人就会违抗他本应服从的人的旨意"。换言之，允许女人为所欲为的男人，没有履行他对上帝和国王的自然责任。更糟糕的是，这标志着全面颠覆的开始："统治者的软弱和臣民的骄傲所带来的可悲后果，将给宇宙带来教训！当社会最弱势群体的眼中

---

[1] 法国哲学家、政治家，法国大革命的反对者。——译者注

闪耀自由和平等的欺骗性微光，邪恶的天才就会诱使人们奋起反抗合法的权威。"[1]对博纳尔德而言，一切都很清楚：如果女性被排除在外，法国大革命就不会像现在这样具有革命性。

英国辉格党人埃德蒙·柏克（Edmund Burke）[1]与博纳尔德一样，也是法国大革命的坚定反对者。柏克在 1796 年写道，法国大革命建立了世界上最放荡、最堕落、最残忍、最野蛮、最残暴的道德体系，尤其是因为这是一个解放女性的制度。它让婚姻关系变得松散，违反了劳动性别分工的不变法则。对此，即便是"从事耻辱交易的伦敦妓女"也会觉得可耻。事实上，法国大革命已经抹去了文明的界限，"将五六百名喝得醉醺醺的女性召集到议会，来号召她们让她们的孩子为之流血"。法国大革命还将婚姻贬低至民事契约的地位，并为离婚提供了便利。柏克愤怒地指出，在雅各宾派中，男性和女性搅和在一起完全是胡来。他还抨击了呼吁"赋予女性像我们一样放荡的权利"的制度，认为这是"肮脏的公平"。

如此气急败坏表明了可耻行为的严重程度。没有其他政权敢于通过政治法令推翻性别等级制度。即使正如一些反对者所认为的那样，这只不过是一种更有效地扰乱社会的策略，但其实施却是轻率的，给了女性无限的透支限额，所有那些天生处于被奴役地位的人今后都可以从中受益。"据说女性处于丈夫的支配下已经太久了。对于一项将我们一半的人从另一半的保护下移除的法律，我没有必要进一步阐述其可能带来的不幸后果。"[2]这被认为不仅不利于婚姻和谐，而且对整个社会而言都是不幸的。

作为法律意义上的公民的女性

柏克是对的。法国大革命赋予了女性们这样一种观念，即认为自己不是孩子。它赋予了她们旧制度所否认的公民人格。她们由此成为完全意义上的人，能够享受和行使自己的权利。要如何享受和行使呢？那就要成为独立的个体。

《人权宣言》（1789）承认每个人都享有不可剥夺的"自由、财产、安全和反抗压迫"[3]的权利。因此，每个女人和每个男人都一样，都有权形成自己的意见，做出自己的决定，享有人身和财产安全。因此，女儿在分财产时不再处于

---

[1]　英国政治家、作家、演说家、政治理论家和哲学家，曾在英国下议院担任数年辉格党的议员。——译者注

劣势。迪谢纳嬷嬷（Mère Duchêne）曾在 1791 年 3 月问道："难道我妈妈没有像对待其他孩子一样，曾经在子宫里养育我吗？"与此同时，国民制宪议会通过了一项法律，保障无遗嘱死亡者的财产得到平等继承，废除了男性的特权[4]。1791 年 9 月通过的宪法对男女公民法定成年的年龄界定是相同的。女性也被承认拥有足够的理性和独立性，可以作为公共文件的证人，并在她们认为合适的情况下履行合同义务（1792 年）。她们还被允许享有公共财产（1793 年）。在 1793 年康巴塞雷斯（Cambaceres）[1]向国民公会提交的新民法典的第一版中，母亲在行使亲权方面享有与父亲相同的权利。

然而，最重要的是 1792 年 9 月颁布的有关婚姻状况和离婚的重要法律，它们用严格对称的术语来对待丈夫和妻子，确立了平等的权利，并建立了一套普适的程序。令柏克非常震惊的民事婚姻合同是基于这样一种观点，即婚姻双方都负有同等责任，并且能够核实双方同意产生的义务是否得到了适当履行。如果义务没有得到履行，只要他们都认为无法就分歧达成一致，甚至可以在不上法庭的情况下解除婚姻关系。法律规定只要双方感情不和，或者双方同意离婚，他们就可以一拍两散；有争议的离婚也是可能的，在试图达成协议被证明是徒劳之后就可以实现。换言之，只有当双方无法解决分歧且他们明确要求时，社会才会介入婚姻纠纷。婚姻本身不是目的，而是个人幸福的手段。如果它不再发挥作用，或是成为幸福的障碍，它就毫无意义。

为什么说这些立法措施很重要？从什么意义上说，它们构成了女性史上的一个转折点？

由于这些新法律，法国女性第一次享有真正的公民身份，这使得她们的处境发生了重大变化。即便没有获得完整的公民权利，她们也获得了完整的公民地位，也就是说，她们现在被视为自由、理性、自主的个体。当然，这种公民自由的获得不包括公民权利（即政治权利），但公民自由是公民权利的必要条件，并使公民权利的缺失显得更加令人无法接受。作为法治政府下公民社会的正式成员，女性自然而然地开始认为她们在国家生活中也应占有一席之地。当然，她们也确实认为自己有这样的地位。在法国大革命期间，激进女性很显然参与了公共辩论，这就是证据。事实上，社会激进主义与政治激进主义之间的差别

[1] 法国大革命与法兰西第一帝国时期的政治家和律师，也是《拿破仑法典》的起草者之一。——译者注

很难区分。因此，当家庭主妇要求掌控经济时，当女性就与离婚相关的法律获得通过而祝贺立法者时，整个社会都将她们视为政治参与者。

19 世纪的反女性主义者指出，法国大革命破坏了婚姻和家庭秩序，打开了女性政治诉求的潘多拉魔盒。确实是这样。一个可以自由选择丈夫或在她认为合适的情况下可以与丈夫离婚的女人，可能也觉得自己有权选择政府。法国大革命教会了女性坏习惯。在 1792 年和 1793 年的进步立法十年后，《拿破仑法典》的起草者就对此表示遗憾。作为对拿破仑措辞激烈的"大男子主义"长篇大论的回应，国务委员会（Conseil d'Etat）开始关注女性道德的下降和婚姻权威的崩溃。例如，在共和十年葡月五日（1801 年 9 月 27 日），波塔利斯（Portalis）[1]指出，妻子和女儿的服从不是政治征服的问题，而是自然法则。女性的社会地位低下是出于生理上的需要，这绝不意味着她们受到了压迫或被剥夺了合法权利。正相反，社会重新确立了公民的权利，正将女性恢复到法国大革命将她们匆匆驱离的自然位置。"因此，女性应该寻找强加给她们的更严厉职责的来源，以谋求自身的更大利益和社会的利益。这并非我们不公正，而这恰恰是她们的自然使命。"自从议员们废除了男性特权，彻底改变了婚姻，并接受了革命公民的请愿，这已经是覆水难收了。尽管这些议员几乎都不是女性主义者，但他们至少相信女性可以从革命中获益，因此自然会乐意参与其中。

作为政治意义上的公民的女性

法国大革命开启了一个政治触及生活方方面面的时期。在 1789 年春天的数周时间里，原先对政治生活一无所知的国民，对政治生活产生了极大热忱。一位名叫约阿希姆·坎佩（Joachim Campe）的德国旅行者在从巴黎写给同胞的信中说，他对"这些人对公共事务的热情表示惊讶，因为他们中的大多数人都还不会读写"。他还描述了这个国家某些不同于其他国家的惯常行为，任何主题的讨论都需要"所有人参与"：到处都是"各种各样的男人和女人聚在一起"，聆听别人朗读海报、小册子和报纸上的内容。女性也在场，"既有粗野的女人，也有优雅的女士"。从一开始，她们就在现代集市中占有一席之地，这是一个属于她们自己的独特场所，尽管她们现在与异性公民混在了一起。我们的普鲁

---

[1] 法国大革命时期的律师、法学家、法哲学家，《拿破仑法典》的核心起草人。——译者注

士观察员对他所目睹的一切毫不怀疑：这是一所市民学校，所有国民都在其中提升自己。"不妨想象一下……所有人都参与公共事务对智力、智慧和理性发展的影响！"[5]显然，法国大革命让女性在公共论坛中占据了一席之地，这是向前迈出的决定性一步。也正因此，对"作为政治意义上的公民的女性"（civic woman）的反对就如过去一样激烈。即使在法国大革命期间，强迫女性回到以前的禁闭状态的愿望也非常强烈。普通人突然获得智慧和理智就已经够糟糕的了，何况是女性呢？许多人为了争取公共教育和普选权而展开英勇斗争，目的在于让最卑微的农民成为开明的公民，但他们断然拒绝向女性提供同样的福利，并对事态发展到有一天可能会赋予她们权利的想法表示恐惧。毕竟，接纳女性公民（female citizens）进入国家生活，就意味着允许她们做出决定，在与男性平等的基础上成为革命的积极主体。对于许多同时代的人来说，这简直是无法忍受的。相比之下，人类应该通过民法来解放女性的想法更令人欣慰，因为女性因此将处于客体的位置：她们显然是进步立法的客体，但终究是客体。

包括雅各宾派在内的绝大多数革命者，都赞成让女性从公共场所退居家庭。对立场更左的人而言，他们一边为离婚叫好，一边赞扬女性在家中的魅力。煽动者肖梅特（Chaumette）[1]毫不留情地谴责已被取缔两周的女子俱乐部："从什么时候开始，一个女人放弃对家庭的虔诚照顾，远离孩子的摇篮，在公共论坛上聆听演讲，被认为是正常的？"[6]一年半后，在1792年4月13日，以酿酒为业、在民主运动中非常受欢迎的桑泰尔（Santerre）[2]以类似的方式抱怨了巴黎女性的市民热情："宁愿看到他们的房子被收拾得井井有条，也不愿看到他们的女人从那些并不总是会获得内心平静的集会中回来。这就解释了为何他们对每周举行三次的集会持怀疑态度。"

但我们必须回到1791年9月，回到君主立宪制和颂扬节制的时代，去找到支持性别歧视者的共同思想根源。法国刚刚成立了一个政府，其目标是确保所有人的幸福。"所有人"包括女性吗？是的，根据塔列朗（Talleyrand）[3]的说法，"女性高于一切"，前提是"她们不渴望行使政治权利和职权"。"从抽象的原则上讲，似乎无法解释"为什么"一半的人类被另一半以自由和平等的名义排除在政府

---

[1]　法国大革命时期雅各宾派左翼领袖之一。——译者注
[2]　法国酿酒师，参加了攻占巴士底狱，并在法国大革命期间成为国民警卫队的将军和指挥官。——译者注
[3]　法国大革命时期的外交家、政治家。——译者注

之外"，或者为什么所有这些女性从一开始就是革命者，却被剥夺了政治权利。但塔列朗向他的听众保证，"这是一种思想的秩序，在这种秩序中，问题发生了转变"。这种秩序就是自然秩序。事实上，法国大革命时期的男性在困惑于几乎所有女性都赞成对女性进行公民解放的影响时，总是会拿自然秩序来说事。他们说，自然要求将女公民（citoyennes）解放的影响严格保持在"法律意义上的公民"（civil）的范畴，而不是"政治意义上的公民"（civic）的范畴，或者说是与政治无关。自然提醒那些过于热情的女性公民们，她们将在自己家中充分而体面地享受革命的好处。

因此，政治意义上的女性公民（civic woman）的登场，似乎既隐含在法律意义上的女性公民（civil woman）的革命性出现中，又被排除在外。之所以说隐含其中，是因为法国女性在与丈夫一起进行革命的过程中终于成熟起来，她们彻底获得了历史意识，并且知道自己可以在城市中发挥作用。这一点毫无疑问。在任何情况下，都没有人想过要否认她们的作用，尽管其作用究竟是什么还有待观察，而她们作为公民在政治领域的权利仅限于建议和同意，其是否真正具有公民身份也存疑。从这个意义上说，女性公民权利的发展可能是一种手段，可以使基于"人权和公民权"的文明将女性排除在政治之外。塔列朗说，女性公民应该受到指导、关注和尊重，并被置于"自由和平等的帝国之下"。为此，她们必须坚持自己的公民人格。"在她们放弃所有政治权利的那一刻，她们便获得了其公民权得以巩固甚至扩大的确定性。"[7]

共和国的奴隶

正是为了回应塔列朗1791年发表的这篇报告，玛丽·沃斯通克拉夫特（Mary Wollstonecraft）[1]于1792年出版了《女权辩护》（*Vindication of the Rights of Woman*）一书。一个世纪后，弗洛拉·特里斯坦（Flora Tristan）[2]称这本"不朽的著作"与奥兰普·德古热（Olympe de Gouges）1791年9月撰写的《女权和女公民权利宣言》（*Declaration of the Rights of Woman and the Citizen*）、孔

---

[1] 18世纪的英国作家、哲学家、女性主义者。——译者注
[2] 19世纪社会主义作家和活动家。——译者注

多塞（Condorcet）[1] 在 1790 年 7 月出版的小册子《论承认女性的公民权》（*On the Admission of Women to the Rights of City*）相呼应。所有这三个文本都值得仔细研究。他们提出了支持女性权利的三种不同的论点。三者都援引自由和平等原则，并对嘲笑这些原则的机构持批评态度。但他们的基本关注点并不相同，并显示了对两性关系进行革命的不同态度。最终，三位作者都同意必须进行这种革命。

为女性发声的两份辩护状

优先事项是什么？如果必须描述上述三种立场中的每一种，可以说孔多塞主要关心女性的法律地位；德古热主要关心她们的政治角色；沃斯通克拉夫特则聚焦她们的社会生活。三者都认为对女性权利予以明确规定是迫切需要的。这反映了革命话语的共同特点：法国大革命的几乎每个方面都涉及赢得新权利的想法。但"权利"的具体含义因三位作者而异。孔多塞将权利视为政治理性所要求的权利，并且是对宪法几何结构中不幸的不对称现象的纠正；德古热将目标界定为对女性的历史性的动员；而沃斯通克拉夫特则认为，通过坚持主张其权利，"被压迫的性别"可以实现自我改变。孔多塞的观点纯粹是理论性的，他从未在任何具体的立法提案中提出要结束将女性排斥在政治之外的现象。德古热呼吁激进分子投身于将女性从人类暴政中解放出来的斗争。沃斯通克拉夫特的方案更为激进，但也更具计划性地关注了对女性的压迫和权利的文化层面，并且远离政治冲突。所有这三种方法——哲学的、政治的和伦理的——都可以在今天关于女性权利的辩论中找到。

1790 年 7 月 3 日，孔多塞在《1789 年社会杂志》第五期发表的分析文章中，提出了女性被排除在公民权利之外的问题。他将其视为更普遍的不平等问题的一个特别案例："要么人类中没有任何一个人拥有真正的权利，要么所有人都拥有同样的权利；而投票反对他人权利的人，无论其宗教、肤色或性别如何，都因此放弃了自己的权利。"因此，拒绝将女性纳入公民社会无异于种族或意识形态的排斥，并应受到同样的批评；而反对任何形式的歧视（这种歧视由于习惯和偏见而继续盛行），则不会招致致力于使权利平等成为"所有政治制度

---

[1]　18 世纪法国启蒙运动时期最杰出的代表之一，同时也是一位数学家和哲学家。——译者注

唯一基础"的人们的愤怒。不过，直到 1789 年，孔多塞本人不是还支持根据财产才能获得投票资格吗？

因此，将女性排除在外是一种疏忽，是意识上的延迟。如果开明的人能够"冷静地剥夺一半人类"那被公认为本应属于所有理性生物的权利，从而让自己的原则受挫，那是因为他们没有保持警惕。这种失败或许是可以原谅的，因为历史上所有国家都存在男女之间的法律不平等问题，世界不可能在一天之内被重塑。然而，这位哲学家是乐观的。他认为没有理由不赋予女性平等的权利，因为没有任何理由可以为不平等现象的长期存在辩护。换言之，从历史上讲，一个在理智上站不住脚的立场，注定会在短时间内消失。如果孔多塞没有为自己的政治承诺付出生命的代价，我们很可能会对他的这个令人感到放松的论点一笑而过。无论如何，应该指出的是，孔多塞这个既勇敢又理想化的论点还包含着一个悖论：它明确提出了一个所有主张基于人权建立社会秩序的人都毫无悔意地压制了的问题，但他提出这个问题是为了证明它不应该与更普遍的平等权利分开；因此，女性的权利不应该用一套专门的理论来阐释。当平等权利不再是一个问题时，两性关系的问题就会得到解决。由于孔多塞只是在纯粹的概念层面上探讨，对实际中的性别歧视的具体性质一无所知，所以他最终拆除了可能会让女性主义武装起来的炸弹。孔多塞支持女性的论点，首先在于对所有愚蠢的歧视行为的反对："为什么怀孕和生理期不适的人不能去行使权利？而对每个冬天都会痛风的人或是容易感冒的人，却没有人想到要去剥夺他们的权利？"这位持革命立场的法国科学院院士，将女性权利问题仅仅作为一个法律逻辑问题来处理，这无疑是错误的；但他提出这一点，却是值得称赞的。

奥兰普·德古热的提议在语气和内容上都与孔多塞截然不同。她对修改有关政治参与的新法律不感兴趣。她的目的是让女性参与到一场针对男性顽固坚持不公正现象的战争中。她认为，革命只会让不公更加明显。从人类理性权利揭示的内容来看，女人对抗男人的活动遍及全球，一次次掀起轩然大波。现在则到了女人对抗男人的最后时刻。与认为性别歧视只是另一种形式的不平等的孔多塞相反，德古热认为男性对女性的暴政是所有形式不平等的真正根源。而法国大革命未能击中这一"堡垒"的根源，从而未能将其拆除。它完整地保留了专制主义的原则。自从法国大革命赋予男人们权利以来，他们就利用了这一原则，即便在与他们无法再容忍的影响做斗争时也是如此。因此，当他们在打破社会和政治枷锁（人们可能会补充说，如果没有女性的帮助，他们是做不到的）的同时，不仅延续了两性之间的战争，甚至火上浇油。如此多的抗争，如此多的期盼，最终并没有取代暴政，反而是被暴政取代！奥兰普·德古热被激怒了。

因此，革命斗争将不得不在新战线上继续进行，即保护女性免受男性侵害。这将成为革命后的新战场。德古热打响的第一枪是对革命的不足和失败的谴责：“哦，女人们！女人们，你们什么时候才能不再盲目？你们从这场革命中获得了什么好处？更加明目张胆的鄙视，更加彻底的蔑视。在堕落的几个世纪，你们仅仅统治着男人的弱点。你们的帝国被摧毁了。还剩下什么？只有对人类不公平的判罪，以及对你们基于自然智慧的命令而得来的遗产的诉求而已。”

就像马克思在 50 年后描述男人剥削男人一样，奥兰普·德古热将法国大革命描述为关于男人剥削女人的幻想的终结。她提请人们注意从多情的田园诗到轻蔑时代过渡的过程中所表现出来的道德残酷和历史整体性。动员的时候到了。“女性们，觉醒吧！全宇宙都能听到理性的警钟：维护你的权利。”在这些权利中，第一项是要求敌人进行交代的权利：“男人，你们真的公正吗？……是谁给了你们压迫我们女性的权利？”事实上，这个问题不会得到任何回应。毕竟，在专制统治下，暗黑势力篡夺了法律的地位，专制统治又会如何自我辩护？这个问题只能由女性公民自己回应，她们宣称拥有女权和公民权利，并坚持将这些权利体现到法律当中。

在号召与男性敌人作战的框架下，《女权和女公民权利宣言》的序言和十七条忠实地遵循了 1789 年 8 月 26 日颁布的《人权和公民权宣言》所确立的模式。奥兰普·德古热只是通过强调公民和政治团体同时适用于男性和女性，将法治政府的好处赋予了女性。因此，除了激发这个挑衅性文本出现的挑衅精神外，文本本身并没有什么新颖之处。德古热指出，人权既可以体现在女性身上，也可以体现在男性身上，并敦促在法律上将这些权利扩大到女性身上；这无疑是在断言所谓的普遍权利是一种欺诈，而假装代表全人类发言的男性实际上只代表了男性。通过明确且近乎痴迷地将 1789 年的《人权和公民权宣言》改为女性版，德古热抨击了男性政策，揭露了其中隐含的排斥因素，并揭示了被认为不容置疑的普遍主义存在有害的模棱两可之处。德古热宣称，“真理的光芒已经驱散了一切愚蠢和篡夺的阴云”。她可能是一位平庸的诗人，但却是一位真正的启蒙运动女性。她再也不允许自己上当受骗了。只有女性的政治警惕才能阻止男性利用法国大革命。现在轮到女性来揭示这一事件的解放意义了。

在《女权和女公民权利宣言》的第十条中，德古热说，"女性有权登上断头台；她们也必须享有平等的权利登上讲台"。两年后，在罗兰夫人被处决前几天，德古热作为吉伦特派成员被送上了断头台。她所做的贡献至死都是政治性的。

玛丽·沃斯通克拉夫特的语气又不一样了。对她和托马斯·潘恩（Thomas Paine）[1] 来说，1789 年颁布的《人权和公民权宣言》所激起的热情首先是道德层面的，这与对英国文明之贵族价值观的拒绝是一致的。尽管沃斯通克拉夫特对法国大革命一直很感兴趣（她于 1794 年出版了一部有关法国大革命的历史著作），但她并不认为女性解放的主要舞台是在政治领域。沃斯通克拉夫特雄辩地指出，国民制宪议会对女性的排斥是不可接受的，她指责塔列朗容忍新宪法中的这种缺陷是"前后矛盾"的，是"不公正"的。但是，剥夺女性的政治权利只是表征而已，实际上是一个更严重倾向的轻微征兆。这个严重倾向指的是，将男性视为人类唯一真正的代表，"女性只不过是女性生物罢了，而不能代表人类"。正是在这种区隔的基础上，人类建立了一个完整的"否认文明"，这种文明一再表现得好像女性不是理性的人。最根本的侮辱在于拒绝承认人类可以容纳两种类型的存在，可以以两种性别化的形式存在，而这两者都同样是人类。这种侮辱是由一个按照单一性别垄断所有理性原则而组织起来的社会所延续下来的。结果，所有的社会制度都在排斥女性，剥夺她们的人格，并证明她们缺乏一些基本的东西。

《女权辩护》与其说是激进的政治纲领，倒不如说是一篇关于在西方社会演进过程中性别差异状况的论文。它的主要目标不是让女性以与男性平等的地位参与政治进程，而是赢得对她们公民责任的认可。这取决于她们如何选择自己的命运，也取决于她们决定如何为社区做出贡献。这一贡献应特别符合女性的天性。尽管玛丽·沃斯通克拉夫特以让人联想到卢梭（Rousseau）[2] 的方式呼吁分担任务和崇尚母性，但她坚持认为需要以理性的方式证明女性愿意专门从事私人领域的职业。因此，被关在家里并确信这是对她无知的回报的家奴，与履行家庭主妇和共和国母亲职责的开明女公民之间，存在着天壤之别。母亲身份

---

[1] 英裔美国思想家、作家、政治活动家、理论家、革命家、激进民主主义者。——译者注
[2] 法国 18 世纪启蒙思想家、哲学家、教育家、文学家，启蒙运动代表人物之一。——译者注

是作为一项公民事务来体验的，而不是与学习和智力相对立的东西。此外，对家庭使命的误解使一些女性与家人疏远。但男性对此也负有责任，因为他们从不愿意冒险让女性对自己的职业有些许思考，而是将其作为惩罚强加给她们。

与奥兰普·德古热的征服性战斗相比，玛丽·沃斯通克拉夫特的立场似乎有些守旧。她所希望的只是让女性有权了解自己的位置，而不是卑躬屈膝地填补它。那个位置一如既往，并没有什么变化。但沃斯通克拉夫特最重要的贡献在于，解放受压迫的性别并不需要否认其身份。对沃斯通克拉夫特来说，如果女性被要求放弃她们的本性，即她们作为理性和性主体的存在，就不可能有真正的解放。"如果女人与男人一样，都有理性的天赋，那谁说男人就是唯一的法官？"这个在《女权辩护》一书开篇提出的问题是双重的：它在挑战男性专制的同时，也开辟了女性理性、女性判断方式的新视野——简言之，这是对之前主导文明的男性逻辑的理性主义替代。沃斯通克拉夫特看到了这一点。她是一位革命者，而随后的女权运动也深受她的影响。

为民主发声的一份辩护状

人类包含两种性别，由于其微妙的模糊性，真正的政治人文主义应该避免用"男人"（man）这个词来指代人类。这一观点构成了山岳派议员居约马尔在 1793 年春天提出的一项分析的基础。他提出的这一辩护状令人钦佩，其标题本身就是一项计划："对个人政治平等的支持，或者是有关权利平等和事实不平等的非常重要的问题"。在法国大革命时期，这可能是关于有必要将女性纳入民主政治体系的最为深刻，也是最现代的论文。在国民公会上发表讲话时，居约马尔重述了其他人已经提出的支持女性政治权利的主要论点。除了他作为议员发表演讲这一事实（孔多塞在他出版《论承认女性的公民权》时还不是议员）之外，居约马尔的开创性还在于提出了女性公民参与政治是民主的必要条件。反过来说，将她们排除在外不仅没有遵守 1789 年颁布的《人权和公民权宣言》和 1793 年 4 月下旬正在起草的新宣言的原则；这也是对民主的否定，是对民主运作简单而直接的阻碍。居约马尔宣称，女性是"共和国的奴隶"。作为斯巴达社会的贱民，奴隶的存在与民主制度格格不入。一个声称要捍卫现代民主文明基础的国家，竟然允许制度中存在如此明显的失调隐患，这是不可思议的。将女性排除在政治之外的理由是要求她们留在家中吗？居约马尔讽刺地评论道，如果是这样，那么"可能还需要将所有待在车间的男性排除在政治外，让他们待在车间和让女性留在家中是同等重要的"。他总结说，只要有民主，只要有积极的公民，"大家庭就必须优先于小家庭"。这对男人和女人来说都是如此。因为民主不仅是孔多塞所提倡的权利平等，而且更重要的是，民众能够有效地行使权利，最有活力地运用其力量，充分发挥其能力。因此，为了实现真正有效的民主，所有的人都必须参与其中。通过将女性囊括在内，"国家子民的数量就增加了一倍"，从而"增加了城市中的启蒙群体"。

居约马尔的立场不像孔多塞的观点那么抽象，但也与奥兰普·德古热和玛丽·沃斯通克拉夫特所持的女性主义立场不完全相同（在女性主义的时代开启之前，这两人就持有女性主义的立场）。居约马尔从政治人口学的角度进行了论证。他将民主视为一场战斗，需要所有公民做出最大程度的承诺，在质量和数量上都要达到极致——这意味着要将女性包括在内。偏瘫的民主毫无意义。任何政治人文主义都不能认真地援引这样的民主。对居约马尔来说，如果女性被排除在政治之外，那么她们就不应该被称为公民："称她们为男性公民的妻子或女儿，而不是女性公民。要么去掉这个词，要么赋予它实质内容。"最终，政治人文主义将与这种伪民主做斗争，而这场斗争将成为民主斗争的一部分——这在逻辑上需要女性的参与。从这个意义上说，女性公民革命俱乐部的成立是对居约马尔4月29日演讲的回应。

第三章 性别差异的哲学史

热纳维耶芙·弗雷斯（Geneviève Fraisse）

考虑到政治断裂和现代时期的经济转型特征，关于女性与性别差异的哲学探索必然站到了历史的十字路口，而身心二元性、自然与文明、私人生活与公共领域平衡等话题自然是永恒的哲学问题。我的目的在于详细研究自康德（Kant）的最后岁月始，直至弗洛伊德（Freud）的第一篇论文发表之前的这段时间里，哲学家们如何看待这些古老而传统的问题。[1] 从 19 世纪的情况来看，人类的历史存在两种意义：人们看到革命性变革是可能的，并意识到人类本身会随着时间推移而改变。某些原先公认的理解人与世界之间关系的方法失效了；结果，对女性的概念化虽然强烈抵制变革，但变得不稳定了，哲学家们对此做出了反应。因此，在历史变化所导致的男女关系的形成与女性解放的可能性之间，一些人对性别不平等提出了挑战，一系列哲学思考奠定了某些据称无可争议的真理（或者是就此表达了某些粗略的判断）。此外，这些思考是用形而上学的语言完成的：出于质问的目的，"同一者"（the Same）和"他者"（the Other）被作为了性别差异的幌子。

对性别不平等的挑战之所以成为可能，是因为人们相信一个新的时代已经到来，这是一个倡导个人自由和主体自主的时代。鉴于男人和女人都是理性的存在，所以有人认为他们都可能被视为哲学意义上的"主体"，但也有人对此予以否认。但是，从独立的自主主体的角度来思考的话，需要以新的方式看待两性关系，并重新构建每个性别的身心关系。这也引发了关于自然在人类世界中的地位，以及"他者"在哲学思想中所发挥的作用的新问题。

更具体地说，女性主体的表现是围绕三个中心主题构建的。这三者都引发了大量的评论：第一，家庭，既被理解为婚姻的产物，也被理解为社会的基本细胞；第二，物种，人们认为人类生命的目的正是在于延续物种；第三，财产及其必然结果，工作和自由。

哲学家们（当然都是男性）天生都痴迷于女性解放的前景，并将其作为个体主体出现的必然结果。但是两性关系构成了讨论女性解放问题的背景。哲学家们分为两个阵营：一些人认为两性之间的关系将是和平与和谐的，而另一些人则预计会有战争。对立双方都在思考爱的定义。毕竟，爱是生活中至高无上的快乐，也是最卑微的痛苦的焦点。正如费希特（Fichte）所观察到的，随着19世纪的到来，对性别不平等的考虑似乎成了一个紧迫的问题。

因此，这一时期产生了大量关于女性和性别差异（这两个主题有所重叠，但并不完全一致）的原创性的思考。对于我即将讨论的文本，我发现了很多令人惊讶之处。我希望能向读者分享这些。这些文本是根据两个标准选择的。关于作者的选择，考虑到与这些问题相关的文本数量很多，我有义务优先考虑那些被普遍认为是"伟大"哲学家的作品。而关于主题的选择，我不得不将注意力集中在性别差异的具体问题上（女性主体及其与男性的关系），而回避了性别差异如何与每个哲学家思想的整体结构相关的更宏大的问题。此外，为了简化问题，我将重点放在政治和形而上学的交叉点上。

家庭、主体和世界的性别划分

19世纪早期的哲学家们接续了法国大革命之后与两性关系相关的文本所未完成的事业，主要关注的是法律问题：不是直接关注与女性相关的法律，而是关注两性关系（婚姻）的法律地位或其他方面。女性是应该被视为法律意义上的"主体"还是男性的附属——作为自由的法人还是附属品——则是个次要的问题。费希特、康德和黑格尔（Hegel）的观点或许可以代表这场辩论中的主要立场。

费希特准确地指出了问题的症结所在：婚姻不是"像国家那样的法律的结合"，而是"自然与道德的结合"。因此，自然法不足以决定婚姻中什么是"必要的"。

费希特认为，婚姻是建立在两性性本能基础上的"完美结合"，除此之外没有其他终途。婚姻在两个人之间建立了一种"纽带"。这种纽带就是爱，"爱是自然与理性最紧密的结合点"。正是自然与理性之间的这种关系创造了"法律空间"。只有当婚姻存在时，法律才会介入。因此，在没有任何法律之前，女性都是自愿服从男子的。

费希特与他同时代的康德的观点截然不同，康德将婚姻视为"契约"。对康德来说，婚姻不仅仅是"两性之间的自然性交"或"简单的动物天性"的表达。它是受法律约束的。女性可以享受男性的性器官，反之亦然；因为在合法占有关系中存在互惠关系，这就建立了契约。法律进一步规定，男人发号施令，女人听命服从。

在数年之后，黑格尔对康德的理论表示"恐惧"，并将婚姻描述为"一种直接的道德行为"，自然的生命由此转化为精神统一体，即"有意识的爱"。婚姻既不是结合，也不是契约，而是两个情投意合的人组成了"一个人"。因此，婚姻首先是一种道德纽带。只有当家庭（它也是一个独特的法律"人"）解散，它的每个成员都成为"独立的人"时，法律才会介入。婚姻的本质发生在道德领域；它是"一种自由的道德行为，而不是自然个体及其本能的直接结合"。一家之主（即男人）即为"法人"。

在关于性的本质、法律制度在界定男女关系中的作用，以及以某种方式在男女的自然关系中若隐若现的道德等方面，我们的三位哲学家并未达成一致。然而，这三者都接受了女人对婚姻和家庭的依赖和牺牲。即便如此，康德和费希特还是试图通过主张男女具有同样的自由和理性，来强化各自的观点。对康德来说，这种平等是由合法婚姻占有的互惠性来保证的，这本身就基于双方的同意，证明了他们的自由。自由人必然是理性的。康德在探讨人类学时说，正是通过理性，女人才发现自己一生的特殊使命在于繁衍后代。因此，女性在婚姻中的依赖性和物种保护中的从属关系与自由或理性并不矛盾；事实上，这恰恰符合所有人平等，特别是男女平等。

费希特以直面问题者的严谨态度来展开他的论证。他不会像其他哲学家那样，仅仅是顺便解答这道难题。他认为，女人通过成为达到目的的手段（目的是满足男人）来维护（并保持）她作为人的尊严，也就是说，通过不再把她自身作为目的，来展现自己的自由意志。这种行为的名称是爱，是"性本能在女人身上表现出来的形式"。因为与男人不同，女人不能自我承认自己有性本能。这样做就是放弃她的尊严。理性的尊严要求女人成为"达到她自己目的的手段"。将这种推理视为循环推理是错误的。费希特正是基于性，而且仅仅是性，"为区分两种性别的一切奠定了基础"。

从上文可以看出，女性的依赖性使她无法拥有"公民人格"（康德）。此外，如果一个女人是一个"公民"（如费希特所说），那么她就必须将该公民身份的代表权委托给一个男人。两位哲学家都承认存在未婚女性、老处女和寡妇。尽管费希特承认，这些女性可以成为公民，而无须将其公民身份委托给男性，但他拒绝让她们担任公职。他认为，对于一个女人来说，参与公共生活比参与政治工作还要糟糕。女性在家庭中占有一席之地；家庭是她们的领域。

黑格尔详细阐述了家庭领域和公共领域的划分，这与两种理性的划分相吻合，一种理性追求自主性和普遍性，而另一种理性则保持被动并依附于具体的个体；其中一个面向国家、科学和工作，另一个则转向家庭和道德教育。古希腊悲剧《安提戈涅》是黑格尔最喜欢举的一个例子，它象征着两种法律的区别：男人的法律和女人的法律；国家的具体法律和家庭虔诚的永恒法律；人的法律和神的法律。根据辩证法，它们之间的平衡可能是和谐的，也可能是有争议的。无论如何，家庭领域和公共领域的划分是两种法律相互作用的产物，当家庭和公民价值观发生冲突时，通过对社会环境中偶然个体的扬弃，道德人格便产生了。

在这一点上，我想停下来考虑一下性别不平等的问题。女人可以是女儿、妻子、母亲或姐妹。她与男人平等的唯一角色是姐姐（古希腊神话人物安提戈涅就有姐姐的身份）。只有男人才能跨越家庭与城市之间的鸿沟。男性可以同时了解公民身份的普遍性和欲望的独特性，并从这种双重性中获得女人所没有的优势、自由和自知之明。女性只具有关于家庭定位（妻子、母亲）的普遍性，而没有欲望的独特性。最后，在家庭与公民价值观的辩证对立中，公民社会的基础取决于对女性特质的积极压制。然而，女性特质不会简单地消失；相反，它作为"社会永恒的讽刺"而存在。

在对两性如何划分空间进行反思的过程中，费希特得出了他所谓的"两性分离法则"。其他哲学家将该"法则"作为讨论男女二分法的基础。例如，我们可以看看黑格尔对性别差异的运用。从性关系、交配和生育开始，黑格尔发展了一种自我与他者的辩证法。在这种辩证法中，男性从女性那里认识到自己，反之亦然；根据差异的逻辑，他将意义定义为通过差异产生的统一性。所有的自然哲学体系，尤其是与黑格尔同时代的谢林（Schelling）的哲学体系，都是基于二元论的思想以及将其加以融合的解决方案，特别是关于有限与无限之间的紧张关系。自然对两性的划分，反映了（有限的）个体为（无限的）人类服务的事实。这种二元性对生命和自然的延续至关重要，与唯心主义的原则背道而驰，辩证法的必要性由此而来。19 世纪的形而上学在二元性、关系，以及对立统一的概念上蓬勃发展，性别差异是其中的一种表现形式，甚至可能是一种基本的隐喻。

与我们迄今为止讨论的哲学家不同，18 世纪末、19 世纪初的德国浪漫主义者，尤其是弗里德里希·施莱格尔（Friedrich Schlegel），似乎感受到了自由之风的冲击。施莱格尔的《关于哲学的信件》（*Letters on Philosophy*）是写给妻子多萝西娅（Dorothea）的，他将当时的清规戒律抛诸脑后。他的小说《卢琴德》（*Lucinde*）也是如此。施莱格尔谴责针对女性和婚姻的偏见，并对有关女性智力的观点提出了疑问；他还触及了女性快乐的主题（肉体和精神），并考虑到自由方面的性别差异。施莱格尔对这些问题的态度非常现代，在他生前和身后均引发了轩然大波。哲学家和神学家施莱尔马赫（Schleiermacher）为施莱格尔的立场辩护，并表示希望女性能赢得"不受性别限制的独立"；而丹麦哲学家克尔凯郭尔（Kierkegaard）则在 40 年后通过著述，抨击了施莱格尔的浪漫主义文本不道德。施莱格尔的著作在出版后很长一段时间内仍继续引发热烈反响。冒犯克尔凯郭尔的不仅仅是"肉体的平反"，更让其怒不可遏的是浪漫主义态度带有诗意特征的自以为是。实际上，克尔凯郭尔非常敏锐地发现施莱格尔对两性之间智力交流的重视，这模糊了感性与思想之间的区别。因此，在克尔凯郭尔看来，婚姻是不道德和反宗教的。

消除肉体与精神之间的矛盾，并希望一个男人和一个女人可以在一起探索"人性的所有层次，从最旺盛的肉欲到最精神化的灵性"；这比单单强调肉体或仅仅表达对精神的热情，要更为严肃、更为重要。与其说男女之间交流的平等可能是性别差异（给予或接受某种形式，创作诗歌或哲学）的结果，还不如断言两性间具有绝对的平等身份。最后，断言"两性之间的差异只是外在特征"，"与生俱来的自然职业分工"，就必须有意识地颠覆这种差异（"只有温柔的男子气概和独立的女性特质才是公正的、真实的和美丽的"），这才使得上述争论进入尾声。

在法国，引发争论的不是施莱格尔，而是夏尔·傅立叶（Charles Fourier），尽管他从未获得德国浪漫主义者那样的恶名。直到1830年，傅立叶的作品几乎不为人知。然而，后来的女性解放理论无一不对他的开创性努力表示敬意。傅立叶的思想更关注自由，而不是平等；更关注思想上的解放，而不是形式上的解放。他拒绝以人的权利为出发点，并拒绝将社会契约视为对现代个人的保护。在他看来，人权只是掩盖了关键的现实：首先是经济，显然还有工作权。文明社会的婚姻是对女性的"压迫和贬低"的缩影，傅立叶对此展开了激烈批评。他以揭露婚姻唯利是图的现实和经济基础（金钱和财产）为开端，对婚姻及其在现代社会所产生的成见进行了道德批判。就此而言，傅立叶是一位意义深远的创新者，马克思应该也是受到了他的影响。对于那些"关心家庭秩序只是为了收紧弱者身上的枷锁"的哲学家，傅立叶从未错过任何一个谴责的机会。德国的法律哲学家没拿出什么东西来反驳傅立叶，而包括卡巴尼斯（Cabanis）在内的思想家也没有。卡巴尼斯提出了一套关于性别不平等的科学理论（身体对道德的影响从本质上决定了女性的社会角色）。

因此，傅立叶的乌托邦意味着自由：女性个体的自由（根据傅立叶的说法，只有四分之一的女性适合家庭生活）；模仿男人的自由（根据傅立叶的说法，竞争是健康的，他在这一点上与同时代的大多数人意见相左）；以及男女之间"激情吸引"和"交往"的自由。按照傅立叶的说法，性关系既不会产生契约，也不会导致结合；如果说自然秩序存在于性关系中，那它也存在于欲望的自发性中，它并不是家庭的基础。

傅立叶的乌托邦也是社会性的，因为全人类的进步和繁荣取决于女性的自由程度。他的看法对19世纪很重要：这完全是一个决定现代性进步是否包括女性的问题。在法国大革命结束后，女性原则上被包括在内，但事实上被排除在外，正是由于这种矛盾，女性解放的历史开始了。

英国哲学家的观点也缺乏统一性。功利主义者杰里米·边沁（Jeremy Bentham）对赋予女性公民身份持怀疑态度。如果个人利益比人权更为根本，那么普遍选举权（这是当时争议的核心）就不能再被视为理所当然，因为一个人就可以代表其他几个人的利益。女性天生处于从属地位，这既是给予她们政治平等的理由，也是拒绝给予她们政治平等的理由。尽管边沁有所犹豫，但他后来逐渐同意普选的民主原则。相比之下，最初比边沁更为民主的詹姆斯·穆勒（James Mill）在 1820 年写道：那些其利益无可争议地被其他人的利益所包含的个人应该被排除在投票之外。妻子（或孩子）的利益被丈夫（或父亲）的利益所包含，因此她不需要投票权。在否定两性平等方面，基于功利和利益的哲学要比基于权利的哲学更为灵活。作为对詹姆斯·穆勒的回应，边沁和罗伯特·欧文（Robert Owen）的共同朋友威廉·汤姆森（William Thompson）出版了《一半人类的诉求：女性对抗另一半的自命不凡》（*Appeal of One Half of the Human Race*，*Women*，*against the Pretensions of the Other Half*，*Men*，*to retain them in political*，*and thence in civil and domestic slavery*）一书。因此，女性主义时代是从乌托邦开始的，后来又有了新的声音。我们稍后将会谈到詹姆斯·穆勒的儿子约翰·斯图尔特·穆勒（John Stuart Mill）对两性平等的哲学承诺。

爱、冲突和性的形而上学

在哲学家们开始明确地探讨女性解放之前，无论是用论证的措辞或暴躁的修辞来反对它，还是在理论的基础上支持它，他们都会停下来谈论爱情、诱惑和贞操，谈论性的形而上学和两性的二元性，以及植根于社会性和生物性生活的本体论性质的互补性。在这样的讨论中，女性主义的话题隐藏在其中。在哲学家当中，至少叔本华（Schopenhauer）、克尔凯郭尔和奥古斯特·孔德（Auguste Comte）认为，女性解放的问题是荒谬和愚蠢的。显然，对他们来说，真正的问题存在于别的地方。

有趣的是，这些哲学家的传记表明，他们进入哲学舞台的时间恰好与他们作为性存在的出现相吻合。事实上，在他们的生平当中，他们各自与女性争吵的内容经常会被纳入他们的哲学文本中。叔本华在父亲去世后与母亲决裂了；克尔凯郭尔则以惊人的方式解除了婚约。然而，私人生活在哲学领域的存在不仅仅是逸闻趣事。令人讶异的是，哲学家是以性存在的身份出现的。更令人讶异的是，他们揭示了自己的性存在。奥古斯特·孔德的例子堪称经典：先是他的爱侣克洛蒂尔德·德·沃（Clotilde de Vaux），后来是他的仆人，她们不仅对孔德有关女性的思想做出了贡献，而且也对他的整个哲学体系做出了明确贡献。两性关系是哲学研究所固有的话题吗？

克尔凯郭尔关于爱情、订婚、婚姻、婚姻生活等方面的大量文本可能表明，这个问题的答案是肯定的；而他的思想不仅反映了整个物种或人类的普遍观点，而且反映了有关性关系独特性的主观个体的观点，这一事实进一步强化了上述结论。人们可以将此称为一种永远不会再回到黑格尔绝对哲学的存在维度。叔本华充分意识到了这种观点的新颖性："就像诗人困惑于自己的处境一样，哲学家也将自己设定为思考的主题，与其对此感到惊讶，倒不如对一个在人类生活中发挥着如此重要作用的主题，而实际上哲学家却从未对其予以考虑过感到惊讶。"

叔本华著述了关于爱情的形而上学。出于性本能，爱在个体的意识中发展和表达。它在两个极端之间蓬勃发展：一方面是轻浮的关系和风流的韵事，另一方面则是物种的迫切利益和自然的坚定意志。更准确地说，爱是性本能的面具，是大自然为达到其目的而设计的策略或诡计。而个人则是受骗者，被幻觉所蒙骗。在这篇形而上学的文章中，个人的问题因叔本华著名的悲观主义而悬而未决。在其他文章中，无论是男性还是女性，个体都受到了不同的对待：尽管男性可以超越自然的意志，达到一种孕育着各种可能性的纯洁的禁欲主义状态，但女性的诞生仅仅是为了物种的繁衍。

然而，爱的形而上学是对两性关系、男女对应或互补的反思。除了使生存意志永存的自然诡计（叔本华形而上学的一般基本原则）外，两性还分担了遗传责任：父亲决定孩子的性格或意志，母亲决定孩子的智力。考虑到过去哲学家们经常质疑女性是否具有理性，并以女性的理性能力较弱为由认为女性应处于低下地位，因此将理性能力赋予女性可能会让人感到惊讶。叔本华自己也谈到了这一点："所有的哲学家都错了，因为他们把形而上学的原则，即人类不可摧毁的和永恒的东西，置于理智中。"事实上，受大脑制约的智力，与大脑一起生存和死亡。只有意志是可传递的；只有自然的意志，生存的意志，才能免于死亡。因此，叔本华并不是在思想的最高境界中寻求形而上学，而是在通过生殖获得永生的原则中寻求形而上学。通过赋予女性许多其他哲学家所否认的权利，他对性别差异的思考有了惊人的转变。

然而，当叔本华从爱的话题转向性差异、转向世界性别化的形而上学，当他将女性作为男性话语的对象时，他的语气发生了变化，厌恶女性的观点占了上风。介于男人与孩子之间的女人，充其量只是一种昙花一现的美貌，而这样的美貌不过是大自然引诱男人和延续物种的诡计。女性可能是个美丽的事物，但她本身对如此美貌没有要求。她是第二性，与第一性没有任何平等之处。而女性脆弱的理性是显而易见的，介于愚蠢与适切之间。叔本华认为，"日耳曼—基督教"犯了错误，将女性置于"女士"（lady）的位置，而不是给她指派一个主人，并实行一夫多妻制。因此，他以一种极具影响力的方式，将性的形而上学与对女性的单纯看法区分了开来。在这个形而上的体系中，女性的作用被简化为延续物种，从而巧妙地避免了早期对性别差异的法律哲学分析。通过这种方式，这个问题被非政治化，某些保障措施（例如在法律哲学框架内似乎不言自明的抽象的两性平等信念）现在消失不见了。赤裸裸的厌女症（后来与意识形态混合在一起）因此可以不受约束地大肆发展。

克尔凯郭尔的哲学研究围绕婚姻而展开。他沉思于爱，首先是对他人的爱，然后是对真理的爱（超越了一般意义上的真理，是对上帝的爱），以及肉欲和哲学意义上的情色。他对欲望、性别差异和性进行了非常彻底的质疑、描述和阐明。克尔凯郭尔对哲学的研究是主观的，他将自己的历史置于其中，并将其他主观性因素戏剧化（甚至到了使用各种化名的地步）。他的作品必须首先被理解为承认人的欲望的存在。就此而言，无论是在对主体的选择上，还是在对主体的处理方式上，他都极具创新精神。

克尔凯郭尔对施莱格尔（在小说《卢琴德》中）提出的浪漫爱情主张持批评态度，因为这种基于肉欲的爱情扭曲了永恒的价值观，并可能激发女性对解放的渴望。而这种渴望理应受到谴责。克尔凯郭尔认为，浪漫爱情的误导之处在于，它故意忽视了基督教对文明的根本影响，即使肉体与精神为敌。这种肉欲与精神状况之间的紧张关系是我们对待爱情的所有态度，忽视这一点是没有意义的。通过对订婚和婚姻的冗长分析，克尔凯郭尔区分了爱情可以在三个不同的层面展开：审美层面，爱情与当下相关；道德层面，与时间相关；以及宗教层面，与永恒相关。显然，人无法在不损害自己的情况下放弃与永恒的关系；他的有限性只有在与无限性相关时才可以忍受，这一悖论在肉体与精神的冲突中得到了具体体现。因此，人们可以在审美层面和道德层面（通常是婚姻的阶段）找到永恒，在宗教层面找到审美；但那只有经过对类似克尔凯郭尔所写的《诱惑者日记》这样详尽的爱情策略教科书的漫长讨论之后才可能。此外，他认为调和这些相互矛盾的冲动的一种方式是选择保持忠贞，这也就不足为奇了。

男人与女人有什么区别？虽然可以通过对欲望的反思进而从哲学上理解这一点（尽管没有任何固定规则予以规定），但它在不断变化的现实中更容易被感知。因此，男性中女性的存在，即人类的双性恋，是两性之间相互作用的一部分。没有相互的自由，就不会有诱惑；没有另一方的认可，就不会存在对他者的占有。克尔凯郭尔的多情辩证法仅在一个方面背离了传统的女性形象：物种的生存只是婚姻的数个目的之一，因此女性并没有完全沦为生育的角色。相反，她变成了"男人的梦想"、"不完美中的完美"、自然、外表、即时性，她是阻碍男人前进的一切，阻止了男性与绝对的直接接触。"女人解释了有限；而男人则追求无限。"因此，男人会说，如果女性解放之蛇惊动了他的女人，"我会失去勇气，我的灵魂对自由的热情会减弱。但我知道我会做什么。我会去集市，我会像自己的作品被摧毁的艺术家那样哭泣，尽管别人并不知道这位艺术家的代表作是什么"。

性别差异意味着他者的存在，既然男人是哲学话语的主体，那么哲学话语的客体必然是另外一半，也就是女人。

夫妻——一半和另一半，男人和女人——在形而上学的思想中重新获得了中心地位。双重性的思想——内在于人的精神与肉体之间的二元论，以及外在于人的自然与上帝之间的二元论——应该植根于性差异的观念，这一点毫不奇怪。黑格尔的辩证法已经强调了这一点。

现在让我们从形而上学转向路德维希·费尔巴哈（Ludwig Feuerbach）和奥古斯特·孔德。在他们各自对形而上学的批判中，性别差异发挥了根本性的作用。事实上，在这两个人所批判的形而上学学派中，性别差异也起到了同样重要的作用。费尔巴哈是基督教的批评者，孔德是一种新宗教的先知，但两人的批评都是基于男女二分法。

在《基督教的本质》一书中，费尔巴哈将人类（必然存在性别之分）与基督教中的人进行了对比。他说，基督教中的人是无性的，或是被阉割的。他对宗教这一人类的产物提出了批评。在这种产物中，上帝是按照人的形象创造的，这种形象消除了具体差异，特别是性别差异，以支持空洞的普遍性："独身生活，即一般意义上的禁欲生活，是通向不朽生命的直接途径；因为天堂不过是绝对主观的、超自然的生活，从性别和性中解放了出来。个人不朽的信念基于这样的基础，即相信性别之间的区别仅仅是个体的外在现象，个体本身绝对是没有性的，是自给自足的存在。"

现在，性的确定性是人类本质的"亲密的化学成分"。此外，人离不开身体，身体是"基础，是人格的主体"。但是，"倘若没有血肉，身体就什么都不是……但是，如果没有性别差异的基础存在，血肉也就什么都不是。性别差异不是表面的，也不仅仅局限于身体的某些部分。它充斥在骨髓和骨骼中……人格在本质上分为男性人格和女性人格。没有你，就没有我"。

与害怕性别差异和肉体的基督教相反，费尔巴哈相信"真正的差异"及其相互依赖，即我和你、男性和女性的互补性。显然，当他对基督教选择让少数人（牧师）独身，而其他人可以结婚进行讽刺时，费尔巴哈并没有将贞操视为一种美德。婚姻使得人们在满足大自然要求的同时否定大自然成为可能，这就是为什么说"原罪的奥秘就是性快感的奥秘。所有人都是在原罪中孕育的，因为他们是在快乐和肉体的欢愉中孕育的"。拒绝婚姻的基督徒不能容忍这种矛盾。在这里，我们远远不是将爱情和婚姻视作生殖的功用。如果说费尔巴哈强调肉欲和享乐的重要性，那么他也非常强调两性的互补性。他援引了传统上的阳刚与阴柔、主动与被动、思想与情感直觉之间的对立，但主要是为了表明：为了未来的和谐，如果没有两性结合和互惠的完成，差异就不能持续。性具有二元性的概念受到互补性概念的限制，因此两性的自由受到严格规范的游戏规则的限制。

两性互补的观念在奥古斯特·孔德的思想中也可以找到。孔德对两性互补的探讨是以社会和宗教为背景的，而生物学是其论点的关键基础。实证主义哲学通过援引科学结论来论证自己的观点，这并不让人觉得奇怪。但应该指出的是，直到19世纪40年代，生物学才真正被认为是一门科学。正如孔德在1843年写给约翰·斯图尔特·穆勒的信中所言，生物学明确地证实了"性别等级制度"。在女性被赋予情感，而男性被赋予智力的永恒本性的背景下，孔德针对男性与女性的主题作出了调整。在孔德思想演变的每一个阶段，他都对女性给出了不同的定义，而没有对他的差异化体系进行任何真正的修改：（根据约翰·斯图尔特·穆勒的说法）在孔德关于社会的最终方案中，女性并没有被视为长得过大的孩子，而是被尊为女神。穆勒当时正在撰写一部关于女性屈从的图书。在大约25年之前，约翰·斯图尔特·穆勒与孔德之间的重要通信因二者在两性平等问题上出现意见分歧而中断。

在孔德看来，女性生活在"激进的童年状态"。她们的位置是在家庭当中，在基于性别等级的家庭生活当中。她们与男性的关系不是平等的，她们是男性的伙伴。除了母职功能外，她们还是社会情感的来源。作为精神方面的传道者，她们肩负着实证哲学到来时要完成的使命。女性代表着"情感性别"。就这方面而言，她们的生活并不完全局限于家庭领域，因为她们在未来的宗教中发挥着作用。事实上，实证哲学既可以通过大脑来理解，也可以通过心灵来理解。

孔德与克洛蒂尔德·德·沃的关系，以及在她去世之后，他为纪念她而建立起来的宗教体系，都没有从根本上改变那个体系的结构，只是赋予了它新的意义。新的意义主要体现在语言上：女人——女儿、母亲、姐妹——成了男人的"天使"和人类的女神。新宗教取代了旧基督教，将圣母置于中心地位。因此，性互补的概念也可能导致对女性表现形式的极度夸大。

奥古斯特·孔德将自己的私人生活带入了著作当中，我们无须事后分析就能证明这一点：女性是他哲学思考的核心。这一事实再一次被证实不仅仅关乎坊间津津乐道的逸闻趣事。这影响到了孔德话语的地位。这位哲学家本人谈到了"我的私人生活与公共生活之间的根本联系"。不仅仅是女人和女性的存在，男人和女人的结合也在他的思想中产生了影响。需要指出的是，当圣西门（Saint-Simon）说"男人和女人是社会的个体"时，他就为19世纪30年代的乌托邦社会主义思想以及奥古斯特·孔德的思想铺平了道路。孔德当时是圣西门的秘书。事实上，与二元论哲学一样，实证主义对男人和女人结合的阐述也受到严格约束；任何改变都是不可想象的。孔德因此成为婚姻的辩护者，他反对女性担任任何公共角色，并赞成她们被社会和政治生活"有益地排斥"，而她们唯一的途径是"间接参与"。他还感谢莫里哀（Moliere）如此恰当地表达了限制女性教育的理由，并谴责新生的女性主义是没有任何前途的"内乱"。

自主、解放和正义

在19世纪中叶，这些问题似乎已经得到澄清。政治史和哲学史改变了问题的本质。在法国大革命之后，对女性的思考一方面受到权利领域的影响，另一方面受到自然领域的影响。接下来，它在某些方面采取了关于爱、人类欲望和超越差异的话语形式，在另一些方面则采取了关于差异的形而上学的话语形式。

再后来，它又回到了家庭和公民社会的问题，以及一般的内在性问题上。社会压力以及对宗教的批评占据了中心位置，而对人类繁衍的关注则退居幕后。

与此同时，哲学家们厌女的本质发生了变化，这无疑是因为现在对女性解放究竟意味着什么有了具体了解，而且女性主义作为社会和政治运动正在成为公共现实。虽然某些哲学家，如皮埃尔·勒鲁（Pierre Leroux）、卡尔·马克思和约翰·斯图尔特·穆勒以仁爱之心谈论女性，但其他人［如蒲鲁东（Proudhon）］则遵循康德、叔本华，以及法国大革命意识形态的传统，不确定是要将女性完全排除在政治之外，还是将她们列为有害力量。人们对形而上学的批判，对性别差异的表征产生了矛盾的影响。

作为一位解放理论家，皮埃尔·勒鲁讨论了权利、爱、性别认同与差异。他可以被视为过渡性人物，介于早期的乌托邦主义者、圣西门主义者和傅立叶主义者，与即将出现的革命理论家马克思和蒲鲁东之间。通过对宗教的支持，勒鲁表明他的思想仍然停留在19世纪初，但他对正义的呼吁使他得以与成功的激进分子相提并论。而爱情是他试图将某些新话题联系起来讨论的中心术语。

勒鲁并没有从性和生殖现实，或者从欲望与诱惑的关系来看待爱情。与之相反，他将爱情定义为"最神圣形式的正义"。神圣的正义不甘于满足纯粹的平衡，不可避免地会争取更多的东西：爱情。上帝既不是男性，也不是女性（尽管有圣西门主义者暗示是女性）："上帝存在于他与她中间。只有当他和她通过第三个原则（爱）结合在一起时，上帝才能显现出来。那时，也只有那时，我们所区分出来的两个原则才会显现出来。同样地，只有当爱将男人与女人结合在一起的时候，男人与女人才会显现出不同的性别。从某种意义上说，在爱情降临和成为夫妻之前，女人是不存在的；因为在此之前她不是以女人的身份存在的，她只不过是个人而已。"

这段话清楚地表明，对于勒鲁而言，相关的形而上学不是二位一体的形而上学，而是三位一体的形而上学。这就是他对世纪之问的回答。在回答这个对立问题的过程中，两性的问题最终被包含在第三个术语当中。有了这个三位一体，勒鲁就能够将性别认同和性别差异概念化。他还可以肯定男女之间真正平等的可能性。这就是他的思想新颖和有趣之所在。勒鲁确定了两性关系的两个领域：性爱领域，以及女性个体的社会处境领域。一个领域以性别差异为特征；另一个领域则不是。女性特质是个体区别于其他人的一个显著特征。这是一种可能性，女性可能意识到，也可能意识不到；如果她意识到了，她最终可能会通过成为妻子和母亲来展现女性特质。因此，要对女性、妻子和人类进行区分：女性以在经典爱情关系互补性中的性别差异为标志；妻子体现了完整关系的社会现实，但尊重男女之间的"平等"；而人类只承认两种性别的相似性，因为两者都是人类个体。

这些细微差别之所以有趣，有两个原因。首先，它们允许勒鲁批评当时业已出现的对平等的误导性承诺，包括《拿破仑法典》中的形式平等（事实上，该法典规定了妻子处于依赖地位），以及圣西门主义者所践行的平等理念（他们倡导自由恋爱，实际上导致了女性的屈从）。真正的平等是公正的，而公正并非源于空洞的抽象。性别差异和传统的女性受奴役的地位的持续影响使得简单化的断言毫无价值，平等的具体化至关重要。

第二，由于爱情是超越两性二元论的第三个术语，勒鲁无法接受在他那个时代已经开始以"暴动"形式出现的两性战争。他说，女人会解放男人，反之亦然。这就是男女平等主义的前景：对于因性别而存在的"女人"来说，平等并不重要；但对于"妻子"和"人类"来说，平等是必不可少的。

马克斯·施蒂纳（Max Stirner）对皮埃尔·勒鲁的立场发起了全面攻击。在施蒂纳看来，他的同胞和辩论对手费尔巴哈与勒鲁持有同样的观点。对于勒鲁和费尔巴哈的著作，施蒂纳反对的是他们将爱神圣化，尽管他们对上帝和宗教进行了批评，但恢复了神性，换言之，这是一种将以前归属于上帝的价值附着在人身上的人文主义，其中包括了爱情、家庭、男人、男性气概和女性特质等概念。如果像施蒂纳所提出的那样，我们从个人的概念出发，那么很明显，个人既是独特的又是自私的，也就是说，在被男性和女性价值观定义之前，个人由自我来定义。

凡是人都有性别，但男性和女性并不总是"真正的阳刚"或"真正的阴柔"。性别是一种自然决定的特征，而不是一种可以达到的理想。在每个人身上，它都是独一无二的、无法比较的。费尔巴哈无法理解这一点，在他与施蒂纳的辩论中，他将施蒂纳提出的自我视为"无性的自我"。但施蒂纳很清楚自己的逻辑要延伸至何处：他拒绝所谓的价值观，而是强调个人的独特意志。无论是物种还是家族，都没有将其目的强加给个体。个体更多地属于自己，而不是任何超验的实体。无论是通过婚姻、家庭还是国家，个人均不构成社会。此外，社会还创造了依赖关系。因此，施蒂纳提出"联合"是将个人联系在一起的唯一有效方式。

这种对独立个体地位的强调，将讨论的焦点转移到了性别差异上。个体是有性别的，即使他们在思维方式上也存在性别差异，但这种性别特征并不是以相互补充或各居其所的形式表现出来的。二元论的表述不再合适，但这并不意味着人文主义所提出的"抽象的人"可以作为替代品。讨论两性关系的术语再次发生了变化：在这场新的讨论中，家庭（而不是夫妻或婚姻）作为问题的核心因素介入了个人与社会之间。事实上，两性之间的关系问题可以依据自主的个体来进行阐述；个体是家庭的成员，家庭则是社会的组成单位。

在早期的著作中，卡尔·马克思拒绝了费尔巴哈的本质主义和施蒂纳的个人主义。在马克思看来，当真正需要回归事实（更准确地说是要回归社会事实）时，两位思想家都在玩弄概念。例如，一个事实是，资产阶级家庭与无产阶级家庭是不同的。施蒂纳批评的家庭是占主导地位的资产阶级家庭，但还有另一种家庭，即无产阶级家庭，它正处于被资本主义摧毁的过程中。无产阶级家庭所表现出的一系列关系与资产阶级家庭并不一样。尤其是，所有权和商业是资产阶级家庭的驱动因素（这涉及女性、儿童以及财产）。对于傅立叶率先攻击婚姻，并将家庭视为财产关系体系，马克思表示赞扬。在这种财产关系体系中，女性被视为商品。

对马克思来说，家庭始终是一个历史现实。在《德意志意识形态》一书中，马克思批评施蒂纳的家庭观念是抽象的，而不是历史的。家庭随着时代的变化而演变，要求废除它是荒谬的。在可以追溯至1842年的一些早期著作中，马克思宣布自己赞成一夫一妻制和离婚（这与黑格尔所说的家庭"神圣化"正好相悖），并多次批判原始共产主义及其"共妻"的行为。事实上，"共妻"的行为早已存在，它被称为"卖淫"；女性作为商品在男性之间流通，而男性将她们作为物品加以占有。

通过解散无产阶级家庭，并将女性置于劳动力市场（使她们成为生产工人和生育母亲），现代资本主义将女性从私有家庭财产领域中移除了，从而不知不觉地启动了女性解放的进程。实际上，雇佣劳动是女性走向自主的第一步，共产主义应该通过结束私有财产和改变生产制度来最终实现女性自主。经济（而不是法律）是女性解放的根源和新家庭结构的基础。

在《1844 年经济学哲学手稿》中，马克思试图从哲学上把家庭定义为主要的社会关系，将女性定义为使男人能够创造这种主要社会关系的自然存在。人类关系的发展超越了自然所能提供的一切，家庭是自然与社会之间的桥梁，是每个社会的主要组成部分。在此过程中，女性成为男性的第一财产（与他的孩子一道成为他的奴隶）。因此，在资本主义社会中，女性应该会沦为一种商品，这是合乎逻辑的。女性最初是自然存在的，后来变成了市场商品：她重获人性的唯一希望在于家庭和社会关系的进化。

后来，当社会细胞的历史得到更充分发展时，恩格斯又回到了这个主题：家庭的演变、起源和未来。当马克思在 19 世纪中叶写作时，家庭仍被视为不可改变的本质，只有傅立叶才能做出其他设想。傅立叶也是婚姻和家庭经济分析的开创者，而马克思让这场辩论具体化了。马克思指出，女性可以不再是（家庭和社会）生产的工具，而成为生产系统中的工人和私人生活中的独立个体。

事实上，撰写一部有关家庭的历史的时机还不成熟。蒲鲁东与马克思生活在同一个时代，他也是马克思的对手。蒲鲁东将家庭和婚姻视为两性关系永恒不变的具体体现。与此同时，经济现实（而不仅仅是形而上学的争论）再次确认了家庭和两性关系的不变地位。因此，分析必须从家庭与社会之间的关系重新开始。

如果说普鲁东的目标是终结经济和社会正义，那么他的第一个目标就是定义正义的范围。他认为，二元论是正义的一种有机条件，二元论的主要形式是家庭的基本夫妻。衍生形式包括生产和消费的经济二元论以及劳动本身的二元论，再生产（家政、消费、储蓄）委托给女性，生产（车间、制造、交换）留给男性。

家庭是正义的化身，但这并不意味着它是社会的基本细胞。不同于马克思和博纳尔德（尽管与他们存在政治分歧，但他们对他的思想产生了很大影响），蒲鲁东认为社会的基本细胞是车间。家庭不同于社会的其他部分。在家庭里，基于不平等的和平得以实现，而性别的二元性也得到了尊重，并未因此产生冲突。冲突和竞争属于经济和政治领域。只有当正义在家庭以外的其他地方借助性别的二元性得以实现时，冲突和竞争才会停止。因此，夫妻是由两个人组成的联盟（union）［当然不是一个社团（association）］，他们共同构成了一个很可能是雌雄同体的单一（社会）个体。

正义加入了不应该被反对的事物（即家庭）当中，但这不是通过爱情。爱情是一种危险的力量："以任何方式改变、修改或颠倒两性之间的关系，你将摧毁婚姻的本质。你会把一个正义占主导地位的社会变成一个爱占主导地位的社会。"与皮埃尔·勒鲁不同，蒲鲁东将爱情与正义区分了开来。他巧妙地编织了经济学与形而上学之间的联系，以证实他的论点，即女性不如男性。

一些评论家提到了蒲鲁东生活中的女性（他的母亲、妻子和女儿），但我更愿意提请大家注意他与当时的女性主义者珍妮·德鲁安（Jeanne Deroin）、朱丽叶·兰博（Juliette Lamber），尤其是与珍妮·德赫里考特（Jenny d'Hericourt）之间的长时间争论，因为他的正义理论对他所呈现的女性的影响是灾难性的。"不是家庭主妇，就是妓女（而不是仆人）"——这句蒲鲁东式的口号在极力反对女性主义的法国工人运动中流行起来。这句口号可以这样解释：家庭主妇在家中从事无偿但非服务性的劳动；而在公共场合，女性陷入了现金关系，几乎沦为一种商品。相比之下，尽管男女不平等，但已婚夫妇的性别二元论是建立在相互尊重的基础之上的。

然而，蒲鲁东并没有就两性的互补性和对等性展开进一步论述。在有关两性互补性和对等性的讨论中，女性通常被认为（在平等和自由方面）是输家。尽管从表面上看，蒲鲁东的讨论是出于追求公平的目的，但他似乎逐渐转向了彻头彻尾的厌女主义。他说，女人是男人的"补充"，将她的美貌添加到了男人的力量当中；但美貌标志着发展的终结，因此女人并没有比她的孩子好多少。因此，她是未成年人，是低等的存在。根据亚里士多德的说法，质料（matter）需要形式（form），因此女性会寻求男性。最后，但同样重要的是，按照蒲鲁东的说法，"女人"是介于男人与动物之间的中间词，是她介于自然与社会之间的通常位置的变体，但这是一种具有不祥意义的变体："女人与男人之间可以有爱、激情、习惯性的纽带，可以有你喜欢的任何东西，但永远不可能有真正的社会。男人和女人不会走在一起。两性之间的差异在他们之间建立了一种区别，其性质与动物之间的品种差异相同。因此，我不仅不会赞扬今天人们所说的女性解放，而且如果事态发展到这样的地步，我还要把女性关起来！"

当然，约翰·斯图尔特·穆勒的立场与蒲鲁东相去甚远。我们从他与孔德的通信中就可以了解到这一点，孔德的反女性主义立场导致两人断绝了关系。但他人生中的其他细节同样具有启发性。他在自传中讲述了自己与父亲的分歧，因为父亲否认女性的投票权。他与哈莉耶特·泰勒（Harriet Taylor）的相遇，对他产生了决定性影响。在泰勒的丈夫去世，从而使二人成婚成为可能之前，他们是20年的密友。他们的婚礼为穆勒提供了一个机会，使他承诺自己永远不会利用丈夫对妻子的"不公正权利"。他们二人的智识合作尤其值得注意：他们一起创作了三部作品，第一部关于婚姻和离婚（1832年），第二部关于解放女性（1851年），第三部则关于女性的屈从地位（1869年）。他们在写作方面相互影响。更加值得注意的是，穆勒声称他自己受益于二人的合作：不仅仅是在对证明两性平等可能性的共同关注上，这种合作还对他整个哲学命题的阐述（除了他对逻辑的研究之外）产生了指导性影响。简言之，他们所享有的知识的交流超越了思想共识，甚至还包括了哲学创造的过程。

尽管与性别差异相关的知识生产问题很有趣也很重要，但我在这里将把焦点集中于穆勒有关两性平等的观点上。这些观点可以归为三类：两性关系的历史及其目前的不平等状况；现代政治与男女公民的选举权和自决问题；婚姻权利，即个人在婚姻中的权利。

穆勒与孔德的分歧与第一类观点有关。穆勒认为，生物学无法掌握两性关系的最终真相。如今的女性是教育的产物，教育也会发生变化。这是一个标准的论点（早在穆勒之前就被孔多塞等人使用过），其依据是历史上的女性与那些被认为具有永久性的女性特质存在区别。但对穆勒来说，论点的基调变得更加坚定：他使用了诸如"屈从"和"解放"之类的词，并将女性的状况描述为"被奴役"。傅立叶和马克思也用过这个词，但它吓坏了孔德，就像后来吓坏了弗洛伊德（他年轻时翻译过几篇穆勒的文章）一样。现在，被奴役的对立面是自由，而约翰·斯图尔特·穆勒是一位主张自由的哲学家。这就是为什么他会批评他父亲的论断，即女人的利益与丈夫的利益相同，因此只有他才应该参与公共事务。如果自由是存在的，它就不能被其他人所代表，每个人都应拥有：不仅是男人，也包括女人；不仅是在政治领域，也包括公民社会；不仅是在公共领域，也包括家庭领域。因此，婚姻不能剥夺女性的权利。被奴役的终结预示着所有人的解放和自由。约翰·斯图尔特·穆勒如此这般倡导个人自由，从而将自己与他同时代的许多人区分了开来，也将自己与主张爱情的形而上学者，以及认为家庭是社会缩影的分析家区分了开来。约翰·斯图尔特·穆勒对性爱以及与生殖有关的母职没什么兴趣。他的思想集中在个人（施蒂纳也是如此）和公民身上。

但这位自由的吹鼓手也是一位逻辑学家。他决心证明平等，但这项任务似乎很艰巨。有没有平等的证据，尤其是有关两性平等的证据呢？约翰·斯图尔特·穆勒有自己的疑虑，他小心翼翼地向自己的读者坦白了这些。

不久之后，瑞士人查尔斯·塞克雷坦（Charles Secrétan）依据所谓的新教觉醒运动所产生的道德哲学得出了类似结论："女人是一个人，因为她负有责任。"尽管"人格"的概念依然模糊，但它显然是为了与同时期的"女性被奴役"形成对比。性别之间的明显差异（自孔多塞以来，没有一位女性权利理论家否认这一点）并未构成不可逾越的障碍："在区分法律人格与道德人格时，智力低等不是比肌肉孱弱更具说服力的理由。如果女人是一个人，她在法律上就是自己的目的：法律应该这样对待她并承认她的权利。如果她是人，她就是公民。我们要求女性拥有选举权，这样她才能最终获得正义。"

个人、家庭的历史和女性的威胁

在19世纪后期，人们以各种形式审视个人：社会行动者、道德和政治存在、尼采式的人（Nietzschean man）、心理主体。男人和女人以这样或那样的方式成为所有这些类型。尽管强制性的男女两极关系仍然存在，但人们一般不会考虑男女之间的互补性。在整个19世纪，家庭问题都是紧迫的问题。但随着家庭被承认拥有历史，这个问题发生了深刻变化。关于男人和女人的本质的旧观念崩溃了，而真正的男人和女人则被越来越微妙地分析。精神分析标志着与过去的重大决裂，因为它将性别和性行为置于其概念体系的中心。但随着性别差异越来越明显，它也引发了越来越多荒诞而焦虑的解读。女性也许是社会的负面影响因素，是颓废的播种者：厌女症摆出了要与世界展开一战的架势。

在19世纪初，女性被赋予的"归宿"可能乏善可陈；但20世纪临近前赋予她们的"命运"就显得更加模糊了。

矛盾的是，对个人的肯定与关于家庭的新观念之间有着复杂的联系。家庭为两性提供了更大的自由。此前关于家庭起源的讨论都是基于《圣经》，父权制似乎是不可改变的。但是，恩格斯在其关于家庭的论著中，将1861年巴霍芬（Bachofen）的著作《母权论》的出版当作家庭新历史出现的标志。如果家庭随着历史而演变，那么它可能曾经是母权制的，或者是巴霍芬所说的"女性统治"

（gynecocracy）的。家庭的历史可以被视为男女之间的权力斗争。

尽管巴霍芬的一些现代读者认为母权制是一种政治目标，是对现状的替代；但在 19 世纪晚期，母权制更多地被视为一种起源，曾经是真实存在的，并与神话联系在一起，是一种最终被父权制所击败的原始形式："在父权制之前，在混乱的群婚制之后，女性统治在人类社会从最原始的状态向最高级的组织过渡的过程当中，占据了一席之地。"古希腊作家埃斯库罗斯（Aeschylus）在戏剧《俄瑞斯忒亚》（Oresteia）中就描述了这样的过渡。俄瑞斯忒斯（Orestes）杀掉母亲克吕泰墨斯特拉（Clytemnestra）的权利，与克吕泰墨斯特拉杀掉丈夫阿伽门农（Agamemnon）的权利是相互冲突的。这就是说，男人的权利与女人的权利之间存在冲突。与对女性统治和女性权力的兴趣相比，巴霍芬对母权制和母权制法律的兴趣更为浓厚。之所以关注法律而非权力，是因为他认为女性的统治是一项极端的实验，而母权制法律正是对原始社会的无序状态首次施加规则。母权制法律建立的基础在于，谁是孩子的母亲显而易见。在这种合法化形式之后出现的婚姻制度，使得人们得以证实谁是孩子的父亲，女性因此失去了原先的独有价值。但是，由于母权制法律是历史的一部分，女性在主张自己的权利（个人自主和社会解放）时可以援引母权制法律。

恩格斯清楚地看到了这一论点的后果。父权制法律的亲属体系破坏了它的基础。如果它不是自古以来就存在的，那有一天它可能会终结。很显然，恩格斯的观点比巴霍芬更现实、更"唯物主义"，他援引了巴霍芬所提出的"事实"和某些初步解释："启蒙运动留给我们的最荒谬的想法之一在于，在社会初期，女人是男人的奴隶。实际上，在所有野蛮部落和处于低级或中级发展阶段的野蛮人中，甚至在一些处于高级发展阶段的人中，女人不仅是自由的，而且备受尊重。"

此后的发展是线性的，尽管也出现了倒退。诚然，母权制法律赋予了女性在社会中的强大地位。但生产与再生产之间的性别分工，以及女性对一夫一妻制的渴望，最终终结了女性的强大地位。在经济和法律的共同作用下，"夫妻婚姻"建立起来了，这标志着人类向父权制的过渡。在父权制下，由于孩子的父亲是谁是可以确定的，这使得男性将其积累的财富传给他的后代成为可能。这场革命的具体时间不详，但它标志着"女性在历史上的重大失败"。很显然，"夫妻婚姻"不是一场交易；它并没有作为男人与女人的和解而被写入历史，更不用说作为婚姻的最高形式了。相反，它是作为一种性别对另一种性别的征服而产生的，宣告的是两种性别之间的冲突，而这样的冲突在史前时期的任何时候都是未曾见过的。

根据恩格斯的说法，资本主义导致的家庭解体不仅决定了这场冲突的最终形式，而且还指明了通过争取新的合法权利和雇佣劳动来解决冲突的可能途径。恩格斯与马克思等社会主义者［如奥古斯特·倍倍尔（August Bebel），《女性与社会主义》（*Woman and Socialism*，1883 年）］分享了其中的某些观点。他以即将到来的革命创造的新家庭的形象结束了自己的分析。虽然他几乎不知道新家庭会是什么样子，但他确信性爱是必不可少的。

家庭史和两性史引入了两个重要的新观念：一个观念是对起源的想象、对未来的预测与现在的状况截然不同，另一个观念则是将两性之间的冲突视为有待解决的问题。两性互为补充的论述失去了吸引力，因为它忽视了欲望与权力的辩证关系，以及两性关系处于不断变动的过程当中。不久之后，许多著述者对两性冲突的历史进行了一系列分析。这些研究借鉴了社会进化、自然选择或是性别选择等新理论，尽管赫伯特·斯宾塞（Herbert Spencer）和查尔斯·达尔文（Charles Darwin）似乎都不太重视性别问题，然而二者的想法被许多思想家使用，后者决心证明两性平等在科学上是不可能的。19 世纪早些时候从哲学家医生的著作中挑选出来的主题现在得到了新的支持，因为当时流行的新理论被用来证明女性在延续物种的过程中所扮演的角色，使她很难甚至不可能发挥更高级的作用。根据赫伯特·斯宾塞的说法，进化的法则描述了相互冲突的力量角力的过程，这一过程趋向于人口规模与其赖以生存的供给量之间的平衡，换言之，生产与再生产之间的平衡。同样的法则也适用于两性之间的关系：再生产与个体化或自我实现之间存在冲突，女性的生育与智力活动之间存在冲突。因此，很明显，每个女性都被自己在人类这个物种中所扮演的角色所束缚；她无法发展自己和自己的思想。尽管她致力于使人类延续的工作，但她仍然有可能提高自己：总有一天教育会让她获得投票权。虽然斯宾塞在他早年还是约翰·斯图尔特·穆勒的朋友时就提倡性别平等，但当他后来面对女性解放运动时，改变了主意。

在《人类的由来》一书中，达尔文对女性解放的话题有明显的不适，但他对此并未拐弯抹角：自然选择加上性别选择，使男性"变得优于女人"。至于这种不平等是否可以通过人类的发展来解决，达尔文的回答是否定的：根据拉马克（Lamarck）的后天获得性遗传理论，成年期的进步只能在性别内部传递。因此，女性总是落后于男性，不平等现象将继续存在。

与以权利为基础的思想家相比，以历史为基础研究该主题的思想家并没有提供更多的性别平等保障。最初，这些"意义空间"中的每一个似乎都为女性提供了机会，为两性平等开辟了道路。但最终这些希望都落空了。法律和历史是19世纪思想的两个中心轴，但当谈到两性平等时，在这两者之间并没有什么可选择的。

到19世纪末，性别平等的问题悬而未决，哲学家转而关注性别差异的观念。尼采的作品对这个问题有着深切关注。在哲学家当中，弗洛伊德是第一个将性别差异作为研究对象的人，这是其哲学的核心问题。他的精神分析既是一种实践，也是一种理论，以戏剧性的方式将推测带回了现实。现在，用事实检验理论是新兴的人类科学的中心主题，比如涂尔干（Durkheim）帮助建立的社会学。我们来到了20世纪的黎明，此时的性别研究主张以"科学"知识为依归。奥托·魏宁格（Otto Weininger）成了反女性主义的思想家。我们很难判断他究竟是守旧的典范，还是未来的先驱。

性隐喻为尼采构建许多主题提供了素材。事实上，对尼采来说，性别差异不仅仅是一个隐喻，它还是一种思维模式，运用了阳刚和阴柔、男性和女性的形象。尼采会把一个时代描述为"有男子气概的"，或将真理称为"女性"，但从未定义男子气概或女性特质。虽然难以定义，但并未阻止他使用这些词作为限定词。例如，尼采谈到了美貌和智慧，我们知道古人是如何将这些品质分配给男性和女性的。然而，每种性别被赋予具体本质，只会让情况变得更加混乱。人们也可以说，男性和女性不是作为整体而存在的，存在的是具体的男性和具体的女性。当争论不再聚焦类别而是针对个人时，性的二元系统就变得更加灵活："这个女人既漂亮又聪明。唉！如果她不漂亮，她会变得多聪明。"［见尼采《朝霞》（Daybreak），第282页］一个人与另一个人一样真实；一个女人和其他女人一样，都是女人；因为这总是可以往外延伸的："这就是对男人和女人的期望：一个是好战士，另一个是好母亲，但都是有头有腿的优秀舞者。"［见尼采《查拉图斯特拉如是说》（Thus Spoke Zarathustra）第三卷，第23页］

然而，"性别法则"是存在的，而且它是"女性的硬性法则"［见尼采《快乐的科学》（*The Gay Science*），第 68 页〕。尼采更喜欢清醒，而不是幻想；更乐于承认性别不平等，而不是承认不可能的身份："女人无条件放弃其自身权利的激情，实际上预设了在男性这边并不存在相同的悲怆，也不存在同样的放弃欲望：因为如果双方都出于爱而放弃了自己，结果会怎样？——好吧，我不知道，也许会是一场恐怖的真空？"（第 363 页）这就是爱的法则，它就像两性之间的冲突本身一样，使任何平等的想法都变得不可想象和不可能。剩下的就是因爱而产生的对女性的"放纵"以及对女性解放的警惕："在欧洲三四个文明国家，经过几个世纪的教育，女性可以成为你想要她们成为的一切，甚至可以变成男人：当然，这不是性别意义上的男人，而是所有其他意义上的男人。这将是一个由愤怒构成真正男性情绪的时代，愤怒是缘于这样一个事实：所有艺术和科学都被一种闻所未闻的浅薄风气所淹没和堵塞，哲学被令人困惑的喋喋不休所淹没，政治将比任何时候都更加虚幻、更加结党营私，社会将完全分崩离析。"〔见尼采《人性的，太人性的》（*Human, All Too Human*），第 425 页〕尼采解释说，之所以如此，是因为女性在"道德和习俗"方面拥有巨大的权力。但如果她们放弃这些权力，她们将在哪里获得同等的权力？性别的身份和两性各自的权力是思考这些问题的两个关键。尼采以罕见的敏锐面对这些问题，这无疑要归功于他能够从多个角度看待女性，就好像他并不害怕她们一样。

真理是女性的，自然和生命也是如此。男人制造了话语，所以女人在话语中扮演他者的角色。但女人并没有因此成为客体；相反，她成了那个永远无法接近的对象——真理的代用词。尼采也对女性的智力感兴趣。智力可以在爱情中发挥作用，而婚姻可能是一场"漫长的对话"（见《人性的，太人性的》，第 406 页）。尼采接受了叔本华对"女性理解"（feminine understanding）和"男性意志"（masculine will）的区分，但他无休止地混淆了两性的特质。他一直都在跨越这些界限，也许是因为他对怀孕的形象〔实际上是"思想怀孕"（intellectual pregnancy）〕着了迷，这是一种超越了个体的强烈形象。

尼采将欧洲的男性化（从拿破仑的战役到未来的战争）与"危险的艺术家概念"（演员、犹太人和女性在其中认识到了自己的共同弱点和虚伪）进行了对比。而将犹太人与女性相提并论，是这一时期日耳曼思想的典型特点，其中最知名的当数奥地利人奥托·魏宁格。无论是女人还是犹太人，都变得比他们自己更重要了；这被视为确切的威胁，并在不知不觉中扩散开来。不管是对现实层面的犹太人而言，还是对想象层面的女性来说，这样的象征性作用都将是悲剧性的。

随着我们从这些令人头晕目眩的猜测转向女性生活的现实，我们现在将被带到社会学和精神分析学等新科学面前，它们关注的是具体的事实和个体。涂尔干的目的在于使对社会事实的描述更加严谨。在关于家庭和离婚（"家庭危机"）的著作中，同样的严谨体现得十分明显。鉴于现在已经确定家庭是有历史的，涂尔干分析了当代社会细胞，即围绕婚姻而建立起来的"夫妻家庭"。在早期，家庭是一个"家庭社会"，是生产和传递财富的场所。然而，现如今，婚姻和"婚姻社会"要求人们关注婚姻的"公共"性质。"共同财产"可能会在夫妻之间建立一种平等，但这种平等是短暂的，没有未来可言。涂尔干认为，由于家庭不再履行其经济和道德职能，职业团体将成为家庭的一种替代品。同样，两性平等意味着女性将更多地生活在家庭范围之外。

"婚姻建立了家庭，但婚姻同时又是从家庭中衍生而来的。"没有婚姻关系，道德社会就不可能存在。涂尔干拒绝认可只要双方同意就可以离婚，而主张"基于明确的理由"而离婚。他认为后者才应该是唯一的合法形式。在涂尔干看来，基于特定理由离婚是基于正义和法律的，而基于同意的离婚只是基于当事人的意愿。因此，涂尔干触及了婚姻制度和社会道德可能导致"严重的社会弊病"的根源。涂尔干的分析与同时代的恩格斯对情况的理解截然相反，这反映了涂尔干的社会愿景，正如恩格斯的理解反映的是其社会愿景一样。然而，将他们的观点分歧归因于科学家与革命者之间的差异是错误的。一些社会学家完全有能力提出乌托邦式的观点：例如，格奥尔格·齐美尔（Georg Simmel）在20世纪初就思考了现代世界中"女性文化"的可能性。

对另一种病症的关注使精神分析得以发迹，那就是癔症，这是女性的一种病痛，也与身心关系有关。精神分析在两个方面开辟了新的哲学领域：它提出了一套新的性理论，一套连贯的关于性差异的命题，以及一种基于无意识概念的新知识理论。事实上，无意识的观念深刻地改变了人类对自己和世界的理解。相比之下，性理论可能不像表面上看起来的那么新颖。从某些方面来看，它似乎会奇怪地让人联想到19世纪早期的哲学医学，以及为女性指定"归宿"的其他尝试。然而，通过将讨论的基础从"性"转移到"性行为"，精神分析为这场辩论增添了重要的新术语：它引入了这样一种观念，即性是所有人类（女人和男人、儿童和成人）所共有的；它引入了性与生殖之间的区别；它提出了所有人都是双性同体的假设；它向我们提出了非生物性的性生活的概念，在这种生活中，本能被称为驱动力。所有这一切在 1900 年还只是有着模糊的轮廓，但其中的利害关系已经很清楚了。历史必须扩展到包括个人的历史。人们现在可以对家庭生活进行如此深入的分析，以揭示每个家庭群体的独特特征，即"家庭罗曼史"。女性不是"（与男性）平等的性别"（fair sex）。根据弗洛伊德的说法，她们不仅有历史，还有"命运"（destiny），这是由她们的性解剖结构决定的。"命运"一词模棱两可：它是否比一百年前为女性提供的"社会归宿"（social destination）更丰富，更能体现每个人的独特性？还是说它比女性被假定的社会角色更有局限性，并提供了一种不完全自由的生活前景？

当谈及女性平等或自由的问题时，世界上所有的学问都不足以给出确定的答案，正如奥托·魏宁格在悲痛中所了解到的那样。魏宁格在出版《性与性格》一书不久后就自杀身亡了，这向我们表明在他的哲学冒险中存在一些固有的风险。他将自己所做的事情称为哲学："我研究的不是事实，而是原则。"而他的哲学的目的在于"否认女性的存在"，成为"反女性主义者"。魏宁格意识到，这样做不会让任何人喜欢："男性永远不会心甘情愿地支持反女性主义的论点：他们的性自私导致他们更喜欢他们所期望的理想女人。"男人从根本上说是女性主义者。在这个看似矛盾的事实中，魏宁格思想的秘密被揭开了：他认为，将女人（和犹太人）视为被阉割的动物，比否认女人更好。他问道："难道一个人就可以要求女人为了不快乐而放弃做奴隶吗？"当然不可以，除非女性的解放（魏宁格最关心的话题就是女性解放）带来的是康德式的回归，即回归到男人的绝对命令：放弃性，而追求贞洁。而女人除了性一无所有，她永远无法摆脱它，但男人可以。

魏宁格是为数不多的对性（sex）与性意识（sexuality）做出区分的人。因此，他可以在不混淆问题的情况下谈论其中之一，并且是为数不多的准备讨论性别差异的哲学家之一。

魏宁格的性理论是一种双性同体的理论，与弗洛伊德的早期合作者威廉·弗里斯（Wilhelm Fliess）的理论并无二致。对于魏宁格来说，双性同体不是例外，而是定律："经验告诉我们的不是男人或女人"，而是在每个男人和每个女人身上都有"男性气概和女性特质"。因此，"性吸引力法则"（包括同性恋的相互吸引）是基于每个人的男性气概和女性特质的成分比例。对于女性解放，我们应该从女性的男性气概来理解。魏宁格不仅仅满足于拒绝女性解放；他还创造了一套反对女性解放的理论。这无疑就是他让同时代的人着迷的原因：他给出了其他人很容易就会轻蔑地认为愚蠢的理由。

魏宁格的反女性主义并不纯粹："我所针对的不是女人希望在外在层面得到与男人同等的待遇，而是她希望自己的内在像男人一样，获得同样的思想和道德自由，对同样的事物感兴趣，展现出同样的创造力。"换言之，法律上的平等是必要的，而道德和智力上的平等是不可容忍的。必须不惜一切代价保持两性之间不可缩小的差异，即使这样做会导致厌女症被误认为是反女性主义。在这种观点中，"阳刚"的女性代表着进步，而不是像莫比乌斯（Möbius）在《论女性的生理低能》（*On the Physiological Imbecility of Woman*）一书中所说的那样，是社会退化的标志。邪恶是阴性的；它来自女人的阴柔。女人是没有道德能力的存在："女人是男人的原罪"。

女性从天生就是为了物种延续这一社会归宿，发展到在性生活和家庭生活中形成了个人命运：这就是人们对女性的描述在见证女性主义得到发明的时代里所演进的方式。总体而言，对女性的描述遵循了 19 世纪思想的整体演变，但它也以对女性主体能够自为自主之可能性的反应为标志。

第四章　法律的矛盾

妮科尔·阿莫—杜克（Nicole Arnaud-Duc）

法律和道德话语共同界定了男性和女性领域的理性界限。通过象征性的调节作用，法律确立了社会规范并决定了社会角色。在这个主要战场上，女性在19世纪赢得了诸多胜利。这些是否足以标志两性关系发生了历史性变化？法律本身当然会受到内部争议影响，其执行也可能会遇到民众抵制。由于大多数人对法律内部运作一无所知或是兴趣寥寥，它向来是专家的私人领地。社会和法律制度一直处于一场持续不断的拉锯战中，其中男性与女性之间的权力平衡即便不是一个核心矛盾，也是一种重要因素。

自亚里士多德以来，法律平等的问题就一直反对这样一种假设，即某些不平等是天然的。这种假设认为女性存在天然缺陷，既有生理方面的劣势，也有理性方面的不足。在19世纪，占主导地位的法律理论以个人自由意志为基础。然而，在法国，立法是专制的。个人主义的自由主义极其重视独立意志这一虚幻概念，于是导致了这样一种观点，即就法律而言，女性只存在于与他人的关系中（即作为女儿、妻子或母亲），她们与男性的关系决定了她们的次要地位，而男性才是真正的法律主体。然而，法律即便不改变其内容，也必须改变其话语，以适应因经济和政治变化而产生的习俗变化。因此，法学家试图为男女的不平等待遇辩护，其论点在于女性最终希望自己的天性能够得到保护。一旦女性获得管理自己事务的能力（尽管她们被排除在获得管理自己事务的必要经验之外），就为改革留下了可能性。我们由此也不难看出，为什么那些要求获得自己权利的女性声称这样做，只是为了让自己成为更好的妻子和母亲。

新的矛盾出现了。大多数女性仍然忠于一种强加于她的理想状态，一种基于"资产阶级"母亲的典范，她们温柔，有同情心。在她们看来，法律属于男人的世界，而不是她们自己的世界。富足的女性觉得没有必要放弃自己的安全地位，当她们在 19 世纪末要求女性解放时，她们反对的只是对自己行为的某些限制。然而，大多数女性处于社会下层，她们对不是为她们而制定的法律没有兴趣。由于面临工作重担，她们在很小的时候就疲于奔命，而现在已经陷入了重大的经济变化之中。在这种变化中，她们经常被当作资产，有时也会成为受害者。她们没有投票权，也不能管理原本就不属于她们的财产，这对她们而言又有什么关系？尽管法律武断地对已婚女性进行了过度保护，却让那些生活在家庭环境之外的人可以自行其是。因此，女性处于法律模棱两可的中心，这是法律话语与法律声称要规范的社会现实之间的脱节造成的。19 世纪的女性有什么权利？在家庭内部，以及在公共领域和私人领域的交会点上（这是两性关系的焦点和社会秩序的基础），她们又是如何行使这些权利的？

禁止之城

在公共生活中占据一席之地，不仅意味着通过行使投票权参与集体主权（collective sovereignty），还意味着享有教育、工作和受法律保护的权利。

女公民，还是公民的妻子和女儿？

政治权利使得公民能够影响国家的优先事项，并担任公职。选举权可以是国家（或联邦）的、地方的或限于特定的办事机构。由于这种等级制度的存在，女性只能通过努力才能逐渐获得完整的公民身份。18 世纪末，没有一名女性享有政治平等。到第一次世界大战结束时，女性解放尚未来到中南美洲、希腊、奥地利、意大利、西班牙和魁北克。法国女性直到 1946 年才获得投票权，瑞士女性则一直要等到 1971 年。在瑞士，这场战斗持续了一百多年，由此展开的公投次数超过了 82 次。

法国大革命承认女性是个体，并提出了她们的政治权利问题。从历史上看，男性当权者对女性做出的行为令人失望，但男性对权力的垄断被打破所造成的冲击在整个 19 世纪继续助长了反对变革的呼声——尤其是法律上的保守言论。根据民法，女性已经获得了法律地位，但她们显然因为女性革命者强行进入被视为男性专属政治领域的形象所引发的恐惧付出了代价。女性与下层阶级一起被排除在政治生活之外：两者都被认为阻碍了新的资产阶级秩序。医学和宗教领域的著述者营造了令人感到恐惧的场景：如果女性获得权力，她们将变得无法控制。这些恐惧得到了法律理论家的回应。为什么女性被排除在政治之外？这个问题的答案很复杂，涉及两性关系最深刻的方面。男性著述者一方面对女性采取保护态度，将她们描绘成脆弱无助的人，另一方面却又不合理地对她们感到恐惧。在世俗化国家，据称与教会密切合作的非世俗女性支持不赋予女性投票权。女性被禁止从政，但同时又被尊为母亲（缪斯女神和圣母马利亚）；虽然有人试图以理性的理由证明她们被排除在政治之外是正当的，但这个问题必须在新的公共秩序的背景下来看待。

在封建制下的欧洲，女性在贵族等级中是有代表的，但这体现的是财产权，而不是政治权利。在 18 世纪，女性主义的要求来自一个前卫的群体，这是一群积极、大胆、受过良好教育、有着中等富裕生活的女性。女性工人将雇佣劳动视为另一种形式的剥削，而新生的社会主义主要为社会革命和普选而战。由于女性不参与法律起草，她们只能通过示威、请愿和在报纸发表文章等方式来试图说服参与法律起草的人。她们在政治和宗教辩论中寻求盟友。在法国，她们与自由思想家、共济会和共和派联合起来。在德国，所谓的自由教会发挥了主导作用。从广义上讲，世俗民主主义者、共和派和左翼自由主义者支持她们的诉求。

在法国男性于 1848 年获得普选权时，法国女性便首次提出了赋予她们投票权的要求。但这些要求没有得到满足。当皮埃尔·勒鲁（Pierre Leroux）发言要求给予女性在市政选举中的投票权时，他被反对的声浪淹没了。[1]当第三共和国最终于 1879 年建立时，女性的要求再次被拒绝，理由是该政权过于脆弱，无法进行彻底的变革。到 19 世纪末，女性已经很清楚她们只能依靠自己。她们在意识形态上大致可以分为两派：一派是希望完全平等的激进派；另一派则是温和派，他们秉持着两性"互补"的理念，认为女性必须首先做好担任公职的准备（尽管男性并没有面临类似的要求）。女性参政从来都不受欢迎，休伯汀·奥克莱特（Hubertine Auclert）[1]也没有获得真正的成功。将女性的名字写在选票上的

---

[1]　19 世纪法国女性主义者，女性参政权的倡导者。——译者注

尝试，也几乎没有收获什么同情。由于遭到立法机关的断然拒绝，女性诉诸法庭，并提议把以中立的男性口吻表达的民法适用范围扩大到所有公民；她们这是在浪费时间[2]。地方法官对于给一名女性"皮条客"[3]或报贩判刑，并不感到内疚；因为她们没有政治权利，也就无所谓剥夺其政治权利了。[4]一位著名的法学教授试图通过应用法律公式来解决这个问题。该公式旨在区分"无效"与"不存在"的法律行为。通过这种方式，他将不平等区分为有争议的案例和公然不平等的案例：女性是"不存在的公民，甚至没有公民的实质……在我们的习俗中，候选人的性别是一个不容挑战的事实"。[5]然而，1914年似乎充满希望。女权运动在战术上重新集结，赢得了大约300名议员的支持。但突然间，议员们要忙着思考其他问题了。直到第二次世界大战后，法国女性才获得选举权。而且，此事在当时并未征询立法机关的意见。

事实证明，所有拥有天主教传统的拉丁国家都特别反对承认女性的政治权利。相比之下，在那些深受新教的改革主义和道德自由主义，尤其是贵格会的默示影响的国家，女性在地方层面获得政治权利要早得多。英国就是一个很好的例子，而它此前的殖民地提供了更好的案例。英国的《1832年改革法令》标志着争取女性参政权运动的开始。为了创建一个新的选民类别，该法令使用了"人"（person）一词，而不是"男性"（male）。1835年，一项关于市议员选举的法律明确规定了"男性"身份，从而剥夺了女性根据某些地方章程所享有的权利。1851年，约翰·斯图尔特·穆勒在《威斯敏斯特评论》（*Westminster Review*）上介绍了1850年美国伍斯特会议（Worcester Conference）[1]对该问题的讨论。同年，谢菲尔德女性协会向上议院提交了第一份关于女性选举权的请愿书。直到1873年，这个问题一直搅得英国议会不得安宁，尤其是在约翰·斯图尔特·穆勒1869年出版了具有影响力的《女性的屈从地位》一书之后。穆勒当选为下议院议员，他由此成为女性主义者在议会的代言人。当他提出的修正案被否决后，骚动进一步加剧。在地方层面，纳了税的女性在卫生、福利、教育和教区事务方面行使着与男性相同的职能。她们被授权起草官方文件，并担任相关职务，尤其是伦敦医院委员会的职务。然而，议会仍然坚决反对在国家层面赋予女性投票权。此外，当选举权扩大到郡和镇的男性户主和佃农时，女

---

[1] 在美国马萨诸塞州伍斯特市召开的首届国际女性大会。——译者注

性认为自己受到了法律的侮辱。因为法律已经让不识字的农业劳动者成了选民。与此同时，英国女性也在持续获得重要的权利：市政选举权（1869 年；苏格兰为 1882 年），学校董事会和监事会的选举权和被选举权，以及郡议会的选举权。1907 年，她们获得了郡议会的被选举权。女性主义者，尤其是中产阶层的女性主义者，对于女性在国家层面的选举权一再被否认感到十分愤怒，转而采取暴力手段。1903 年，埃米琳·潘克赫斯特（Emmeline Pankhurst）成立了女性社会和政治联盟。然而，当工党于 1906 年成立时，其首要目标与其他地方的社会主义政党一样，都局限于社会目标。

保守党在重返议会之后，加强了对争取女性参政权运动的镇压（1911 年的黑色星期五）。直到 1914 年，激进的女性运动分子多次被监禁［依据是《猫捉老鼠法案》（The Cat and Mouse Act）］。1913 年，女性选举权法案第 50 次被否决——但这也是最后一次。而在 1900 年最终成为澳大利亚联邦的英国领地，1867 年给予了女性市政选举权。1895 年，女性在澳大利亚的许多地方议会中得以投票；1902 年，她们获得了联邦一级的选举权和被选举权。1886 年和 1893 年，新西兰的女性土地拥有者也相继获得了同样的特权。在加拿大，女性在慈善事业中非常活跃，但女性参政运动进展甚微。尽管面临某些限制，但她们确实能够在市政和学校董事会选举中投票，也有资格在其中担任职务。

在美国，女性参政权运动需要采取不同的策略。美国在这方面的进展受到欧洲，尤其是英国女性主义者的密切关注。在美国西部盛行的拓荒精神倾向于支持女性。1850 年左右，具有改革意识的女性主义开始在平等和合作的基础上重建美国的制度。中产阶层俱乐部在没有结束男女分隔的情况下促进了女性政治权利的获得。从联邦成立之初，女性就要求获得投票权，但在 1808 年通过的一项法律，将投票权仅限于男性（尽管每个州都保留了制定本州投票要求的权利）。女性选举权运动在纽约应运而生。1833 年，女性主义者投入了反对黑奴的事业当中，但美国女性代表团因其性别而被拒绝参加在伦敦召开的反奴隶制会议。随后，女性将她们的努力转向影响媒体。首届国际女性大会于 1850 年在美国马萨诸塞州伍斯特市召开。在南北战争结束时，为奴隶权利而战的女性们敏锐地感受到，在向获得自由的奴隶赋予政治权利的同时，继续排斥女性是不公平的。她们不再愿意满足于仅在地方议会任职的权利，或者是在福利、教育和发放酒类许可证等方面的有限权利。从 1870 年开始，女性定期参加地方会议和国会。亨利·詹姆斯（Henry James）主旨不明的小说《波士顿人》（*The Bostonians*）精妙描绘了男性对女性主义决心的反应。

尽管获得了多数民众支持，州立法机构还是挫败了修改宪法的尝试。随着女性将矛头对准酗酒所造成的破坏，酒馆老板和酿酒商被激怒了，从而掀起了反女性主义的集会。禁酒协会发起的是名副其实的社会运动，在欧洲产生了巨大影响。有一段时间，女性在立法机构中的大多数盟友都是很久以前移民美国的人群的代表。这一趋势在怀俄明州被逆转了。之所以会出现妥协，主要是因为需要赢得建州所需的选票。从 1869 年起，怀俄明就成为样板和实验室，这也是欧洲报纸读者好奇的对象。到第一次世界大战前夕，女性在美国的许多州赢得了政治权利，特别是在西部的州。她们几乎在任何地方都享有各级政府的选举权和被选举权。在市政层面，她们在起草大多数人道主义法律方面发挥了积极作用。1889 年，只有 12 个州仍然剥夺了她们在学校选举中的投票权。在美国，没有法律阻止女性当选总统，法国评论家在 1884 年欣喜若狂地写道，当时"有一位漂亮的、40 岁的寡妇律师骑着自行车，拿着公文包和鼻烟盒……这位留着银发、戴着金框眼镜的女性"发起了一场充满活力的竞选活动。这些评论也揭示了法国男性的心态：他们语带嘲笑，但也对这些新角色的出现产生了一种模糊的焦虑感，这些新角色不是男性化的怪物，而是拥有所有必要的女性特质的女性。这位女士难道不是"在学习 ABC 之前，便学会了缝纫、编织、洗衣、熨烫、烤面包和自己梳头"[6]吗？第三个阶段始于 1890 年左右，当时女性被邀请前往立法委员会和其他官方机构表达自己的不满。在此背景下，像伊丽莎白·卡迪·斯坦顿（Elizabeth Cady Stanton）这样的著名演说家脱颖而出。在斯坦顿 75 年的人生岁月里，她的大部分时间都在为这场正义之战而战。最后，在 1919 年，美国宪法《第十九修正案》赋予了女性投票权。

在北欧，冰岛女性在 1872 年国家获得独立[1]后，将她们的岛屿变成了女性主义的典范。1882 年，女性获得了市政选举的选举权，1902 年获得了被选举权；40 岁以上的女性在 1915 年获得了全部权利，到 1920 年该权利被赋予了所有女性。在瑞典，女性在 19 世纪中叶获得了参与市政的权利。1909 年，她们在市政层面赢得了被选举权。1924 年，她们获得了政治领域的全部权利。在农村人

---

[1]　冰岛独立于 1874 年，原文疑有误。——译者注

口受教育程度较高的丹麦，女性从 1883 年开始参加市政选举，1915 年后参加议会选举。挪威是首个实现政治平等的欧洲国家。政治平等运动于 1830 年在该国发起。1910 年，挪威建立了普选制，女性享有充分的政治权利。1912 年，除了皇家委员会、教会政要团、外交职位和某些其他完全由男性担任的职位外，女性获得了当选任何国家职位的权利。在 18 世纪中叶被俄罗斯吞并的芬兰，女性反抗着沙皇的统治。1906 年，芬兰议会由男女普选产生。诚然，它的权力是有限的，但 1910 年已经有 19 名女性赢得了议席。

正如我们所看到的，在拉丁国家和日耳曼国家，女性赢得的成果微不足道，罗马法留下了它的印记。以法国为例（法国的情况绝非孤例），我们注意到，1880 年，女性可以投票选举高级公共教育委员会的成员；1886 年，她们在初等教育部门委员会拥有了选举权和被选举权；接下来是 1898 年的高级互助委员会，1903 年的高级劳工委员会，1905 年的社区援助委员会，1905 年的音乐学院高级委员会、劳工咨询委员会（1907 年有选举权，1908 年有被选举权），以及 1908 年的艺术和制造委员会。然而，直到 1898 年，女性商人才被允许在商业法庭中拥有选举权，但没有被选举权。

此外，在整个欧洲大陆，尤其是曾处于罗马统治下的大多数国家，女性在所谓的"男性职位"方面受到了进一步限制。这些职位即便不涉及一个人的公共生活，但至少也会涉及此人在家庭范围之外的生活。1792 年，法国女性获得了担任证人（例如文件签字）的权利，但该权利于 1803 年被撤销。然而，公然与此矛盾的是，女性继续被传唤出庭作证。同样，一个人可以出示一份由法官签发并由七名男女证人证实的公开宣誓书，以代替出生证明。经过十年的运动，法国女性终于在 1897 年赢回了担任证人的权利。类似的变化发生在 1877 年的意大利、1897 年的日内瓦和 1900 年的德国。奥地利接受女性作为海上遗嘱的见证人，西班牙则在疫情期间接受女性见证起草的遗嘱。

在很长一段时间里，除了美国的一些州之外，女性均被排除在刑事案件的陪审团之外。人们也不能选择女性来当监护人或受托人。在法国，女性于 1907 年被赋予了担任自己亲生子女监护人的权利，当时人们已经注意到这是大自然给她们安排的任务：而私生子只配得上一个没有法定权利的母亲。1917 年，一项临时法律允许她们担任非亲生子女的监护人。德国在 1900 年取消了对女性监护权的限制，比利时是在 1909 年，荷兰和瑞士则是在 1901 年。按照此前的限制，女性也不得参加家庭委员会。

教育和工作的不平等

从工作权或受教育权的角度提出问题毫无新意。然而，在任何地方，年轻女性的教育都是女性主义者的一项基本要求。法国大革命并没有能够推行她们的平等主义计划。1836 年 6 月 28 日通过的一项咨询法建议市政当局为女性建立学校。但大多数市长更喜欢传统的教区学校，因为他们不必为教师支付工资。直到 1850 年 3 月 15 日通过《法卢法案》（Falloux Law），才规定了每个居民超过 800 人的社区都必须创办女子小学。1867 年 4 月 10 日通过的《迪吕伊法案》（Duruy Law）强化了这一要求。1863 年，政府开始努力为女性提供中等教育。1879 年 8 月 8 日通过的法律要求设立 67 所女子师范学校，1881 年 12 月 21 日通过的《卡米耶·塞法案》（Camille Sée Law）要求设立女子高中和预科学校。塞夫勒高等师范学校就是随后于 1883 年成立的。直到 1925 年，法国法律才承认男孩和女孩接受相同教育的原则。

在拉丁欧洲，女性教育也是教会与国家之间的权力斗争的一个问题。在德国和英国，尽管混合小学建立得很早，但公立小学没有多少学生，而中学和大学教育基本上是私立的，就像美国的情况一样。俄罗斯专注于资产阶级的教育。当大学因为政治原因而对资产阶级的女儿关闭大门时，年轻的俄罗斯人与来自欧洲各地的女性一起，进入了苏黎世大学。通过减少女儿的无知来提高她们在劳动力市场上的竞争力，鲜有家庭认为这样做是必要的；无论如何，通过教育提高女性竞争力的观念即便没有被人们主动摒弃，但也没有被付诸行动。一些上层的圈子对允许女性参加竞争性考试和进入大学表示担忧。

至于劳动立法，我们必须记住，19 世纪自由主义的黄金法则之一在于不干涉雇主与雇员的关系。然而，在 19 世纪最后的 30 多年里，欧洲意识到了福利国家的概念，并发起了通过支持立法来保护女性和儿童免受工业剥削的运动。某些女性主义者打着平等的旗号，怀疑这些行动具有歧视性；他们主张继续保持女性传统上的法律弱势地位，并限制她们的就业机会。一些工人将女性视为劳动力市场的潜在竞争对手。在这种情况下，人们当然不再抱有让女性留在家里的愿望；但与此同时，他们也在与剥削女性工人的雇主做斗争。雇主向女性工人支付低薪，并威胁男性工人说要用女性替代他们。一些严肃的法律著作差不多给出了数学证据，以证明女性比男性需要更少的食物，而且她们无法从事户外工作，尽管这些著作的作者充分了解女性工作的现实。一些保护性立法的支持者更多是出于慈善之心，而非正义感。在工人运动的后期阶段〔在法国被称为社会连带主义运动（solidarism）〕，同样的保护性措施将扩大至男性[7]。虽然保护女性劳动者的立法很重要，但这与工作场所的真正平等并不相同。新法律受到其本质的限制：它们只涉及工厂，因为"危险阶级"在那里出现了。农民这个更大的群体被忽视了，而在家庭、作坊、大型零售店和家政服务业工作的劳动者也被忽视了。

在法国，1874 年 6 月 3 日通过的法律禁止女性和儿童从事地面之下的工作。但真正在劳动法中引入性别歧视的是 1892 年 11 月 2 日通过的法律：它适用于18 岁以下的儿童和所有女性产业工人。原则上，该法律旨在促使劳动女性和儿童免受不健康或危险环境的影响。那些在印刷厂工作的儿童和女性不得接触淫秽的文字或图画。总而言之，该法律旨在为男性和女性做不同的工作安排。因此，为了家庭的利益，女性被给予了"好处"，而这恰恰剥夺了她们作为熟练工人的就业机会。她们不允许在夜间工作。后来的法律，例如 1908 年 7 月 15日批准《伯尔尼国际公约》（1906 年 9 月 26 日通过）的决定，以及 1911 年 12月 22 日通过的法律，进一步阐述了这一原则。

当《投石党报》（La Fronde）发起一项同等保护男女的新立法的运动时，女性劳动者们并不支持，而是呼吁更好地执行现有法律。的确，要在该领域起草一部不错的立法存在严重障碍。法律总是允许例外，通常与夜间工作和加班有关，这在时装行业很常见。从理论上讲，1911 年通过的法律禁止女性在晚上十点以后还上夜班。但法律的执行是出了名的松懈的，尤其是在邦 - 巴斯德（Bon-Pasteur）这样的慈善工作坊，那里在 1902 年之前几乎没有任何监管。由男男女女组成的监察员队伍成立起来了，但他们人数太少无法胜任这项工作。更有甚者，担心失业的女工向雇主承诺不会揭发其虐待行为。在正常的工作日结束后，她们会在家工作，这使得对整个工厂的监察工作变成了一场骗局。在1892 年，女性的劳动监察员只被允许进入专门雇用女性且没有机动机械的工厂（尽管她们的职责在 1908 年扩大了）。1892 年 11 月 2 日通过的法律规定周末和假日有更多的休息时间，此举旨在与已经被给予学生的更长假期相匹配。1906 年 7 月 13 日通过的法律规定星期天必须休息，这是第一部非歧视性劳动法，但也允许了许多例外情况。至于工作日，1848 年通过的一项规定在理论上涵盖了所有成年工人：工作日的持续时长最初设定为巴黎 10 小时，各省 11 小时，但后来增加到所有工人每天 12 小时，中间可以休息 1 小时。可关于工作日的安排后来被打乱了，女性的工资也因此降低了，因为工资通常是按件计酬的。工厂女性经常被家庭工人取代，后者不受法律保护，其参与劳动通常获得了她们丈夫的认可。1900 年 3 月 30 日通过的法律同样强化了女性对家庭的屈从，该法规定了她们的工作时间，以便于工作时间之外的"休息时间"被她们用来为家里人做饭。1900 年 12 月 29 日通过的一项法律被称为"椅子法"，因为它要求雇主为女性雇员提供椅子。

在专门适用于女性的其他措施中，涉及产妇的措施值得特别提及。在给予产妇 4 周产假方面，法国落后于欧洲其他地区，从而让新生儿和处于工作状态的母亲在艰难的处境下遭受了痛苦。4 周产假是 1890 年 3 月 15 日在柏林召开的国际会议给出的建议。早在 1886 年，女性主义者就针对产假发起了一项运动。1909 年 11 月 27 日通过的法律终于承认，一名法国女性在分娩前后享受 8 周的无薪休假并不违反她的劳动合同。在 1910 年和 1911 年，国家允许学校教师、兵工厂工人和邮局员工享受带薪产假。1913 年 3 月 27 日，一家上诉法院裁定，未婚母亲也可以休产假。但法院还指出，如果雇员怀孕可能会损害企业声誉，雇主可以保留取消其合同的权利。1913 年 6 月 17 日和 7 月 30 日通过的法律允许准妈妈在分娩前停止工作，并要求她们在分娩 4 周内不工作，即使她们在家庭工作也适用于这一规定。直到 1915 年 7 月 30 日，法律才规定为刚刚分娩的母亲提供每日津贴。但如果女性流产了，就没有津贴。而且，无论在哪里，津贴都要比当时的工资少得多。

立法机构并没有将女性排除在工作场所之外，而是以保护家庭为借口对工作日进行了周密安排，从而将女性工人引导至工作条件几乎没有得到任何监管的场所，这样的场所堪称贫民区。这些措施造成了失业，并助长了招聘中的歧视。这尤其是对尚未结婚的女性的惩罚，她们的收入只是家庭收入的补充，因此向她们支付低工资是合理的。但在她们看来，这样的借口是毫无道理的。尽管存在种种缺陷，但早期的保护性立法的重要意义在于，它打破了国家无权干预私人合同事务的原则。

在各行各业中，女性不得不为在一个又一个领域的地位得到认可而斗争，并求助于法院和立法机关以克服男性的抵制。仅举两个例子就足够了。1908 年，法院驳回了医学院学生提起的诉讼，他们要求撤销巴黎福利当局的一项决定，该决定允许女性参加公立医院非住院医师的竞争性考试[8]。至于法律界，女性参与的问题在整个欧洲都是一个颇具争议的问题。从"天生腼腆"[9]，到缺乏判断力，再到无可救药的唠唠叨叨，所有针对职场女性的常见论点都被拿出来了。各种可以想象得到的指责都被提出来了：女性缺乏体力；她们很难用拉丁语辩护（这在美国并不重要，美国女性被允许进入律师行业）；法官可能容易受到女性诡计的影响，因为女性天性轻浮。因此，法国于 1900 年 12 月 1 日允许女性进入律师行业[10]，令一些人感到有些意外。实际上，在此之前，世界各地已经有了无数先例：俄国、日本、罗马尼亚、瑞士、芬兰、挪威、新西兰和美国。在美国，首位女律师于 1869 年开始在艾奥瓦州执业，女性于 1879 年获准在联邦法院出庭辩护。在一些州，女性担任了治安法官。在许多地方，她们还担任法庭书记员。

女性与刑法

尽管女性在许多领域的能力都面临质疑，但鲜有人认为她们没有能力犯罪，人们均认为她们需要在法庭上为她们的罪行负责。然而，在英国，直到 1870 年女性获得法律人格之前，丈夫都要对妻子的罪行负责。尽管很少有人会同意米什莱（Michelet）[1]的观点，即女性是如此脆弱，以至于她们在法律上应该被视为不用对自己的罪行负责；但她们确实不受普通法某些条款的约束。女性很少因为一件事而被处死，孕妇在分娩之前不会被监禁。在法国，1791 年通过的刑法典用剥夺公民权利替代了之前给罪犯戴上的铁项圈，并用监禁代替了给罪犯戴上的镣铐。即使在旧法律下，女囚犯也是被收容在感化院。1907 年 7 月 19 日通过的法律对 1885 年 5 月 27 日制定的法律进行了修订，不再将累犯女性流放到罪犯殖民地（法属圭亚那或新喀里多尼亚）。一般而言，在执行法院命令时，（按照共和四年芽月十五日制定的法律）法国女性、未成年人和七十岁以上的男子会被免于监禁。但这项豁免不适用于女商人，或者是那些因出售或抵押她们不拥有或没有任何留置权的财产而获罪的女性。实际上，这项规定使女性极难获得信贷，或签署任何种类的期票。此外，直到 1832 年 4 月 17 日的法律通过，

---

[1]　19 世纪法国著名历史学家，在近代历史研究领域中成绩卓越，被誉为"法国史学之父"。——译者注

以及 1867 年 7 月 22 日更具普遍性的措施获得通过，女性才被允许处理公共资金。此前的规定将她们排除在许多职位之外。

我们现在来谈谈卖淫的问题。尽管许多国家普遍实行禁止自由从事卖淫的法律，但在法国，卖淫受到的对待尤其虚伪。从法国的执政府时期（以及在恐怖时期后发展起来的性行为的相对自由）一直到 1946 年，卖淫在法国并不违法。这样的行为被"容忍"了。这与我们所说的它得到规范是不同的概念。嫖娼被认为对男人来说是不可或缺的，也是维持公共秩序和保护其他年轻女性所必需的；但这一行为必须秘密进行，在正派女性的活动范围之外，且在政府的"全景式"管理范围之内。妓女被授予"公共女性"（public women）的官方地位，她们要么自己工作，要么在有执照的妓院工作。政府没有就妓女可以站在哪里揽客等问题发布规定。这个职业不得不隐藏在暗处，并为此自惭形秽。这种"法国制度"无异于对女性的一种攻击，女性独自承受了两性共同"放荡"的后果。即使在反对卖淫的运动非常激烈的英国和美国，也没有什么能比法国的细则更令女性感到羞辱的。因此，法国对这一社会问题的处理方式是在墨守成规，既虚伪又轻蔑。医院、监狱、"悔罪的避难所"和卖淫场所受到警察、医疗和宗教当局的任意管辖。尽管法律仍然反对官员与"声色场所"打交道，官员会受到官方监管，但合法妓女也会受到无法无天的官员各种形式的骚扰。[11]

在 1876 年至 1884 年间，不受监管的卖淫活动增多，讨论性传播疾病的出版物激增，再加上受到与女性性行为有关的荒诞不经的观念影响，引发了对妓女作为贫困受害者的同情浪潮，并由此引发了一系列调查和对社会政策的反思。为了支持废除卖淫，各种各样的论点被提了出来。法国的制度受到了英国和瑞士（日内瓦和纳沙泰尔）新教徒的挑战。在英国，借助 1866 年、1867 年和 1869 年制定的与传染病有关的法案，人们在城市和港口对卖淫活动进行了官方监管，从而引入了少许管理措施。约瑟芬·巴特勒（Josephine Butler）与英国医生和贵格会教徒一道，以美国的事态发展为蓝本，发起了一场国际抗议运动。这场运动是道德主义的，旨在禁止一切形式的婚外性行为：1870 年至 1879 年间，约 9667 份请愿书收集了 2150941 个签名[12]。与此针锋相对的是，女性主义者和激进分子在与扫黄缉捕队的斗争（主要是在巴黎中）援引了自由和人的权利，并抗议监禁妓女。下议院驳回了各种请愿。当联合左翼政府于 1902 年上台时，对健康问题的关注加剧了对公共秩序的担忧，并加强了对卖淫活动实施监管的看法。1908 年 4 月 11 日通过的法律规定，18 岁以下的妓女必须被安置到收容所。

19 世纪末，"白人奴隶贸易"问题激发了报纸读者的想象力，到处都在讨论这个话题。英国和比利时的议会进行了彻底调查。匈牙利和奥地利政府也担心这个问题。1881 年，日内瓦政府正式谴责贩卖女性的行为。1895 年，法国上议院通过了一项针对强迫女性卖淫者的法案，但下议院对此未予审议。只有德国采取了具体措施。1897 年，贩卖人口者被处以罚款和监禁，引渡条约也得到了签署。1899 年，许多欧洲国家（西班牙和意大利没有出席）的代表聚集在一起，讨论了这个问题。人们可以从这些代表的工作中清楚地看到，一个真实存在的迷思已经被建构起来了。这个迷思源于新闻界的炒作，同时也源于人们对女性性解放最为恶毒的恐惧、仇外心理和种族主义所引发的焦虑。"白人奴隶贸易"并没有人们想象得那么广泛，而且许多女性在被运往美国、澳大利亚、东方或南非（布尔战争期间）之前，就非常清楚自己所签订的"契约"的性质。似乎只有瑞典没有卷入"白人奴隶贸易"。当然，欧洲国家代表召开的这次会议所发表的报告并不打算掩盖该问题的社会面相，也不否认其原因。1902 年在巴黎召开的另一次大会也没有谴责法国人采取的管理方式。1903 年 4 月 3 日，法国的立法机构通过了一项法律，仅谴责通过暴力、欺骗或威胁来强迫卖淫的贩卖女性行为。1910 年 5 月 4 日通过的国际公约借用了法国法律的语言；与此同时，法国在 1905 年 2 月 7 日批准了一项于 1904 年 5 月 8 日通过的国际协定，该协定就受害人的法律辩护和遣返问题进行了规定。

受害者身份会使女性在社会中被边缘化。因此，谎称一名女性被强奸被认为是对她名誉的攻击，她可以因此要求获得赔偿金 [13]。在法语中，妨害风化行为（attentat aux moeurs）指的是猥亵或不雅的行为，它表明的是该罪行更多是违反公共秩序，而不是对犯罪受害者的侵犯。1791 年的《法国刑法典》只规定了两种类型的强奸：单纯强奸（可判处 6 年监禁）和加重强奸（最高可判处 12 年监禁），后者与前者的区别在于受害人的年龄、使用了暴力和同伙的参与。以强奸或卖淫为目的来绑架未满 15 岁的未成年女性的人，将受到同样处罚。1810 年的《法国刑法典》没有区分强奸和"伴随着暴力的对贞操的攻击"，后者是一种可以处以监禁的罪行（第 330 条）。如果受害人未满 15 岁，而罪犯对受害人来说具有权威地位，或者是存在共犯，则可对罪犯判处苦役，甚至是终身苦役（第 332 条）。任何唆使 21 岁以下未成年人卖淫者，都将被判处 6 个月至 2 年的监禁，并被处以罚款，如果被告是受害人的父亲，则刑期可增至 5 年（第 332—334 条）。直到 1984 年 12 月 23 日，1832 年 4 月 28 日制定的法律几乎没有变化。1984 年对其中的第 331 条进行了修改：任何"对 11 岁以下儿童的贞操进行攻击者"都将被处以监禁（按照 1863 年 5 月 13 日通过的法律规定是 13 岁）。最重要的是，该法律侧重的是强奸罪，尽管它从未真正定义什么是强奸。对于法庭来说，强奸是涉及男性生殖器插入女性生殖器的男性暴力行为，法官们对暴力的严重性尤其关注；因为当一名女性声称自己屈服于暴力时，人们总是会怀疑她在撒谎。[14] 对罪犯的惩罚是劳役监禁；如果受害者不满 15 岁，刑期将会更长。

女性特别关注的另一种犯罪行为与堕胎和杀婴有关。法国女性并不赞成 19 世纪晚期蓬勃发展的新马尔萨斯运动[1]。该运动在英国、德国和美国尤其活跃，这些国家都是新教传统国家。原因之一在于，法国女性已经在道德和法律的界限之外摸索出了合作形式。为了挽救一名已经陷入危险的女性的"荣誉"，她们通过亲戚、朋友和邻居之间的口耳相传，交换了该怎么做以及去哪里的信息。节育方法也流传了开来，尤其是在已经生过了几个孩子的女性当中。[15] 在 19 世纪末 20 世纪初，当许多政府都在关注如何保持出生率时，法国堕胎的数量增加了，这或许是受到了当时流行的女性主义的影响。[16]1791 年的《法国刑法典》规定，堕胎者将被处以 20 年监禁。1810 年的《法国刑法典》第 317 条规定，帮助堕胎者和堕胎的女性均须入狱，而无论她是否同意堕胎。该法典将杀婴定义为谋杀新生儿，可处以死刑。然而，在现实中，由普通人组成的陪审团通常不愿施加被普遍认为过于严厉的惩罚。因此，1901 年 11 月 21 日通过的法律将杀婴从之前的重罪重新归为轻罪，这意味着案件将不会由重罪法庭的陪审团审理，而是由轻罪法庭的地方法官审理。因此，立法机关的意图是减少无罪释放的数量，或者是减少存在减轻处罚情节的判决（此举旨在避免死刑判决）。在法国，谋杀私生子和婚生子女没有区别；而现代欧洲的大多数其他法典均规定，如果杀婴的动机是为了维护母亲的荣誉，则可以减轻处罚。事实上，大多数被指控犯有这一罪行的女性都贫穷未婚，通常是仆人。

---

[1] 该运动以马尔萨斯人口学说为理论基础，主张实行避孕以节制生育来限制人口增长。——译者注

家庭陷阱

　　在 19 世纪后期，有关女性民事行为能力的问题对立法者、作家、剧作家和女性主义者的影响，超过了对街上或工厂车间里的男男女女的影响。在整个欧洲和美国，女性都处于丈夫的法律权威之下。一个完全有能力的、达到法定年龄的女人一旦结婚，怎么就变成了法律上的无行为能力者，就好像她是未成年人或精神病患者一样？在规范个人关系的法律领域中，是什么证明了国家所发挥作用的合理性？可以肯定的是，家庭作为社会秩序基础的重要性起到了一定作用："正是通过家庭这个较小的祖国，人们才能与更大的祖国依附在一起。好父亲、好丈夫和好儿子才能成为好公民。"[17] 在法国，要想规避有关婚姻和家庭的规则是不可能的，因为这些规则已经被载入了法律。

　　拥有权利和行使权利是有区别的：这是法律中一个重要的微妙之处，即女性拥有权利，但她们无权行使。婚姻权威的正当性必须被列为法律辞藻中最灿烂的花朵。正如我们所知道的，丈夫的权威有一个实际的目的：管理"夫妻社会"，即管理妻子和孩子，让他们履行其传统角色。18 世纪晚期的哲学家认为这一权威符合自然法，尽管有人，比如布拉马克（Burramaqui），认为它应该受到自然公平的调节。相比之下，卢梭无法想象女性除了依赖男人之外，还能有其他情况。就这个问题而言，法国大革命的贡献是模棱两可的：虽然女性被承认为个人，丈夫的暴政被废除，但夫妻之间没有建立平等。法国对这个问题的解决方案一直处于实践当中，直到现代法律法规出现为止；因为在所有父权制社会中，分配给妻子的角色大致相同。这些法律法规在某些方面采取了不同的策略。这在法国尤其如此（它的法律制度有着多种起源），即便 1804 年的民法典纳入了巴黎地区正在实施的、在法国大革命之前就已经出现的习惯法的大部分内容。妻子的从属地位和法律上的无行为能力部分基于 18 世纪的法学家修订的罗马格言，部分则是基于日耳曼习俗。已婚女性（所有女性的典范）只存在于家庭中，并通过家庭存在。在每个地方，法律都是从资产阶级女性的角度来构想的，其目的在于即使在婚后也要对女性的人身和财产进行管理。

屈服于婚姻的结局

　　丈夫的至高无上"是妻子在对保护她的力量致以敬意"。实际上，丈夫的优越感来自女性脆弱这一观念。[18] 从罗马法来看，脆弱（*fragilitas*）的概念与其说是指天生的虚弱，不如说是用来保护弱势群体的理由。由于法律并未明确宣布丈夫至高无上，其前后矛盾就变得愈加明显。他至高无上地位的理由在于婚姻伴侣的身体的劣等，而这种劣等大概只有已婚女性才会感受得到。丈夫则"被视为家庭荣誉的至高无上的绝对法官"。[19]

因此，如果能够证明妻子将梅毒传染给了丈夫，那么这就可以作为离婚的理由；因为在这种情况下，这种疾病必然是通奸的产物。相比之下，即使丈夫故意并反复将梅毒传染给一个无可指责的女人，也不会被视为有罪。同样，关于一名女性在婚前隐瞒某些事实（例如怀孕或曾是妓女）的指控也可能对她不利。

服从的义务。《拿破仑法典》第 213 条规定，"丈夫有义务保护妻子，妻子有义务服从丈夫"。与之同样糟糕的条款还有不少。在某些情况下，例如挪威的法典或 19 世纪后期的意大利和德国法典，措辞并没那么直接。然而，无论措辞是否明确，各地的立法都遵循着同样的理念。《拿破仑法典》的一位起草者说："这些话听起来很刺耳，但它们来自圣保罗（Saint Paul），而丈夫的权威与任何其他权威一样好。"[20] 在有着犹太教－基督教传统的国家里，男人率先被创造出来，而女人负有原罪的创世神话，造成了严重的伤害。拿破仑说，第 213 条应该在婚礼上大声朗读，因为在一个女性"忘记了自卑感"的时代，重要的是"要坦率地提醒她们，她们应该向那个将成为她们命运仲裁者的男人屈服"。[21] 作为第一执政，拿破仑的反女性主义立场是众所周知的。然而，如果将这句话视为失常行为，认为是一个虚荣心强、被戴了绿帽子的将军的报复，那将是一种误导。事实上，他的声明是对一项必须严格执行的原则的表述，男性对这一原则深信不疑，而几乎所有女性也都接受了这一点。

原则上，女性应该取得丈夫的国籍，除非此举与某些国家利益相悖。1899 年之后的法国就是这样，人们担心种族的纯洁性。在英国，随着与卖淫相关的"滥用"的出现，法律也收紧了。法国妻子放弃了娘家姓氏，尽管没有明确的法律要求她这样做。离婚后，丈夫可以禁止妻子使用他的名字：他只是把名字借给了她而已。但英语国家的规则与之相反。还有一些地方，丈夫和妻子将两个家族的名字合在一起。

丈夫肩负着监视妻子行为的崇高职责。"家庭法官（必须能够）将……武力与权威结合起来，以获得尊重"。[22] "丈夫的矫正行为和脾气暴躁"并不总是应该受到谴责，因为"自然和法律将权威赋予了丈夫，其目的就在于指导妻子的行为"。[23] 尽管英国丈夫未必要比其他地方的丈夫更残忍，但直到1870年，即便他们让妻子陷入绝对无助的境地，他们也可以逍遥法外。1840年，一名法官通过引用培根的话，授权丈夫殴打妻子并将其囚禁，只要他这样做不是出于蓄意的残暴。[24] 在《英国妻子遭受的酷刑》（"Wife Torture in England"）一文发表后，再加上《英国女性评论》（*English Women's Review*）经年累月的宣传，英国议会才于1878年通过一项法案，允许英国女性以遭受殴打为由申请分居。1893年的一项法令将此法案适用范围扩展到包括"持续性的虐待"（persistent cruelty），法院也将其宽泛地解释为离婚的理由，就像法国法院对严重伤害（injure grave）或西班牙法院对过失（faltas）所做的那样。

丈夫应该在他不在场和无法控制的情况下，从妻子那里"了解到其谈话的总体精神和所感受到的影响"。例如，与他人交换信件"违反了婚约，是一种道德上的不忠"，丈夫可以"给妻子的独立行为设置障碍"[25]，因此他可以拦截妻子发送或接收的信件，甚至可以命令邮局将信件退还给他，而不是投递出去。如果丈夫通过合法或秘密的方式获得了妻子的信件，那么他可以在离婚诉讼中使用这些信件，但他的妻子不得使用他的信件。女人不得命令仆人截取丈夫的信件，或是利用丈夫与第三方之间的任何通信。[26] 然而，法国的判例法也有一些变化：例如，法院拒绝考虑将一位女性写的信件交给她的一位女性朋友，而该名女性朋友索取这些信件的目的是将这些信件转交给这位女性的丈夫，法院认为这种交易是不正当的。通信隐私也是女性律师、医生、商人和公务员经常面临的一个问题。在这方面，法国法律与英国法律几乎没有共同之处：在英国，至少在1870年之后，女性的通信被认为是私人的，因为法律承认她是独立的个体。许多法国法学家认为，这样的规则破坏了权威，威胁到了家庭团结。[27]

丈夫和妻子应该互相扶持。尽管女人应该服从于男人，但男人的责任在于为妻子提供生活必需品：食物、住宿、衣服和药品，还包括零花钱。即便在财产分割后，妻子的收入也被用来抵消家庭开支。在英国，直到1857年，妻子才能因丈夫不提供扶养的义务而对其提起诉讼；从那时起，被遗弃的妻子获得了以财产收益为生的权利，这些财产最终会由法院判给她们。在1886年之后，丈夫可能每周都必须向分居的妻子支付少量津贴。在1895年之后，离婚法庭被赋予在丈夫对妻子实施"持续性的虐待"或是不提供扶养义务的情况下，向丈夫征收此类扶养费的权利。美国也有类似的法律。在法国，遗弃妻子者直到1924年才可能受到刑事制裁。

女性必须住在丈夫选择的房子里，只要这处房子与这个家庭的社会地位相符。这是为了让她"至少能从外在上保持尊严，哪怕她在内在层面已经失去了所有的幸福"。[28]一个男人可以使用武力强迫他的妻子回家。法院发布了无数命令，命令法警将女性押回她们的家。法警被授予了使用武力的权利，"以避免受妻子心血来潮的摆布，更不用说要避免其犯罪，（因为）这种新形式的分居颠覆了社会的普遍权利"。[29]法官可以根据丈夫的简单请求，扣押女性的收入，甚至没收她的衣服，而无须对丈夫提出的理由进行审查。就丈夫而言，如果妻子拒绝回家，丈夫就可以拒绝向妻子提供"营养"。在德国，直到1900年，强迫女性回家都是被允许的，之后才被要求恢复婚姻生活的起诉权所取代。在某种程度上，丈夫可以强迫妻子住在他们所选择的房子里。

维护合法家庭。只要不是与"婚姻的合法目的"相悖，"婚姻的义务"允许男人在"自然"、习俗和法律规定的范围内使用暴力。[30]因此，如果一名男子强迫妻子发生正常的性关系，又不涉及"严重侵犯"，则不可能指控他强奸、淫乱或猥亵。[31]到19世纪末，法院坚持要求男性不要"像对待妓女一样"对待妻子，以"不自然的接触"来玷污她们。[32]基于这些理由，多年来反复使用一个安全套，以及违背妻子的意愿，被判定为犯罪。[33]

为了确保生育来自合法婚姻，女性的不忠行为会受到严厉的惩罚。在任何情况下，法律都对婚外情持怀疑态度：一名已婚男子与另一名男子之间的激情友谊被认为是纯粹的"精神交流"，除非这位朋友表现出了"不健康的情感"和"大脑的歇斯底里"，这就会被认为是"严重伤害"。[34]显然，法律不信任异常的男性性行为。但女性的不忠行为增加了将陌生人引入家庭的可能性，扰乱了家庭财产的公平分配。因此，这类行为受到的惩罚远比男性不忠更严厉。只有婚姻中的伴侣才能提出通奸指控。然而，当通奸成为离婚或分居的理由时，地方法官可以像刑事案件一样判处刑罚，这在法国民法中是绝无仅有的情况。几乎在所有地方，通奸都被认为是合法分居的理由。但只有在拉丁国家，通奸才被视为犯罪。在德国（1900年）、英国、美国和斯堪的纳维亚半岛，都倾向于将其非刑事化。

在通奸案件中，对有罪一方及其共犯的举证和处罚方式与当事人的性别有关，丈夫拥有妻子所没有的某些权利。例如，在法国，直到 1884 年，妻子的通奸行为可以通过任何可用手段（包括窃取的信件）被证明一次而认定。但是，丈夫只有在通奸行为持续一段时间的情况下才会被判有罪，而只有当他让情妇与妻子在同一屋檐下时才有可能受到惩罚——在这种情况下，这一罪行在某种意义上几乎等同于用重婚罪亵渎了家庭这一神圣之地。唯一可以接受的证据是当场抓住他，或者出示以某种方式落入妻子手中的信件。关于妻子对丈夫养姘妇的指控，也是存在争议的。在这里，"夫妻住所"被严格解释为男人与妻子共同居住的家；如果他把女人藏在一个秘密的地方，他就不会受到惩罚，尽管法律认为这种行为构成"严重伤害"。在所有拉丁国家，丈夫的罪行都被法律轻视，除非它构成了公共丑闻或包含某些加重情节。在英国，只有在与重婚、乱伦、"反自然犯罪"、绑架或强奸相结合的情况下，男性才能被指控通奸。

《法国刑法典》第 337 条规定，被判犯有通奸罪的女性将被判处三个月至两年的监禁。尽管在 19 世纪的大部分时间里[35]，法院经常会对女性判处最高刑期，但 1880 年的平均刑期在 15 天到 4 个月之间；到 1890 年，刑期减少到 15 天；到 1910 年，通常只是简单的罚款。[36] 在 1870 年《法国刑法典》第 463 条被修订时，人们认为 3 个月的最低刑期不能减少，对于此类触犯法律、道德和宗教的罪行，不可能找到减轻处罚的情节。与任何罪行一样，如果检察官认为量刑太轻，他就有权提出上诉。

丈夫通奸的风险不超过 100 至 2000 法郎的罚款（第 339 条）。与女性通奸的男性同谋如果被当场抓获或被自己的信件定罪，将面临与该女性相同的监禁，并被处以 100 至 2000 法郎的罚款（第 338 条）。理论上，如果被戴绿帽子的丈夫没有对妻子提出申诉，检察官就不能提起诉讼，但这是一个有争议的领域。此外，许多作者认为，在没有书面证据的情况下，不能对姘妇实施惩罚。但是，如果姘妇的丈夫反对起诉他的妻子，就需要通过精细计算来决定谁的名誉受损更大，是姘妇的丈夫还是被丈夫背叛的妻子？答案是被丈夫背叛的妻子。相比之下，姘妇没有"通奸女人通常的借口，即她们被引诱或者仅仅是被冒犯，因为姘妇的一生都在疏忽自己的职责"。[37] "至高无上的赦免权"被授予了被妻子背叛的丈夫，他可以通过将妻子带回自己的家来宣告判决无效。[38] 但这一赦免并不适用于共犯。

除了所有这些不平等之外，还存在一个可耻的事实：如果一名男子在"夫妻住所"（法院将其解释为事实上的住所）谋杀了他的妻子或她的情人，则根据《法国刑法典》的"红色条款"（第 324 条），该罪行是可以被原谅的。这意味着丈夫在法律上没有任何风险。"与其说是有罪，不如说是不幸"，凶手只会受到"轻刑"，这与地中海国家的普遍态度是一致的。[39] 根据 1893 年的《哥伦比亚民法典》，父亲或丈夫同样无罪：在加夫列尔·加西亚·马尔克斯（Gabriel García Márquez）所著的《一桩事先张扬的凶杀案》（*Chronicle of a death Foretold*）一书中，就有这样的事件。在欧洲国家中，只有法国一直到 1975 年还保持着《法国刑法典》中的这一规定。[40] 在比利时、意大利、西班牙、葡萄牙和提契诺（瑞士的一个州），夫妻双方都可以利用正当杀人的借口。由于许多国家的法律禁止通奸夫妻结婚，而丈夫比妻子更容易证明对方通奸，这一事实对女性构成了额外的惩罚。1904 年，法国法律取消了禁止通奸夫妻结婚的规定。

父母的权利。 尽管思想得到解放的资产阶级、知识分子和艺术家在第一次世界大战前夕提倡自由恋爱，但来自社会其他阶层的支持很少。同居在法律上没有立足之地。假定妻子是忠诚的，那可以由此推定一名女性的合法丈夫拥有父亲身份。一名男子或他的继承人可以在法律上否认一个孩子，但这一权利仅限于显然不可能是父子关系的情况，更不用说仅仅是公众的闲言碎语了。因此，男性家长是他妻子所生孩子的"所有者"。直到 1964 年，法国和其他几个国家都采用了一种被称为"子宫内监护"的程序，其目的是保护一个男人的遗腹子免受其母亲的伤害。同样，一个男人可能会选择不否认一个孩子，以防止他的妻子和真正的父亲领养这个孩子，并在离婚和再婚后使其合法化。婚姻内的父子关系的推定如此强势，以至于如果一个男人正式承认通奸女性所生的孩子是他的，这种承认就被认为是通奸的证据，而不是父子关系的证据。[41] 这种自相矛盾的情况是赋予一家之主权利的结果；尽管亲权确实属于父母双方，但只要婚姻持续，它就由父亲单独行使——这是另一个微妙的法律区别。如果父亲不在、被流放或被剥夺权利，母亲就会代替他。如果他死了，而在死者遗嘱中没有任何与之相反的具体规定的情况下，她就成了法定监护人。在法国和其他地方，一个男人可以指定一名顾问来协助他的遗孀。如果她再婚，家庭委员会（完全由男性组成）必须同意她继续担任孩子的监护人，任命她的新丈夫为代位监护人。法国法律限制了母亲的权利，她们关于监护孩子的权利不如父亲。如果她在离婚后获得监护权，父亲则保留监督孩子教育的权利，孩子结婚前必须征得他的同意。在德国，在离婚诉讼中被判有罪的父亲并不会丧失管理未成年子女财产的权利。在 1870 年之前的英国，父亲的全能地位使女性处于绝望的境地，她们对孩子没有权利，容易受到丈夫的勒索［参见萨克雷（Thackeray）的小说中的人物巴里·林登（Barry Lyndon）］。父亲拥有将孩子从母亲手中带走的绝对权利，并可以将孩子托付给任何他所希望托付的人。1839 年，一项谨慎的早期法案授权一名法官下令对此类事件展开调查，从而引发了轩然大波。

由于对家庭的高度重视，非婚生育行为受到了彻底谴责。女性主义者要求对引诱年轻女性的男子进行刑事和民事处罚；他们还希望消除确定孩子父亲身份的障碍。在美国，由于女性利用她们所获得的政治权利采取政治行动，诱奸行为受到了严厉惩罚，与未婚女子通奸的男子必须娶她为妻。在法国，根据法国大革命前的法律对司法程序作出的片面解释，法国大革命时期也禁止对父亲身份展开调查。在 1789 年之前，当一名被引诱的女性说出孩子"父亲"的名字时，法官不会承认完全的亲属关系，孩子也不会因此成为父亲家庭的成员。如果有亲子关系的推定证据，那么孩子可能会获得一笔微薄的养恤金，但很难强制执行。在 19 世纪，在亲子关系证据确凿的情况下，法院逐渐倾向于允许母亲根据《拿破仑法典》第 1382 条向她的诱奸者追偿。到 19 世纪末，大多数欧洲国家都可以提起亲子诉讼，甚至包括西班牙。在法国，直到 1912 年 11 月 16 日才通过了一部新的限制性法律。与亲子诉讼相关的怀孕必须是强奸、绑架、公然同居、虚假陈述或明显滥用权力的结果，之后还必须有明确的父亲身份书面确认，或是明确支持孩子身份的证据。该法律不适用于殖民地（这向我们揭示了很多有关"土著妻子"的待遇问题）。此外，如果母亲的道德不是无可非议的，亲子诉讼就会自动被驳回。

已婚女性无民事行为能力

直到第二次世界大战前夕（在法国直到 1965 年），想要工作的女性必须获得丈夫的许可，"因为世界上没有人比他更了解她的智力水平"，[42] 无论这种许可是明确的（如 19 世纪末 20 世纪初的法国），还是默示的（丈夫被要求提起诉讼以阻止妻子工作）。如果丈夫拒绝让她工作，则女性可以向法院或某些监督机构提出申诉以驳回丈夫的意见，但法官很快就会援引家庭的利益来拒绝此类请求。不妨举几个女性无民事行为能力的例子：没有丈夫的授权，女性不能参加考试，不能进入大学，不能开立银行账户，不能获得护照或驾照，也不能在医院接受治疗。她也不能提起诉讼。法国法律甚至走得更远，坚持认为那些希望宣告婚姻无效的女性也无法免于"这种尊重和顺从的行为"。[43] 女性甚至不能对她的丈夫提起刑事诉讼。要签署一份法律文件，她需要丈夫的特别授权，除非她在丈夫的同意下经营自己的企业。在 1896 年之后的意大利，男人可以对妻子进行一揽子授权，而女性则有权提起诉讼（在西班牙则并非如此）。在葡萄牙，从 1867 年开始，夫妻双方共同签署大部分法律文件。如果该男子丧失行为能力、被流放或因其他原因缺席，他的妻子则有能力代替他行事。

众所周知，在西欧国家，人们很早就知道夫妻之间的财产关系有两种：一种是日耳曼式的习惯做法，所有财产都置于丈夫的控制之下；另一种依据的是罗马法，理论上承认妻子的独立性，但对其施加了太多的限制，以至于在许多情况下，这种独立性几乎毫无意义。[44] 因此，婚姻财产法基于两个不同的原则：共同财产或（部分或完全的）个人财产。正如法律会区分拥有权利与行使权利一样，法律行为也区分为处置行为（可能改变财产的价值）或管理行为（旨在最大限度地保留财产的价值）。一个人行使所有权意味着其有权处置或管理其财产，从该财产中获得收益，甚至可以破坏该财产的创收潜力。在"非共有财产"制度下，夫妻双方都没有放弃婚前拥有的、婚后继承的和被赠予的不动产的所有权。共同财产基金包括来自房地产、动产、可转让证券和薪水的收入。在个人财产制度下，夫妻双方保留各自财产的所有权，并共同分担家庭费用。奁产制（régime dotal）属于个人财产制度，旨在在婚姻存续期间完好无损地保留妻子的一部分财产。

一般来说，大多数夫妇要么采用共同财产制，要么采用个人财产制，从而避免了签订婚姻合同的必要性。在法国根据《拿破仑法典》采用的共同财产制，丈夫成为一家之主，拥有支配全部共同财产的全部权利（尽管他对赠予财产的权利有时会受到限制）。他还负责管理妻子的财产，但只有在她授权的情况下才能处置她的财产。在瑞典和苏格兰，妻子有权管理共同财产。在意大利、俄罗斯（根据 1833 年的法典）以及大多数英语国家，个人财产制是普遍规则。

然而，英国是个例外，值得我们停下来仔细研究一番。直到 1870 年，根据普通法，女性没有法律人格，并被归入了她丈夫的法律人格（这当然说的是有夫之妇）。用布莱克斯通（Blackstone）的话来说："丈夫和妻子是一个人，而那个人就是丈夫。"丈夫拥有妻子的个人财产，而且没有义务提供账目。但是，与普通法不同的还有衡平法，衡平法由法院确立。女性享有对其财产的公平所有权（使用权），保留了财产的全部权利（单独使用权）。为扩大自己的权利，她可以通过扩大受衡平法约束的财产的数量，而无须通过限制丈夫对其共同财产的权利。在欧洲大陆，女性只有在丈夫授权的情况下才能行使权利的观念普遍存在，但该观念并未体现在英国法律当中。尽管如此，女性主义者还是发起了一场强有力的运动以改变法律，因为衡平法只会使富人受益。1857年的《婚姻诉讼法》根据一项旨在确保"法定独立财产"的所谓保护令，将财产的合法所有权授予了与丈夫分居或被丈夫遗弃的女性。在法国，与丈夫分居的女性直到1894年才享有同等权利。[45] 在1870年和1874年新法律通过后，英国夫妇的与财产独立相关的规定变得完整了。1893年，英国女性获得了立遗嘱的权利，这是大多数其他国家的女性已经享有的权利。

在美国，在没有诉诸衡平法的情况下，普通法的原则得到了修改。纽约州一项影响深远的法律授予已婚女性对其财产和职业收入的全部权利。大多数州都相继通过了类似的法律。在个人财产制度下，女性享有充分的权利。只有受过西班牙或法国影响的州保留了一定程度的共同财产，最著名的是路易斯安那州。就像在魁北克一样，路易斯安那州实施了经《拿破仑法典》修改后的巴黎习惯法。

在意大利、智利、秘鲁和法国南部这些广泛使用奁产制的地方，丈夫通常会管理妻子的财产。然而，婚后获得的财产有时会被视为共同财产（这与通常做法相反）；法国西南部和瑞士提契诺州就是这样。奁产不可让与的事实阻碍了商业交易。因此，在婚姻合同或法院命令中，有时会以谨慎管理和家庭利益的名义允许例外的情况出现。然而，在法国，法院将不可分割性扩大到包括动产，甚至包括可转让证券，这使情况变得更糟了。显然，《拿破仑法典》限制了已婚女性在奁产制下的能力，而在法国大革命前的旧制度下，富有的女性，尤其是普罗旺斯的富有女性，已经学会了巧妙地使用奁产制。

联合财产制是瑞士和德国部分地区（普鲁士、萨克森、奥尔登堡和波罗的海各省）所特有的。它被1900年和1907年的法典正式批准。丈夫作为一家之主，管理所有财产并获得所有收入，但财产的所有权仍然是独立的。他需要妻子的批准才能处理她带入婚姻的财产，而妻子对自己的个人财产保留完全的管辖权。如果双方意见不一致，任何一方都可以向托管法院提起上诉。从 1900 年起，妻子可以指控丈夫滥用该制度下的权利。

由于不同的性别分配有不同的角色，女性需要必要的资金来满足家庭的日常需求。为此，法律允许女性获得授权委托书［在法国称为"委托"（mandat），在英国称为"紧急处分代理"（agency of necessity）］，她可以代表丈夫，以他的财产以及他们的共同财产为抵押，获得金额与家庭收入成比例的借款。与家庭收入成比例是一项基本限制，法院可以驳回它认为过高的借款额。丈夫当然可以撤销这一权利，尽管这引发了如何通知第三方的棘手问题。事实上，在工人阶级家庭，通常是妻子持有家庭现金，并向丈夫发放零用钱。但这只是社会习俗，而不是权利，即便妻子有时会与雇主协商，直接将丈夫的工资汇给她们。[46] 法律承认妻子是中产阶层家庭储蓄的保管人。自 1881 年 4 月 9 日起，法国女性获准将钱存入储蓄账户；获得提款权则还需要更长的时间，但这项权利最终几乎无处不在。一些人将这些法律视为"女性主义"的灵感来源。政府也热衷于鼓励储蓄银行将原本闲置的现金重新投入流通。同样的逻辑也适用于退休储蓄计划。

女性主义者坚持要求允许女性保留其劳动所得。在法国，1907 年 7 月 13 日的法律确立了"保留财产"（biens réservés，收入、储蓄和由此产生的利息）制度[47]。这笔钱将主要用于家庭需要，但女性可以在她认为合适的情况下自由使用；但是，如果她的丈夫认为她滥用了这一特权，可以向法院提出上诉。不幸的是，这一规定凸显的是法律在逻辑上变得不连贯时所展现出来的局限性。

对于女性在法律上普遍不具备民事行为能力的现状而言，什么都没改变，因此上述规定在实践中并未得到热情实施。在 19 世纪末，许多国家通过了类似的法律。那些对女性权利采取较少限制态度的国家，比法国更有效地执行了这类法律。意大利于 1865 年通过了此类法律，瑞士则是在 1894 年。

没有男人的女人

"没有男人的女人"：没错，就是这个说法将我们要讨论的问题提出来了。尽管 19 世纪未婚女性的数量相对较多，但女性终身不嫁终究属于例外。因此，法律对没有丈夫的女人毫无兴趣。未成年女孩是她们父亲的附属物。虽然单身成年女性在法律上是有能力的，但除了极少数知识分子或艺术家之外，她们在社会上处于边缘地位。尽管美国的一些单身女性在一起成立了组织，这些组织给予了她们一定的影响力；但总体而言，欧洲和美国的未婚女性的生活相当凄凉。在一些地方，未婚女性终身要受监护人监护，至少在原则上是这样；直到19世纪最后的30多年里，斯堪的纳维亚半岛、德国和瑞士的部分地区都是如此。当婚姻因离婚或配偶死亡而解除（很少有宣告无效的）时，妻子才能重新获得合法的自由。很长一段时间以来，天主教国家没有离婚，只有合法分居；尽管这与某些政府的生育政策相违背，但它使得包括忠诚在内的许多婚姻义务完好无损。从1816年到1884年，法国不允许离婚；西班牙、葡萄牙、意大利或中南美洲的国家也是如此。在其他地方，离婚是合法的。

　　法国的《1791年宪法》将婚姻世俗化了，并在法律上使女性摆脱了基督教传统的束缚。女孩和男孩在21岁时都被承认为成年人，并有权平等分享父母的财产；此时，女性赢得了订立和解除合同的权利。1792年9月20日至25日通过的《离婚法》承认夫妻之间是绝对平等的，尤其是在双方同意离婚方面。这部法律具有非凡的意义。但离婚很快就被视为对家庭的威胁。在实践中，离婚受到了严格限制，这些限制直到1975年才真正消失。法国大革命期间通过的法律承认了除双方同意之外，另外两个可以离婚的理由：脾气或性格不合，以及特定的情况或罪行，比如痴呆症、严重犯罪、殴打、虐待、公然道德败坏、遗弃两年以上以及移民。虽然没有明确提及通奸，但它被"道德败坏"和"虐待"所涵盖了，这些行为主要针对女性。《拿破仑法典》几乎消除了只要双方同意即可离婚的可能性，只承认因以下理由而提出的离婚：通奸、殴打、虐待和被判犯有严重犯罪。其他国家的法律要么详尽规定了所有允许的离婚理由，要么让法官自行决定哪些情形严重到足以证明终止婚姻是正当的。

　　19世纪对离婚的看法相当严苛，不仅在法律上是这样，在社会上也是如此。离婚的道路上充斥着障碍，当事方被迫诉诸法庭。在一些地方，离婚的丈夫和妻子不允许与别人再婚，而出轨者也不能与其通奸者结婚。在离婚或丈夫去世后的300天内，女性被禁止再婚。这是一项旨在确保其后代合法性的措施。

　　在意大利，从1796年到1815年，离婚是被允许的。在法国，由于宗教原因，离婚在1816年5月8日被宣布为非法行为。经过长期的斗争，1884年7月27日通过的《纳凯法案》（Naquet Law）重新允许离婚。离婚的理由（除了双方同意）

与 1804 年《拿破仑法典》的规定相同，只是自此以后通奸案件对男女一视同仁。1908 年 6 月 6 日制定的法律允许夫妻以持续三年以上的分居状态转变为离婚状态。在英国，直到 1857 年法律才允许离婚；然而，宗教层面在此之前已经允许分居，而富人可以通过议会的特别法案，以支付一笔费用的方式来解除婚姻关系。1857 年的《离婚法》使离婚合法化了，其影响在英国的前殖民地也有体现，然而美国各州的离婚法差异很大。在法国，主要是那些被遗弃或遭受殴打的女性提起离婚诉讼，尤其是在法国大革命期间，以及在法律援助开始实施的 1851 年之后（当时只有分居才是合法的，离婚不合法）。然而，离婚仍然很少见。它在农村几乎不为人知，而主要发生在中产阶层内部。尽管离婚使女性摆脱了专横的丈夫，但她们却孤立无援，即便得到了扶养费，在社会上也没有自己的一席之地。这是离婚的法律后果不足以应对社会后果所导致的诸多矛盾之一。

与离异女性相比，人们可能会认为寡妇将受到更好的待遇。尽管文学作品经常会塑造贪婪的寡妇形象，但现实情况与此截然相反。虽然一些富有的寡妇可能会在农村以霸道的方式继续呼风唤雨；但对其他女性而言，在她们作为工匠或商人的丈夫去世之后，她们还得从事这个家庭此前的营生，大多数人生活拮据。依然受到家庭的保护和约束。寡妇可能会突然发现自己面临贪婪的继承人和固执的债主。根据法国大革命前的法国法律和某些现代法律条款，寡妇享有某些优势（例如从丈夫或共同财产中获得收入的权利）。但与 19 世纪所有的其他法律不同，《拿破仑法典》并不关心幸存者的权利。直到 1891 年，在世的配偶都只是排在国家之前的剩余遗产承受人。根据 1866 年 7 月 14 日制定的法律，在世的配偶有权获得亡故的公职人员的退休养老金，也可以领取亡故作家的版税。寡妇有权获得三个月零四十天的"食物"、住房和衣服。她还可以终身继承丈夫财产的收入；如果没有孩子，她将完全拥有这些财产的所有权。

已婚女性如何保护自己免受拥有全能地位的丈夫对财产不诚实或无能的管理？人们普遍认为，她可以去法院或监管机构要求采取保护措施，例如任命受托人或分割财产，但这样做往往为时已晚。如果法律没有禁止，女性可以对丈夫的财产设置留置权，但这样做可能会妨碍丈夫的生意。因此，一名女性被允许放弃其留置权，以利于其丈夫财产的买方或其债权人（1855 年 3 月 23 日和 1889 年 2 月 13 日制定的法律）。公证人因此开始要求夫妻双方均须签署所有涉及丈夫财产的合同。在英国，女性可以规定"预支限制"，以防止涉及特定财产的任何交易。如果婚姻关系解除了，她可以坚持清算共同财产。

到第一次世界大战前夕，大多数现代法律法规仍在偏袒丈夫而不是妻子，但它们也寻求促进夫妻在法律层面的更多合作。鉴于信贷的超常扩张、财富流动性的增加、交易的完成速度以及工作女性人数的增加，法律不可能保持不变。但这些变化并没有影响到穷人，工作被认为只是未婚女性的必需品；对妻子来说，工作被认为只是一种补充收入的来源。从法律层面上讲，这个问题在英语国家似乎得到了最公平的解决，因为那里的财产是分开的。但从社会层面来看，这是另一回事，因为女性很难在一个竞争激烈的社会中生存，这个社会剥夺了她们在与男性平等的基础上进行战斗所需的武器。在其他国家，尤其是法国，这个问题只是被逐渐解决的，已婚女性很可能在未来很长一段时间内仍然面临法律障碍。

在公法中，内部矛盾是显而易见的。在斯堪的纳维亚半岛和英国前殖民地，女性在争取政治权利方面最为成功。在这些前殖民地，女性在争取政治权利方面要比英国走得更远。

女性的法律地位是反映社会与政府之间紧张关系的极好指标。法律争议还揭示了内部矛盾，反映了一个保守而紧张的群体的疑虑。诚然，在大量女性进入最底层的劳动力队伍之际，女性在法律上的劣势令人震惊：少数受过教育的女性发现自己无法从事很多职业，而这仅仅是因为她们的性别。大多数女性在日常生活中展开斗争，这些生活远离法律的管辖范围。虽然许多女性必须努力工作才能在没有丈夫或继承财产的情况下生存，但大多数女性都不会接触到法律，除非法律界定了她们的生活条件。但法律也是社会关系的调节器，因此也是两性关系的调节器。随着社会的发展，两性之间互补而非平等的观念取得了进展。正如美国的例子提醒我们的那样，备受谴责的"母系权力"（matriarchal power）无非是性别隔离的结果。性别隔离是打着法律平等的旗号，给两性赋予特定的角色。这导致了社会不平等，揭示了法律与社会和经济现实脱节的有害后果。

作为受造物和创造者的女性

"生产"（production）一词在这里有两种含义，一种是被动的（女性是如何被"生产"出来的？），另一种是主动的（她们"生产"什么？）。换言之，女性不仅是繁殖（reproduction）的媒介，也是生产的主体和客体。她们不仅是受造物（creatures），还是创造者（creators），不断影响着创造她们的过程。

在整个 19 世纪，女性都是被"捏造"出来的；"捏造"她们的不仅有宗教戒律和仪式，还有更注重良好教养而不是良好教学的教育体系；当时的教育集中于实用知识、规矩、社交礼仪和自我展示的艺术。对年轻女士的"打磨"工作仍然相当稳定，其性质由妻子、母亲和管家的职责决定，并受到了由传教士、哲学家、道德家和政治家组成的合唱团不知疲倦地反复灌输的影响。正规学校教育更难预测，因为其课程取决于社会希望女性能够适应的总体文化水平，并且会受到不同地点和时间的政治选择的影响。

对教育学来说，19 世纪是个伟大时代，人们学会了欣赏教育的力量，并重视家庭（尤其是母亲）在育儿方面的作用。对年轻女性进行教育的理论和方案激增。公立学校、寄宿学校和各类课程遍地开花。有时候女子学校会相互竞争，但它们仍然是不折不扣的女性学校，因为人们强烈认为女性需要单独接受教育。尽管在法国大革命之后，女性在识字率方面的进步可能一度停滞，但后来还是取得了长足的进步。女童教育起初是私立的，主要是宗教教育，但后来成了公众关注的问题，至少在法国和比利时等国家，允许提高女性地位的世俗模式逐渐占据主导地位。随着人们对更严格的女性行为准则的强调，最有趣的结果出现了："美德"（virtue）取代了上帝。

在民族主义情绪日益高涨的欧洲，女性教育既是一个宗教和政治问题，也是一个民族问题。在整个欧洲大陆，从雅典到布达佩斯，从奥匈帝国到沙皇俄国（顺便说一句，俄罗斯是首个招收女大学生的国家），激烈竞争的改革带来了新课程、更高的教育标准和更广泛的研究领域。然而，改革有时会因为反复出现的恐惧而受阻，即担忧受过过多教育的女性会抛弃家庭，成为男性的竞争对手。不管是经验知识也好，还是理论知识也罢，知识的边界均发生了变化，但从未消失。

在 19 世纪，人们认识到图像具有鼓励观看者模仿和超越的力量，而女性被视为神经紧张、容易激动的受造物，因此被剥夺了充分接触印刷文化的机会。自文艺复兴以来，书籍之战（The Battle of the Book）就一直在进行。然而，我们最好对某些文化差异保持敏感。与天主教徒相比，新教徒，特别是那些所谓的觉醒派，对女性的判断力更有信心；因此，那些宗教改革占主导地位的国家的女性比其他国家的女性更加进步。在法国，新教徒在创建世俗教育体系模式方面发挥了众所周知的作用。宗教权威和世俗权威开始争夺界定女性应该阅读哪些内容的权利：他们对某些类型给予祝福，而对其他类型表示拒绝；他们为女性提供建议，以及收集起来的"好书"和报纸。我们必须承认，总体而言，他们有助于拓展女性的视野。

他们还起到了加强年龄差异的效果：小女孩、青少年、年轻女士和年轻的已婚女性是需要加以塑造和管教的不同群体。"塑造"可能具有积极的含义，其中涉及对世界和事物的更多认识。由于翻译被视为女性的活计，女性开始学习外语和研究其他文化，因此她们可以充当媒介者。此外，由于人们认为女性写旅游书籍比尝试写小说更为合法，许多人萌生了旅行的愿望。此外，她们作为"大人物"的秘书，进入了创作的圈子。

因此，她们能够利用别人给予或留给她们的东西来获取利益和乐趣，并最终凭借自己的努力成为知识的生产者。我们必须非常密切地关注她们作出的改动、挪用以及适度修修补补的形式，受压迫的人借此声称拥有了文字和事物。

如果没有这样的敏感性，就不可能存在有性别意识的文化实践史。如果我们希望充实"女性读者"的形象，就必须弄清楚女性是如何阅读的，阅读了哪些内容。她们的思想是宗教幻想、家庭白日梦和色情幻想的混合物。我们必须弄清楚女性是如何成为作家的，以及她们写了什么——在一个信件是主要沟通手段的时代，她们写的通常是信，但有时也写书。我们必须弄清楚女性是如何成为艺术家的，以及她们创作了什么作品。虽然音乐作为诸神的语言在很大程度上仍然是有创造力的女性所无法触及的，但一些女性以专业插画家、设计师，甚至是才华横溢的画家的身份在公共场合展示她们的作品，其中一些无疑是杰作。然而，女性的创造力依然面临巨大障碍。障碍是如此之大，以至于如果发生了不可思议的事情，比如一位真正"伟大"的女画家或女作家的出现，她很可能被归类为某种类型的艺术家［贝尔特·摩里索（Berthe Morisot）[1] 被称为"托儿所画家"，乔治·桑（George Sand）[2] 被称为"乡村作家"］，并因此受到谴责，甚至被关押［比如法国画家卡缪·克洛代尔（Camille Claudel）］：因为天才，不管他是神还是生物奥秘的产物，都只能是男性。

无论如何，让男人痛苦的野心，会让女人更加煎熬。难道女人的天才不是朝向生活的吗？其目的不是在于和睦相处、团结一致吗？有些人是这样认为的，他们都是那个时代最伟大的思想家。毫无疑问，对女性创造力的阻碍一定程度上因为女性接受了一个被分离的角色以及它所基于的表述。这一障碍既存在于支配这种分离性的象征秩序中，也存在于允许它被表达的语言秩序中。

热纳维耶芙·弗雷斯　米歇尔·佩罗

---

[1]　19 世纪法国印象派女画家。——译者注
[2]　19 世纪法国著名小说家、剧作家、文学评论家、报纸撰稿人。——译者注

第五章　艺术和文学的偶像崇拜

斯特凡纳·米肖（Stéphane Michaud）

从来没有一个时期像 19 世纪那样，女性被如此多地谈论。即使是最清醒的头脑也会对此感到惊讶：女性主题无处不在，包括教义问答、法律条款、礼仪手册、哲学著作、医学文献、神学论文，当然还有文学作品。在此之前或之后，有过如此多关于女性的立法和教条吗？或者是有过如此多关于女性的平凡梦想吗？进步的法国大革命将女性颂扬为"家庭神殿的神"，而天主教会则利用其庞大的财政，将圣母无染原罪（Immaculate Conception）确立为信仰。1854 年12 月 8 日，教皇庇护九世（Pius IX）庄严宣布，在上帝的造物中，只有上帝的母亲马利亚免于原罪的玷污。这一举措使教会更加接近世俗国家，而本来被认为是对立的制度的趋同无疑是引人注目的。这种迹象甚至可以在更早的共和派的版画中看到，这些版画借鉴了意大利文艺复兴时期的绘画，将理性女神描绘成圣母；或者是画了有四个乳房的女性，以此象征一年四季。是什么样的力量战胜了意识形态，并将女性从现实的领域中移除？尽管同时代的人直率地坚称是大自然（Nature）的力量，但我们不能相信他们的话。不，这是形象的力量。这些作品中的女性都是虚构的。在 19 世纪，女性是一个偶像。

形象崇拜

如果说文学和艺术是女性形象转变的核心，那么也许没有哪一时期的文学19 世纪的文学更关注形象的力量、诱惑潜力和自主性了。形象可以威胁身份或影响行为。从浪漫主义的德国到奥斯卡·王尔德（Oscar Wilde）[1] 的英国，再到 19 世纪 80 年代奥芬巴赫（Offenbach）[2] 和维利耶·德·利勒—亚当（Villiers de L'Isle-Adam）[3] 的法国，19 世纪充斥着关于形象的欺骗性危险力量的故事。无论是在物质层面，还是在非物质层面，形象都绝非无足轻重。它们向人讲述了他的欲望，以及他达不到欲望想要实现之目标的无能。胆敢貌视这一定律的人会惹祸上身。彼得·施勒米尔（Peter Schlemihl）为摆脱自己的影子而付出了在四处游荡的无尽代价 [4]，而道林·格雷（Dorian Gray）则因占用了自己画像中容颜不变的美而付出了灵魂的代价 [5]。更常见但同样令人心痛的是女性玩偶的悲剧，其虚幻的可爱不知何故便引发了死亡。《霍夫曼的故事》（*The Tales of Hoffmann*）在戏剧舞台上以堪称典范的方式表达了这一点 [6]。想象是艺术家的主要能力及其神圣光环的来源，在一个以对想象力的盛大庆祝而开始的世纪里，形象怎么可能没有发挥出神秘的心理力量呢？要相信歌德（Goethe）[7] 和诺瓦利斯（Novalis）[8]、柯勒律治（Coleridge）[9] 和波德莱尔（Baudelaire）[10]，想象力是点燃并集中体现其余一切的高贵天赋：它把艺术家提升到造物主的地位，与宇宙的和谐和感官的交响乐相互协调。英文和德文对"想象"（英文为 imagination、德文为 Einbildungskraft）和"幻想"（英文为 fancy、德文为 Fantasie）进行了区分，但没有任何词语能够充分描述这条通往无限的康庄大道。在《梦的解析》一书中，弗洛伊德告诉我们，在我们的灵魂中秘密流动的无意识能量利用了一个原始的形象库（理想或原始幻想），如果没有它，我们就无

---

[1]　出生于爱尔兰都柏林，19 世纪英国最伟大的作家与艺术家之一。——译者注

[2]　德籍法国作曲家，法国轻歌剧的奠基人和杰出的代表。其代表作品有歌剧《霍夫曼的故事》、轻歌剧《地狱中的奥菲欧》《美丽的海伦》。——译者注

[3]　19 世纪法国作家，以创作具有浪漫色彩的小说而知名。——译者注

[4]　在 19 世纪初德国作家沙米索的中篇小说《彼得·施勒米尔的奇异故事》（亦译《出卖影子的人》）中，主人公施勒米尔被灰衣人以幸运袋为诱饵，换去了影子。一时，施勒密尔获得了无穷的金币，但却失去了阳光与自由。——译者注

[5]　在奥斯卡·王尔德 19 世纪末创作的小说《格雷的画像》中，主人公道林·格雷认为美是生活中唯一值得追求的方面，让自己的画像代替他变得衰老，希望以此换取自己青春永驻。——译者注

[6]　《霍夫曼的故事》为法国作曲家雅克·奥芬巴赫创作的歌剧，剧中有一位名为"奥林匹亚"的人偶。——译者注

[7]　德国著名思想家、作家、自然科学家、文艺理论家和政治人物，是德国古典主义最著名的代表之一。——译者注

[8]　18 世纪德国浪漫主义诗人、作家、哲学家。——译者注

[9]　英国诗人、文学评论家、哲学家和神学家，他是英国浪漫主义文学的奠基人之一。——译者注

[10]　19 纪现代派诗人，象征派诗歌先驱，代表作有《恶之花》。——译者注

法获知我们自己存在的奥秘。

然而，严格来说，将社会赋予女性的典范描述为形象是正确的吗？某种重要的关系不知何故被降格为固定的表象。暴政是如此残酷，它将形象的无限可能性降低为受现实摆布的奴役状态；把女人捧上神坛，以赢得她们对自己屈从的默许，这种把戏是如此讽刺，以至于形象的所有能量都被自鸣得意的男人试图建立的愚蠢等式（女人等于圣母、天使或恶魔）所消耗。圣母至高无上：拉斐尔（Raphael）的画作堪称完美，母亲和孩子都沉浸在一种感官丰富的氛围中，受到整个欧洲的赞赏——女人在展示她的母性时发现了她最崇高的满足。在家中被尊为母亲的女性，因为王政复辟付出了代价。法国大革命能够废黜国王并创造公民（citoyen），但不能创造女公民（citoyenne）。教会的教义越发清晰。从反宗教改革运动 [1] 开始，对圣母马利亚的颂扬成为一种激进的姿态；它象征着收复失地的愿望，拒绝与世俗世界妥协。在经过深思熟虑后，宣布圣母无染原罪的决定在很多方面都是一场"通过中保圣母实现的政变"。庇护九世因民众对宗教日益冷漠而失去了威望，也因意大利在他被逐出教皇国期间实现首次统一而失去了政治权威。随后，教皇效仿当初建设奢华的巴洛克风格建筑的做法，恢复了教皇盾形纹章的光彩：圣母荣耀的提升将有利于她的儿子和受到庇佑的罗马天主教会。这位具有象征意义的女性成为权力斗争的奖品和工具。她将女性逐出了她们自己的生活，直到在新的暴政下，一切都不再处于其应有的位置。

冷静、务实地处理"女性问题"是不可能的。对于那个时代的人来说，仅仅提出这个问题就足以动摇文明的根基。这种焦虑在很大程度上说明了文明大厦的弱点。当奥兰普·德古热、玛丽·沃斯通克拉夫特和弗洛拉·特里斯坦（Flora Tristan）提出人性超越性别差异时，她们强有力的声音在极度地坚持其特权的既定秩序面前毫无意义。玛丽·沃斯通克拉夫特在《女权辩护》（1792 年）一书中恳求道："让我们从人类的角度来看待女性，她们和男性一样，都是为了展现自己的才能而来到这个世界上的。"这一恳求虽然没有产生效果，但在整个 19 世纪都保持着令人震惊的力量。女人是无声的偶像，是男人创造的；她不

---

[1]　又称为天主教改革或公教改革，是天主教会自 1545 年起召开特伦特会议至 1648 年三十年战争期间，为回应宗教改革的冲击而实行的革新运动。——译者注

能获得自由。巴尔扎克（Balzac）[1]直言不讳地说："女人是奴隶。我们必须足够聪明，才能将她扶上王位。"

社会选择了它自己的路线。在解放运动的早期阶段，它动用了全部的影响力来阻碍解放，并对1789年、1848年和19世纪70年代女性在走上街头、爬上路障时发出的呼声充耳不闻。为了镇压女性解放运动，它还为其策略披上了一层诗意的面纱。镇压得到了医学、法律和宗教等受人尊敬的机构的有效支持。这三个机构肩负着同样的牧养使命：保护体弱多病的女性。

文学影响了社会的想象，但它对自身力量的认知使其远离了对生活充耳不闻的社会。就像波德莱尔在他的《私密日记》一书中吐露了其艺术的秘密动机在于"颂扬形象崇拜（我伟大的、独特的、原始的激情）"。与他同时代的人也知道，文学的一部分是献给想象的。被整整一代现实主义作家和自然主义作家公认为领袖的福楼拜（Flaubert）[2]认为，"艺术中最崇高（也是最困难）的事情"就是"激发梦想"。对于这位文学神秘主义者来说，救赎在于恢复文字闪烁的力量，这样它就可以像一支带翼的箭一样刺穿心灵的核心。以缺席的女性（absent woman）为对象的写作，将运动引入了一个原本静止的世界。缺席的女性是非常容易接受的象征，毫无疑问她是一个过于确定的象征，人们不自觉地将他们的矛盾和梦想投入其中。当然，在这个角色中，写作总是男性化的，强调了女性内心的无处安放。与想象结合在一起，心爱的女人变成了所有魔法、所有变形的母体。她扩大了伴侣的自我，使他儿时的梦想和成年后最狂野的欲望具体化，并赋予斯塔尔夫人（Mme Staël）深深感受到的法则以生命。这项法则的内容是："激情只会在一个人失去的东西上倾注全力。"19世纪的文学之所以能够揭示最古老的梦的关键之处，是因为它认识到了它们的本质：梦。在心中燃起熊熊大火后，女人又揭开了一个无法愈合的伤口。她使生命重新回到神秘的源头。

这种理想化还有另一面：一瞥——有时候是最冷酷的一瞥——足以引发社会所不愿面对的问题，并将其转化为命运的证明。不仅要展示或演绎无处不在

---

[1]　19世纪法国著名小说家，被称为"现代法国小说之父"，其小说系列"人间喜剧"被誉为"资本主义社会的百科全书"。——译者注

[2]　19世纪法国著名作家，其名著《包法利夫人》享誉世界。他也被誉为是"自然主义之父"和20世纪的法国"新小说"派"鼻祖"。——译者注

的男性欲望，还要展示女性的自由，以及使这种自由陷入困境的暗礁（或者，反过来说，女性自由对那些仍然怀疑其存在的人构成的难以置信的挑战），这就是在打开（与急于关闭它的机制相反）一个清醒的、同情的，甚至温柔的空间。在这个空间里，女人和男人一样有自己的位置，哪怕她们不得不一寸一寸地捍卫自己的领土——她们不得不把精力转移到为自己辩护上，这损害了她们的发展。

因此，文学之镜（它揭示了镜子背后的艺术家，这位艺术家所作的"架构"选择了那被认为是真实的东西）暗示了未经怀疑的真相。对于这个真相，有些人宁愿隐藏它。也许文学比以往任何时期都更能教导社会认识自身。这不仅仅是因为阅读人群显著扩大，这还是教育机会扩大和印刷文字日益普及的结果——所有这些课题本身都很重要，而且值得研究。更深刻的变化是，作家们现在知道，他们仅仅通过语言的创造力就统治了世界。他们的自由在于揭露社会微不足道的诡计，以及在其精心制作的面具上不由自主地做一个鬼脸，从而挑战了社会。事实证明，社会应对这种入侵的方式要么是平庸的，要么是无效的。人们指责艺术家不道德，以败坏他们的名声，或者反过来，把他们捧杀到讽刺的地步。但天才是不能被驯化的：批评永远不能迫使天才沿着老路小跑。当艺术无法被驯服时，丑闻就不可避免。福楼拜和波德莱尔为法兰西第二帝国阐明了这一点。从 1880 年起，从斯德哥尔摩到伦敦，从巴黎到马德里、维也纳，整整一代人在整个欧洲大陆发起了对伪善的攻击。

早在 1793 年，在 19 世纪到来前夕，布莱克（Blake）[1] 就在宣扬一个傲慢的判断："妓院是用宗教的砖块建造的。"1 他猛烈抨击了无权选择的、堕落的情爱以及虚伪的性关系。当然，将他的话与福楼拜的著名呐喊"包法利夫人就是我"[2] 相比较，并不过分。福楼拜为何这么说仍然是个谜，而小说结局的失败也是显而易见的。尽管如此，犯有通奸罪、梦想破灭的包法利夫人，仍然要优于那些通过卑鄙行为使她陷入困境的人。她的创造者并没有回避这个问题：福楼拜没有将她遗弃在正义者的愤怒之下，而是认同了她的命运。

---

[1] 英国第一位重要的浪漫主义诗人、版画家，英国文学史上最重要的伟大诗人之一，虔诚的基督教徒。——译者注

[2] 曾有人问福楼拜，谁是包法利夫人的原型，他答道："包法利夫人就是我。"（Madame Bovary, c'est moi.）——译者注

　　然而，直到最近几年，批评才开始揭示文学令人难以置信的恶意，这种恶意在 19 世纪末可能比 19 世纪初更为严重。借用当时一位最优秀的观察家的话来说，有大量的例子表明，"女性，作为受害者，实际上似乎是有罪的，她们缺乏能够让人听到自己声音的语言"。² 文学将其祝福赐予了一个充满欺骗和幻想的体系；它设置的陷阱因为设计巧妙而变得愈加危险。谁能说出主宰 19 世纪的女性形象——天使或圣母——造成了多大损坏？然而，尽管我们的道德观念发生了深刻变化，为什么 19 世纪的女主人公仍然能够打动我们？为什么她们如此频繁地出现在我们的屏幕上？也许是因为她们想要幸福，却又充满矛盾，被迫与命运抗争。自由是不可分割的，我们对她们的愿望并不陌生。

　　资产阶级道德的庸俗和虚幻的妥协，常常被戏剧舞台的魔力所改变。最著名的例子是威尔第（Verdi）[1] 的《茶花女》（La Traviata），这部歌剧把亚历山大·仲马（Alexandre Dumas）[2] 几年前在《茶花女》中塑造的那个动人的妓女奉为圣人。通过爱来实现救赎的场景，在当时的戏剧中是如此常见。戏剧再次发挥了它的魔力，只不过这次有罪者的得救不是靠纯洁女人的代祷，而是依靠有罪的女人对家庭法律不可思议的服从。在父亲和情人的启示下，"茶花女"（薇奥莉塔）意识到自己需要放弃。这位交际花在她过去所一度对其产生威胁的家庭和祖传财产的祭坛上死去，这标志着救赎。"她在天堂。"最后的合唱胜利地高呼。

　　对于迷恋快乐和秩序的观众来说，很难想象还有什么能比这一结局更恰当地回应他们的期望了。对于伟大工业时代最紧迫的问题之一，公众不断得到神话般的回答，他们对被它连根拔起的大批人民的命运漠不关心——至少，只要这些人不构成稳定的威胁，他们就漠不关心。被引诱的无辜者［可能模仿的是古诺（Gounod）[3] 的《浮士德》中的玛格丽特（Marguerite）］和吃人的诱惑者［例如施特劳斯（Strauss）[4] 的《莎乐美》，忠实地复制了奥斯卡·王尔德带到舞台上的形象）］成群结队地站在观众面前，她们可能是温顺的，也可能是可

---

[1]　19 世纪意大利的杰出歌剧作曲家，他的音乐作品被誉为歌剧史上的瑰宝，其著名作品包括《弄臣》《茶花女》《游吟诗人》《奥赛罗》《阿伊达》等。——译者注
[2]　即小仲马，法国剧作家、小说家，法国著名小说家大仲马之子，其最负盛名的作品是《茶花女》。——译者注
[3]　19 世纪法国作曲家，其作品对宗教音乐产生了重大影响。——译者注
[4]　德国浪漫派晚期最后的一位伟大的作曲家，同时又是交响诗及标题音乐领域中最大的作曲家。——译者注

怕的，但无论如何她们都是男性幻想的纯粹反映。在当时，瓦格纳（Wagner）[1]是那个世纪的君主。他的优势不仅仅源于其音乐风格的新颖。"瓦格纳是个神经病。"尼采曾经这样说过。根据托马斯·曼（Thomas Mann）[2]的说法，瓦格纳的音乐具有"戏剧版卢尔德"（theatrical Lourdes）[3]的效果。而瓦格纳塑造的人物都是同一种类型的，天使或女巫披着笨重的神话外衣，在充满仇恨的音乐的操纵下行动起来。有多少个放弃永生，成为一个女人，冒着被背叛和遗弃的风险，陪伴希尔德里克（Siegfried）度过尘世磨难的女武神布伦希尔德（Brünnhilde）[4]？又有多少个森塔（Senta）、伊丽莎白（Elisabeth）和昆德丽（Kundry）[5]盲目地、一心一意地想要拯救或腐蚀一个男人？在一部将世界简化为两个心醉神迷之人的戏剧[6]中出现的伊索尔德（Isolde），也许是所有恋人中最高贵的一位。她完全意识到自恋之爱的危险，以至于她将其猎物引诱到虚无当中，让其陶醉，并令其在欣喜若狂中屈服。

　　所有这些例子都是由男性欲望塑造的。浪漫激情的自我陶醉和神话的道德说教教会我们的与其说是女性生活的现实，不如说是幻灭的声音。这些声音可以追溯到19世纪初的作品。随着时间的推移，这些声音越来越响亮，主题也越来越丰富。幸福仍然超出了女性的能力范围。我在这里说的幸福指的是自我实现和个人成就，而不是来自自我否定和奉献服务的假象。但是，还有什么冒险能比追求幸福更个人化呢？它调动了女性精神的大量资源。即使追求幸福失败了，无论是奋起反抗还是默默屈服，其最终都是一个广阔的探究领域。当胜利取决于既定秩序，只能通过卑鄙的阴谋来赢得时，那么失败可能就是非凡命运的标志。因此，小说以多种形式探讨了这一失败，尽管19世纪末的悲观主义以

---

[1]　19世纪德国著名作曲家，是欧洲浪漫主义音乐达到高潮和衰落时期的具有代表性的作曲家，也是继贝多芬、韦伯以后，德国歌剧舞台上的重要人物。——译者注

[2]　德国20世纪最著名的现实主义作家和人道主义者，受叔本华、尼采哲学思想影响。代表作是被誉为德国资产阶级的"一部灵魂史"的长篇小说《布登勃洛克一家》。——译者注

[3]　卢尔德为法国一座小城，相传圣母1858年2月11日至7月16日间在该地的一处山洞多次显灵，并让一位小女孩在此建一座教堂。后来，卢尔德成为天主教的"圣城"，这处山洞也成天主教徒的朝圣之地。托马斯·曼认为，瓦格纳的音乐堪称一处充满奇迹的洞穴，就好比卢尔德的山洞，为一个渴望某种信仰的疲惫的黄昏时代而生。——译者注

[4]　布伦希尔德和希尔德里克为瓦格纳的歌剧《尼伯龙根的指环》中的主要角色，该剧取材自北欧神话，布伦希尔德是一名女武神，后来嫁给了希尔德里克。——译者注

[5]　森塔、伊丽莎白和昆德丽为瓦格纳所创作的一些歌剧中的女主角。——译者注

[6]　这里指的是瓦格纳的歌剧《特里斯坦与伊索尔德》。——译者注

更加悲观的声音贬低男女，并将他们缺乏沟通的情况描述为永久的固定现象。

　　这一时期的统一性是显而易见的（1789 年和 1914 年的动荡比这一百多年的年表更能说明这一点），但试图描述西方世界在这样一个时间跨度内的文学形象和表现是有风险的，尤其是当我们不愿意武断地将文学与自然环境和相关艺术分开时。这种做法与文学史上惯常的分类方式背道而驰；学者们有理由害怕这种大规模的综合，当然也不习惯去应对女性向他们提出的激进问题。这个时期充满了矛盾。无论好坏，其中许多矛盾仍然存在于我们之中，而且我们没有什么坚实的基础来审视它们。进步的概念曾让 19 世纪的批判能力陷入沉睡，但它现在没有任何用处。相比之下，那些超越国界、不属于任何文学流派的恐惧是有历史的。它们形成了一个微妙而永久的矩阵，从中产生了一些女性形象所基于的模型。与社会和政治变革相关的新习俗也具有决定性作用。因此，在 19 世纪末，性能量的发现让人心惊肉跳，但对身体的蔑视〔蔑视身体观念的根源被认为在于基督教，尽管它不谨慎地借用了斯多葛派（Stoic）和诺斯替派（Gnostic）的传统，这些传统触及了本应是道成肉身的宗教的核心〕在早期的表达受到了严格限制。

　　在试图理解这一时期的过程中，我们如何做才能把握世代之间经常会出现的鲜明对比？如何才能尊重文学人物的"存在"所依赖的不同语言（和方言）的特殊性？冯塔纳（Fontane）[1] 笔下的女主人公来自勃兰登堡，哈代（Hardy）[2] 笔下的女主人公则来自英格兰南部乡村。正是这些细微的差别将美国与欧洲（甚至是英国）区别开来，这些细微的差别隐藏在亨利·詹姆斯（Henry James）[3] 笔下人物的痛苦背后。唯一保险的做法就是尽可能地贴近生活，拒绝任何先入为主的理论，努力识别力量的路线和它们相互作用的方式。然而，我们甚至可能被这些想象中的女人迷住，谁说得准呢？

---

[1]　19 世纪德国杰出的诗意现实主义作家，著名作品包括《迷茫，错乱》《坤楚一家》等。——译者注
[2]　著名英国诗人、小说家，代表作包括《德伯家的苔丝》《无名的裘德》等。——译者注
[3]　英籍美裔小说家、文学批评家、剧作家和散文家，代表作有长篇小说《一个美国人》《一位女士的画像》。——译者注

想象中的女性的至高无上

> 女人是银色的圣杯，我们将金苹果放入其中。我对女性的看法并不是
> 从现实现象中抽象出来的；而是我与生俱来的，也许它是伴随着我长大的。
>
> ——歌德对爱克曼（Eckermann）如此说，1828 年 10 月 22 日 [3]

> 女人是在我们的梦里投射出最大阴影或最多光芒的存在……在精神上
> 她们活在自己造成的并深受其扰的想象里。
>
> ——波德莱尔的《人造天堂》（*Les Paradis artificiels*，1861 年），由
> 安德烈·布勒东（André Breton）和皮埃尔·艾吕雅（Pierre Eluard）收录在《超
> 现实主义缩略语词典》（*Dictionnaire abrégé du surréalisme*，1938 年）

在启蒙运动时期，让－雅克·卢梭率先将女性从生活中无数的偶发事件和
情境中拉出来，并将她们置于想象的天堂，他也是第一个以个人付出的代价来
衡量在梦中迷失自我的危险的人。实际上，这位魔法师被他自己的小说《新爱
洛伊丝》（*La Nouvelle Héloïse*，1761 年）中虚构的女主人公的魅力迷住了，他
被朱莉（Julie）迷住了，他把自己心中认为完美的一切都赋予了朱莉，并曾短
暂地梦见她化身为乌德托夫人（Mme d'Houdetot）[1] 来到自己身边。为了这个甜
蜜的幻想，他将付出沉重的代价。在某种意义上，他重复了《爱弥儿》（*Emile*）
中的冒险。在这部关于教育的巨著中，卢梭被苏菲（Sophie，《爱弥儿》中的
女主人公）的魅力所征服，置教育家的矜持风度于不顾。他不仅安排了情节，
使苏菲注定要结婚，而且还为她做出干预，为她的完美庆祝。这位哲学家由此
揭示了形象支配他的力量。这是一种他永远无法恢复过来的痛苦。对他来说，
女人本质上是一种形象：她像磁铁一样吸引男性能量，像电击一样刺激男性能量。
她既是社会堕落的原因，又是恢复社会健康的推动者。

在幸福的概念所唤起的所有悖论中，圣普勒（Saint-Preux）[2] 的歌剧唱词，

---

[1] 卢梭的情人之一，他将其视为"真爱"。——译者注
[2] 法国作曲家。——译者注

就像一只萤火虫，在女人的咒语上投下了闪烁的光：

> 女人，女人！大自然为了折磨我们而精心打造的珍贵而致命之物。当我们违背你们时，你们会惩罚我们；当我们害怕你们时，你们会追逐我们。你们的仇恨和爱慕同样有害，我们不能肆意地去寻找或逃离你们！美丽、魅力、吸引力、同情心！不可思议的生物或怪物，痛苦和欲望的深渊！对凡人来说，美丽比你们出生的自然环境更可怕，臣服于你们虚伪的平静的人是不幸的！你们应该对折磨人类的风暴负责。

激情的雄辩是否成功地欺骗了读者，让他们相信小说中所描述的事业的不同寻常的性质，而且这项事业幸运地因为朱莉的死亡而免于失败？朱莉在临死前坦率地承认，将爱视为纯粹的精神原则并托付给美德的守护者是虚幻的。尽管《新爱洛伊丝》完全没有触及卢梭赋予女性的生命和幸福的精神问题，但它也为幻想提供了资本，这些幻想将继续吸引超现实主义作者的读者。这本书的影响是险恶的，尤其是因为卢梭的思想博大精深，再加上其概念性和音乐性的力量，进而开创了一个新的世界。卢梭声称，人类的疾病是根深蒂固的：它影响了生命本身。责任可以归咎于社会，这个社会的状态代表着从自然状态的堕落。因此，任何补救措施都需要影响存在的根源。由于不可能回归自然状态，修复便意味着要建立在坚定价值观的基础上。还有什么比女性气质更有效的治疗方法呢？女人不仅仅是"毒药中的解药"〔让·斯塔罗宾斯基（Jean Starobinski）[1]的说法〕，她是能够发挥拯救作用的他者（Otherness）：在女人（Woman）身上蕴含着拯救的承诺。即使到了 20 世纪，安德烈·布勒东也可以写道：她"体现了人类最崇高的机会，并且，根据歌德的说法，她要求被视为大厦的基石"。

尽管浪漫主义已经成为过去，但那个时代仍然生活在浪漫的幻想中，因为女人的他者性纯粹是一种发明，是男人的建构。在《爱弥儿》一书中，卢梭阐述了女性顺从自然和社会保守本能的理论，他并没有掩盖这一事实。因此，他

---

[1] 瑞士文艺批评家和理论家、观念史学家、哲学家、医学史学家、卢梭研究和 18 世纪思想研究权威。——译者注

的武器库中充满了危险的武器，他的后来者很快就将其投入使用。只有男人才能揭露女人的真实本性："伊娃（Eva），你是谁？你真的了解自己的本性吗？"阿尔弗雷德·德·维尼（Alfred de Vigny）[1] 在《牧羊人之家》（*La Maison du berger*，1844 年）中问他的女伴。然而，让女人揭示她自己，实际上是在创造她，塑造她（最好是温顺的、拥有童贞的），甚至是为了保护她免受内心模糊力量（软弱、不纯洁、歇斯底里）的影响。波德莱尔比任何人都清楚这一点，他说："女人是天生的，也就是说，是可憎的。"她与猿猴几乎没有区别！但如果用珠宝、香水和化妆品来修饰她，她就完全变了形。甚至她的愚蠢也助长了对偶像的崇拜。女人就这样耗尽了自己的物质，揭开了难以忍受的生存限制，让诗人回到了他梦想的天堂。波德莱尔的短篇小说《拉·芳法罗》（*La Fanfarlo*，1847 年）就是一个很好的例子：即使情人占有了他心爱的人，一个在她的放纵下表现出色的舞者，他也要求她回到剧院，换上几个小时前她在舞台上穿的那件衣服，并提醒她不要忘记涂胭脂。对花花公子来说，爱的对象是一个形象、一种诡计。

毫无疑问，诗歌利用这些手段来探索人性的深处。这种探索是古怪的，甚至是痛苦的，但在这种探索中，女人变得不像男人的天然助手那么平庸，不像社会主义短暂升温时的救世主形象那么随便和虚伪。如果需要的话，她是残酷的，她逃脱了每一次抓住她的尝试，这是超越无限——邪恶的深渊——的象征，或者说是生活不可预测的象征，她能给予，但不会退缩。男性的欲望作为其自身的反映（无论是幻想还是机械行事的），永远在唤醒对女性的梦想，并梦想在它永远无法触及的火焰中燃烧。最伟大的艺术家并不满足于仅仅谴责 19 世纪的沾沾自喜。我很想说，在最极端的形式下，对文学迫切需要技巧的意识，将其提升到了新的高度，这是对不屈不挠的自由的亵渎。比如说：如果没有原罪的教条，波德莱尔会是什么样？他陷入良心谴责的诅咒当中了吗？

但在这场游戏中，女性充其量只是借口，而且永远是受害者。在这样的情况下，有血有肉的女人怎能不悲伤呢？波德莱尔在经历了一个销魂之夜后，用一系列神秘的十四行诗向萨巴蒂埃夫人（Mme Sabatier）献殷勤，又用这样的话打发她："几天前，你还是一位女神……现在你又是一个女人了。"堕落是突然的、不可逆转的，即使他在对心爱的人忠心耿耿的时候还在警告她："我

---

[1]　19 世纪法国浪漫派诗人、小说家、戏剧家。——译者注

是一个自私的人；我在利用你。"

　　然而，正是以如此极端的实验为代价，这个时代在最多样化的创作和思想领域取得了革命性突破：因为荷尔德林（Hölderlin）[1]，诗歌成为这个时代的批判意识。用这位诗人的朋友黑格尔的话来说，诗歌是"人类的女导师"（Lehrerin der Menschheit）。因为波德莱尔和内瓦尔（Nerval）[2]，诗歌超越了以前不可侵犯的界限，它崇拜至高无上的女性理想，一种与诗歌本身基本相同的纯粹形象。旧社会在绝望的狂热中为自己庆祝，甚至是在为新社会让路的过程中也如此，但新社会的信心因古代价值观的崩溃而受损。

　　即使是小说——其伟大的作者们［随便举几个例子，如巴尔扎克、狄更斯（Dickens）[3] 和左拉（Zola）[4]］也以描绘社会现实为目标（有时与科学家们展开冷酷的精确度竞争）——最终也落入了 19 世纪的恶魔之手。狄更斯是一个极端的例子，这证明了对社会苦难的敏锐观察在多大程度上与刻画女性的能力是分开的。如果说狄更斯擅长描绘社会景观，那么他对女性的刻画则显得令人难以置信的刻板。与其他许多人一样，巴尔扎克对任何有关女性作家骇人的观点都会感到害怕：她会挑战自然法则，以"贞洁和未驯服的"的方式让人感到恐惧，这标志着她与《圣经》确立的女性模式存在距离。巴尔扎克补充说："女强人一定只是象征；事实上，她看起来很可怕。"

　　仅仅是女性不完全屈服于男性的暗示，就会让神学家和他们的信徒（比如蒲鲁东）遭受噩梦的折磨。这一噩梦也出现在龚古尔兄弟（Goncourt brothers）[5] 身上，但在对女性的描绘中，他们能够探索新的领域。实际上，龚古尔兄弟违反了最后的文学禁忌之一，他们在小说中为堕落女性创造了一席之地，比如《翟米妮·拉赛特》（*Germinie Lacerteux*，1865 年），描写了一个未婚母亲，饱受"伴发性癔症"的折磨，死于肺结核，还有像《女郎爱里沙》（*La*

---

[1]　德国著名诗人，古典浪漫派诗歌的先驱，著名作品有诗歌《自由颂歌》《人类颂歌》《致德国人》《为祖国而死》等。——译者注
[2]　法国诗人、散文家和翻译家，浪漫主义文学代表人物之一。——译者注
[3]　19 世纪著名英国作家，深刻地反映了当时英国复杂的社会现实，为英国批判现实主义文学的开拓和发展做出了卓越的贡献。他的作品对英国文学发展起到了深远的影响。——译者注
[4]　19 世纪著名法国自然主义小说家和理论家，自然主义文学流派创始人与领袖，其代表作包括《萌芽》《娜娜》《金钱》等。——译者注
[5]　19 世纪法国的作家兄弟二人。两兄弟毕生形影不离，都没有结婚。他们共同创作，献身于艺术和文学。根据他们的遗嘱成立的龚古尔学院，每年颁发龚古尔文学奖，在法国有重要影响。——译者注

fille Elisa，1877 年）中的女主人公这样的犯罪妓女，她被女子监狱里不人道的沉默制度所击垮，沦为胡言乱语的白痴，并最终死亡。龚古尔兄弟俩都是细心的调查人员，他们的纪实性研究受到了第一手经验的启发。他们参观了法国瓦兹省克莱蒙的国家监狱，并对目睹到的情况感到震惊。龚古尔兄弟是穿越劳动女性、女罪犯和妓女所居之地的"壮游"（grand tour）的发起者，为左拉的小说《小酒店》（*L'Assommoir*）中绮尔维丝（Gervaise）的自我毁灭史诗奠定了基础，也是欧洲许多戏剧和自然主义小说中对劳动女性形象塑造的先驱；然而，龚古尔兄弟不仅记录了震惊，还证明了人们对女性的蔑视：她们被残忍地贬低为性工具，更不用说是商品了。龚古尔兄弟的《日记》（*Journal*）中充满了当时常见的反女性主义谩骂。书中充斥着对所谓女性没有人性的恶毒评论，兄弟俩将她们描述为天生"只作为子宫"的生物。对波德莱尔来说，女人代表着无限诱惑的日子似乎已经成为遥远的过去。

左拉接过了龚古尔兄弟的衣钵，他的影响在 19 世纪 80 年代遍及整个欧洲。娜娜（Nana）[1] 那个肮脏的、吞噬人的野兽的故事，与其说是社会历史，不如说是神话。一开始，她是一个满足社会享乐欲望的妓女，后来成了一个象征。她阐释了性与生育分离所造成的破坏性，并代表了最终得以破坏法兰西第二帝国的社会解体。即使是冷漠的莫泊桑（Maupassant）[2] 也表达了对母性的恐惧，同时却完全屈服于一个难以接近的梦中女人的形象，这是作家自己痴迷的象征。对于乔里斯－卡尔·休斯曼（Joris-Karl Huysmans）[3] 的唯美主义有什么可说的呢？这位小说家大肆嘲笑"老派的理想主义"和"疯狂独身的老处女的空虚"。即便在自然主义文学中，他也发现了这些，但他无法清除自己作品中类似于《逆流》（*A Rebours*，1884 年）中的莎乐美（Salomé）这样的形象，这几乎揭示了对女性的普遍恐惧。

在这方面，欧洲其他国家与法国相比可谓不遑多让。斯芬克斯或奇美拉（chimera）[4] 式的女性形象一直困扰着海涅（Heine）[5]，随后又影响了古斯塔

---

[1] 左拉小说《娜娜》中的女主人公。——译者注

[2] 19 世纪后半期法国优秀的批判现实主义作家，被誉为现代文学中的"世界短篇小说之王"，其代表作为《项链》《漂亮朋友》《羊脂球》《我的叔叔勒》等。——译者注

[3] 19 世纪法国小说家，西方现代主义文学转型中的重要作家。——译者注

[4] 古希腊故事中狮头、羊身、蛇尾的吐火怪物。——译者注

[5] 19 世纪德国抒情诗人和散文家，被称为"德国古典文学的最后一位代表"。——译者注

夫·莫罗（Gustave Moreau）[1]和费利西安·罗普斯（Félicien Rops）[2]等19世纪末画家的想象力。不饶人的处女在豪普特曼（Hauptmann）[3]和霍夫曼斯塔尔（Hofmannsthal）[4]的戏剧中播下了恐怖的种子。韦德金德（Wedekind）[5]笔下的交际花露露（Lulu）也是如此。1935年，贝尔格（Berg）[6]将露露引入了歌剧。英国的拉斐尔前派（Pre-Raphaelites）、维也纳的克里姆特（Klimt）、挪威的爱德华·蒙克（Edvard Munch）、奥匈帝国的阿尔弗雷德·库宾（Alfred Kubin）等人的画作同样唤起了令人不安的景象。但法国可能比任何其他国家都更早、更清楚地表明，整个智力和艺术生产领域在多大程度上依赖于对世界的性别化表现，根据这种表现，男人的目的在于平息女人令人不安的陌生感。法国历史学家米什莱强大而直觉的天赋为一篇带有粗糙概念的抒情散文提供了素材。他的男性思想侵入了历史的疆域，使这块疆域变得肥沃，但又被以充满爱的暴政统治着，就像米什莱本人统治着他第二任妻子的私生活一样。作为一位有远见的人，他破译了法国及其人民的命运，并颂扬了女巫和母亲的仁慈能量，但他同时将女性的影响描绘成使革命偏离其真实进程的关键因素之一［《大革命中的女性》（Les Femmes de la Révolution），1854年］。矛盾的是，正是科学，不管它在孔德那里被称为社会学，还是在勒南（Renan）[7]那里被称为宗教史，都把19世纪的逻辑推向了其自然的结论：它梦想着一种更高级人类形式的出现，在这种形式中，单性生殖将最终结束把物种的生存委托给像女性这样不完美的性别的可耻需求。

　　女人的"黑暗大陆"是一件可怕的事情，任何形式的疯狂都比她那可耻的、赤裸裸的存在更可取。德国的理想主义几乎把这一主题发挥得无以复加，正如瓦格纳19世纪后期所做的那样。幸运的是，音乐压倒了作曲家脆弱的教条，这

---

[1]　19世纪法国艺术家、象征主义运动的重要人物，其作品多以神话和《圣经》故事为题材，以其明亮的色彩效果和充满梦幻的激情著称。——译者注

[2]　19世纪比利时象征主义艺术家，主要制作版画和蚀刻版画，是比利时漫画的重要先驱，同时也是颓废主义运动中的重要人物。——译者注

[3]　德国著名剧作家、诗人，是德国历史上少见的多产作家，也是位多才多艺的文学巨匠。——译者注

[4]　奥地利小说家、剧作家、诗人、评论家，是德语文学在19、20世纪之交唯美主义和象征主义的重要代表。——译者注

[5]　19世纪末20世纪初跃于德国文坛的一位引人瞩目的剧作家，开创了德国表现主义戏剧的先河。——译者注

[6]　奥地利作曲家，与勋伯格、韦伯恩开创"新维也纳派"，表现主义音乐的代表人物。——译者注

[7]　19世纪法国著名哲学家、历史学家和宗教学家，对中东古代语言文明有着精深研究。——译者注

种教条徒劳地试图将"永恒的女人"限制在与男人捆绑在一起的顺从本性中。瓦格纳试图超越歌德和他的作品，这是一种考虑不周的尝试，只会突显出这种模式的独特性。尽管歌德的精神充满阳刚之气，但他也无法耗尽女人在爱情中的天才。与他同时代的拉赫尔·瓦恩哈根（Rahel Varnhagen）是位开明的浪漫主义者，在柏林开了一家沙龙。瓦恩哈根表示，在《威廉·麦斯特的学徒岁月》（Wilhelm Meister's Apprenticeship）[1]中出现的众多女性中，那些专心致志于爱情的人最终都以死亡告终，这绝非偶然。当然，永恒的女性，也是《浮士德》[2]第二部结尾展现的最高价值，代表着一种加冕礼。诗人把他的智慧托付给音乐和象征主义的双翼护航。唱诗班唱道："永恒的女性 / 引领我们向上。"这最后几行短小精悍的诗句，仅以简洁和交错的韵律联系在一起，总结了一种命运。它记录了时间的连续性和永恒。浮士德（Faust）[3]认识的女人不止一个：玛格丽特（Margaret），一个被他带至地狱的小资产阶级；海伦（Helen），这位古代女性短暂地以她不变的完美状态复活。然而，与上帝之母马利亚（玛格丽特在最后一幕中向她祈祷，这一幕描绘了浮士德不朽的部分在天使和神秘主义者居住的高山背景下升天）一样，这些女性只是象征的一部分，诗人以大胆的风格，通过杂糅的方式写下了她们的奇迹。事实上，这个符号只有在充满了梦想、美和自然的流动能量时才存在。现如今，指导浮士德整个旅程的能量在最后团结了起来。脱离了所有的占有，恢复了无拘无束的存在的自由，开启了那种抛弃灵魂压舱石的冥想，浮士德理所当然地属于存在。歌德歌颂的是服从生命法则的愿望。

当 19 世纪宣扬的是一种苍白的伪善时，这种崇高又如何得以维持？根据官方的说法，人类已经达到了顶峰，正在胜利地享受着文明的成果，但良知与个体的崩解使这一说法变得不再真实。易卜生（Ibsen）[4]的《玩偶之家》（A Doll's House，1879 年）在欧洲各地的剧院都获得了巨大成功，它以一个离别的场景结束：娜拉（Nora）"砰"地关上婚姻生活的大门，最终独自生活。她原

---

[1] 歌德的著名作品。——译者注
[2] 歌德的著名作品。——译者注
[3] 《浮士德》中的主人公。——译者注
[4] 19 世纪挪威著名戏剧家，欧洲近代戏剧的创始人。他的作品强调个人在生活中的快乐，无视传统社会的陈腐礼仪。其代表作为《玩偶之家》。——译者注

先对丈夫忠贞不渝，把他从死亡线上救了出来，还给他生了两个孩子。然而，他太空洞了，太无能了，除了把他的妻子视为他所需要的玩偶女人之外，他什么也看不见。娜拉唯一的救赎就是逃离：在家庭和家人之外重新开启生活。在19世纪初，阿图尔·施尼茨勒（Arthur Schnitzler）[1] 又对剩下的确定性提出了疑问。他的戏剧和故事深入探索了隐藏在灵魂深处的阴影，并详述了灵魂的焦虑和永远的优柔寡断。施尼茨勒对实际经验的真实性持怀疑态度（而且，由于人们不可否认地受到幻想的支配，并陷入愚蠢的社会机制，经验在任何情况下都没有什么意义），他以自己的独特方式再次说明了想象的强大影响及其破产的状况。男人和女人溶解在想象中，被无意识的浪潮带走。与此同时，另一位维也纳人西格蒙德·弗洛伊德在施尼茨勒忧郁的清醒中看到了自己思想的影子。

命运

存在必须从自我开始……而且，一个人即使永远不是中心，也必须永远是自己命运背后的驱动力。

——斯塔尔夫人，《关于激情对于个人与国家幸福的影响》

（*De l'influence des passions*）

当她看到这个僵化的制度紧紧围绕着她时……那种黑暗和窒息的感觉……占有了她。

——亨利·詹姆斯，《一个贵妇人的画像》

（*The Portrait of a Lady*，1881 年）

一个人如何能在一个不容忍自由的社会中出生并获得自由呢？在一个女性活动范围不断缩小的世界里，怎样才能获得幸福呢？维多利亚时代的著作告诉我们，女性被限制在家里是她道德权威的基础："你肩负着重大的责任；

---

[1]　奥地利剧作家、小说家。维也纳现代派的核心人物。第一个把意识流手法引入到德语文学中的奥地利作家。——译者注

你有紧迫的任务；一个国家的道德价值由你来维护。"萨拉·埃利斯（Sarah Ellis）[1]如此告诉《英格兰女人》（*The Women of England*，1839 年）的读者。《英格兰女人》是胜利的工业资产阶级制定法律的无数著作依据之一。当然，是否赋予女性的权利取决于她们是否签署一份放弃一切个人社会或政治野心的契约。当女性撕毁契约的那一刻，男性就放弃了侠义姿态（侠义是一种堂吉诃德式的理想，就像闪亮的装饰物一样闪闪发光）。这是战争。

文学成了直接的战场。直到 18 世纪末，文学仍然是女性争取自由的工具。写信是一种特别适合照顾家人和家庭的琐碎生活节奏的活动，已作为文学活动获得认可，并影响了小说的发展。但随着 19 世纪的到来，紧张局势出现了。维持现状成了问题。矛盾的是，英国可能是对女作家最宽容的国家。但是，这种宽容（似乎只是与其他地方相比）难道不是简·奥斯丁（Jane Austen）、勃朗特姐妹（the Brontë sisters）和乔治·艾略特（George Eliot）等英国女作家从不与现有秩序正面对抗的态度的结果吗？对她们来说，婚姻仍然是最重要的事情。简·奥斯丁仍然可以保持乐观，勃朗特姐妹可以描绘简·爱[2]的胜利：一个被剥夺继承权的孤儿，她最终强迫她的引诱者娶了她，从而实现了她所希望的一些东西（她的梦想被艰难的生活残酷地削弱了）。

其他地方的斗争也很激烈。1800 年，法国作家斯塔尔夫人痛苦地认识到，作家的生活就像"印度贱民"的生活一样悲惨。被拒绝、被诅咒，她为自己违反禁忌付出了代价：她敢于以自己的身份，冒险进入了男人的领地。法国作家乔治·桑和她这一代的许多人一样，被"写作的狂热"所困扰。她认为写作是通往解放的最快途径，却发现很难留下自己的印记。考虑到她作品的数量和天才的力量，19 世纪不得不容忍她，但也不能免除她遭受迫害的痛苦。这时再来阻止桑可能已经太晚了，她已经对自己造成了伤害，但她不遗余力地确保没有其他作家出现在受害现场。德语国家的情况也好不到哪去：梅特涅（Metternich）[3]的复辟压制了早期的倡议。尝过自由滋味的拉赫尔·瓦恩哈根退缩了。她的信件将保持私密：要发表这些信件，她就得戴上面具，接受由男性控制的角色。

---

[1] 19 世纪英国作家，《英格兰女人》为其作品。——译者注

[2] 小说《简·爱》中的主人公。——译者注

[3] 梅特涅在 19 世纪曾任奥地利帝国的外交大臣、首相等职，主张复辟专制王朝，打压各国的民族、民主运动。——译者注

作家克莱门斯·布伦塔诺（Clemens Brentano）和贝蒂娜·布伦塔诺（Bettina Brentano）兄妹[1]的故事最能说明普遍存在的不平等现象。克莱门斯·布伦塔诺是一位著名的诗人。但妹妹贝蒂娜的作品出版一直受限，一直到1835年才得以出版，此时她已经50岁，是一名寡妇，还是七个孩子的母亲。当然，她也成了柏林著名的人物。尽管如此，她还是受到了她哥哥的责备，因为她不道德地把自己摆在了公众面前。诚然，贝蒂娜调查了柏林贫困社区的恶劣条件，加重了她带来的冒犯。随之而来的社会丑闻加剧了文学上的诋毁，她的书被禁了。早些时候，卡罗琳·冯·龚德罗得（Karoline von Günderrode）[2]问道："为什么我不是男人？"她的伴侣的不负责任最终导致这位充满热情的女人自杀。

　　女性小说自然而然地描绘了幻灭和破碎的幸福。想想斯塔尔夫人的作品。科琳娜［Corinne，以她的名字命名的小说《科琳娜》（1807年）中的女主角］作为一位才华横溢的诗人，除了将她所获得的荣耀放在她的情人奥斯瓦尔德（Oswald）的脚下之外，她无法想象还能获得其他的满足。但奥斯瓦尔德让她错误地认为这是他的职责。死亡是留给科琳娜的唯一选择。在斯塔尔夫人此前出版的小说《德尔菲娜》（Delphine）中，我们读到这样的句子："当一个女人没能嫁给她所爱的男人时，她的命运就已经结束了。社会只给女人一个希望。当抽签结果出来，一个人输了，那就结束了。"这一判断反映了当时一个可怕的事实。在一个厌恶女性的世界里，女性没有办法茁壮成长。她充其量只能与其他贱民交往，加入为了最终的凯旋而游荡的那群人的救赎之旅：乔治·桑笔下的康素爱萝（Consuelo）[3]为被排斥的女性开辟了新的可能性。在当时（1844年），天空短暂放晴。例如，通过法国社会主义作家和活动家弗洛拉·特里斯坦的社会行动，人们对被压迫者的声援已经开始采取具体形式。例如，特里斯坦将法国工人组织了起来。但当局对1848年起义的血腥镇压使脆弱的希望破灭了。

　　选择世界上最僻静的地方，寻觅一个类似于贵族克洛希古尔德（Clochegourde）在法国图赖讷的安德尔河谷那样的避风处，找一个完全献身于母性职业、有着最纯洁的灵魂才具备的内在虔诚的女人，你就有了写一部关于私人生活戏剧的小说的素材。世界上没有一个地方没有它的秘密伤口。巴尔扎

克的《幽谷百合》（*Le Lys dans la vallée*，1836 年）真的是一部关于牺牲的小说吗？莫尔索夫人（Mme de Mortsauf）对费利克斯（Felix）充满了激情，她深爱着这个男人，却错误地认为必须把他当作儿子来对待。看到情敌的成功，她内心充满了可怕的嫉妒，这揭示了一个深刻的事实：费利克斯的不忠让她独自面对她未满足的欲望。诚然，巴尔扎克进行了自我审查。当这位女性在临终前回想起自己毫无建树的一生时，她的叛逆情绪在巴尔扎克的手稿中表现得更加明显。小说家为了满足他的情妇而删去了故事的核心，她无疑对探索这样的深渊可能引发的后果感到害怕。然而，事实上，文本已经足够雄辩，并且由构成小说的相关故事所阐明。如果百合（Le Lys）[1] 上演的是一堂道德课，那么它肯定不是针对女性的一堂课。事实上，最后是一个女人给叙述者上了一课，而叙述者竟然厚颜无耻地将自己的冒险变成了爱情宣言：娜塔莉·德·曼纳维尔（Nathalie de Mannerville）拒绝了那个不光彩的追求者，因为他没有意识到莫尔索夫人的欲望。她告诉他，粉碎一个女人并不能成为勾引另一个女人的理由。

巴尔扎克总算没有太过火，到了 19 世纪 60 年代，许多障碍也都消失了。在 19 世纪的最后几十年，女性命运难以改变的景象得到了广泛传播。绘画现实主义是其中的一种手段：马奈（Manet）[2] 的画作《草地上的午餐》（*Le Déjeuner sur l'herbe*，1863 年）和《奥林匹亚》（*Olympia*，1865 年）引发的丑闻就是见证。画家敢于以赤裸裸的方式描绘当代妓女的形象，直白地表现了第二帝国的风俗。首先是法国的左拉，然后是整个欧洲，文学开始代表所有社会阶层攻击最后的禁忌——比如教会，教会对权力的渴望和对女性问题的不理解在西班牙激起了佩雷斯·加尔多斯（Pérez Galdós）和克拉林（Clarín）[3] 的愤怒。在英国，作家托马斯·哈代（Thomas Hardy）的愤怒要较为克制一些。宗教当局对道德不太感兴趣，更感兴趣的是让夫妻一起参加宗教仪式。许多新的愿望出现了。"女性问题"不能与动荡社会中的其他问题分开，也不能用一个原型来概括女性：在加尔多斯的小说《福尔图纳达和哈辛达》（*Fortunata and Jacinta*，1887 年）中，与书名同名的女主人公福尔图纳达和哈辛达属于两个不同的世界。两人都来自马德里，都是同一个男人的受害者。但其中一个女人出

---

[1] 《幽谷百合》中女主角，即莫尔索夫人。——译者注
[2] 19 世纪法国画家、印象主义的奠基人之一、现代主义绘画之父。——译者注
[3] 加尔多斯和克拉林均为西班牙现实主义小说家。——译者注

身于下层阶级，从那里她继承了强健的体魄、激情和嫉妒的骄傲，这使她把自己视为她为其生下孩子的男人的妻子；另一个女人则享受金钱和体面，对于一个不能留住丈夫或生育孩子的女人来说，这些资产阶级的毁灭性特权毫无意义。其他国家的情况各不相同。从托尔斯泰（Tolstoy）[1] 的俄国到艾萨·德·克罗兹 [2]［Eça de Queiroz，令人难忘的路易莎（Luisa）的创造者。在小说《巴济里奥表兄》（*Cousin Basilio*，1874 年）中，这位令人尊敬的主妇在无意中陷入通奸］的葡萄牙，小说充满了最终以女性性别和身份宣告的愿望，即幸福、欲望（对感官和智力的满足）和对自己生活的控制（而不是忍受缺席或冷漠的丈夫的监护）。文学作品当中还回荡着肉体的呼唤。在必要时，文学作品代表女性集体大声疾呼，反对周遭的理想主义。以胡安·瓦莱拉（Juan Valera）[3] 的《佩皮塔·希门尼斯》（*Pepita Jiménez*，1874 年）为例。在这部作品中，年轻的寡妇赢得了神学院学生的爱，并诱使他娶了自己，使他离开了他即将加入的牧师职位。这部小说有个幸福的结局，但其他许多小说都以社会顽固的保守主义带来的灾难告终。莫泊桑保留了自己的判断，但冷酷地强调了社会力量的凶猛，而奥古斯特·斯特林堡（August Strindberg）[4] 的《朱莉小姐》（*Miss Julie*，1888 年）和其他戏剧则强调了进步的局限性。爱情是一种幻觉，阶级之间和性别之间的冲突是没有解决之道的。《梦》（*The Dream*，1901 年）认为最好不要出生在这个世界上。

不可否认，小说是 19 世纪最重要的文学类型，也是最能反映女性对幸福的渴望及其遇到的障碍的文学类型。让我们在这项过于快速的调查中稍作停顿，看看小说家托马斯·哈代和亨利·詹姆斯。在很大程度上，我们的世界是从他们开始的。苔丝［Tess，托马斯·哈代的小说《德伯家的苔丝》（*Tess of the d'Urbervilles*，1891 年）中的主人公］骄傲的正直和淑·布莱得赫［Sue Bridehead，托马斯·哈代的小说《无名的裘德》（*Jude the Obscure*，1895 年）中的主人公］高贵的独立遭遇了什么障碍？在这些人物本身看来，她们屈服于

---

[1]　19 世纪中期俄国批判现实主义作家、政治思想家、哲学家，代表作有《战争与和平》《安娜·卡列尼娜》《复活》等。——译者注
[2]　19 世纪葡萄牙著名小说家。——译者注
[3]　19 世纪西班牙作家、外交家和政治家。——译者注
[4]　瑞典著名作家、剧作家、画家。瑞典现代文学是瑞典的国宝，世界现代戏剧之父。——译者注

祖先的命运，或者干脆屈服于事物本来的样子：用约伯（Job）的话说，她们唤起了生活的悲惨。她们太敏感，太超前于她们的时代。她们渴望按照一种蔑视习俗的内在法则生活，不落入为那些主张自由的人设下的陷阱，而其他所有人都在密谋反对她们。只有《远离尘嚣》（*Far from the Madding Crowd*）[1] 的女主角芭思希芭（Bathsheba）战胜了恶魔，摆脱了命运的束缚，而她之所以能够做到这一点，只是因为她能指望加布里埃尔·奥克（Gabriel Oak）的绝对忠诚，奥克是一个与之志同道合的男人。苔丝的失败和淑的放弃（社会迫使她回到她想要逃离的虚伪之中）所隐含的委屈给人留下了苦涩的味道：为了一个垂死的社会秩序，牺牲了多么美好的希望啊！

亨利·詹姆斯对上流社会的观察与哈代对农民的描绘一样敏锐。那些热爱独立、天生聪颖美丽的女人是危险的，因为她们的极度自信导致她们拒绝所有的援助。亨利·詹姆斯的小说《波士顿人》（*The Bostonians*）是对美国智识之都的女性主义的猛烈讽刺。也许生活必然要报复这些死板、抽象、超脱世俗、狂热而又有些不安的解放事业的信徒。但是，伊莎贝尔·阿切尔（Isabel Archer）在小说《一个贵妇人的画像》（*The Portrait of a Lady*，1882 年）中所感受到的道德牢狱，以及黛西·米勒（Daisy Miller）[2] 因其极端的漫不经心而受到的惩罚，都敏锐地发出了危险的信号：考虑到自由和幸福所带来的新奇而令人陶醉的挑战，判断错误很可能是致命的。当旧大陆如此有效地挫败了新世界追求幸福的规则时，怎样才能避免这样的错误呢？

欢迎生活：露·安德烈亚斯·莎乐美

相信我，这个世界不会给你任何礼物。如果你想拥有一种生活，那就去偷。

——露·安德烈亚斯·莎乐美（Lou Andreas Salomé）[3]，《生命的回顾》
（*Looking Back: Memoirs*）[4]

---

[1] 托马斯·哈代创作的长篇小说。——译者注
[2] 亨利·詹姆斯的小说《黛西·米勒》中的女主人公。——译者注
[3] 俄罗斯流亡贵族之女，是才华横溢的作家、特立独行的女性主义者。——译者注

说实话，我宁愿不再谈论美德和成就，而是谈论我觉得更有能力讨论的事情，那就是幸福。

——露·安德烈亚斯·莎乐美，《论女性类型》

（*On the Female Type*，1914 年）[5]

虽然詹姆斯确实能给他笔下的人物形象带来完全女性化的同情，但现在是时候把小说抛在脑后，把我们的注意力转向女性本身了。我们要观察她们是如何逐渐意识到自己的，并不再为受到抗议的精神负担所阻碍，从而能够坚持自己的独立性了。露·安德烈亚斯·莎乐美比任何其他女性都更多地参与了 19 世纪所有的重大辩论。令人不安的是，她愿意承担自由的所有风险。就连莎乐美的朋友也会觉得她神秘，经常会对她感到惊讶。她热爱幸福，而幸福的秘密与她对生活的非凡热情有关。如果说她是在偶然之间为我们指明了前进的道路，那么与其说是因为她散发着独立、高尚和美丽的人格光辉，不如说是因为她内心的自律，这使她能够以至高无上的超然态度面对那些只能作为一种礼物来体验的东西，也就是生活本身：

> 我无法以别人的生活为榜样，也永远不会成为任何人的榜样。但无论付出什么代价，我肯定会按照我自己的模式塑造我的生活。通过这种方式，我并不是在捍卫任何原则，而是在捍卫更奇妙的东西，捍卫令每个人内心都充满欢腾的东西，充满生命的温暖，只为自由而燃烧……我肯定不可能比现在更幸福了。[6]

写这封信的年轻女子只有 21 岁。她当时住在罗马，她是因为健康状况不稳定而去了那里。她梦想与两位才华横溢但年纪比她大得多的知识分子组建起某种类型的小团体。这二位是她结识的弗里德里希·尼采和保罗·雷（Paul Rée）[1]。她对母亲，甚至其他女性主义者的愤怒反对意见给出了冷静而坚定的回应。这些反对意见是由吉洛特牧师（Reverend Gillot）从她的祖国俄罗斯转达过来的。吉洛特牧师是她的第一位老师，她爱他的方式是他无法回报的。但露·安

---

[1]　德国作家、医生、哲学家、弗里德里希·尼采的朋友。——译者注

德烈亚斯·莎乐美从未动摇过她的道路，无论是当时，还是她生命中的任何其他时候。驱使她并使她免受他人言论影响的力量并不是反叛，因为即使是反叛也有其墨守成规的一面。后来，在谈到易卜生笔下的女主人公时，她说：任何对自由的呼唤，如果不能超越否定的阶段，如果不能上升到定义自己行为规则的水平，就注定会失败。内心的确信——我想称之为司汤达式（Stendhalian）[1]的确信——说服了这位年轻女子认为自己的选择是正确的。露的这种行为摧毁了不止一个伴侣，从尼采和雷开始，他们都疯狂地爱上了这个女人。她不希望他们成为情人，而只想把他们当作智力上的伙伴和生活伴侣，她最终在丈夫安德烈亚斯（Andreas）那里找到了这样的男人。她和他享受着无性婚姻。然而，露也追求性满足的生活，她在1897年从对年轻的里尔克（Rilke）[2]的爱中发现了这一点。尽管这种依恋的排他性使两人关系紧张到了临界点，但她也从中汲取了力量来支持未来的写出《杜伊诺哀歌》（Duino Elegies）的诗人[3]，并滋养了他的天才。

露将她在哲学和医学方面的严格训练，以及对欧洲主要文学趋势的熟悉，带到了精神分析研究这一前景广阔的新领域。在第一次世界大战之前，她成为弗洛伊德的主要合作者之一。露为精神分析工作带来了创造性、热情和诗意的智慧，这使她能够克服困难并达到比弗洛伊德更高的综合水平，而弗洛伊德可能因坚持用科学的解剖和分析方法而面临瓶颈。在19世纪末20世纪初的时候，露对爱情体验中的身心关系产生了兴趣，并利用生物学的最新发现对这个问题进行了新的阐释。精神生活（psychic life）怎么可能不受从身体深处涌出的能量的影响？当性狂热可能触及生命的根源，而由此带来的自我欺骗的所有可能性充斥其间时，心灵怎么能保持在一个基于两个灵魂融合的浪漫化理想之上？令女性主义者惊愕的是，为了寻找理解女性的线索，露不仅从生物学角度，还从对女性生活产生强大影响的象征意义（最著名的是圣母的形象，正如我们所见，她主导了人们的想象力）中入手。然而，社会对语言中隐含的某些价值观讽刺性的滥用（这种滥用把女性的整体性贬低为歇斯底里的顺从，把女人贬低为女

---

[1] 19世纪法国批判现实主义作家，代表作为《阿尔芒斯》《红与黑》。——译者注
[2] 奥地利著名诗人，与叶芝、艾略特被誉为欧洲现代最伟大的三位诗人。里尔克的存在主义诗思更是深深地影响到后来的存在主义，可以说是存在主义的一大诗性源头。——译者注
[3] 《杜伊诺哀歌》是里尔克晚期的代表作。——译者注

性），不应该被用来作为完全拒绝这些价值观的借口。如果解释得当，这些价值观可以使女性和整个社会免于混乱和迷失方向。

露的计划是一个雄心勃勃的智力计划，旨在让女性与自己和解，并探索她们与身体、语言和诗歌之间迄今为止尚未得到审视的关系。在深入研究了女性形象（易卜生、斯特林堡作品中女主人公，以及她的女性主义者姐妹的形象）之后，她以出色的方式扩展了弗洛伊德的自恋（narcissism）概念，并对此作出了重大贡献。对露来说，自恋是一种结构性原则，不仅表示对自己形象的爱，而且表示对自我的爱。婴儿在能够区分自己与环境之前，其在童年早期的一些欲望会延续到成年。艺术家比任何人都更懂得如何捕捉这种善意的能量，因为在创作过程中，他们利用了我们大多数人很少接触到的资源。为了结束对与某些虚幻的形象相关的性别的隔离，还有什么比指出这些形象对人类普遍的心理意义更好的方法呢？

诚然，露并不是 19 世纪最伟大的女作家。尽管她在文艺方面的感受能力很强，在里尔克诗歌的诞生中发挥了决定性的作用（如果没有露在信中的支持，里尔克的诗歌可能不会存在），但她主要在哲学和精神分析领域留下了自己的印记。然而，如果不承认她非凡的慷慨以及她作为语言风格优美者和诗人的天赋，就对她做出评价，那样就太草率了。这在她于 1933—1934 年生命即将结束时写的回忆录《生命的回顾》中显而易见。在回忆录里，这个比任何人都更多地选择自己生活的女人，抛开了所有的虚荣心（如果她曾经有过的话），讲述了那些造就她的非凡遭遇，以及她的生活如何成为一部诗意作品；这不是因为她在某种程度上是生活的"主人"，而是因为她知道如何利用我们所有人本身就拥有的能量，并且寻求去超越它。

女艺术家的日子并不好过，她们经常看到自己的作品被牺牲掉。例如，爱丽丝·詹姆斯（Alice James）[1] 的日记即使没有遭受哥哥亨利彻底的敌意的话，也是遭受了哥哥的冷漠。亨利对爱丽丝的日记迟至 1934 年才出版负有主要责任，当时爱丽丝已经去世了 40 多年。卡米耶·克洛岱尔（Camille Claudel）[2] 的雕塑家生涯被她的情人罗丹（Rodin）和她的弟弟、作家保罗·克洛岱尔（Paul

---

[1]　美国日记体作家、著名小说家亨利·詹姆斯的妹妹。——译者注
[2]　法国最优秀的女雕塑家之一、著名作家保罗·克洛岱尔之姊、法国雕塑大师奥古斯特·罗丹的学生，也是他的情人和艺术的竞争者。——译者注

Claudel）的懦弱所摧毁。在当时的条件下，女性几乎无法控制文学和艺术对她们形象的呈现。我们的描述也必然会在男性与女性的声音之间交替。两个性别的声音截然不同、无法混淆。然而，尽管条件不利，她们还是取得了一些显著进展。小女孩作为独特的文学人物出现了，她的生活并不是基于某种普遍的男性模式。这样的人物出现在 19 世纪 60 年代，在维克多·雨果（Victor Hugo）[1]的小说《悲惨世界》（*Les misérables*）中，以珂赛特（Cosette）那样的受害者或是受德纳第夫妇（Thénardiers）剥削的孤儿的形象出现。但最主要的是苏菲（Sophie），她是《苏菲的烦恼》（*Les Malheurs de Sophie*）一书中由塞居尔夫人（Comtesse de Ségur）[2]创造的那个淘气的小女孩；更重要的还有刘易斯·卡罗尔（Lewis Carroll）[3]的《爱丽丝梦游仙境》（*Alice in Wonderland*）一书中那个迷人而无拘无束的小爱丽丝（Alice），一个聪明、叛逆、爱做梦的小女孩，她最终赢得了独立。7

与爱丽丝同时期出生的露·安德烈亚斯·莎乐美，是否冲进了卡罗尔塑造的角色所打开的缺口？作为一个有血有肉、有哲理、有修养的女人，露为女性形象注入了青春活力的元素。

---

[1] 法国 19 世纪前期积极浪漫主义文学的代表作家，人道主义的代表人物，被人们称为"法兰西的莎士比亚"，代表作包括《巴黎圣母院》《悲惨世界》等。——译者注

[2] 19 世纪法国著名儿童文学女作家，被誉为"孩子们的巴尔扎克""法兰西全体孩子的好祖母"，《苏菲的烦恼》是其代表作。——译者注

[3] 19 世纪英国作家、数学家、逻辑学家、摄影家，以儿童文学作品《爱丽丝梦游仙境》及其续集《爱丽丝镜中奇遇》而闻名于世。——译者注

第六章　德国的阅读和写作

玛丽—克莱尔·霍克—德马勒（Marie-Claire Hoock-Demarle）

　　长期以来，要想确定德国、法国或任何其他国家女性的读写能力的水平，一直都很困难。资料很难进行释读。只要浏览 18 世纪末的统计表或立法文件就会明白其中的原因：这些文本可能把"青年"作为一个整体，也可能指不同的年龄组或社会类别，但很少提及不同性别之间的区别。而少数提出这个问题的前瞻性文献只是指出，在读写能力方面，两性之间的不平等是显而易见的。

　　要探讨"女作家"的问题，并不容易。问题不在于要探讨的主体拒绝被探究，而在于 19 世纪将这种现象视为可耻和不恰当的，而这种道德方面的遮掩掩盖了现实。如果一个女人拥有写诗的天赋，她很可能会因为写作的罪过而请求宽恕。其用语会让人想起因为通奸而忏悔的女人。路易丝·阿克曼（Louise Ackermann）[1] 在 1885 年承认："我的丈夫从来不知道我写诗，我也从不告诉他我在诗歌方面的成就。"[1]

　　然而，在 1780 年至 1880 年间（此时欧洲的主要国家已经建立或正在建立女子小学和中学教育制度）[2]，女性取得了显著进步，这在政治文本和自传中都有体现。学习阅读和写作是第一步，也是相对容易的一步。当选择阅读以及思考内容时，真正的困难就开始了。至于投身写作，这是很少有人愿意迈出的一步。但阅读和写作也是让女性融入现代世界的工具。阅读意味着社会组织形式，写作则意味着其与受众的特殊关系。两者都催生了社交形式，引导女性反思自己、调整自我表达的方式以及对时空的感知。

***

[1]　19 世纪法国女诗人。——译者注

在本章，我将特别关注两次革命之间的时期，即 1789 年和 1848 年之间。两次革命的影响在整个欧洲范围内都能感受得到，而且这段时期足够长，足以涵盖几代女性，但也足够短暂，能够揭示导致她们行为和思维方式改变的力量（有时甚至是暴力）。德国将成为女性史上一个关键阶段的例证。可以肯定的是，其他地方也出现了同样的事态发展，尽管推动的因素经常会截然不同。然而，德国的案例能够让我们专注于某些独特的方面。社会、政治，尤其是宗教因素对德国的影响与其他地方不同。此外，关于德国人的读写能力的研究侧重于与法国不同的资料来源，从而将历史辩论的水平提高到了单纯的方法论之争。[3]

"德国案例"之所以有趣，部分原因在于这个国家的历史是如此支离破碎。通过观察不同的地区，我们可以了解不同的政治制度和宗教争论的影响。在某些方面，德国是世界其他地区的缩影。它集中体现了那些对全欧洲女性教育和识字率产生影响的发展情况。此外，在德国的一些州，阅读和写作的教学很早就成为强制性的，这使我们能够衡量国家政策对读写能力进步的影响。

对女性读写能力的研究提出了两类问题。首先，女性如何利用她们的新技能进入我们所说的现代世界？其次，她们遇到了哪些障碍，以及她们制定了哪些策略来绕过或应对这些障碍？

学习

会读写首先意味着获得某些基本技能：流利阅读、写作的能力，以及相对来说不那么明显的计算能力。但是这样的定义却非常模糊，容易引起争议。究竟怎样才能算"会读写"？只要能签出自己的名字就可以算，还是能够自如阅读的人才能算？无论我们选择何种标准，当我们试图确定特定群体（如应征入伍者、仆人或女性）的读写能力时，都会受到不可预测的因素的影响。例如，如果我们的资料来源是婚姻记录，那么这项记录可能只需要配偶的一方签名。如果标准是阅读流畅性，对文本的熟悉程度可能会产生差异：尤其是宗教文本，人们会无数次地反复阅读，并仔细查看微小的情节。

然而，无论以何种标准衡量，女性参与扫盲进程的人数在稳步增长。在 18 世纪晚期的法国，这一比例从 14% 上升到 27%，导致一位作者注意到"男性和女性接触印刷文化的比例趋于一致"。[4] 在德国，类似的统计调查要更晚一些，而且这些调查在衡量读写能力时采用的是不同的标准。无论如何，记录显示，1750 年在德国北部的某些地区，多达 86.5% 的女孩上学。换言之，我们正在面对一种名副其实的社会现象，一场文化革命，它将对整个欧洲大陆产生持久影响。

在德国，尤其是在德国北部地区，这场通过学习进行的革命是多种因素共同作用的结果，所有这些因素都与启蒙运动有关。[5] 其中一个因素是政府政策：某些国家，尤其是普鲁士，正着手为所有 6 岁至 14 岁的儿童建立义务教育制度。普鲁士于 1717 年实行义务教育，但（信奉天主教的）巴伐利亚直到 1802 年才采取类似措施。这种对比指出了人口教育中的另一个关键因素：宗教。在统治者也是最高宗教权威的新教国家，教育改革远远领先于南欧的天主教国家。对于天主教国家，在大多数情况下只允许男孩上正规学校，而女孩则被限制在主要教授如何祈祷和所谓女性技能的修道院学校。

"义务"（compulsory，又有"强制"的意思）的意思正如其所言，要由教会牧师负责法律的执行。例如，在当时属于丹麦王国的奥尔登堡公国，当地牧师每年必须进行两次"家访"（Hausvisstationen），其间他们要注意房子里是否有书籍，以及孩子们是否正常上学。1750 年，1.5% 的女性仍然是文盲，98.5% 的女性识字，但只有 43.8% 的女性既能读又能写；更值得注意的是，只有 6.6% 的女性会算术。不仅是特权阶层（政府官员和富裕农民）的女儿获得了这些技能；64% 的女仆知道如何读，2% 的女仆认得数字。在 18 世纪中期，女性的识字率是非常高的，特别是因为农村地区的女孩上学的时间通常比男孩短：她们通常比男孩晚一年上学（因为她们必须帮助母亲），大约从 7 岁开始，到了 11 岁就要离开学校去承担家务。虽然学校第一年教的是阅读，但写作课要从 8 岁开始。算术的教学则被推迟到学生十二三岁的时候，而且它还不是免费的。因此，该地区近 7% 的女孩被教授算术的事实值得强调。当这些女孩长大后，她们将具备管理家庭财务所需的技能。

威廉·诺登（Wilhelm Norden）对 18 世纪相对未受战争和饥荒影响的农村地区的学校教育进行了研究。而要确定 18 世纪末，甚至 19 世纪初城市地区女孩上学的比例，则要困难得多。

社会流动性、穷人逐渐流离至城市边缘、进入工人阶级聚居区的困难，以及在人口日益稠密的城市中个人的匿名化——所有这些因素都使编制 19 世纪读写能力和教育进展的有用统计数据变得复杂了。

在高奏凯歌的路德教和强调学习的启蒙哲学的共同影响下，18 世纪的教育取得了长足进步，但到了 19 世纪上半叶，改革的热情已经冷却。断言识字率下降可能具有误导性，但进步确实停止了。例如，普鲁士 1818 年的统计数据显示，30% 的柏林儿童没有上学，哪怕当时提供的是义务教育。在不来梅，这里曾是 18 世纪启蒙教育的堡垒，虔敬主义（Pietism）[1] 对女性教育产生了强大影响。[6]1838 年，107 名学龄女孩中的 35 人已经在工厂工作，而不是在上学。直到 1839 年 3 月，一项规范童工的法令才禁止儿童在 9 岁之前去工厂工作，并要求提供三年入学证明作为就业条件，但该法令的有效执行还需要一段时间。如果说扩大教育机会在 18 世纪已成为现实，那么现在却成了美好的期许，是在未来更美好的世界中要实现的目标。这个问题是贝蒂娜·冯·阿尼姆（Bettina von Arnim）[2] 在《国王的书》（*This Book Belongs to the King*，1843 年）的结论部分对柏林周边的福格特兰地区进行的研究的主题："母亲把最小的儿子抱在膝上，绕着她的线轴。她告诉我，她的两个孩子正在上学，学到了很多东西。很明显，穷人从他们的孩子身上获得了最大的快乐，并热切希望他们能通过教育摆脱贫困。"[7]

但教育，尤其是小女孩的教育，不能仅仅用入学率来衡量。无论如何，入学率只能告诉我们小学和初中的人数情况。普鲁士第一所女子高中直到 1872 年才在柏林建立。1870 年，当以未来的德国皇后命名的维多利亚高中落成时，女作家芬妮·莱瓦尔德（Fanny Lewald）大声抗议说："我必须强调，维多利亚学校是一所非常优秀的学校。但我们需要的不是塔顶，而是坚实的基础。我们需要许多所学校，需要为女性和男性开设的初中。"[8]

德国女性直到 1900 年之后才能够被授予学士学位，即获得进入大学学习的机会。自 18 世纪末以来，女性一直在寻求进入教师行业，但只有在单身和不打算结婚的情况下才被允许。直到 1890 年（除了 1849 年左右的一段短暂时期外），

---

[1]　虔敬主义是 17 世纪晚期到 18 世纪中期，发生在路德宗的一次变革所产生的思想。它在新教和圣公会里影响较大。它提倡攻读《圣经》，反对死板地奉行信条；追求内心虔诚和圣洁的生活，注重行善。同时主张对路德宗做两点改革，即讲道的重点不应在教义，而应在道德，认为只有在生活上作出虔诚表率的人，才可担任路德宗牧师。——译者注

[2]　近代德国浪漫主义女作家。她是贝多芬的灵感来源、歌德的同伴。——译者注

海伦·朗格（Helen Lange）才成立了德国女教师总协会。到19世纪末20世纪初，该协会拥有约1.5万名会员。

政策上的矛盾是惊人的。一方面，所有女孩，无论在城市还是农村，无论来自贫穷还是富裕的家庭，都有机会去学习读书写字，并（在较小的程度上）学习算术。另一方面，绝大多数女性却被排除在接受更高等教育的机会之外，这是19世纪特有的虚伪。事实上，我们可以说，受梅特涅复辟和随之而来的私人追求的回归等因素影响，19世纪上半叶在这个问题上尤其倒退。任何提倡人人享有平等教育的提议都会遭到男性的反对，他们几乎毫不掩饰对女性的敌意。例如，当普鲁士人苏文（Süvern）在1818年提出一项进步的教育计划时，他被指控破坏"自然的，因而不可剥夺的差异（即不平等）的基础"。换句话说，支持平等主义教育就是削弱社会的基础。

面对这种敌对态度，女性很早就明白，真正的学习可以通过其他方式获得。最坚定的人成了自学者，一些自豪地宣称自己正是如此行事的女性继续写作。路易丝·卡尔施（Louise Karsch）是18世纪最伟大的诗人之一，她为此指明了道路。她出身贫寒，在田地里放养动物时自学了识字。很多19世纪早期的女性小说家都夸耀说，自己是通过在牧师住宅的阁楼上学习《圣经》和宗教小册子来学会阅读的。[9]如果说她们的学习带有违反社会常规的味道，那又该怪谁呢？

对于大多数女孩来说，教育的真正来源是家庭。正是在家里，而不是在小学或修道院学校，她们发现了自己，并学会了对自己所生活的世界提出问题。一些男性教育家坚持认为，防止女孩学得太多的最好方法是将她们限制在家的四堵墙之内。玛丽·沃斯通克拉夫特和贝蒂·格莱姆（Betty Gleim）等当代女性主义者注意到了这种想法中固有的矛盾：女性虽然被剥夺了培养自己的权利，但在一段时期内却肩负着教育男女幼童的神圣任务，教育女童的时间甚至要更长一些。母亲们被任命为"天生的教育者"，尽管她们完全没有经验，但她们为此非常努力。威廉·冯·库格尔根（Wilhelm von Kügelgen）[1]在回顾自己的早期教育（1806—1807年）时说："我的母亲对孩子的教育很用心。她深入研究了当时最著名的教育著作，但她几乎不可能从中学到什么。因为一个母亲，即使是没有受过完整教育的母亲，也本能地知道如何抚养她的孩子。如果她不

---

[1]　19世纪德国肖像和历史画家、作家和室内装潢师。——译者注

知道如何抚养孩子，她也不会从坎佩（Campe）[1] 或裴斯泰洛齐（Pestalozzi）[2] 那里学到任何东西。"[10]

想一想诸如乔治·桑或贝蒂娜·布伦塔诺这样的女性，她们是"祖母的女儿"，她们所获得的真正的教育不是来自童年早期就读的修道院，而是来自抚养她们的祖母。这种教育有时会显得混乱，而且经常不合时宜，但也创造了女性历史的连续性，即"女性血统"的传承。就拿克丽斯塔·沃尔夫（Christa Wolf）[3] 这样的现代作家来说，当她热情而钦佩地谈到她的开创性祖先——"1800年的女性"[11] 时，她承认自己受益于这样的血统。当然，当由一位知书达理的祖母负责孩子的教育时，学生肯定会大吃一惊。一个刚从修道院出来的青少年几乎不知道如何阅读、写作，尤其是怎么背诵祈祷文，而她的祖母深受启蒙运动哲学的影响，可能梦想将一部通史、拉丁文版的普鲁塔克（Plutarch）[4] 的作品或塞维涅夫人（Mme de Sévigné）[5] 的书信作为她为数不多的教材。对于乔治·桑和贝蒂娜·布伦塔诺［也许应该加上热尔梅娜·德·斯塔尔（Germaine de Staël）[6]，尽管她属于较早的一代，并且是由她的母亲而不是她的祖母教育的］来说，其结果是古代与现代、拉丁语练习和米拉波（Mirabeau）[7] 的演讲、烦琐的历史汇编和当天的报纸的奇妙混合。事实上，这些罕见而幸运的女性接受的教育要比大多数男孩更加自由，男孩必须遵循严格的课程、学习拉丁语和遵守铁的纪律。这些女性享有自由，这将促进女性情感的发展，并最终促进其世界观的形成。

无论男女，教育工作者最担心的是博学的幽灵。《道德评论周刊》（*The Weekly Moral Reviews*）是一本专门针对女性的教育期刊，它警告读者不要过于博学。贝蒂娜·布伦塔诺的祖母兼老师索菲·冯·拉罗什（Sophie von La Roche）在为"德国女孩"撰写的文章中，反复警告"知道得太多"可能会导致

---

[1]　19 世纪德国教育家。——译者注

[2]　19 世纪瑞士著名的民主主义教育家，被誉为瑞士平民教育之父。——译者注

[3]　德国当代著名女作家、评论家，在数十年的创作生涯里，沃尔夫几乎囊括了德国所有的文学奖项，并多次获得诺贝尔文学奖的提名。——译者注

[4]　罗马帝国时代的希腊作家、哲学家、历史学家，因《希腊罗马名人传》一书闻名于世。——译者注

[5]　17 世纪的法国书信家，其《书简集》反映了当时宫廷和上层贵族生活，为 17 世纪法国古典主义散文的代表作。——译者注

[6]　即斯塔尔夫人。——译者注

[7]　18 世纪末法国资产阶级革命活动家，是大资产阶级和资产阶级化贵族利益的代表者。——译者注

神经症，并成为老处女。人们害怕有学问的女人。她是个"异类"；或者，在男人眼中，她是一个能够引起"狂热颤抖"的荒唐的人。

虔敬主义是推动女童接受私立教育的主要因素。虔敬派男女在"秘密集会"中会面，进行忏悔和冥想，在那里他们发展出了共同兴趣并讨论了文化问题。渐渐地，自身阅历的因素开始超过宗教因素。虔敬主义对女性影响的典型例子是歌德（Goethe）在《威廉·迈斯特的学习时代》（1796年）中记录的美丽灵魂的忏悔。弗劳林·冯·克莱滕贝格（Fräulein von Klettenberg）是歌德在法兰克福的老熟人，也是他作品中的原型。她确实是一位虔诚的女性，但她用令人惊讶的现代语气表达了自己想要避免传统女性生活的愿望："我意识到自己被囚禁在一个密不透风的钟罩里。只需要一点点能量就能打破它，我就得救了。"[12]

这种态度并非新教徒独有。虔敬主义是天主教的一个变体，其女性信徒发挥了同样的创新作用。围绕着加利廷公主（Princess Gallitzine）[1]的明斯特圈子（the Münster circle）和诗人安妮特·冯·德罗斯特－希尔肖夫（Annette von Droste-Hülshof）[2]的后期作品都是其影响的例证。

虔敬主义并不是严格意义上的上流社会现象。许多文献提到"牧师对女性（尤其是母亲）的智力和道德发展具有最强大和有益的影响"。[13] 由于母亲是男女幼童的教育者，因此虔敬主义对德意志民族教育的影响是显而易见的。它还影响了人们对印刷文字的态度：如果说虔敬派教徒总是从阅读《圣经》和其他神圣文本出发，那么他们通常会转向世俗文学，后者成为女性可以自由冥想和讨论的基础。属于某个精神共同体的归属感是一种新的智力体验，它启动了一个文化适应的过程，而这个过程在很大程度上依赖于内省。这就产生了一种由亲密日记、信件和对话组成的文学作品，其生动性和品质使其在很大程度上是女性的作品："我决定写一本私人日记。在日记中，我将回应我的良心，回答我内心深处的生活，对我内心产生的想法和感受作出判断，这既能促进我的教育，也能加深我对自己良心的审视。"[14] 这些经历远远超出了普通学校的课程。

---

[1]　德国沙龙艺术家，是威斯特伐利亚首府明斯特一群知识分子的中心人物。——译者注
[2]　德国女作家，德国最伟大的女诗人之一。——译者注

阅读：从逃避到冥想

正如我们所看到的，对于女孩来说，《圣经》是获取各个级别知识的主要途径。孩子们通过拼写《圣经》的单词来学习阅读，并在这个神圣的文本中汲取道德教训来学习行为方式。可以肯定的是，正如莱比锡博览会这样的博览会的目录所显示的，宗教文本的比例虽然仍然很高，但正在下降。1770 年，宗教作品占到了所有出版物的 25%，但到 1800 年，这一数字已降到只有 13.5%。被归类为纯文学的作品从 1770 年的 16.5% 增加到了 1800 年的 21.5%。这些数字清楚地表明了一位当时的精明书商所说的"伟大的出版革命"。[15]

在通常的情况下，女性或多或少自觉地充当了这场"革命"的推动者。一些女性对阅读产生了无法满足的兴趣。一个显赫的虔敬派家庭的家庭教师在她的信中写到了八种日常读物："他们阅读的方式，是填鸭式的。"

在学会不分昼夜地阅读和冥想宗教经文后，19 世纪初的女性开始利用她们最近获得的自由。同时代的男性对他们眼中某些女性的"阅读狂热"[16] 持批评态度。他们说，当一个少女在小说中迷失自我时，她就失去了纯真，编造了一个人造的天堂。诗歌也可能具有同样的破坏性。但一些男性认为，年轻女性通过小说来想象自己长大后的生活，其危害远不如已婚女性滥用文学。在每个省、每个国家，都有包法利夫人。书籍不再仅仅是一种逃避，而是成为生活的替代品，一种逃离日常生活的方式，这意味着家庭安宁的结束。当这种情况发生时，社会就处于危险之中，因为读书的女人不再履行妻子和母亲的职责；她未能履行女性的使命，即维持家庭内部的秩序。读书就是做梦，因此便是逃避，是对规范和习俗的蔑视——这与 19 世纪人们对一个好家庭的女人的期望恰恰相反。

女性则不同意这种观点。在孤独的私人生活中，读书常常是对灾难性的、包办的早婚的补偿。卡罗琳·施莱格尔－谢林（Caroline Schlegel-Schelling）是德国早期浪漫主义的领军人物之一，她最初是一位忠诚的地方医生的年轻妻子。她与更广阔世界的唯一联系是从她的家乡格廷根大学城寄给她的书籍。如果一本书没能送来，她便会发出恳求并有些生气："我已经渴死一段时间了，因为我的书源已经枯竭了。"[17] 她会立即发出要寄给她的书籍清单，包括从"你躺在沙发上看的书"到"你坐在同一张沙发上、前面有一张工作桌时看的书"。这些清单不包括《圣经》或其他宗教作品，而是包括报纸、厚重的历史书籍，以及各种小说和非小说作品。随着女性阅读内容的变化，她们对阅读活动的态度也发生了变化。曾经，人们大声朗读《圣经》，并将其作为道德和宗教冥想的焦点，但现在的阅读更加多样化、不拘一格，也更加私密。卡罗琳还没有达到阅读政治小册子的地步，但她确实探索了其他国家的文学：她读了莎士比亚（Shakespeare）的作品（后来她还翻译了莎士比亚的戏剧），还有米拉波的《万塞讷监狱的来信》，后来又读了孔多塞的一些随笔。1796 年，她写信给她的小叔子弗里德里希·施莱格尔（Friedrich Schlegel）："弗里茨（Fritz）[1]！有两个人的作品你绝对应该读。一个是孔多塞写的——不要不读。还要读一个叫富尔达（Fulda）的人的所有作品，这人一定是一位对人类有着独到见解的老师。" 18

只要一个"有文化"的女人愿意美化她的思想，并为她的诗集收集令人愉快的语录，她的未婚夫或丈夫就会为她感到骄傲。但是，当她试图扩大自己的知识面，分析所读内容，或者将自己的阅读与周围人的所见进行比较时，对于"博学女人"的恐惧又抬头了。这带有一种有趣的革命内涵，正如巴尔贝·多尔维利（Barbey d'Aurevilly）[2] 所言，"蓝袜主义"（bluestockingism）是"文学革命，因为蓝袜之于女性，就像红帽之于男性一样"。19 实际上，19 世纪早期的德国女性已不再满足于阅读那些由她们的姐妹们巧妙地从英国引进的感伤小说。德国人对理查森（Richardson）[3] 的《帕梅拉》（Pamela）和《克拉丽莎》（Clarissa）的模仿现在已经过时了，甚至像《冯·斯特恩海姆小姐的生平》（The History of Fräuleins von Sternheim）这样的畅销书——在 18 世纪 70 年代使作者索菲·冯·拉罗什名声大噪——也已经不流行了。

两个因素影响了女性阅读习惯的变化。第一个因素是，女性开始对时事、科学、创新和发明感兴趣。对百科全书的引用是这一时期女性写作的主题。百科全书被视为应不惜一切代价保存的宝库，涉及所有你可以想象得到的主题，从在新大陆定居后如何建造小屋到了解印第安邻居，再到独自分娩和在没有丈夫的情况下如何抚养孩子。

第二个因素是对第一个因素的证实：随着法国大革命的爆发，女性也许第

---

[1]　弗里德里希的昵称。——译者注

[2]　19 世纪法国小说家。——译者注

[3]　18 世纪的英格兰作家。——译者注

一次发现自己正在直接和永久地面对历史。从 1790 年到 1815 年的四分之一个世纪里，她们经常不得不独自应付家庭、教育和经济方面的责任，而她们所处的世界对此毫无准备。对时事的好奇心和兴趣点融合在一起，为女性带来了一场真正的"文化革命"，尤其是在德国。然而，没有一个德国女性写出了能与玛丽·沃斯通克拉夫特的《女权辩护》（1792 年）或奥兰普·德古热的《女性和女性公民权利宣言》（1790 年）相提并论的宣言。不过，阅读和文学充当了跨越国界的信使。阅读报纸和撰写所谓的"时事小说"是一个过程的两个方面。时事小说反映了法国女性和德国女性的实际经历：它不再是逃避的工具，与之相反，它象征着对欧洲女性共同面临的一系列问题的认识。阅读促进了不同阶级、不同世代的女性之间的团结。歌德的母亲在 75 岁时表达了她对女性写的小说和谈论最新问题的兴趣。她在给儿子的一封信中写道："对于你慈爱的母亲来说，她精神贫困，当你收到这些令人愉快的东西时请与我分享，没有什么事情能比这更仁慈或更值得赞扬了。"[20] 曾经为了个人快乐、精神进步或逃避而阅读的书籍，现在变成了思考自己和他人的刺激因素。

因为书籍以某种方式建构了阅读，因此它们最初是一些读者所期望的社会化的有效工具。阅读的大众确实存在，而蓬勃发展的出版业正努力满足其不断增长的需求。为了专门吸引女性读者，最新的书籍目录以新类别和新流派为特色：讲述强盗和修道院的历史、以《鲁滨孙漂流记》的冒险为蓝本的故事、移民小说，关于法国大革命的小说，以及以"哲学、道德和教学"为主题的作品。[21] 一些评论家对这一变化感到遗憾，并渴望回到不那么遥远的过去，当时女性只阅读"有启发性的作品、充满偶然性的故事和烹饪书籍"。

这种折中主义重新构建了阅读行为。"精读"（"Intensive" reading）——对单一文本的重复学习——让位于"泛读"（"extensive" reading）。[22] 女人读很多书，但只读一遍。这就要求发展一个能够稳定增加产出的出版产业。阅读开始成为一种名副其实的社会制度。这是通过阅读进行社会化的第二个因素。与当时其他欧洲国家一样，德国的读者规模也经历了巨大的扩张。阅读团体随处可见，还有可以借阅的图书馆、阅览室和其他半私人机构。有趣的是，它们中的不少都对女性开放。这并不是一个严格意义上的城市现象：小城镇甚至乡村都有读书小组。[23] 它们大部分都不是专属于某些人的场所。当然，一些私人图书馆拥有豪华的设施，比如汉堡的和谐（Harmonie）图书馆，但许多图

书馆是医生、律师和哲学家向邻居开放了藏书。²⁴

书籍在各个层级上流通。弗里德里希·施莱格尔嘲笑仆人被妻子从耶拿（Jena）图书馆借来的书压弯了腰，但他知道印刷品的这种流通是围绕女性的新型社交形式背后的力量。甚至连信件这种无可争议的女性文学形式，也通过冒险走出家庭领域、敢于表达文学判断，而反映了这种变化。耶拿的浪漫主义圈子和由拉赫尔·瓦恩哈根和亨丽埃特·赫兹（Henriette Herz）等犹太女性领导的柏林沙龙因对最近出版的书籍的讨论而蓬勃发展。斯塔尔夫人本人就是文学沙龙领域的专家，但她对柏林这座"位于勃兰登堡沙漠荒地"的省级城市的文化生活强度感到惊讶。通过阅读走上不同的舞台会给她们带来更大的快乐，正如亨丽埃特·赫兹在她的回忆录中恰当地描述的那样："我在柏林最有经验的人中间度过了很多年……起初我们都是在小茶会中见面的。后来我们有了费斯勒阅读协会，汇集了艺术家、政治家、学者和女性。"²⁵ 阅读协会是"革命性的"，因为它们实际上是除了剧院和某些沙龙之外，男人和女人可以聚在一起讨论共同感兴趣话题的唯一公共场所。阅读小组是世俗的"集会"，女性是正式的参与者，她们的权威判断经常会被人征询。

当时的历史形势激发了读者对政治的兴趣，女性很快开始反思政治问题。通过书籍，她们就这样冒险进入了曾经只属于男性的领域。她们的闯入虽然短暂，但意义重大。

在 19 世纪头十年，女性的信件中经常会提到米拉波、孔多塞和西耶斯（Sieyès）^[1]。政府公报的读者群惊人的广泛。欧洲各地女性报刊如雨后春笋般涌现，其中包括 1786 年至 1816 年间出版的《奢侈品与时尚杂志》（*Journal des Luxus und der Moden*），以及评论杂志《伦敦与巴黎》（*London und Paris*），该杂志驻巴黎的记者为威廉娜·冯·切兹（Helmina von Chézy）。但女性读者也喜欢阅读当时的主流报纸，比如《汉堡通讯员》（*Hamburger Correspondent*）和《箴言报》（*Moniteur*）。语言并不重要："拉法耶特（Lafayette）^[2]！

---

[1]　18 世纪末 19 世纪初的法国改革思想家，是法国三级会议举办前最具变革思想，对时局变化产生巨大影响的思想家。他为行将到来的大革命奠定了基石。——译者注

[2]　18 至 19 世纪法国政治、军事人物，法国大革命时期君主立宪派代表人物。——译者注

米拉波！佩蒂翁（Pétion）[1]！巴伊（Bailly）[2]！哦，当我在一个安静的傍晚时分，向我的丈夫和他的两三个密友宣读《箴言报》上忠实报道的演讲时，我的脸颊上充满了热情。"哲学家叔本华的母亲乔安娜·叔本华（Joanna Schopenhauer）在 1839 年出版的回忆录中如此说道。[26]

在 1790 年至 1815 年之间的这段时间内，女性获得了进入许多以前几乎只限于男性的领域的机会，这是德国历史上的独特时刻。在那个时代，义务教育虽然基础不牢，但开始开花结果。选择将阅读作为高等教育的补偿的第一代女性出现了，因为她们仍然被剥夺了接受高等教育的机会。书籍通过越来越有组织的渠道进行分发，使女性有机会进入新的社会网络，因此阅读成为女性真正融入社会的工具。有些人对她们在阅读协会中享有的事实上的智识平等感到满意。但另一些人则利用书籍提供的交流机会，建立了浪漫主义时期的小团体和沙龙。

一些女性（数量仍然很少）出于对时事的好奇心，将阅读活动和选择阅读内容视为政治解放的手段，而法律和男人都不愿意给予她们这种解放。这就是为什么某些男性批评家觉得有必要为那些患上阅读疾病的女性描绘一幅忧郁的肖像："我绝不批评这样的一个事实，即女人应该通过适当的学习和阅读像样的作品，来提高她写作和谈话的水平，而且她也不应该完全没有科学知识。但她不能把文学当作自己的职业，也不能冒险进入博学多才的领域。"[27] 虽然他的语气是明智的，但他的论点却是无可救药的传统观点：学一点知识并不是什么危险的事情，但面对这股特殊的甘泉，女人最好不要喝得太多。

1815 年之后，同样的观点以更为激烈的措辞被提出来。在一个社会大变革的时代（大批人离开农村，童工急剧增加），女童的教育进展放缓，一度在女性中盛行的"阅读热潮"开始遇到越来越大的障碍。在梅特涅和复辟时期建立的秩序下，读什么不再是个人选择的问题。受到管制、分发和审查的影响，阅读（即使是私下阅读）成为受到密切审查的活动，而且审查是不可避免的。读书的女性被迫陷入沉默，直到 19 世纪中叶才有女性对此发声谴责，而且谴责主要来自少数边缘人物。

---

[1] 18 世纪法国作家、政治家，是法国大革命时期的巴黎市长和国民议会主席。——译者注
[2] 法国天文学家及演说家，共济会成员，法国大革命的早期领袖人物之一。——译者注

然而，到了 19 世纪末，在《女性与社会主义》(*Woman and Socialism*, 1879 年) 一书作者奥古斯特·倍倍尔(August Bebel)[1]等男性作家的怂恿下，"女性的声音" 再次被听到。但是，按照资产阶级和无产阶级路线划分的德国女性运动在很大程度上局限于狭窄的政治舞台，难以引起"公众"(public)像此前一样的反应。事实上，"公众"一词似乎相当不协调，因为对女性来说很重要且会影响女性的事务属于"私人"(private)领域。但无论如何，从统计数据来看，女性公众是存在的，但其兴趣已经发生了很大变化。面对公共当局和私人机构的严格监督，价格廉价、逃避现实的小说依然大行其道：市场上充斥着避免提及当下的历史小说，以及由《凉亭》(*Gartenlaube*)等女性杂志所推广的低俗小说和连载小说。诸如欧仁妮·马利特（ Eugenie Marlitt ）和黑德维希·库尔茨—马勒（ Hedwig Courths-Mahler ）这样的作家大获成功。马利特的一部小说于 1866 年在《凉亭》杂志首次连载，在 20 年内出版了 23 个版本。

然而，其他女性正在寻找适当的方式，以表达她们刚刚开始提出的问题。到 19 世纪中叶，正值复辟王朝和审查制度竭力维护资产阶级美德和习俗，女性阅读和写作的内容已经表明：逃避现实的文学与具有更严肃意图的作品之间的分歧日益加深。

文化史上充满了这样的矛盾：当书籍"在表面上避开了宗教等有争议的主题"，[28] 大多数女性读者似乎对其所提供的内容感到满意时，少数拒绝被审查、诽谤、表现出冷漠或被 1848 年德国革命的悲惨失败所掩盖的女性，开始让人听到自己的声音。到 1850 年，她们敢于用她们自己所谓的"女性的声音"，来打破普遍的"平静"。

写作：为自己，为他人

德国女性第一次拿起笔是在 1800 年左右，也就是克丽斯塔·沃尔夫所说的中间期（ Zwischenzeit ）。这个中间期指的不仅是处于两个世纪之间，还指两个政治、社会和文化根本不同的世界之间。可以肯定的是，女性文学在德语中已经存在，主要由道德、教育和情感作品组成。但是，一种截然不同的女性文学

---

[1]　德国社会主义者，德国社会民主党创始人之一。——译者注

产生于表达法国大革命毁灭性影响的需要。不久之后，女性发现她们也有表达自己的新需要了。在19世纪，新文学随着社会的发展而演变，并成为能够影响所有女性现实的表达工具。

吊诡的是，正是在政治表达缺失或被禁止的地方，政治事件激发了公众通过文学表达自我的渴望。在这一时期，没有一位德国女性像特奥多尔·冯·希佩尔（Theodor von Hippel）[1]那样撰写了要求"提高女性公民地位"的宣言。然而，在1790年至1815年间，许多女性创作了涉及法国大革命及其直接后果等时事问题的小说。尽管在整个19世纪，女性进入公共舞台仍然困难重重，但通过文学间接进入由男性把持的政治和历史领域，至少是迈出了第一步。

迈出第一步并冒险参与小说和戏剧等快速发展的行当的女性人数肯定很少，她们很容易受到男性作家的讽刺："在今天德国的四五十名女性作家中（不包括那些懒得出版由她们创作的愚蠢作品的大批女作家），尽管她们拥有超凡的天赋，但几乎不到六个人真正有勇气进入一个领域……无论是自然宪法还是公民宪法，都没有为她们做好准备。"[29]在18世纪与19世纪之交发表的这一评论，令人钦佩地捕捉到了未来一百年人们对"女作家"的普遍态度：对于那些违反了文化和社会强加的禁忌的人，等待她们的是批评，更不用说蔑视了。在这个实证主义的、伪科学的时代，又增加了一个基于假定女性身体和大脑低人一等的禁忌："女作家不存在。她是个自相矛盾的人。女性在文学界发挥的作用与在制造业一样：当不再需要天才时，她就派上用场了。"[30]

厌女症显然是无止境的，女作家的天赋或才华也没有得到认可。当诗人克莱门斯·布伦塔诺（Clemens Brentano）得知妹妹尝试在文学游戏中小试身手时，他感到愤慨："这是一件悲伤的事情。如果这个人……贝蒂娜没有把她最优秀、最亲密的一面公开展示出来，她扮演天使的角色会令人钦佩。"[31]最常被人嘲笑的是乔治·桑："我们发现，在杜德万特夫人（Madame Dudevant）[2]的烟斗中，就像在她的小说中一样，除了最可怕和最可鄙的粗俗之外，什么也没有。"[32]

如果当时的氛围越来越不适合女性写作，那么很少会有女性拿起笔；除非她们是因为物质需求（"养家糊口"）或变幻无常的移居而被迫这样做，即使

---

[1] 18世纪德国讽刺幽默作家。——译者注
[2] 即乔治·桑。——译者注

她们所接受的教育使她们并不太适合以此谋生。但有些人是出于一种迫切的需要而写作，许多人使用假名或借用丈夫的名字，这引发了无数的家庭争吵。一些作者最终披露了她们的真实身份，并用一些相当奇怪的论点为这一决定辩护。例如，德国作家特蕾莎·胡贝尔（Theresa Huber）在 1820 年承认："公众很难相信（1803 年出版的一本故事集的）作者是一位正值盛年的母亲。这就是为什么我对自己的文学活动保持沉默。如今，这位上了年纪的女性没有更多的家庭责任。她可以通过写作来履行母亲的职责，而不是忽视这一职责。"[33]

对于想要写作的女性而言，翻译是向其开放的最佳途径之一。出于显而易见的理由，这类工作被认为是女性的理想工作。翻译是在家里（私下里）进行的辛苦工作。它没有接触到文学市场上的不正经的风气。虽然有时报酬丰厚，但这项工作是匿名的：没有冒用丈夫的名义，也不会给家庭带来危险。最后但并非最不重要的是，翻译与女性的职责是相容的：为了适应家庭的节奏，工作可以在必要时中断。但那些把翻译视为无害的女性消遣的人并不总是能清楚地认识到这一点：翻译是对自己所获得知识的具体利用，一些女性译者在选择翻译什么文本方面有一定的自由度，甚至可能偶尔有机会因为难以翻译的文字而植入自己的思想或加入着重号。为什么在成为作家之前就开始做翻译的女性会故意选择翻译尼农·德伦克洛斯（Ninon de Lenclos）[1] 的信件或与法国大革命有关的戏剧和小说等作品？[34] 特蕾莎·胡贝尔在回忆她翻译的时尚作家卢韦·德卡夫雷（Louvet de Couvray）的作品时，揭示了翻译与写作之间的秘密联系："我为《必要的离婚》（*Necessary Divorce*）写了一个结尾。思想很容易从我充满想象力的脑海中直接流到我的笔端……晚上，当我在胡贝尔[2] 的病榻前守夜时，我不止一次抱着孩子。与此同时，我成了一名作家。"

如果说翻译是蒲鲁东所说的"服务活动"，那么它仍然给了女性转向其他形式写作所需的鼓励。无论是在法国还是德国，很少有女作家尝试涉足戏剧领域，而那些尝试过的人也几乎没有成功的机会，正如玛丽·冯·埃布纳－埃申巴赫（Marie von Ebner-Eschenbach）的例子所表明的那样：作为 19 世纪末的著名小说家，她敢于写一部关于罗兰夫人的剧本，但从未成功上演。[35] 故事和小说为

---

[1] 法国国王路易十四时代著名的作家、社会活动家、沙龙女主人和艺术赞助人。——译者注
[2] 指她的丈夫。——译者注

女性提供了最好的成功机会，但可预见的结果是，这些文学类型被视为"批量生产的文学"的一种形式："女性消费了最多的小说，她们也生产了最多的小说。因此，我认为她们应该创作自己的小说，就像她们自己制作装饰一样。"36

需要记住的是，一些女性小说证实了这种陈词滥调。有些女性作家是沃尔特·司各特（Walter Scott）[1]孜孜不倦的模仿者。司各特不知疲倦地创作了大量浪漫主义和哥特式小说。模仿者利用这类文学类型的走红，创作了一系列越来越乏味的书，但在《凉亭》等杂志上连载时，却找到了现成的读者。虽然这类小说在当局的支持下成为 19 世纪女性文学的代名词，但我们不应该让它掩盖那些遭受审查、讽刺和蔑视的其他形式的女性写作。

信件是女性文学表达的主要方式，为才华横溢的女性提供了可以脱颖而出的另类论坛。表面上，其以成私人信件为伪装，但实际上却被广泛传播。它们不仅传播信息，而且提供了对所有文学体裁进行反思和实验的机会。最微妙的例子是拉赫尔·瓦恩哈根的信件，但贝蒂娜·冯·阿尼姆将她早期的信件诗歌化地转变为一种聚合一切体裁的例子表明，创造性的天才并不缺乏。37 值得注意的是，这些私人文学——期刊、回忆录、自传——大部分是在 19 世纪 40 年代出版的，这激起了女性的怀旧之情，她们仍然记得在 18 世纪和 19 世纪之交那段短暂而强烈的插曲，那时正值她们的青春期。38 但是，新的前景已经隐约出现在地平线上，勇敢的女性不顾一切反对，提出了新的政治要求。例如，贝蒂娜·冯·阿尼姆的文学生涯直到 1837 年才真正开始，当时她参与了"哥廷根七君子"（Göttingen Seven）的事业，这七位教授被哥廷根大学开除，原因是他们自以为是地提醒汉诺威公爵（duke of Hanover）要遵守颁布宪法时的承诺。最终，正是"社会问题"日益重要，揭示了女性文学中迄今为止还不易察觉的裂痕。

在 19 世纪 40 年代，社会责任感为某些女性的写作带来了新的维度和力量。一些女作家在文学上已经出了名，现在却放弃了这个领域，去尝试进行社会学研究。

法国作家弗洛拉·特里斯坦出版的《伦敦漫步》（London Journal）和 1843年贝蒂娜·冯·阿尼姆出版的《国王的书》证明，女性对当今社会现实的兴趣

---

[1] 18、19 世纪英国著名历史小说家、诗人、剧作家和历史学家，被誉为历史小说的创始人。——译者注

是贯穿整个欧洲的现象。由于正在进行的社会变革是如此广阔和深刻，当时的社会参与文学逐渐放弃了对小说、高雅风格和虚构人物的使用，转而支持统计数据、受救济者名单和未经处理的文献。由此产生的作品很有影响力，但不太受同时代人的注意。这些作品的风格是纪实的。至于这些作品所传达的社会和政治信息，根据某些因审查制度而陷入沉默的男性作家的说法，只有女性才能交流这些信息。1846 年 3 月，作者路易丝·阿斯顿（Louise Aston）与柏林警察局局长的一段对话摘录证实了这一说法：

> 阿斯顿：为了我的文学生涯，我希望留在柏林，在这里我能不断寻找新的灵感。
>
> 局长：你未来还要在这里发表文章，肯定不符合我们的利益，因为这些文章肯定会像你的其他言论一样自由。
>
> 阿斯顿：好吧，那么，局长大人，如果普鲁士政府开始害怕一个女人，那么它确实处于悲惨的境地！[39]

1848 年德国革命的失败标志着一个关键的转折点。德国三月革命前时期（Vormärz）[40] 的社会参与文学特征开始失宠。一些女作家放弃了此前的承诺，转而创作更安全的作品以保护自己：路易丝·穆尔巴赫（Luise Mühlbach）的小说《阿芙拉·贝恩》（*Aphra Behn*）是对英国首位职业女作家所作的传记，对女性的真正解放发出了有力呼吁。而现在，她只出版一些漂亮装饰品，比如《腓特烈二世时代无忧宫的故事》和其他伪历史作品。即便是思想最为解放的女性，也害怕将写作作为一种公开行为。在《我的人生故事》（*Story of My Life*，1861—1862 年）一书中，获得解放的犹太人、柏林文坛的宠儿芬妮·莱瓦尔德坦白说："我比自己想象的更习惯于某种依赖和屈从，我总是把我的文学活动视为一种授予我的东西，一种可以在各种限制下进行的事情，所以我总是觉得还有义务在一旁做些针线活。"[41]

如果说 19 世纪下半叶某种女性文学出现了觉醒，我们就必须把目光投向贵族和富裕阶级之外，去寻找它的踪迹。诚然，上层女性继续出版作品，其中包括路易丝·奥托－彼得斯（Louise Otto-Peters），她于 1849 年创办了《女性更高兴趣杂志》（*Women's Journal for High Female Interests*）；莉莉·布劳恩（Lily

Braun），原姓冯·克雷奇曼（von Kretschman），她是著名的《社会主义者回忆录》（*Memoirs of a Socialist*）的作者；还有赫德维格·多姆（Hedwig Dohm），她为投票权而奋斗。[42]然而，一场同样强大且更新的运动正在无产阶级女性中形成。为了解决所谓的“女性问题”（Frauenfrage），两种不同的解决方法于1894年分道扬镳了。这导致了一系列工人阶级自传的诞生，其中最著名的是阿德海德·波普（Adelheid Popp）的自传——《劳动女性的青春》（*The Youth of a Working Woman*）。这本书是歌德所说的“来自底层的自传”的一个例子。波普很快就发表声明说，她的意图不仅仅是代表她自己，还代表其他处于类似情况的女性：“我写了我的青春故事，因为它与成千上万其他无产阶级妇女和女孩的故事相似。”[43]一个有15个孩子的家庭，3年断断续续的学校教育，10岁到工厂工作，13岁住院，以及后来创作了伟大的文学经典——这段人生历程之所以被讲述，并不是因为它的个人价值，而是因为这是许多人的榜样。自传的目的在于为他人服务，19世纪末的女性文学所扮演的角色与一个世纪前的教育和伦理文本、“道德评论”和感伤小说没有什么不同。只是现在，这些文本不再是针对道德问题向读者提出建议，而是讨论社会问题。

正是通过文学，女性从接受教育的第一步发展到了对公共政治作出承诺。这段历史无论多么短暂和不完整，对于总体的社会历史来说都有其寓意。正如博纳尔德在1812年所写的：“如果说风格是单个人的表达，那么文学就是整个社会的表达。”女性在公共文化领域不可抗拒的崛起是通过识字方面的稳步进步来实现的，这是任何立法都无法真正阻止的。

然而，要成为一位真正意义上的作家要困难得多。尽管那些创作童话和逃避现实的文学的人，受到了顺从于被恢复之秩序的那部分女性的欢迎，但那些希望让文学成为能够表达这个时代焦虑和疑虑的真正“女性的声音”的人，却遭到了越发强烈的反对和蔑视。但她们没有气馁，而是将写作转向了新方向[44]，毫不犹豫地重新审视人类的文化史，她们坚持认为这也是女性的文化史：

> 女性经常被告知“男人会为你思考”，最终她们不再思考。很长一段时间以来，女性都是在智力被蔑视的负担中长大的。很显然，她们经常帮助别人证明这种蔑视是正当的……女性被剥夺了在艺术、科学或政治领域完成任何重要或有意义的事情的能力……但对社会产生最大影响的书《汤

姆叔叔的小屋》（*Uncle Tom's Cabin*）是由女性写的。林肯（Lincoln）的总统任期就是这本书产生的直接结果。也许我们这个时代最伟大的散文作家是一位女性：乔治·桑。至少在我看来，当代最伟大的小说家是一位女性：乔治·艾略特……伤感地留恋于过去的废墟和遗迹的时代已经结束了。我们必须将陈旧的、摇摇欲坠的金字塔，泛黄的思想和僵化的观念暴露在真理的光芒之下。[45]

第七章　封闭的花园

米凯拉·德·乔治（Michela De Giorgio）

女性气质与反革命

高贵性别的美德

1866 年，意大利女性主义最著名的代表人物安娜·玛丽亚·莫佐尼（Anna Maria Mozzoni）根据解放的理想对贵族谱系进行了调整，这种谱系是法国复辟时期天主教女性模式被提出来的灵感来源。法国人玛丽·安托瓦妮特（Marie Antoinette）"高贵的勇气"、昂古莱姆公爵夫人（Duchess of Angoulême）的英勇和贝里的玛丽亚·卡罗琳娜（Maria Carolina of Berry）的活力，成了证明女性"卓越品格"的支柱。纯粹的女性主义梦想（鉴于女性"因其道德美德而更值得赞美"，因此"女性应取代男性"）呼唤着超越"盲目站队的激情"的历史，"以赋予每个人真正的角色"。[1] 罗马天主教会的神父乔阿基诺·文图拉（Gioacchino Ventura）同样坚信女性的优越性。相比之下，波旁家族（The Bourbons）[1] 因为展现了他们真实的自我，这些"毫无价值的男人"，位于男性道德力量的最底层。

前面提及的神父和女性主义者在使女性地位变得高贵这方面是一致的。文图拉神父是 19 世纪神职人员中的非典型代表，他是拉梅内（Lamennais）[2] 理念

---

[1]　在欧洲历史上曾断断续续地统治法国、西班牙、那不勒斯与西西里、卢森堡等国家和地区的跨国家族。——译者注

[2]　法国天主教神父、哲学家、政治理论家、基督教社会主义者。他是法国复辟时期最有影响力的知识分子之一。——译者注

的追随者。文图拉神父因为与教皇庇护九世（Pius IX）产生争执，于 1848 年之后被流放到法国。他著有《天主教女性》（*La donna cattolica*，1855 年）一书[2]，该书是女性道德教育的基石。文图拉就支持女性道德美德作出的有力论证（"如今，人们不仅要在男人眼中提升女人，甚至要在女人自己眼中提升她"），在风格上与 19 世纪欧洲文化史上常见的教化基调非常接近。在这段历史时期，人们可以了解到非常多样化的政治和宗教信条的立场。文图拉提出的模式类似于法国大革命时期在有关女性教育的辩论中诞生的"母亲—教师"原型。这种"新"母亲发展和加强了社会和个人的美德，首先在她的孩子身上，然后是在男人身上；这是从拉卡纳尔（Lakanal）[1] 到意大利人博纳罗蒂（Buonarrotti）的革命教学思想的经典模式。

复辟时期的天主教文化很容易接受这种模式，而且这项前人留下的遗产得到了科学研究的支持。在 18 世纪末的法国，乔治·斯塔尔（George Stahl）的著作发挥了影响，推动了更多人相信灵魂优于肉体。一个多世纪以来，皮埃尔·鲁塞尔（Pierre Roussel）于 1775 年撰写的《女性身体和道德体系》（*Système physique et moral de la femme*）一直在提供基本的理论参考，该书认为女性的本质不仅仅是性器官施加的生理限制。女性的脆弱和敏感远非身体与道德之间关系所产生的消极影响；相反，它们变成了女性的积极属性。就连灵魂也受益于女性特质的延伸，从肌肉纤维到道德行为都是如此。[3]

到了 19 世纪的头几十年，许多天主教作家已经将基督教的这一特殊的"历史性的"倾向理论化，以指导女性气质的此类情感特征，使之最终脱离她们身体上（几乎是肉欲方面的）的表现[4]。女性气质由此摆脱了生理结构与心理实质之间的依赖关系，这种理想模式在法国大革命后的欧洲传播开来。女性的灵魂与男性不同，互为补充，这一观念成为法国复辟时期教会的文明资源，并提供了皈依的可能性。同样，对于古典唯心主义来说，女性的灵魂对于充分实现"人性"［在黑格尔的法哲学中，家庭是伦理（Sittlichkeit）的核心］是必要的，这与浪漫主义对于爱情应该和谐互惠的理想如出一辙。

19 世纪 20 年代初，天主教日报《朋友》（*L'Ami*）写道："女性似乎只被赋予了甜蜜和耐心，她们往往表现出最积极的热情、最无畏的奉献和最惊人的

---

[1]　法国大革命时期的政治家、教育改革家。——译者注

沉着。"在这篇文章中，女性生命高于男性生命被视为事实。[5] 在复辟时期的天主教徒看来，法国大革命所揭示的女性力量与软弱的辩证关系是这场事件为数不多的功绩之一。这个新的社会主体似乎没有受到政治激情的污染：女性所浸透的基督教情感已经使她们成为完美的典范。在顶层，作为一个直接的政治参考，皇室女性的战略勇气熠熠生辉；在底层，则有一个取之不尽的女性资源网络，而且其中不存在阶级障碍。

"祈祷、温柔、哀悼、爱抚"是她们说服别人的武器。在法国，女性通过这种亲密的方式对公共生活产生了强大影响。法国保守主义最重要的思想家约瑟夫·德·迈斯特（Josph de Maistre）的理论认为，"无论好坏，女性的影响都是巨大的"（但这并没有超出扩大的家庭核心的限制："她的孩子、朋友、仆人或多或少都是她的臣民"）。迈斯特的话完美地概括了那个时代的观点。一个"实验性"的例子来自皮埃尔·亚历山大·梅西埃神父（Father Pierre Alexandre Mercier）。1850 年至 1857 年间，梅西埃神父在富维耶尔担任告解神父，其间共接待了 2 万名忏悔者，平均每天 14 人。尽管忏悔者当中的女性比例不详，但梅西埃神父从自己的经历中收集了关于美德和罪恶的故事，推出了题为"女性对社会所产生的有益或有害影响"的演讲集。该文本被推荐为传教士的范本。[6]

改变性别

天主教利用情感资源对男性进行道德矫正，从而阐述了一种女性反作用力。在法国文学传统中，这种反作用力更容易实现。从赛维涅夫人（Madame de Sévigné）到拉法耶特夫人（Madame de Lafayette），一大堆杰出的法国文学家的著作涉及"内心的女性气质"，它们讲述了私人关系网中睿智而轻盈的女性气质。在意大利，全国性社会的缺失体现在社会礼仪通用手册的传播上。莱奥帕尔迪（Leopardi）[1] 不无惋惜地说："仅仅因为社会的缺失……就起到了这样的作用。在意大利，没有固定的意大利式的风格或基调。"[7] 正是罗马天主教会实现了这种道德的统一，并由此产生了一种占统治地位的传统，它将贵族行为的内在美德与善良基督徒的美德融合在一起。[8] 在 19 世纪的最初几十年里，

---

[1]　19 世纪意大利诗人、散文家、哲学家、语言学家。——译者注

薄伽丘（Boccaccio）[1] 和贝尔加莫的菲利波（Filippo of Bergamo）[2] 对女性给出的傲慢论述的传统已经被取代了。罗马天主教会的霸权仍在延续，而被"完全殖民化"的法国天主教手册就是该霸权的体现，里面充斥着意大利作家所描述的模范女性的生活。这一效应的影响是持久的。在 19 世纪 80 年代末，耶稣会杂志《天主教文明》（Civiltà Cattolica）对将卡诺莎的玛蒂尔达（Mathilda of Canossa）[3] 和锡耶纳的凯瑟琳（Catherine of Siena）[4] 这样杰出的意大利人与 1789 年那不勒斯革命的两位殉道者——埃莉诺拉·丰塞卡·皮门特尔（Eleanora Fonseca Pimentel）和路易莎·桑菲利斯（Luisa Sanfelice）——放在同一个万神庙里（由一家女性杂志提议）的不敬之举表达了愤怒。9 如果没有天主教的文学肖像和大量圣徒所提供的榜样，女性的社会身份就不可能完整。10

不管是激进的反教权主义，还是被动的反教权行为，19 世纪人们对罗马天主教会的疏远，完全是男性独有的现象。教区的神父都在抱怨这些人迷失方向了。他们的宗教并没有消失，但其内容很明显改变了。在一个有着全球视野的绝对主义者看来，它逐渐呈现出宗教相对主义的轮廓。男性更多地将他们的信仰放在"政治立场"上，而女性的信仰则保持了其"精神状态"的特征，其中"行为"是最重要的，是坚定信仰的标志。19 世纪的天主教表现在了女性身上。宗教活动、虔诚和神职人员的女性化是显而易见的。

在经历了法国大革命的折磨之后，法国的主教助手们报告的主要恶习中几乎没有女性的行为。这些恶习包括在安息日工作，不参加弥撒，在复活节不参加法定的圣餐。女性的宗教活动比男性更狂热，也比男性更虔诚。从国家层面上综合考虑各种各样的地区行为，可以证实这样的假设，即四分之三的虔诚天主教徒是女性。11 在 19 世纪初，埃吉迪乌斯·雅伊斯（Aegidius Jais）注意到，他在萨尔茨堡农村从事灵魂关怀工作十年，发现只有一个地方的忏悔者不是以女性为主。12 除了通过主教助手的印象式的描述之外，人们通常无法证实宗教实践中的性别差异，但一些宗教书籍表明，女性占据了主导地位。1814 年，德

---

[1]　意大利文艺复兴时期佛罗伦萨共和国的作家、诗人及人文主义者，以故事集《十日谈》留名后世。——译者注

[2]　19 世纪意大利编年史家和《圣经》学者。——译者注

[3]　11 世纪意大利北部的强大封建统治者，与教皇格列高利七世关系密切，她是第一位被安葬在圣彼得大教堂的女性。——译者注

[4]　14 世纪的神秘主义者、活动家和作家，对意大利文学和罗马天主教会产生了巨大影响。——译者注

国本笃会修道士 C. 加特纳（C. Gartner）在一本专门针对女性的读物中写道："就其情感而言，宗教更接近女性，而不是男性。"在 19 世纪中叶，《天主教文明》（Civiltà Cattolica）杂志"肯定并承认"了虔诚修行的女性化。在任何地方的教堂，"女性"的数量都多于"男性"。[13] 在罗马，在 1825 年这个圣年（Holy Year）[1] 期间，只有 38% 的朝圣者是女性。[14] 但在亚尔斯（Ars），这个 19 世纪中叶最重要也是访问量最大的圣地（每年有 6 万～ 8 万名朝圣者），情况有所不同。在来自法国各地的前往亚尔斯朝圣的信徒群体中，女性的优势显而易见：在 397 名被确认的朝圣者中，64.5% 是女性，这个多数不仅表明了她们的宗教信仰，也表明了她们持续的热情。

女性的身份识别

"民族心理学"的性别化

19 世纪上半叶的神职人员由于缺乏统计方法，他们在描述自己的信众时候通常不会按性别进行区分。此外，这些信众的身份类别模糊不清。一种"民族心理学"在教区层面被微缩化：村庄的"气质"是虔诚、勤奋、冷漠或懒惰，这使神职人员不必描述信徒的具体美德。菲利普·布特里（Philippe Boutry）在亚尔斯教区观察到的这种"人类心理的封闭状态"[15]，甚至扩展到了整个国家，从而让研究者能够对"典型"女性进行所有类型的社会道德的身份识别。这不仅仅是神职人员的癖好：法国作家司汤达、法国历史学家米什莱，以及他们在意大利的追随者都将女性按"民族类型"划分。这些意大利追随者来自不同教派、不同学科，包括学者托马塞奥（Tommaseo）和人类学家曼泰加扎（Mantegazza）。他们从中衍生出特定的道德行为：激情程度、多愁善感、牺牲意愿、婚姻服从等。

直到 19 世纪的最后几十年，在工业化、城市化、识字率提升和女性政治化的共同影响下，罗马天主教会才被迫遵循世俗社会科学的分类标准，并通过更精确的类型（阶级、婚姻状态、年龄段和职业）来定义无差别的女性宇宙观[16]。天主教女性与非天主教女性明显对立的区别减少了，这是更全面的认同所产生

---

[1] 基督教中的特别年份，世人的罪被认为在这个年份中会得到宽恕。——译者注

的优点之一。在 19 世纪末,加布里埃尔·德阿扎姆布贾神父(Father Gabriel d'Azambuja)写道:"我们必须放弃创造独特和绝对类型的习惯,要尽可能宽泛些,不要以单数形式称呼'基督教女性'或'非基督教女性'。"[17]

同样,19 世纪对天主教"气质"程度的概念化(以国家而不是以村庄为单位)也同样是不科学和不精确的。1828 年,伊丽莎白·加利津(Elisabeth Galitzin)[1] 在修女索菲·巴拉特(Mother Sophie Barat)的陪同下穿越意大利前往罗马,"感觉"自己穿越了天主教的国度。在罗马她满心欢喜,连空气都"因靠近圣彼得的宝座而散发出香味"。街道上插满了十字架,装饰着圣母的画像,男男女女都跪在她的脚下["圣母马利亚是全意大利跪拜的女主人",丹纳(Taine)[2] 这样写道],城市和村庄里到处都是圣徒的雕像,这是意大利人虔诚的证明。[18] 就在那些年,拉梅内描述了那片神圣的土地上的"追随者体系",其中几乎包括了教皇国的全部人口。

女性也认同这一政治观点。1862 年,在米兰大教堂,路易丝·科莱(Louise Colet)[3] 毫无疑问地获得了解放,感到自己沉浸在"天堂般的本土氛围中……与这个民族的灵魂密不可分"。[19] 她坚定不移地支持意大利统一运动的使命[在科莱小时候,她在读过《我的狱中生活》(Le mie prigioni)后爱上了西尔维奥·佩利科(Silvio Pellico)[4]],这有助于她确信,天主教信仰程度最高的是意大利的男男女女。

能够代表整个意大利的天主教女性模式出现在 19 世纪 30 年代,受到了亲自由主义的政治理想的鼓舞。这是一种根植于没有民族共同"特征"的土壤的文化模式。因为在意大利,考虑到其与"弗洛林多斯(Florindos)和戈尔多尼的罗索拉斯(Rosauras of Goldoni)进行忠诚描绘"的意大利贵族制度的脱节。[21] 人们很难将歌德遭遇到的对年轻的那不勒斯贵族的神职人员的嘲弄和攻击行为[20],与对天主教信仰和皮埃蒙特(Piedmont)[5] 贵族统治的强烈忠诚相提并论。

---

[1]　俄罗斯贵族、天主教修女。——译者注
[2]　法国 19 世纪著名的文艺理论家和史学家,历史文化学派的奠基者和领袖人物,他的艺术哲学对 19 世纪的文艺研究产生了深远的影响。——译者注
[3]　19 世纪法国女诗人、作家,福楼拜的情妇。——译者注
[4]　19 世纪的意大利作家,《我的狱中生活》是其代表作。——译者注
[5]　19 世纪中期意大利境内的独立王国。——译者注

尼科洛·托马塞奥（Niccolò Tommaseo）[1]提出了能够代表所有意大利女性的第一个理想模式："意大利女性能够激励他人，在必要时明智地服从和指挥，是我们命运不那么严酷的保证。哪里的男人越堕落、越软弱，哪里的女人就越不软弱、越不堕落。"[22]一份教会杂志谴责这段话过于自由（"尽管它也包含了一些好的内容"），并建议为了培养女性信徒的灵魂，需要更可靠的作者，而所有这些作者都来自神职人员。然而，托马塞奥提出的理想模式（即爱国、笃信天主教的意大利"新"女性），在19世纪下半叶不断地在一些手册和道德小册子中被采用和重述。

罗马天主教会甚至在纯粹的宗教基础上构建了自己的"民族心理学"。英国女性从天主教赋予她们的道德权威的宝座上被赶了下来，成为与新教争论的主题。1844年，高梅神父（Abbé Gaume）写道："英国女性……不再引起钦佩；她几乎无法赢得应有的性别尊重。"[23]

19世纪是男性话语占主导地位的世纪，其修辞与大量的女性模式的产生并不矛盾。女性则处于"反话语"的处境，这主要基于她们的虔诚，这种"感性的"虔诚从宗教场所扩散至家庭的日常生活。自我满足感是19世纪女性角色的典型特征，它来自对家庭生活和子女教育的道德主权的自觉行使。显然，现实生活中存在着许多不足。但是，由于认识到人类的情感通常只是宗教情感的欺骗性反映，她们的态度就软化了。

19世纪宗教情感的发展与家庭重情主义密切相关：天主教的女性模式完全是妻子和母亲的模式。教会要求妻子顺从和克己。如果说这个世界对所有人来说都是一个充满泪水的山谷，那么对女性来说尤其如此。在19世纪正派的天主教文学中，夫妻之爱的情感方面并未被提及，更不用说与性有关的方面了。这种缄默一直持续到20世纪的头几十年。"婚姻义务"很少被提及，而且通常只有寥寥几行。"婚姻义务"是必须履行的，绝对不能放弃，这样做甚至是为了"践行美德"。丈夫是上帝带来的礼物，上帝通过女人的牺牲而给她带来了圣洁。[24]

情感行为规范

1880年，罗马天主教会以通谕《奥秘》（Arcanum）回应了俗世对婚姻的攻击。

---

[1] 意大利语言学家、作家。——译者注

罗马教皇利奥十三世（Leo XIII）确认了婚姻的权威："男人是女人的首领，就像基督是教会的首领一样"，妻子"必须遵从和服从于她的丈夫，不是作为女仆，而是作为伴侣，这样她对丈夫的服从就不会缺乏礼仪和尊严"。[25]

利奥十三世的通谕肯定并恢复了女性在婚姻中的尊严，尽管婚姻保护有时候是残忍的。对丈夫杀害通奸妻子的严厉谴责，揭示了这个牢不可破的制度的富有戏剧性的幕后故事和跨阶级活动。对于19世纪中叶出生的大多数意大利资产阶级和贵族女性来说，顺从家庭意愿的婚姻仍然是常态。独立的情感选择存在于女性主义小册子中的神话性的国度，即婚姻交换平等的"自由美国"。在19世纪末天主教女作家的小说中，最受欢迎的婚姻主题包含了许多关于道德改革的建议，这些建议激发了新兴的婚姻关系社会学的国际激进分子［勒古韦（Legouvé）、莱图尔诺（Letourneau）、曼泰加扎（Mantegazza）、隆布罗索（Lombroso）、Lhotzky（霍兹基）、维尔纳（Werner）、卡彭特（Carpenter）等］的热情。女性被动地接受与年龄大得多的男性的婚姻，这是道德复兴面临的最有争议的问题之一。在优生学信徒那里，女性的审美资本与男性的经济资本之间的不平等交易被视为眼中钉。而在天主教女作家的笔下，任何谴责婚姻市场双重标准的指责语气都消失了。关于丈夫年龄的难题在结局幸福的故事中得到了解决。[26]应该记住，从整个19世纪直到第一次世界大战，女性对婚姻状态的渴望源于世界将女性作为社会存在的尊严与婚姻等同起来。这不仅限于天主教出版物。意大利天主教公教进行会（Italian Azione Cattolica）的《女青年》（Gioventù femminile）杂志在20世纪20年代仍然提倡理性婚姻，结婚不是出于激情，也不是寻求慰藉，这种婚姻无疑有着反情感教育学的悠久传统。由眼睛或心灵引导的婚姻选择，其结果都是不稳定和短暂的。至于激进的天主教女性的丈夫，人们只要求他是位虔诚的信徒就可以了。

1900年在罗马举行的祝圣仪式上，对丽达·加西亚（Rita da Cascia）[1]的赞美诗得到了宣读，她"绝不会在女性圈子里抱怨男人的罪恶"。在作为"野蛮的野兽"的丈夫所造成的婚姻痛苦中长期赎罪，以及从其他婚姻受害者那里体面退出的事迹，在19世纪给丽达这位圣人写的传记里占了很大篇幅。[27]在

---

[1] 还可译为圣妇丽达，生活于14—15世纪，一生先后以女儿、妻子、修女的身份修务卓越的"圣德"。——译者注

世俗文学中，这些传记展现了不幸婚姻中虔诚的一面，揭示了丽达婚姻生活的苦难细节。这是一种神圣的模式，罗马天主教会通过这种模式承认，对于女性来说，婚姻生活可能是负担，甚至是殉道。进入 20 世纪，性话题也罕见地出现在天主教徒关于婚姻不幸的自传中。在 25 年的时间里，杰奎琳·文森特（Jacqueline Vincent）一直是一位残暴的无神论丈夫的仆人和玩物，后来于 1925 年成为加尔默罗会的第三会会友 [1]。她写了令人不安的图书《爱之书》（*Livre de Lamour*）。她在书中说，夫妻关系就像神秘的酷刑。[28]

封闭的花园

职业

妻子和母亲的光芒让未婚女性黯然失色。在 19 世纪末，未婚女性在家庭之外的地位是一个令人担忧的社会问题，这与"神职人员女性化"的成功扩张有关。在法国，从 1808 年到 1880 年，参加新旧宗教修会的女性人数从不到 1.3 万人增加到超过 13 万人。1830 年，男女比例是 3∶2。1878 年，男女比例发生了逆转，为 2∶3。新修会的女性创始人有三分之二来自上层阶级。法国大革命前，29% 来自贵族，33% 来自资产阶级。在 19 世纪，资产阶级占绝对优势（46%），而贵族占 19%。这支强大队伍的其他成员来自小农、工匠和工薪工人的家庭。[29]克劳德·朗格卢瓦（Claude Langlois）强调了神职人员女性化这一特殊的新奇现象。新的修会由主教或创始人管理，但最重要的是女性创始人和女性总会长。这种机构自治特别适用于女性教育。1876 年，在法国 50 万名幼儿园儿童中，有 80% 由宗教团体看护。天主教在（在法国和意大利的）寄宿学校的优势很难用数字来表达。1872 年，意大利第一次全国统计显示，在统计数据中包括的 570 所寄宿学校中，宗教组织处于绝对垄断地位。30 年后，意大利只有 86 所公立学校，而私立寄宿学校达到了 1420 所——其中 800 所属于慈善机构，这些学校里有 48677 名女性寄宿学生和 59179 名女性走读学生 [30]，这证明了世俗精英对女性角色正式走上社会舞台的绝对信念。而这里的女性角色是由天主教女子

---

[1]　第三会会友为俗家修行者，不受天主教教派严格教规约束，保留俗世生活。——译者注

寄宿学校所定义的。[31]

　　法国神职人员女性化令人印象深刻，这是一个真正的全国性现象；而且它以不同的速度和强度影响到了其他天主教国家。在法国，由女性总会长领导的新宗教机构的建立在1820—1830年达到了顶峰；而在意大利，由于国家尚未统一，教会政治阻碍了对整体情况的定义，女性宗教机构的增加推迟了十年。1861年，意大利王国的第一次人口普查显示，共有42664名"修女"（nuns）；但它没有区分"隐修修女"（cloistered nuns）和"女修会会员"（sisters），也没有区分隐修院、修道会学校、献祭院和新的集中式机构。但即使在意大利，神职人员的女性化也是一个值得注意的事实，因为修士只有30632名。在意大利每1000名居民中就有1.95名修女：低于比利时的2.7名，但高于西班牙的1.2名。在前教皇国的翁布里亚省和马尔凯省，这一比例最高。但绝大多数修女（22619人）分布在南部的那不勒斯省（13651人）和西西里岛（8968人）。[32]

　　恩丽凯塔·卡拉乔洛（Enrichetta Caracciolo）回忆了她在那不勒斯的一座修道院里被强行摘下面纱的经历。她在1864年写出了《那不勒斯修道院的秘密》（*Misteri del chiostro napoletano*）一书。[33] 这是一位贵族女士带有私人性质的政治自传，她被有着钢铁意志的母亲托付给了"杰出的利未人[1]国家"的贪婪。这本书与传统的修道院传记完全相悖，也与圣徒传记完全不同，充满了爱国情感，支持意大利统一。[34] 此外，罗马神职人员的上层也知道这些秘密，他们把这些秘密归罪于波旁王室。《主教给罗马教廷的报告》将发誓的过程描述为狂欢节般的游行，有舞蹈和派对，在选出一位女会长时会爆发不受约束的欢呼，医生、仆人和神职人员的进进出出完全没人管。[35]

　　所有关于西西里极端"宗教奢华"的推断都可以在一本广为流传的修道院行为手册中瞥见。身体是罪恶的明显模型，也是罪恶诞生和封闭的地方。罪恶包括舌头的罪恶（诽谤）、眼睛的罪恶（嫉妒）和喉咙的罪恶。[36] 在对神圣身体形态类比模仿的鼓励下，身体在天主教教义中从来都不是概念性的。事实上，正如奥迪勒·阿诺德（Odile Arnold）对19世纪下半叶的法国修道院展开研究后所发现的那样，现实身体的表现所占据的绝对主导地位削弱了某种教学尝试的力量，该尝试旨在加强脱离肉体的意志。[37]

---

[1] 按照《圣经·旧约》，利未人在圣所服务，协助司祭举行敬礼，奉献祭祀。——译者注

创业型女会长

在 19 世纪末，英国的解放程度仅次于美国。这使英国"未知之地"（Terra Incognita）[1] 的新宗教团体的创始人能够使用"虚构和非虚构的'天主教'文学作品"作为招募会众和筹集资金的手段。乔治亚娜·富勒顿夫人〔Lady Georgiana Fullerton，1844 年出版小说《埃伦·米德尔顿》（*Ellen Middleton*）〕和范妮·泰勒〔Fanny Taylor，1857 年出版《泰伯恩》（*Tyborne*）一书〕用她们畅销书的收入创办了名为"天主之母的可怜仆人"（the Poor Servants of the Mother of God）的修会。这是第一个依靠工业化实现"自给自足的"修会，其有一个商业洗衣店作为资金来源。[38] 在英国和美国[39]，神职人员的女性化源于一种实际的、慈善的信仰，这种信仰直接作用于社会苦难的领域。英国修女高度的"自我意识"也与慈善活动联系在一起，这种活动有意识地挑战了基于保护女性荣誉的规则而对女性乞丐实施的流动限制。就连让娜·朱冈（Jeanne Jugan）[2] 也是通过在法国西部的道路上乞讨施舍、在她的修会中安置流浪汉来塑造自己的魅力。1843 年，她创立了安贫小姊妹会（Petites Soeurs des Pauvres）〔就持有的房地产而言，该修女会在 19 世纪 80 年代仅次于圣心教会（Sacré Coeur）〕。她挨家挨户地说："我是让娜·朱冈。"她流浪了 13 年，直到 1852 年，雷恩教区的主教才承认这个修女会，并规定安贫小姊妹会必须像修道院一样有稳定的住所。[40]

在很长的一段时间内，让女性参加社会活动的想法一直令人不安。在家庭的保护之外，女性的道德操守可能会受到玷污。这一信念被反映在习惯行为中，例如在天主教和世俗家庭中对女性的严格监督。即使在第一次世界大战后不久，意大利天主教的青年团体"天主教青年行动"（Gioventù of Azione Cattolica）女性分支的创始人阿米达·巴雷利（Armida Barelli）也费了极大的工夫才克服了特蕾莎·帕拉维奇诺（Teresa Pallavicino，32 岁）的父亲对女儿参加远行的反对："爸爸绝对不会让我独自旅行。"帕尔马（帕拉维奇诺所在的城市）与巴勒莫没有什么不同。"在西西里岛，年轻的已婚女性不会单独外出，你想把她们送到其他国家，在公开场合做宣传并建立协会？"这是巴勒莫的高层对巴雷

---

[1] 在地理制图学中用来表示尚未得到绘制或记录的区域，这里指尚未被教会覆盖的区域。——译者注
[2] 19 世纪法国的一位修女，以毕生奉献给最贫困的老人而闻名。——译者注

利的组织的热情提出的反对之词。毫无疑问，意大利天主教青年行动的激进负责人的密集旅行，成功扭转了针对所有女性的社会禁令，这有助于她们形成充满活力的魅力。新天主教女性阿米达·巴雷利（会长）和特蕾莎·帕拉维奇诺（副会长）的汽车在意大利旅行时，受到了凯旋般的欢迎。这被视为她们高度解放和"性别"自决的象征，给那些远离这种创新行为的普通女性留下了深刻印象。[41]

天主教女性被排除在官方政治舞台之外，她们在慈善事业中找到了自己的活动领域。在意大利和西班牙，贵族女性是直接沉浸到社会苦难当中的先驱者。[42]对她们中的一些人来说，与"地中海荣誉"（Mediterranean honor）[1]有关的法律的束缚因此而减轻了。在这种绝对的"由美德支配的激情"中，产生了热情的书信交流和持久的友谊。这些内容因为写入了传记而传至后世，例如国际慈善工作者保利娜·克雷文（Paolina Craven）和乔治亚娜·富勒顿夫人的传记。这种帮助被剥夺继承权者的不竭愿望被记录了下来，实现了对历史的重构，比如19世纪下半叶那不勒斯慈善事业的著名创始人特蕾莎·帕拉维奇诺在她的不朽作品《那不勒斯慈善事业的故事》（Storia della carità napoletana）中所描述的那样。就连她理想中的丈夫也是由这些愿望组成的："我仍然希望他富有，这样就能够为穷人做更多的好事。"除了通过将自己的痛苦与他人的痛苦进行比较来获得治愈之外（通常是捐助者以自己早逝的孩子的名字命名医院或福利机构），这种社会实践还做出了有目的性的尝试，以建立替代"男性化权力"的价值观。这就是拉瓦斯奇里（Ravaschieri）去世时年轻一代捐赠者赋予她作品的意义："正是因为她的机智和独立于人群的意识……今天的女性，甚至在称自己为女性主义者之前，就能够从家里开始参与慈善事业了。"[43]

在巴黎，在茹费理（Jules Ferry）[2]执政时，大卫－尼莱特小姐（Miss David-Nillet）受到她叔叔的悉心监护，只有在星期天参加弥撒时才获准出门。结婚后，她更名为阿尔贝蒂娜·杜阿梅尔（Albertine Duhamel）。相较她之前的深居简出，她在婚后展示出了令人难以想象的组织能力。在20世纪前十年，

---

[1] 在地中海地区的社会里，女性被视为极弱的生物，她们的身体和精神都很脆弱，因为她们根本无法成功地抵抗家庭之外的敌对世界和幽冥恶魔的诱惑。因此，女性荣誉必须时刻被守护和监视。通常来说，被定义为"强者"的男性会充当荣誉的守护者和监视者。——译者注
[2] 法国共和派政治家，曾两次出任法国总理，任内推动政教分离，殖民扩张，教育世俗化。——译者注

她的社会活动行程是在一张包含有 3400 个慈善机构的全国地图上描绘的。即使是 19 世纪非常活跃的慈善女性的职业生涯也无法与之匹敌。[44] 为了与女性主义以及世俗人士提供的社会服务活动展开竞争，天主教徒在 19 世纪开始更新价值观和经验，以便为女性建立新的身份认同感。"富有战斗精神的女人"（militant woman）的说法是教皇庇护十一世（Pius XI）发明的，它取代了"慈善的女人"（the lady of charity）。"天主教行动"（Azione Cattolica）的女性分会在整个欧洲获得了广泛的共识。这些分会等级森严，提高了其负责人在全国的声望。1910 年，法国女性爱国联盟（Patriotic League of French Women）有 45 万名成员。意大利天主教公教进行会女性分会（UDACI）成立于 1908 年，组建了 100 多个委员会，拥有 1.5 万名成员。[45] 天主教的激进"新女性"是一群行动起来的女性，她们并不像天主教宣传小册子所说的那样：因为是女性主义者，所以她们有着男性特征。[46]

天主教领导层极大的自我意识（这在富有战斗精神的女人当中得到了控制，但在高层职位上普遍表现突出）缘于个人"解放"的困难。克里斯蒂娜·朱斯蒂尼亚尼·班迪尼公主（Princess Cristina Giustiniani Bandini）在写给教皇庇护十世（Pius X）的信中说："至于我，我太正直了，不会成为机会主义者，因为只要我的良心允许我和解，我就会如此，但除此之外，我永远无法做到……阁下也提到了我的坏性格，阁下在这方面也许是对的。我的性格是不可分割的。"她是意大利天主教女性联盟（创建于 1909 年）的创始人，也是该联盟不知疲倦的负责人，领导该联盟一直到 1917 年。她曾在圣心教会接受教育，18 岁时进入修道院。十年后，她违背父亲的遗嘱离开了修道院，并为了生计而奔波。除了婚姻或修道院的要求之外，守旧的罗马贵族不会屈服于女儿们的自主选择。[47]

禁令与阅读

少读书，精读书

在整个 19 世纪——以及 20 世纪的很长一段时间，直到第一次世界大战之后——女性阅读都受到了严格控制。最危险的读物是小说。教会根据卢梭提出的道德判断准则——"诚实的女孩不读有关爱情的书"——来执行惩罚，天主教徒和平信徒[1]均强烈认同这一准则。1787年10月，一位年轻的米兰女子向正在意大利旅行的歌德坦陈："他们不教我们写字，免得我们用笔写情书；如果我们不需要用到祈祷书，他们甚至不会允许我们读书。"她没有指明"他们"[48]究竟是谁，因为在女性教育的问题上，平信徒与教会的观点是一致的。然而，这个苦恼的半文盲女性却按照她同时代人的准则行事；她旅行、交谈、引诱（她是歌德的意大利情人之一）。但是阅读书籍是被严格禁止的。

我们可以假设女性有很多策略来规避严格的禁令。哈洛（Harlowe）的小说《克拉丽莎》（Clarissa）体现的罪恶是如此之深，以至于读者刚拿到这本书的时候就已经有罪了。在18世纪末，这部小说侵袭到了勃艮第的乡村。即便有着作为詹森教派信徒的母亲的监管，索菲·巴拉特（Sophie Barat，她出生在一个富裕的农业家庭，后来成为圣心会的创始人）还是接触到了这部小说。鉴于其扩散的触角无处不在，因此不能将责任归咎于外部原因。读完这本书后的悔恨将伴随她一生。但在19世纪的头几十年里，关于监视的教义指出了此种传染的原始来源。当时的人们对青春期忧心忡忡，因为诱惑正是在这个年龄段通过朋友、姐姐或哥哥（父母对他们的关注较少）而传来的。女性友谊的深厚程度也建立在交换禁书的基础上。1831年，保利娜·莱奥帕尔迪（Paolina Leopardi）[2]逃离了她"极度严苛、真正过分完美的基督徒"母亲的控制，向博洛尼亚的一位朋友索要司汤达和沃尔特·司各特的小说。

19世纪的资产阶级社会赋予了妻子角色以社会荣誉，从而使这些规则的严格性有所松动，并在婚后大大软化。在法国，宗教小册子的作者作为德·斯塔夫男爵夫人（Baroness de Staffe）或德·根利斯夫人（Madame de Geniis）[3]的追随者，放松了对已婚女性阅读的监视。但在意大利，即使在19世纪末，天主教徒的生活手册依然表达了对阅读禁令不再被认为是婚姻状态中不可动摇的良心问题的沮丧。

不管是获得推荐的读物，还是被禁止的读物，女性阅读的读物数量较之男

---

[1]　平信徒是指基督教会中没有教职的一般信徒，又称为教友。源自希腊文 λαοσ，意为"平民"，主要用于天主教会、东正教会和圣公会中，教职人员与平信徒之间的差别比较明显，平信徒需要教会教职人员的指导和帮助。——译者注

[2]　19世纪意大利作家、翻译家，是意大利诗人、哲学家、语言学家贾科莫·莱奥帕尔迪的妹妹。——译者注

[3]　德斯塔夫男爵夫人和德根利斯夫人均为法国18世纪末和19世纪初的作家。——译者注

性的更难界定。在 19 世纪和 20 世纪的头几十年里，大量的天主教阅读材料的产生与衡量女性读物"数量"的研究没有关联。不少书的标题是重复的，但一项有关意大利城市中产阶层图书馆的罕见数据很有启发性：19 世纪 70 年代，在那不勒斯（意大利人口最多的城市，其日报发行量为 5 万份），没有书的家庭占多数。[49] 在 20 世纪上半叶的意大利，手里拿着一本书——非宗教书籍——的女人，远非社会认可的代表审美和文化价值观的人物。在自由开明的天主教徒中，很少有人能想象"专门为激发女性智慧而写"的书不是用于祈祷的小册子。西尔维奥·佩利科（Silvio Pellico）想要的是关于"甜蜜感情""家庭关怀"，以及"对爱情、个人美德和宗教有着英雄般热情"的书籍。这些书以女性一辈子要承担的角色为基础，即作为女儿、妻子和母亲的家庭生活。[50] 在 19 世纪初，这样的书籍在书店里是不可想象的，当时的书店被祈祷用书和禁欲类的书籍占据了。[51] 直到 19 世纪 70 年代，意大利新闻界才从其第一代民族小说家那里收到关于"私人情感的画面"。在此之前，除了宗教书籍外，意大利一直在翻译法国的小说和行为手册。

法国和英国的天主教女作家远远领先于意大利女作家，她们走上了创作既是教育手册又是小说的双重道路。对于教会来说，这种文学体裁仍然是有罪的。正是因此，作者需要频繁地作出预防性的解释。著名的波登夫人〔Madame Bourdon，即玛蒂尔德·弗洛梅里特（Mathilde Fromerit），1817—1888 年〕将她撰写的《教师的记忆》（*Souvenirs d'une institutrice*，1869 年）与备受推崇的夏洛特·勃朗特（Charlotte Brontë）撰写的真正小说《简·爱》进行了区分；她认为自己的作品展现的是"现实世界的普通场景"。通过这种方式，她模糊了"好"小说与"坏"小说之间的严格界限。除了宣扬女性文学传统的光辉典范外，她还期待着对阅读的热情能够转变为对写作的热情。《教师的记忆》中的主角是一位老师，她根据寄宿学校的规定，没收了一名学生的禁书。这本书是《科琳娜》，作者是斯塔尔夫人。出于对文学荣耀的渴望——"也许危险，但诱人！"，她想象自己是一名作家，变成了持久地"漂浮在我们想象中的幻想物"。[52] 19 世纪天主教教育试图遏制的女性"幻想"再也无法被压抑：它是女性文学创作的黄金基石。

在 19 世纪中叶的意大利，向天主教女性读者推荐的作品——普鲁塔克的哲学论文、苏格拉底（Socratic）[1] 的对话录以及西塞罗（Cicero）[2]、奥古斯丁·梯叶里（Augustin Thierry）[3] 或穆拉托里（Muratori）[4] 的作品——并没有提供性别角色的榜样。53 这种严肃的古典读物旨在服务于反浪漫主义的目的，类似于迪庞卢蒙席(Monsignor Dupanloup)[5] 在1879年向更年轻的群体提出的建议。"为了强化女性心灵"，这位奥尔良的主教指定了一张包括17世纪伟大的法国作家的清单。这些作家包括帕斯卡（Pascal）、博须埃（Bossuet）、费奈隆（Fénelon）、拉辛（Racine）、高乃依（Corneille）、拉布吕耶尔（La Bruyere）和塞维涅夫人。他的单子跳过了18世纪，从19世纪开始只增加了一些基督教诗人。尽管在的迪庞卢蒙席的创新计划中，文学学科占据了主导地位，但在他为女性开列的单子中，精确科学和文学被剔除出去了。

　　"少读书，精读书"是他们的座右铭。54 他们要求人们不断地重读，翻看每一页（"永远不要没有读完就舍弃一本书"），总结并抄写最重要的段落。娱乐是不可取的：阅读是以文本为中介对良知的检验。通过书籍，一个人可以构建和修改关于性格特征的知识，而不仅仅是学习这方面的知识。斯威特琴夫人（Madame Swetchine）承认自己"天生缺乏性格力量"，她的精神整形手术器械是一支铅笔和几张纸。"用铅笔写作……就像用柔和的声音说话。"她在书页上做上记号，重读一遍，抄写摘要，并写下批评和反思（这次是用钢笔）。55

阅读风格与自主策略

　　比迪庞卢蒙席的行为规范更有说服力的是女性知识分子的自传，这些自传揭示了真正"好学的女人"的生活方式，只有少数贵族女性才能在没有敌意的家庭环境中为自己创造机会。在19世纪初，女性教育主要由死记硬背的学习组成，浮于表面的解释被用作对抗"想象力"的内在干扰的解毒剂。熟悉一篇文章，就能够更容易地大声朗读出来。朗读文章是一种家庭和客厅娱乐的形式，

---

[1] 古希腊哲学家，与其追随者柏拉图及柏拉图的学生亚里士多德被并称为"希腊三贤"。他被认为是西方哲学的奠基者。——译者注
[2] 古罗马哲学家、政治家、律师、作家、雄辩家。——译者注
[3] 19世纪法国历史学家，曾担任过空想社会主义者圣西门的秘书。他被认为是法国浪漫主义史学的奠基人之一。——译者注
[4] 17、18世纪意大利历史学家、天主教神学家。——译者注
[5] 蒙席（Monsignor）是天主教会神职人员因为对教会做出杰出贡献，从罗马教皇手中所领受的荣誉称号。——译者注

直到 19 世纪末，上层阶级的女性才被允许在其中发挥作用。朗读也是一种学习方法。都灵的女男爵奥林匹娅·萨维奥（Baroness Olimpia Savio，1816—1889 年）专门用这种方法学习法国作家的作品，比如"拉辛、高乃依、米涅（Mignet）、马蒙泰尔（Marmontel）、布伊（Bouilly）、贝尔坎（Berquin）、博须埃（Bossuet）、费奈隆、曼特农夫人（Madame de Maintenon）、赛维涅夫人和马西永（Massillon）"，但"没有意大利作家"。在 19 世纪 30 年代的撒丁王国，有一个"高等级"的母亲教育的活生生的案例，"作为唯一的女儿，（奥林匹娅）总是在母亲身边接受教育"。这也是一个罕见的例子，尤其是它发生在一个女人身上，而这个女人是如此顽固地渴望文化自由。奥林匹娅的母亲是一位先驱者，与只让她阅读宗教书籍的母亲和祖母做斗争，她是在晚上用藏在床垫底下的书自学成才的。[56]

直到 19 世纪末，当女性学者开始跨入高等院校的门槛时（在 20 世纪初，意大利公立高中的女性入学人数为 233 人，而男性入学人数为 12605 人），天主教的圣徒传记才在回顾中发现自学成才的女性坚持不懈的价值。这些女性严谨的工作作风使她们摆脱了不服从的污名。有福者埃琳娜·格拉（Blessed Elena Guerra，1835—1914 年）是卢卡一所女子学校的创始人，她晚上借助燃烧坚果壳的小灯学习拉丁语，这样就不会被人发现用了蜡烛。[57] 这些模范人物的独特特征并未受到大量模仿者的篡改，这使她们能够静静地保持着圣徒的形象。

然而，在 20 世纪初，越来越多的女学生每天都忙于繁重的学业，她们想要获得文凭的雄心壮志，以及竞争压力带来的结果，使她们陷入了一种让医疗机构和宗教教育者感到震惊的境地。在 19 世纪，女性虚弱的心理－生理模型的病理顺序（支气管囊肿、黄萎病、脊柱弯曲、癔症）的外部原因被认为在于书本学习。即便到了 20 世纪，这一理论在天主教报刊上也得到了支持。而天主教媒体绝不会推荐女性体育教育这道补偿性的解药。尽管在 20 世纪之初出现了首批"新"女性教育的天主教理论家——其中最重要的是西班牙耶稣会士拉蒙·鲁伊斯·阿马多（Ramon Ruiz Amado），但这种态度仍然存在。首批"新"女性教育的天主教理论家借鉴了美国卫生学校的教学模式，在讲坛上一扫 19 世纪对女性的束缚形式（比如"长时间弹奏钢琴，这在西班牙女孩中很常见"），并建议女孩也进行激烈的体育活动。[58]

大声朗读宗教书籍的习俗在乡村持续了更长时间，直到第一次世界大战之后。这样的训练旨在学习教理问答；也就是从 20 世纪初开始，这种训练方式成了天主教女性主义者用来游说他人的旗帜。在 19 世纪 50 年代末的法国尼韦奈，人们通过祈祷书学会了读写，并试图找到（并抄写）作为使徒象征符号的元音字母。[59] 晚上诵读祈祷文最终成为一种学习形式。这些祈祷更多地是由虔诚地翻页的节奏来"引导"的，并非来自信息的内容。

教会密切关注不断增多的通俗小说的产量。1905 年，修道院院长贝特莱姆（Abbot Bethleem）的著作《可以阅读的书和禁止阅读的书》（*Romans à lire et romans à proscrire*）为蓬勃发展的法国通俗小说带来了一些秩序。《波恩报》（*Bonne Presse*）把大部分精力集中在年轻女孩读者身上。不过，每周六阅读廉价的连载小说很快就不再是一种隐蔽的乐趣了；女孩们整个星期天都躺在床上看书，远离了她们的宗教职责。[60] 女性对阅读坏书的羞耻感越来越弱了。忏悔者会因为阅读了被告解神父认为不体面的内容而受到惩罚，她们会为此感到无辜且惊讶；这表明在自我控制愈加困难的社会里，书籍已经失去了道德教育者的角色，而成为空闲时的伴侣。

对于激进的天主教徒（20 世纪的新社会类型）来说，书籍成为教育塑造的强制性工具。1927 年，在意大利天主教行动女性分会负责人马尔凯萨·马达莱纳·帕特里齐(Marchesa Maddalena Patrizi)的侄女结婚之际，教皇庇护十一世(Pius XI) 送给新娘的结婚礼物是大约 80 本理想的书籍。正如迪庞卢蒙席所希望的，这是"她一个人的书"。在这些书的 37 位作者中，有 25 位是法国人 [迪庞卢、格拉特里（Gratry）、蒂西耶（Tissier）等]。意大利作者的作品包括一本艺术史，一本正确行为手册，曼佐尼（Manzoni）的所有作品，以及天主教大学米兰分校的奥尔贾蒂（Olgiati）所写的《基督书信》（*Sillabario del Cristianesimo*）。[61] 这是意大利文化继续依赖法国属灵作品的标志，也是宗教媒介僵化的标志。根据克洛德·萨瓦特（Claude Savart）的说法，这种态度甚至超越了 19 世纪的限制（也存在于法国之外）。[62]

虔诚：实践和态度

个人化的女性崇拜

就祈祷而言，口祷（vocal prayer）比不受外界影响的默祷（mental prayer）

更容易被描绘。口祷与默祷的区别是布雷蒙德（Brèmond）提出来的。而正是口祷构成了女性日常生活的节奏。在法国的复辟时期，口祷的语调改变了。在之前的一个世纪，作为祈祷基础的恐惧和神圣复仇感开始消失。祈求上帝保佑和仁慈的定向祈祷涉及健康顺遂、事业顺利、旅途平安或战争胜利，这些都是19世纪祷告的主要特点，反映了那个时期已经获得胜利的个人主义，或者是通过神学来武装自己以抵御神秘经验的愿望。

在19世纪许多婚姻所基于的双重标准的体系中，祈祷具有安抚的作用。萨伏伊的玛丽亚·阿德莱德（Maria Adelaide of Savoy）[1] 的同步祈祷（synchronic prayer），被认为是在婚姻中顺从的王室典范［教皇庇护九世（Pius IX）于1847年授予其金玫瑰（Rosa d'oro），这是教皇授予最有德行的天主教君主和公主的荣誉］，使其不完美的婚姻状况变得高贵。她忽略了丈夫众所周知的公然背叛，在战时依然为丈夫祈祷，在其请愿所获得恩准的时空统一中重建了夫妻关系的和平。"如果我能知道你哪天会上战场，那天早上我会为你祈祷。"公爵夫人写道。维克托·伊曼纽尔（Victor Emmanuel）证实，"在佩斯基耶拉，敌人的子弹因她的祈祷而被挡开了"。[63]

受亚丰索·利古力（Alfonso de Liguori）[2] 道德哲学的影响，意大利人的祷告完全改变了宗教敏感性，建立了一种截然不同的对神圣者的熟悉感。过度的多愁善感、病态的强度、不受控制的神秘主义，或者就另一方面而言，仅仅是重复的仪式和短暂的家庭祈祷，这些都是19世纪祈祷的显著特征，也是信徒队伍女性化的标志。教会认识到了这一现象，正式将母亲形象提升为祈祷的发起者。皮切诺神父（Abbe Pichenot）希望她像个"灶台边的神父"。玛丽—弗朗索瓦丝·利维（Marie-Francoise Levy）指出，即使是19世纪针对母亲的宗教手册，也鼓励她们爱上帝，而不是去恐惧。[64]

上帝作为爱的对象，虔诚者在小的时候就与之建立起了个人关系。在浪漫主义的肖像画中，小耶稣是一个受苦的形象，他小小的心被荆棘包围。在19世纪下半叶，圣母与孩子的形象是快乐的，呈现的是家庭母性的形象。被剑刺穿并被刺包围的心脏，就像苹果或玩具一样从其机体的中心位置移到耶稣的手上；

---

[1] 勃艮第公爵夫人，她的丈夫是法王路易十四的长孙路易王太子。——译者注
[2] 18世纪时最受爱戴的天主教圣人之一。——译者注

这不再是一个可以在公开场合发出控诉的伤口。

在许多圣徒传记中，我们都可以发现早熟的祈祷倾向，这是母亲启蒙的幸福结果（丝毫没有怀疑儿童喜欢重复的顽皮天性）。让－巴蒂斯特·马里·维安尼（Jean-Baptiste Marie Vianney）（后来的亚尔斯神父）在六个月大的时候，就成了他母亲的良心监护者。她教他在吃饭前画十字，后来如果她忘记了，他就会提醒她。[65] 节制是对年轻信徒的精神建议。杜菲特蒙席（Monsignor Dufêtre）强调，虔诚与否并不在于外在行为的数量，并建议不要过度祈祷和进行虔诚的行为。[66] 在 19 世纪下半叶，受圣母马利亚崇拜的鼓励，成人信仰变得过于复杂，女孩的虔诚行为变得更加积极和烦琐。个人参与宗教活动的年龄被降低。在每年 5 月，就连儿童和年轻女孩也在其卧室里竖起了小神龛。许多人，比如卡罗琳·布拉姆（Caroline Brame），都有自己的"小祈祷室"。[67] 神圣的图像变得女性化。对装饰的狂热迷恋扩散至精美的纸花边上，这些纸花边包裹着圣母马利亚和耶稣的脸。弥撒书的页数变得更厚了。对于虔诚的收藏家来说，弥撒书本身变成了双重的渴望对象，它们既是信仰的证明，也是友谊的象征。1910 年教皇颁布的通谕《何其独特》（Quam singulari）规定可以私下举办圣餐，此后这种做法变得更加普遍。一个神圣的形象是这一事件的见证者——其名字和段落来自福音书，是为年轻的领受者而选择的。这不仅是属灵生活的第一个有意识的阶段，还是整个社会情感存在的第一个有意识的阶段："女性生活的第一个阶段在两个白色面纱之间展开，即第一次领圣餐的面纱和婚礼的面纱之间。"这是许多色彩缤纷的意大利文学意象之一，即使在不是严格意义上的用来忏悔的地方也是如此。[68]

婚姻殿堂和纯洁的青春期

卧室里堆满了宗教信仰的标志。在 19 世纪下半叶，那不勒斯的资产阶级通过十字架、圣母像和宗教题材的绘画（有时一个房间里有多达 11 幅）来保护他们的婚姻殿堂。[69] 要判断人们对这种习以为常的肖像模型的热爱程度并不容易，因为它构成了最普通的装饰传统的一部分。对于儿童和少女来说，这关乎它们个人生活中的形象，他们会恭敬地模仿天使般的祈祷姿势。这是天主教教义规定的女性道德准则的第一层次：个人自律。这种明显具有象征意义的模型——身着白衣，摆出耶稣升天般的姿势，抬头仰望代表热情，低垂眼睛则表示谦虚——

构成了主导"教条天使学"教条的基础。保罗·曼泰加扎（Paolo Mantegazza）借"教条天使学"描述了社会对捍卫女性纯洁的规则的痴迷和尊重。

16 岁的玛丽·巴什基尔采夫（Marie Bashkirtseff）是位俄罗斯贵族，她在生前身后（她于 1884 年在 26 岁时死于肺痨病）都是见过世面的年轻女性的化身，她很坚定，甚至"有点野心"，在晚期浪漫主义的存在主义旗帜上增添了"生活、受苦、哭泣和战斗"的色彩。在法国尼斯圣彼得教堂祈祷时，她用可爱白皙的双手托着下巴，拒绝了以天使形式呈现仪式化女性气质的诱惑："作为一种忏悔的形式，我设法让自己变得丑陋。"[70] 即使在这方面，她也是先驱，因为直到 20 世纪，礼仪手册仍然将教堂和宗教功能作为社会评价（出于婚姻原因）女性美德的最佳观测点。《天主经》《圣母经》《信经》《信、望、爱的行为》是七八岁的女孩和年轻女性早晚的祈祷文。一旦母亲的启蒙仪式结束，祈祷仪式就会按照个人的要求继续进行。对于 19 世纪的青少年来说，祈祷的"必需品"包括一张漂亮的脸蛋、优美的嗓音和幸福的婚姻。她祈祷能让自己避免感染天花，并让她的母亲免于死亡。玛丽·巴什基尔采夫知道这样的祈祷诉求"并非必需的"，她在祈祷中不可避免地添加了一个结尾："能够见到她最新的恋人。"

在 19 世纪，人们发现女性青少年隐藏着难以控制的内心幻想，这让神职人员感到担忧（他们的担忧不亚于平信徒）。教会选择在 5 月纪念圣母，并非没有理由。圣母可以阻挡"这个美丽季节蜂拥而至的诱惑"来保护女性的纯真，这一点是最需要的。5 月的圣母崇拜最早是由意大利耶稣会士于 18 世纪初提出的［迪奥尼斯（Dionisi）在 1726 年提出，德·利古里（de Liguori）在 1750 年提出，拉洛米亚（Lalomia）和穆扎里利（Muzzarelli）在 1785 年提出］，在 20 世纪上半叶传遍至整个天主教欧洲。这是一种预防性的宗教实践，旨在让青少年不为爱情所诱惑，这一点在农村社区很难实现。圣母的纯洁成为女性身份的典范和女性教育的中心。在第一次领圣餐之后，对年轻的天主教女孩的监督转交给了圣母之女会（Daughters of Mary）。1820 年，法国首个圣母圣心儿童会（Children of Mary of the Sacred Heart）在巴黎成立。在意大利，除了圣母之女会之外，还于 1854 年成立了致力于圣母无染原罪的女性协会（圣母无染原罪的教义就是在这一年正式确立的）。

这种崇拜的爆炸式传播揭示了它与女性欲望及其投射之间复杂的特定对应关系。在路易莎·阿卡蒂（Luisa Accati）的暗示性分析中，圣母无染原罪的象征力量来自那"进行诱惑的（女性）欲望的舞台"。女孩们梦想并渴望爱情，但她们害怕社会的禁令和与失贞相关的身体痛苦。对圣母无染原罪的虔诚使她们能够"承认性欲而不接受它"。它不仅是"一种可以享受快乐而不受指责的欲望"〔正如伊西多·萨杰（Isidor Sadger）所说〕，而且是"在没有痛苦的情况下所寻求的快乐"。因此，这种崇拜通过将自恋女性的自我满足与青春期的主要感觉联系起来，巩固了自恋女性的自我满足。[71]

美德与容貌

可见的贞操

在法国乡村，因贞洁美德而被授予玫瑰花冠的少女（rosière）提供了社会量化女性美德的证据。在5月戴上玫瑰花冠的年轻女孩（19世纪大约有1000个），是年轻人在不放弃贞操的前提下，为改善自身状况而进行适当斗争的典范。在由市长、堂区神父和学校老师组成的委员会面前，每个人都必须（出具医疗证明）证明自己是处女、性情温和、工作态度端正。1500法郎的奖金是评审委员会代表教会和国家，在被授予玫瑰花冠的少女结婚前两个月给她准备的嫁妆。[72]这在法国以外的社会中是不可想象的，因为法国比欧洲任何其他国家都更倾向于出于政治和教育目的而使用"性寓言"。因贞洁美德而被授予玫瑰花冠的少女已成为19世纪末通过调查和文学报道〔例如马塞尔·普雷沃斯特（Marcel Prévost）的《半贞女》（*Les Demi-Vierges*，1895年）或雷米·德古尔蒙（Remy de Gourmont）的《少女自画像》（*Les Jeunes Filles peintes par elles-mêmes*）〕所引起的关于女性纯洁性的社会恐慌的解药。在意大利，这些书被翻译引进后也引发了同样的担忧，但安东尼奥·马罗（Antonio Marro）对青春期的研究证实了年轻人性悸动的曙光来临。[73]在性科学的生理现实主义取得胜利的同时，意大利天主教的论文在其简明的身体定义中避免提及贞操。

到19世纪下半叶，有关女性荣誉的规范发生了变化，它脱离了国家、教会和家庭的共同庇护。应该记住，在意大利统一之前的那不勒斯，在修道院学校被禁锢的女性中，无论是单身者还是丧偶者，都占女性人口的3.8%。根据不同的体面程度（诚实的、濒临危险的、处于危险中的、妓女），她们被严格地分成不同的团体。[74]

贞洁完美的女性模式建立在纯洁的价值之上——这是个人内在的美德，并建立在通过忏悔强化的道德自主原则的基础之上。但大量女性进入工业劳动力市场也增加了诱惑。纯洁的价值和道德责任在充满危险的地方进行衡量。以前被排除在关于荣誉的规范性教导之外的社会阶级在阶级间的诱惑中相互包围。即使对贵族和资产阶级女性来说，女性的美德首先也是一种"表演"，其"表演"场所包括街道、剧院、舞会、慈善博览会的摊位，以及年轻群体日益混杂的聚会场所。天主教公共道德联盟（Catholic League for Public Morality）于 1894 年在都灵成立了，该联盟的创始人鲁道夫·贝塔齐（Rodolfo Bettazzi）建议，在舞会上，女性在腰上佩戴一朵白玫瑰，就像穿了一件装饰性的无袖外衣（这最终于 1915 年被采纳），"她们确保在舞会结束后玫瑰完好无损"。贝塔齐的建议让人想到这座城市的年轻女性已不再保有的对圣母的虔诚奉献。[75]

男女进入同一群体的威胁

在 20 世纪初，贞洁的价值是根据更世俗的社会道德的诱惑来衡量的。模仿更自由行为（服装、社交生活、阅读等）的刺激来自街头活生生的例子，或是世俗媒体报道的新闻。当时出现了一些因为激情而自杀或犯罪的悲剧，这是对女性荣誉准则发生变化的抵制所引发的症状。天主教媒体明确谴责这些行为是"让我们国家蒙羞的、可恶的血腥记录"。然而，1902 年，12 岁的玛丽亚·戈雷蒂（Maria Goretti）因反抗一起未遂的强奸（这是受到谴责的"犯罪报道"的共同主题）而被谋杀，成为大众媒体对此进行大肆宣传的耸人听闻的案例。[76]

正如安娜丽塔·布塔福科（Annarita Buttafuoco）所展示的那样，对接近或已经陷入了儿童卖淫漩涡的年轻纵欲者的现代救赎，成了意大利世俗女性主义者挑战天主教的理由，[77] 后者无法为最严重的腐化（例如在由宗教人员管理的刑事机构中发现的）与其假定的源头之间的解释困境找到新的论据。延续寄宿学校男女隔离的做法，是女性天主教组织确保女性纯洁的可靠保证。这种行为方式在意大利一直延续到 20 世纪中叶。

为了保持男女之间的高度隔离，天主教女性报刊强调男女分开的社会生活的优点。"当女孩们在一起玩耍时，她们会得到更多的心灵满足和精神休息。然而，当有男孩在场时，她们会经历痛苦、嫉妒、焦虑和鲁莽。"1912 年，一份面向职业女性的双周刊《女性生活》（*Vita femminile*）这样写道。男女混合的社会生活是一个有争议的场合，在其中，女性社会行为的现代化得到了衡量和实践。在天主教徒不安的监督下，性别二态性[1]的防御结构正在被破坏，这不仅表现在基督教女性的外表（衣服）上，也体现在其实质（灵魂）上。对于固定的公共和私人角色的终结，以及女性社会身份的混乱，天主教女性组织将其归咎于通过大众教育传播的不可阻挡的社会模仿机制。根据意大利天主教女性联合会（1911 年）的说法，农妇想当教师，而教师想当医生，"等成了医生和教授，她们又想尽可能成为与男人一样的人，至少在社会权利方面是这样"。[78]

失败了的对抗时尚之战

当服装成为社会流动的神奇钥匙时，即使是天主教女性也被迫认识到身体行为的社会维度。第一次世界大战后，女性天主教组织发起了"反对不雅时尚、主张适度时尚的圣战运动"，反对强加了变革伦理和现代性崇拜的时尚。这种时尚不仅是所有阶级都享有的权利，而且成为一种社会性的绝对命令。尽管没有效果［哪怕获得了教皇本笃十五世（Benedict XV）的支持］，[79]但反对女性着装腐化的运动还是传遍了欧洲，这些运动通过裙子的长度和头发的长度来判断女性是否诚实正直。在 20 世纪 20 年代，世俗媒体通过那些呆板、朴素和被忽视的服装的明确标志，来识别（并嘲笑）"天主教女性青年"（Gioventù Femminile Cattolica）的激进分子。[80]正如 J.C. 弗吕格尔（J. C. Flugel）所描述的那样，[81]她们来自"清教徒"式的传统女修道院，很容易被嘲笑。天主教女性激进分子需要创造一种可见的模范，她不再被孤立和封闭在家庭范围内。她们拥有自主的审美"外表"，以替代经常受到谴责的女性主义者"男性化"的极端情况。

忠实于 19 世纪刻板的性别二态论教条的"虔诚美学"（esthetic of devotion）在 20 世纪消失了。泪水是它闪亮的光片。女性虔诚的行为与充满泪水的 18 世纪保持了连续性。在 18 世纪，信众会不分性别地广泛采用流泪的修辞。马塞利娜·波佩（Marcelline Paupe）是 19 世纪上半叶法国讷韦尔的慈善修女会的首批成员之一。她写道，她得到了上帝赐予的安慰，泪水淹没了她的祈

---

[1]　简单而言，性别二态性指的是男女性别的差异。——译者注

祷，这证明了她与上帝的神圣结合。G. 勒蒂利耶（G. Thuillier）回忆说，贝尔纳黛特·苏比鲁（Bernadette Soubirous）哭了很多次。[82] 这个可怜的无知姑娘的眼泪里流露出大众性的虔诚，这是真正信仰的一个证明。这在 19 世纪是得到圣母见证的典型表现。在上流社会，眼泪的精神价值可能只是一种外在的姿态。"姑娘们太爱哭了，我曾见过她们在镜子前哭泣，这使她们更加享受这种状态。"迪庞卢蒙席说。圣心修会凭借其在教育方面的远见，率先设立了"眼泪警察"。在 19 世纪，表达女性特质的刻板印象中的丰富而无拘无束的情感之前，会众会用耶稣会会士的内敛来修正过度做作的感伤。

时间和秩序

美德的理性化

祈祷为家庭纪律中的时间分配注入了关于女性存在的一种新合法性。1810年，当朱莉娅·曼佐尼（Giulia Manzoni）重返圣礼时，她向她的精神顾问、詹森派神父托西（Father Tosi）提交了一份"关于如何度过这一天"的调查问卷。她承认将日常生活和祈祷同步起来很困难。神父以小时和分钟为维度（有一些额外的让步），详细说明了按照天主教的规定，朱莉娅究竟应该如何严格地进行祈祷。"神父大人，您为我建议了一种基督徒和悔罪者的做法，晚上从床上起来至少祈祷几分钟；除了偶尔几次之外，我从来没有勇气这样做。"托西神父回答说："即使晚上起床的习惯没有必要，但对你来说却是非常合适的。一开始每周有一两个晚上这样做，天冷的时候不要下床，而是坐起来，盖好被子，或者至少保持这样的姿势，让你可以把十字架放在手里。"由此看来，祈祷是有弹性的。天主教女校也是如此。在天主教女校，咖啡是被禁止的，而巧克力是被允许的。这些都显示了宗教敬拜精神可以变通的实质，人们可以根据个人的吸收能力来软化或加强这种实质。[83]

两性（就如不同阶级之间）和平、完美同居的理想，标志着基于时间纪律的行为理论悄悄地进入了行为手册。从傅立叶的乌托邦社区到帕约特（Payot）的意志利己主义，基于时间纪律的行为理论是 19 世纪文明的主题。就像在意大利一样，法国天主教作家提倡一种纪律，这种纪律能比告解神父更精确地将家庭的欢乐与精神上的责任心结合起来。关于宇宙观的格言"上帝是秩序和规则"规范了布尔东夫人（Madame Bourdon）的《基督教少女的一天》（*Journée chrétienne de la jeune fille*，1867 年，多次重印并被翻译成了意大利文）中女性日常的微观活动。一切（甚至是无关紧要和毫无用处的）都在这个秩序中得到了救赎。该秩序带有至高无上的、神圣的、正确性的印记。

在工业的黄金时代，出现了大量有关一天该如何利用的文献。布尔东夫人写道："在我们这个时代，人们生活匆忙：一天的时间不足以完成所有事情，包括商务、人际关系、旅行、娱乐，甚至学习。"[84] 布尔东夫人的作品是法国北部从事大型纺织工业的女性喜欢的书籍之一。这些女性是勤劳的家庭道德的化身。这种道德适用于对家庭事务的管理，包括预算、安排仆人和照顾孩子（从 1840 年到 1900 年，女性的生育数量从 5 个孩子上升到了 7 个）。[85]

亚历山德罗·布隆德尔（Alessandro Blondel）和恩里希塔·布隆德尔（Enrichetta Blondel）的长女朱列塔·曼佐尼（Giulietta Manzoni）于 1833 年 10 月收到了她婆婆玛切萨·克里斯蒂娜·达泽利奥（Marchesa Cristina D'Azeglio）寄来的信，这封信清楚地表明宗教义务与家务义务的完美结合是如何成为衡量女性社会价值的道德标准的。朱列塔对病榻上母亲的冷漠照顾，对读物的错误选择，为女儿草率购买现成的衣服（"材料可以买，但应该在家里缝制"），以及购买的家具、地毯、过多的小饰品——所有这些都是不值得信赖的家庭管理的例子。这完全走到了"炫耀性的消费不足"的对立面，而且是对勤俭持家的富人的不认可。而勤俭持家恰恰是皈依加尔文主义者的女儿应该在她的血液中所固有的。[86]毫无疑问，这种误入歧途的原因是："你去教堂就像新教徒去圣堂一样，每周一次，仅此而已。"[87]

自我导向的美丽死亡

对于将死亡与基督的苦难可怕地等同起来的观念，亚丰索·利古力和萨勒的圣弗朗西斯（Saint Francis of Sales）[1]的新道德神学起到了刹车的作用。在有关宗教虔诚的手册和关于善终的禁欲主义文献中——其中萨勒的圣弗朗西斯的《成圣捷径》（*Filotea*）是最常被遵循的典范——"勿忘人终有一死"（memento

---

[1]　16—17 世纪的天主教神父，曾担任日内瓦主教，其为女性修会的建立贡献良多。——译者注

mori）的理念对于死亡的时间、地点、季节和灵魂脱离身体的时辰都进行了详细的描述。在圣心会接受教育的初学修女表达了她们对死亡的熟悉，认为死亡是一种可理解的现实（这种情感很容易与浪漫的女性情感联系起来）。她们在告别时泰然自若，期待着与姐妹们在天堂相会，这证明了萨勒的圣弗朗西斯的准备工作是有效的。这种"对死亡的渴望"［正如 O. 阿诺德（O. Arnold）所观察到的那样，在许多初学修女中很普遍］解释了该修道会创始人巴拉特修女（Mother Barat）的重要教义："为了受苦而活着，这比为了享受而受苦要慷慨得多。"（1829 年）[88]

这种在临终语言的宁静中体现出来的死亡文化，并不完全局限于将祈祷"视为其宗教仪式的职责"的宗教人士。平信徒通过拉·费朗内斯（La Ferronnays）家族中（这些人与死亡的共谋与性别无关）一系列美丽的死亡进行了表达——菲利普·阿利埃斯（Philippe Ariès）对此有过论述[89]。欧仁妮（Eugenie）很早就死于肺病，那是在 19 世纪 30 年代那不勒斯经典的拉马丁（Lamartine）场景中，在有着玫瑰、橘子树和灿烂星光的夜晚，她为朋友们唱着歌："像鸟儿一样快乐，像阳光一样灿烂。"对她来说，死亡是一种无与伦比的美好。"哦——生命是多么美好啊！那么天堂会是什么样子呢？死亡比这一切更有价值吗？"她轻松地问她的姐妹波俐娜（Pauline）。[90]

在 19 世纪，最后的告别很少是沉默的。"我对我的状态很满意。"26 岁的克里斯蒂娜·曼佐尼（Cristina Manzoni）在临死前（1841 年）拥抱她的丈夫说，这是一种典型的善终。但在此之前，她拒绝见她的告解神父，也拒绝接受最后的圣礼，只有她父亲的代祷才能克服她对涂油礼[1]的恐惧。很难说女性在死亡时的具体反应是什么，因为临终女性的行为是根据家庭经验的内部准则而程式化的。不仅仅是萨勒的圣弗朗西斯有关美好死亡的手册，还有对早逝的亲身经历，对孤儿的绝望期许，这些都构成了告别仪式中的女性礼仪。但对于曼佐尼所在家族的丧亲之痛，却没有人留下任何能够与波俐娜·克雷文·拉·费朗内斯（Pauline Craven La Ferronnays）所写的《一个姐妹的故事》（Récit d'une soeur）相提并论的叙述。曼佐尼家族与同时代的拉·费朗内斯家族一样，在十多年的时间里

---

[1] 天主教神父往往给临终的人或病人施行涂油礼，油代表圣灵。在涂油之前，为临终的人或病人祷告，求主赦免其罪，接受临终的人的灵魂进入天堂，医治病人之疾病。然后用油涂其前额，口念："我用油涂你，因父、圣子及圣神之名，阿门。"——译者注

就有六次丧亲之痛。正如阿利埃斯所指出的，在连续的一系列死亡中，出生和结婚几乎没有被作为参考点标示出来。

　　曼佐尼家族女性的通信讲述了疾病和死亡，但没有提及死后的愿望。这些信件忠实地描述了放血（在意大利是一种常见且致命的治疗方法）、药物和饮食。墓志铭很简洁。以娘家姓为布隆德尔（Blondel）的恩丽凯塔·曼佐尼（Enrichetta Manzoni）为例，她的墓志铭为："无与伦比的儿媳、母亲、婆婆／丈夫的儿子们满含热泪祈祷，并带着活下去的信念／为了天堂的荣耀。"（1833年）朱莉娅·德阿泽利奥·曼佐尼（Giulia d'Azeglio Manzoni）的墓志铭为："在主的平安中死去／悲伤的丈夫和亲戚将她托付给主的怜悯／以及忠实的祈祷。"（1834年）继朱莉娅·曼佐尼·贝卡利亚（Giulia Manzoni Beccaria）在18世纪制作的令人毛骨悚然的情色作品之后［在贝卡利亚的情人卡洛·因波纳蒂（Carlo Imbonati）1805年去世之后，她对爱人的遗体进行了防腐处理，以此来减轻她的痛苦］，19世纪墓志铭（恩丽凯塔·布隆德尔将墓志铭称为"幸福的通道"）的经典之作在文学方面没有得到更多的升华。

母亲

母亲权威受到威胁

　　19世纪被称为母亲的世纪。家庭和家庭成员的角色发生了变化。父亲和丈夫仍然占据主导地位，但配偶之间、父母与孩子之间的社会距离却在缩小。在19世纪下半叶，欧内斯特·勒古韦（Ernest Legouvé）[1] 将"绅士的儿子们"抵制与他们年龄有关的规则、缺乏对仪式的尊重这些此前闻所未闻的叛逆，归因于父母与儿子之间更紧密的关系所唤醒的新感觉，以及"安全感的增强"和"（父母）权威的软弱和放松"。[91] 这种类型的"新儿子"也是家庭教育女性化的结果吗？在19世纪初，一个细心的意大利风俗观察者（平信徒）已经这样认为了。母亲们也没有成为女儿们的有力榜样。她们"破坏了尊重的主要动力"，却没有获得更大的服从："现在，一个女孩到了懂事的年龄，会用熟悉的'你'来称呼

---

[1]　19世纪法国剧作家、诗人，法兰西学院院士。——译者注

她的母亲，而不是称她为母亲，而是称她为朋友。"[92]19 世纪的天主教徒文化将母亲角色建立在（作为女性奉献的典型的）情感虔诚的行为之上。圣母马利亚的母性抹掉了夏娃的污点。这个形象是圣母虔诚的源泉，也是对母性重新评价的源泉。在意大利，鲍思高神父（Don Bosco）的母亲代表了教会的理想典范。1846 年，她跟随儿子来到瓦尔多科，负责组织礼拜堂的活动。"她想到了一切，并提供了一切"，这证明女性处理家庭事务的能力可以超越家庭的狭隘界限。[93]在 19 世纪初，即使是专制的父亲也播下了精神母性的种子。"我亲爱的孩子，"约瑟夫·德·迈斯特在给他的第二个孩子康斯坦斯（Constance）写信时说，"当你跟我说起生孩子的那些庸俗优点时，你真是大错特错了！女性的优点在于管理家庭，通过安慰和鼓励丈夫使他快乐，并养育他的孩子：也就是说，造就男人；这就是伟大的分娩，它不像其他的分娩那样受到诅咒。"[94]

女性真正被诅咒的是什么？产妇分娩的高死亡率和婴儿的高死亡率使生育成为一种既自然又危险的状况。1839 年至 1845 年，在哈布斯堡王朝统治下的威尼托地区，出生率约为 40‰，死亡率为 31‰，婴儿死亡率占死亡人数的三分之一以上，因此信徒们一定要在出生后的第一天或第二天接受洗礼。19 世纪天主教母亲的职责——顺从、牺牲和宗教教育——是在认识到母子关系是建立在脆弱的存在基础上的情况下被履行的。

> 我认识一位母亲，她一点也不迷信，但她对天主的信念和宗教信仰却非常坚定和认真。她非但不同情那些年纪轻轻就失去了孩子的父母，而是暗地里由衷地羡慕他们，因为孩子们平安地飞向了天堂，使父母摆脱了抚养他们的负担。有几次，当她发现自己的孩子在这样的年龄有可能死去的时候，她没有祈祷上帝让他们死去，因为她的宗教不允许这样做；但她衷心地感到高兴，看到丈夫哭泣或悲伤，她就一个人待着，并感受到了一种真切而明显的烦恼。[95]

正如贾科莫·莱奥帕尔迪（Giacomo Leopardi）在《杂记》（Zibaldone）中所描述的那样，这位意大利式的反母亲（antimother）不能作为任何对母子关系的情感本质进行概括的基础。这是一位反常的母亲被死亡的统计性预期压垮的案例；这里说的是对家庭事务有着强迫症般神经质的阿德莱德·安蒂奇·莱奥帕尔迪伯爵夫人（1778—1857 年）。1841 年，（来自皮埃蒙特上层贵族的）梅拉尼娅·达泽利奥（Melania d'Azeglio）在年纪尚轻时去世了，她克服了对死亡的恐惧，给女儿科斯坦扎（Costanza）写了一封告别信，在信中她重复了 1805 年外祖母留给她的告别信。她给她的小女儿提了两条建议：永远穿着得体，每天读一章教义。在面对不可避免的死亡时，能够参考家族书信来源是一种安慰。这样也加强了女性对与孩子的脆弱的尘世联系的意识。[96]

特蕾莎·马丁（Thérèse Martin，1873—1897 年）是一对失去了两儿两女的夫妇的九个孩子中最小的一个。对于特蕾莎而言，孩子夭折是她在童年就经历的具体生活场景。不知为什么，特蕾莎是她母亲的最爱。在特蕾莎四岁的时候，她就成了孤儿。她在短暂的母性纽带基础上塑造了属于自己的圣徒形象。[97]19 世纪的天主教文化打着无限牺牲精神的旗号，将宗教教育和道德矫正的功能赋予了母亲。这种文化最持久的例子（一直持续到 1917 年）是《女性与家庭》（Femme et la famille）杂志。而《家庭生活杂志》（Journal de la vie domestique）于 1862 年由费利西塔·波塔罗（Felicita Bottaro）在热那亚创办，1867 年转移到巴黎。从 19 世纪 70 年代开始，在反对公共教育的争论中，女性和儿童的教育，以及把家庭提升为幸福的唯一场所是反复出现的主题。他们既反对那些为了打破角色分工的"可恨制度"而抛弃孩子的"可怜的被欺骗的"解放主义者，也反对那些善良、勤劳、善良的女性，这些女性能够"为了一个想法或一个目标而默默地牺牲自己"，在她们的爱和痛苦的力量下，没有什么是不可战胜的。[98]

爱的力量

这种由平信徒和天主教徒所阐述的意识形态，认为女性付出的意识是其天性，但也承认其中存在微妙的区别。米什莱将这种无限的使命感称为"爱"（amour）。"她就是祭坛。"他谈到女人时如此说。她为别人而活；"正是这种相对特征使她优于男人，并使她成为一种宗教"[99]。19 世纪女性的共同品质——为他人奉献和牺牲自我——是一系列女性"概念"、"理想类型"和"直观抽象"的基础，其中许多仍然存在于 20 世纪的文化历史当中。法国女性主义者奈莉·罗塞尔（Nelly Roussel）在她的《永恒的牺牲》（L'Eternelle sacrifiéee，1906 年）一书中向多少女性致敬？她建议，"你的奉献必须是自愿的"，但她争议的是其形式，而不是牺牲奉献其本身。第一次世界大战后，意大利人吉娜·隆布罗索（Gina Lombroso）提出了"以他人为中心"的女性概念。其中，利他主义（以护理行业为例）被视为女性心理的主要特征。[100] 用教皇庇护十二世（Pius XII）经常提到的德国神学家格特鲁德·冯·勒·福特（Gertrud von le Fort）的话来说［《永恒的女性》（*La Femme eternelle*），1936 年］，他人中心主义（other-centeredness）被转化为存在主义的格言："成为他人，为了他人，通过他人"（be the other, for the other, through the other）。这是女性的"社会"本质。

第八章　与众不同的类型

让·波贝罗特（Jean Baubérot）

与众不同的、属于"新教类型"的女性存在吗？如果"新教类型"是被用来暗示新教在某种程度上是一个女人的性格的主要决定因素，那么答案无疑是否定的。但这并不意味着宗教不是塑造 19 世纪女性的重要因素，只是它的影响不能与其他不可分割的相关因素隔离开来，比如社会阶级、国籍，甚至是地域出身。

宗教改革在某些方面暗示了一种与天主教理想相反的女性观念，例如，贞操或与世隔绝的生活没有什么特别的价值。从一开始，新教就认为在婚姻（和世俗生活）中，"基督教忠诚"才能最好地实现。然而，父权制在新教国家仍然存在，女性必须在其中找到自己的位置。正如"普选权"在实践中长期指的是"男性普选权"一样，直到最近，"信徒皆祭司"（universal priesthood）的教义（根据该教义，每个信徒在受洗的那一刻就成了祭司）首先便意味着，每个家庭的父亲也承担着宗教领袖的角色，即使他的妻子在宗教信仰的传播过程中发挥了不可忽视的作用（在某些情况下甚至是至关重要的作用）。

事实上，"信徒皆祭司"的教义旨在调和两性在基本意义上的平等与职能上的区别。正如路德（Luther）[1] 所言，每位受洗的基督徒"都可以因为自己是神圣的祭司、主教和教皇而感到自豪，尽管并非每个人都适合履行这些职责"。这种从本质到职能的转变可能意味着社会流动和进步的可能性，但在实践中，在没有明确的神职人员阶层的情况下，这可能会导致更广泛的社会中存在的差

[1]　16 世纪欧洲宗教改革运动发起人、基督教新教的创立者、宗教改革家。——译者注

异在宗教社会中再现。

因此，新教女性发现自己处于矛盾的境地。一方面，对男女平信徒以及普通基督徒的重视，促成了早期对女性教育的兴趣，不仅仅是精英阶层的女性才能接受教育（尽管社会差异确实很重要）。因此，19 世纪的新教地区和国家在为女性提供教育机会方面往往走得更早更远。但另一方面，新教徒在很大程度上赞同关于男女社会角色划分的普遍观念。这种社会观念阻碍了女性获得某些职位，特别是担任牧师职务。

在许多情况下，将新教女性的使命认定为帮助丈夫并作为丈夫的伴侣来服侍他，可以解决这一矛盾。因此，已婚夫妇和家庭在情感上具有吸引力，在文化和社会方面也具有优势。这些态度在英国清教徒、德国和斯堪的纳维亚的虔敬派教徒中尤为普遍。

觉醒运动：女性的机会

19 世纪初，新教女性的宗教地位产生变化的最有趣迹象可能发生在觉醒运动中，尤其是在卫理公会（Methodism）中。然而，在许多方面，卫理公会的创始人约翰·卫斯理（John Wesley，1703—1791 年）是一个崇尚传统和秩序的人。在很长一段时间里，女性行使宗教权威对他来说似乎是不可想象的。最初，18 世纪末和 19 世纪的大多数奋兴运动[1]的男性倡导者都赞同他的观点，保罗书信[2]中关于女性的各种段落似乎证明了这一点。但有几个因素导致许多奋兴运动倡导者认为女性扮演了更重要的角色。

觉醒运动的目的不是鼓励教会分裂或创建新的新教教派，而是将新的精神——宗教改革的精神——带入现有的新教各教会中，尤其是圣公会和长老会，或者说是改革宗的教会中。"觉醒"这个词本身就能唤起人们的共鸣。当然，奋兴运动在接受者与拒绝者之间造成了分裂。前者包括许多社会边缘者或依附者。因此，许多已婚和单身女性是奋兴运动的第一批信众。

出身卑微的丈夫和父亲并不总是看好宗教热情，他们认为这是一种不服从

---

[1]　基督教团体、教会或社团内促进信徒灵性觉醒、谋求教会复兴的运动。——译者注
[2]　使徒保罗写给各地教会就各教会内的情况或是对来信询问教义的人的回信，书信中解释了许多有关基督教教义的疑难问题及阐明教理原则，是基督教的重要文件。——译者注

的行为。一些女性无视警告，去听奋兴运动的布道者演讲，或是为这项事业捐款，就会因此遭到殴打。为了避免出现这种后果，女性经常会在没有告诉丈夫或父亲的情况下参与"上帝的工作"。然而，奋兴运动的布道并不是对社会的颠覆；它并没有默许女性反抗父亲和丈夫的"权威"。但是，在一些奋兴运动的团体中，"姐妹"和"兄弟"被平等对待，这无疑加剧了警惕的丈夫和父亲的怀疑。

即使在较富裕的社会阶级，女性也往往比男性同伴更容易被觉醒运动所吸引。一些男性因为受到他们认识的女性的影响而加入这场运动。因此，觉醒运动为女性提供了发挥独立性和影响力的机会，在某种程度上鼓励了她们去承担责任。

更普遍地说，女性受益于在俗教徒在宗教运动中获得了相对重要的地位。由于其反对当权派，觉醒运动倾向于把热情看得比教会的地位更重要。在俗的传教士从一开始就发挥了作用，尤其是在英国，他们是圣公会牧师的竞争对手。这一点尤其重要，因为英格兰教会（Church of England）的神职人员结构比其他新教教会的神职人员更接近天主教。在面对当局的敌意时，上帝"特别召唤"（extraordinary call）的神学概念被用来证明在俗传教士的正当性。即使是未被任命者也可以接受特别召唤，因此女性也可以扮演传统上对她们关上大门的角色：公开证明自己的信仰并传教。

某些女性的准牧师角色在新大陆表现得尤其明显，在那里迫切需要更多的传教士，这压倒了许多觉醒运动元老的谨慎。在英格兰，亨廷顿夫人（Lady Huntington）为这场运动提供了公开支持；麦克斯韦尔夫人（Lady Maxwell）在18世纪帮助将其带到了苏格兰。其他人的社会声望不如这两位女性，但芭芭拉·拉克尔·赫克（Barbara Ruckle Heck）还是帮助其在圣劳伦斯山谷建立了几座新教堂，她被认为是"美国卫理公会之母"。虽然赫克本人没有布道，但到了18世纪末，其他女性确实登上了讲坛，担任"巡回牧师"。在接下来的一个世纪里，女性继续扮演着这样的角色，其中最著名的是汉娜·皮尔斯·里夫斯（Hannah Pearce Reeves）、莉迪亚·塞克斯顿（Lydia Sexton），以及第一批黑人女性传教士贾丽娜·李（Jarena Lee）和丽贝卡·古尔德·斯图尔特（Rebecca Gould Stewart）。

然而，无论女性在哪里掌握权力，都会遇到麻烦和争议。跨越社会角色的界限总是会带来风险。在19世纪的家庭中，最常见的情况是妻子帮助丈夫工作。

例如，在奋兴运动中，尤其是在美国，一些妻子充当"女主人"。她们为了组织祈祷会而做了一切必要的事情，但并没有传教。尽管她们所扮演的角色从属于传教士（因此更容易被男性接受），但其重要性值得强调。一次传道能否成功？传教士能够吸引多少人？他的影响力能持续多久？这在很大程度上都取决于女主人的组织能力和精神感染力。其中最著名的是凯瑟琳·利文斯顿·加勒森（Catherine Livingston Garretson），她为在美国哈得孙河谷工作的巡回传教士建立了一个类似总部的地方，并将她自己的宗教经历记录了下来。

妻子们

在许多新教教会中，牧师妻子的处境与觉醒运动中的女主人并没有根本区别。妻子通常密切参与丈夫的神职事业，而丈夫的成功在一定程度上取决于妻子的品质。然而，传教士的妻子没有官方地位，也没有制度上的合法性。但是，有些职责通常被认为属于她们：接待客人、拜访教区居民、教育学生和照顾病人。在没有危险或不存在不当行为的情况下，她们可以前往女性通常不会涉足的地方。

她们的劳动强度和影响力大小取决于多种因素，其中包括教区规模和人口密度。当牧师不得不经常去偏远的小教堂时，他的妻子可能会在他不在的时候成为信众的精神向导。作为自学成才的神学家，她可以提供安慰和建议，解释《圣经》，甚至主持祈祷会。如果她受过良好的教育，举止文雅，而她的教区居民的背景较为普通，那么她扮演这个角色似乎就更自然了，但情况并非总是如此。

与代替缺席的牧师相比，教学和照顾病人是更为常见的职责。无论牧师的妻子是否有教师资格，她不仅教孩子，而且在许多地方还为成年人上课。她经常对女性进行某些类型的医疗或护理。尤其是在 20 世纪上半叶，盛行的体面观念和道德观念都要求由女性来从事可能涉及与其他女性接触，甚至是亲密接触的工作。这给了女性一定程度的权利，而牧师的妻子并非唯一的受益者。由于学校经常按性别分开，并且与宗教派别挂钩，许多年轻的新教女性（尤其是牧师的女儿）成了学校教师。牧师的女佣协助牧师的妻子进行教学和护理活动，也是很常见的事情。奥伯林夫人（Mme Oberlin）是阿尔萨斯一位牧师的妻子，她就是一个引人注目的例子。在女佣路易丝·舍普勒（Louise Scheppler）的协助下，她在法国创办了第一批幼儿园。在她去世后，路易丝·舍普勒接管了这些幼儿园。

因此，牧师身边的女性——他的妻子、女儿，可能还有他的女佣——教育了其他女性，并在主动作为方面树立了榜样。她们为其他新教女性树立了积极的榜样，用"精力充沛"的女性形象取代了"倦怠"和"浮躁"的女性形象。这种新类型之所以更具吸引力，是因为它对普通男性来说似乎并不令人（过度）担忧（总的来说，它几乎没有引起什么冲突）。这足以证明，女性有可能走出家门，而不会和"与她们性别相称的谦逊"产生冲突，也不会危及她们"无可指责的道德"。

新的活力

中产阶层新教徒有可能在公共场合表现出他们的虔诚，并参与慈善和社会活动，这也导致了一种新类型的牧师的产生，即"女执事"（Deaconess）。女执事是新教虔敬派社会活力的产物，尤其是在德意志。她们从 1832 年由汉堡一位参议员的女儿阿马莉·西夫金（Amalie Sieveking，1794—1859 年）创立的关爱穷人和病人的女子协会发展而来。但第一个女执事会是由凯泽斯韦尔特的西奥多·弗里德纳牧师（Rev. Theodore Fliedner of Kaiserwerth）在普鲁士莱茵兰建立的。在接下来的一年，由女执事照顾病人的伊丽莎白诊所在柏林开业。在法国，安东尼·维尔梅尔（Antoine Vermeil）牧师于 1841 年创建了勒伊女执事会，弗朗索瓦·哈尔特（Francois Haerter）牧师于 1842 年在斯特拉斯堡建立了另一个女执事会。许多这样的女执事会在德意志和其他国家纷纷兴起。

女执事会的建立与人们越来越相信社会必须为穷人提供医疗保健和教育有关。天主教会通过它的许多修会，指挥许多有献身精神的人去提供服务，以满足这些新的社会需要。尽管新教教会存在某些慈善组织，但正如一些天主教徒，如苏尔泽博士（Dr. Sulzer）所说："慈善，这朵天堂之花，不可能生长在新教教堂干燥而多沙的土地上。"此外，设立女执事部门能够使一些新教女性在不允许女性成为牧师的情况下，满足其完全投身于宗教事业的需求。第一批女执事称自己为"穷人的仆人"。

凯泽斯韦尔特女执事会从其他机构招收"新手"。弗里德纳牧师描述了在她们逗留期间发生的事情："在我们看来，对这些姐妹最好的培训是让她们在从治疗病人到管理家务的各个方面获得实际经验，包括医生提供的医学指导、我提供的灵魂治疗指导，以及我妻子提供的病人护理指导。"而对那些将会去教导穷人的女执事的培训，内容自然会有所不同。

对于新成立的女执事会，它的规定强调的是新教神学的"唯独恩典得救"（salvation by grace alone），而不是靠善行（good works）得救。女执事献身于为"受苦的人类"服务，没有获得任何功绩，也没为拯救人类作出任何贡献。然而，在某些方面，女执事的地位与属于慈善团体的修女的职位有相似之处。正如人们所料，这引起了新教徒之间的争论。

一些女执事会，例如凯泽斯韦尔特和勒伊的女执事会，被置于牧师的管辖之下，由牧师担任全职会长和专职教士。相比之下，还有一些女执事会则建立了某种意义上的女性民主。斯特拉斯堡的情况就是如此，女执事会由一个执行委员会（由非执事的女性组成）和一个私人理事会（由其他女执事选出的"姐妹长者"和"领导姐妹"组成）联合管理。执行委员会负责行政事务，私人理事会则致力于维持团体成员之间的秩序、和平和良好关系。一名女性在成为女执事之前需要见习一年。女执事会为其成员提供食宿，但不发工资。女执事必须服从"姐妹长者"，如果想要脱离女执事会，必须提前一年提出。她们未婚，穿着独特的服装。

在某些方面，女执事的生活与传统的新教对基督徒生活的看法是不一样的。根据新教的观点，通过爱作出奉献是不需要任何特殊的生活方式的。人们对新成立的女执事会提出了许多批评。其中批评最为详尽的一篇文章是瑞士改革派新教徒德加斯帕林夫人（Mme de Gasparin）撰写的，她于 1854 年和 1855 年出版了两卷本的《论新教内部的修道院团体》（*On Monastic Corporations Within Protestantism*）。她认为，女执事团体在《圣经》上没有任何依据；女执事会让人想起中世纪修道院，而中世纪修道院已经被路德摒弃了；而为了证明女执事会的合理性，耶稣有关所有基督徒皈依和忠诚的一些话被歪曲了。女执事制度的危险在于，它可能会导致婚姻和世俗生活的价值遭到贬抑。其中心思想"非常清楚：这是对独身生活的颂扬；这是通过修道士的职业而成圣的；这是与部分奉献完全相反的排他性奉献；这是耶稣不想要的与世界分离；这是罗马[1]的粉墨登场”。

这些批评后来被经常重复。对于 19 世纪和 20 世纪的一些新教徒来说，女执事的誓言和习惯看起来像是一种隐秘的天主教形式，带有潜在的危险性。然而，总的来说，女执事很快就在多元化的新教世界中找到了一席之地。尽管她们的一些原则似乎与新教教义有些奇特的不一致之处，但她们“见证”的价值及其精神风险的深度得到了广泛认可。

反对奴隶制

如果说一些新教徒认为女执事制度是一种倒退，那么另一些人则对新教徒积极参与重大社会改革运动的大胆行为感到害怕。女性在反奴隶制运动中发挥的作用就产生了这样的影响，而新教女性主义则在随后的冲突中诞生了。

波士顿记者威廉·劳埃德·加里森（William Lloyd Garrison）和他创办的报纸《解放者》（*The Liberator*）引领了美国的反奴隶制运动。加里森是一位严格的加尔文主义者。他认为，在上帝眼中，美国北方的种族偏见和南方的奴隶制一样有罪。他要求立即彻底解放所有黑人奴隶。他专门针对女性发出呼吁，呼吁她们为被男人残忍和欲望抛弃的黑人女性的自由而战。他的号召很快得到了少数上层阶级女性的响应，她们投身于反对奴隶制的斗争当中，并利用自己的社会地位来推动这一事业。

三个女性废奴主义协会成立了起来。从一开始，其中的两个协会就招募了黑人和白人女性共同展开斗争，并鼓励女性成员采取独立行动。波士顿协会是由玛丽亚·韦斯顿·查普曼（Maria Weston Chapman）和她的三个姐妹创立的。它吸收了来自各种教派的新教徒，主要是一神派、圣公会和贵格会的教徒。莉迪亚·玛丽亚·查尔德（Lydia Maria Child）是其中一名成员。作为著名的浪漫主义短篇小说作家，她在 1833 年对美国奴隶制开出了第一枪，写出了《代表被称为非洲人的那一类美国人发出的呼吁》（*An Appeal on Behalf of That Class of Americans Callaed Africans*）。这本书还抨击了自由身份的黑人在学校和教堂受

---

[1] 这里用“罗马”来指代天主教。——译者注

到的待遇，并呼吁将跨种族婚姻合法化。由贵格会教徒卢克丽霞·科芬·莫特（Lucretia Coffin Mott）创立的费城协会主要由贵格会教徒组成。该协会以其黑人成员的才华而闻名，比如莎拉·梅普斯·道格拉斯（Sarah Mapps Douglas）[1]和福滕（Forten）家族三姐妹——莎拉（Sarah）、玛格丽塔（Margaretta）和哈里特（Harriet）。这三姐妹所在的家族在整个19世纪都活跃在反对奴隶制、争取女性权利和为其他重要社会问题而战的斗争当中。

纽约是女性反奴隶制运动的第三个中心。那里的协会主要由长老会成员组成，其组织不如其他两个协会进步：女性委员会隶属于男子委员会，而且黑人女性和白人女性是分别组织的。

1837年，第一届女性反奴隶制大会在纽约召开。同年，在新英格兰的一些城市组织了一轮讲座。在六个月的时间里，来自南卡罗来纳州的两位激进讲师萨拉和安吉丽娜·格里姆克（Sarah and Angelina Grimke）经常在教堂举行的集会上对大批男女听众发表演讲。她们批评宗教界在共谋，使黑人奴隶甚至自由黑人的劣等地位永久化。这些女性的大胆抨击及其大部分内容都引起了不少新教神职人员的强烈不满。公理会牧师协会随后发表了一封牧函，以对《新约》的引用为依据，认为女性在公共事务上发表意见是不合适的。

因此，奴隶制问题与关于女性权利的争论是联系在一起的。这两个问题之间的联系很重要，因为如果只涉及她们自己的利益，一些女性活动家可能会发现牧师的论点很有说服力。但她们觉得自己是在为上帝的事业而战，这有助于她们抵制反对她们的宗教争论。然而，最有远见的女性明白，从现在起，她们将不得不在多条战线上进行斗争，以实现"事物的新秩序"。安吉丽娜·格里姆克写道："我们支持的不仅是奴隶的事业，也是女性作为负责任、有道德的个体的事业。"1838年，她的姐姐莎拉发表了《论性别平等和女性状况的书信》（*Letters on the Equality of the Sexes and the Condition of Woman*），这是当代新教女性主义的第一份宣言。

---

[1]　19世纪的美国教育家、废奴主义者。——译者注

男女平等

根据莎拉·格里姆克的说法，得到正确翻译和准确解释的《圣经》并没有教导男女不平等。相反，它指出两性生来就享有相同的权利和义务。例如，《创世记》（3:16）"你的愿望属于你的丈夫，你的丈夫将统治你"这句话经常被引用，以证明女人对男人的依赖；对格里姆克来说，这只不过是对原罪后果的预测，而不是上帝的命令，从而使男人的优越性合法化。这是女性主义在解读《圣经》方面迈出的第一步。在 19 世纪，不少女性主义者成为神学家，尤其是在英语国家。其中包括美国女性主义的理论家和宣传者伊丽莎白·卡迪·斯坦顿（Elizabeth Cady Stanton），她在 19 世纪 90 年代出版了她的《女性圣经》（*Women's Bible*），这是一本注释汇编，驳斥了基督教关于男女关系和女性在社会中地位的传统表述。

不仅如此，新教女性主义者还针对《创世记》（2:18）"那人独居不好，我要为他造一个配偶帮助他"这句话指出，由此看来，男人的伴侣与他的地位是平等的，或者，正如法国新教徒欧仁妮·尼布瓦耶（Eugénie Niboyet）所言，男人的伴侣甚至比他的地位更高。尼布瓦耶巧妙地将男性优越感的传统论点颠倒过来了。夏娃是由亚当的肋骨创造的吗？那么，那根肋骨是人体的一部分，是比上帝创造亚当所用的泥土和尘土更高贵的材料。然而，不是男人先被创造，紧接着才创造女人吗？当然，创造的顺序代表了一种进步：首先是海怪，然后是动物，接下来是男人，最后是女人，女人是最高级的。当夏娃被创造出来的时候，这个创造物已经达到了极致，上帝可以在第七天休息了。

但是，对于大多数以这样或那样的方式关注男女关系演变的新教徒来说，他们并不认同尼布瓦耶这种聪明但激进的观点。女执事莎拉·莫诺德（Sarah Monod）曾在 19 世纪末担任《女性报》（*La Femme*）的编辑。她说，女性主义者捍卫女性"权利或所谓的权利"的方式，经常让她感到自己"作为女性的尊严"受到了冒犯。在她看来，女性主义"应该具有女性本身的美德：高贵而不生硬，坚韧而不无耻，坚持而不无情，温暖而不激情。最好的女性主义应该是最女性化的"。与莫诺德一样，许多新教女性不想自己被边缘化，并努力维护自己的尊严。但是，这些原则并不排除采取某些主动行为。例如，内克尔·德·索绪尔夫人（Mme Necker de Saussure）在日内瓦附近的莱曼湖畔创办了一所创新学校，并于 1828 年出版了《进步教育》（*L'Education progressive*）。这部经常被重印的作品主张向男孩和女孩传授独立性，并强调女孩需要等待足够长的时间才能结婚，以便让自己有机会成为"开明的灵魂"和"聪明的生物"。

许多中上层阶级的新教女性都对教育抱有同样的兴趣。从本质上讲，她们传递给其他女性的信息是：所谓的女性"低人一等"并非"自然"的产物，而是女孩所受教育程度较低的产物。女性受到的教育是如此不足，以至于她们无法充分发展自己的智力，从而与男性媲美。工人阶级的女性必须超越"平民渣滓"——"堕落的女性"，这些女性不知道让她们怀上孩子的"醉鬼"的名字，把孩子"丢"在公共收容所；她们必须成为真正的母亲，对子女的教育给予最大可能的关心。上流社会的女性千万不要为了掩饰几条过早的皱纹而"懒惰"，或是"用化妆品把自己涂抹得丑陋不堪"；与之相反，她们应该接受自己的"社会责任"，这种接受与祈祷一起，是"真正虔诚"的标志。

在 19 世纪，拥有慈善之心的新教女性充满了"社会责任"意识。除了许多在地方、地区或国家层面创立慈善组织的女性之外，还有一些杰出的人物在国际上享有盛誉：其中包括帮助妓女的约瑟芬·巴特勒（Josephine Butler）、监狱改革者伊丽莎白·弗莱（Elizabeth Fry），以及帮助开创了护理行业的弗洛伦斯·南丁格尔（Florence Nightingale）。

女性主义与道德主义

在新教女性当中，约瑟芬·巴特勒可能是就道德和社会问题发声的诸多人物中最重要的一位。巴特勒出生于中产阶层，1870 年开始反对英国几年前实行的管制卖淫制度。出于公共卫生和社会控制的考虑，该制度使妓女几乎不可能摆脱困境。因此，"堕落的女性"被判处"终身从事有辱人格的强迫劳动"。

约瑟芬·巴特勒的努力很快得到了英国新教徒的支持［《盾报》（*The Shield*）的创立就是为了支持这场运动］，也得到了其他国家的支持，比如瑞士。德加斯帕林夫人在瑞士出版了一本名为《社会麻风病》（*La Lèpre sociale*）的书。致力于废除卖淫的国际废娼联合会（The International Abolitionist Federation）于 1877 年在日内瓦成立。该联合会的法国分支被称为法国公共道德改善联盟，其成员不仅包括新教徒，还包括自由思想家，甚至还有一些天主教徒。

虽然这场运动并不完全是新教的，但其中充满了源于新教的道德和宗教关切。即使是陷入"罪恶深渊"的女人，也拥有获得救赎的权利，这一权利是不可剥夺的。他们认为，大多数这样的女性与其说是"有罪"，不如说是男性"兽性"与社会造成的"痛苦"的"受害者"。反对管制卖淫制度的斗争是以《圣经》和"政治《圣经》"（即英国的《权利法案》）的名义进行的。它同时在几条相关的战线上展开。首先，女性的自由受到"医疗－法律暴政"和"国家拜物教"的威胁。其次，必须为道德和家庭的"神圣"而战（"罪恶"并非"不可避免的命运"）。最后但并非最不重要的一点是，反对卖淫的斗争有时与社会改革相结合，尤其是在法国和瑞士。19世纪80年代，基督教社会运动的创始人汤米·法洛（Tommy Fallot）牧师代表"女奴"发起了一场运动。该运动的活动人士声称，卖淫的主要原因包括忽视教育、低工资和女性缺乏公民权利——简而言之，原因在于一系列的"社会不公正"。法国公共道德改善联盟呼吁进行法律和教育改革，并对"资本与劳工之间的关系"进行一定程度的改造。瑞士新教法学家路易斯·布莱德尔（Louis Bridel）在这场运动中尤为活跃，他撰写了《女性与法律》（*La Femme et le droit*，1884年）一书。

上述行动的范围相当广泛。它结合了我们现在所说的道德主义和女性主义。例如，反对"放荡"的斗争，以及坚持认为"男人和女人都应该因为淫乱而受到谴责"（日内瓦会议，1877年），这走向了对"两性单一道德"的倡导。这些活动人士的关心事项与其他有兴趣促进"两性友爱"（intersexual fraternity）的新教男女的关心事项联系在了一起。皮埃茨伦斯卡夫人（Mme Piecznynska）是这种"友爱"最热心的拥护者之一，她提出了实现这一目标的方法：对年轻人进行"明智"的性教育，实施混合学校教育，向女孩提供培训课程，并用她所说的"劳动共同体"取代性别分工。到19世纪末，在斯堪的纳维亚半岛和英语国家，混合学校已经成为现实。在一些瑞典寄宿学校，男女混合被视为"提升道德"的方式，而并非"不道德的根源"。

两次关于女性工作和女性机构的国际大会主要由新教徒主导。勒格朗－普里斯特利夫人（Mme Legrand-Priestley）指出，"女性问题"在美国、英国、丹麦和瑞典比在法国要"好得多"。这两次大会是所谓的新教女性运动的典型代表。她们的特点是"冷静"和"得体"。虽然女性的某些诉求得到了倾听，但重点还是在慈善事业。据称，这使女性能够追求她们的"社会使命"，并有助于必要的"阶级和解"。

职位之争

此时的女性主义吸收了各种各样的影响，在很大程度上发展成为一场世俗的运动。然而，坚持女性的政治权利（尤其是投票权）与新教女性希望能够分享各种形式的宗教权威（包括牧师）的愿望之间，存在着相似之处。1848 年在纽约塞尼卡福尔斯举行的著名的妇女权利大会通过了一项决议，敦促结束男性对布道的垄断。如果具有"特殊天职"的女性偶尔被允许在奋兴运动集会上讲道，那么现在人们希望女性能够成为新教教堂的定期传教士，并最终成为牧师。

这一希望遭到了强烈反对。根据教会当局的说法，在《旧约》和《新约》中，没有任何一段经文暗示上帝希望女性担任牧师。男人和女人最好是坚守上帝分配给他们的位置。然而，在美国内战结束后，由女性控制的组织，尤其是那些与传教活动有关的组织，在几个新教教派中获得了权力，特别是浸信会、卫理公会和圣公会。这些组织的财政资源（在北方由女性自己管理）和影响力，提升了女性的承压能力。

压力最初集中在女性平信徒在教会中的权力问题上。为什么男性平信徒比女性平信徒享有更多权力？在 19 世纪 80 年代，女性首次当选为地方教会和地区宗教会议的代表，但她们被剥夺了公开发言的权利，或者充其量只能发表不超过几分钟的演讲。然而，到了 19 世纪末 20 世纪初，一些教会赋予所有代表平等的权利，无论男性还是女性。

19 世纪 70 年代，女性在讲坛上讲道的问题首次被严肃地提出。贵格会在传统上允许女性讲道。贵格会传教士莎拉·斯迈利（Sarah Smiley）受邀到布鲁克林的几个长老会教堂讲道。一位名叫安娜·霍华德·肖（Anna Howard Shaw）的"女性参政权论者"毕业于波士顿一所神学学院，获得了在多个卫理公会教堂讲道的许可。其他一些女性追随了这些先驱的脚步。女传教士要想取得成功，在说话时必须要有男人的权威，又要有女人的谦逊。1888 年，女性基督教禁酒联盟（Woman's Christian Temperance Union）主席弗朗西斯·威拉德（Frances Willard）在她撰写的《小讲坛上的女人》（*Woman in the Pulpit*）一书中讨论了这个问题。

尽管存在这些困难，美国还是取得了进展。欧洲没有出现类似的演变，"女性牧师"的问题直到第一次世界大战才被提上日程。战争使许多牧师长时间离开讲坛，从而刺激了对新牧师的需求。

尽管各国的问题都很相似，但由于法国女性选举权联盟主席德·威特－斯伦贝谢夫人（Mme de Witt-Schlumberger）撰写了一份报告，从而使人们对法国的情况了解得更多。在普遍的战争氛围下，到处都是牺牲，男性的精力被主要集中于战事（因此没有明确的政治议程），一些牧师的妻子开始承担起了丈夫的职责。尽管这种越轨行为是必要的，但一些参与其中的女性发现它令人不安（令人震惊，但也令人着迷）。

一般来说，教会女性遇到了三种情况。第一种情况是，女性可能部分取代（或代替）她的丈夫。她将继续独自履行她以前在他的监督下履行的职责。她还可能承担新的责任，而这些责任似乎与她作为一名女性并不矛盾。例如，她可能会教授教义问答课程，主持各种工作日的宗教会议，监督青年团体，看望病人，帮助穷人，等等。但讲道和其他牧职仍由附近教区的牧师（通常是上了年纪而不能调动的老人）来履行。这可能是最常见的情况。

第二种情况是牧师的妻子或许会临时代替他。她可能会从阅读他的一些旧布道开始，并得出结论说，"更直接地与（教区居民）的灵魂交谈"是至关重要的。然后，她就会开始讲道——尽管她可能存在"相当大的疑虑"。出于需要，女性被迫实施"牧师行为"，例如在婚礼和葬礼上。剩下的还有圣礼。德·威特－斯伦贝谢夫人的报告没有提及这个问题，但其他信源表明，在某些情况下，女性确实曾谨慎地主持过两项新教圣礼（洗礼和圣餐）。尽管缺乏神学依据，但在大多数新教教会里，圣礼是女性必须征服的最后的神圣堡垒。

第三种情况是牧师的妻子接替了他的位置，并将创新引入教区的日常工作中。在如此特殊的情况下，如果一个女人有她自己的个性，她能满足于仅仅做一个临时的替代者吗？她的讲道必须考虑到在困难时期的生活压力，必须找到新的办法来满足被动员者、伤员及其家属的需要。为此，牧师的妻子们利用自己的资源想出了新颖的主意和方法。最终，这些做法可能会影响教区生活的总体方向。当牧师回到家时，他发现教堂与他离开时不一样了，他的妻子已经证明了她作为牧师的能力。从长远来看，这并非没有影响。

因此，对于新教女性来说，19 世纪（广义上的）是一个变革的时期。她们的处境随着更广泛的社会发展而发展，尽管其发展速度因国家、教派和社会阶级而存在差异。一些女性积极参与促成了这些变化。虽然女性争取担任牧师的权利的斗争尚未获胜，但已经在进行中了。

第九章　现代犹太女性的形成

南希·L. 格林（Nancy L. Green）

"做一个犹太人可能很难，但做一个犹太女人就更难了。"[1]然而，犹太女性真的切实存在吗？我们不可能为犹太女性构建起一个单一的模型，它既能包括19世纪早期在柏林参加沙龙的犹太女性，又能包括出生于东欧村庄并在19世纪80年代之后移居至美国的犹太老母亲。首先，即便是就最传统的形式而言，有关女性在犹太教和犹太社会中地位的理论性定义，也并不总是与现实相符。正如所有犹太法学家对有关犹太法律和礼仪的阐释所强有力地表明的那样，在犹太人生活的每个时期和每个地方，其日常生活总是一次次地被重新阐释。其次，宗教模式本身在19世纪也发生了转变。在改革运动的影响下，除了其他因素之外，传统与现代的新结合改变了人们对于女性在犹太生活中所发挥作用的态度。此外，伴随着犹太人在19世纪末和20世纪初从东方大规模迁移至西方的现代大流散（Diaspora）而来的，是性别关系意识形态变革的种子。不同的国家有着不同的国情，这为犹太女性提供了不同的教育可能性和新的模式。

接下来，我将勾勒出犹太人关于性别的理想类型，之后将考察19世纪犹太女性及其教育的三个例子——在柏林参加沙龙的犹太女性（salon Jewess）、俄国犹太村庄（Shtetl）的"传统"女性和移民至美国的犹太女性，目的在于探讨现代犹太女性的出现及其对犹太群体内部性别关系的影响。为了与本书所探讨的地理范围保持一致，我们将在这里只讨论西方的阿什肯纳兹（Ashkenazic）

犹太女性 [1]。而东方的西班牙裔犹太（Sephardic）女性 [2]，则值得为她们单独写一章。

犹太人生活中的性别

犹太男子在开始他的日常祈祷时，会感谢上帝没有让他成为女人。在犹太教堂和整个犹太文化中，犹太教明确规定了女性具有独立的角色，其基础是男性对上帝是有义务的，必须遵守若干诫命（mitzvot），而女性则不受这些诫命的约束。因此，在计算公共祈祷所需的法定人数时，只有男性会被计算在内。女性一般不会去接触希伯来语这门神圣的语言。在犹太教堂中，她们的座位是与男性分开的，位于上层楼厅；也不像男性那样具有那么多的参加公共祈祷的义务。她们的职责是准备安息日大餐，而不是参加周五晚上的公共祈祷。

将男人和女人在公共领域（犹太教堂）和私人领域（家庭）中加以分离的做法，不仅符合犹太教对劳动的分工，也符合它对两性关系的严格解释。犹太法律旨在保护家庭的神圣性和（男性）学习的美德。男人不应该因为其对女人的想法而分散他对上帝的虔诚和对祈祷的专注。因此，两性之间的性关系和日常互动受到严格规范。信奉犹太教的男人不得直视女人的脸，而且根据传统，信奉犹太教的女人一旦结婚，就必须剪掉头发，并用假发套或围巾遮住头。然而，为了繁衍后代，婚内性关系是受到鼓励的。犹太法典[Shulkhan Arukh，约瑟夫·卡罗（Joseph Caro）在 16 世纪编撰的《塔木德法典》，至今仍在使用] 甚至对夫妻生活的规律性作出了明确规定，根据男性的职业而有所不同。男性有相当大的离婚权，但从中世纪开始，女性在理论上也被赋予了离婚权，在其离婚的诸多理由中就包括对性方面的不满。然而，正如拉谢尔·比亚勒（Rachel Biale）所指出的，就性方面的权利而言，犹太法律在诸多领域对于女性权益的倾向性，可能要比"实际生活中的更宽容、更慷慨"。[2]

---

[1] 此处指的是源于中世纪德国莱茵兰一带的犹太人后裔（阿什肯纳兹在近代指德国）。其中很多人自 10 世纪至 19 世纪期间，向东欧迁移，尤其是当时的波兰立陶宛联邦。从中世纪到 20 世纪中叶，他们普遍采用意第绪语或者斯拉夫语族作为通用语。其文化和宗教习俗受到周边其他国家的影响。阿什肯纳兹犹太人为欧洲的哲学、学术、文学、艺术、音乐和科学作出了重大贡献。——译者注

[2] 西班牙裔犹太人并不指祖先来自西班牙的犹太人，而是指接受西班牙系犹太教礼拜仪式的北非和中东犹太人，因此又被称为东方犹太人。——译者注

男女有别对教育产生了重要影响。犹太人在传统上对学习高度重视，但理论上它是男性的专利。根据宗教法，男性确实有义务学习"托拉"（Torah）[1]，但女性被免除了这一义务。给女性免除这项义务无疑是有些矛盾的，因为她们毕竟是规范日常生活的法律的主要践行者。然而，男性被认为应该反思法律的理论基础，而女性作为宗教仪式和犹太家庭的守护者，则应该执行法律。尽管一些宗教评论家认为"免除"女性这一义务，并不一定意味着将女性完全排斥在外，但在传统社会中的大多数情况下，女性是被禁止学习"托拉"的，许多宗教当局甚至将之视为一种罪过。在艾萨克·巴什维斯·辛格（Isaac Bashevis Singer）[2]所撰写的《犹太神学院的男孩燕特尔》（*Yentl The Yeshiva Boy*）一书中，主人公下定决心要学习"托拉"，以至于她伪装了自己的身份，从而违反了两项法律条款：在犹太神学院，并着男装。

在至少两个方面，宗教模式必须有所微调。尽管犹太法律免除了女性正式学习的义务和大多数公共宗教义务，但宗教在她们的私人领域并没有消失。与之相反，它采取了另一种形式，芭芭拉·迈耶霍夫（Barbara Myerhoff）称之为"家庭宗教"（domestic religion）。3 犹太女性与大多数社会中的女性一样，是非正式知识和情感虔诚的重要传承者。孩子们后来经常将其描述为比希伯来语学校的正式学习更为重要。

第二，即便在最理想的情况下，并非所有男性都能成为全职的犹太法典学者，这一点是笃定的。然而，就鼓励男性参与宗教学习而言，这意味着在社会经济生活中性别角色的倒转。男性在神圣世界中的公共角色之所以成为可能，是因为犹太女性在世俗世界中发挥了更大的公共角色。男人们在礼拜期间去犹太教堂，女人们则去了集市。随着犹太教面临改革运动的冲击，再加上受移民的影响，女性更多地进入了世俗的公共领域，这将产生重要影响。

柏林参加沙龙的犹太女性

没有什么比18世纪末19世纪初那些在柏林参加沙龙的犹太女性的生活方式更偏离犹太教有关女性行为的理想模式了。她们被赞誉为女性解放的先锋，

---

[1]　犹太律法。希伯来文意为"教谕"。——译者注
[2]　20世纪的美国犹太裔作家，诺贝尔文学奖得主。——译者注

也被痛斥为犹太改革运动如何导致男女同化的例子，并被指责为这一时期的德国犹太人皈依"狂热"的典型案例。黛博拉·赫兹（Deborah Hertz）展示了这些沙龙是如何在德国历史上的一个特定时刻发挥作用的：[4] 从启蒙运动到1806年拿破仑在耶拿（Jena）击败普鲁士，在这个时间段，王室对艺术的赞助已经衰落，出版业还未充分发展起来。正如汉娜·阿伦特（Hannah Arendt）所说，犹太人成为尚未稳定的社会局势中的"补缺者"。[5] 在这个早期的浪漫主义时期（在它带有民族主义和反犹太主义色彩之前），现金匮乏的贵族、平民知识分子和富有的犹太人可以聚集在雅各布·卡茨（Jacob Katz）所说的"半中立社会"（semineutral society）中。[6]

但犹太女性与普鲁士贵族和作家之间的关系是犹太人融入主流社会的真正标志，还是一个例外？汉娜·阿伦特认为，正是犹太女性的边缘性才使得犹太沙龙成为"中立的领土"。马里恩·卡普兰（Marion Kaplan）最近强调，那些以精英为中心、以柏林为中心的被同化的德国犹太人和参加沙龙的犹太女性的历史，其出现可能是戏剧性的，并非常态。[7]

最终，这些犹太女性改变了宗教信仰。是什么让她们这么做的？多萝西娅·冯·施莱格尔［（Dorothea von Schlegel），原名布伦德尔·门德尔松（Brendel Mendelssohn），德国犹太哲学家摩西·门德尔松（Moses Mendelssohn）的女儿］，甚至两次改变了宗教信仰，第一次是皈依新教，后来与丈夫弗里德里希（Friedrich）一起皈依了天主教。拉赫尔·瓦恩哈根［Rahel Varnhagen，娘家姓为莱文（Levin）］明确表达了她对犹太教的态度，她称之为"出身就有的污点"，直到生命的最后几天，她都在试图摆脱这一障碍。[8]

这些女性对犹太教的不满缘于她们所受到的教育。她们受益于上流社会家庭可以为女孩提供的最好的东西：学习语言（法语、英语、拉丁语、希伯来语）和音乐、有着家庭教师、由开明的父亲指导阅读。然而，正如一些历史学家（以及他们的一些同时代的人，他们蔑视女性知识分子的自命不凡）所抱怨的，她们的教育过于"装饰性"。对于大多数犹太历史学家来说，这样的教育太世俗了，显然是不好的。不过，黛博拉·赫兹相当令人信服地指出，导致这些"不适当结合"的是特定历史环境中的社会机会，而不是早期教育。

尽管参加沙龙的犹太女性的例子有些极端，但无疑使人对犹太教内部改革的挑战提出疑问。事实上，改革运动的一个主要问题在于它对两性关系的影响，迄今为止尚未得到足够的重视。这一运动的先驱摩西·门德尔松在18世纪末的柏林著书立说，他寻求将启蒙运动思想与犹太教原则相结合，并将犹太教重新解释为理性宗教。尽管门德尔松本人毕生都保持着传统的犹太教的家庭生活，但他的许多思想对后来的改革者来说，即便不是完全放弃了大多数犹太教仪式，也意味着接受仪式改革，这是犹太教对其周围环境的又一次历史性适应。

教育尤其会受到犹太教内部新意识形态潮流的影响，其中有两个问题是教育改革的核心：犹太教育应在多大程度上引入世俗科目？女性应该在多大程度上被允许接受教育？纳夫塔利·H.韦瑟利（Naphtali H. Wessely）是门德尔松的一位追随者。他认为，一般学术研究是必要的。戴维·弗里德兰德（David Friedlander）正是按照这一思路，于1778年建立了犹太自由学校（Jüdische Freischule）。然而，男女同校又过了半个世纪才得以实施。具有讽刺意味的是，正是新正统神学运动（neo-Orthodox movement）的领导人萨姆森·拉斐尔·赫希（Samson Raphael Hirsch）在1855年首次向女孩和男孩同时提供正规的宗教教育。赫希担心进入公立学校的犹太儿童的人数不断增加，因为即便是现代的犹太学校，所提供的犹太教育也太少了。因此，赫希试图通过改变传统教育来对抗改革运动。当然，犹太法典研究仍然是女孩的禁区。

哈斯卡拉运动（Haskalah，即犹太启蒙运动）和新正统神学运动的思想家都意识到，男性教育（宗教教育）和女性教育（世俗教育）之间日益扩大的差距，可能最终对公共领域与私人领域的分离所要维护的目标（即犹太家庭的纯洁性和犹太教在社会中的地位）构成威胁。虽然新正统神学运动的妥协方案是增加女性获得宗教学习的机会，但改革运动的解决方案是同时加强男女的世俗教育。在改革运动对犹太教的界定的模式中，宗教教育和身份被归到了私人领域，从而允许两性之间有更多的公开接触，女性最终将参与犹太教堂的辅助性活动。在19世纪中期，随着德国犹太人移居到美国，这种模式也移植到了美国。

犹太村庄里女性的教育：排斥、融合、移民

不管是就实际情况而言，还是从形而上学的角度来说，在柏林沙龙里喝的茶都与从东欧茶炊中倒出来的茶相差甚远。那些生活在被近乎神话化的犹太村庄里的女性来自另一个阶级、另一个国家，她们将我们带回到了犹太社区内部

更传统的性别关系。在那里，犹太法典学者和虔诚的妻子仍然属于理想化的类型，尽管真实情况并不总是这样。

当然，19 世纪初俄国的犹太教育只针对男孩和男人。尽管最高的赞誉和地位都留给了学者，但男性的学习条件并不理想。从 5 岁到 13 岁，男孩们要么被送到私立的犹太儿童宗教学校（heder），要么被送到公立的、面向穷人的律法学校（talmud torah）。在那里，通常情况是这样的：专横、肮脏、收入微薄的老师会试图通过死记硬背的方式向冥顽不灵的孩子们灌输希伯来语和"托拉"的基本知识。在犹太中等学校（yeshiva）和各地专为成年人开设的学习院（beit midrash），条件并没有那么混乱，但这套管理制度在精神上非常严格，而且对于贫穷的犹太中等学校的男孩子来说，他们在物质方面往往也很困难。如果他来自另外一个城镇，他通常睡在犹太教堂里，每天晚上都去不同的家庭蹭饭。这些家庭不仅是在做宗教意义上善事，他们还经常希望能招一位有声望的学者来当女婿。

在偶尔的情况下，年幼的女孩子会被允许参加犹太儿童宗教学校，这很可能是在一个单独的房间里，由老师的妻子指导。但大多数女孩子从未接受过超过两年的此类培训，可能只够学习读写意第绪语[1]（日常用语），并记住必要的希伯来语祈祷文（希伯来语仅用于宗教目的）。在大多数情况下，特别是在 19 世纪的前三分之二的时间里，女性接受的教育一如往常，基本上是非正式的。有些女孩有兄弟，他们会在晚上给她们上些课。富裕家庭的女孩可能会有家庭教师。然而，大多数女孩接受的教育并没有超越广受欢迎的意第绪语版的《去看看》（*Tseenah Ureenah*）[2]，这是带有简单注释的白话版《圣经》。

犹太启蒙运动的思想在 19 世纪中叶开始传播到越来越多的东欧城市地区，并在 19 世纪七八十年代传播到了乡村。教育改革再次成为关键问题，引发了关于应该教授什么科目（世俗的还是宗教的）、用什么语言（希伯来语、俄语还是意第绪语）、依据何种政治倾向（崩得主义[3]还是犹太复国主义）的激烈争论。

---

[1] 日耳曼语中的一种，属于西日耳曼语支，源自中古德语，通常用希伯来字母书写，大部分的使用者为犹太人，而且主要是阿什肯纳兹犹太人在使用此语。——译者注

[2] 书名源自希伯来文《圣经》中的《雅歌》，里面有一句：锡安的众女子呵，去看看吧。——译者注

[3] 崩得是俄罗斯帝国末期的一个世俗犹太人社会主义政党，活跃于 1897 年至 1920 年。它追求团结所有俄罗斯帝国境内的犹太裔工人建立统一的社会主义政党，同时与广大俄罗斯社会民主主义运动结为同盟，力图建立一个民主主义和社会主义的俄罗斯。——译者注

争论的焦点还在于应该向谁教授：女孩和男孩一起吗？然而，沙皇本人当时正在努力让这个少数族裔"俄国化"，因此激发了新的教育模式。

直到19世纪中叶，俄国的教育体系一直将犹太人排除在外。但在1844年，尼古拉一世（Nicholas Ⅰ）时期的教育大臣乌瓦罗夫（Uvarov）颁布了一项法令，为犹太儿童设立了公立小学，并建立了两所拉比神学院。沙皇此举有诸多目的，包括试图根除在《塔木德法典》研究中所灌输的迷信和有害偏见，但这一努力从未完全成功。1854年，约有3000名犹太儿童就读于70所皇家学校；到1863年，约4000名儿童就读于98所此类学校。然而，进入传统的犹太儿童宗教学校的学生人数要多得多，而且还在继续增长，从1844年的7万人增加到了1847年的7.6万人。然而，正如迈克尔·斯坦尼斯拉夫斯基（Michael Stanislawski）令人信服地指出的，新的学校体系最终帮助了改革运动在俄国犹太人中的制度化，并有助于巩固该运动的成果。[9]

在亚历山大二世（Alexander Ⅱ）更为自由的措施下，犹太人接受俄国高等教育的大门敞得更开了。1870年，进入大学预科班学习的犹太学生达到了2045名，占学生总数的5.6%；十年后，他们在学生总数中的比重增长到了12%（7004名犹太学生），远远高于他们在总人口中占到的比重。尽管如此，1879年仍有5万名犹太儿童就读于犹太儿童宗教学校；到19世纪末，仍有超过50%的犹太家庭继续为他们的孩子选择这种传统的基础教育模式。[10]

相比之下，进入公立学校的女孩数量是可观的。一份报告指出，到1910年，在邻近俄国的加利西亚地区（Galicia，隶属奥匈帝国），就读于公立学校的女孩数量（大约4.4万名）是男孩的两倍（大约2.3万名）。[11]与他们在德国的同胞一样，各地正统的犹太教徒都感到担忧。第一次世界大战之前，曾有人尝试为女孩建立单独的宗教学校。但直到1917年，第一所正统的雅各之家（Bais Ya'akov）女子学校才在波兰成立。

到19世纪末，大多数俄国犹太女性仍然是文盲。根据1897年俄国的人口普查，只有33%的犹太女性会读写，而犹太男性的这一比例为67%。[12]然而，越来越多的女孩加入了现代的、"改进的"犹太儿童宗教学校，许多来自开明资产阶级的年轻女性像她们的兄弟一样，直接进入俄国的大学预科班和大学。家庭内部的争论往往反映了知识界关于女性教育的价值与一般世俗教育的价值的辩论，但一小部分犹太女性已经就新的行为模式展开了探索，这一点很重要。

1881 年亚历山大二世遇刺，导致犹太人无法接受俄国教育 [1]，无论男女都是如此。伊丽莎白·哈萨诺维茨（Elizabeth Hasanovitz）记得，向犹太儿童教俄语实际上是非法的（尽管可以通过贿赂来得到容许）。她父亲的小教室经常受到警卫人员的滋扰，书页很快被扔进了地窖，"那里是窃取俄国教育的罪行的绝佳藏身之处"[13]。1887 年颁布的"入学限制"极大地限制了犹太人进入大学学习的人数，这是导致他们向西方移民的重要原因。犹太女性和她们的兄弟一样，有时会移居国外接受教育，并以惊人的数量被西方大学录取。1905 年至 1913 年，在巴黎大学，来自俄国和罗马尼亚的（犹太）女性占女生总数的三分之一以上，占外籍女生总数的大约三分之二。在医学和法律等特定学科中，来自东欧的女生人数是法国女生的 1.5 倍到 2 倍。[14]

最后，少数犹太女性分别走上了两条偏离犹太性别规范的激进道路：卖淫和革命，它们以不同的方式威胁着犹太社会。在 19 世纪末 20 世纪初，"白奴"（white slavery）[2] 激起了公愤，而从加利西亚到布宜诺斯艾利斯（Buenos Aires），犹太人既在充当妓女，又在充当皮条客。这场公愤在一定程度上转向了对女性世俗教育的批评。正统派将违反纯洁、贞洁和男女有别规范的行为归咎于年轻一代普遍缺乏宗教和道德教育，尤其是加利西亚的公立学校。然而，伯莎·帕彭海姆（Bertha Pappenheim）和莎拉·拉宾诺维奇（Sarah Rabinowitch）博士在 1903 年对加利西亚的犹太人卖淫活动进行调查后指出，来自极端正统家庭的女孩也很容易受到伤害，因为她们对性完全无知，而且男女受教育水平也存在差异。即使在非传统的犹太家庭中，婚外性行为也是严格禁止的，这可能意味着一旦"堕落"，女孩就会像 19 世纪末 20 世纪初纽约著名的妓院老板波莉·阿德勒（Polly Adler）一样，感到社区里已经没有她的容身之地了。[15]

尽管犹太妓女在犹太人的记忆当中被遗忘了，但东欧犹太革命女性留下的记忆却没有。从罗莎·卢森堡（Rosa Luxemburg）[3] 到"红色艾玛"［即埃玛·戈

---

[1] 亚历山大二世的死亡被错误地归罪于犹太人，进而引发了俄罗斯帝国内部的大规模反犹迫害运动。——译者注
[2] 指对白人女性的性奴役。——译者注
[3] 德国马克思主义政治家、社会主义哲学家和革命家，德国共产党创始人之一，出生于沙俄（今属波兰）的一个犹太家庭。——译者注

184

尔德曼（Emma Goldman）] [1]，这些来自波兰、西欧和美国的激进女性成为记者和警方线人关注的对象。犹太革命女性的绝对数量很少，但她们就像一个世纪前的亨丽埃特·赫兹或拉赫尔·瓦恩哈根一样，令人印象深刻，成为女性解放的另一种激进模式。她们扭转了传统的性别角色，要求公共领域的平等，拒绝男女有别，标榜自由恋爱。自 1897 年成立以来 16，年轻职业女性大约占到了崩得运动（犹太劳工运动）成员的三分之一。在与崩得运动立场敌对的犹太复国主义团体中，女性也占有重要地位。对女性来说，新角色最重要的方面也许在于她们在公共生活，甚至是政治生活中所发挥作用的能见度提高了。正如葆拉·海曼（Paula Hyman）深思熟虑地指出的那样，"新犹太女性"已经在东欧形成。17

与许多男性一样，对许多女性来说，她们生活中最大的变化就是移民，这也会影响到性别关系的变化。1881 年至 1924 年，受沙皇和民众的反犹太主义的驱使，再加上经济方面的需要，以及受新世界存在着美好机遇的想象的推动，超过 150 万犹太人移居到了美国。一些人去国外是为了进行政治活动，还有一些人是为了学习。大多数人是为了寻找更好的经济条件和更大的自由——逃离沙皇或者是专制的父亲。对女性来说，移民可能意味着服从，仅仅是为了追随父母、姐妹或丈夫；但也可能意味着解放。犹太男性和犹太女性如今在一个全新的地方面对面了，传统的模式早已被抛弃。

移民与美国模式

茶炊也来到了美国。随着向美国大规模移民的进行，男人通常会先走，留下妻子和孩子。她们在等待船票的同时（有时永远不会到来），继续经营几年的生计，然后带着床上用品、茶炊和其他不可或缺的家居用品漂洋过海。许多女性都是不情愿地踏上移民之旅的，心中满是忐忑。美国这片铺满黄金的土地也被视为邪恶、不洁的土地，因为男人们在那里剃掉了胡须。但也有一些女性毅然地踏上了这次旅行，并在途中摘掉了她们的宗教假发。

---

[1] 她出生于沙俄（今属立陶宛）的一个犹太家庭，后于 1885 年移居美国，无政府主义政治活动家、作家。——译者注

新土地带来的机遇之一在于为女孩和男孩提供义务教育。此外，女性能够获得更多正规培训的机会也是新世界的标志之一。女孩应该接受教育的观点也将慢慢被接受，即便是正统的犹太教徒也接受了。然而，要想消除两性之间的教育差异，仍然需要时间。

1897年俄国人口普查的数据显示，犹太女性的识字率为33%；与之相比，1908年至1912年期间来到美国的俄国犹太女性的识字率是1897年的两倍，达到了63%（这是缘于这段时期教育范围的扩大，还是识字的犹太女性更有可能选择移民？）。来自俄国的犹太女性比当时抵达美国的大多数其他移民群体的文化水平要更高一些。尽管如此，抵达美国的俄国犹太女性的识字率仍然远低于俄国犹太男性（他们的识字率为80%）。[18]

无论是否识字，移民的首要任务在于将自己的语言技能转化为英语。几乎每个男性都会这么做。据估计，在14岁以上的犹太移民女性中，90%也学过英语，而其他移民女性中的这一比例仅为35%。[19]对于已经工作的人而言，无论男女，他们的正规教育都意味着上夜校：晚间英语课、相当于小学或高中水平的学分课程，或者是职业课程。

然而，孩子们进入了美国的大熔炉：小学。它将男孩和女孩、美国儿童和移民儿童聚集在一起。毫无疑问，并非所有学生都像玛丽·安廷（Mary Antin）那样如此抒情地看待公共教育的好处。对安廷来说，美国是新的锡安（Zion）[1]，学校老师是她的女摩西。"我从来没有像重复我孩子的爱国者故事（乔治·华盛顿）的简单句子那样满怀崇敬和崇拜的心情来祈祷，来唱大卫之歌（songs of David），来呼求至圣。"[20]对于犹太移民的良好成绩，以及他们对教育的明显渴望，社会工作者作出了如此评论。

即使犹太移民和他们的孩子往往比其他群体能够坚持更久，也并不意味着没有犹太人辍学，而且高入学率也并不一定意味着出勤率很漂亮。贫穷和疲惫会对他们造成干扰。学生们在血汗工厂工作了很长时间后，往往很难在夜校集中注意力；在小学，时常会有60到100名学生的大班级肯定会让不止一个刚刚有所进步的学生感到泄气。这在很大程度上是经济与教育之间的斗争。许多孩

---

[1]　一般是指耶撒冷城的一座山，后来进一步指代整个耶路撒冷城，而在《圣经·新约》中则变成一个具有启示内涵的象征性的名词，或象征上帝的教会，或象征天上的上帝之城。——译者注

子不得不早早辍学，以便为家庭收入作出贡献。而牺牲的往往是女孩，她们最终要为兄弟的教育买单。然而，一位历史学家指出，在决定孩子受教育的程度方面，年龄可能是比性别更重要的考虑因素；因为年长的移民儿童要帮助他们的弟弟妹妹完成学业。[21]

事实上，最近的一些研究试图抵消将犹太人与教育，尤其是与高等教育联系起来的过于热情的流行印象。正如塞尔玛·贝罗尔（Selma Berrol）和谢丽·戈雷利克（Sherry Gorelick）指出的那样，在新大陆，教育确实继续受到推崇，但带来社会阶层流动的是商业。尤其是对前几代移民来说，教育是阶层向上流动的结果，而不是原因。[22]

在美国，宗教教育并没有完全被抛弃，而是变成了一种课后选择。正统的犹太教徒移民建立了课后的犹太儿童宗教学校。这些学校以东欧模式为基础，只对男孩开放。到 1917 年至 1918 年，纽约市大约有 500 所这样的学校为大约 150 万犹太人提供服务。[1] 诸如工人协会（Workmen's Circle）这样的意第绪语团体，其文化意义大于宗教意义。它们也提供课后课程，其中女孩约占学生总数的 37%。[23]

德国犹太主日学校（German Jewish Sunday schools）提供了更世俗（而且不那么强调"种族"）的犹太教育，其中一半以上的学生是女孩，大多数教职员工是女性。丽贝卡·格拉茨（Rebecca Gratz）1838 年按照新教模式建立了美国的第一所犹太主日学校（事实上，她使用了新教的经文课程，并把不合适的答案粘贴了起来）。[24] 自 19 世纪中叶以来，德国犹太人一直在向美国移民，并带来了改革运动的思想。当时移民至美国的德国犹太人大多是中产阶层，他们对 19 世纪后期涌入的东欧穷人移民充满了疑虑和恐惧。在纽约，他们做了各种各样的尝试，以建立新的犹太教育形式，与犹太儿童宗教学校展开竞争，"从卫生、道德和美国化的角度考虑……（犹太儿童宗教学校）正是（教育）联盟要铲除的主要目标"。[25] 首先出现的是更为世俗的希伯来自由学校（Hebrew Free School），以及由这些学校于 1899 年合并而成的教育联盟（Educational Alliance）；然后是始于 1910 年的社区（Kehillah）运动（参加者包括移民的资产阶级），它强调更多的宗教培训（开办了三所实验性女子学校），试图为东

---

[1]　数据疑有误，但原文如此。——译者注

欧移民提供另一种模式。但是，世俗教育与带有宗教色彩的犹太教育之间的平衡，以及女孩与男孩的机会之间的平衡，是很难实现的；这两方面的努力都受到了正统犹太教徒和社会主义者的猛烈攻击。

公共教育意味着美国化。即便是宗教教育，也必须适应美国生活中不断变化的宗教仪式形式。事实上，当为了工作而不得不放弃正式培训时，真正的教育模式可以在非正式的教室中找到：在家里、在车间、在街上。

家庭作为女人的领域，经常会被理想化。确实，家庭是文化延续的中心。然而，移民经历干扰了信息在母女之间的顺畅传递。"我是美国人——你只是个新来的，"一个沮丧的女儿喊道，"你根本不明白我在说什么。"[26] 移民导致了教育角色的逆转。孩子们现在会教父母，并承担了某些成人角色，因为他们更好地掌握了英语。在性别区隔和教育机会问题上，代际冲突爆发了。美国化的中产阶层（德国犹太人）社会工作者也染指了家庭领域，他们试图通过母亲会议和家访向新来者灌输节俭和卫生的观念。著名的《定居食谱》（*Settlement Cookbook*）一开始是作为文化适应的媒介：在它提供的按照犹太教食规的食谱中附有明确的说明，告诉移民家庭主妇如何收拾桌子、洗盘子等。意第绪语媒体也参与其中，它们会讨论两性关系的变化，建议和鼓励年轻女孩接受教育、已婚女性去上夜校。移民母亲的复杂形象是双重的。她的旧习惯让人厌恶，但她的力量和足智多谋也让人钦佩，这也就是埃伦·希夫（Ellen Schiff）所说的"创造性生存的才能"。[27]

在车间里，年轻的女性学会了每天操作缝纫机长达 16 个小时；她们还意识到了自己在管理上受到老板的摆布并在性别上被瞧不起；许多人还学习了社会主义。1909 年至 1910 年为期三个月的服装工人罢工（即"两万人起义"），堪称犹太移民女性在参与劳工运动中留下的最为生动的记忆之一。正如爱丽丝·凯斯勒－哈里斯（Alice Kessler-Harris）所展示的那样，犹太女性活动家被夹在阶级、性别和种族的多重身份之间。然而，她们进入公共领域的人数明显多于她们的意大利同事，她们提出的尖锐要求就连男性同胞也感到惊讶。[28]

无论是在一起还是分开，女孩和男孩都会在街头、公寓屋顶和舞厅里了解美国，而他们的母亲则在厨房里交流信息。女性之间的邻里网络是学习和实践过程的重要组成部分，有时会得到强有力的利用。在 1902 年纽约市的犹太肉类抵制运动（Kosher Meat Boycott）以及后来的食品骚乱（1907 年、1917 年）

和房租罢工（1904 年、1908 年）中，女性们挨家挨户、一个犹太教堂接一个犹太教堂地寻求支持，用性别和阶级纽带来考验男性（德国犹太人）批发商和房东。[29]

　　然而，从另一个角度来看，移民也意味着一定程度的知识损失，那些漂洋过海的人对此有着强烈感受。一些人失去了专业知识，一名缝纫机操作员说："当我来到这里的时候，我知道的比现在更多。我当时知道如何做一整件衣服。"[30] 所有人都经历了语言的丧失："我来自乌克兰。在那里，我是一个受过教育的女孩，我自己也是一名教师。来到这里后，我却不懂当地的语言，无法上大学，这太可怕了。"[31] 移民提供了新的角色、新的正式教育和非正式教育机会，但并非没有任何代价。

　　考虑到犹太人四处流散，犹太女性是多种多样的；在 19 世纪末 20 世纪初的美国，犹太女性也没有一个标准的美国模式。来自德国的犹太女性更接近非犹太的中产阶层女性，而不是来自俄国的移民女性。她们的一本短命杂志《美国犹太女性》（*American Jewess*，1895—1899 年）关注的是教导女性择偶和做妈妈，以及如何应对诸如解决仆人之类的问题。到 19 世纪末，德国的犹太女性已经开始接受高等教育，自己也成了教育工作者，而俄国的犹太女性如果没在夜校里睡着，就已经很幸运了。

　　德国犹太人和俄国犹太人因阶级、语言和对宗教的态度而格格不入，他们都对对方持怀疑态度。然而，这两个群体之间的接触是通过女性，而不是男性发生的。莉莲·瓦尔德（Lillian Wald）等德国犹太社会工作者组织了安置所，为移民女性提供护理服务、公共讲座和裁缝班。在 1893 年芝加哥世界博览会期间成立的全国犹太女性委员会（National Council for Jewish Women），正如其创始人之一所解释的那样，旨在通过慈善、宗教和教育将女性的养育工作带入公共领域。尽管德国犹太女性可能侵入了俄国女性的私人领域，但正如鲍姆（Baum）、海曼（Hyman）和米歇尔（Michel）所言，德国犹太女性可能是移民当中最接近美国文化的真实典范。[32]

　　就像电影《赫斯特街》（*Hester Street*）中的吉特尔（Gitl）一样，许多移民女性比男性更执着于旧世界的特质，努力控制自己的私人领域。另一些人则把旧世界的做法和新世界的机遇结合起来，在公共事务中发挥重要作用。特别是对年轻女性来说，移民可能是个人解放的一种形式。

多样化与转型

1934 年，伯莎·帕彭海姆（Bertha Pappenheim）对犹太教在历史上对于女性角色的定位提出了批评，称其为"对犹太女性灵魂犯下的罪行，从而对整个犹太教犯下了罪行"，并主张对女性进行更好的教育。[33] 男女受教育不平等是性别角色不对称的结果，并强化了这一点。受犹太社会（在更大的社会内部的）世俗化、（犹太社区的）解放运动和（犹太教内部的）改革运动的综合影响和关联影响，这一界限在 19 世纪才逐渐被打破。然而，性别关系仍然因为国家、对宗教的态度（正统派、改革派）和阶级而存在差异。

因此，虽然没有"犹太女性形成"的单一模式，但我们可以确定的是，19世纪犹太人对性别关系和女性教育的态度中有几个不变的特征。首先，女性受教育的机会仍然受到两种恐惧的束缚：改变信仰和成为老处女。德国父母担心世俗教育可能会导致孩子叛教，而俄罗斯父母往往将高等教育视为通往社会主义的道路。在所有阶级和所有国家中，焦虑的父母普遍认为，过多的教育会使女性无法结婚。

其次，受教育的机会取决于经济资源，对女孩来说尤其如此。在柏林，"得到保护的"犹太人的富裕精英和俄罗斯开明的资产阶级会为他们的女儿支付家庭教师的费用，将此作为给他们的儿子提供宗教培训的类似的、世俗的替代品。到 19 世纪末，尤其是在俄罗斯，私人授课是进入俄罗斯大学的唯一途径，对男女来说都是如此。即便是在教育免费的美国，金钱与知识也是联系在一起的。贫穷使一些孩子早早地就出去工作了，而男孩的教育往往优先于女孩。总体来说，在柏林、圣彼得堡或纽约，家庭条件越好，男女受教育的机会就越平等。

最后，在 19 世纪的大部分时间里，媒人（shadkhen）作为传统两性关系的象征，生意依然兴隆。在柏林沙龙的迷人圈子之外，浪漫爱情至少在一个世纪内都没有战胜包办婚姻，而婚姻仍然是流言蜚语的对象和社区内部的策略。在随后围绕婚姻选择权的斗争中，无论是受挫的夫妇还是失望的家庭，都有太多的心痛。有人可能认为，正是因为女性获得平等教育的机会增加，从而开辟了新的社交形式，这最终将有助于挑战媒人的垄断地位。

第十章　女童教育的世俗模式

弗朗索瓦丝·马耶尔（Françoise Mayeur）

在 19 世纪的大部分时间里，欧洲女性继续按照长期以来由习俗建立起来的模式接受教育。教育机构在很大程度上回避了塔列朗和孔多塞在法国大革命早期向制宪会议和立法会议提出的改革建议。这一失败加剧了最近一位观察家所说的"错失的机会"——启蒙运动未能在女性教育方面实现持久改革——所造成的恶果。[1] 法国大革命初创时，之前的教育安排得以继续或恢复。但是，我们必须在教育模式与实际做法之间作出区分：课程的世俗方面是在实践中发展起来的，然后才出现世俗教育体系。无论如何，在法国，这一体系直到 19 世纪末才通过新的法律和机构建立起来。不管怎样，广义上的教育不仅仅是指学校提供的教学。人们普遍认为，男女在生活中负有不同的责任，这使得女孩有必要在家里接受一部分教育。然而，正式教育发挥了愈加重要的作用，其中可能包括女性特别感兴趣的科目。世俗教育在 19 世纪 80 年代开始形成。在法国，世俗教育主要出现在公立学校；[2] 在比利时，世俗教育主要是通过私人或市政倡议推广；在德国和瑞士的一些学校，也出现了世俗教育。所谓世俗教育，是指其或者排除了宗教科目，或者大幅减少了用于宗教学习的时间。在小学，男孩和女孩接受的世俗教育是一样的；小学毕业后，女孩将接受一种新的世俗教育，与男孩的教育会尽可能不同。

因此，在革命集会上阐述的精致论点与女孩所接受的教育的现实之间的差距是一个有趣的研究领域，这一差距正如最终获胜的共和派对改革者雄心勃勃的计划有所保留一样。事实证明，由于种种原因，女孩所接受教育的扩大与一般教育的扩大并不同步，更不用说与世俗学校教育的进步同步了。

从理论上讲，法国大革命本应导致女性教育采用世俗模式，因为它关闭了作为女子学校的修道院，解散了教职修会。然而，事实上，年轻女性的教育将一如既往，这是因为女孩接受的大部分教育都是在教室之外。等到法国的法律强制规定要建立纯粹的世俗教育体系，又已经过去了将近一个世纪。然而，随着教育体系的扩张，世俗科目慢慢地进入了课程。尽管西班牙和意大利继续坚持女童在家庭之外接受学校教育的传统形式，强调宗教科目和使用宗教方面的教学人员；但在历史传统不同的德国和英国，宗教多元化使得有必要寻求其他解决方案。每个宗教团体都有自己的学校系统，但随着政府补贴的重要性增加，使用每个人都能接受的跨教派文本和祈祷书变得越来越普遍，尤其是在英国。

上述反差使人们注意到学校地位的重要性。除非地方政府或中央政府宣称他们有权监督教育系统，否则世俗教育就没有机会建立起来。因此，"世俗"教育和"公共"教育（即家庭以外的教育）是联系在一起的。当这个问题开始引起公共当局的注意时，与女孩上学有关的世俗观念就变得重要起来。当政府制定教育法规并提供补贴（以控制其使用方式为前提）时，他们不可避免地要面对一个问题，即哪些学习科目是所有人都能接受的。在法国，政府对年轻女性教育的兴趣在 19 世纪中期扩大到了包括中等教育在内，但教育内容尚未确定。直到 30 年后，第三共和国才最终通过立法，用纯粹世俗的术语定义了所有法国女性的中等教育标准。政府的目的在于不冒犯公众，同时表明其新标准根植于长期的哲学、政治和教育传统。因此，许多创立国家女子中等教育体系的教育工作者和立法者，经常会援引大革命来阐述。他们声称这是一种超越历史变迁的连续性；因此，新的机构享有受人尊敬的共和合法性，甚至可以声称女性可以学习法国文学的伟大经典，尽管这些经典及其选段都被修改和重新解释了。世俗教育建立的方式表明了政治对女性教育的世俗模式发展的影响。

基础与原则

作为卢梭在教育方面的继承者，法国大革命在女性教育方面几乎没有产生什么新思想，在立法方面就更少了。一个学派确实认为，男孩和女孩在智力上是平等的，就此而言他们应该在学校学习相同的科目，但这可能会让人忘记男人和女人在生活中负有不同责任这一不容置疑的原则。男孩注定要进入公共生活、军队和立法机构。女孩是为了家庭和婚姻而长大的。由于政治关切始终是教育计划的基础，因此女性"自然"被排除在政治辩论之外，在教育问题上被忽视。然而，这个学派的间接影响并没有被忽视。这就是为什么制宪会议成员关闭了女修会开办的学校和修道院，因为他们知道女修会开办的学校为贵族和特权阶层的女儿提供了全部或部分教育。

革命者之所以对女修会开办的学校抱持敌意，部分原因在于他们对寄宿学校模式的真正厌恶（寄宿学校是1789年之前最流行的学校模式），但更主要的目的是剥离教育的"宗教"导向。当时有人认为，女孩可以从母亲那里学到真正的虔诚，以及作为女性的责任。"母亲教育"的原则是至高无上的；而且在接下来的三分之二以上的世纪里，这一原则一直是最重要的。然而，由女修会开办的学校的关闭而产生的世俗主义是模棱两可的。"世俗"与"神职"是相对立的。但是，对某种神职形式的拒绝最终会导致对整个宗教信仰的拒绝，这难道不是一种危险吗？

法国大革命时期的活动家米拉波关于女孩教育的文章说明了当时被广泛接受的原则。他写道，女人是为"室内（也就是在家里）生活"而生的。在米拉波看来，现有的教授阅读、写作和算术的女子学校应该保留下来，而任何没有女子学校的城镇都应该建立新的女子学校；这些学校将以男校为蓝本。因此，女孩教育的课堂部分仅限于基本知识；也就是实用的知识，而不是那些功利的知识，后者要留给私人的"产业"来传授。

塔列朗向制宪会议提出的真正全面的建议与此截然不同。他坚持认为，每个人都应该接受教育，基于同样的道理，每个人都应该去教别人。教育属于公共利益，应该向男女提供。因此，在"帝国的每一个地方"建立学校是必要的。任何公会或公司都不应该垄断公共教育，因为每个人都有教别人的能力。发展、促进和鼓励各种教育是社会的责任。应该立即为男孩和女孩建立学校，并制定教育原则。用奥坦主教（bishop of Autun）的话来说，学校是"真正的教育传播者"。然而，原则是一码事，实践是另一码事。当然，每个人都有权接受的教育将在公立学校提供，这是国家关心所有公民的具体标志。然而，根据塔列朗的计划，与男孩不同，女孩在八岁时离开学校，之后由父母在家进行教育。公共教育和职业培训机构只是为那些父母无力抚养的儿童提供的。事实上，其目标是让女孩为家庭生活做好准备，并使她们具备养家所需的才能。

因此，按照塔列朗的观点，女孩教育的目的在于满足社会、国家以及家庭的需要。在公共利益的名义下，女孩与男孩被区别对待："每个机构都必须是为了最大多数人的幸福……如果将女性排除在公共就业之外是增加男女共同幸福总和的一种方式，那么它就是所有社会都必须承认和尊重的法律。"为了支持这一论点，他进一步援引了"大自然的意志"。后来，在国民公会掌权期间，其他人甚至更进一步，坚持认为女孩应该完全在家里接受教育。与米拉波一样，他们认为男女在能力和责任上的差异是将女性完全限制在家庭中的理由。将女性排除在政治辩论之外，对劳动进行性别分工，以及保持社会阶层之间差异的需要，导致这些思想家们像卢梭之前所做的那样，根据不同性别设计了课程。在学习了基础知识之后，女孩们将开始学习纺织、缝纫和烹饪，而男孩们将开始学习数学和地理。德莱尔（Deleyre）[1] 在 1793 年写道，未来的女性不仅应该学习"家庭科学"，还应该学习那些对让丈夫留在家里至关重要的装饰艺术。

因此，向女学生教授世俗科目的目录是由少数公认的权威机构制定的。对女孩的教育也是宗教性的，这一点显而易见，但并没有得到明确的讨论。然而，孔多塞提出了完全不同的论点。他主张男孩和女孩享有平等教育，理由是男女享有同等权利。他也是同时代中唯一支持男女同校的人，他认为男女同校是抵御神职人员影响和阻止不同社会阶层的人结婚的偏见的堡垒。尽管在其他方面，孔多塞仍然认为女性的职能是妻子和母亲，但他有关教育应该完全世俗化的愿景依然被他本人在国民公会的继任者注意到，第三共和国的立法者也会在为自己的创新提议辩护时援引这一点。

与此同时，也有一些荒诞的建议被提出来了，比如勒·佩勒捷·德·圣法尔若（Le Peletier de Saint-Fargeau）的计划与其说适合大革命时期的法国，还不如说更适合古代的斯巴达。但这些问题得到解决后，第一共和国确实在几年内为女孩和男孩提供了公共基础教育。课程完全是共和制的，公民精神是唯一的宗教。鉴于当时的习俗，以及对男女同校的普遍敌意，只要有足够的学生和合格的教师，男孩和女孩就会被分开上课。然而，公共教育很快就成为被学生遗弃的受害者：家长们不赞成学校的灌输，许多人怀念旧制度。与此同时，由于战争的需要而导致政府资金紧张，政府未能支付教师的工资，这些教师很快就

---

[1] 18 世纪的法国文学家。——译者注

不见踪影了。

　　因此，义务的、普遍的、世俗的公共教育只不过是一项原则罢了。公共教育系统因为资金不足而失败，这是显而易见的。其他因素还包括大众的态度和根深蒂固的习惯。女孩被认为应该和母亲一起待在家里，而宗教教育是专门为她们准备的。拒绝立誓效忠的神父、僧侣和修女一开始还是偷偷摸摸地回来，但后来就明目张胆了；他们许多人将教学作为他们的生计，而这一点曾在法国大革命中被剥夺了。一些教区神父也开始担任教师。因此，对世俗教育的评价出现了尖锐的分歧：绝大多数法国人，那些仍然坚定信奉自己的宗教的人，认为这是上层强加的义务；而在某些城镇和农村社区，少数人认为这是从迷信中解放出来的一步。此外，在识字方面存在巨大的不平等，法国西南部的女性要远远落后于男性。

宗教模式的竞争者

　　欧洲国家并非都是以同样的方式引入世俗的女童教育模式。在法国，占据中心位置的公共体系与私营部门并存。相比之下，在比利时，天主教徒与世俗主义者在 1860 年后发生了激烈冲突，以至于不可能通过一部自由主义的法律。因此，私人团体、思想学社（sociétés de pensée）和地方政府不得不承担起为年轻女性提供世俗教育的责任。

　　在英国，一旦圣公会失去了对教育系统的法律控制，并且考虑到将私人教育委托给家庭教师的习俗（在那里比其他国家更普遍，甚至在中产阶层当中也是如此），中心问题就不再是如何使教育世俗化，而是如何提供所有教派和世俗主义者都能接受的宗教教学。[3] 面对各种不同的意见，1870 年推出的《福斯特法案》（The Forster Act）达成了"英国式的妥协"。[4] 由地方政府设立的教育委员会将决定提供什么样的宗教教育。与此同时，法案要求在每天的第一个小时或最后一小时开设宗教课程，从而确保了宗教自由；任何不想参加宗教课程的学生都可以跳过这门课，而不会错过任何其他课程。在公立学校，宗教教学是如此普遍，以至于所有人都能接受，就连不可知论者都可以。这使公立学校和圣公会学校之间产生了竞争。1894 年，有三分之二的学生就读于公立学校。19 世纪末，许多学校都是按照将男孩与女孩分开的建筑设计而建造的。1893 年的法律规定，11 岁以下的孩子必须上学；到 1899 年，离校年龄提高到了 12 岁。

在同一时期，旨在为小学和中学培训教师（尽管直到 1901 年才从法律意义上对小学教育和中学教育作出区分）的、男女同校的教师培训学院成立了。这一制度不仅避免了世俗教育与宗教教育的争议性问题，也避免了同样存在争议的、女性在教学中的角色问题。事实上，女性在教师中占了大多数：她们的人数从 1851 年的 7 万人增加到了 17.2 万人；到 1901 年，她们占到了教师总数的 74.5%。[5]1865 年，剑桥大学向年轻女性开放了所谓的地方考试，但她们仍然不被允许获得学位。为了避免出现任何丑闻，女子学院位于与剑桥大学有一段距离的地方。1875 年，一项新法律授权大学可以授予女性学位。然而，在 1914 年之前，很少有女性接受高等教育，部分原因是某些职业（尤其是医学界）的强烈抵制，但也可能有部分是因为缺乏雄心，或者是因为女性的精力被转移到了争取女性参政权的运动中。

法国和英国都有非宗教学校，但两国的地方政府并没有享受同样的自由。在大革命后的法国，法律对公立学校与官方承认的宗教教派之间的关系作出了规定。法国一直没有世俗的公立小学教育模式，这种情况一直持续到 1882 年通过了一部要求开设世俗科目课程的法律，后来在 1886 年又通过了一部要求配备世俗教学人员的法律。教育协会制定了课程，并将其提供给教师，其中宗教主题的比例逐渐减少，但修女开办的学校除外。1833 年和 1850 年的法律对宗教教学的提法是一样的："道德和宗教教育。"女孩比男孩更容易接受这项教育，因为有更多的女学生是由教堂会众教的。教会对年轻女性教育的控制，是共和派和思想学社为争取世俗学校而发动的斗争中的一个主要问题。当时任巴黎市市长的茹费理在 1870 年 4 月 10 日宣布"女人要么属于科学，要么属于教会"时，他的话让人想起了六年前安特卫普记者阿尔努（Arnould）在商业和毅力之友（Friends of Commerce and Perseverance）的演讲中所说的话："女性的教育必须改革。这必须通过科学来实现……如此，（女性）会立即拒绝宗教的武断假设和幻想，这种宗教与任何实证主义的世界观都是相矛盾的。"

世俗的女子教育是在受到宗教强烈影响的女子教育体系的边缘发展起来的，圣西门主义者的梦想、傅立叶主义者的推断和 1848 年喧闹的示威使得这种变化显得有些脱离现实。埃莉莎·莱蒙尼尔（Elisa Lemonnier）是一名新教女性，与丈夫一样是圣西门主义者，她在 1848 年的革命期间意识到女工的痛苦和无知，这一发现给她留下了持久的印象。1862 年，她为贫困女孩创办了一所职业培训学校。1864 年，她开办了第二所学校，由克拉丽斯·索维斯特（Clarisse Sauvestre）负责管理，此人的丈夫是持反教权立场的波拿巴派[1]记者查尔斯·索维斯特（Charles Sauvestre）。实际上，这两所学校也为中产阶层的女儿提供服务，因为这样或那样的原因，她们不得不在家庭之外寻求职业培训。这些学校是世俗学校的原型，因为宗教教育完全由学生的家庭来决定。"课程"分为三类：普通课程，商业或工业设计的特殊课程，以及在店里的实践工作。女孩们还在此接受道德教育：埃莉莎·莱蒙尼尔希望她们能成为"好母亲"，并为此努力灌输个人尊严和自尊。第一所学校的校长是梅勒·马谢夫－吉拉尔（Melle Marchef-Girard），此人后来成为塞维涅学院（Collège Sévigné）的首任院长。因此，她在埃莉莎·莱蒙尼尔的杰作与巴黎第一所面向年轻女性的世俗中学之间建立起了象征性的联系。

同样是在 1864 年，这次是在比利时，女性职业教育协会在参议员比肖夫斯海姆（Bischoffsheim）的要求下成立。1865 年 4 月，第一所非教派的私立职业学校正式开学。它于 1868 年被布鲁塞尔市接纳。不到十年，又有两所类似的学校成立了。这些学校旨在提供超越家庭主妇的教育，修女们不得不限制她们自己的教学，在提供理论指导方面也受限了。但教育模式依然保持不变：女性的家务活动旨在为"家庭幸福"作出贡献。[5]

为取代教团提供的课程，世俗改革者提出了新课程。对于所有阶级的女孩来说，新模式的模糊性可能在新课程中表现得最为明显。女性并没有被完全推入"科学"领域，小学以外的教育仍然有限。法国的共和派和比利时的自由主义者并没有放弃让女性做家庭主妇的理想。与他们的反对者和前辈一样，他们担心过多的书本学习可能会分散女性作为妻子和母亲的使命。事实上，女童教育的世俗化通常是基于早期的模式，这种模式赞成"性别的弱点"的说法以及习俗的力量。在法国和比利时，最坚决的改革者可能想把女性交给"科学"，但他们这样做是为了男性、儿子和丈夫的利益。例如，茹费理想要"为共和派男性提供共和派的助手"。他相信，这是避免信教的妻子与思想自由的丈夫在

---

[1]　波拿巴派亦称波拿巴主义者，是法国 19 世纪君主派之一。拥护拿破仑一世和拿破仑三世以及他们的理论与政策，并在法兰西第一帝国和第二帝国被推翻后拥立波拿巴家族成员统治法国。——译者注

精神上分道扬镳的唯一途径。茹费理对这种"教育转变"的重视表明，他认为女性至少会受到间接影响，但他仍然不希望她们有机会接受长期的学习。共和派设立的小学对男孩和女孩来说都是一样的，只不过女孩被认为必须接受针线活教学。但是，年轻女性的中学教育既不像年轻男性那样长，也不像年轻男性那样涉猎广泛；拉丁语、哲学和高级科学都是男孩的专属课程。在法国，这种状况导致了一系列的漫长斗争（1905—1914 年）。这场斗争旨在争取年轻女性获得学士学位的权利，也就是获得高等教育的权利。

世俗课程的推出

在其他的主要欧洲国家，世俗小学问题的出现方式与法国和比利时并不完全相同，其原因与特定的文明和历史、国家干预或不干预的传统，以及宗教状况有关。英国就是一个很好的例子。在比利时，天主教的抵制阻止了茹费理式学校改革的实施。[7]关于教育的辩论和少数希望女儿上大学的公民激起的热情，无疑是导致那些为让女孩接受世俗教育而迈出第一步的思想自由女性受辱的原因，并引发了教会当局的激烈态度。战斗开始于为幼童准备的托儿所。1846 年，在慈善之友分会（Philanthropic Friends' Lodge）的帮助下，保护幼儿园支持协会（Societe pour le Soutien des Ecoles Gardiennes）在布鲁塞尔开办了一所学校（介于慈善机构与教育机构之间）。其他大城市也建立了类似的学校。一场与天主教教学评议会之间的冲突爆发了。在此之前，天主教教学评议会一直享有为幼童上课的垄断权。世俗阵营再次取得了胜利。1847 年，此类学校的第一位督学得到了任命，她是佐伊·德加蒙（Zoé de Gamond），布鲁塞尔一位律师和傅立叶主义者的女儿。1851 年，她写了一本幼儿园和小学手册。不少这样的学校很快就采用了所谓的福禄贝尔教学法（Froebel Method），这是一种积极的教学计划：1857 年，在政府补贴支持下，比利时的第一所幼儿园在伊克塞勒（Ixelles）开班。但是，福禄贝尔（Froebel）的门徒与佐伊的女儿伊莎贝尔·加蒂·德加蒙（Isabelle Gatti de Gamond）之间的合谋导致了无神论的指控。[8]一些自由主义者和社会主义者的女儿，包括蒲鲁东的女儿们，进入了一所同样于 1857 年在伊克塞勒成立的"父亲学校"，这所学校收取学费。

社会主义者和傅立叶主义者希望为大众提供免费教育，至少也是低成本的教育。因此，他们研究了被认为既有效又相对便宜的方法，从而促成了福禄贝尔教学法的成功，更是促成了法国七月王朝时期左派所倡导的兰开斯特教学法（Lancaster Method）的成功。兰开斯特教学法使用年龄较大的儿童作为年幼儿童的监督者。这样做不仅经济实惠，还迫使教师根据学生的成绩水平对他们进行分组，并使同时教授阅读和写作成为可能。

到 19 世纪 60 年代，像兰开斯特教学法这样的同伴教学体系已经成熟，法国和比利时的自由主义者都是免费初等教育的狂热信徒，他们把这种方法作为自己计划的核心。1864 年 12 月，学习联盟（Ligue de l'enseignement）在比利时成立。到 1878 年，该联盟连同附属团体已经筹集了足够资金，成立了一所示范学校，以及六所面向男生的小学和中学、七所面向女生的小学和中学。[9] 这些机构往往在几年后就被地方当局接管。然而，1878 年在比利时建立女孩小学教育体系的尝试没有成功，因为保守派在 1884 年重新掌权了。

在比利时，年轻女性的中学教育是在地方政府、教育协会与好斗的主教产生激烈争执后出现的，尤其是在列日（Liège）和图尔奈（Tournai）。中间路线课程包括手工、家政和记账，此外还包括各科目之间的协调、外语口语教学和进行实践科学实验等教育创新——这些创新被严厉批评为自然主义和唯物主义的温床。将这些努力与为助产士和护士创建学校的平行举措进行比较可能是有用的。1888 年，一位持社会主义立场的医生开设了第一所世俗护理学校（男女生皆招），但未能激发人们的信心。1907 年，牧师的女儿伊迪丝·卡维尔（Edith Cavell）建立了第一所护理研究生院。它也遭到了激烈的反对，但慢慢发展了起来。在 1914 年之前，政府没有对皇家雅典娜女子学校（古典式的高中）给予任何关注。第一家这样的学校位于根特（Ghent），是由私人倡议而建立的。

因此，在 1880 年，一个明确的、法律认可的、严格世俗的女子中学教育体系仍然只是法国的专利。新学校反映了 19 世纪的大胆，也反映了它的怀疑和胆怯。这些学校逐渐改变了女性，尤其是中产阶层女性。所谓的《卡米尔·希法》（Camille Sée Law）[1] 在很大程度上是一个孤立的个人行为。然而，我们不能将《卡米尔·希法》与茹费理的其他立法方案完全割裂，后者标志着世俗教育斗

---

[1]　法国在 1880 年通过的一部法律，女子中学就是根据该法律建立的，卡米尔·希是倡导制定这部法律的先锋。——译者注

争进入了一个新阶段。

茹费理的工作源于两个相互矛盾的来源。第一，在所有欧洲国家都有逐渐向所有儿童提供教育的趋势，目的是使其达到某种程度的能力，而不仅仅是识字此时识字率已经是相当高了。这种教育最初是为资产阶级的女儿准备的；也是为了提供文化区别的基础，它高于所有下层阶级都可以接受的基础教育。与此同时，新法律让共和派感到高兴，因为它承诺"把年轻女孩从教会的魔爪中夺走"，却没有假装让她们参与传统的中等教育的文化，而这仍然是男孩的特权。第二，有人认为，绝不能让女孩偏离她们的正当使命：建立一个家。家务劳动与任何外部职业都是不相容的。因此，《卡米尔·希法》背离了将女儿送到修道院学校的习俗，即使在非宗教人士中也是如此，但它符合这样的社会，其平衡是建立在男女责任分工的基础上的，至少在特权阶级中是这样（职业女性的劳动被视为必需品）。

《卡米尔·希法》于 1878 年 10 月由一位有着犹太血统的共和派议员提出，最后在参议院以微弱多数通过。这是世俗教育的支持者与天主教徒之间进行根本性辩论的机会，天主教徒对在一个以前几乎只属于教会的领域突然爆发的"无宗教信仰"感到愤怒。卡米尔·希援引了两个先例，认为女子学校的架构与现有的男子学校相似，并有可能接受寄宿学生。与卡米尔·希所提法案竞争的法案是由保罗·伯特（Paul Bert）起草的，后者提议设立简单的走读学校，伯特将此称之为"课程"。他遵循的是 1867 年维克托·迪吕伊（Victor Duruy）首先提出的一种更古老的模式：由当地中学教师在市政当局提供的设施中为女孩开设课程。但只有 2000 名女孩参加了这些课程，这些课程有很多缺陷。例如，许多教师没有为他们的新任务做好准备，课程安排和教学设施往往不利于教育计划的有序实施，没有一个持续几年的学习计划，也没有一个将各个科目和谐地融合在一起的学习计划。尽管这些"迪吕伊课程"通常为期仅两年，并只在少数城市提供，但这是政府在一个以前被认为是私人领地的地方提出的首个倡议，其引入的课程完全不受宗教控制。19 世纪 70 年代末，当共和派在市政府中获得的力量坐大时，他们中最坚决的"世俗"派产生了为年轻女性开设"课程"的想法。这些课程的优势在于，它们比成熟的中学教育体系更灵活，而且对于地方政府来说，它们更感兴趣的是象征性的姿态，而不是过度的支出，因此也更经济划算。此外，这些课程仍然受到支持它们的城市政府的严格控制。

　　审议卡米尔·希和保罗·伯特各自所提法案的委员会作出了某些修正，这些修正被纳入了随后的立法。由于这些建议涉及女孩的教育，因此只能考虑那些"有用的"科目，但并没有说明有用的根据何在。对培养"受过过多教育"的女性的恐惧是如此强烈，以至于哲学是不向女性提供的。文学在传统上就被认为是女性教育的最好基础，当然也是最重要的：在七月王朝时期，在好一些的寄宿学校，女学生要学习法语、至少一种其他现代语言、法国文学、古典文学翻译，以及"现代"文学，也就是外国文学。此外，还有历史、地理、算术、基础几何、自然史和物理课，以及绘画和一点体操和针线活。在宗教教育问题上，两种理论发生了冲突。卡米尔·希认为最好是"在学术管理部门的监督下，让神职人员来（学校）"。保罗·伯特担心宗教"入侵"的可能性。卡米尔·希的提议显然是将宗教教育作为一个选修科目，在实践方面有优势，但在随后的辩论中，共和党派对教会的怀疑占了上风。

　　共和派不仅能从迪吕伊的课程中汲取灵感，还能从对教育问题的研究中获得启发。从 1836 年建立的对住宿学校补助金制度的检查，到由米歇尔·布雷亚尔（Michel Bréal）1879 年 11 月创建的中等教育问题考察协会提出的一项计划，这些教育问题都得到了研究。中等教育问题考察协会的一个特别委员会发表了一份报告，该报告于 1881 年得到了采用。在《卡米尔·希法》通过（1880 年 12 月）之后，各种执行命令发布的期间，这份报告对这些命令产生了相当大的影响。莫里斯·凡尔纳（Maurice Vernes）是这份报告的主要作者，他提出的教学原则可能比课程中包含的科目更重要：

　　　　·广义上的"教育"与狭义上的"教学"是分不开的。教育应该自由地解释，教师应该首先依赖学生的团结意识、尊严和个人责任感。
　　　　·在教学的各个方面，不应依赖于把获取知识的主要作用归于记忆的方法，而应优先考虑需要智力和思考的方法。

　　这些原则不仅适用于一种性别的教育，还反映了雅科托（Jacotot）[1] 一贯强调智力的"自我教育"理论。它们还为"良心教育"的概念提供了一个极好的定义，

---

[1]　18—19 世纪的法国教师、教育哲学家，他是"普遍教学法"的提出者。——译者注

这一概念还盛行于最好的女子中学和费利克斯·佩考（Félix Pécaut）[1]领导下的丰特奈（Fontenay）女子师范学校。

由于教学是世俗的，中等教育问题考察协会对道德教育问题进行了深入思考。这在很大程度上要归功于克拉丽丝·科涅（Clarisse Coignet）[2]，她著有《原则与目的中的道德》（*La Morale dans son principe et dans son objet*，1869 年）一书，并在 1880 年推出了供世俗学校使用的伦理教科书。她的意图不是挑战"形而上学和宗教教义"，而是将道德从可能的崩溃中拯救出来。科涅女士认为，道德不是传授出来的，而是交流出来的。同样，根据中等教育问题考察协会的说法，道德（或者更确切地说是道德教育）旨在"形成性格"。对每个女孩来说，只要她留在学校，就会被视为一个个体。女性的中等教育应该由女性负责。任何一个年级都不应该有太多的老师。"低年级有两个就足够了，"报告称，"而高年级三个就够了。"因此，外语教师还可以教授其他科目。为了实现"教学统一"，协会甚至设想了"班级导师"，即今天"班主任"的前身。

通过道德教育使"道德培养"成为教育的一部分，这一愿望当然远远超越了任何一门学科的界限，导致了某种意义上的教育革命，这主要表现在对纪律看法的改变上。"一切都来自舆论，"莫里斯·凡尔纳援引克拉丽丝·科涅的话写道，"让年轻人对舆论敏感，就是要培养他们的荣誉感，荣誉感也是良心的一个因素。"有了这些原则，纪律就不再是机械的了。它将以一系列"严格适用"的规则为基础，惩罚将是"冷静和客观的"。没有理由让学生做额外的功课或是课后留校。取代这些惩罚的是"品行不好"的定性，这种定性将被计入学生排名。此外，惩罚还包括申斥、临时停学和永久开除。毫无疑问，这一制度的基础是由缺乏拿破仑式中学那种严肃性的女性教育传统所奠定的，它在为年轻女性开设的中学中取得了广泛成功。

教条式的教学方法被摒弃了。根据凡尔纳的说法，"应该不断地反思和比较，努力去理解。这在各方面都比纯粹的死记硬背要好"。至少在开始的时候，学生应该"从已知到未知"。然而，当涉及女学生时，共和教育的这些一般性原则也会认可一些例外。例如，他们将以一种新的方式教授精确科学：如果女

---

[1] 19 世纪的法国教育家。——译者注
[2] 19 世纪的法国道德哲学家、教育家和历史学家。——译者注

孩在偶然间被引导发展抽象能力或应用数学技能,这将是不幸的,因为她们不会成为工程师。显然,中等教育问题考察协会的成员希望将女性从宗教偏见中解放出来,但这并不是依靠坚实的哲学基础或彻底的科学基础。而古典语言的学习也只能勉强被容忍:女孩们将会学习希腊语,"不是为了自己,而是为了孩子"。因此,"母亲作为教育者"的主题从19世纪初一直延续到了19世纪末。中等教育问题考察协会关于女孩教育的创新理念本身就包含了某些模糊之处。事实上,关键不在于要深入教授某一特定科目,而在于控制学生的思维。因此,重要的是不要让改变课程的常规内容或布置家庭作业吓坏了她们的家人,因为这些改变可能会阻止女孩履行家庭义务。

巴黎新成立的女子学校塞维涅学院可能就是一个例子。这是一所世俗的私立学校,也是在中等教育问题考察协会主席米歇尔·布雷亚尔(Michel Bréal)的主持下建立的。在经历了艰难的开端后,学院在其精神导师玛蒂尔德·萨洛蒙(Mathilde Salomon)的领导下确立自己的特质。萨洛蒙对国家的公立中学产生了间接影响,这不仅因为她自己树立了榜样,还因为她还培训了将来要参加竞争激烈的招聘考试的教师。

因此,国民议会和后来的参议院对《卡米尔·希法》的辩论有大量的背景材料可供借鉴,但教育问题并不是争论的核心。反对派就道德和宗教教育的主题攻击共和派。参议院关于女性中等教育的辩论与国民议会关于免费和非宗教小学教育问题的法案的讨论是同时进行的,这当然引起了特别的共鸣。这场争论很快就超越了人们对女性在社会中的地位和女性受教育过多的"危险"的担忧。事实上,保守派认为这项法律是"反对上帝和宗教的事业的延续",这种论调让人想起1867年天主教的迪庞卢蒙席领导的对"迪吕伊课程"的激烈攻击。中间派人士(甚至包括茹费里)为争取犹豫不决的参议员而设想的妥协方案,都被这种论调破坏掉了。反对者的两项主要指控在于,该法律旨在"彻底取消宗教教学",并创建"大学的女性圈子"。

对保守派来说,拟议中的法律毫无意义,因为女孩们在宗教学校已经接受了充分的教育。而且,这也会花费很多钱。12年前,天主教徒还在强烈反对迪吕伊的提议,如今却在为女性中学课程大唱赞歌,把它描绘成抵御国家侵犯的自由堡垒。

在天主教立法者看来,这部拟议中的法律也代表着道德上的危险。在新体系下，与宗教学校相比，"教育"（education）将从属于"教学"（instruction）。随着时间的推移，这一主题变成了陈词滥调。据称，新学校将助长男女教师之间的滥交，更糟糕的是，它将不同社会背景的学生聚集在同一个教室里。由于缺乏所希望的招生对象（据称这部法律是为富裕阶层的女儿设计的），学校不得不从"新的社会阶级"中吸引学生。这些学生将受到鼓励去追求那些无法得到满足的希望，其结果将是出现"一大群不属于某个阶级的人"。这可能会导致虚无主义：俄罗斯大学预科班就出现了一个"能识字、留长发的无产阶级"，这就是一个不祥的例子。

但关键问题是世俗化。"尊重良心自由，"卡米尔·希在他自己的法案报告中写道，"你们的委员会认为，宗教教育不应该出现在课堂上。这方面的教学应由家长在家进行。"问题出在寄宿学生身上。神父被允许到学校去上宗教课。这是和解态度的证明，还是不信任的表现？天主教议员们的最后一根稻草是道德教育问题，这是与宗教隔离的课程的首要问题。在国民议会，继承自百科全书派[1]的独立道德观念被视为"普遍道德"而加以捍卫。布罗卡（Broca）向参议院报告了该法案，他强调了对女孩的道德教育与对男孩的不同之处。女生的道德课程是从男子中学的哲学课程中摘取来的。由于"国家承认的许多教派"，以及对信仰自由的法律保障，宗教教学是不可能增加的。此外，唯一可用的教师将是作为非专业人员的男男女女，而非专业教师"既没有能力，也没有权利教授他们自己的宗教"。

反对在女子走读学校中引入宗教教育的人的主要论点可以用一位议员的问题来概括："宗教教育是否出现在男校的课程中？"保守派回答说没有。但这还不是庆祝的时候。主要的演说者们等待着法案的二读，这是最终投票的前奏。在参议院，德·布罗伊公爵（Due de Broglie）强调了"独立道德"的后果。他认为，试图教授这样的东西是一种实验。毫无疑问，"如果我们从最肤浅、最庸俗的意义上理解的话"，只有一种道德。但是，一门高级的道德课程总是会遇到宗教问题：它们要么可以被省略掉（在这种情况下，这门课程将是无关紧要的），要么可以纳入课程。男孩的哲学课就是这样：他们的课程中充斥着"只有宗教

---

[1]　18世纪法国启蒙思想家在编纂《百科全书》的过程中形成的派别。百科全书派的核心是以狄德罗为首的唯物论者，以资产阶级的自由、平等为奋斗目标，以理性为旗帜，以无神论为武器，对封建的国家制度、伦理道德及作为其精神支柱的宗教神学，进行严厉的批判和彻底的否定。——译者注

或哲学才能解决的问题"——其最根本的一点是道德的基础和道德自由的问题。最后但同样重要的是，没有处罚就没有道德。课程的最后一项提到了对上帝的责任。德·布罗伊公爵在演说中顺便回忆起时任政府首脑茹费里五年前在接受共济会会员资格的演讲中对实证主义的"赞扬"，他最后得出的结论是，这个答案是无法回避的："有些遗漏与彻底否定一样好。"因此，最好还是回到"古老的道德，即教理问答的道德"上来，否则"你就有可能把年轻的心灵暴露在令人厌恶的否定和无法解决的争论之中"。

该法律于 1880 年 12 月 21 日以共和派中意的形式获得通过，但共和派内部也并非没有分歧。虽然所有的共和派都是反教权的，但许多人更愿意让自己家庭中的女性承担宗教的责任。而且，共和派当中那些最年长的人，他们见证了 1848 年法国大革命，仍然是自然神论者。因此，由温和派学者主导的公共教育高级委员会（Conseil supérieur de l'instruction publique）在详细的课程要求中提到必须教导女孩子"对上帝的责任"，一点都不让人觉得奇怪。这条规定一直保留到 1923 年，然后只是短暂地被废除。

因此，法国创造了女童教育的"世俗模式"，但该模式距离占据主导地位还有很长的路要走。因为新法律而产生的中学和大学在头二十年里，数量一直在缓慢但稳定地增长。最终，它们将成为法国教育体系中被接受的一部分，这是缘于它们努力不冒犯公众的态度，也不让自己看起来像"无宗教信仰的特洛伊木马"。一些天主教家庭为了让他们的女儿获得最全面的教育，甚至更青睐这些世俗学校，而不是宗教学校。到第一次世界大战前夕，3.3 万名中学女学生和她们的老师所面临的问题不再具有宗教性质。相对更常见的问题是，她们关注的是进入工作场所就业的机会，而世俗却保守的共和派议员一直拒绝给予她们这样的机会。

第十一章 图像——外表、休闲与生存

安娜·希贡内（Anne Higonnet）

女性特质在很大程度上是外表的问题。

19 世纪的视觉文化产生了无数的女性形象，其中许多形象彼此一致，有些则是相互矛盾的，但所有这些都是不断变化的女性定义当中的重要元素。图像持续为社会和经济的变化提供了展现形式。但在历史上，这是女性和男性首次都能够表达他们对体验的看法。

原型

圣母马利亚（Madonna）、荡妇（seductress）和缪斯（muse）——这三种女性原型在 19 世纪的想象中保留了她们的地位（图 1、图 2 和图 3）。她们在视觉文化的所有领域（既有低级的，也有高级的）中反复出现：包括印刷品、广告、照片、书籍插图、工艺品、雕塑和画作（这些画作既有在不经意间创作的，也有很正式的）。在 19 世纪的大多数欧洲国家和美国，女性原型逐渐从宗教转向世俗（图 1、图 3），但对她们的引用及其寓意仍然非常稳定，并且与文学中的类似趋势密切相关。

在危机时期，无论是有了形式和主题的创新，抑或是纯粹的重复，这些图像都为女性原型带来了新的活力。这样的关键时刻发生在 19 世纪 60 年代左右，也发生在 19 世纪与 20 世纪之交。在 19 世纪 60 年代，资产阶级对艺术权威人士的挑战导致了与当代家庭题材有关的新形象大量出现，这些题材坚持将女性塑造为贞洁的女儿、妻子和母亲的形象（图 6、图 7、图 8、图 14 和图 15）。

到 19 世纪末，不合群的资产阶级唯美主义者通过塑造大量形象来反对这些价值观，这些形象被恰如其分地称为"变态的偶像"（图 2、图 39）。女性原型不仅仅反映了美的理想，她们还构成了行为模式。创作者的说服手段是视觉艺术所特有的，却是被他们的文化背景所激活的。

视觉原型排除了个性，并对有限的行为可能性进行了严格区分。缪斯维持着原样，她是一个寓言人物，或是某个想法的化身，而不是一个具体的人。显然，她代表了理想：例如，自由的理想体现在弗雷德里克·奥古斯特·巴特勒迪（Frédéric Auguste Bartholdi）于 1884 年创作的巨大的自由女神像中，该雕像至今仍矗立在纽约市港口，在那里欢迎游客前来。圣母马利亚和荡妇的形象同样抽象。她们围绕两个极端来构建女性特质：一个是正常的、有秩序的、令人安心的，另一个则是离经叛道的、危险的、诱人的；一个展示了尽职尽责的家庭主妇的形象（图 1、图 6、图 7、图 8、图 14、图 15、图 26、图 27、图 28、图 29 和图 35）；另一个则展示了妓女、专业人士、活动家和大多数工人阶级女性，以及有色人种女性（图 2、图 9、图 10、图 11、图 13、图 18、图 31、图 34、图 36、图 37）。通常，拥有女性特质的女性被描绘为令人钦佩、贤惠而幸福的，应该受到奖励；而越轨的女性则被描绘为可笑、堕落和悲惨的，应该受到惩罚。

通过将抽象概念描绘为具体人物在具体地点的肖像，图像定义了女性特质，并赋予其真理的光环。大多数视觉艺术都以某种方式声称自己是现实的，也就是说，观察到了实际的物理现象并客观地反映了它们；在 19 世纪，随着时间越往后，这一学说就越流行。与哲学中的实证主义、新闻学或社会学中的田野调查以及自然科学中的实证实验类似，艺术中的现实主义保证了其观点的普遍有效性。对于寻求合法化的资产阶级来说，他们对艺术的消费（收藏、展览、艺术批评或复制）提供了一种统一的活动。在这一活动中，他们得以确认并赋予其自身的价值。

然而，所有既定的立场都会引发反对，这也是这一时期的特点。艺术和其他领域一样，个人主义激发了边缘社会群体的令人意想不到的自我肯定。此外，高等艺术（high art）开始在不断加速的批判和处于更新的循环中焕发生机，每一代人都通过反抗前一代人来赢得自己的声誉。甚至在几代人之内，评论家、艺术家和管理者都提出了互不相同的艺术价值标准。这种不稳定为女性进入艺术界提供了前所未有的机会，她们从而获得了自我表现的手段。

尽管如此，女性在现实中所经历的社会价值观却阻碍了她们展开图像的实验。女性特质包括安全感和愉悦感，而这些感觉会因挑战女性身份中更具压迫性或限制性的方面而丧失。19 世纪进入精英艺术生涯的女性大多来自中产阶层；该女性群体的阶级特权有赖于社会稳定，但社会稳定却受到女性主义的威胁。在这些矛盾的冲动之间，女性通常不会产生与男性作品在风格或内容上有根本不同的自我形象。

然而，女性参与艺术这件事本身就提高了她们的地位。随着越来越多的女性参与其中，而且随着她们变得越来越专业，女性不再是视觉文化中被动的对象，而是积极的生产者，这改变了她们对于自己在视觉文化中地位的观念。许多女性在高等艺术的边缘取得了极其成功的职业生涯。一些女性，如儿童图书插画领域的毕翠克丝·波特（Beatrix Potter，英国人，1866—1943 年）和园林设计领域的格特鲁德·杰基尔（Gertrude Jekyll，英国人，1843—1932 年），为她们所在的领域设定了卓越的标杆（图 21 和图 40）。进入更负盛名的绘画和雕塑行业需要付出高昂的代价，要么须遵守艺术惯例，要么须作出个人牺牲，或者两者兼而有之。然而，像罗莎·博纳尔（Rosa Bonheur，法国人，1822—1899 年）和玛丽·卡萨特（Mary Cassatt，美国人，1844—1926 年）这样的女性确实在艺术史上赢得了一席之地，从而为后代树立了值得信赖的榜样（图 1 和图 20）。

天才

本书中的其他文章解释了许多阻碍女性选择任何职业甚至有这种想法的因素。具体到艺术领域，最普遍和最有说服力的因素在于天才是个完全男性化的概念。自文艺复兴以来，在艺术形式的等级制度不断发展的同时，天才这个概念也在缓慢发展，被视为天才者可以用来解释艺术的创作及其质量。一位伟大的艺术家应该具有天赋，他能够战胜任何环境障碍，并在超凡绝美的杰作中展现自己。所有艺术形式都根据它们可以容纳的天才程度进行分类。历史、神话或宗教绘画在视觉艺术中等级最高，手工艺品等级最低，其他一切都介于这两者之间。拥有想象力的作品比模仿之作更高级，而设计作品则比制作作品更优越。

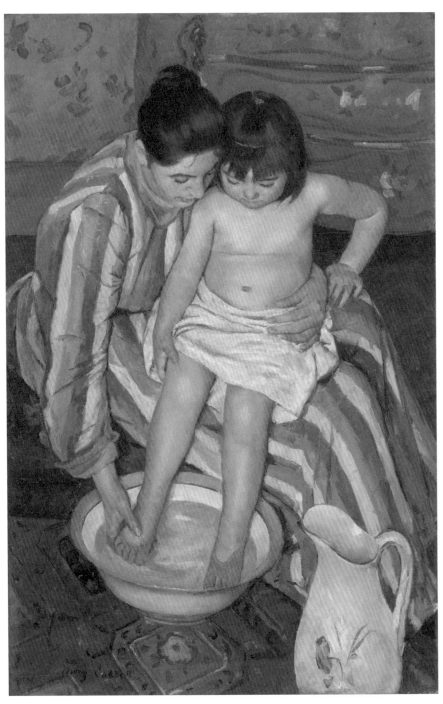

图 1　玛丽·卡萨特（Mary Cassatt），《沐浴》，1891—1892 年，布面油画。美国芝加哥艺术博物馆

图2　古斯塔夫·克里姆特（Gustav Klimt），《犹滴》（1901
年），布面油画。德国柏林艺术与历史档案馆

图 3 欧仁·德拉克罗瓦（Eugene Delacroix），《自由引导人民》（1830 年），布面油画。法国巴黎卢浮宫。法国国家博物馆联合会翻拍

图4 雅克－路易·大卫（Jacques-Louis David），《荷拉斯兄弟之誓》（1784—1785年），布面油画。法国巴黎卢浮宫。法国国家博物馆联合会翻拍

图 5 《1794 年 6 月 8 日，为最高主宰（Supreme Being）庆典而在战神广场建造的山》，由雅克－路易·大卫雕刻的纪念图案。法国国家图书馆

图 6　戴安娜·斯佩林（Diana Sperling），《纽波特帕格内尔，1816 年 9 月 17 日，赫斯特夫人在跳舞》，摘自某相册（1816 年），水彩画。内维尔·奥利伦肖 © 英国维克多·格兰茨出版社

图7　玛丽·艾伦·贝斯特（Mary Ellen Best），《安东尼和三个孩子》，摘自某相册（1847 年），水粉画。英国伦敦查托 & 温都斯书局（Chatto and Windus Photographers，London）

图 8　乔治·埃尔加·希克斯（George Elgar Hicks），《男人的伴侣》（1863 年），布面油画。
国伦敦泰特美术馆

图 9　马勒弗尔（Maleuvre），《年轻的圣西门主义者》，版画，1832 年。法国国家图书馆

图 10　阿尔西德·洛伦兹（Alcide Lorentz），《乔治·桑》，平版印刷画，1842 年。法国国家图书馆

图 11　奥诺雷·杜米埃（Honoré Daumier），《蓝色长袜》。"像我这样的女人——给你缝纽扣？你疯了吗？""真行！她不再满足于穿裤子了，现在她还把裤子扔在我脸上！"1844 年 5 月 23 日《喧闹报》第 28 版。法国国家图书馆

图 12 约瑟夫·丹豪瑟（Joseph Danhauser），《弗朗茨·李斯特在钢琴前的幻想》（1840 年），布面油画，从李斯特（Liszt）左边的第一位人物开始，逆时针旋转分别为：帕格尼尼（Paganini）、柏辽兹（Berlioz）、大仲马（Dumas，站立者）、罗西尼（Rossini）、桑（Sand）、李斯特和达古尔特（d'Agoult）。德国柏林艺术与历史档案馆

图 13 阿希尔·德韦里亚（Achille Devéria），《玛丽·塔里奥妮》，平版印刷画（1840 年）。美国哈佛大学剧院收藏中心

图 14　圣母马利亚，圣卡。彩色版画（1860 年前）。私人收藏

图 15　克伦海姆商行，《花园里的女人和孩子》。彩色版画
（1850—1860 年）。私人收藏

图 16　洛蕾·诺埃尔（Laure Noël），《蝴蝶》，彩色木刻版画（约 1860 年）。私人收藏

图 17　卢浮宫百货公司，1881 年 10 月，巴黎《插画》（*L'Illustration*）周报上刊发的秋冬时装的广告。

图 18　马耶尔（Mayer）和皮尔逊（Pierson），《卡斯蒂利欧伯爵夫人》，照片（约
1850—1860 年）。法国科尔马恩特林登博物馆

图 19　玛尔特·勒克莱尔（Marthe Leclerc），她工作室里的自画像，珐琅微缩画（1917 年）。瑞士日内万钟表博物馆

图 20　罗莎·博纳尔（Rosa Bonheur），《马场》（1853 年），布面油画。美国纽约大都会艺术博物馆

图 21　毕翠克丝·波特（Beatrix Potter），《彼得兔》第一版的封面插图。英国弗雷德里克·沃恩公司 1902 年出版。英国企鹅图书有限公司

图 22 哈里特·鲍尔斯（Harriet Powers），《动物的创造》（大约 1886 年），被罩。美国波士顿美术馆

图 23　埃德加·德加（Edgar Degas），《玛丽·卡萨特和她的姐妹在卢浮宫》（大约 1885 年），蚀刻版画。美国芝加哥艺术学院

图 24　爱德华·马奈（Edouard Manet），《斜倚着的贝尔特·莫里索》（1873 年），
布面油画。私人收藏，安德烈·黑尔德（Andre Held）翻拍

图 25　贝尔特·莫里索（Berthe Morisot），《朱莉在拉小提琴》（1893年），布面油画。私人收藏。照片由位于美国马萨诸塞州南哈德利的芒特霍利奥克学院美术馆翻拍

图 26　马丁·德罗林（Martin Drölling），《厨房里》，布面油画。德国柏林艺术与历史档案馆

图 27 《城市厨房》（City Kitchen），平版印刷画，摘自一本儿童读物，为"第一堂视觉课的插图"。德国柏林艺术与历史档案馆

图 28　胜家（Singer）缝纫机刊登的广告，刊登在《麦克卢克斯杂志》（McLurc's Magazine）第 7 期第 5 页（1896 年 10 月）

图 29　晚上是卧室，白天是生产毛皮制品的工作室。照片来自柏林地方医疗保险机构 1910 年的一项研究。德国柏林艺术与历史档案馆

图 30. 拉里卢梅（Larylumé），"看！他在跟着我。"平版印刷画（大约 1810 年）。法国卡纳瓦雷博物馆翻拍

图 31　M. 德·沙莉（M.de Charly），《在裁缝处……精心打扮的佳作》，照片（1862 年）。美国纽约国际摄影博物馆

图32 让 - 弗朗索瓦·米勒（Jean-Francois Millet），《拾穗者》，布面油画。法国巴黎奥赛博物馆。法国国家博物馆联合会翻拍

图 33　佚名。《电话接线员》，SIP 摄影师

图 34 威根的女煤矿工人,1867年至1878年间。照片来自亚瑟·蒙比（Arthur Munby）的收藏，英国剑桥大学三一学院

图 35　保罗·庞塞（Paul Poncet），《让我们缩短工作日》（1912 年），法国总工会（CGT）争取
"八小时工作制"运动张贴的海报。巴黎，私人收藏

图 36　雅各布·里斯（Jacob Riis），《泽西街的意大利母亲和婴儿》（大约 1889 年），
照片来自里斯所著的《另一半人怎么生活》一书（1892 年）。美国纽约市立博物馆

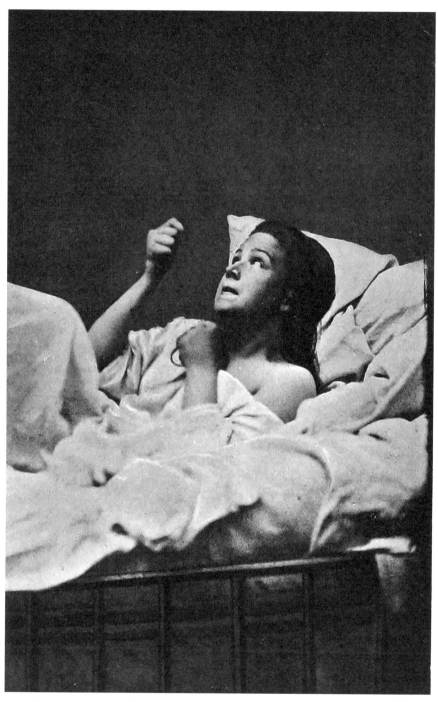

图37 "表达激情:威胁",摘自布尔讷维尔(Bourneville)和勒尼亚尔(Regnard)
编著的《萨尔珀蒂耶摄影集》(巴黎:德拉海耶和莱克罗斯涅尔出版社,1878年)

图 38　奥古斯特·罗丹（Auguste Rodin），《吻》（1886 年），大理石雕塑。法国巴黎罗丹博物馆

图 39　卡米耶·克洛岱尔（Camille Claudel），《遗弃》，（大约 1888—1905 年），
大理石雕塑。法国巴黎罗丹博物馆

图 40　格特鲁德·杰基尔（Gertrude Jekyll），通过金链花拱门看到的野生紫苑的边缘。芒斯特德伍德花园的照片，发表于 1908 年。美国加州大学伯克利分校环境设计学院文献集

图 41　伊莎贝拉·斯图尔特·加德纳博物馆内院，由伊莎贝拉·斯图尔特·加德纳（Isabella Stewart Gardner）设计（1898-1903）。美国波士顿伊莎贝拉·斯图尔特·加德纳博物馆

图 42　伊莎贝拉·斯图尔特·加德纳博物馆的提香展厅（Titian Room）。由伊莎贝拉·斯图尔特·加德纳设计（1898—1903 年）。美国波士顿伊莎贝拉·斯图尔特·加德纳博物馆

图 43　1909 年争取女性选举权的游行。照片。摄影师佚名。德国柏林艺术与历史档案馆

　　那些在工作中被定义为天才的女性被认为是不正常的，或者充其量是无性别的。女性特质的属性与天才的属性截然相反；在某种程度上，如果一个女人渴望在艺术上取得伟大成就，她就得背叛自己的家庭命运。在以艺术领域的英雄或女英雄为主角的小说中，天才背后的上述假设表现得最为明显，例如奥诺雷·德·巴尔扎克（Honoré de Balzac）1837 年创作的《无名的杰作》（*Le Chef d'oeuvre inconnu*）、纳撒尼尔·霍桑（Nathaniel Hawthorne）1860 年创作的《玉石人像》（*The Marble Faun*）和凯特·肖邦（Kate Chopin）1899 年创作的《觉醒》（*The Awakening*）。鉴于艺术家和艺术评论家只是简单地赋予或收回天才的标签，通过一些人物和社会情境来发展天才概念的叙事揭示了天才的概念是如何将创造力性别化的。主动、想象、生产和男性的性别身份被认为是不可分割的，与这样的混合价值观相对立的，是认为被动、模仿、繁衍和女性的性别身份同样不可分割的价值观。男人创作原创艺术作品；而女人在她们的孩子身上重新创造了自己。天才的概念通过建立以生物学差异上的性别为基础的二元文化身份，将女性特质与男性气质区分了开来。

　　斯塔尔夫人（瑞士人，1766—1817 年）和乔治·桑（法国人，1804—1876 年）对此进行了反驳。她们都敢于想象英雄般的女性天才，不管是斯塔尔在 1807 年出版的《科琳娜》（*Corinne*），还是桑在 1844 年出版的《康素爱萝》（*Consuelo*），她们塑造的人物都不属于传统的艺术范畴。科琳娜既是诗人、演员、修辞家，又是即兴表演家；康素爱萝先是歌剧女主角，后来是作曲家，再后来是活跃的歌手。两位女主人公都受到体现在父亲形象中的父权制法律和政治权威的威胁。科琳娜屈服了，但康素爱萝被一种母亲形象所拯救，这种形象唤醒了她的政治良知，并使她的性别取向与她的知识理想相协调。对于在其他地方竭力保持的两性之间的区别，康素爱萝顽强地拒绝了。而她的母性给某种艺术赋予了力量，这种艺术将作曲与表演相结合，在重复的基础上进行创作，并且只能在普通社会之外蓬勃发展。桑认为，虽然天赋可能是与生俱来的，但其表现和接受程度完全取决于艺术家的性别、财富和阶级。矛盾的是，在桑的所有作品中，这部乌托邦色彩最为浓厚、最为奇幻的小说，却主张以比现实主义小说或艺术批评所提出的更为物质化的方式来理解女性艺术。

可接受的自我表达形式

以虚构或理论的形式表达出来的美学立场，最终会转化为实际的职业和生计。在有艺术倾向的女性中，绝大多数人都选择进入地位较低的艺术领域，她们在这里会遇到尽可能少的障碍，并会在艺术领域和社会处境方面都感到自信。在19世纪上半叶，富裕的女性倾向于从事业余绘画，而不得不谋求生计的女性则从事手工艺、装饰艺术或设计。在与音乐、舞蹈和戏剧相关的领域，女性可以而且确实引领了备受赞誉的表演事业。然而，最终的荣誉并没有颁给那些表演作品的人，而是颁给作曲者、芭蕾舞编排者或编剧，这些人几乎都是男性。

在整个欧美，中产阶层和上层阶级的女性都追求在业余时间从事绘画和音乐。很少有资产阶级女孩不学习弹钢琴或拉小提琴（图6和图25），还有唱歌、绘画或用水彩素描。此类艺术技巧被认为是培养女孩情感并使她在社会上具有吸引力的成就。许多女性——可能每个大家庭中都有一位女性——数年如一日地勤奋练习绘画或音乐，在有些情况下甚至是终其一生，而这通常是在其他女性朋友或家人的陪伴下进行的。例如，简·奥斯丁（Jane Austen，1775—1817年）写作时，她的姐姐卡桑德拉（Cassandra，1773—1845年）则在素描。家庭客厅里陈列着画作；音乐是为家庭客人演奏的（图6），这些客人通常是极具鉴赏力的。爱德华·马奈（Edouard Manet）的妻子苏珊娜·蕾荷芙（Suzanne Leenhoff，荷兰人，1830—1906年）因演绎肖邦的钢琴曲，在朋友和同事中享有盛名。

在画作中，女性通过与家庭成员和同伴、家、在当地散步、度假胜地、家庭旅行场景有关的图像，来展示其家庭身份。她们的描绘聚焦于自己和其他女性，而她们所描绘的家庭形象则以女性的起居室为中心。例如，索菲亚·杜邦（Sophie DuPont，美国人，1810—1888年）在1823年至1833年间，创作了200多幅生动反映其在特拉华州家庭生活的漫画。作家维克托·雨果和夫人阿黛尔·雨果（Adèle Hugo，法国人，1806—1868年）都画过画；他想象着哥特式城堡和梦幻般的风景；她则为他们的孩子画肖像。贵族女性遵循着这种资产阶级模式。维多利亚女王（Queen Victoria，英国人，1819—1901年）几乎总是在描绘她的个人生活，即便在描绘她所代表的国家的场合时，也会专注于其中的充满情感的时刻或个人之间的交流；在她创作的数千幅画作中，只有六张是关于她心爱的丈夫。

业余绘画和音乐培养了女性自己的基本素养，这就像小说所发挥的作用一样。然而，就视觉艺术而言，业余作品和专业绘画遵循的是截然不同的逻辑。虽然这对在19世纪后期进入前卫艺术世界的女性有一定帮助，但在当时却阻碍（而非加速）了女性在该领域获得职业地位的进程。

女性的业余画作小巧而脆弱，通常是在纸上创作的，其所代表的语境意义转瞬即逝。女性经常将自己的画作整理成册，有时候还会与她们创作和发现的各种物品和图片混在一起，通常还附有说明性文字。业余的画作只能在特定的群体中被理解，可以作为家族史的一部分。没有人主张其具有独立的意义；每幅画作都取决于它与其他图像的关系，以及私人观众赋予它的知识。这些业余爱好者是图片制作者，而不是真正意义上的作者。她们既没有追求具有辨识度的风格，也不是将其用于教诲他人，更不是为了市场而创作。因此，业余画作几乎没有正式的、智识的或经济方面的价值，因为这些价值在当时是由高等艺术定义的。业余画作没有流传下来，几乎全都消失了。

与此同时，工人阶级和中下阶层的女性需要赚取工资。然而，只有少量职业对她们开放，而不涉及破坏社会等级的相关职业则更少。这些罕见的艺术职业与其他种类的手工劳动的区别在于其与女性特质相关的审美维度。欧美的当代评论家报告说，微型画、壁纸、瓷画、人造花卉制作、珐琅画、手工上色和纺织品图案设计等行业主要由女性组成，并为她们提供了持续的就业机会。据估计，到1894年，有1万名美国女性在上述行当就业，其中仅纽约市就有约2000人。[1] 在纽约，1859年成立的库伯联盟学院（Cooper Union School）在其早期的几十年中由一个女性顾问委员会指导，并为经济能力有限的年轻女性发起了一项设计培训计划。

尽管设计行业可能与其他行业一样挑剔、乏味且报酬低，但该行业的艺术声誉将它们提升到了"文雅"或"体面"的地位。这个行业需要耐心和灵巧，但几乎不需要体力。大多数工作是在全员均为女性的作坊中进行的，有些甚至是在家里进行的。因此，设计职业协调了性别、阶级和生存的需要。

"品位"已经成为女性的金融资产和适销对路的商品，尤其是在服装和女帽行业。巴黎的指南将有天赋的女帽设计师称为"艺术家"，精品商店之间的竞争更多的是基于无形的风格和时尚新颖性，而不是价格或耐用性等物质标准。玛格丽特·奥利芬特（Margaret Oliphant）在她1895年出版的小说《柯尔斯廷》

（*Kirsteen*）中，表达了在商业和艺术上都取得成功的梦想；柯尔斯廷是一名苏格兰人，凭借她在行业中的努力以及她创建高利润业务的天赋，在车间的队伍里脱颖而出。她的灵感来自她加入的第一个车间的墙上的时装版画（fashion plates）；这些图片及产品主要是由女性制作的，也专为女性受众设计（图 16 和图 17）。

　　将女性特质与美联系到了一起，这鼓励女性将她们的工作投入审美价值中。无论是努力设计更有利可图的产品，还是增加休闲活动的乐趣，女性都在行使她们的"品位权"。例如，刺绣的装饰范围使其有别于更具功能性的针线活，并使其成为中产阶层女性的首选消遣。拼缝起来的被套最初是为了避免让小块的残余织物浪费，后来则发展成了美国本土的一种艺术形式。这种艺术形式几乎完全属于女性，所有社会阶层的女性都在实践（图 22）。有些被套是为礼仪场合准备的，有些则是每天使用的；有些用昂贵的丝绸制成，还有一些用简单的棉布制成。但每床被套的美感都取决于制作者的色彩感和构图感；究竟哪些是艺术品，哪些是家居用品？一些大种植园的女奴因其缝制被套的才能而受到认可，被迫全职为她们的主人缝制被套；她们是专业人士吗？

　　女性不仅将平凡变为非凡，将消遣变为职业；她们还把职业引向了新的方向。伊丽莎白·凯克利（Elizabeth Keckley，1840—1900 年）的人生是以奴隶开始的，她在美国南部从事缝纫。凯克利将自己的艺术和精力运用到其政治信念当中，并用她的工作赎回了自己和儿子的自由。在美国内战期间，她成为玛丽·托德·林肯（Mary Todd Lincoln）[1]的裁缝和知己。她不断地将自己的天赋用于民权事业，创作了大量作品，其中就包括她用制作玛丽·托德·林肯礼服剩余的织物制作的"自由被套"。法国三姐妹埃洛伊兹·勒卢瓦尔（Heloïse Leloir，1820—1873 年）、阿内丝·图杜兹（Anaïs Toudouze，1822—1899 年）和洛蕾·诺埃尔（Laure Noël，1827—1878 年）均出生于科林（Colin），她们在 19 世纪 40 年代跻身于为工业时尚插画设定风格和主题的艺术家之列。科林姐妹和其他艺术家制作了用于制作版画的绘画和水彩画，然后在印刷后手工上色。在近半个世纪的时间里，科林姐妹的作品不断出现在主流女性杂志上（图 16）。

---

[1]　林肯总统的夫人。——译者注

制度改革

至于从事手工艺的女性，其新鲜之处可能更多地在于手工艺向职业的方向演变，而不是女性参与其中。我们知道，工匠阶层的女性在家庭作坊中已经工作了几个世纪了。凯克利运用的是所有女性都会在家里互相传授的缝纫技巧。科林姐妹从小就在父亲的工作室里学习绘画，并在青春期早期就开始通过艺术来赚钱。随着资本主义的兴起，女性突然不得不进入公共劳动力市场，去公开应聘她们的母亲和祖母一代人又一代人此前已经在私下里继承的工作。

到19世纪下半叶，家庭劳动组织的衰落意味着年轻一代不再像凯克利和科林姐妹那样接受培训。为了竞争手工业领域的就业机会，或者是获得那些已经取代了某些手工艺的工业设计工作岗位，女性必须接受公共培训。此外，一些女性开始渴望获得高等艺术领域的职位，并觉得如果没有官方教育，或者是没有进入官方机构，她们就无法获得这些职位。例如，我们可以将珍妮·路易丝·贝休恩［Jennie Louise Bethune，娘家姓为布兰查德（Blanchard），美国人，1865—1913年）］视为最早的职业女性建筑师之一，因为在1888年，她成为第一位被美国建筑师协会接纳的女性，该协会至今仍是美国最重要的建筑设计师专业机构。在19世纪最后三分之一的时间里，经济和艺术因素的融合在整个欧洲和美国引发了关于制度改革的争论。

在每个国家，问题或多或少都是一样的。反对女性职业化的人声称，女性应该留在家中；而支持者则认为，并非所有女性（尤其是单身女性）都能负担得起这样做的成本，而且在所有类型的教育中，艺术教育会增强而不是损害年轻女性的女性特质。然而，在每个国家，抗议和让步的时间顺序会根据女性艺术家的动员程度，以及国家或市政艺术机构的倾向而有所不同。巴黎在19世纪是艺术世界的中心，因此法国的案例既是最不寻常的，也是最重要的。[2] 到19世纪末，来自比利时、英国、芬兰、德国、荷兰、意大利、挪威、俄罗斯、瑞士和美国的女性都前往巴黎学习，她们后来成了在各自国家独领风骚的女画家。

法国是最早拥有公立女子艺术学校的国家之一。1803年，由两名女性在巴黎创办的女子免费绘画学校（Ecole Gratute de Dessin pour les Jeunes Filles），成为其他国家类似学校的典范。该校提供基本的设计培训，将大多数学生输送到了手工艺行业。到19世纪60年代，法国的许多省级城市都建立了类似学校。

到 1869 年，仅巴黎就有 20 所这样的学校；相比之下，类似的男子学校只有 7 所。艺术成为女子公立学校课程不可或缺的一部分，这反过来又为女艺术家创造了新的教学职位。到 19 世纪末，全国装饰艺术联合会成立了一个"女性部门"，以提高从事手工艺的女性的数量和质量。

女性的绘画或雕塑作品只要通过了评判委员会的考核，就可以在国家及其艺术机构法兰西艺术院（the Academic des Beaux-Arts）主办的神圣的沙龙中展出。1800 年，女性展出了 66 件作品，占所有作品的 12.2%。到 1900 年，这一数字急剧上升；当年女性展示了 609 件作品，占总数的 21.2%。女性展出的雕塑作品最少，水彩画最多；随着时间的推移，油画逐渐流行起来。然而，直面沙龙对女性来说是不可能的，因为她们不像男性那样做好了准备；在沙龙里，人们不仅要勇敢面对批评，还要接受市场检验。从 19 世纪 60 年代开始，时尚画家查尔斯·查普林（Charles Chaplin）为女性开办了一家专业教学工作室。其他人也追随他的脚步，其中最著名的是 19 世纪 70 年代开始在朱利安学院（Académie Julian）开课的托尼·罗伯特－弗勒里（Tony Robert-Fleury）。但即使在这些严肃的工作室里，女性的课程也是被稀释了的；上课的时间与男性接受的课程不同，老师更少，不允许创作裸体画，也不提供解剖学课程。

最终，女性意识到必须由自己来接管。1881 年，雕塑家和教育家莱昂·贝尔托夫人［Mme Léon Bertaux，原名埃莱娜·皮拉特（Hélène Pilate），法国人，1825—1909 年］与欧洲其他地方的同行共同创立了女画家和雕塑家联盟（Union des Femmes Peintres et Sculpteurs）。该联盟从 1882 年开始举办自己的年度艺术展，当年的参展者是 38 人，到 1897 年已经增加到 942 人。到 1890 年，也就是它开始出版《女艺术家杂志》（Journal des Femmes Artistes）的那一年，该联盟的成员达到了 500 人。通过该杂志和不知疲倦的贝尔托夫人的努力，该联盟发起了争取让女性进入欧洲艺术学校中的佼佼者、由法国政府经营并得到国家资助的美术学院（Ecole des Beaux-Arts）的运动。丹麦、德国、俄罗斯和英国的类似学校（尤其是英国著名的南肯辛顿学校）很早就向女性开放了，而女性在法国的美术学院的成功最终在 1896 年才得以降临。然而，在法国的美术学院，女性仍然被排除在混合生活学习班之外，也被排除在学校的最高奖项罗马大奖赛之外。

不幸的是，女画家和雕塑家联盟取得的类似胜利，为女性赢得的只不过是些过时的特权。该联盟的领导人和成员都明白，成功的事业需要制度基础，并需要公正地坚持女性机会平等的原则；但她们不清楚哪些特权是现代社会的关键。到女性可以进入法国的美术学院学习时，艺术的历史已从国家主导转向独立展览、前卫运动和私人画商。现代主义的艺术世界，比之前更加反复无常，更需要自我激励，更依靠个人主义；面对这一局面，女性像以往一样，并未得到保护。

奇观与性意识

图像依然在反映男性对女性的看法：对性、阶级、种族、工作和艺术的态度。男性艺术家控制着女性主体。男性不仅将女性描绘成性权威所凝视的对象，而且在许多情况下，阶层差异加剧了性别不平等。画家和雕塑家至少渴望获得中产阶层的地位，而他们所雇用的模特则属于工人阶级。同样，版画家和摄影师用中产阶层的眼光来看待他们的女性工人阶级对象，既居高临下，又贪欲十足。

没有什么比裸体图像更能体现艺术家与模特之间的这种权力关系了。艺术中的裸体比以往任何时候都更意味着那是女性裸体。然而，裸体暴露的是女性的身体，还是男性的色情幻想？性感化的女性身体通常在某种程度上被描绘成既顺从又陌生，她们是来自其他时代、其他地方、其他文化、其他世界的女性：原始淫荡的女工、诱惑迷人的宫女、保持卧姿的女神。不管是围绕裸体题材，还是裸体女性，都存在一些迷思。人们普遍认为，模特们愿意与她们为之工作的艺术家发生性关系。无论实际情况如何，有关艺术家模特的迷思准确地反映了男性观众与高等艺术的裸体形象之间的想象关系。

对于带有占有性的性凝视而言，色情图像提供了更为直接的接触女性身体的途径。大量复制的石版画、木版画以及后来出现的照片摒弃了高等艺术的理想化，为新兴市场提供了明确的性视觉展示。1874 年，仅在对伦敦一家商店的一次突袭行动中，警方就缴获了 135248 张淫秽照片。[3]在这样的扩散中，多种程度的审美意图可以共存；特别是在早期的达盖尔照相法中，摄影师可以通过仔细构图和利用相机的投影缩减来增强图像的色情效果。

视觉文化实际上忽略了那些不能给男性带来视觉愉悦感的女性身体。年长的女性很少出现在 19 世纪的图像中，除非是漫画或是夸张的铅版印刷品。女性的体力劳动在图像中几乎看不见。正如有关艺术家模特的迷思对女性工作的物质条件避而不谈，而是在强调她的性服务；从事其他工作的职业女性要么被忽略了，要么被色情化了。即使是从事传统农业工作的女性图像，最初也让中产阶层感到震惊，当时米勒（Millet）在画幅较大的油画中描绘了正在痛苦地弯腰从事重复性劳作的女农民（图 32）。流行的意象更倾向于专注拥有相对特权的行业，例如与女性享乐相关的女帽业，以及被认为是由女性从事，而中产阶层男性可以与之发生关系的行业（图 30 和图 31）。后来，流行的意象又包括了新的产业工作，比如从事文书或操作电话交换机的女性（图 33），这类工作具有与上述行业类似的性别特征。

然而，戏剧行业的女性却因知名度的大幅提高而获得了大红大紫的机会。在当时，出现了拉·马利夫兰（La Malibran，西班牙人，1808—1836 年）这样的歌手，莎拉·伯恩哈特（Sarah Bernhardt，法国人，1844—1923 年）这样的女演员，卡洛塔·格里希（Carlotta Grisi，意大利人，1819—1899 年）和玛丽·塔里奥尼（Marie Taglioni，意大利人，1804—1884 年）这样的舞者，她们让整个欧美的男女观众为之倾倒。紧随她们出现的是一种颇受欢迎的图像，它与真实的舞台表演一样，让她们声名远播（图 13）。到 19 世纪中叶，摄影公司超过三分之一的业务是为艺人拍摄肖像。[4] 名人照片也创造了关于女性身体的神话，但这些照片也使其所拍摄的女性获得了勇气，同时也颂扬了她们将自己的身体转化为精彩表演技艺的能力。

圣母马利亚仍然是最伟大的名人。尽管宗教形象在流行文化和学术意义上普遍下降，但 19 世纪的宗教崇拜使马利亚的形象契合了当时的主题（图 14）。教皇庇护九世（Pope Pius IX）于 1854 年颁布了圣母无染原罪令，再加上圣心女会开办的女子学校取得了成功，这都体现了女性宗教榜样对 19 世纪天主教的重要性。从拉斐尔前派的画家到不知名的宗教卡片（图 14）雕刻师——后者相当于宗教上的照片摄影师，他们将马利亚塑造成了一位中产阶层母亲，即使是新教徒也可以效仿。安娜·詹姆森（Anna Jameson，英国人，1794—1860 年）是首位专业的英国艺术史学家。她在极受欢迎的《神圣而传奇的艺术》（*Legendary and Sacred Art*）一书中为"圣母马利亚的传奇"保留了最大的篇幅。最重要的是，她称赞描述"圣母与圣婴"形象的画作："这是女性最纯洁、最崇高、最神圣的荣耀典型。"[5]

生产和消费

与印刷品一起，照片以指数方式扩展了视觉文化的范围。始于 19 世纪 30 年代，并在整个 19 世纪加速发展的"媒体爆炸"普及了当代女性题材，尤其是吸引了女性观众，并引发了新的视觉认同。女性比以往任何时候都更容易制作和获取图片，但她们对视觉文化的更深入参与也使她们更容易受到它的影响。

机械设备的出现放宽了作者身份的定义。像朱莉亚·玛格丽特·卡梅隆（Julia Margaret Cameron，英国人，1815—1879 年，图 7）这样的没有受过专业训练的女性也可以拿起相机，在一个尚未严格区分艺术与科学、业余爱好者与专业人士的领域中取得了显赫地位。在摄影师的工作室里，艺术家与模特之间的关系几乎可以颠倒；摄影师可能是被动的，而他的拍摄对象却在摆出自己姿势，并通过打扮来形成一个新的身份，让相机来记录。

弗吉尼亚·维拉斯（Virginia Verasis）、卡斯蒂利欧伯爵夫人 [1]（Countess de Castiglione，意大利人，逝于 1899 年）、让·马丁·沙尔科（Jean Martin Charcot）[2] 以及汉娜·库尔维克（Hannah Cullwick，英国人，1833—1909 年）都借助摄影技术在其为失智女性建立的萨尔佩里耶医院为几名精神病患者，拍摄了自己不同寻常但惹人联想的系列照片。卡斯蒂利欧伯爵夫人将自己拍摄成一个令人发指的妓女、性感的奇观和欲望的对象（图 18）；布朗什·魏特曼（Blanche Wittman，法国人，1859—1905 年之后）和"奥古斯蒂娜"（Augustine，生平日期不详）展现了癔症的阶段，被沙尔科用作临床证据的图片（图 37）；汉娜·库尔维克曾是一名洗碗女工，为了取悦最终与她结婚的古怪照片收藏家亚瑟·蒙比（Arthur Munby），她扮演了包括奴隶和淑女在内的各种角色。这些女性是在表达自己还是在剥削自己？她们是在维护边缘身份的有效性，还是为她们的形象所封印的角色所困？她们自我表达的矛盾通过夸张的方式表现了出来，凸显了在现代工业消费文化中，所有女性的身份所固有的紧张关系。

女性通过购买图像来控制图像，但反过来又受到购买欲望的控制。工业化将业余的女性传统转化为可以大量复制的图像。女性逐渐不再制作手绘图片的

---

[1]　意大利王国时期的贵族、间谍和摄影师，凭借出色的社交与情报搜集能力结识了众多知名人物。——译者注
[2]　沙尔科是 19 世纪法国神经学家、现代神经病学的奠基人，他通过对患有癔症的病人进行催眠，意图诱发并研究其症状。——译者注

小册子，而是将有着类似主题的照片组合成相册。在从事业余艺术时，女性对自己的想象来自家庭世界；现在是印刷品和照片的时代，最重要的是时装样片，业余创作的图像又得到了重新利用，并用来在商业上代表女性（图 16）。自 17世纪晚期以来，时装样片及其载体（女性杂志）就已经存在，但到了 19 世纪40 年代，时装样片成为一股文化力量。在美国，莎拉·约瑟法·黑尔（Sarah Josephha Hale）主编的《戈迪女士的书》（*Godey's Lady's Book*）到 1849 年已有 4 万名订阅者；而在法国，《时尚回声》（*Le Petit Echo de la Mode*）等几本女性杂志到 1890 年的发行量为 20 万本；而且，每本杂志还会被传阅给好几位读者。女性已被确定为服装和出版业的市场和目标。时装样片将女性引入了广告（图 17 和图 28），其形象与购物信息组成了堪称典范的联盟，时尚业将其产品作为性别和阶级的理想来进行兜售。

服装、化妆品和配饰既会影响到女性的外表，也是她们渴望得到的事物。就这些意义而言，上述产品的广告重新定义了女性特质。本书中的其他文章更全面地解释了 19 世纪女性如何从在家工作的生产者，演变为在外消费的消费者。在女性重塑传统的自我形象的过程中，广告发挥了视觉作用。这些新的自我形象是商品，所有女性都可以以一定的价格买到，也许那些接受了此类价值观的女性自己也会成为商品。

评论家约翰·伯格（John Berger）曾说："男人行动，女人展示。"（Men act and women appear.）随着外表对女性越来越重要，图像在女性的自我意识中相应地扮演着更大的角色。空前数量的女性进入了艺术行业，这是对女性与图像之间联系的回应。通过进入艺术领域，女性延续了性别刻板印象，但她们的成就开始让女性的外表变得不一样了。

策略

模糊和妥协既是女性文化生产的消极特征，也是积极特征。无论是用社会认可、名望、财富来衡量，还是用影响力来衡量，艺术领域最为成功的女性从业者之所以能够有所斩获，与其说是因为女性能平等地进入男性体制和获取官方特权，不如说是因为她们能够在男性体制的边缘发挥作用，同时维持着与业余传统或手工艺职业之间的联系。

拥有艺术抱负的女性的主要资源之一仍然是男性艺术家，尽管与男性同事的交往不仅会带来个人声誉受损的风险（艺术家模特的迷思），而且还面临成果被归因于男性灵感，甚至被说成是男人捉刀的危险。尽管如此，大多数在19世纪取得艺术成就的女性至少都经历过一个阶段，即成为在艺术界享有盛名的男性人物的模特、伙伴或学生。刺绣师梅·莫里斯（May Morris，1862—1938年）是设计师威廉·莫里斯（William Morris）的女儿和学生；作曲家克拉拉·舒曼（Clara Schumann，德国人，1819—1896年）和音乐家罗伯特·舒曼（Robert Schumann）是一对夫妇；卡洛塔·格里希（Carlotta Grisi，法国人，1841—1895年）是编舞家朱尔斯·佩罗（Jules Perrot）的情人；贝尔特·莫里索（Berthe Morisot，法国人，1841—1895年）给同为画家的爱德华·马奈（Édouard Manet）做过模特（图24）。这一现象的普遍存在表明，在进入艺术世界的入门阶段，女性在现实中仍然依赖男性，而且女性在心理上也需要男性的赞美。

处于模糊状态的职业为女性提供了一个未知的领域，她们可以宣称这是自己的领域。通过像波特（Potter）和凯特·格林纳威（Kate Greenaway，英国人，1846—1901年）那样选择为书籍配插画，专注于不同寻常、处于边缘位置的绘画类型［比如博纳尔（Bonheur）专门画动物，而伊丽莎白·汤普森夫人（Lady Elizabeth Butler，英国人，1846—1933年）专注于军事题材］，或者是进入新的领域工作（就像科林姐妹那样在时装插图领域工作、像卡梅隆那样在摄影领域工作），甚至可以像安娜·詹姆森那样将撰写艺术史当作职业，或者像玛丽·巴什基尔采夫（Marie Bashkirtsef，俄国人，1859—1884年）在她的畅销日记中所做的那样去讨论艺术，女性可以走得更远，而且不会违反任何规则。

女性艺术家的另一个策略是将男性从事的高等艺术融入起源于家庭的项目当中。女性可以从她们的家庭身份向外延伸，凭借她们自身的实力将手工艺品、绘画、建筑或自然本身重组为复合艺术作品。伊迪丝·沃顿（Edith Wharton，美国人，1862—1937年）与奥格登·科德曼（Ogden Codman）合著了第一本专门介绍室内装饰的专业书，他们在1897年出版了《室内装饰手册》（*The Decoration of Houses*）。格特鲁德·杰基尔在房屋周围规划并种植了花园（图40）。伊莎贝拉·斯图尔特·加德纳（Isabella Stewart Gardner，美国人，1840—922年）创立、设计和布置了家庭博物馆，这是以私人住宅为基础对公共博物馆进行的模仿（图41和图42）。

女性无法像男性那样将职业与个人生活分开。一些女性利用了这一优势，而另一些女性则被此打败了。全新的职业可以通过传统题材来对冲风险。玛丽·卡萨特和贝尔特·莫里索是 19 世纪晚期在风格上最具冒险精神的女画家，她们专门创作在业余传统中经常会出现的女性题材（图 1 和图 25）。这两位女性都过着保守的中产阶层私生活。另一方面，如果女性在艺术形式、职业和个人行为方面大胆无畏，很快就会酿成灾难。卡米耶·克洛岱尔（Camille Claudel，法国人，1864—1943 年）已成为被诅咒的女天才的神话原型。她敢于从事雕塑艺术，这是所有艺术形式中最具男子气概的一种，她为声名显赫的男性艺术家奥古斯特·罗丹（Auguste Rodin）做模特并与之合作，还公开将罗丹视为自己的情人，并展示了女性的情欲（图 39）。她的家人和罗丹后来都抛弃了她，她最终失去了理智。而艺术史则将她遗忘了四分之三个世纪。

女性面临着审美、经济、性、技术和政治等价值观纷繁复杂和不断演变的组合，这些组合具体化为艺术形式、艺术机构或艺术产业，它们共同构成了视觉文化。其中一些价值观与女性特质的价值观相一致，但许多价值观与其并不一致。女性必须调和相互冲突的价值观，并设计新的意义结构，以便在她们之前没有出现过的领域为自己创造一席之地。她们发明新的职业、艺术形式和女性特质。为了欣赏她们所取得的成就，我们需要从绘画和雕塑所提供的、有关文化历史的非常片面的观点中后退一步，并在其历史背景中审视整个视觉文化领域。在这之后，人们就会豁然醒悟，女性的工作是多么勇敢，多么精明，多么有利可图，多么丰富多彩，多么富有创造力；并且出于这些原因，她们的工作是多么美丽。

第十二章　对女性的描绘

安娜·希贡内（Anne Higonnet）

图像可以用多种方式来阐释。对于我所使用的插图，仅靠其标题提供的最少技术信息，我们即可理解。又或者是说，从本卷书的整体背景来看，它们可以被更广泛地理解为那些提出关于革命、颠覆、性、家庭、工作、女性主义、身份和描绘等问题的文章的视觉呈现、补充或澄清。"图像——外表、休闲与生存"一章将这些插图视为 19 世纪视觉文化中女性地位历史的例证。下文的注解围绕这些例证进行组织，以放大它们的特定含义，并提请读者注意其视觉策略。

圣母马利亚、荡妇和缪斯

玛丽·卡萨特在 1891—1892 年创作的《沐浴》（图 1）、古斯塔夫·克里姆特（Gustav Klimt）1901 年创作的《犹滴》（图 2）和欧仁·德拉克洛瓦（Eugene Delacroix）1830 年创作的《自由引导人民》（图 3）重复了高等艺术中的三种女性刻板印象：圣母马利亚、荡妇和缪斯。但每幅画作均以 19 世纪特有的方式对刻板印象进行了更新。

卡萨特的马利亚是《沐浴》中的一个女儿的资产阶级母亲。这标志着宗教题材在艺术中的衰落（在新教国家和法国尤其如此），也反映了艺术家对小女孩形象和母女关系的兴趣日渐浓厚。卡萨特笔下的母亲在给她的孩子洗澡，这是任何中产阶层观众都能辨识出来的寻常事。卡萨特通过强调母亲的身体纽带来保持传统；而肉体接触肉体的地方定义了她所刻画形象的中心轴。作为一种沉迷于性意识的 19 世纪末的唯美主义，该画作也使人们对女性性能力的潜在恐惧浮出水面。克里姆特刻画的女性身体形象，在珍贵的黄金图案的衬托下展现出丰满的肉体。犹滴所展现的令人触手可及的肉欲既让人觉得诱惑，又招人反感。她向观众的方向走来，张着闪光的嘴，袒胸露乳，向他发出了邀请。但她的名字犹滴提醒观众，她是个危险的女人，一个为了毁灭别人而对其实施引诱的女人[1]。德拉克洛瓦笔下的自由女神引导人民参加革命，承诺将给予他们民主。德拉克洛瓦毫不避讳地把自由女神想象成了一个人民当中的女人，皮肤黝黑，肌肉发达，跨过街垒大步向我们走来。她依然是法兰西共和国的象征玛丽安娜（Marianne）[2] 无与伦比的化身。

女性在革命中的地位

大卫用他在 1784 年至 1785 年创作的《荷拉斯兄弟之誓》（图 4）中总结了女性在法国革命意识形态中的地位。荷拉斯兄弟发誓要击败腐败的库里提（Curiatii）家族，绝不在这次决斗中苟活。画作的一边是男人：他们紧密团结，朝着共同的目标努力，他们的父亲则告诫他们要成为正义的工具，就像他手中紧握的剑一样冷酷无情。另一边是女性：她们因陷入个人情绪而有些消沉，但弯曲有致的手势和垂褶布依然透露着优雅。两相对比之下，他们传递的含义非常明确——男性气质和女性特质是彼此的对立面。他们之间唯一的联系是小男孩，他待在无意识的女性群体中，却凝视着男人们，要以他们为榜样。

大卫在为法国大革命的节日设计作品时，将自己的理念付诸实践。尽管她们在庆祝全新的政治理想，但女性发现自己在革命的范畴中被降级为传统的角色。在 1794 年的最高主宰节（Fête de l'Être suprême，图 5）中，女性要么组成白袍贞女团体；要么乘坐豪华的战车，这寓意着富足；要么出现在代表无神论的外立面的灰烬中，这寓意着智慧。实际上，女性从未被描绘成革命中积极的个人参与者，而是被直接的物质需求所驱动的集体政治行动的成员。在更常见的情况下，她们是家庭美德和贞洁美德的象征。这些美德保证了革命意图的纯洁性。

---

[1] 在《圣经·旧约》中，以色列寡妇犹滴通过使用美人计诱惑并杀死了亚述统帅。——译者注

[2] 玛丽安娜是法兰西共和国的国家象征。她的形象遍布法国各地，还常常被放置在市政厅或法院显著位置。她的形象被雕刻成了一座铜像，矗立在巴黎的民族广场，以象征"共和的胜利"。——译者注

专注于家庭

19世纪初的资产阶级意识形态认为，贤惠的女性应牢牢地待在家中。在19世纪上半叶盛行于整个欧洲的业余艺术中，女性均以家庭角色来表现自己，但有时会出现带有幽默性或反思性的变化。戴安娜·斯佩林1816年创作的水彩画活泼地描绘了晚餐后的家庭舞蹈（图6）。画中女性的人数多于男性；一个女人独自快乐地跳舞；一个小女孩坐在画面边缘的座位上看着我们。提供钢琴伴奏的是另一位业余的女艺术家，与斯佩林从事画画不同，她投身于音乐领域。

贝斯特于1847年创作的水粉画（图7）显示，她的丈夫正在弹钢琴，他们的三个孩子在音乐声中进入餐厅。餐厅里摆好了一张桌子，一家人准备享用一顿亲密的晚餐。贝斯特对家中陈设的描绘十分用心，细致到足以让我们感受到她作为艺术家的自我意识。画面中左侧较低位置的画作是贝斯特为丈夫描绘的结婚照。在整幅画作中，她结婚照中的丈夫在左边看着我们，他们的儿子在右边注视着我们。贝斯特将她的智力的造物和身体的造物对称地组合在一起；她和她的丈夫也被想象成对称的——当她画画时，他在对面弹琴。

女性的业余艺术作品被保留在家里；而男性描绘私人生活的作品则注定要进入公共领域。乔治·埃尔加·希克斯创作的《男人的伴侣》（图8）是题为"女人的使命"的三联画中的一幅，反映的是19世纪中期家庭风俗画的一个场景。此类画作由中产阶层创作，也是为中产阶层创作的。壁炉、地毯、舒适的早餐桌和锃亮的银器，都是体面家庭生活的标志。妻子在安慰刚刚得知他人死讯的丈夫。她是他温柔的慰藉，而他是她正直的力量。斯佩林和贝斯特的形象被画在纸上，装在相册里，传给了她们的后人。而希克斯的这幅作品是在布面油画中以逼真的技巧绘制的，一经制作就被公开展出，现在属于英国国立泰特美术馆。

着装释放的信号

没有什么能比着装更肤浅却也更顽固地传达性别的信息了。在任何一个世纪，男性和女性的服装都不像19世纪这样如此不同；也没有哪个世纪的着装越界行为，会像在19世纪这样受到如此严格的审视，而这种标准也如此便利地被用在画作中来表现着装者的顺从或颠覆。按照20世纪的标准，马勒弗尔于

1832 年刻画的一位年轻的圣西门主义者（图 9）的着装看起来很文雅；但从 19 世纪的观点看来，她的服装却正好符合其革命教义。她的裙子非常简单，长度刚好到膝盖以下——短到看起来像裤子。裤子象征着男子气概。而女性穿上裤子就被视作在要求男性的权利。

乔治·桑完全男性化的着装比她的男性笔名，甚至比她写作的激进内容，更能清楚地传达出她的激进立场。她的外表足以表明她要为之努力的实质内容。例如，洛伦兹 1842 年创作的《乔治·桑》（图 10），通过嘲笑她的外貌来取笑其政治立场，这些政治立场体现在飘浮于空中的纸上的口号。洛伦兹撰写的说明文字告诉我们，桑的观点是"天才不分性别"。这个观点虽然遭到了嘲笑，但至少已经被清楚地理解和阐述了。

在奥诺雷·杜米埃的一幅平版印刷画中，画中描述的是一位受伤的丈夫对他特立独行的妻子惊呼："我根本不在乎你那个怂恿女人不去缝补裤子的桑夫人。"杜米埃虽然也是一名坚定的激进分子，但他对有文学抱负的女性主义者充满了保守的愤怒。在他的"蓝色长袜"系列的另一幅版画中（图 11），妻子愤怒地拒绝为丈夫的裤子缝一个纽扣。他可怜巴巴地站在那里，用手遮挡着私处，配文说他的妻子不仅"穿上了裤子"，而且现在还把裤子扔回给他。

马勒弗尔、洛伦兹和杜米埃的版画均在陈述高等艺术中难以想象的性别问题。在 19 世纪的头几十年内，平版印刷和木版画技术的改进使得廉价图像的广泛传播成为可能。这些图像通过图片和图片说明之间的互动，对时事进行了评论。恰到好处的女性特质成为流行的形象，但任何异常的女性行为也很容易被可视化。女性画像成为讨论她们社会地位的有力工具，因为这些画像所描绘的已经是不可避免的事实。

与此同时，浪漫主义创造了新的女性画像。乔治·桑可以被讽刺，但她也可以被描绘成弗朗茨·李斯特（Franz Liszt）音乐的高贵听众（图 12）。如果正如浪漫主义者所言，艺术灵感来自大自然的普遍力量，那么所有艺术都有共同的基础；如果所有人在大自然面前都是平等的，那么所有艺术家在天才面前也都是平等的。在丹豪瑟的画笔下，桑跻身于一群持平等主义的音乐家和作家当中。位于左边的桑和右边的丹尼尔·斯特恩［Daniel Stern，化名玛丽·达古尔特（Marie d'Agoult）］形成了对比和反差，桑身着男性化的服装，手夹香烟，而斯特恩则穿着优雅的、极有女人味的连衣裙。桑跻身于左边的男性天才群体当中，她与他们几乎没有区别。

浪漫主义的芭蕾舞女演员裹着白色薄纱，完美展现了脱胎换骨的理想化女性。在两部经典的浪漫主义芭蕾舞剧——1832 年首演、由玛丽·塔里奥妮（Marie Taglioni）担纲主演的《仙女》（*La Sylphide*）和 1841 年首演、由卡洛塔·葛丽西（Carlotta Grisi）担纲主角的《吉赛尔》（*Giselle*）——中，女主角均被塑造成了仙子。她们脆弱的外表，越发衬托出她们自我牺牲和悲剧爱情的力量。塔里奥妮是首位用脚趾尖跳舞的芭蕾舞演员，而芭蕾舞是一种让人产生失重错觉的艰苦技术。德韦里亚在描绘塔里奥妮众多备受欢迎的形象之一时，完全放弃了在一般人想象中塔里奥妮应该会穿的尖头鞋，而展示的是她赤脚腾空的场景（图 13）。

批量生产的图像

一些传统的、反映女性特质的图像，保留了人们对女性的想象；但此类图像在新兴工业化的过程中和中产阶层当中出现了新的变体。宗教图像（图 14）一直是流行印刷品的主要内容。随着大规模生产技术的出现，它们可以更广泛地被传播和收集。"圣卡"呈现出一种新型的、非常小的开本，有时会在印刷后手工上色，并用有花边的剪纸包裹，经常被随意地塞进弥撒经书里。在 19 世纪的圣卡上出现的，不再是冷酷无情的威严仲裁者，而是表情温和的青少年宗教人物，这些人物几乎都是雌雄同体，从而为宗教的女性化作出了贡献。许多圣卡似乎是专门为鼓励女孩效仿天主教榜样而设计的，尤其是要效仿圣母马利亚（图 14）。

随着印刷市场的扩张和多样化，该市场也逐渐变得专业化。19 世纪初，描绘资产阶级女性特质、面向中产阶层女性市场的印刷品激增（图 15）。在此类印刷品充当了 18 世纪晚期以来女性一直在创作的业余图像（图 6、图 7）与 19 世纪 40 年代后越发流行的时装插图（图 16）之间的过渡。时装插图本身提供了视觉过渡，从表面上的中性图像，过渡到了 19 世纪最后 30 多年出于公开的商业目的而展示女性形象的图像。广告（图 17）、时装插图和女性题材的印刷品均将女性描绘成静态不动、沉默寡言的人体模特。她们精心打扮了一番，穿着精致的服装，置身于具有象征意义的女性环境中。她们所处的环境在原先的家庭内部、花园、家庭度假场所、教堂和舞厅的基础上，逐渐增加了博物馆、商店和火车站等城市场所。对女性身份的识别不再依据特定的个人，而是根据由场所和服装所构成的女性特征。卡斯蒂利欧伯爵夫人在 1856 年至 1865 年左右，以及 1895 年至 1898 年左右为自己拍摄了 400 多张照片，便是在炫耀这种商品化的身份。多张照片明确表明，卡斯蒂利欧伯爵夫人自己也成了视觉的对象。她通过使用相框和镜子（图 18），向我们展示了她的技巧。她的自我呈现强调的是奢华的外表，而不是内在。

主流之外的艺术

由于避开了有争议的高等艺术和性领域，女性艺术家的声望受到了限制，但她们在经济和表达方面的机会却扩大了。她们在制作手工艺品，或是从事于绘画领域的次要流派方面，这不仅为她们带来了赚取家庭以外收入的机会，还提供了摆脱女性题材所造成的困境的办法。尽管创作于 1917 年，但玛尔特·勒克莱尔的珐琅微缩自画像（图 19）还是能够反映 19 世纪手工艺生涯中体会到的安全感。她从事这个行当的工具将她限定在一个安全的空间内。勒克莱尔在对自我形象的塑造中，援引了与卡斯蒂利欧伯爵夫人一样多的技巧和场景（石膏模型，图片，空烛台，一扇敞开着的、能够反映外部世界的窗户）。但与后者不同的是，勒克莱尔所构思的自我形象正在专注于自己的工作，而不是展示给观众看。

在女性所设计的世界中，性别差异被缓解了。罗莎·博纳尔（法国人，1822—1899 年）尽管采用了与毕翠克丝·波特不同的方式，但她们均从动物画中获得了极其辉煌的职业生涯。博纳尔与桑一样，以身着男装而闻名。她于 1848 年在官方沙龙画展上获得金牌，1865 年获得法国荣誉军团勋章，1894 年成为荣誉军团军官。她的画作以及她所拥有的复制这些画作的权利，为她带来了巨额收入。1853 年创作的《马场》（图 20）以 4 万法郎的价格卖给了一位伦敦商人。这幅画后来又以 5.5 万美元的价格转卖给了一位美国收藏家。

博纳尔的油画画幅较大，形象逼真；波特的水彩画画幅较小，富有想象力。但随着时间的推移，波特的成功甚至使博纳尔有些黯然失色。波特没有接受过专业培训，她早期创作的儿童读物都是从她寄给年轻朋友的带插图的信件中发展而来的。波特将她的第一本书命名为《彼得兔》（图21）。第一版于1902年10月印刷了8000册，到年底又印刷了两次，发行量达到了2.8万册。波特的人气持续居高不下。她的作品被无数产品复制和模仿，她的书至今仍在出版；她的原画被博物馆收藏，最近还获得了博物馆展览的殊荣。

就像波特的作品一样，美国被罩也从边缘位置被拯救了出来。被罩曾经被视为没有任何特色的工艺品，现在却因被罩图案的个人创作者的身份和最终组装作品的女性集体生产而受到赞赏。美国的绗缝师通常会选择非常抽象或极其夸张的图案。然而，它们的形象不仅涉及友谊、死亡和婚姻等私人生活的方方面面，还涉及宗教信仰、废除奴隶制和禁酒等公共问题。哈里特·鲍尔斯（Harriet Powers）在大约1886年创作了《圣经》被罩（图22），将15个场景缝制在一起，描绘了上帝对不义者的末日惩罚和对无辜者的救赎。这件被罩能够追溯至美国黑人的非洲视觉遗产，是该领域为数不多的幸存艺术作品之一。鲍尔斯巧妙地将非洲丰族（Fon）达荷美人（Dahomey）的缝饰技术与美国被罩的形式和技术相结合，创造出充满活力而又纷繁复杂的人类、动物、上帝和天堂的形象。被罩底部边缘的中心是一头母猪，它是独立的象征，也有奴隶走向自由之路的含义。

女艺术家的身份认同

女性在高等艺术中的自我认知和男性对她们的态度均在逐渐转变。埃德加·德加对为他在卢浮宫博物馆的同事玛丽·卡萨特创作的一幅画像非常感兴趣，对它进行了24次修改（图23）。在德加的描绘中，卡萨特背对着我们，她的头和肩膀刚好沿着画框的轴线对齐，由此我们可以看出她的注意力集中于何处。然而，在德加的图像中，卡萨特不是画作的创作者，而是画作的观看者。爱德华·马奈为他的同事贝尔特·莫里索画了11幅肖像（图24）。尽管马奈对莫里索的才智和美貌赞不绝口，但他从未在画作中展示莫里索的画家身份。

尽管如此，印象派运动以前所未有的程度培养了卡萨特和莫里索的自信。1893年，莫里索创作了一幅画（图25），与贝斯特的画作（图7）一样，这幅画坚持表达了她的多重身份。在这幅描绘女儿朱莉·莫里索（Julie Morisot）拉小提琴的画作的背景中，她再现了两幅肖像：右边是德加给她的丈夫所作的肖像画的一小部分；左边是马奈为她画的肖像（图24）。在画作中，莫里索和丈夫一起出现，并赋予了孩子明显更加偏向母亲的血统。此外，莫里索还赋予了母亲与孩子关系的一个新维度，因为她以相同的形象来描绘自己和女儿，但确实是以不同的表达方式，这使她们之间的联系更多的是智力上的，而非身体上的。母亲和孩子均对艺术有兴趣，分别是在绘画和音乐方面，这两者既将她们联系在一起，又将她们分开。在这幅画作中，莫里索虽然承认了她的艺术身份包括成为马奈的模特，但她是出于自己的创作目的而挪用了马奈为她描绘的形象。

工作中的女性

比起思考身份问题，描绘女性在已经被认为属于她们的地方做她们应该做的事情，似乎要简单得多。在 19 世纪，缝纫比任何其他女性工作（图 26、图 28、图 29）都更能激发视觉想象力，甚至比传统的农民劳动（图 32）更吸引人。缝纫与性别的关系比它与阶级的关系更为密切，它提供了一种描绘女性工作的方式，通过将注意力转移到关于女性特质的共识上，避免了社会或经济差异，以及工业劳动等有争议的话题。很显然，画作中的劳动阶级女性往往待在厨房里，从事令人安心的家务活，如缝纫或烹饪（图 26、图 27）。缝纫机广告充分利用了人们对缝纫与女性特质非常匹配的认同，并承诺会改善缝纫机的表现。1896年，胜家牌（Singer）缝纫机的一则广告称其产品为"母亲的机器"和"最受欢迎的结婚礼物"，因为它"极大地促进了家庭幸福"；巨大的字母"S"缠绕在一名自信主妇的丰满身材周围（图 28）。尽管发生了工业革命，性别差异仍然存在，女性作为操作缝纫机的苦力，要么在家（图 29）工作，要么在工厂里工作。

即使是最新型的大众传播媒介，也以保守的图像限制了女性进入公共的工业劳动力大军当中。拉里卢梅早期创作的一幅平版印刷画（图 30）十分受欢迎，描绘的是女帽店的两位助理在运送她们的物品。虽然这是她们工作中的固有内容，但她们在巴黎街头的出现已经演变成了一场浪漫的邂逅。一个女人悄悄地对另一个女人说："看！他在跟着我。"拉里卢梅将工作中的女性可能在事实上享有的性自由，解释为她们有可能鼓励男性猎艳者的证据。这些职业女性将自己打扮成中产阶层。当她们外出示人时，这样的打扮赋予了她们尊严，从而延续了关于女性形象的刻板印象。在 M. 德·沙莉 1862 年创作的一幅画作中，两位女裁缝穿上了优雅的服装，她们出售的所有衣服都是这般优雅（图 31）。

在她们四周，摆放着从事缝纫业所需的材料和产品。在她们背后的墙上，还挂着一幅时装样片，这可以给她们带来启发，并提升她们的技能。

至于那些在某些方面可能相当激进的劳工改革者，他们寻求利用保守的性别形象来推进其事业。缩短工作日运动代表的是中产阶层对于性别的理想设定（图35）。漫长的工作日"让家人不开心"：一名男子不顾骨瘦如柴的孩子的恳求走进酒吧，而他的妻子则孤零零地站在街上。更短的工作日则"让家庭幸福"：一名男子在家里的玄关处与胖乎乎的小孩子玩耍，而装扮整洁的妻子正在家里忙活。

但上述规则也有例外，亚瑟·蒙比证明了这一点。蒙比收集了从事洗涤室擦洗、捕鱼和采矿等工作的女性的照片（图34）。环境越是越脏、在体力要求和着装方面越是要求男子气概，蒙比越是急切地想去搜集女性劳动者的照片。在日记中，蒙比解释了他是如何委托他人拍摄这些图像的，而不是由他亲自拍摄；因为他想要的图像很少存在。

相机的亲密之眼

摄影技术对社会新趋势进行了回应。摄影师不仅对电话总机操作等工业发明的重要成果（图33）非常关注，还试图捕捉女性生活中以前不为人知的方面。像雅各布·里斯这样的美国社会改革家将相机带到了城市贫民窟，揭示了许多中产阶层成员从未想象过的贫困和堕落。他的照片令人震惊，这既是因为这些照片记录了移民生活的状况，也是因为里斯通过这些照片对其中的悲情进行了集中展示。在1889年拍摄的照片《泽西街的意大利母亲和婴儿》中，里斯将拍摄对象塑造成母亲和受害者，试图借此增强他的拍摄主题的吸引力（图36）。

医生们用摄影来代替或补充对疾病的口头描述或纸面记录，其中应用最广泛的莫过于让－马丁·沙尔科，他用摄影来记录自己对女性癔症的分析。沙尔科相信，身体的照片可以揭示内心的状态。在此类精神障碍患者中，他将那些能够表现出最清晰的身体症状，并能在镜头前将这些症状重现的患者挑选出来，作为模特。沙尔科将每幅图像都进行分类，并标记为癔症的某个阶段——例如"表达激情：威胁"（图37）——这样就可以在将来作为教学和诊断工具。

摄影术一经发明，就催生了相应的色情和情色作品。在旧类型的色情印刷品中大行其道的姿势和主题，在摄影作品中也得到了重新利用。但摄影作为新的媒介，较少采用暗示性动作或通过暴露生殖器来制造令人回味的场景。通过固定在脸上的设备观看手工上色的彩色立体照片，会形成三维错觉，产生特别强烈的亲密接触效果。社会改革家、科学家和色情作品制作者都将其照片的真实价值建立在媒介的机械光学精度之上。但相机忠实记录的是被带到镜头前的各种选择，包括布景、姿势、取景、灯光、模特和拍摄时机。这些选择继续受到关于女性贫困、健康和性等文化假设影响，这与人们手工制作的图像是一样的。

女性的性欲

所有媒介上的色情图片几乎都是由男性制作的。女性甚至很少被允许参加解剖课，艺术学校也很少允许女性画裸体。中产阶层的习俗绝对禁止女性描绘男性裸体，并将女性的性欲视为变态，但卡米耶·克洛岱尔公然违反了这些禁忌。奥古斯特·罗丹创作的异性恋雕塑，比如他在 1886 年推出的《吻》（*Le Baiser*，图 38），被誉为普遍生命力的经典代表作，但克洛岱尔 1888—1905 年创作的类似作品《遗弃》（*L'Abandon*，图 39），却让她进一步被边缘化。如果像通常所说的那样，克洛岱尔只是模仿了罗丹，那么她表明的姿态就已经是了不起的论断，即女性可以像男性一样描绘色情主题。但《遗弃》与《吻》的不同之处，足以让人联想到女性性欲的另一种形象，这在 19 世纪艺术史上极为少见。克洛岱尔并没将欲望想象成女性屈身依附于男人占统治地位的力量关系，而是想象成两个互惠的身体之间的相互屈服。他身材苗条，热情地跪在她面前；她身体强壮、肌肉发达，将自己献给了他。克洛岱尔精通于造型和雕刻技术，这使她得以给作品赋予自己有关性欲的观念。没有任何其他一位艺术家，打破了如此多的文化规则。即便以大胆创作女性裸体图像而著称的苏珊·瓦拉东（Suzanne Valadon），也没有做到这一点。瓦拉东是工人阶级出身，曾经当过模特。

艺术迂回之路

在禁止女性进入的艺术领域里，她们发现了各种各样的迂回之路。格特鲁德·杰基尔是众多女性景观艺术家中最成功的一位，她将自然本身转化为空间和时间艺术的作品，这些作品通常包含建筑。杰基尔不仅设计了诸如曼斯特德·伍德花园这样的著名花园，为著名建筑师埃德温·卢泰恩斯（Edwin Lutyens）的建筑布景；还拍摄了自己作品的照片，用于她在 1899 年至 1925 年间出版的十四本园艺图书中（图 40）。

一些女性，尤其是伊莎贝拉·斯图尔特·加德纳和内莉·雅克马尔，与她们的丈夫一起收藏艺术品，并建立博物馆以将她们的成就展示出来。在丈夫去世后，加德纳设计了一个以她自己名字命名的博物馆，将建筑、绘画、装饰艺术和植物整合成一个复杂的整体。博物馆向内延伸至中央庭院（图 41），并为馆长准备了一套家庭公寓。与所有家庭博物馆一样，它的画廊类似于家中的房间，但加德纳比其他博物馆的创始人走得更远，她始终将那些杰出画作视作她自己设计作品的组成部分（图 42）。为保护自己的设计，她还立了遗嘱。

公共领域

到了 19 世纪末 20 世纪初，女性要求以更直接的方式进入公共领域。在 19 世纪中叶，第一批女子大学在美国和英国成立。从女性的大学相册和后来的年鉴当中，我们可以看到她们对学术角色的适应。美国韦尔斯利学院的学生于 1885 年首次向她们的教员请愿：“我们认识到，这一变化会引起争论，很多人会认为这太过激进；但我们觉得，我们已经准备好迎接这种争论，并充分捍卫我们的立场，为我们在世人面前辩护。”[1] 起初，只有在举办化装舞会时，女性才能穿着学院礼服出现在镜头前。后来，帽子和礼服出现的频率越来越高，尤其是在大学仪式上。直到 19 世纪 80 年代，女性才终于得以在毕业典礼上身着学位服为她们的集体照摆姿势，从而肯定了她们作为知识分子集体和传统中的一员的形象。

图 43 展示的奇观引起了国际社会对选举权运动的关注。特别是在英国，女性们通过使用横幅、徽章、海报、彩色丝带、华丽的服装，尤其是她们自

己，让她们为之争取的事业为人所知。艺术家选举权联盟（Artists' Suffrage League）和选举权工作室（Suffrage Atelier）汇集了数十名甚至数百名缝纫师的力量，制作了 150 多条新横幅，上面印有"智慧胜过战争武器"[2] 之类的口号。女性们挥舞着这些标志，在伦敦街头游行：1907 年有 3000 人，1908 年有 1 万到 1.5 万人，1908 年有 3 万人，1911 年有 4 万人。[3] 有组织的女性团体第一次控制了图像，为自己创造了公共政治身份。

朱莉亚·玛格丽特·卡梅隆 1867 年为赫伯特·达克沃斯夫人（Mrs. Herbert Duckworth）拍摄的照片，可以被用来总结 19 世纪女性留给我们的艺术遗产。与许多有抱负的艺术女性一样，卡梅隆有着巨大的天赋，但几乎没有受过专业训练；她在一个边缘领域打造了一个短暂但充满活力的职业生涯，这让她能够同时兼顾家庭义务和审美抱负。她在家工作，其拍摄对象是当地居民、朋友和家人，比如她的外甥女朱莉娅·（普林西普）·达克沃斯［Julia（Prinsep）Duckworth］。在朱莉娅的女儿弗吉尼亚·伍尔芙（Virginia Woolf）看来，卡梅隆既是怪人，也是榜样。伍尔芙不仅草拟了一部关于她姨姥姥的喜剧，还在卡梅隆去世后首次重新编辑了她的照片。《维多利亚时代著名男性和魅力女性照片集》（*Victorian Photographs of Famous Men and Fair Women*）在 1916 出版，伍尔芙写了导言。关于女性艺术，还有很多的介绍工作留待后人完成。

家庭是女人的工作

在 19 世纪，政治得到了重新定义，其必然结果就是对公民社会进行尤为彻底的重新定义。理论家（主要来自英语地区）和组织者对"公共"和"私人"进行了区分，并试图将其等同于与男女性别相对应的"领域"。尽管他们做出了努力，但是领域和性别仍然是交叉和重叠的，它们之间的界限模糊不清且在不断变动。公共领域不完全是男性的，私人领域也不完全属于女性。女性可以在公共场所活动；而且多亏了沙龙的存在，她们的家仍然向外面的世界开放。男性也没有在私人领域缺席：父亲的权力给整个家庭都带来了压力。"市民女性"既是公共的，也是私人的，她们自在地出现在城市、家庭和社会里。因此，我们必须小心翼翼地避免跌入话语的陷阱，而且应该去解构传统的刻板印象。

身体、心灵、性、工作、孤独——这些术语都指代的是社会组织的某个截面。女性的身体既有公共的性质，也是私人的。形象很重要，外表（美貌、马车、服装）是一个受到争论的话题。凡勃仑（Veblen）所说的"有闲阶级"的女性，无论她们是来自贵族阶级，还是资产阶级，投身于社会舞台已经成了一种时尚。现在的社会舞台是过去的宫廷的替代品，但社会舞台上的活动依然面临限制性礼节的约束，也即时尚的约束。此时的服装行业从生产到消费都完全是女性化的，这无疑会成为提高女性经济意识的工具。

因为女人要生孩子，所以她们的身体是社会运转的中心。分娩成了一项国家事业。医生取代了接生婆，站到了临产女性的床边。人口统计学家则在窥视人们的卧室，他们怀疑那些已经生过几个孩子的女性以堕胎作为一种邪恶的节育方式。尽管新马尔萨斯主义者对"生育自由"的呼吁仍然没有得到广泛的重视，但女性想要的似乎是规模越来越小的家庭；因为此种愿望而导致的人口后果现在亟待解决。

"公共女性"（public woman）一词当然有着邪恶的含义。实际上，在卫生和"种族纯洁"的名义下，卖淫正受到越来越多的管控。尽管男人们试图在婚姻的卧室与妓院（或者说是"爱巢"）之间建立起一道不可逾越的屏障，但将它们完全分开是不可能的。人们从妓院学习到了避孕技术。男人将性病由妓院带到了家中。妓女本身也只不过是卖淫行业的过客而已；只要有机会，许多妓女会迫不及待地迈入正常的家庭生活。然而，到了19世纪末，"正派女性"与"不正派女性"被越来越多地隔离了开来，沿着体面的边界而构筑的防御工事得到了加强。

即便在女性眼中，妓女的形象也是模糊不清的。对她们而言，妓女既是恐惧和蔑视的对象，也是同情和团结的对象；妓女既是女性所幻想的自由的象征，也是女性遭受更大压迫的象征。1885年，在女性们纷纷走上街头抗议女性遭到的蔑视之际，伦敦举行了19世纪规模最大的女性会议之一，"纯洁"就是此次会议争论的一个话题。通过讨论与女性最私密的一面相关的话题，女性获得了一种公共角色。

性，她们的性：女性开始为了自己而主张与性有关的权利。她们受到了"想要了解的意愿"（will to know）的驱使，但仍然受到古老禁忌的羁绊。19世纪并不是女性性"解放"的世纪。女同性恋悄悄地生活在一起，她们的性取向受到了社会的容忍；这是因为鲜有人了解这种现象，而承认这种现象的人就更少了（有些人将女同性恋称为"伪同性恋"）。无论如何，人们并不认为女同性恋比男同性恋更为可耻。因此，女同性恋得以避免当局的骚扰，可以保护自己的隐私。

至于女性的工作，倘若将它与家庭割裂开来，则是无法理解的。家庭对于职业女性的处境至关重要，因为她的婚姻状态，以及她的孩子的数量和年龄将决定她能否进入劳动力市场。女性工作的性质并没有因为工业化和城市化而发

生急剧变化。工业化侵入了家庭，而城市化则增加了家佣劳动的机会。直到 19
世纪后半叶，女性才首次在家佣行业成为占主导地位的群体。政治经济学试图
对女工的特征加以界定，并找到"女性工作"和"女性职业"概念的自然基础。
正如我们将在本书中发现的，劳动的性别分工是经济学家、雇主和工会所建构
的话语体系的产物，因此对这些话语进行分析至关重要。性别差异往往是社会
的一个诡计。

　　女性的孤独同样很难参透，因为许多负面的刻板印象掩盖了现实。孤独并
不是一种静止的状态，而是一种处于不断变化之中的关系。相对于时间，相对
于他人，相对于某人自身，孤独都会发生变化。这可能是一种短暂的经历，每
个女人都曾经体会过。随着男性与女性预期寿命之间的差距越来越大，这便意
味着在越来越广泛的情况下将会有更多的寡妇产生。这本身就是一个值得研究
的课题，同样值得研究的还有老年人（性别意识）的历史。然而，有些形式的
孤独比其他形式的孤独更加极端。那些没有实现自己梦想的女人的孤独，与那
些选择独立的女人的孤独相去甚远；后者为了获得更大的自由，宁愿付出独身
的代价。（法国法律中有个词叫 "*la fille majeure*"，它指的是"成年女孩"，
这是与成年男性相对应的一个词，却是对超过大多数人结婚年龄的女性的一种
不当称呼。）

　　许多其他的领域也可以探索：比如金钱、社会关系，或者是暴力。也有必
要对婚约和嫁妆，女性管理企业和家庭财务的法律权利，以及女性在家族产业
和继承策略中扮演的角色等方面的变迁进行比较研究。

　　同样地，也有必要对公共空间进行一次全面的研究。尤其是在城市里，可
以观察［正如 19 世纪的旅行者托克维尔（Tocqueville）[1]、弗洛拉·特里斯坦
和茹尔·瓦莱斯（Jules Vallès）[2] 等人所做的那样］到男人和女人在公共场合是
怎样一起行动的，而将女性隔离开来的意图又是如何不断地被她们自发的运动
所阻挠的。"女性化的"沙龙仍然是女性权力的中心吗？咖啡馆真的像人们所
说的那样是"男性化的"吗？

　　无论是在家庭里，还是在社会中，女性经受或犯下的暴力行为，都是父权

---

[1]　19 世纪法国历史学家、政治家、社会学家，主要代表作有《论美国的民主》《旧制度与大革命》。——译
者注
[2]　也译作"儒勒·瓦莱斯"，法国作家，巴黎公社委员。——译者注

制持续（或衰落）的一个特别敏感的指标。乱伦、强奸、职场性骚扰、诱奸、拒绝提供食物、殴打——所有这些都是对女性进行身体压迫的表现，其范围之广难以完全掌握。¹与之相反，尽管人们一直在谈论"犯罪的女性"，但统计数据证明，只有不到20%的犯罪者是女性，这表明对女性犯罪的幻想助长了人们对平等和反叛的恐惧。亚历山大·仲马（Alexandre Dumas）[1]将杀人的女性与投票的女性（1880年）联系到了一起，同时敦促政府进行必要的改革。他暗示说，赋予她们权利，否则她们将杀死我们！²即便是犯罪学话语体系（这是另一套需要分析的话语）的极端表达方式，也在揭示性别之间的紧张关系。

热纳维耶芙·弗雷斯　米歇尔·佩罗

---

[1]　人称大仲马，法国19世纪浪漫主义作家，其各种著作达300卷之多，以小说和剧作为主。代表作有《基度山伯爵》《三个火枪手》等。——译者注

第十三章　身体与心灵

伊冯娜·克里比勒尔（Yvonne Knibiehler）

在 1800 年，新流行的家具是一种名为"普赛克"（psyche）的镜子。这是一种可转动的穿衣镜。它可以倾斜，因此照镜子的人便能够从头到脚审视自己。现如今，"psyche"一词当然指的是灵魂（soul）。"普赛克"这个词在当时是否暗示了一种新的、与女性身份有关的概念，而且这种概念囊括了女性的整个身体？实际上还没有。对于 19 世纪的大多数女性而言，她们即便不是真正的宗教信徒，也因为受他人灌输而笃信身体是灵魂的敌人、是救赎之路上的主要障碍的观念。女性的身体经常会因为怀孕、分娩和哺乳而丧失能力，这在任何情况下，都体现了女性的身体是作为人类的仆人而被异化的存在。女性怎么会认同它呢？

相比之下，心灵才是女性身份的核心。在这一点上，世俗社会与宗教是一致的。人类学家和医生均认为，女人天生就富有的敏感、情感和本能，是社会正常运转所不可缺少的品质的源泉。在天主教国家，对耶稣圣心的崇拜变得极为普遍。该信仰的标志性图像是耶稣基督敞开胸腔，里面有一颗被深深撕裂的心：它象征着一种直接而激烈的交流，这种交流与理性或科学无关，而是爱的奇迹。[1]

身体形象在过去是模糊和支离破碎的。而随着卫生技术的进步，身体形象的外形开始变得更为明确。许多保养身体的新方法出现了。随着生育率的下降，身体功能的优先次序发生了变化。上流文化影响到了女性的教育，并倾向于取代更个人化的学习形式。女性的意识开始缓慢地、稳步地、谨慎地偏离传统的根基。

身体

在革命危机之后，虽然身体鲜少引发讨论，但美貌重新获得了它的声望。[2]当基督教的道德家还在对美貌持怀疑态度时，启蒙运动的自然主义已经给它平反昭雪了。美貌不仅是生育行为的有用诱因，也是处于弱势地位的女性所固有的、合法的武器，她们也许有希望用它来驯服处于强势地位的男性。然而，要做到这一点，我们必须申明其不同之处。性别二态性的观点因此宣称自己才是正确的教条，从而削弱了个体形态学。任何象征敏感和细腻的东西，都被认为有着积极的价值：皮肤是如此细腻，可以显露出神经的枝梢；肉体是如此柔软，可以将婴儿或病人轻揽入怀；还有苗条的骨架、小巧的手脚。但是，价值也来源于与自然生殖功能相关的标志：圆臀、丰乳、丰满的肉体。

社会定义：美的新功能

对一个女人来说，如果她看起来像个男人，那就很怪异。这就是紧身胸衣在 1810 年回归，并经久不衰的原因所在。新的紧身胸衣不像老式的鲸骨式紧身胸衣那么高、那么硬，而且它现在的使命是出于审美需要：使腰部苗条，并突出背部和胸部。紧身胸衣使"得体"的女人在任何时候都能控制自己的体形和姿态。它是她尊严、身体和道德的导师。然而，经久不衰并不意味着形式上的一成不变，这一点可以从享誉国际的两位明星式人物身上得到证明：在 19 世纪伊始，为人瞩目的华丽人物是精致、白皙和纯洁的朱丽叶·雷卡米耶（Juliette Recamier）[1]；接下来大放异彩，并在之后的数十年里引领风骚的则是极为性感的卡斯蒂利欧伯爵夫人。

浪漫主义者梦寐以求的是一位超凡脱俗的女人，而歌剧中的芭蕾舞女演员恰如其分地满足了他们的要求。踮着脚尖跳舞是新近发明的一项技艺，它使人的体形变得纤细，并让人得以在空中失重的状态下飞翔。诸如《仙女》（1832年）和《吉赛尔》（1841 年）之类的芭蕾舞剧使女性暂时摆脱了肉体的负担。小说中女主人公苗条而纤弱。她们的脸部表情映射出了她们的灵魂，这是对她们内心风暴的表达。苍白而无力的脸色（如果可能的话，还会加上暗淡的头发、

---

[1]　法国社交名媛、著名的沙龙主办人，她是 19 世纪上半叶巴黎社会的风云人物。——译者注

黑色的眼圈和厚厚的妆粉），则象征着浪漫主义者自身所遭受的痛苦。

到19世纪中叶，健康又重新成为一种时尚。低胸晚礼服通过乳白色的肉感来展现丰满的身材。女性挺起了胸腔，挺直了脊梁，以丰满的胸部或令人叹为观止的腰背部来取悦男性的目光，因为脊柱弯曲成为弱势性别的特有疾病。即使在苍白的脸色不再受欢迎之后，白皙的肤色仍是美丽的一个毋庸置疑的标准。女士们都想保有如珍珠般白皙的肤色，以证明她们不常外出，而是喜欢待在室内。浓密而有光泽的头发，再加上圆润的外形和白皙的皮肤，使人联想到美丽。长长的、可让一根手指滑过的"英式"卷发是时髦的。蓬松的发圈、厚厚的发带和笨重的圆发髻也都很时髦——为了让发量看起来很大，这类弥补之术都是被允许的。贫穷的农妇可以通过卖头发来挣点小钱，这对她们而言是一种残忍的牺牲，也无疑是一种必须承受的沉重打击，对她们的丈夫来说亦如此。由于害怕感冒，头发是不洗的，但是会得到精心梳理。据说女人头发的气味能让男人发狂。但是嗅觉的敏感性让人越发心烦意乱。（根据法国历史学家米什莱的说法，）女性身体散发的气味长期被视为能够激发性欲的途径，但从现在开始引起了人们的反感，这也许是因为城市人口拥挤，也许是因为情欲关系越来越复杂。古龙水的受欢迎程度则稳步上升。

在法国大革命后，特权的崩溃使得男人的着装变得严肃而呆板。于是，雄心勃勃的男人开始在妻子和情妇身上展示自己的成功或浮夸，她们的外表和华服都旨在给人留下深刻印象。在历史上，女性也许还从未如此这般地将自己包裹在数量如此之多的布料之中。在法兰西第一帝国时期，礼服仍然是紧身的和管状的。而到了克里诺林时代（Crinoline，1854—1868年），礼服已经变得更为硕大：在当时，一条裙子的直径可能达到10英尺（1英尺≈0.3米），需要30多码（1码≈0.9144米）的布料。着此类装束的夫人堪称令人印象深刻的偶像式人物，所有下人都需要与她保持一定的距离。对她来说，移动或坐下都很困难。去洗手间的话，也得有一个女仆帮忙。后来，堪称服装领域丰碑的克里诺林裙被巴斯尔裙所取代，后者因为着装者的轻松和优雅而引起了人们的注意。在巴斯尔裙出现后，腰围高度、袖子形状和领口会随着季节的变化而改变。时尚加速了昙花一现的事物的产生，从而阻止了它们变得大众化的任何可能性。在这场博弈中，有权势的女性开始允许自己被妓女盖过一头：当然，克制后来成了优雅和高贵的真正标志。

　　而随着男性进入时尚行业，一项重要的创新产生了。早在法兰西第一帝国时期，勒鲁瓦（Leroy）就已经在该领域混出了名堂，但真正的"高级女子时装之父"是沃斯（Worth）。正是沃斯率先想到了使用现场模特，让她们优雅地从观众面前走过；也正是他鼓励生产色彩斑斓的布料和精致优雅的装饰品，从而为女性的装扮增色不少。沃斯使人着迷的创作、令人惊叹的要价与他的傲慢一样，受到了人们的传颂：在他的设计工作室里，即便是最有权势的女性，也需要在等候室里等待良久。

　　尽管有了新型的设计工作室，但是那些独立的裁缝师们仍然有美好的日子在等待着他们，他们的数量还在迅速增长，难以计数。然而，他们的生计开始受到另一个领域的威胁。这个领域就是成衣行业。该行业改变了女性的着装方式。在19世纪初，许多服装和小饰品会从一个阶级转移到另一个阶级：令人生畏的荡妇、偶尔还会有专门上门兜售服饰和脂粉的女商贩会购买二手的衣服、披肩、帽子和睡衣，然后将它们卖给卖弄风情的年轻女郎。但是，到了后来，百货商店（这也是一种创新）开始销售与之同样的崭新成衣。货架宽敞，光线很好，人们能够看到和触摸到这些衣服，而且可以试穿，这些商店为女性提供了一场名副其实的视觉盛宴，同时也让她们的手指和想象力享受到了一场盛宴。这成为幸福的新源泉。现在，购物充满了惊喜和诱惑，而商品价格下降则会让人更加兴奋。处于中等阶层的女性，甚至是工人阶级的女性，都体验到了在过去难以想象的选择范围所带来的愉悦感。在过去，一个女人会在十年里都穿着同样的蓝色或灰色的衣服；现如今，她们每年都能买得起好几件颜色不同的印花布衣服。

　　然而，这种新时尚遭遇了一些阻力。乡村长期未受都市时尚的影响。可以肯定的是，1850年之后农村地区的繁荣便体现在了漂亮的服饰上，但最先受益的是具有本地特色的服装。这种繁荣产生的最华丽的服装出现在荷兰、巴伐利亚、阿尔萨斯、布列塔尼和阿尔勒的周边地区。习俗和传统借助复杂的符号呈现了出来。样式、颜色、尺寸、发饰、围巾、围裙、裙子都是习俗和传统的标志。1880年之后，就在短短的几年时间内，这些地方性服饰突然就消失了，或者是被贴上了"民间传统"的标签而为人所轻视。

　　宗教服装存在的时间要更长一些。[3]创新性宗教服装是如此之多，让人惊叹不已。胸衣、面纱、发带、衣领、肩衣、袖子和袖口、颜色和面料这些细节，也得到了令人难以置信的关注。在这里，衣服是神秘的象征，每一件都在表达着忏悔的精神。在许多女性仍然不会识文断字的时代里，修女们通过她们的言传身教所传达出来的供女人学习的内容，要比单纯的文字更有力：服装不仅是对身体的表达，还展现了它的职责和命运。

服装还可以表达纯真。新娘开始穿白色的服装，至少在城市里是这样。人生的第一件圣餐服也是白色的。第一件在舞会上穿的、用平纹细布制作的礼服也是白色的，它遮盖的是女性仍然完好如初的贞操。少女是百合花，是鸽子：她的清新天真宛如春天。她没有权利去展示奢华：端庄是她的全部。但是她母亲的奢华展示，让婚姻看起来就像一朵即将盛开的鲜花；婚姻意味着美丽的绽放和华丽的服装。[4] 服装还强调了成长的不同阶段，以及个性的逐渐形成。年轻女子的裙摆拖曳在地，头发也精心地盘了起来。再稍微小一些、正处于青春期的女孩子，可能就会把头发编成辫子或是用一个网子兜起来，裙摆则不会超过脚踝的位置。而非常小、尚"不谙世事"的女孩子则会披头散发；她穿的裙子可以让人瞥见她的靴子，甚至是衬裤。在塞居尔伯爵夫人（Countess of Ségur）和刘易斯·卡罗尔（Lewis Carroll）等作家的著作中，小女孩已经作为强有力的人物出现了。苏菲四岁时就已经是叛逆者了，而爱丽丝则通过镜子去探索仙境。[5]

女性裤子的奇怪命运值得深思：在 19 世纪初，女性穿裤子还是禁忌，到19 世纪末却变成了令人难以启齿的内衣（用稍微有点过时的说法是，内裤变成了短衬裤）。诚然，禁忌从未能阻止一些女人像男人一样着装，这或许是为了方便 [1836 年，玛尔布蒂夫人（Mme Marbouty）为了能和巴尔扎克一起前往都灵，她很乐意女扮男装]，也或许是解放的精神使然 [比如离开丈夫的乔治·桑，以及 1848 年出现的女权团体"维苏维埃"（Vésuviennes）]。但这些都是特例，反而证明了禁忌的存在。与此同时，基本款的灯笼裤受到了青睐。为了保持端庄，歌剧演员被要求穿灯笼裤（这就是芭蕾舞裙的起源），后来活泼的小女孩也开始这样穿。到了 19 世纪 20 年代，这种女士短衬裤开始在妓女中间大行其道。当克里诺林裙的裙撑将裙子和衬裙撑得很开，使得太多的空气进入胸衣和吊袜带之间的区域时，已婚女性们也开始穿衬裤。但是，女人在用服装遮盖住身体的这部分区域时，是否一定要让大腿分开，并封住隐私部位呢？如果短衬裤获胜了，它也主要是作为一个象征获胜的：这是一场关于谁可以"穿裤子"的战斗，一个与流行意象有关的永恒主题，暗示了其中所涉风险的重要性。这种女性内衣很快成了"不可或缺的"，但也是"难以启齿的"：因为它有着暗含的意义，因此不能直接将它说出来。在当时，谈论大腿，甚至是腿都被认为有伤风化。在维多利亚时代，这种谈性色变的态度甚至到了要将桌腿用布包裹起来的地步。在"美好时代"（Belle Epoque）出现的著名的"法国康康舞"，则是一种反主流文化的粗鲁表达，它不停地展示腿、腿、腿，而且是疯狂地踢来踢去，这是一种偶然吗？

这一时期见证了女性内衣种类的激增：灯笼裤、长衬裙、紧身胸衣、蕾丝披肩、衬裙、贴身背心、花边抵肩、小背心等等。纺织业的机械化，以及棉织品价格的下降，只是导致上述现象的部分原因。对身体的掩盖、包裹和隐藏出现了近乎神经质的需求，可能暗示着人们在寻找新的性爱交流规则，男人和女人们在结合时渴望在更缓慢、更温和、更温柔的环境下进行，这既是对端庄的重视，也希望能由此带来性兴奋。有必要补充说明的是，对大多数女人来说，这种服饰都是遥不可及的奢侈品。大多数女人只能用旧衣服来剪裁衬裙，直到第一次世界大战时才开始穿上灯笼裤。在1903年，邦巴斯德（Bon Pasteur）的孤儿们根本没有亚麻织品可以穿：她们得到的只是一条平纹细布制作的裙子，即便"女性的性器官不小心"把裙子弄脏了，她们也只能每三个月洗一次。

用蕾丝装饰的枕头、精心缝制的刺绣床单：这些都是让女人显得更加美丽的物品。在这些物品之上，她将体验到新婚之夜的兴奋，诞下自己的孩子。亚麻织品除了会被穿在女人身上外，还会在日常生活中陪伴着她，出现在床、梳妆台和餐桌上，供她来履行女人应该承担的职责。这就是为何新娘的嫁妆是如此珍贵的财产，是个人的珍宝，是不可剥夺的财富。为嫁妆做准备是女孩成长过程中一个非常重要的阶段：她不仅学会了做针线活的技巧，还学会了如何安静地坐着，耐心地劳作。在此过程中，她们会花很多时间来考虑自己的整个身体，以及身体的各个部分及其功能。在从进入青春期到迈入婚姻殿堂的这段时间里，女孩子会在她的亚麻织品上绣上自己名字的首字母，周围装饰着更加精致的图案。这些物品会被悉心保存，但很少被使用，它们保留的是女性在处女时代的记忆，这几乎就是其自主性的象征。嫁妆在女人受到了最严格的束缚的南欧（法国南部、西班牙和意大利）尤为重要。也许，嫁妆便意味着对一种外界都不可动摇的自恋的天真、固执的表达吧？[6]

不管是亚麻织品的制造者，还是紧身胸衣的制造者，抑或是洗衣女工，都会理解、分享并赞美这种对纯洁无瑕的亚麻织品的喜爱。因为她们所从事的职业，这些女性可以看到客户的身体，并能了解到客户的亲密关系。由于知道很多秘密，这些女性与她们的客户超越了社会差异，建立起了一种谨慎的同谋关系。大量的女性在从事这些行当，许多人因此而过上了优渥的生活，并为此感到自豪，左拉的小说《小酒店》中的女主人公绮尔维丝就是这样的一个例子。

在 20 世纪初，女性身体的外观再次出现了彻底的变化。1905 年，一位名叫普瓦雷（Poiret）的女装设计师大胆地抛弃了紧身胸衣。他设计的礼服谨慎而优雅，平滑而流畅，并通过剪裁完美地展现了女性苗条的身材。与此同时，美国舞蹈家伊莎多拉·邓肯（Isadora Duncan）将芭蕾舞裙和芭蕾舞鞋扔进了垃圾堆里，她赤着脚、身着束腰上衣跳舞，这让人想起了古希腊时代。邓肯很快就取得了成功，并收获了很高的声望，这表明许多女性在暗地里都渴望获得解放。

当让女性身体变得臃肿的纺织面料不再受欢迎时，其结果不仅仅是时尚的改变，还是一场文化革命。一些人将此称为"美的坍塌"。左拉以更为清晰的笔触写道："美的观念正在改变。你开始将美视为不孕的状态，有着长而纤细的身材，腹部皱缩。"[7] 整个 19 世纪都在不知不觉中朝着这个方向发展。而随着生殖器官在生育方面的作用逐渐弱化，女性本身获得了更多的关注。

生物学定义：医学化

马克医生（Dr. Marc）在 1816 年写道："孕妇必须成为人们积极关注的对象，得到宗教的尊重，并得到某种尊敬。"[8] 这种关心主要集中在胎儿身上，但对孕妇也有利。马克为此提出了许多措施，并进而告诉我们：在生活中有很多情况需要保护好女性。他希望减少在下层社会中普遍存在的暴力行为。很多流产都是因为丈夫在醉酒后的残暴行为引起的。马克还建议不要让女性从事繁重的体力劳动，对此他还作了一番可怕的描述。这些想法开始流行开来，但对预期的受益者的影响并不都是正面的。为了保护女性的身体免受伤害，马克等人试图严格监督女性的所有活动，并限制她们的娱乐活动：比如，不得荡秋千和跳华尔兹。这些家长式的医生幻想着将怀孕变成一种受到监督的禁欲主义。尽管有这些早期的举措，但一直到 19 世纪末新的劳动法通过，对孕妇的保护才获得白纸黑字的法律认可。[9]

与此同时，受维多利亚时代谈性色变风气的影响，怀孕在当时也成为需要忌讳的事情：一个女人如果发现自己处于这种"有趣的状态"，就要待在家里，以便尽可能少地被他人看到。分娩也是需要避讳的：在阿尔萨斯，据说新生儿是由鹳鸟带来的；在其他地方则是在卷心菜下发现的，或者是由接生婆送来的。重点当然在于否认或至少是掩饰人类的动物性。与此同时，妓院里的主顾们尤其喜欢追捧怀孕了的妓女。

分娩的医学化始于18世纪，在19世纪已经变得非常普遍。医生们由此获得的酬劳是接生婆的三四倍，为此而请一名医生成了财富的象征。出身卑微的母亲仍然要依靠接生婆。生育习俗在地域上所呈现出来的差异，往往反映了经济上的差异。在1892年的伦敦，在贫穷的东区有一半的产妇还需要接生婆，但在西区只有2%的产妇还在这样做。在波士顿，一直到1820年，几乎所有的接生事情都是由男人的双手来完成的。[10]

医生（在1870年之前）参与接生是否降低了死亡率，这一点不是绝对肯定的。在医疗化程度很高，却有很多穷人生活在拥挤贫民窟的法国鲁昂，产妇的死亡率仍然稳定地维持在11%左右。而在美国犹他州，接生婆仍然在按照旧的经验法则接生，死亡率大约为6%；不过，当地的环境是被高耸的山峰所环绕的广阔空间，堪称理想的防疫场所。[11]

医生是否减轻了痛苦，这一点也不清楚。首次用乙醚或三氯甲烷进行麻醉是在19世纪40年代后期；尽管基督教的信念认为夏娃的女儿应该接受她们本应承受的痛苦，并将此当作祭献给上帝的供品，但麻醉还是得到了很多人的追捧。1853年，维多利亚女王（Queen Victoria）在诞下第八个孩子的时候，曾经要求用三氯甲烷进行麻醉。但由于麻醉可能带来不良后果，医生们不愿使用。1856年，欧仁妮皇后（Empress Eugénie）也曾经历了一场艰难的分娩，她拒绝用乙醚来缓解痛苦，但是她由此丧失了生孩子的能力。接生婆们指责医生缺乏耐心，使用产钳的速度过快。

产科学取得的主要进步不是发生在产妇家里，而是在医院。只有在情况特别糟糕的时候，女人们才会去医院。对一个孩子来说，如果不是在其父母的家中出生，就会被认为有伤风化，也几乎是不可想象的。每个人都同意这一点。尽管如此，19世纪初还是采取了一些措施，为那些贫困的母亲提供服务。在一些最理想的情况下，政府还建立起了新的设施，比如巴黎的皇家港口妇产医院在1794年开业了。医院至少会为产妇设立一个或多个特殊病房。1850年之后有一定规律性的统计数据表明，这些机构的死亡率仍然很高，在10%到20%

之间。死亡率之所以如此之高，是因为许多寻求在医院分娩的女性患有佝偻病或结核病，自己本来就非常害怕。但主要的死因还是产褥感染，这种疾病是由主治医生和他的学生们传播开来的。他们会刚做完尸体解剖，就直接进行阴道检查，没有采取任何预防性措施。在19世纪40年代，奥地利医生塞麦尔维斯（Semmelweiss）对产褥热的感染原因有所怀疑，他坚持让下属洗手，从而降低了他的诊所的死亡率。在法国，塔尼耶（Tarnier）是率先改进产科实践的人之一。但直到1870年至1900年间，整个西欧和美国的医院都实行了消毒措施，真正的进步才得以到来。到19世纪末，产妇的死亡率下降到了2%左右。只有到那时，在医院分娩才会比在家里更为安全。此外，缝合技术的进步为一种大胆的外科手术开辟了道路：在进入20世纪之后，剖宫产手术逐渐变得普遍起来。

与此同时，接生婆发现她们的业务减少了。当从事私人接生已经很难赚到钱时，接生婆在医院和私人诊所找到了工作，成为带薪雇员。在那里，她们发现自己处于从属地位，从如今拥有"无上权力"的医生那里接受命令，再也不能自由地回应女性的需求。女性团结的传统形式因此而崩溃了，而且女性丧失了在生育领域的所有自主权。端庄的藩篱如此迅速地就被打破了，这或许就是端庄是源自文化，而非"天然"就应该如此的最好证明。从此，想要生孩子的女人不再求助于自己的丈夫，而是她的医生——新的"天然"保护者。

接生婆并非医学进步的唯一受害者。其他传统的看护人也眼见着自己的知识和技能受到质疑。在巴斯德（Pasteurian）[1]之后的时代里，修女、上门服务护士、用自然之力治疗别人者成了医生的下属，甚至是仆人。在英国和美国，护士仍然还保留一些自主权，这要归功于弗洛伦斯·南丁格尔之类的女性充满活力的努力。诚然，女性最终也成了医生，并重新拥有了医疗实践的权威，但她们花了很长的时间才得以进入医生这个行当。在男同事怀疑的目光中，学医的女学生为了被人接受而表现出了顺从，有意地避开了需要创造性和负责任的岗位。因此，除了少数例外，她们没能影响到女性医学的发展。12

19世纪的女性被视为永久的病人。启蒙时代的医学将女性生命的各个阶段描述为一系列的可怕危机，即便没有任何的病理存在。与怀孕和分娩一样，青春期和更年期也被视为或多或少有些危险的劫难；据说，从卵巢"伤口"流出

---

[1] 19世纪法国微生物学家，由他发明的巴氏消毒法直至现在仍被应用。——译者注

的月经会对女性的神经平衡构成威胁。所有能够搜集得到的数据都显示，在 19 世纪，女性的发病率和死亡率要比男性高得多。[13] 大众观点和医学专家将此归咎为"女性天生的弱点"。这就是女性苦难的普遍而永恒的生物学"原因"，这种看法很容易助长可悲的宿命论。但事实是，当时的女孩和女性被迫生活在条件恶劣的环境下，因此容易患上疾病。然而，当时很少有医生知道如何将社会因素也考虑在内。

维雷医生（Dr. Virey）在 1817 年宣称："女孩是人类最脆弱、最多病的部分。"[14]5 岁及以上女性的过高死亡率，实际上是当时所有西方国家都面临的一个突出问题。该问题在 18 世纪就已经很明显了，但在 1840 年至 1860 年期间变得尤为严重，尤其是在法国和比利时。[15]

"痨病"（这一术语指的是各种消耗性疾病，主要是指肺结核）是最为致命的疾病。在比利时，在 7 岁至 14 岁的死亡女孩中，20% 的女孩死于该病，而 14 岁至 21 岁死亡女孩中的这一比例则达到了 40%。女孩因此而倒下的概率是男孩的两倍。那些为富裕家庭提供诊疗的医生很难理解，得到了细心照料、千般宠爱的年轻女性面对这种疾病时竟是如此脆弱。诚然，城市化助长了这种疾病的蔓延。但是，一些最好的医生，包括伟大的拉埃内克（Laennec）都怀疑，情感痛苦、失望和心痛是患病的原因所在。勃朗特姐妹的案例支持了这种理论。肺结核是最具罗曼蒂克色彩的疾病，这是偶然吗？悲伤、失望、沮丧和对生活的厌恶，这些本身就是更为普遍的情况的结果：自打一出生开始，女儿就不如儿子受欢迎。父母有意或无意地忽视了她们。米什莱就存在一种根深蒂固的偏见，将肉排除在女孩的饮食之外，尤其是红肉。而按照教养的原则要求，年轻的女性被关在黑暗的房间里，没有新鲜空气，没有阳光，没有锻炼，而且还要花很长的时间去做针线活。在更为普通的家庭里，即使是年纪非常小的女孩也被要求做家务，而且常常是非常累人的活。有些女性经年累月地在田间、工厂或车间里劳作。

结核病也是导致产妇死亡的原因之一，这往往是由产妇在孩提时代被抚养的方式而引起的。佝偻病是另外一个原因，也是贫困家庭会导致的常见后果。贫穷的女性往往会有非常狭窄的骨盆带，这使得分娩变得更艰难了。但是，即使是年轻女孩也患有影响脊柱的疾病：脊柱侧凸、脊柱后凸和脊柱前凸就在这个时候进入了医学词汇。当身体存在这些畸形的女孩长大成人结婚后，她们的怀孕情况就变得更加复杂了。

生殖器官的疾病也非常重要。医生们对此知之甚少，因为他们不敢让守旧的病人接受阴道检查。无论如何，许多医生认为子宫炎（即子宫发炎）是一种不可避免的普遍情况。医生们对性病并非一无所知，但他们对这个话题不感兴趣："丈夫和妻子分享花柳病，就像分享日常的面包一样。"[16] 忠贞的妻子通常是这种"分享"的受害者，为了家庭和谐，她们往往会对自己的疾病守口如瓶。如果没有得到患者丈夫的许可，医生们是不会治疗这种疾病的，因为这样做会揭开患上性病的不为人知的原因。我们永远不会知道，究竟有多少年轻的妻子，为了捍卫自己的幸福而结婚，却因为男性的私通而被牺牲掉了。但是，不管背景如何，并非所有女性都是上当受骗者，也不是所有女性都甘愿听从命运的安排。有两个例子就足以说明这一点：一位是克里斯蒂娜·特里武尔齐奥（Cristina Trivulzio），她是贝尔焦约索（Belgiojoso）的公主、富有的伦巴第贵族；另一位是苏珊·瓦尔坎（Suzanne Voilquin），她是巴黎的刺绣师。当她们被迫面对性病的折磨时，她们的生活都发生了戏剧性的变化。她们都与患病的丈夫和平分手了，并成为性病方面的专家。克里斯蒂娜患有严重的神经痛，她获得了广泛的现代药物知识，因此可以向她的亲友提供治疗。1849年罗马被围困期间，克里斯蒂娜高效地组织和指挥了这座城市的医院和诊所的运转，赢得了所有人的钦佩。而苏珊接受了哈尼曼医生（Dr. Hahnemann）的顺势疗法培训。后来，她到了开罗，加入了信奉圣西门学派的朋友们的阵营，女扮男装去医院上课。在获得助产士的资格证书后，她曾在法国和俄罗斯行医。到19世纪末，梅毒的阴影笼罩了整个欧洲，医生们终于获得了治疗哪怕是最受人尊敬的女性的权利。

人们还普遍认为，所有的女性在过去、现在或将来的某一天，都会患上"神经紊乱症"。在当时，乡村的宁静仍会引发人们焦虑的怀旧情绪，医生们很快将"神经紊乱症"归咎于城市生活，因为城市生活确实影响了妻子和母亲的地位、角色和生活条件。一些人被"患有偏头痛的美人"激怒，这些女性不愿尝试接受任何治疗。这是一种非常神秘，却能让人丧失行动能力的疾病，它可以假装出来，但也可能是逐渐形成的。偏头痛在多大程度上成为失望的或过度劳累的女性的避难所或借口？又在多大程度上指向了女性在身份或良心上面临的痛苦危机？在更年期时，塞居尔伯爵夫人经历了长时间令人倍感虚弱的头痛，接着是嗜睡。她的痊愈与她以作家的身份出现在世人面前是同步的。[17] 但在法国北部，偏头痛迫使夫罗－奥比诺夫人（Mme Vrau-Aubineau）放弃了自己的工作，她在余生都一直在忍受严重的头痛。[18]

然而，与偏头痛相比，癔症才是女性作为弱势性别的典型疾病。有些人认为，这种病是"女性天生"所固有的。实际上，这种病不仅困扰着家庭，也困扰着社会，甚至困扰着医学。每个人都在以这样或那样的方式忍受着这种可怕的痛苦。由于害怕引起一场危机，家属会对病人进行极其细心的照料；因此，病人获得了令人满意的关注，在某些情况下甚至获得了为所欲为的权利。有时候，癔症似乎是可以相互传染的：比如在 1857 年至 1873 年的莫尔济讷（Morzine），曾出现过令人印象深刻的集体式崩溃。女孩和妇女们大声尖叫，翻滚撒泼，厉声辱骂，殴打她们的父亲和丈夫，她们还喝酒，并拒绝工作。在这一警报拉响之后，当局发起了一场名副其实的运动，力图将整个农村人口从孤立和苦难中拯救出来：他们修建道路、设立警备队、组织跳舞。从 1863 年到 1893 年，在萨尔珀蒂耶（Salpêtrière）慈善医院，由患有癔症的病人进行的戏剧表演迅速增多，这展示并加剧了受害者所遭遇的痛苦和折磨。正是因为她们，医学界开始对癔症着迷。弗洛伊德是第一个真正倾听这些不幸的女人在说些什么，并让她们一直不停地谈论自己的人。

在 19 世纪，找医生看病的人越来越多。尤其是在巴斯德出现之后，医生所捍卫的价值得到了进一步的发展。启蒙运动中的自然主义者已经认为，卫生是真正的道德，可以让身体免受疾病困扰，灵魂免受邪恶侵袭。但是，卫生领域的进步面临两个阻碍因素。得体是其中一个原因：倘若过度享受对自己身体的清洗，尤其是清洗身体最私密的部分，那就会被视为危险的放荡不羁；更好的办法是换一下衣服就可以了。自来水和下水道的缺乏是另外一个原因。脸和手几乎每天都可以在盆里洗，但身体的其他部位每周最多洗一次。在很长的一段时间内，淋浴和泡澡仅限于病人，这就是所谓的水疗。幸运的女人每个月能洗一次澡，也就是在经期结束之后。浴缸是在英国被发明的，但 19 世纪末已经在欧洲大陆风靡开来。在法国印象派画家德加（Degas）等人的作品中，我们看到用大量的水清洗身体的习惯是如何改变女性裸体画作的表现形式的：洗漱的女人几乎成了一个老套的主题。

良好的卫生还需要锻炼和新鲜空气。这样的处方对女性来说是一个可怕的问题，因为她们的皮肤被认为应该保持完美无瑕。然而，早在 19 世纪 20 年代初，玛丽·德·弗拉维妮（Marie de Flavigny）［即后来的达左尔伯爵夫人（Comtesse d'Agoult）］就请了一位"优雅大师"（一位对自己的重要性颇为自负的男性舞蹈教练）和一位女性击剑教练，后者教她如何使用花剑。她还经常骑马。女子寄宿学校的课程设置在此时也发生了变化。原先的"形体课"旨在让女孩子在一天的任何时候，以及在人生的每个阶段都能保持举止优雅；但到了19世纪80年代初期，这些课程内容逐渐被体操训练所取代。在进行体操训练时，要借助各种设备来进行，而且女性不需要穿紧身内衣。现在如此设置课程，其意图与其说是为了促进女性的自由，还不如说是本着民族主义（而不是种族主义）的精神，让她们更有精神，更富活力。

女子体操运动起源于德国和英国，到19世纪末已经征服了整个拉丁欧洲。它在某些方面激起了狂热的热情——埃得蒙多·德·亚米契斯（Edmondo De Amicis）撰写的一部邪恶而充满肉欲的小说就展示了这一点。[19]女子运动，尤其是竞技运动，引发了更多的反对声音，有时甚至表现为暴力的敌意。一些观察人士认为女性通过这些行为将自己变丑，从而对她们表达了不满。他们声称女性从事体操运动在祛除虚弱的同时，也将优雅丢失了。他们还表达了对女性肌肉过度发育可能不利于生育孩子的担忧。不过，游泳和网球很快就受到了上流社会女性的热捧。[20]各种各样的协会在推动女性从事自行车运动和田径运动。尽管受到了皮埃尔·德·顾拜旦（Pierre De Coubertin）[1]的反对，女性还是参加了1912年的奥运会。

与此同时，医生们援引他们与梅毒做斗争的例子，强烈要求将年轻女性的性教育托付给他们。在接受适当的指导之后，年轻的女性就能更好地抵御诱惑，并可以向未来的丈夫索要身体非常健康的证据。这样的指导手册在当时已经出版了。女性获得了保护自己身体的权利，这已经可以称得上是一场革命了。但是，女性要获得认真检查男性身体的权利，还得再等一等。

身体还是心灵？

对启蒙时代的医生来说，"人的身体与道德状况之间的关系"[21]一直是他

---

[1]　法国著名教育家、国际体育活动家、教育学家和历史学家、现代奥林匹克运动的发起人。——译者注

们关注的焦点。夫妻之爱和母爱是社会赖以存在的高尚情操，它们是否永远被铭刻在女性的灵魂之中？还是说，它们是不确定的（也许是有缺陷的），仅仅是一个急欲被精液填充，进而孕育出胎儿的子宫的产物？身体与心灵之间的关系仍然难以捉摸。在整个 19 世纪的发展过程中，女性作为弱势性别所扮演的社会和家庭角色发生了改变，这些变化有助于澄清或修正这种关系吗？女人与男人之间的关系，以及女人与男人的后代之间的关系是如何逐步发展的？

天使的性

在 19 世纪 40 年代，"性冷淡"（frigidity）一词被用来指缺乏性欲的女性。实际上，维多利亚时代见证了一种文学的诞生，这种文学否认了性欲的存在。例如，我们知道米什莱从未成功地让阿泰奈丝（Athenaïs）为之"颤抖"，后者满足于成为欲望的对象，然后吃得好，睡得香——她对性的敏感度止步于此。既然激起妻子的性欲成为一个难题，德拜医生（Dr. Debay）作为一名军医和坚定的现实主义者，便撰写了一本书，详细介绍了刺激女人的各种办法。这本书在 1848 年至 1888 年再版了 100 次。[22] 但另一位医生威廉·阿克顿（William Acton）则认为，女人的性需求是通过生育孩子和家庭生活来得到充分满足的。[23] 阿克顿的著作在英美广为流传。他对"真正的女性"的定义以及"两性领域"（two spheres）的分离做了重大贡献。

要记住的是，维多利亚时代的道德主义普遍对性持反对态度。阿克顿就提醒绅士们要控制自己的性行为。七天到十天性交一次就足够了。一些法国医生也赞同这一观点。大多数医生都建议草草完事，以节省男性的精力，但这样的建议对男女同时达到性高潮几乎没有任何好处。此外，卵子科学在 1840 年至 1860 年取得了蓬勃发展，确立了女性性高潮并非受精的必要条件的观点。这一发现巩固了母亲是一项职业的观点，将男性的自私正当化，并给阴蒂无用论这种充满敌意的观点提供了论据。[24] 简而言之，若干因素促成了人们对性关系产生新的观念。它的原则很快就得到了阐明：男人必须为了生产劳动而保存体力；女人必须全身心地扮演母亲的角色，投入家庭杂务中去；小规模的家庭是最好的。对女性来说，决定性因素不是性欲，而是她们所受的约束。

1845 年，伊丽莎白·布莱克威尔（Elizabeth Blackwell）成为美国第一位女医生。她认为性冷淡首先是教育的产物：女孩子们被进行了灌输，以至于认为想到性就是有罪的,这样才能在结婚前保持贞洁。[25] 的确,女孩不是一种"自然的"生物:尽管大多数女孩在 12 岁至 15 岁之间便进入了青春期,但很少有人在 20 岁之前就结婚了。生育的推迟是社会强加的,也是违背自然规律的。要让年轻女孩甘于等待,而不必诉诸强制措施,最好的办法就是对女性隐瞒肉体的欲望,进而推迟她们欲望的觉醒。一个"纯洁的"女孩什么都不知道,对什么也都不怀疑。从这方面来说,贞洁在根本上并不是基督教的美德;不管怎样,思想自由的父亲和丈夫均与最虔诚的男性一样追求纯洁性:它对女性来说是一个标签,一项"钓到"未来丈夫的保证。

因此,对年轻女孩的教育遵循着严格的原则,而母亲承担起了教育的职责。此类指南建议女孩恰当地饮食(菜肴清淡、晚上喝牛奶),睡觉要注意个人卫生(床不要太软、要早起)。但自慰是很难阻止的。据医生说,在女孩子当中,自慰的现象比在男孩子当中更为普遍。对一个争取社会纯洁的斗士,以及一个贞操的热心守护者来说,当她在读到一本谴责这一"孤独恶习"的小册子时,她会惊恐地发现这么多年来,她一直在无知的状态下从事这种恶习。[26] 一位有教养的年轻女士在梳妆时会穿上宽松的连衣裙,甚至在洗澡时都不会脱下;换衣服的时候,她会闭上眼睛。

在月经即将来临时,女孩的母亲应该提醒她即将发生的事情。即便神父也敦促采取这一做法:"圣母祷词"("耶稣,你子宫里的果实")可以被用来激发孩子的兴趣,然后母亲可以向她解释说,月经是用来提醒一个女人的真实命运的。有多少母亲敢这样说呢?马德琳·佩尔蒂埃(Madeleine Pelletier)出生在一个普通家庭里。据她回忆,在 12 岁时(那年是 1886 年)的某一天,她诚惶诚恐地穿着一条带有血渍的裙子到了学校。在被一位修女训斥了一顿之后,马德琳回到了家里。她的母亲是一位一本正经的老顽固,拒绝回答她的任何问题。到最后,还是病弱的父亲通过几句粗陋的话告诉了她。这就是她接受的极少的性教育。[27] 马德琳长大后成了一名医生,但她绝不允许任何男人接近她。当然,出现类似的情况也可能是因为宗教的感召。我们应该为此感到惊讶吗?母亲们从小被教育要轻视自己的身体,为自己的性行为感到羞耻,除了盲目地照搬之前的观点,很难指望她们能教给女儿任何东西。许多女孩子并不知道在新婚之夜等待她们的是什么。母亲们在这一点上也保持沉默。也许她们害怕通过语言来描述性爱,会引起女儿对性爱的厌恶,而不是让她们觉得性爱是可以忍受的感觉和爱抚。这种担忧是真实存在的：泽莉·盖琳［（Zelie Guerin），圣女小德兰（Saint Teresa of Lisieux）的母亲］本来想要很多的孩子，但当她知道要为此经历的一切时，她感到非常震惊。她的丈夫是个通情达理的人，在结婚后过了好几个月才与她初次同房。

尽管如此，人们还是在努力唤醒"母性本能"。约瑟芬·戴高乐（Josephine de Gaulle）是戴高乐将军的祖母，撰写了许多儿童书籍。她建议处于青春期的女孩子养一只小猫或小狗。岁数再大一些的女孩子可以成为教母（她们被告知这是"精神母亲"），参与教女的道德教育。不过，玩偶才是教育女孩子如何当妈妈的首选工具。尽管玩偶的性质发生了根本性的变化，但它很快便流行了起来。在 19 世纪初，玩偶的形象都是优雅的女士，似乎旨在激励与它们一起玩耍的女孩子长大后要变成美丽的女人。大约在 1850 年，制造商开始以婴幼儿为原型生产玩偶，并迅速获得成功。小女孩和这些小宝宝一起玩的时候，扮演的是妈妈的角色。这些玩偶是没有性器官的，直到二战之后才出现。

对于"天真无邪"的女孩子来说，端庄成了第二天性，这些"傻傻的小鹅"甚至都没有意识到这一点。对这种天使般的完美形象的强调，在 19 世纪中期得到了加强，但并未让每个人都完全接受这一点。在农村地区，任何人都会看到动物交配和分娩，所以很难保持女孩子的纯真。起源于非基督教的仪式和节日，促进了性意识的觉醒。在普罗旺斯的狂欢节期间，男孩会追逐女孩，在她们的胸部和大腿上涂抹泥巴。[28] 在法国中西部，有所谓的"女孩集市"。[29] 即便农村社会对年轻人有一些规范上的约束，两性之间的交往还是相当自由的。在旺代的沼泽地带，情侣们依偎在巨大的伞下，他们的家人也容忍了。他们长时间地互吻，并帮助对方获得性快感。一些女孩子出于好奇，会多尝试几个情郎。当教会在 19 世纪末试图将其美德观念强加于人时，遭遇了相当大程度的抵制。在城市的下层阶级中，婚前性关系似乎非常普遍。[30]

而在美国，即使是维多利亚时代的鼎盛时期，调情也是自由的。当时的美国是如此开放，让到访的欧洲游客惊叹不已。从 19 世纪 30 年代到访美国的托克维尔，到 1893 年玛丽·杜加尔德（Marie Dugard）代表法国中学教师参加芝加哥世界博览会，他们对此都有类似的感受。[31] 女孩子们在没有监护人陪伴的情况下，与自己选中的男孩子外出，直到晚上很晚才回家。从她们的日记和信件来看，她们感受到了被亲吻和爱抚的快乐，而且也不羞于以同样的方式回报男方。[32] 即便曾与 20 个男孩子调情，也不会妨碍她日后结婚，并成为一位杰出的妻子。

在欧洲社会，即使是最自命清高的阶层，也不会要求有教养的年轻女子完全避免与男人的接触。比如说，舞会的存在。方阵舞（Quadrilles）和对列舞（contredanses）模拟了爱情的各个阶段：相遇、分开、重修旧好。这类舞只有手或指尖的接触。但是，华尔兹打开了有关情感和感觉的新世界。她们挽着舞伴的胳膊，与对方一起跟着节奏旋转，身体触碰到了一起，由此产生的亲密感令人眩晕。她们大肆庆祝，感受到了感官的兴奋。在仆人的帮助下，或是从禁书中，一些年轻的女士在这方面获得了一些并不连贯的教育，她们乐于享受由此带来的好处。[33] 路易斯·韦斯（Louise Weiss）每天都会到她父亲的图书馆去，从字典中进行学习。[34] 在法国，到 20 世纪初，即便是调情也在书籍中得到了阐释。[35]

不管是"傻鹅"，还是纯洁的处女，年轻的女孩总有一天要嫁作他人妇。即便她的新婚之夜顺风顺水，在性满足的道路上也很快就会遇到新障碍。生育显然是最沉重的负担。许多女性仍然认为，在怀孕和哺乳期间（长达近两年的时间）发生性关系会对孩子造成伤害。但是，越来越多的妻子决定少生孩子。在人们认为性高潮有助于受孕的时期，对怀孕的恐惧抑制了性欲。一些男人，主要是英国人，也开始站在他们的角度呼吁避孕。比如，托马斯·马尔萨斯（Thomas Malthus）、弗朗西斯·普莱斯（Francis Place）、理查德·卡莱尔（Richard Carlyle）和查尔斯·诺尔顿（Charles Knowlton）。女人不愿就此表达自己的观点，即便是女性主义者也是如此。然而，在私下里，在信件和私人日记中，她们承认自己对无休止的怀孕感到疲倦和厌恶。维多利亚女王就不赞成生育孩子。她怀孕了九次，每次分娩都如同背负着十字架在遭受折磨；这毁掉了她的婚姻生活，耗尽了她的自由。在英国社会的上层阶级中，维多利亚女王对大家庭的恐惧是普遍存在的；但她还是生了很多的孩子。

然而，避孕方面的进展非常缓慢，而且很难解释不同国家之间出现的差异。法国和美国是在避孕方面领先的两个国家。早在 18 世纪 90 年代，法国就出现了生育率的急剧下滑。而美国出现类似的下降，则发生在 1800 年之后。显然，这两个国家都经历了大革命，并向世人宣布了他们致力于维护人权和个人自由的信仰。但是，很难证明这就是决定性因素。欧洲北部国家的生育率直到 1870

年之后才下降，而欧洲南部国家则要更晚一些。我们不能说这一下降与工业化有关，因为它发生在法国和美国开启工业化进程之前。我们也不能说这与婴儿死亡率下降是一致的；因为直到巴氏灭菌法革命之后，婴儿的死亡率才显著下降。这也不能与新教对信仰自由的关切联系到一起，因为法国的天主教徒仍然占多数。不同社会群体的行为同样令人困惑。并不是富有和有教养的上层阶级在引领这一潮流。在法国，贵族和大资产阶级的女性仍然是生育孩子最多的母亲。以保守著称的农村女性，在某些情况下很早就学会了控制生育（例如在阿基坦盆地）。而各地的工人阶级女性仍在大量生育，至少一直持续到了童工被禁止。而在美国，人们注意到在本土出生的女性比移民女性生的孩子要少一些。在移民之后，一些群体的生育率上升了：从 1852 年至 1856 年，从荷兰布拉班特移民到美国威斯康星州的女性就是这样。[36] 出生率的下降是一个复杂的现象，涉及经济、文化和心理等多种因素的综合作用。每一个案例都是特殊的。甚至都几乎没有人敢提出这样的假设，即中产阶层树立了少生孩子的典范。[37]

并非所有避孕技术的效果都是一样的。问题不在于避孕效果，而在于其意义：某种特定的技术会给女性带来多少主动性、责任感和自由？对于自己的身体，女性会获得什么权利？她们又有多大的机会获得性快感？

通过晚婚、延长哺乳期和保持高独身率这些古老方法来降低生育率，在许多农村地区仍然存在，比如在爱尔兰、伊比利亚半岛，以及法国和意大利的山区。但随着死亡率的下降，这些做法被证明是不够的：在 19 世纪末，为了防止人口过剩，女性不得不等到 35 岁才能结婚，40% 的女性不得不选择独身。事实上，在 1850 年的法国农村地区，女性在 25 岁左右就结婚了，只有 13% 的女性保持单身。

有些夫妇选择睡在不同的房间。当然，一个家庭必须足够富有，才负担得起额外的空间。这种做法的有效性是毋庸置疑的，但分居可能会让人沮丧。这样做是为了谁？男人为了"尊重"妻子，会毫不犹豫地作出欺骗妻子的事情，去找一位情妇，（如果他吝啬的话）甚至会去找仆人。但是，女人呢？

中产阶层的丈夫更有可能避免让妻子怀孕。浪荡公子早已熟知的避孕方法如今已进入了有名望的家庭。各种避孕装置出现得很晚，而且成功率有限：在未来的一段时间内，避孕套、子宫帽和注射器依然价格不菲，而且使用起来不方便。肛交和口交被用作可以将性爱与怀孕分离的理由，但这类做法的使用范围并不清楚。所有的迹象均表明，几乎在所有地方最受欢迎的方法都是体外射精，既简单又不花钱。这种方法主要取决于男人的主动性，要求他严格自律。这仍然遵循的是父权制的逻辑：女人被动地服从她的"婚姻义务"。然而，一切似乎都有些不一样了：虽然男人追求的只是他自己的快乐，但他借此为自己的伴侣起了示范作用，让她意识到这是一种可选择的避孕办法。而且，即便他唯一的意图在于避免承担大家庭的负担，但体外射精的丈夫也为他的妻子省下了财富和精力，并保留了她的自由。她由此获得了一个机会，能够过上一种完全不同的生活，并免除了她作为母亲的烦恼。

天主教的神职人员对此反应迟钝，而在当时上述做法已经非常普遍了。为什么教会要等这么久？因为在法国大革命之后，主要是女性前去忏悔，她们不会主动地提出这类问题，也不喜欢别人向她提问。大多数女性会认为她们在这件事情上没有责任，因为她们只不过是在按照丈夫的意愿行事。一些女人承认她们这样做了，但声称这样做并没有罪，只不过是行事谨慎而已。神父们并没有坚持反对，毕竟繁衍是男性事务。医生们则更为迅速地提出了抗议，也更为直截了当。一些人担心妻子们会因此而受挫，他们认为女性并不像许多人认为的那样性冷淡。贝热雷医生（Dr. Bergeret）的书被翻译成了英语，并得到了广泛的阅读。他在书中恫言"作弊者"将患上最为严重的疾病，但并没能成功吓到他的读者。[38]

避孕技术的使用并没有导致两次分娩的时间间隔变长，而是让女性更早地停止了妊娠。[39]女人们显然不愿意推迟生育子女。她们更喜欢尽早地把这个累赘的杂事完成，以便在日后有更多的自由时间，在随后的人生中有更多的个人生活。

通常认为，堕胎这种事情主要是下层社会的女性在做，但这种看法具有误导性。虽然堕胎在下层社会中非常普遍，但其他阶层的女性也在这样做。亨丽埃塔·斯坦利（Henrietta Stanley）女士发现自己第十次怀孕了，她故意洗了很烫的热水澡，又走了很长的路，从而造成了流产，之后才通知她的丈夫爱德华勋爵。实际上，女性经常会面临堕胎的情况：在必要的时候，女人总是会让自己流产，或是帮助他人流产，而对此没有任何的负罪感；因为她们相信胎儿还不能动弹时（四个月之内），是没有生命的。英国和美国的法律似乎也承认了这一点。[40]虽然堕胎是一件古老的事情，但随着技术的进步和男人参与程度的提高，它的性质和意义都发生了变化。人们对女性解剖学和生理学有了更为全面的理解，可以在更早的时候实施堕胎，并采取比药物和故意跌倒带来创伤更少的方法。编织针被用来刺破羊膜囊。后来，在子宫内注射肥皂水变得越来越普遍。如果能采取预防措施来避免感染，风险就会小得多。[41] 到 1910 年，注射的方法被广泛使用：医生和助产士们几乎是在公开地提供堕胎服务。在 19 世纪下半叶，不管采取何种堕胎方法，每个地方的堕胎数量都在增多。堕胎不再是受到诱惑的绝望受害者或大家庭母亲的最后一招；它已经成为一种节育方法。这种曾经私密、谨慎、隐藏在女人世界中的行为，如今成了男人世界里的商品。在伦敦，克莱姆斯兄弟（Chrimes brothers）1898 年的客户数量不少于 1 万人。

在 19 世纪后期，堕胎因其范围和影响都令人震惊，突然引起了极大的反应：堕胎上升到了一个主要的政治问题。在美国，当时它正处于内战之后；在英国，这与布尔战争的艰难不无关系；而法国在 1870—1871 年的普法战争中战败，对普鲁士人的复仇欲望成为间接原因。在任何战争结束之后，生命都是神圣的。在这种时候，把流产等同于杀婴的倾向就出现了：胎儿，甚至是胚胎，都被当成了完全意义上的人。这确实是基督教教义一直以来所教导的观点。但现在整个社会似乎把上帝的这项启示世俗化了，好像是它首次决定要直面由此产生的全部后果。

我们还是回到女性性行为的话题。堕胎在当时是痛苦的，有时会对身体造成伤害，这肯定不是解决问题的最佳方式。警方的档案显示，许多女性面对丈夫的要求时，她们拒绝履行"职责"，即使因此挨打也不愿意就范。然而，有一名女子刚刚拒绝了丈夫的要求，却躺在丈夫的身旁自慰。[42] 这些女性解释说，她们害怕怀孕；在少数情况下，她们是因为不想染上性病。只要还有这些拦路虎存在，性爱就不可能成为夫妻之间的愉悦之事。

与欧洲女性相比，美国女性要更加坚定，她们在 19 世纪八九十年代发起了一场猛烈的攻势。[43] 也许是希望减少怀孕的次数，她们呼吁宗教界对性别角色和丈夫权利发出明确的挑战。"社会净化"运动的激进分子坚持认为，性关系发生的频率和时间应该由女性来决定，因为"两性领域之分"赋予了女性在私人领域的全部权利。这些激进分子声称，女性的欲望并不比男性少，但她们知道如何控制自己，而男性则太容易屈服于他们的欲望。这场清教徒（如果不是女性主义者的话）式的运动有何影响？克莱利亚·莫舍医生（Dr. Clelia

Mosher）在 1892 年进行的一项研究表明，双方达成了某种妥协：夫妻平均每周过两次性生活；因为男性每周想要三次，而女性一次就够了。

与此同时，出生率的下降开始改变女性的感受能力。虽然女性应该像天使一样行事的观念一直延续到了 19 世纪末，但性不再被认为是可耻的，夫妻之间的性爱也不再仅仅被视为一种责任。由于能够带来欢愉，妻子不仅变成了更加积极主动的伴侣，还提出了更多的要求。这让夫妻之间产生了发生亲密关系的渴望：尽管医生们提出了抗议，但蜜月旅行还是迅速地成为一种时尚，因为它让新婚夫妇避免遭受鲁莽的提问，也不用接受大量暗示，更不必成为人们挤眉弄眼的笑话对象。婚房成了不可侵犯的庇护之地。与此同时，人们也开始公开地表达感情：妻子将丈夫称为"亲爱的"，并当众亲吻他们。随着婚姻关系的改善，她们会产生更强烈的愉悦感，但厌倦和失望也会随之而来。无论法律是怎样规定的，丈夫不再是君主和主人，那样的日子已经一去不复返了。不管结果怎样，他都可能成为一个爱人。而作为母亲的感觉也会有明显变化。如今，抚养孩子优先于生孩子：孩子变少了，母亲就可以对每个孩子给予更多的关注和爱护。母亲和孩子过上了田园诗般的悠闲生活。

母亲和婴儿

用母乳喂养孩子的女人，究竟是"女性"，还是母亲？动物的本能在其中起了什么作用，而人类的感情又扮演了什么角色？对于这些问题，西方社会从未给出过肯定的答案。另外还有两种相当悲惨的人物为这种不确定性付出了代价：奶妈和未婚妈妈。

然而，正如卢梭的例子一样[1]，奶妈行业在西方社会得到了繁荣发展，只不过存在一些地区差异。在美国南部，黑人"奶妈"很常见。英国人雇用未婚妈妈。法国人则偏爱已婚的农妇。在传统的习俗中，一直存在着这样的禁忌：在哺乳期间，不允许发生性关系。米什莱哀叹说，当夏娃生下孩子的时候，"亚当就告别了天堂"。44 卡尼尔医生（Dr Garnier）在 1879 年再次强调，"夫妻之间的欢愉即便不能完全避免，也应该节制"。45 从理论上讲，这一决定并不总是由做父亲的说了算的。

---

[1]　卢梭自小丧母，是由奶妈带大的。——译者注

19 世纪在该领域的重大新生事物是住家奶妈，她们住到了孩子的父母家里。事实上，父母们都很清楚，将自己的孩子交给一个毫无学识的女人去看护，死亡率会很高，所以总会多长个心眼去关注自己的新生儿。但是，母亲和她们的"替代者"经常会产生矛盾，这会成为一个问题。年轻的母亲会对奶妈的特权心生嫉妒。孩子出生的时候，他们已经花了一大笔钱购置衣服、婴儿床，并对育儿室进行了装饰。她们希望能向其他人炫耀自己的孩子，并享受孩子的首次微笑。但是，她们不敢违逆奶妈的旨意，否则奶妈的奶水可能会"变糟糕"。一些奶妈利用了这一优势，要求苛刻，反复无常。

奶妈首先是被家庭雇来干活的，但她们受到了善待。由于奶妈是雇主财富的有形标志，所以她总是衣着讲究。在雇主家里，奶妈得到了悉心照顾。她的工资很高，还会收到很多礼物。她睡在孩子的房间里，而不是与其他仆人一样睡在阁楼上。她必须严格地保持卫生，但可以挑她喜欢吃的东西，而不需要做太多的工作：洗点衣服，也许再做点针线活。在贫穷女人艰辛的一生中，当奶妈的这段时间堪称一段奇怪的插曲，而且很可能会给她留下不可磨灭的印迹。

然而，奶妈也为这种经历做出了巨大的牺牲：她们不得不离开自己的家，把自己的孩子交给另一位女性照顾。在被雇用之前，她必须接受医生的检查，医生会触摸她的乳房，品尝她的乳汁，嗅闻她的呼吸。虽然性行为不是完全禁止的（完全将她与丈夫分离是不可能的），但遭到了强烈的劝阻。一位医生直言不讳地说："奶妈就是一头奶牛。她一旦丧失了产奶的能力，就应该立即解雇她。"[46] 在法兰西第三共和国时期，随着平等观念越来越为人们所接受，人们开始认为奶妈的境遇是可耻的，甚至将她们与妓女的处境相比较。

然而，奶妈这个行业并不仅仅是富人自私的产物。一些被遗弃的儿童，还有些母亲必须去工作的儿童，他们都需要"有偿保姆"（paid nurse）。在天主教国家，尤其是法国，就有许多这样的有偿保姆。[47] 愿意抚养贫困婴儿的农妇，会去城里的医院或孤儿院里将他们接回来。到 19 世纪末，正是在这些女性当中，发生了育儿领域的两场革命：奶瓶喂养的出现，以及医学化的胜利。

这些女性带回家的小孩往往体弱多病，而她们因领养而拿到的钱也很少。这些女人已经被各种各样的家务琐事压得喘不过气来，几乎没有什么时间来照顾领养来的孩子，对这些孩子也没什么感情，会眼睁睁地看着他们死去。在莫尔旺（Morvan），领养孩子的情况很普遍。1870 年，从巴黎领养到莫尔旺的孤儿的死亡率为 65% 至 70%。而领养自莫尔旺本地的孤儿的死亡率为 33%。而由自己母亲抚养的孩子的死亡率为 16%。长期以来，医生和慈善家们对这些令人震惊的数字感到痛心不已，但无济于事。然而，1870—1871 年普法战争的失败敲响了警钟：如果法国希望某一天能够复仇，如果它希望增加未来的征兵人数，那么就必须采取措施降低婴儿死亡率。法国的改革者将普法战争的胜利者视为榜样：俾斯麦领导的普鲁士实施了一项卓有成效的社会福利计划。

1874 年通过的《鲁塞尔法案》（The Roussel Law）将奶妈置于医疗巡视员的监督之下。这些巡视员会前往奶妈的家中，以评估"饲养条件"（在《鲁塞尔法案》中，"饲养条件"用的是"élebvage"一词，它所带有的明确的动物饲养含义令人震惊，但并没有冒犯到任何人）。正如卢梭所在的那个时代一样，医生们抨击了社会对农民，尤其是年老女性的偏见。但他们也发现了农村的居住条件非常糟糕，这是对公共卫生的真正挑战。他们呼吁颁布有关招募奶妈的标准。由此产生的法规极大地改善了条件：来自 20 世纪初的报告描述了条件更好的房子——有多间卧室、窗户和家具。奶妈还要定期接受体检。

巡视员还注意到，人们迅速接受了奶瓶喂养。奶妈们将奶水省下来留给自己的孩子。现如今，巴氏灭菌法的原理使得消灭细菌和预防感染成为可能。医生们先是对奶瓶喂养睁一只眼闭一只眼，而后便积极鼓励这种改变。如果我们看看 1900 年的实际情况，在法国北部（与法国南部相比，北部更加工业化、更富有、受教育程度更高），大部分地区已经改用奶瓶喂养；而法国南部在接下来的 20 年里仍在通过女人的乳房喂养。[48]

奶瓶的胜利，不仅在象征意义上改变了母亲与婴儿的关系，在实践意义上也是如此。[49] 奶妈的生计依赖于她的生育能力。危险之处在于，有的女性可能会为了从母乳中获利而怀孕，然后遗弃自己的孩子。雇主之所以会雇用某位奶妈主要是基于她的身体素质。奶瓶喂养则终结了这种对身体的强调。尽管奶妈的称谓"wet nurse"中还包括"nurse"一词，但她更像是一位"饲养员"或是看管人，年龄和生育能力不再重要。与此同时，哺乳又重新成为母亲的专有权利。如果有必要，母亲可以将自己的奶水装进奶瓶，而再也不用借助另一个女人的乳房来给婴儿喂奶。就这一点而言，哺乳获得了积极的情感内涵：一位哺乳的女人不再是"一头奶牛"，而是一个温柔的妈妈。

奶瓶的胜利还带来了另一项结果，那就是促使医生开始介入育婴者与婴幼儿之间的关系，他们之前一直没搞清楚这个问题。到了最后，他们已经可以研究处于不同年龄阶段的婴幼儿需要多少奶量，以及最佳的喂养时间表。医生很快就知道了如何给母亲和育婴员提出建议。他们这样做还缘于另外一个动机：未婚妈妈的痛苦。

在法语中，表示"未婚妈妈"的词是"fille mère"。这个词在法国大革命期间首次进入人们的语言里，直到现在才逐渐消失。在两个世纪里，"未婚妈妈"意味着对极端的父权制逻辑的冒犯。"未婚妈妈"在话语体系和社会中获得一席之地，便有意或无意地承认了这一点，即女性将独自一人带孩子，母亲和孩子可以在不知道父亲是谁的情况下生存下去，而且不需要父亲的帮助。这将动摇家庭和社会秩序赖以生存的核心支柱。

可以肯定的是，在之前的数个世纪里，非婚生育并非不为人所知。但在1750年至1850年期间，私生子的地位发生了变化。造成这一现象的原因有很多：非婚生育数量的增加，"诱奸者"被指责不负责任，当局越来越关注这个问题。尽管增幅有所不同，但各地的未婚妈妈数量都在增加。[50] 在法国，未婚生育占总生育的比重从1790年的3.3%，增加到了1840年的7.4%；而到20世纪之初，在某些地方稳定在了7%至8%。但是，在巴黎（陷入麻烦的女孩子会蜂拥至这座城市里），1830年至1840年未婚生育率上升了30%。在英国，未婚生育率增加得要更早一些，大约在1750年就开始了，但情况没那么严重：1859年伦敦的非婚生育率只有4%。[51] 相比之下，在维也纳，非婚生育的数量似乎超过了合法生育的数量。有些女人以孩子父亲的小妾的身份生活，并不管这位男子是否接受父亲的身份。但真正的"未婚妈妈"，是那些完全没有男性提供帮助的人。她们中的几乎所有人都是因为暴力、胁迫，或是婚姻承诺而就范的。由于未能得到法律的保护，无论是在农村，还是在城市，毫无防备能力的年轻女孩子仍然容易受到伤害。事实上，公众舆论对强奸的现象也没有区别对待。[52] 任何一位就范的女孩子，即便是被胁迫的，都被认为是"被毁了""堕落了"，不值得尊重，也不应该获得帮助。除了极少数情况之外，这些女孩子在怀孕后完全要自己扛起一切。[53]

杀婴现象并没有消失，但其发生率的上升或下降与堕胎率正好成反比。一位未婚妈妈如果想让自己的孩子活下来，就必须在两种同样痛苦的办法中选择其一：要么放弃孩子的抚养权，要么独自抚养孩子。这就是当局介入此事的原因所在。他们为此而采取的各种步骤颇有深意。在拉丁语系的天主教国家，市政当局一直在鼓励未婚妈妈放弃孩子的抚养权。医院里的孤儿院在法国大革命期间关闭了，1811 年又重新开放。匿名放弃孩子的抚养权是可能的，这就减少了杀婴的危险，并让有罪的母亲重获自由，当然她的"名誉"是没法恢复了。即便她卸下了孩子的重担，她所面临的也只有轻蔑和鄙视。从道德上讲，很少有人能在痛苦或悔恨中全身而退。被遗弃的儿童身上往往附有识别标志和表达遗憾的便条，并恳请发现者好好照顾孩子。然而，许多官员相信，没有女人会喜欢证明她有罪的活生生的证据，也没有孩子不会鄙视将这种人生强加给他（或她）的母亲。未婚妈妈根本就不值得被称为母亲。

但是孤儿院的维持成本很高。它们使得遗弃孩子变得容易，从而纵容了这种行为。即便是已婚夫妇，在陷入经济困境的情况下，有时也会遗弃一名被他们视为沉重负担的孩子。不堪重负的市政当局后来关闭了孤儿院。在法国，最后一家孤儿院在 1860 年关门；在意大利则是在 1880 年。原先的孤儿院被孤儿收养机构所取代。在这些机构中，孩子仍然可以被他们的父母放弃以供他人收养，但不再是匿名放弃了。直到 1904 年，法国才再次将匿名生育和遗弃合法化。

与此同时，英美模式在拉丁欧洲流行开来。重点在于向未婚妈妈提供补贴形式的援助。在英国，这项工作是由慈善机构完成的。这种想法一开始让法国和意大利恪守教规的天主教徒感到震惊，他们害怕这样会助长邪恶。但随着时间的流逝，人们逐渐接受了这种做法。在法国，经济学家对出生率的下降忧心不已。在他们看来，私生子与婚内生育的孩子有着同样的价值，而抚养孩子最廉价、最可靠的方法就是将他们交给自己的母亲。与此同时，基督徒们逐渐承认，未婚妈妈可以通过抚养孩子来完成赎罪，她们因此而变得值得救赎：她可以不动声色地获得做母亲的尊严。1848 年的革命加速了这一变化。为此设立的一个委员会除了经常向未婚妈妈发放补贴外，还会密切监视受援助女性的品行。通过提供资金，国家取代了父亲和丈夫的地位，将后者的部分权利攫为己有。尽管存在种种弊端，但这种补贴还是一份不错的收入，足以对一些人产生吸引力。但随之产生了另一个问题：妈妈将孩子留了下来，究竟是因为爱，还是为了钱呢？于是，福利欺诈就出现了：和情人一起生活的女人为了得到补贴，向外界隐瞒了这段关系，并且推迟了婚期。

在医院分娩的未婚妈妈得到了还不错的治疗。在俾斯麦领导下的普鲁士，为准妈妈们修建了房屋，以便她们在 19 世纪结束前能在相当不错的条件下住院。但法国和意大利的制度要更落后一些。医科学生只是把病人当成了样本，毫无谦逊之意。在分娩之后，新妈妈会分配到两三个孩子，让她用母乳喂养，但她不能喂养自己的孩子；因为她自己的孩子已经被带走了，以免她会对其有任何的特殊照顾。福代雷医生（Dr. Fodere）在马赛主宫医院看到了这种行为，并对此提出了强烈谴责，但无济于事。[54] 米兰的情况也是如此。1899 年 7 月，当地 32 位处于哺乳期的母亲喂养了 74 个孩子。而在曼托瓦，一位年轻母亲在 1900 年 1 月分娩，在当年 3 月到 11 月，她喂养了 18 个不同的婴儿。这样做存在危险。感染了梅毒的孩子可能将该疾病传染给喂她奶的人，后者又会将病毒传染给其他孩子，而其他孩子又会将此传染给其他喂他奶的人……但是，医生将这一切都归咎于奶妈，指责她们乱喂母乳，并指责她们出于友谊或金钱的目的而频繁交换婴儿喂养。

医院里不仅有病人，而且到处都是细菌。难怪巴氏灭菌法会像风暴一样席卷医院。人类的"养育"变得更加人道了，但与此同时，话语权掌握到了医生手里，他们开始耐心地、系统地向妈妈和奶妈提供教育。

他们开始贬低"母性本能"，这本来是女性世界（经验的、情感的、传统的）和男性世界（创新的、理性的和科学的）之间的差异的象征。从此时开始，医生们坚持认为，在做母亲方面，即使是最符合自然法则的部分也需要根据科学进行训练。家庭医生以一种友好的、屈尊的方式对他们更富裕的病人讲话。对于家庭背景更为普通的一般人，医生的语气就变得更加专横了。每件事情都被严格地加以详细说明：喂奶的次数和时间，奶瓶和乳头的消毒，如何给孩子换尿布和洗澡，什么时候把孩子放到床上，以及如何使用温度计。为了教育工人阶级的妈妈，医生们在产科诊所增加了健康婴儿咨询服务。在法国，诸如"奶滴"（Gouttes de lait）这样的私人慈善机构也提供此类服务。妈妈们急切地向这些"专家"咨询，并且显然听取了他们的建议。每个孩子都有一个病历簿。这种模式最初是由冯萨格里韦医生（Dr. Fonssagrives）在 1869 年设计的，后来 M.W. 加里松医生（Dr. M.W.Garrisson）又让它跨越了大西洋。它被用来记录孩子的体重、身高、饮食、接种疫苗情况和所患疾病。慈善组织的女士们在这方面向医生提供了帮助，他们去结识母亲，去拜访她们的家，以确保她们准确地理解了医生开出的处方。因此，一种新形式的互助在女性中间发展起来了。但这次是完全在医疗监督下进行的，女性已经丧失了自主权。

一些人希望，在女孩子的小学和初中课程中，加入一些有关育儿的课程，其目的在于让年轻女子为成为母亲做好准备。每个人都仍然认为母亲是女性的典型社会角色。但这类课程并没有得到批准。女孩子的全部课程越来越像男孩子的课程，这种融合最终有助于减少家庭生活和公共生活中的性别分工。

心灵

随着文化和经济的发展，人类在角色和职能方面的性别分工也在不断修正。然而，不管是在理论上，还是在实践中，每个人都承认公共生活是男性的领域，而私人生活是女性的领域，这就是所谓的"两性领域之分"。因此，存在着一个女性的世界，此处的文化是女性所独有的。在女性的世界中，文化本质上仍然是身体和情感的，并且一代又一代地得到了精心阐释和传承。对于生活在一起的女性而言，她们之间的个人关系起到了什么作用？而在女性与和她们一起居住的男性之间，这种个人关系又扮演着何种角色？教育开始让女性具有越来越坚强和独立的人格。这些女性又是如何协调自己的目标与周围的人的期待的呢？

女人之间

当维克多·雨果描述珂赛特的卧室时，或是巴尔扎克在作品中布置赛查丽纳·皮罗多（Cesarine Birotteau）的房间时，他们都是根据自己的幻想来描绘的。真正的女孩只不过是希望有自己的房间。没有人会想念曾经与兄弟姐妹共用的卧室。在自己的房间里，她能够安放旧娃娃，收藏纪念品，在想要独自做梦或是大哭一场的时候，可以将自己锁在里面，这就如同一处避难所。这是一处能够发展人生早期自主能力的空间，她们能在这里努力表达自己的个性。[55] 记日记并不是什么新鲜事，但随着这种做法的流行，它有了新的意义。在 19 世纪初，日记仍然是审视自我良心和基督徒忏悔的工具，小女孩在日记中记录自己的罪过和遭受的诱惑，并决心做一个善良的人。然而，没过多久，日记的作者就开始更深层地向内凝视，寻求了解自己，并在践行心理学家所谓的内省的方法。像玛丽·巴什基尔泽夫（Marie Bashkirtseff）这样的女孩表达了她们对未来的焦虑、她们的叛逆，或是对独立的渴望。而像欧仁妮·德·格林（Eugenie de Guerin）和阿利克斯·德·拉马丁（Alix de Lamartine）这样的女性，在成年后依然坚持写日记，她们这样做通常是为了填补内心的空虚，以记住那些在未来将了无痕迹的日子。[56]

对于小女孩，甚至是年轻的女士来说，有母亲的指导是再好不过的了。因为母亲知道女儿应该如何为私人生活做准备。信件和日记显示，母亲对女儿的教养是温柔而慈爱的，既有劝诱，也有分享。拥抱是常有的事，亲密的交谈也是家常便饭，而体罚则消失了，至少在中产阶层家庭里是这样；与中产阶层的母亲相比，贵族和农民阶级的母亲要更冷漠些，坚守传统的时间也更长一些。[57]母亲们乐于扮演老师和导师的角色，而道德指导尤其是她们的专属领域。许多母亲还对教育文学进行了钻研。母亲与女儿之间的亲密程度可能远胜于以往，因为男性与女性的角色从未像现在这样泾渭分明。此外，生育率的下降也为母女建立持久的私人关系留出了更多时间。但矛盾心理仍然存在。母亲经常会因为自己生下了一个女儿而感到失望，这是因为"男人在幸福和尊严方面的地位要高于女人的观念是如此根深蒂固"。母亲们有时候会通过忽视自己的女儿来表达对女性的蔑视，这样的例子不胜枚举。母亲还会走向另一个极端，她们可能会屈服于"认同感"，试图将女儿打造成一个理想化的自己，一个"更完美"的女人。[58]这可能使她们变得专横跋扈，成为不折不扣的裁判者。然而，对年轻女孩来说，母亲的去世往往是她遭受的最为严重的打击。卡罗琳·布雷姆（Caroline Brame）[59]和斯蒂芬妮·朱利安（Stephanie Julien）[60]失去了母亲，虽然身边不乏亲戚朋友，但她们感到非常孤独，尤其是到了要作出选择丈夫这类重大决定的时候。

到 19 世纪末，母女之间平静的亲密关系开始遭到威胁。母亲们不再清楚地知道自己应该把什么传递给下一代。克莱门斯·罗耶（Clemence Royer）是一位科学女性，她认为自己是男性和女性的混合物。她对女儿的所有要求就是"在战场上替代她"。[61]与此同时，路易斯·韦斯所说的"道德青春期"可能会导致青少年对她的母亲进行评判，有时甚至是严厉的评判。受过教育、拥有学位、渴望独立的女性，可能会拒绝扮演传统母亲的角色，但仍然希望取悦男人，找个丈夫，并诞下子嗣。这种矛盾的渴望加剧了本来就难以忍受的紧张关系。这种紧张关系是导致莱斯克医生（Dr. Laseque）在 1873 年提出的"厌食症"这种奇怪疾病的原因吗？[62]

实际上，很少有女孩子是完全在家里长大的。多亏了寄宿学校，母亲们高兴地摆脱了女儿成长的"艰难岁月"所带来的负担。寄宿学校让危机远离母亲的视线，并缓和了其严重性：年轻女性找到了其他的知己。母女之间建立起了适当的距离。例如，玛丽·德·弗拉维妮在进入圣心学校后，她对背景显赫、富有魅力的安东尼娅（Antonia）修女产生了一种热情的依恋。而在社会阶层的另一端，玛丽－克莱尔（Marie-Claire）在孤儿院长大，受到了玛丽－艾梅（Marie-Aimee）修女的呵护。在这方面，非专业教师的名声则没有那么好。

许多青少年在寄宿学校里发现了友谊的乐趣。两个女孩子结下了深情厚谊，变得难舍难分，她们相互交换誓言和照片，甚至是辫子、头发或手镯等象征永恒感情的物品；这样的情况非常常见。在天主教的女修道院里，"有罪的行为"会受到严密监视，但情感的宣泄并不会受到抑制。英国和美国的女孩子似乎享有不受限制的自由：当时的信件显示，寄宿学校的学生可以极其亲密地一起生活，她们相互换衣服穿，睡同一张床，为彼此做饭，甚至可以躲到"温暖舒适的小房间"去创作音乐作品。[63]

在欧洲，婚姻让女性之间的这种友谊受到了考验。但在美国，在某些情况下，这些共有的情感在女孩子们分开之后会依然存在。不妨举一个例子。玛丽·哈洛克·福特（Mary Hallock Foote）和海伦娜·德凯·吉尔德（Helena Dekay Gilder）在写给对方的信件中，用温柔的口气谈及了炽热的肉体欲望：她们渴望见到对方，相互拥抱，躺在一起，互相爱抚。根据这样的表达，我们一定要认为这就是同性恋吗？女孩子们自己可没有认识到这一点：在她们所在的文化中，没有同性恋的概念，也没有同性恋这个词。[64]无论如何，她们都来自受人尊敬的保守家庭，并不会因为接受这样的关系而感到焦虑。她们很显然地认为，这样的做法与婚姻是相容的。即便是她们的丈夫也没有因此而受到冒犯：他们知道女人是情绪化的，并且乐于表达。事实上，男人也知道女人之间有她们自己特殊的感官享受，但这太无关紧要了，根本就不值得去压制。人们通常会指责维多利亚时代的道德规范死板而压抑，但它在满足女性的需求方面却足够灵活。

在一个家族里面，姐妹和女性表亲（或堂亲）组成了一个小集团。在天主教国家，她们中的一些人接受圣职也并不罕见。马丁姐妹［（Martin sisters），即圣婴德兰姐妹（sisters of Thérèse de l'Enfant-Jésus）］就是这方面的例子。与女人在一起生活的渴望，可能是促使她们接受宗教职业的因素之一：做一名圣女不仅逃脱了父亲和丈夫的管教，避免了为人之母的危险和担忧，还确保了她们永远都会有母亲和姐妹。在修道院的封闭环境里，偶尔也会有嫉妒和仇恨情绪的爆发，但每周的公开忏悔有助于减少冲突。宗教修道会的修女们扮演着重要的社会角色。无论她们在哪里设立了诊所和学校，那儿很快就会成为展现女性团结的活动中心。[66]一些修女获得了实权：在19世纪40年代，罗莎莉修女（Sister Rosalie）作为巴黎"危险阶层"的守护天使，据说能够影响内阁部长的选择。而雅武埃（Javouhey）作为女修道院院长，虽然没有资格担任公职，但在1848年被法属圭亚那的黑人公民选为下议院的议员。这些黑人此前都是奴隶，正是雅武埃解放了他们。

除了这些制度化的"姐妹会"之外，女人之间的关系还取决于家庭结构和经济条件。这并不总是如田园诗一般。在仍受传统支配的贫困农村地区，女性生活在相互敌视和猜忌中——例如，在19世纪初的意大利弗留利（Friuli）就是这样。[67]几代人住在同一个屋檐下。母亲的实力来源于她的生育职能：她的儿子会保护她免受丈夫的暴虐。当儿子结婚后，他的妈妈会将儿媳妇视为竞争对手，总是倾向于去羞辱和欺负她。儿媳妇要想提高自己的地位，唯一的办法就是自己生个儿子。因此，婆婆会非常痛恨儿媳妇怀孕。即便怀孕了，儿媳妇肩上的担子也并未减轻。与此相反，儿媳妇一直要劳作到临产为止。也没人愿意去通知儿媳妇的妈妈或姐妹，告诉她们她要分娩了。在此时，邻居可能会提供帮助。但到了后来，当初的受害者又会以同样的方式对待自己的儿媳妇。家庭内部的这些隔阂阻碍了女性之间的团结。这也是传统上由男性主导的地中海地区的农村社会野蛮本性的一个标志。

然而，随着经济领域出现的变革，传统的家庭结构以各种令人困惑的方式瓦解了。即便在农村地区，女性之间的关系也很复杂，而且并不总是限于私人领域；此外，这种关系并非静止的，而是处于不断变化的过程中。例如，在米诺特（Minot），村庄里的女性形成了一种内涵丰富的亚文化，这足以来弥补她们受到限制的家庭生活。在家庭生活中，她们有时候会极不愉快。

在城里，"正派的"女士会根据自己的喜好来调整社会的期待。在19世纪五六十年代，法国北部的资产阶级就是一个很好的例子。[68]在19世纪初，她们还在参与父亲和丈夫的生意。在当时，她们的女性角色是次要的。她们把孩子托付给了仆人，很少考虑室内装饰，在宗教上也不是特别虔诚。但在 19 世纪下半叶，随着工业的发展，工厂和家庭的住宅分开了，这是公共生活和私人生活分离的具体而切实的表现。妻子和母亲被贬到了家庭领域，在那里她们会坚持自己的权威，并定义她们的价值观——这种价值观与男人的价值观几乎形成了完全鲜明的对比。

这些女性不再追捧商品和财富的生产，而是强调家庭和生育。在各地的生育率都在下降的时候，她们生的孩子要比她们的母亲当初生的更多。生儿育女成了她们彰显自己与众不同并能发挥作用的方式。她们自己照顾孩子。对于她们来说，在从青春期到更年期的这段时间，生活就是从怀孕、分娩、哺乳、断奶到月经恢复的无休止的循环。生理特点既是这些女人的力量所在，也是她们的弱点，更是她们团结和认同的基础。她们严格监督孩子的学习和德育。在一个家庭有了好几个孩子之后，家务会变得复杂，但她们也乐在其中：她们烹制的菜肴变得更加精致，她们的菜单变得更为丰盛，她们的小型室内装饰品也越来越多。她们花了相当多的钱，以至于她们的丈夫会抱怨她们不知道钱的重要性。然而，这些女性也精打细算，只是她们这样做完全不是出于经济目的。面对规模比过去更大的家庭，她们充实了佣人的数量，并且优先雇用女性。女主人与女佣之间的关系，是一种半封建的私人依附关系。女佣是家庭的一员，她没有个人权利：从理论上讲，她不能结婚，也不能生孩子。女佣没有自由，她的日常生活完全被日常工作的节奏所支配，她不生产有形的东西，也没有明确的目的。

法国北部的资产阶级将宗教作为他们世界的中心，每一天的时时刻刻都被神圣的氛围所笼罩。出于对宗教的虔诚，他们拒绝科学，否认任何建立在理性基础之上的因果关系：疾病、死亡、痛苦——所有这些都是上帝旨意的表达，他们顺从地接受了。圣母马利亚是"天国的王后"，她象征着所有的女性价值：既是处女又是母亲，这是自然和科学无法解释的。她阐述的是脱离实体进行繁殖的梦想，其中既没有肉体的结合，也没有血腥的分娩。受基督教的慈善观念影响，这些女性创立了托儿所、幼儿园、教会团体和慈善组织，但她们做慈善的对象必须是合法婚姻所生，而且接受过洗礼的。她们对自己所持的价值观充满信心，并试图确保这些价值观在公共领域也取得胜利。她们组建起了"母亲和爱国者联盟"，与宣扬无神论的媒体进行斗争。

两性领域之分并不总是互相补充的；它们有时也会分离，甚至会发生冲突。

在新教国家的宗教大觉醒中，人们也可以观察到类似的现象。情感和个人之间的纽带是否足以让两性在家庭中被捆绑在一起？

女人和男人

在 18 世纪和 19 世纪早期，父亲与女儿之间的关系可能是一种田园诗般的关系。男人们被女儿令人心碎的细腻、温顺和包容所感动，让他们得以卸下心防。对小女孩来说，她们有充分的理由去寻求一家之主的尊重和宠爱：根据教育者的说法，这是她们为结婚所做的最好准备。然而，一些青春期的女孩被父亲的聪明才智深深吸引。热尔梅娜·德·斯塔尔（Germaine de Staël）对父亲雅克·内克（Jacques Necker）的依恋，就是基于这种崇拜。同样，弗拉维妮伯爵（Comte de Flavigny）也受到了女儿玛丽的崇拜，他是启蒙运动中的一位响当当的人物，是一位有创造力的思想家，堪称知识的源泉。在 19 世纪初，人们很容易就能援引这样的例子。在当时，只要男人们有空闲时间，他们就会与女儿交谈，教她们阅读，培养她们文学或是艺术的天赋。但随着时间的流逝，到了 19 世纪后期，男人在事业上花的时间越来越多，他们能够陪伴孩子的时间则越来越少，也无法再像之前那样与孩子直接互动。他们现在更可能利用女儿来达到自己的目的。与儿子相比，女儿通常要更为温顺。对于帮助一位忙碌不堪的父亲来说，这可能有好处：迪布瓦小姐（Mlle Dubois）很早就与父亲一起工作，了解了纺织业的一切。尽管她后来也收获了一段幸福美满的婚姻，但她毕生都在从事这个有利可图的行业。[69] 但是，父女之间的合作常常看起来更像是纯粹的剥削：女孩充当不拿薪水的秘书或抄写员，而且没有任何晋升的希望。许多农村女孩被迫"帮助"她们的父亲，直到精疲力竭。不管是在哪个阶层，父亲都指望在自己年老时能够获得女儿的照顾。

当一名年轻女子表现出渴望自由的迹象时，冲突就开始了。对丈夫的选择是一项严峻的考验，即便在政治上持最为自由的立场的父亲，也会发现自己很难不进行干预。维克多·雨果和卡尔·马克思都是受人尊敬的人物，但也都是专制的父亲。他们找女儿的麻烦纯粹是出于最良好的意图。[70] 伊丽莎白·芭蕾特（Elizabeth Barret）正是由于不堪忍受滥用权威的父亲，在将近 40 岁时，被迫与受人尊敬的罗伯特·布朗宁（Robert Browning）私奔。造成冲突的另一个原因在于，女儿决定继续接受高等教育，而不愿投身到家庭生活中去。路易斯·韦斯在德国一家家政学院待了一年之后，才被允许进入索邦大学学习。[71] 然而，父亲们很快就学会了以女儿在学业上获得的成功为荣，甚至会奖赏她们在这方面取得的成就，尤其是在他们没有儿子的情况下。当女儿们有了政治上的觉悟之后，她们经常会追随父亲的脚步。[72] 简而言之，除了冲突和彼此的爱之外，父亲和女儿还发现了新的共同点。

如果没有父亲，一些女孩则会从兄弟那里寻求支持和关爱。在浪漫主义时期，兄弟姐妹之间的这种关系尤其常见，而且是有益的。我们可以举出许多国家的这类例子。[73] 父母们也都很欣赏这种关系。他们依靠女孩子对男孩子进行道德教育。姐姐变成了另一位母亲。而弱小的妹妹则教会了哥哥要对她进行保护。无论如何，她的纯真都会给那个年轻的兄弟留下深刻的印象。但其中也涉及其他的因素：对女孩子来说，兄弟是为数不多的她们能够接近的男性，并能够以自由而熟悉的方式与之交谈。反之亦然。而且，男孩子经常想要一面镜子，一个映照出来的影像，另一个自己，有的男孩子甚至希望自己能够扮演皮格马利翁（Pygmalion）[1]。女孩子们则将自己的兄弟视为中间人：通过他们，她们听到了自己无法进入的公共生活的回响。一些女孩自愿牺牲她们的嫁妆，甚至是她们的未来，以换取她们的兄弟可以继续完成他们的学业，在这个世界上干出一番事业。如果一位女孩子感觉到她的兄弟可能要放弃宗教信仰，她就会为他祈祷，献上祭品，或是做出其他的虔诚的行为：看看欧仁妮·德·格林和卡罗琳·德·戈比诺（Caroline de Gobineau）的例子吧。

在文学作品中，有关乱伦的幻想很常见：例如艾米莉·勃朗特（Emily Bronte）撰写的《呼啸山庄》，或者是罗伯特·穆齐尔（Robert Musil）撰写的《没有个性的人》（*Man Without Qualities*）。[74] 一些男性作者会梦见自己与母亲乱伦。众所周知，弗洛伊德就是这样，儒勒·列那尔（Jules Renard）也是如此。不管是在农村，还是在城市，地方执法官、法医和社会评论员都注意到了乱伦的事情会时常出现，尤其是父亲与女儿之间的乱伦。然而，他们倾向于认为这是社会边缘家庭的问题。刑法和法院基本上忽略了这个问题。[75] 重要的是，家庭成员通常不会受到怀疑，而受害者保持了沉默。[76]

---

[1]　皮格马利翁是希腊神话中的塞浦路斯国王。他不喜欢塞浦路斯的凡间女子，决定永不结婚。他用神奇的技艺雕刻了一座美丽的象牙少女像，并向神乞求让她成为自己的妻子。爱神被他打动，赐予雕像生命，并让他们结为夫妻。——译者注

米什莱曾经说过，每个男人都是他母亲的儿子。米什莱并非唯一注意到母亲对孩子，尤其是独生子有着无限的权力，并会对孩子造成巨大的影响。但母爱在当时是如此受到推崇，以至于没有人害怕这种权力，即便面对母爱的是一个小男孩。实际上，随着父亲越来越多地外出工作，母亲在养育孩子方面的作用也在不断增强。[77] 在 19 世纪初，年满 7 岁的男孩子就会被送到寄宿学校；而到了 19 世纪末，一个男孩子在未满 12 周岁之前不大可能被送往寄宿学校。不止如此，寄宿学校的受欢迎程度也有所下降。在丈夫的认可下，母亲也更乐意关注儿子的健康和学习，帮助他完成家庭作业和复习功课。最重要的是，母亲决定要监督儿子的宗教和道德培养。通常是在这个领域，母亲会寻求与孩子进行深刻而持久的交流并获得成功。埃德加·奎内特（Edgar Quinet）将母亲称为"我的女祭司"，并将她比作精神导师；然后，他会指责自己对母亲的崇拜太过头了。[78] 对母亲而言，要在父亲与儿子之间找到一个合适的位置，常常会成为一个问题。女性普遍都会谴责男性的严苛，反对体罚孩子；但她们也担心任何软弱的表现都会宠坏孩子。一些母亲试图将儿子一直留在家里，还有些母亲则希望影响儿子对职业和妻子的选择。这种现象在中产阶层当中尤为普遍。这个阶级的人十分渴望在社会阶层上得到提升，但他们的家庭关系有限且不能提供太多帮助。母子关系的复杂性在文学作品中留下了不可磨灭的印记。像波德莱尔（Baudelaire）和普鲁斯特（Proust）这样的作家，从未与母亲完全分开过。另一方面，茹尔·瓦莱斯、阿蒂尔·兰波（Arthur Rimbaud）和儒勒·列那尔则因为与母亲的冲突，学会了反叛。因此，弗洛伊德在 19 世纪末提出了"恋母情结"，这不足为奇。当时的独特历史条件是造成母亲与孩子的关系（尤其是在母子关系当中）出现某种病态的原因所在。

母亲会因为夫妻关系中出现的困难而依附于儿子吗？对夫妻关系的探讨可能有助于对这个问题的了解。

家庭和夫妻

一个结了婚的女人被说成是"成了家"和"开始组建家庭"。但她也是在与另外一个人结成一对夫妻吗？她愿意这样做吗？如果她这样做了，她会成功吗？家庭是传统的制度，它的价值已经被正式化了，并得到了人们的认同。但两情相悦的夫妻还是新鲜事物，仍处于发明的过程当中。女儿们不再被迫嫁给由父母选择的男人，而是可以在几个求婚者当中自由选择。现在，选择意味着偏好、倾向和对爱的渴望：希望能有一个更亲密、更完美的结合。在什么情况下，这种渴望和希冀能够得到满足呢？

各国对嫁妆的重视程度各不相同。在英国和美国，嫁妆的观念并未得到认可，年轻人享有更大的自由（然而，门当户对的婚姻观念几乎没有受到威胁：人们继续在自己所在的社会阶层寻找配偶）。在拉丁欧洲，尤其是在法国，无论家境多么普通，没有女孩子会在没有嫁妆的情况下出嫁。这催生了精心设置的婚姻策略，尤其是在富裕的农民、实业家和商人的家庭中。女儿们知道其中的利害关系，只要是她们选择的丈夫与自己地位相同，并且认为对方配得上自己，她们就不会觉得自己是在"做牺牲"。无论如何，她们被告知，爱情是在结婚之后才有的。即使爱情最后没有到来，她们也能将就着过：婚姻让这些女性有了社会认同，这比幸福要更为重要。但嫁妆的观念开始发生改变：人们越来越重视女性的才能、知识、机敏和忠诚，这是一位妻子需要拥有的品质，如此她对丈夫来说才是有用的。一名裁缝倾向于向会缝纫的女人求爱。一名小本经营的商人则希望娶一个受过不错的教育、能帮他记账的女子为妻。到了19世纪末，诸如保罗·勒鲁瓦-博利约（Paul Leroy-Beaulieu）之内的经济学家建议说，对女性的家政能力进行评估，并将其作为工人阶级女性的嫁妆的一部分。

在结婚的时候，新娘和新郎的年龄也可能对夫妻之间的关系产生影响。在19世纪初的阿姆斯特丹，新娘比新郎大的婚姻占到了全部婚姻总数的29%。[79]相比之下，在美国，由于女性的缺乏导致许多女孩子早婚。这些差异造成的影响很难说得清楚。[80]

美国提供了一个奇怪的例子，摩门教的女性拒绝了一夫一妻的观念。[81]她们接受了一夫多妻制，并试图利用由此而产生的双重标准。这些女性认为，男性"天生"就要比女性更贪婪，因此让男人有多位妻子是件好事情。这样就避免了通奸、私生子、杀婴和卖淫。每个男人都有抚养孩子的责任。作为一位纯洁的女人，她最好嫁给一位体面的男人，即便这位男人已经有了老婆；这总比独身或嫁给一个堕落的男人要好。为了孩子，怀孕的女人或处于哺乳期的女人会减少发生性关系的频率，一夫多妻让她们不会因此而感到内疚。她还可以加强对怀孕次数的控制。对她而言，做母亲是最重要的事情。可以肯定的是，多个女人共享一位丈夫也会产生一些麻烦。珍妮特·斯奈德（Janet Snyder）的丈夫告诉她，自己想要再娶一位妻子。珍妮特为此反对了三年时间，但最终因为神示而作出了妥协。后来，她跟自己的朋友解释说，女人必须坚强起来，不要过多地想有关丈夫的事情。她把自己曾经的心结忘得一干二净，以至于有一次她将所有的孩子都叫到餐桌前吃饭，却压根儿没想到要将丈夫也叫过来。这种相对的孤独给女人留下了相当大的独立性。有时候，一个男人的多位妻子会相处得很好，构成了一个幸福的小团体。但是，一夫多妻制在 1890 年被宣布为非法。

越来越多的年轻女性希望在婚姻生活中找到田园诗般的爱情。举两个例子：美国南卡罗来纳州种植园主的女儿贝茜·莱西（Bessie Lacy），以及法国普罗旺斯艾克斯的一位医生的女儿范妮·阿诺（Fanny Arnaud），她们在当未婚妻时都非常渴望爱情。1851 年，时年 19 岁的贝茜接受了托马斯·W. 杜威（Thomas W. Dewey）的求婚，托马斯是贝茜在上寄宿学校时的一位朋友的哥哥。[82] 在长达一年的时间里，他们唯一的关系就是经常通信。他们最初的通信平淡无奇，但贝茜很快就渴望变得更加亲密。她渴望表达自己的情感，想要去谈论爱，希望被托马斯"塑造"："你想怎样塑造我，就怎样塑造我吧。"她敦请他称呼她为"最亲爱的"。但是，托马斯在感情上一直与她保持着一定的距离：他还在为同她建立一个家庭而做准备。于是，贝茜一点点地退缩了。在最后的几封信里，她与阐明了自己与托马斯的权利和义务。她又重拾了那些自己曾经希望摆脱掉的礼节：通过划定自己的领地，贝茜在保护自己免受激情和失望的伤害。

范妮是一位才华横溢，而且非常漂亮的年轻女子。在众多的追求者中，她选择了马赛实业家的儿子查尔斯·雷博（Charles Reybaud）。[83] 那是在 1822 年，当时范妮 20 岁。她希望将自己毫无保留地交给对方，在对方面前没有任何秘密，但是她又担心对方不会以同样的方式回报她。"我不敢太相信未来，"她在给朋友的信中写道，"当未来对我微笑的时候，我在想，这只是为了欺骗我。"事实上，在一个两性被隔离、丈夫处于主导地位、双重标准仍然存在的世界里，夫妻成为完美搭档是很困难的事情。贝茜和范妮成功的可能性有多大呢？

美国似乎提供了此类成功的最大机会。对"两性领域之分"的普遍接受，意味着女性的作用得到了真正的重视。作为妻子、母亲和教育者，一个女人应该得到与供养她的男人同样的关注和尊重。她的势力范围很广：她以道德责任的名义，守护自己的家庭；每当某个家庭成员的美德受到威胁时，她就会介入。丈夫也接受了妻子的监视，甚至包括对他的行为的监视。哈丽叶特·比切·斯托（Harriet Beecher Stowe）曾痛斥丈夫加尔文（Calvin）。加尔文是福音派的一位牧师，他受斥责的原因之一是读了太多世俗化的书籍，对路德（Luther）太过于在意了，却不怎么在乎基督，而且他没能充分地控制自己的性冲动。[84]所有前往新大陆的欧洲旅行者（最著名的是托克维尔）都会认为，女性在美国的地位很重要，她们的看法和要求都会得到认真对待。情感上的和谐也得到了强调：已婚男人很少有情妇。所有重要的决定都由夫妻共同作出。贝茜和汤姆有一个幸福的家庭。（但他们作为一对夫妻也幸福吗？）汤姆是一位忙碌的银行家，贝茜在多个团体中也很活跃。他们养育了好几个孩子。

相比之下，范妮的婚姻令人失望。事实证明，查尔斯不仅嫉妒心强，而且风流成性。妻子的成功让他大为恼火，而且他又拒绝"放弃单身汉才该有的生活"。他闹出了一连串的绯闻，其中最为罪大恶极的是在范妮怀孕的时候。年轻妻子的幻想破灭了，在结婚仅仅三年后，范妮提出了分手，尽管当时他们已经生下了一个儿子。在范妮的那一代人中，她很快就成为最受欢迎的小说家之一。范妮的例子很有代表性：当时的法律和公众舆论容忍了男人的通奸行为，妻子要么对丈夫的出轨听之任之，要么就通过（正式或非正式的）分手来寻求庇护。但分手的话，既不能恢复她们的自由之身，也不能拿回自己的嫁妆。当离婚成为可能时（在法国是在1884年），提出离婚申请的大多是女性，但丈夫通奸并非提出申请的主要理由：申请者更倾向于以遭受家暴或是经济破产为由，这类指控更有可能给法官留下深刻印象。与此同时，妻子的出轨被降为轻罪，但丈夫们再也不敢就此提起诉讼，因为担心这样做会显得自己很可笑。

在社会底层，妻子更害怕丈夫的残暴和贪婪。正如无数的谚语所描述的那样，尽管农民和工匠的妻子分担了丈夫的一部分工作，但还是由丈夫说了算。在一些贫穷的省份，丈夫的这种权力是以残酷压迫的形式出现的：在热沃当，农民的妻子不被允许持有食品储藏室的钥匙。她们被剥夺了最基本的生活必需品，因此不得不靠偷窃来生存。在田间地头或家庭作坊里，女人被视为男人的助手，但她自己的那堆家务却没有任何人帮忙。因此，女性经常超负荷工作，衰老得很快，而且会英年早逝。农村女性也并不认为自己就是家庭主妇。

然而，在工人阶级的家庭中，"家庭主妇"成了家庭运转的轴心。丈夫们很看重妻子所做工作的价值：带孩子、做饭、洗衣服、缝缝补补、照顾病人。但是夫妻关系经常会受到两种冲突的毒害：宗教和家庭收支预算。工人阶级的女性对自己孩提时代的宗教信仰深信不疑，她们喜欢宗教节日、盛典和仪式。她们听从牧师和修女们的话，心甘情愿地拿出仅有的一点钱，以购买一份天堂的股份，这是任何人都不能从她们身上拿走的东西。通过这种方式，她们希望能够引起上帝的注意，让上帝保佑她们爱的人。尽管她们的丈夫即便不是彻底的反教权主义者，也很可能是自由的思想者（尤其是在天主教国家），但他们也不敢干涉妻子的信仰，因为虔诚也是美德的保证。然而，他们还是可能会痛斥这只"教堂老母鸡"，侮辱她，甚至扇她耳光。至于钱的话，男人作为挣钱养家的人，有时候不愿意将自己的收入拿出来。大约在 19 世纪中叶，勒·普莱（Le Play）注意到，在法国（而不是在英国），许多工人会将他们的薪水交给妻子，但有时也会发生暴力纠纷。对于这些争吵，以及卷入其中的女性所展现出来的能量，法庭档案给予了刺耳的指责。当离婚案件闹上法庭的时候，女人经常会指责她们的配偶懒惰和酗酒。[85] 她们抱怨说，当她们身无分文地带着孩子时，男人们却在"四处溜达"，上帝才知道他们在什么地方。她们想从家具齐全的房间里搬出去，住到属于她们自己的房子里，那里有她们自己挑选的家具。至于说到殴打的话，她们中的一些人在落跑之前已经挨过好几次打了。

有一件事是非常明确的：夫妻关系成了 19 世纪西方社会的核心问题之一，这个问题影响到了社会的所有阶层，并且溢出了私人生活的边界。这个主题值得更长篇幅的讨论。

在同一时代的人看来，幸福的妻子往往与丈夫志趣相投。前往法国的旅行者会发现，在一些商店里，妈妈负责收钱，而爸爸则负责制造商品：这种经济上的团结加强了夫妻之间的联系。米什莱非常钦佩普歇夫人（Mme Pouchet），她帮助自己的医生丈夫进行研究，并能与丈夫在通信中就科学问题展开讨论，在婚姻的其他方面也能感受到愉悦。[86] 有些作家和艺术家的妻子，比如朱莉娅·都德（Julia Daudet）和阿尔玛·马勒（Alma Mahler），全力支持丈夫的事业，却耽误了自己的前程。与政治家丈夫的合作则更为困难。玛丽·沃丁顿（Mary Waddington）是一位能言善辩的大使的夫人，她发现法国议员的妻子们除了谈论自己的孩子外，并没有别的话题能聊。在沃丁顿看来，这过于家常化了。相比之下，在意大利、英国和美国，政治家的妻子们在家里能聊任何话题。[87]

一定的年龄

男人老年时光的开启是无法察觉到的，但女性老年时光的到来却可以识别出来，这是绝经的缘故。医生们对该现象的兴趣越来越浓厚，一些人将此视为女性一生中的"小阳春"。[88] 但是大多数医生还是给出传统的应对方式：禁欲和节制。女性自己则对"更年期"五味杂陈。

这是一个承担新角色的时期：婆婆（岳母）、（外）祖母和寡妇。婆婆通常会受到谴责：在过去的几个世纪里，她们中的一些人曾经折磨过她们的儿媳妇，现在女婿也发现岳母很烦人。当然，在为孩子奉献了一生之后，孩子却离开了身边，即便孩子是因为结婚而离开，这也很难让母亲释怀。但婆婆（岳母）是一回事，而（外）祖母又是另一回事：（外）祖母更容易被接受。当一个身无分文的女人不得不恳请孩子收留她时，如果她能帮忙做些家务，情况就会好一些。她们那个时代的典型形象就是，一位老妇人一边做着针织活，一边照看孙辈。祖母传承的是家庭的传统和古老的智慧，一首童谣或是摇篮曲，一个颇受欢迎的腌菜秘方，一个鬼故事或是童话，这些都得到了普遍的认可。只有医生们对她们的老派做法保持警惕。当老年人不再有用时，她们可能会被扫地出门。当然，会有一些慈善机构去照顾她们。但是，到了19世纪末，当局开始对这些老年人带来的负担感到忧虑。[89]

在富裕家庭里，年迈的母亲和（外）祖母享有一定的权力。她们通常是寡妇，以保守谨慎的方式管理着她们的那笔颇为可观的财富。[90] 她们以"女家长"的身份管理着那些细心而挑剔的后代。

对于青春和美貌不再的女人，作家和诗人还是像从前那般残酷无情。波德莱尔将她们称为"枯萎的影子""人类的残骸"。但这种挖苦并不能阻止从人口统计学看来不可逆转的进程。女性的健康状况在改善，她们的寿命在延长（在19世纪，法国女性的预期寿命从34岁增加到了52岁）。因此，在女人的一生中，老年期开始得相对较晚了一些，而孕期则结束得相对较早了一些。在这两者之间，就是女人的中年期：这是女性状况最好的时期，为她们提供了享受自由的诱人前景。

第十四章　危险的性意识

朱迪丝·R. 沃尔科维茨（Judith R. Walkowitz）

关于性意识，没有什么是自然而然的、不可避免的，或一成不变的。用历史学家凯茜·佩斯（Kathy Peiss）和克里斯蒂娜·西蒙斯（Christina Simmons）的话来说，性意识不是"一种不变的生物现实，也不是一种不变的自然力量"，而是"政治、社会、经济和文化过程的产物"。也就是说，性意识是有"历史"的。[1]尽管某些行为模式及意义（比如，异装癖或是老鸨以妈妈的形象出现）在很长的一段时间内盛行，但另外的一些行为则表现出了相当大的可变性。即便是被视为社会禁忌基石的乱伦禁令，在整个欧洲的历史进程中也在不断地扩大和缩小，从而改变了允许发生性关系的边界。

性意识具有社会建构的特征，19 世纪的性文化恰恰说明了这一点。19 世纪的性意识是一个高度竞争的领域，存在着阶级、种族和性别之间的冲突，并在私人事务和公共场合中表现了出来。通过道德恐慌、性丑闻和立法，不同的社会团体和专业利益团体都试图扩大它们的文化和政治权威的影响。在最公开的层面上，男性和女性均参与到了这场将重新定义其最私人的身份和主观性的斗争当中。

当维多利亚时代的人们在谈论性的时候，他们将性与生育行为割裂了开来，主要关注性的危险，以及性行为在神圣的家庭之外的扩散。然而，人们关注的这些问题与中产阶层婚姻规范变化带来的紧张关系有关；急剧下降的出生率让人们越来越清楚地看到，婚床也已经变成了非生育的性行为、私人亲密和个人成长的场所。由于婚姻内的非生育性行为会对标准的女性特质产生影响，因此它就像异性恋家庭生活之外的商业性行为和同性恋关系的扩张一样，让维多利亚时代的人们感到不安。伴随着中产阶层对家庭生活狂热的兴起，人们仍在颂扬"真正"的资产阶级女性是以母亲的形象出现的，并坚决否定女性的非生育性行为。在整个 19 世纪，这种以阶级为基础的、无性欲的女性典范变得愈加表现为躯体上的症状（somatized），并得到了医学权威的支持；这些人希望扩大他们对女性身体的文化权威。尽管医生们对女性缺乏性激情的程度存在争论，但他们都倾向于认为，受人尊敬的女性最多只是会进行间接引发的行为，她们屈从于男性的快感，没有自主性，只是对男性情欲的一种苍白的模仿。

与女性缺乏性激情同时并存的是活跃的男性性意识，以及一些逾越了界限的女性的行为，这些行为被视为男性的行为，或是下等社会阶层的行为。在 19 世纪，四种女性行为——卖淫、堕胎、异装和浪漫友情——被人们视为逾越了界限的性行为，从而变得臭名昭著，它们都涉及了女性的自主性和选择。这些行为早在 19 世纪之前就已经出现，但在现代城市的大背景下却占据了一个新的位置：不是因为这些行为与一个新的社会阶层的女性有关，就是因为它作为一个社会问题和一种身份认同获得了新的分量和意义。在 19 世纪的不同时间点，上述四种行为相继被官方定性为性混乱的女性所从事的非法活动。然而，这四种类别包含的远不止是混乱的性行为：它们不仅与非生育性行为有关，也与女性的工作、生活方式、生育策略、时尚、自我展示和非家庭依附关系有关。与后面这些因素的关系即便没有更多，也与非生育性行为的关系不相上下。

19 世纪危险性意识的历史，恰好说明了维多利亚时代性意识的形成过程，是一个充斥着文化协商和争论的复杂进程。围绕女性的危险性意识而展开的争论和文化交流，正在社会各个阶层和许多城市空间里进行。这些城市空间包括妓院和街道、音乐厅和诊所、贫民窟的后巷，以及中产阶层舒适的沙龙。形形色色的男人和女人在用各种相互矛盾的社会语言来解释性经验，这包括性交易的话语、耸人听闻的报纸报道、法律和医学的权威语言等。在这些讨论中，性别越轨（gender transgression）和性行为的逾矩（sexual transgression）不断重叠，任何与这些行为相关的性身份的建构，在本质上都是不稳定的、矛盾的。

19 世纪产生了一个历史性的时刻，那就是中产阶层女性获得了进入公共领域谈论性话题的机会。这要归功于在一个被重新定义的公共领域中，新的大众媒体和政治网络的出现。然而，这些思想新颖的女性，在想象力方面仍然受制于有限的文化资源，只能在特定的范围内重塑文化的意义。她们并不是简单地体验到了性激情，从而自然而然地找到了表达这些感受的词汇；她们也不是体验过性危险，从而自然而然地找到了表达性危险的词汇。为了讲述她们的"真相"，她们不得不依靠文化上已经建构出来的概念。

卖淫

卖淫的范围、可见性和多变的性质，是19世纪城市的一个显著特征。一些"浓妆艳抹的人"穿着"俗艳的服装"在城市的大街小巷上游荡，用志在必得的目光盯着人看，这让观察人士感到自己受到了冒犯。在一些大城市，据说有数以万计的妓女（然而，这类的官方数据是出了名的不可靠）。妓女的社会等级反映了城市中心的阶级结构和社会分布。纽约的地下性爱场所分布广泛，有钱人将情妇包养在时尚的第五大道豪宅里，而工人和水手则会前往位于坚尼街的雪茄店寻欢。在伦敦，堕落的社会地理范围分布也很广：高级妓女出没在圣约翰伍德地区；衣着优雅的站街女在摄政街一带的时尚购物区溜达，混杂在受人尊敬的女士中间；而穷困的女人为了给晚上的住宿费挣钱，则在阴暗的后街和贫民窟的院子里从事"下流的行为"，她们被称为"站立性交者"和"街角女流氓"。而在美国，种族隔离也在塑造卖淫市场：在新奥尔良，黑人妓院和白人妓院被隔离了开来，却是肩并肩地矗立在同一处地方；在旧金山的多层"公寓"里，欧洲和美国女人占据了顶层，而墨西哥、日本和中国女人则被安排在下层房间里。在这些城市的中心，卖淫的地理位置会随着物质和社会环境的变化而不断变化。在柏林、巴黎和伦敦，贫穷的站街女经常会在传统的卖淫中心（通常是在热门地区旧而狭窄的街道上）从事交易，但一处新的娱乐中心或火车站一带也会对妓女产生强大的吸引力。

与男性卖淫相比，女性卖淫可以是一个非常引人注目的资本化的行业，拥有精心设计的基础设施和工作组织。这当然指的是组织化程度最高的妓女们的情况，她们在妓院里工作，因此而获得工资、衣服和食宿。另外，卖淫也可能是一份自由职业，这尤其指的是那些在城市街道上游荡、经常光顾酒馆和剧院的大量女性。在19世纪，性交易的场所扩展到了按摩院、浴室、舞厅、活人画（Tableaux Vivants）表演厅、表演餐厅和音乐厅。为了熟悉当地的风月场，男性游客每到一座城市，常常会觉得有必要买一本详细列出各种店面价格、位置和服务的袖珍小册子，或者说是人们所谓的"绅士指南"。

无论是有固定场所的，还是四处游荡的；无论是高度组织化的，还是随意和即兴的，妓女都是"没有任何技能的阶层的无技能女儿"。[2] 实际上，她们的生活与大批远离家庭、在城市就业的劳动女性的生活是一致的。针对不同地区的卖淫而展开的社会调查均发现，城市里的妓女要么是最近从当地的农村地区移居来的，要么就是从事没落行业的城市手艺人的女儿。这些女性曾经从事过其他工作，但工资仅能维持最低生活水平，有时候连最低生活都无法保障。这些工作包括低层次的家佣服务、洗熨衣物、针线活和某种形式的工厂劳动。在19世纪的最后几十年里，妓女的招募模式有了些许的改变：女店员、女服务员和酒吧女招待进入了这个行当，她们所从事的全是第三产业中新兴的，却同样是低层次的职业，不需要任何技能。新的模式还意味着卖淫从街头转移至进行商业化性行为的新空间的变化。由于街头卖淫存在流动性和非制度化的特点，这使得相当多的职业女性可以通过在街头卖淫来补贴她们微薄的工资。但即使对那些主要以卖淫为生的人来说，"放荡的生活"也只是暂时"摆脱不稳定环境的避难之地"。[3] 年轻女性大多会在30岁之前离开这个行业。

在卖淫期间，女性参与到了一种独特的集体生活里。进入妓院后，这名女性往往会获得一个新的名字，她要学习新的礼节，熟悉一套精心设计的与性交易有关的暗语。尽管妓院会对妓女进行经济剥削，限制她们的自由，而且妓女之间，以及妓女与老鸨之间经常会关系紧张，但妓院也通常是这些女性的替代家庭和支持系统。来自中产阶层的观察人士会谴责妓院里的生活枯燥乏味、幽闭恐怖，而且正如我们在下面将要讨论的那样扭曲堕落，但在此工作的女性是否会因此而憎恨妓院我们并不清楚（尽管她们有时还会有其他的抱怨）。她们在妓院里获得了自由时间，而且可以从事一些休闲活动——弹钢琴、聊天、唱歌、阅读一些轻松的浪漫故事。这些活动对于那些之前从事裁缝和佣人工作的工人阶级女性来说，可能是某种真正的乐趣。

在街头游荡、住在寄宿处的妓女也参与形成了一种亚文化，这种亚文化既蔑视女性的身份规范，又受到"生活"不稳定和被掠夺的危险的制约。中产阶层的评论家一再抱怨说，"那些穿着肮脏的白色棉布和油腻而廉价的蓝色丝绸"的女人，"打扮妖艳地在街头招摇过市"，给人带来了一种身体上和视觉上的侵略性。[4] 她们不戴帽子、没穿披肩，露出"邪恶的眼神"，将自己的"身材"

暴露在路人面前。妓女们的着装规范是她们进行自我营销、吸引男顾客的一种方式。有时候，妓女甚至会进一步展示她们的"商品"，露出她们的脚踝、腿和胸部，或者是明目张胆地吸吮她们的拇指，以暗示她们所提供的性服务。

男性顾客经常会对这些性服务感到失望。在旧金山 50 美分的"公寓"里，男人们坐在木凳上，等待着一场转瞬即逝的邂逅，他们几乎都没有时间脱下裤子。即使在价格更贵一些的营业室里，强调的也是快速达到性高潮。他们没有情感的联系，也享受不到亲密的感觉。一位年轻男子曾被父亲带到新奥尔良的一处奢华的营业室里接受性启蒙，他后来回忆自己的经历时说，这就是"一个机械的过程……也许只持续了一分钟"。[5] 嫖客们可能更喜欢 19 世纪晚期的大型妓院提供的偷窥式娱乐，包括活人画、脱衣舞和女同性恋的场景。

令嫖客们尤其感到愤愤不平的是，他们因为商业性行为而染上了性病，或者是妓女把偷窃当作了一项比性劳动更有利可图的活动。站街女在工作时通常是两人一组，这样既可以保护自己免受男人暴虐的伤害，又可以借此制服和抢劫烂醉如泥的嫖客。在当地报纸的警方专栏里，充斥着妓女和嫖客之间酒后斗殴和小偷小摸的报道。这种暴力和掠夺的行为，并不是妓女和嫖客的世界所独有的。在粗鄙的工人阶级社区，身体暴力是异性恋关系中的一个普遍特征。当社会调查人员试图揭示伦敦和巴黎没有任何技能的穷人所生活的区域的两性关系的本质时，他们经常会发现自己身处一个"令人难以理解的地区"。按照历史学家艾伦·罗斯（Ellen Ross）的说法，"这里的女人既不淑女，也不恭顺；而男人在努力维持他们对于女人的权威，'性敌对'在当地得到了公开承认"。[6]

妓女们经常住在工人阶级社区。然而，在许多方面，妓女与工人阶级社区的人员还是不一样的。首先，她们的生活水平往往会较高一些。尽管妓女的收入不稳定，而且性劳动会带来危险和职业性的危害，但她们通常要比周遭的女性打扮得更光鲜，花出去的钱则与男性邻居相当。住在寄宿处或妓院里的妓女，显然与家庭制度断绝了联系。而家庭制度是工人阶级群体社会和经济的组织原则。

尽管如此，在那些生活随意的贫困劳动人口当中，妓女们享受到了一定程度的社会融合。这些穷人已经习惯了艰难的日子，但面对不容忽视的社会必需品，他们也必须做出艰难的临时性妥协。巴仑－杜夏特莱（Parent-Duchatelet）在 1836 年对巴黎的妓女进行了一项研究，他发现了工人阶级对妓女宽容，甚至可以说是共谋的证据：大约一半此类女性选择结婚的对象是与她们住在同一条街上的男人，经常还是住在同一栋楼里；与此同时，还有大约一半的女性在父母的要求下退出妓女这个行业后，一直住在自己家里。[7]工人阶级社会的一些机制鼓励了这种融合，尤其是在酒吧和音乐厅，中产阶层的观察人士对这里的"恶习与美德的碰肘"感到震惊。[8]1888 年，在被"开膛手杰克"（Jack the Ripper）谋杀的一位受害者的葬礼上，酒吧里的这种情谊得到了体现。玛丽·基恩·凯莉（Marie Jean Kelly）的棺木上覆盖着朋友们送来的花圈，这些朋友与"与被谋杀的女子曾经一起去过某些酒吧"。[9]

在酒吧之外，并不是所有正派的女人都会如此友好地回应妓女。社区对妓女的容忍度取决于工人阶级社区的具体特征：它的民族和种族构成，以及体面和繁荣的程度。它还取决于外界对穷人施加了多大的压力，要求他们坚守更严格的"性得体"标准。这种外部干预将直接影响卖淫市场的结构，并会影响女性与劳动贫困社区的社会关系的性质。

在 19 世纪中期，中产阶层的改革者对妓女公开且无序的活动深感不安。在 19 世纪三四十年代，在人民革命和毁灭性的霍乱流行之后，公共卫生改革人士和致力于"道德统计"的作者开始聚焦不道德、城市垃圾、传染病，以及下层民众所引发的社会混乱。无论是在字面意义上，还是在比喻意义上，他们都将妓女视为一个体面社会感染病毒的管道，她们是罪恶的根源，是瘟疫，是脓疮。正如阿兰·科尔班（Alain Corbin）所写的，妓女就如同她们所来自的贫民窟一样，人们认为她们身上带有"浓厚的社会大众的气味"，在发出"令人不安的私生活的信息"。她们唤起了所有对"逆来顺受的女性身体"的感官记忆。这些女性在一些体面的地方为上流社会的男人提供生理需求方面的服务。保姆、老女仆，以及"处于资产阶级家庭核心、负责满足肉体需要的下层女性"——她们"受到资产阶级肉体的指使和召唤"。[10]

官方担心卖淫是一种危险的性活动，其界限必须受到国家的控制和界定。到 19 世纪 60 年代，几乎每个欧洲国家都为此通过了一系列的监管规定。这些规定大体上是基于《拿破仑法典》的模式，监管体系要求妓女在"道德警察"处登记，并接受有关性传播疾病的医学检查。一些监管体系还要求妓女居住在登记在册的妓院里。除了英国和比利时之外，警察对卖淫的管理体系都是通过行政程序而发展起来的，而不是依靠法律的制定。

监管主义者称赞说，对妓女的监督和检查是对公共卫生、公共行为准则和公共秩序的捍卫。通过将卖淫视为"必要之恶"，他们对性维持了一种双重标准，这为男性与堕落女性的性接触提供了理由。他们对男性性欲的生理需求持肯定态度，却经常在女性身上两面下注。一方面，监管主义者谴责妓女是明目张胆的性罪犯，她们如此这般地"失去了性别特征"，以至于展现出了"男性"的强烈欲望；另一方面，他们坚持否认妓女的性欲望。1871 年英国议会的一份报告坚称，"妓女和嫖客之间没有可比性。对一方来说，犯罪是为了获得利益；对另一方来说，则是对自然冲动不合规则的放纵"。[11]

为监管进行辩护的人坚称，对妓女进行卫生检查将控制性病的传播。他们基于的是这样一种假设：在某些人群中流行的梅毒，是通过与染病了的妓女滥交而传播的；而现有的诊断和治疗方法足以对患病的妓女进行检查和治疗。批评人士则认为，"传染"对男性和女性有着同样的影响，若只对某个性别进行检查和限制，就相当于只给某个性别接种疫苗。对此，监管主义者反驳说，只有女性会"产生传染"，因为她们"从事交易"，而且她们能很好地"隐瞒自己患病"。[12] 在对妓女进行疾病检查的整个过程中，充斥着阶级和性别的偏见。令医生们感到惊讶的是，他们着手进行的阴道窥器检查遭遇了妓女们的敌意。她们将医生的窥镜称为"政府的阴茎"。[13] 妓女们显然是把窥镜检查解读为某种窥阴癖，是有辱人格的行为，会对女性患者造成精神和身体上的痛苦。

监管主义者声称，道德警察系统通过对公众的丑恶现象进行检查，还有助于维护公共行为准则。在 19 世纪后半叶，这成了警察的一个特别重要的目标。警察正面临着越来越大的压力，他们需要清除马路上和剧院里的站街女，从而为正派的女人腾出空间。在巴黎，街灯亮起之前，妓女被禁止以任何方式在公共场所引起别人的注意，她们必须穿戴得体。在汉堡，市政法规详细地规定了这些声名狼藉的女性的着装要求和活动范围。所有地方都旨在借此控制四处溜达的暗娼。这些暗娼没有在官方机构登记，企图借助"显眼的颜色"、"勾人的仪态"和令人感到可耻的外表来引起路人的注意。[14]

维护公共秩序的另一个关键点在于，将妓女与工人阶级群体隔离开来。基于这一目的，监管主义者对国家干预穷人的生活表现出了极大的热情。但泽（Danzig）的警察坚称，不受监管的妓院已经成为犯罪和社会混乱的避风港。他们警告说，将妓女从登记在案的妓院转移至私人房间和住所，将导致贫困家庭普遍性地丧失道德，将鼓励他们从事与商业性行为有关的拉皮条及其他与此有关的寄生性活动。通过一些公开侮辱的程序（比如警察上门盘问，将"在镇上工作的女人"的信息告知其雇主和家人，要求妓女前往位于公共场所的检查点），管理官员努力将不值得令人尊敬的穷人与值得待见的穷人区别开来。他们尤其会通过破坏妓女与贫穷的工人阶级社区之间的私人联系，从而迫使妓女们接受她们作为"公共女性"的社会定位。

然而，监管遭遇到的反对，并不仅仅来自它的受害者。1869 年，英国首次出现了反对监管的政治呼声。当时，中产阶层的道德改革者、女性主义者和激进的工人组成了联盟，要求废除《传染病法案》。根据该法案，英国南部的驻军城镇和港口建立起了一套对妓女进行警察管理和医疗检查的体系。在约瑟芬·巴特勒（Josephine Bulter）极具魅力的领导下，废除运动首次吸引了成千上万的女性进入政治舞台，鼓励她们挑战男性在警察、议会、医学和军事机构的权力中心地位。这些机构均涉及管理行为。在这项废除运动中，中产阶层女性的参与让不少同时代的观察家感到震惊。他们惊恐地注视着全国各地的女士们登上公共平台，谴责这些管理行为是在"牺牲女性的自由"，是"男人性欲的奴役"，并用详尽无遗的细节批判妇科检查就是"工具性强奸"。[15]

维多利亚时代的女性主义者谴责此类管理是对女性身体权利的侵犯，也是对宪法赋予工人阶级女性的权利的侵犯。他们认为卖淫既是性奴役的结果，也是对女性参与社会和经济活动施加人为限制的结果：微薄的薪水、对女性在工业领域就业的限制，迫使一些女性走上了街头，开始从事"收入最高的行业"——卖淫。在某些情况下，对于卖淫与更广泛的劳动穷人的道德观念之间的关系，女性主义者表达出了一种微妙的理解。约瑟芬·巴特勒宣称，"在穷人之间，善与恶之间的界限逐渐地、不知不觉地消失了"，因此便"不可能"给妓女"加上一个明确的名称"，也不可能"明确地将她们归入"一个受到排斥的类别。[16]女性主义者认为，正是监管体系注定了这些女性要过罪恶的生活，注定了她们面临被污名化的命运，并阻止她们找到其他的体面的工作。这一切并不是卖淫本身造成的。

女性主义者还谴责说，此类管理实际上是在将男人的"恶习"正当化，并为之脱罪。不管是对于男人，还是对于女人，女性主义者都坚持同一个与性有关的标准，而这一性标准建立在完美的女性忠贞的基础之上。他们不仅明确地表达了对极具侵略性的男性性行为的批评，也表达了对妓女深深的矛盾和厌恶，尤其是那些不愿从良、将自己的性行为当作商品来操纵的女性。巴特勒宣称，"她走遍了许多城镇，在她所遇到的不幸女人中，每个人都还保留着端庄"。但是，当她到达那些实行了监管规定的城镇时，她遇到了不思悔改的妓女，她们"从未坦率地与她见面。她们看上去冷酷而无情，麻木不仁地告诉她：她们是登记在册的，她们没有生病，没有受到伤害，因为她们定期会去接受检查"。[17] 作为一名反中央集权的自由意志论者，巴特勒主张自我约束，并提倡对妓女进行援助工作；而不是由国家来进行管理或打压。如果妓女选择在街头兜售自己的身体，那么她们就有权不受到警察的骚扰。

巴特勒的榜样鼓舞了几乎每个欧洲国家的女性，促使她们开始关注卖淫问题。在美国，女性主义者的反对成功地阻止了该国引入此类监管体系。唯一的例外是圣路易斯在 1874 年引入了这一监管体系，但在宗教团体和女性主义者的强烈反对下，很快就被废除了。然而，巴特勒所持的自由意志论的观点，却未得到她的很多追随者的认同。在英国和海外，巴特勒的领导地位及其政策一直面临挑战，而且其势愈演愈烈。例如，德国道德协会的许多女性谴责卖淫是一种犯罪行为，并指责政府及其道德警察系统与妓女串通一气；另一种情况是，废除主义者采取了更为自由的立场，他们把精力集中于要求废除卖淫行业的国家许可制度。

以社会纯洁以及对性忠贞持单一标准的名义，许多英国的废除主义者帮助发起了一场大规模的、针对非婚性行为以及非生育性行为的攻击行动。在监管体系于 1883 年被叫停后，巴特勒和她的女性盟友将注意力转向伦敦的外国女性贩卖以及诱拐儿童卖淫。她们说服 W.T. 斯特德（W.T. Stead）在 1885 年的《蓓尔美街报》（*Pall Mall Gazette*）上发表了一篇引起一片哗然的报道，这篇报道题为《现代巴比伦的处女进贡》（Maiden Tribute of Modern Babylon），揭露了一些有关儿童卖淫的情况。"处女进贡"的提法对公众舆论产生了极大的影响，迫使英国议会通过了《1885 年刑法修正案》，将女性从事性交易的合法年龄提高到了 16 岁，并赋予警察更大的权利来打压妓院老板和街头妓女。该法案的一条附件条款规定，已达合法年龄的男性之间有伤风化的行为也是违法的。在英国各地，基层的社会纯洁团体纷纷成立了，以监督该修正案在当地的执行情况。这些纯洁团体很快就将注意力转向淫秽书籍、与节育有关的著作、堕胎广告、音乐厅娱乐节目，以及裸体雕像。对这项运动的参加者来说，色情文化被宽泛地定义为"无差别的男性欲望"[18]的邪恶表达，正是这种欲望最终导致了同性恋和卖淫。

这些社会动员对卖淫组织产生了复杂的影响。法律压制重塑了这种恶行的社会地理分布，尤其是在英国和美国，社会纯洁团体迫使警察对站街女和妓院进行严厉打击。由于警察的打击，妓女被赶出了她们所在的社区，被迫在城市的其他地方寻找落脚点。她们原先与外界维持的联系被切断了，不得不越发依赖皮条客，以获得情感上的安全感，并免受法律当局的打击。在这些方面以及其他方面，强化版的打压政策在妓女与贫穷的工人阶级之间制造了一道隔阂。它起到了驱散卖淫点的作用，使卖淫活动更加隐蔽，与地下犯罪的联系也更加密切了。在美国，对卖淫的打击也强化了种族偏见的模式。红灯区的关闭与南方黑人向北方城市的大量迁移是同时发生的。在白人卖淫活动基本上看不到了的时候，黑人女性继续在街道上游荡，这使得她们更容易被逮捕。

在欧洲大陆，即便没有警察管理的改变，受到管理的妓院数量也已经在减少，而逃脱警察管控的"秘密"妓女所占的比重似乎在增长。整个妓院体系已经成为消费者口味改变的牺牲品。一位法国观察家解释说，"公众已经对官方指定的消遣去处失去了兴趣。而这种交易更倾向于发生在热门的聚会场所，在那里人们可以更谨慎地行事，只要有一点想象力，人们就能感受到一种冒险的氛围"。[19]废除主义者亚伯拉罕·弗莱克斯纳（Abraham Flexner）补充说，"女人们也充满了享受自由的渴望。她们更喜欢街道、咖啡馆和剧院里的那种无拘无束"。[20]在伦敦和巴黎，为了进行"秘密"卖淫活动，"一切可以想象得到的花招都用上了"：打广告、开设外语课程、为猎奇者提供"量体裁衣和按摩"。[21]废除主义者坚持认为，那些遗留下来的大型妓院只能靠提供"异域风情"的性服务和奇异的表演才能生存下来。

不管是对女人而言，还是对男人而言，妓女在人们所幻想的城市景观中都有着深刻的象征性，并占据着难以言说的地位。中产阶层女性围绕"堕落的女人"这一形象来组织自己的身份，她们通过重塑和强化这种幻想，来探索自身的主体性。大多数女性都认为，相对于家庭女性而言，妓女是身份低贱的另类，败坏了女性的名声。当玛格丽特·博韦里（Margaret Boveri）20岁的时候，她问母亲"妓女"是什么意思时，她的母亲回答说："妓女是堕落的女孩，她们为了钱而卖身，甚至会享受卖身。"[22] 即便是女性改革者，她们虽然对妓女饱受经济压力的困境感到同情，但依然痛恨妓女的"罪恶"，支持人们作出好女人与坏女人、圣母马利亚与抹大拉的马利亚之间的区分。约瑟芬·巴特勒试图将妓女改造成从良了的母亲，并同时强调她们是男性恶习的无辜受害者，从而超越了上述区分。在巴特勒有关废除法案的宣传中，她通过传统的女性文学情节剧来讲述这些登记在册的女性的故事，她让那些曾经堕落的妓女、如今从良了的女性大声讲出她们面临的不公，并因此而"诅咒"男人。

巴特勒对"苦难女性"的认同仍然充满矛盾和困难。当女性改革者开始替失足女性和"涉险"女孩进行卖淫的原因说话时，她们就与自己要保护的"女儿们"建立起了一种等级制度和监护关系。她们对女性作为受害者的身份进行了夸张的描述，却无视了妓女的任何能动性和复杂的主观性：她们是陷入罪恶生活的无辜受害者，在她们个人的历史上扮演了非自愿的角色；她们对性没有激情，几乎"羞愧到死"，这意味着她们还保留着女性特有的"端庄"。

女性主义政治对卖淫产生的影响可能混杂不清，但可以肯定的是，它赋予了中产阶层女性获得公共空间和公开谈论性话题的新许可。这些运动让"不祥的阴影"、"幽灵"和"萦绕心头的恐惧"公开化了，此类恐惧曾让女性对两性之间的性关系感到不快。一位伦敦的女性主义者声称，"处女进贡"的曝光开启了"新的可能性"。[23] 另一位女性表示，斯特德的揭露"打破了女性所面临的一道障碍……在她们之后，没有人必然是无知的"。[24] 在 19 世纪末，一些进步的新女性［主要代表人物是作家奥利弗·施赖纳（Olive Schreiner）］受到了"恐惧"的驱使而"公开讲述"[25]，她们开始突破社会纯洁和女性无性欲的界限，去思考两性之间相互的欲望。她们的探索无疑具有开拓性，但仍然因为对性的脆弱性的理解，以及对男性的保留态度而蒙上了阴影。对她们以及更为传统的女性来说，妓女仍然是一个令人不安和感到威胁的象征，也是女性的性不自由的例子，因为她们的性行为与经济需求有关。

对于工人阶级的女性来说，妓女也是她们都市生活和幻想中的一个中心。在公共场合，一位贫穷的女子总是会面临被误认为是妓女的风险；她必须通过不断地展示自己的着装、姿势和动作，来表明自己不是一个"低贱的"女人。正如中产阶层女性一样，工人阶级女性也是通过在公共场合的自我表现，以及作为妻子和母亲的个人身份来彰显自己的尊严的。作为"辛勤工作的妻子"、"焦虑的母亲"和"可怜的寡妇"，英国和美国的工人阶级女性请求市政官员去查封那些"坏"房子，因为她们的丈夫和儿子在那里染上了性病，花掉了家里急需的资金，或是因为自己的"一个女儿，一个还在主日学校念书的女孩"在那里被"毁掉了"。[26] 当地的这些女性家长尤其感到苦恼，因为通过令人不快地比较就会发现，妓女相对她们而言要更为富裕一些，她们心智尚未成熟的后代可能会被妓女这个行当所吸引。

然而，一些受人待见的职业女性也将妓女视为"叛逆的女孩"，她们处在高尚行为的范围以外，但是具有影响力和危险性。一位码头工人的妻子坚持说，妓女是靠自己"所做的"事情来获得报酬的女性，而不是像她这样，必须"无偿"提供性服务且"没有获得任何报酬"的已婚女性。[27] 在有的时候，妓女是迷人的对象："狂热"而独立，不受他人干扰；偶尔她们还是"伦敦东区最可爱的女人"，她们可以"拥有任何一个女人的丈夫"。[28]

妓女们也开始谈论自己的处境。她们无法摆脱围绕她们而展开的争论。在英国的废除运动中，登记在册的妓女使用了权利的说辞，以保护自己的身体免受医疗和政治监视的侵犯。持女性主义立场的废除主义者鼓动并建立起了一个政治舞台，使得妓女抵制管理制度的侵扰性规定成为可能。用一位登记在册的女性的话说，"我们借此向警官表明，我们对自己还是有一些尊重的"。[29]

面对法官或慈善机构的官员，妓女们通常会讲述她的"悲惨故事"，用的正是中产阶层女性在解释卖淫之所以会产生的那套情景剧式的说辞，即邪恶的上层社会势力诱惑女性无辜者。他们从剧院和流行文学中借用了这套修辞策略。这里的流行文学指的是轻佻的爱情小说，"低级而无聊的廉价出版物"。[30] 中产阶层的观察人士谴责说，正是这些文学作品导致许多女孩迈出了走向"毁灭"的第一步。另外，妓女们也在通过性交易的语言来理解生活。丹佛的一个老鸨说："我投身这个行业完全是出于生计考虑，没有其他原因。在当时，这是女人赚钱的一种方式，而我这样做了。"[31] 而来自克罗斯和布莱克维尔果酱厂（Crosse and Blackwell's jam factory）的两个女孩深夜还在大街上游荡，她们对性工作的观点就没那么积极。她们告诉 W. T. 斯特德说，"与在街上的工作相比，她们更喜欢工厂里的工作。但是薪水的差别非常大。毕竟日子艰难，乞丐没有挑肥拣瘦的资格"。[32]

堕胎

在整个 19 世纪，堕胎都是非法的；但它就如卖淫一样，是一种常见的行为。在欧洲和美国的城市中心，堕胎成了一项"蓬勃发展的商业活动"。与卖淫一样，堕胎也引发了医学界的强烈抗议和游说活动。他们寻求压制女性随时可以堕胎的权利，并将治疗式堕胎的唯一权利留给医生。同样，关于堕胎的定义也有很多，而且彼此之间还在争论。然而，目无法纪地堕胎的女性，不再主要集中于单身的、来自无产阶级的女性，还包括来自上层阶级的、有闲情的已婚女性，她们下定决心要拒绝自己作为女性的命运。随着这些女性获得堕胎的特权，随之改变的还有据称发生这类不法行为的社交地点。公众对堕胎的讨论不但关注流产医生以及妓女们进行交易的后街小巷，而且也关注中产阶层婚姻和家庭生活中的私下行为。

堕胎与一种控制生育的普遍性策略是相互关联的。在当时，中产阶层的出生率急剧下降，但可用的避孕手段并不可靠，而且经常没有效果。西欧和美国不断下降的出生率证明，中产阶层和工人阶级正在努力限制生育。这一趋势的先锋是法国。早在 18 世纪，法国的出生率就出现了"过早"的下降。到 1854 年，当年登记在册的死亡人口要比出生人口更多。在美国，从 1800 年到 1900 年，本土出生的白种人的生育率下降了一半；与此同时，工人阶级的移民家庭仍在产生大家庭。在 19 世纪 70 年代，德国和英国的观察人士开始注意到生育率的显著下降：在两代人之内，德国的出生率下降了 60%；与此同时，英国家庭平均生下的活产儿的数量从 6.6 个下降到了 19 世纪 20 年代的两个多一点。

历史学家认为，避孕技术使得在婚内进行堕胎的做法是"可以想象的"。首先，避孕措施的使用让夫妻对他们的性行为有了更为清楚的认识，把性交视为一件可以与生殖行为分开的事情。但是，堕胎作为一项明确的女性行为，进一步增加了人们对性行为的自我认知维度：它让女性在性爱的戏剧中变得尤为活跃，并直接呈现了这样的一个事实："女性进行性行为不是为了繁衍后代，其目的就是做爱本身（即满足"男性的欲望"，如果不是满足她们自己的话）。"[33]

在 19 世纪，可供男性和女性使用的避孕手段已经有一些了，包括禁欲、体外射精、基于"安全期"这一错误观念的避孕法、性交后进行冲洗的注射器、避孕套。所有这些措施都需要时间、金钱、空间和毅力：它们经常不可靠，且高度依赖男性的合作。堕胎仍然是女性在避孕失败的后备计划。尽管危险且不合法，但这样做还是有好处的，尤其是对于无产阶级的女性而言，这样可以让她对自己的人生多一些掌控，尤其是当她的伴侣拒绝使用避孕措施时。堕胎很便宜，而且不需要事先计划而组织，也不需要深谋远虑。

如果一个女人想要流产，她的第一策略就是自我引产。这通常需要别人的帮忙，而不像杀婴那样是可以一个人实施的秘密行为。由工人阶级女性组成的支持网络通常会将堕胎的信息传播给邻居和同事。法国女性主义者玛德琳·佩尔蒂埃（Madeleine Pelletier）解释说，"女人没有将这些（堕胎）措施神秘化。在工人阶级廉租公寓的楼梯平台、在面包店、在肉店、在杂货店，家庭主妇们会给邻居出主意。这些邻居的丈夫既残忍又目光短浅，违背她们的意志使她们怀孕"。[34]

法国邻居极有可能推荐一种传统的流产剂，比如芸香、双子柏和黑麦麦角。医生们认为，一些传统的药方起着毒药的作用，或者会对肠道产生足够的刺激，从而引发流产。在美国，不同的民族和种族也在传授有关堕胎的传统知识。推崇自然疗法的美国原住民治疗者和助产士会定期采集一些根茎和草药；在19世纪中期，得克萨斯州的黑人女性会用靛青或者是甘汞和松节油的混合物来引发流产。到19世纪90年代，英格兰北部的工人阶级女性开始服用铅丸，因为她们观察到在铅粉厂工作的女性经常流产。如果药物不起作用，女性就会尝试放血、洗热水澡和剧烈运动。

如果她们仍然没有成功，就会求助于流产医生，用机械手段来引发流产；或者是转向报纸和杂志上登载的有关"女性药方"的商业广告。也正是这些报刊登载了"绅士指南"的广告，向读者推介了买春地点和"法语课程"。到19世纪中期，商业化堕胎已经成为一个"产业"，是医生、药剂师、草药师、兽医、按摩师和江湖郎中以及制药业获得可观利润的一个来源。流产医生成了臭名昭著的人物，比如纽约的瑞斯特夫人（Madame Restell）和法国的"拉·卡谢乌泽"（La Cacheuse）。据一位法国权威人士的报告，到19世纪末，在巴黎的报纸上做广告的流产医生多达50位。流产医生往往聚集在火车站和大商店附近，为来自乡下的女性提供服务。但他们也经常活跃于贫穷和不体面的社区。

一种无效的立法模式对完全制止堕胎没能起到什么作用，却帮助塑造了堕胎这个非法市场。英国是率先就堕胎引入新的刑事立法的国家之一。它在1803

年就此进行了立法，并在 1837 年和 1861 年进行了修订。法国和比利时的此类法律可以追溯到 1810 年，是建立在《拿破仑法典》的基础之上的。在 19 世纪 20 年代，美国各州颁布了新的反堕胎法规，并在 1860 年至 1880 年之间进行了大幅修改。到 19 世纪下半叶，斯堪的纳维亚、德国和意大利也出现了类似的刑法规定。大多数此类法律都要求对女性和流产医生进行处罚：对女性处以五到十年的劳役，对"操作者"处以终身监禁或死刑；但通常只有在女性死亡或病情严重的情况下，流产医生才会受到起诉。

总的来说，这些法律规定表明了法律界和医疗界权威人士的意图，他们希望干预女性的生殖策略。在 19 世纪初期，立法者倾向于将新的刑事法规解释为对现有法律"整理"之后而得出的措施，这是对杀婴法律进行修改的一部分。在英国和美国，这些早期的法律只禁止在出现胎动（在女性怀孕三到四个月之后，可感到胎儿活动的时刻）之后进行堕胎，主要关注的是堕胎药物对产妇健康造成的危险。1803 年颁布的法令未能让英国的医疗游说团体感到满意，他们反对"胎动"的概念，认为它不精确，而且是建立在女性的知识基础之上的。出于对医学观点的尊重，1837 年的法令禁止女性在怀孕的任何阶段堕胎，根本就没有提及胎动。到 19 世纪中叶，法国和美国的医生们也已经改变了他们对堕胎的看法：堕胎不再是未婚妈妈的最后一招，而是已婚女性控制生育的备用手段。这种印象的改变导致的一个结果就是：反对女性堕胎的社会宣传加强了，而反对女性堕胎的法律措施也在增多。

在美国，以医生为首的反对堕胎者一个州接一个州地发起了要求强化立法的运动。从 1860 年到 1880 年，美国医师协会发起了禁止堕胎的强有力运动，他们向各州医学协会、州立法机构、专业期刊和大众媒体发出了呼吁。它的目标是要确保在孕期的任何阶段堕胎都是犯罪行为，但如果堕胎是为了挽救母亲的生命则另当别论。

在打击非法堕胎方面，美国医生可能比欧洲的同行更为积极；但是在法国、英国和俄国，医生们对来自流产医生的专业方面的竞争、女性行为不端，以及堕胎对社会秩序构成的威胁，表达了类似的担忧。无论在哪里，对堕胎和避孕的医学关注均表明"医生正在取代牧师"——也就是说，医生正在取代宗教权威在性和家庭领域里的角色。

尽管医生是这些运动的意识形态的主要行动者，但他们无疑使人们对阶级、种族和性别普遍存在的恐惧进一步具体化了。医生们尤其对堕胎的采用感到担忧，因为这是享有特权的女性的"堕落"行为。美国布法罗医生协会在1859年惊呼道，"现在有一些淑女。是的，一些受过教育和优雅的女士"正在堕胎。[35] 这些自我放纵的"上流社会女士"出于"自私和个人的目的"，放弃了母亲的身份和照顾孩子的责任。医生们注意到，女性明显受到了注重享乐和消费的市场价值，以及女性主义的诱惑。这些女性叛逆地追求自己的权利，违背了传统育龄女性自我牺牲的精神。她们听任"不道德和邪恶"的男性流产医生的摆布，从而对丈夫构成了不忠。正如美国医学学会下属的非法堕胎委员会总结的那样："她不再把上帝为她划定的路线放在心上，忽视了婚姻契约加诸其身的责任。她屈从于快乐，却畏惧怀孕带来的痛苦和责任；她没有一丁点儿的体贴和优雅，却把自己的身体和灵魂拱手交到了不道德的和邪恶的男性手中。"[36]

法国、英国和美国的医生坚持认为，女性逃避母亲身份将导致"种族自杀"。医生们在考虑他们国家的人口问题时，除了借用优生学家的观点外，还借用了达尔文思想的某些元素：优等的"种族血统"对阶级和民族优越主义者的适者生存至关重要，而民族优越主义者正在为生存而斗争。在美国，危言耸听者担心有着"优良血统"的女性——富裕的白人新教徒——无法生育足够多的孩子，以维持该群体的政治和社会主导地位。在英国，对于中上层阶级的女性无法以下层阶级女性那样的速度生育，优生学家对此感到忧心忡忡。在19世纪晚期，法国的人口学家将该国的人口问题归咎于社会的普遍堕落，以及自私的、独立的女性逃避抚养孩子的民事义务，而抚养孩子旨在捍卫共和国。

最后，反对堕胎的医学人士将矛头对准了提供非法堕胎服务的"非正规"医生和其他的医疗从业者。在所有的国家中，采用对抗疗法的医生必须与大量颇受欢迎的医疗从业者（包括药剂师、草药医生、水疗医生和助产士）进行竞争，以获得认可和病人的光顾。"正规"医生越来越警觉，因为他们的竞争对手开始宣传堕胎服务，尤其是在19世纪40年代之后。在美国，"正规"医生和"非正规"医生之间的竞争尤为激烈，这可以部分地解释为何美国医学协会要团结一致地使堕胎非法化。欧洲国家的医生对自己的职业地位也有类似的焦虑。法国和英国的医生把批评的焦点集中在助产士身上，尽管他们的许多的专业同事都为人做过堕胎手术，尤其是为富裕的病人做过。在19世纪80年代，助产士从帮人堕胎中获得的收益要多于帮人分娩获得的收益，这是很常见的。

到 19 世纪末，一些要求对堕胎规定进行改革的呼声出现了，尽管这一运动比要求提供避孕设备的呼声晚了一代人。到 19 世纪八九十年代，产科医生感受到了来自病人的巨大压力，病人要求他们确定在什么情况下可以合法堕胎。总的来说，医生们的专业协会忽视了这种压力。但一些法国医生开始质疑堕胎法规，认为它们过于死板，带有阶级偏见，而且还因为它们迫使女性诉诸危险的非法堕胎，从而危害了公共健康。瑞典在 1890 年修改了立法，允许基于纯粹的医学理由而进行堕胎。1910 年，俄罗斯的一个妇产科委员会投票决定，只要堕胎是在医疗监督下进行的，就可以不被定罪。除了玛德琳·佩尔蒂埃这样的女性之外，很少有人提出要捍卫女性在生育方面可以不顾医疗监督、作出个人选择的权利。

尽管医生经常指责"意志坚定的女性"，以及女性主义鼓励女性逃避母亲身份，但对于女性作出堕胎的选择，女性运动的领袖也绝不纵容。与之相反，在 19 世纪晚期，对于由医生领导的反堕胎运动，美国的女性主义者作出了积极回应。这些女性主义者谴责堕胎是性堕落和对女性进行剥削的一部分，但他们倾向于将关注的焦点集中于堕胎的原因（在剥削性的性关系中，堕胎是必要的），而不是堕胎的结果。

女性主义者对堕胎和避孕的反对，反映了他们对于性和生殖持有复杂的立场。在国家对卖淫进行监管的斗争中，女性主义者对医生持警惕态度，认为他们成了女性生理命运的非法权威，是双重标准的维护者。在同一时期，女性主义者还与反对女性权利、反对女性接受高等教育的医生发生了冲突。然而，女性主义者与医生一样，也反对将女性的性行为与繁衍后代分离开来。他们也认为，获得避孕和堕胎的机会将让女性变得"不纯洁"，这样她们会更像妓女，被性欲玷污，容易受到男性性需求的伤害。与之相反，英国和美国的女性主义者将母亲作为女性的最高职责加以颂扬，同时提倡一种"自愿做母亲"的性策略，允许女性通过禁欲来控制生育。通过这种方式，在法国、英国和美国，对母亲身份的赞扬最终以有意识地对其加以限制而告终，这些限制中带有很强的阶级和种族意味。当女性主义者把"自愿做母亲"与"改善种族"和"少生优生"联系在一起的时候，[37] 他们表达的是对阶级和种族的焦虑，而这种焦虑与促使医疗人员发起反堕胎运动的焦虑是一样的。即使在 19 世纪和 20 世纪之交，当少数女性主义者加入了新马尔萨斯主义者的阵营，提倡控制生育的时候，他们也坚定地将避孕与堕胎区别了开来：避孕是一种谨慎而有尊严的做法，而堕胎则是有着"高风险"且见不得人的事情。

　　然而，很多中产阶层女性堕胎，恰恰是为了履行中产阶层主妇的阶级 / 性别角色。信奉女性主义的学者曾经解释说，"对真正女性的崇拜"激发了一些产前的策略。这种观点将母亲尊崇为一种神圣的职业，但它也要求女性奉行节俭和有计划的价值观，以确保其家庭的阶级地位。到 19 世纪初，小规模的家庭已经成为中产阶层或资产阶级身份的"象征"。有计划地生育成为资产阶级家庭伦理的一部分，符合"女性少生优生"的天职。在这里，堕胎远远不是为了逃避做母亲的责任，而是作为避孕失败的后备计划，旨在履行资产阶级女性对孩子、对阶级以及对种族应该承担的责任。

　　工人阶级女性公开支持堕胎，其理由与上面所讲述的既有相似之处，也有不同之处。工人阶级女性对堕胎非常随意，认为这是完全合法的行为，根本就不是杀人的问题，这种态度让法国和英国的医生感到不安。在出现胎动之前，女性并没有意识到自己怀孕了，只是觉得"不正常"。商业堕胎机构在它们的广告中对女性的这种理解作出了回应，它们承诺治愈这种"不正常"的现象，并为这些女性把"月经"带回来。

　　尽管工人阶级女性坚持在胎动之前"并没有孩子存在"的传统观点，但到了 19 世纪晚期，她们可以为堕胎进行更加"现代"的辩护。正如妓女一样，已婚的工人阶级女性并不能完全避开围绕堕胎而产生的争论。在有关生育和"种族自杀"的公开辩论中，她们开始清楚地阐明有关身体完整性的概念。当英国女性合作协会让它们的会员（大多是技术工人的妻子）描述自己的生育经历时，许多受访者都提出了涉及理性计划和量入为出的负责任母亲的概念。就像中产阶层女性一样，她们也在捍卫母亲"少生优生"的职责："我不像一些人那么快地生孩子，并不是我不爱孩子，而是因为就我的处境而言，如果有更多的孩子，我可能就很难对他们尽到我做母亲的责任。"[38] 法国女性在为堕胎辩护时要更进一步，认为堕胎是一项权利。医生们震惊地发现，"她们坦率地讲述自己的冒险经历，毫无羞耻感，也没有一丁点儿的悔恨，她们说'女性必须拥有自己身体的自由'"。[39] 正如罗萨琳德·佩特切斯基（Rosalind Petchesky）所观察到的，这并非对获得性满足的积极自由的宣言，而是与中产阶层"自愿做母亲"的信条一样，是对获得免于"不想要的性"和"不想要的生育"的消极自由的声明。[40]

同性的依恋：异装癖和浪漫友情

在 19 世纪，异装癖和浪漫友情是女性探索同性恋的两种可能的方式。尽管异装癖通常与工人阶级的行为联系在一起，但它也渗入了中产阶层女性当中。一些中产阶层女性模仿绅士的特权，有时甚至对其他的女性实施性侵犯。而女性之间的浪漫友情则是中产阶层女性文化的一个显著的，并得到公开认可的特征；就这一点而言，历史也提供了一些跨文化的证据，特别是在美国能够识文断字的工厂女孩当中，她们在充满华丽辞藻和感情色彩的信件中向女性朋友袒露永恒的爱。

女性异装癖指的是穿男性的衣服，以及 / 或者接受男性的生活方式，从事男人的工作，像男性一样行事。在此之前，这种传统已经流行了至少 400 年的时间，在歌曲、舞台、书面作品和口头传播中都能见到。一些历史学家认为，该现象的鼎盛时期出现在 17 世纪和 18 世纪，尤其是在荷兰和英国。然而，美国历史学家也注意到，在 1850 年之后，报纸上有关女性冒充男子的报道增多了。无论如何，那些穿异性服装的女性显然知道在她们之前，便已经有女性这样做了。在 19 世纪，关于女流氓和"女相公"的故事仍然在吸引着读者。当艾玛·爱德华兹（Emma Edwards）读到低俗小说故事《芬妮·坎贝尔》（又名《女海盗船长》，1805 年出版）时，她突然意识到自己也可以像坎贝尔一样，只要剪掉头发和穿上男装，就能获得"男性的自由和光荣的独立"。[41] 她确实这样做了，并且离家出走，"差一点"就娶到了新斯科舍的一位漂亮姑娘。爱德华兹最终在美国内战期间应征加入了联邦军队。

爱德华兹解释说，她之所以做出异装的决定，是因为自己渴望获得男性的自由和特权。对穿着异性服装的女性来说，这些特权可能包括男性的工资、工作机会、流动性和冒险的生活。它还可以延伸到与妓女寻欢作乐，甚至娶一个女子为妻。而建立起男性的身份，可能还涉及参加需要熟练技术或重体力的劳动，或者是成为船上最勇敢的水手；对伊丽莎·奥格登（Eliza Ogden）这位伦敦肖尔迪奇区的女搬运工来说，这还意味着要与她兄弟的店员伙伴一起抽烟喝酒，向"路上遇到的每一位漂亮的姑娘"献殷勤。简而言之，奥格登是"精于算计的浪子，真正的浪漫主义者"。1835 年，《伦敦时报》报道说，玛丽·查普曼（Mary Chapman）塑造了一种更具"男子气概"的形象：她打拳击，口吐脏话，还养了个情妇，娶了个妻子。[42]

有些女性会在特殊场合穿异性服装，或者是在不经意间完全表现得像个男人：作家乔治·桑和艺术家罗莎·邦赫（Rosa Bonheur）就是中产阶层和上层阶级女性决心摆脱性别束缚的两个著名例子。一些冒充男人的女性可以因此而获得一定的社会声望，还有些人借此进入地下性场所。在 19 世纪 50 年代，居住在纽约州北部地区的露西·安·洛布德尔（Lucy Ann Lobdell）离开了丈夫。她为了养活自己而冒充男人。她解释说："我决定穿男人的衣服，去找一份工作，挣一份男人的工资。"她后来变成了受人尊敬的约瑟夫·洛布德尔（Reverend Joseph Lobdell），并与玛丽亚·佩里（Maria Perry）过起了日子。[43] 在 19 世纪 70 年代，一位名叫珍妮·博内（Jeanne Bonnet）的法国移民因为女扮男装而经常被警察抓捕。她曾经以男性顾客的身份前往一所妓院，并爱上了妓女布兰奇·比诺（Blanche Buneau），还劝说她离开这个行业。1876 年，当博内正在床上与比诺缠绵时，一个愤怒的皮条客枪杀了她。在这两个例子中，传统的性别角色都得到了严格的遵守，冒充男子的女性扮演着处于主导地位的男性角色，而另外一位女性则扮演着传统的、处于被动地位的妻子或情妇的角色。

就像堕胎和卖淫一样，异装经常要获得他人的帮助。一些牧师同意为女性的结合举行婚礼；工厂里的伙伴和家庭成员也替她们保守秘密；她们的一些朋友甚至干脆认为她们直接变成了男人。伦敦的一名妻子在她丈夫死后，惊讶地发现这个与她共度 21 年婚姻生活的伴侣竟然是一个女人。然而周遭的人对此的认同都是暂时的；当一个异装者受到了指控时（以"欺骗"或"不端行为"为由），那法律和当地社区总是会谴责这名"丈夫"，而不会怪罪妻子。

事实上，在整个 19 世纪，异装仍然是一种可疑的行为：一种没有得到许可的性别越轨行为，带有性欲亢进或是鸡奸的意味。法律禁止异装，将其视为目无法纪的行为。而在文化上，它仍然是女性失序和侵犯男性特权的常见比喻。在漫画艺术中，充斥着唠叨的妻子和咄咄逼人的女性形象，后者是具有男性气质的悍妇，她们尝试穿上半长裤。带有贬义的名词"乔治·桑主义"（George Sandism）出现在英语、法语、德语和俄语中，用来谴责那些敢于效仿乔治·桑生活方式和行为的女性。而作为回应，叛逆的女性经常会异装：圣西门学派的女性穿上了半长裤，而在 19 世纪中期出现的灯笼裤运动则在尝试劝说女性穿上分叉的服装，这类服装谨慎地模仿了具有东方特色的土耳其长裤，这样就不会让人觉得她们是在冒充男人。在维多利亚时代后期，女性主义者虽然没有决定要穿裤子，但她们不仅没有辱骂乔治·桑，反而将她视为女性天才的化身，不过也认为她具有危险的一面。

就幻想的层面而言，异装在女性的想象中受到了极大的欢迎：在整个 19 世纪的英国青春期女性的日记中，最持久不衰的幻想就是将自己打扮成男人，然后逃到海上或军队里。而在招魂狂热中，异装癖也得到了强有力的表达：当年轻的灵媒召唤灵魂来与死者交流时，死者的灵魂向导往往是高度男性化的水手或士兵的形象。音乐厅里的女扮男装者将自己打扮成绅士的模样，在假面舞会里寻欢作乐。在那里，这些女扮男装者经常会嘲笑观众中那些地位卑微却想充大佬的小职员"厚颜无耻"。

与妓女和男同性恋不同，19 世纪鲜有异装癖亚文化或女同性恋亚文化存在的证据。巴黎是个明显的例外：到 19 世纪 90 年代，观察人士已经确定了异装癖者、同性恋妓女和波希米亚群体经常混迹的咖啡馆、餐馆和聚会场所。在其他城市，女同性恋和妓女的此类社交也引发了一些反响。在 1900 年，"女公牛"（bulldyke）一词开始被用于费城的"红灯"区，指的是女同性恋的情人。到 20 世纪 20 年代，黑人社区和有许多拎包即可入住的出租屋区域，已经开始为工人阶级的女同性恋者提供住宿和休闲的场所。布鲁斯歌手贝茜·杰克逊（Bessie Jackson）通过她的作品将"女相公"的反叛精神变得与世长存了。"女相公"指的是女同性恋中具有男子气概的那一位。在 20 世纪早期，由中产阶层女性作家和女性艺术家构成的女同性恋亚文化开始在巴黎和纽约出现。这是一种存在于沙龙、酒吧和合租公寓中的亚文化，她们在诗歌、小说和戏剧中对此予以赞颂，并融入了异装和浪漫友情的传统。

在维多利亚时代的中产阶层中，女性通过浪漫友情的方式建立起了同性关系。这种友谊在某种程度上是中产阶层生活中严格的两性隔离的结果。女性的社会化鼓励了女性之间的联系，这种关系在学生时代形成，经常会发展成为终身的友谊。尽管浪漫友情得到了社会的宽恕，但在亲密的女性依恋与家庭责任之间总是会有一些紧张关系的存在。

女性可以在同性关系中表达对情感、精神和性爱的强烈渴望，这在文化上是可以接受的；因为这被认为与异性恋的性行为与繁衍后代之间的联系是截然不同的。"在世上所有的女孩子中，我真想搂着我的女孩子，然后告诉她……

我爱她，就像妻子爱丈夫一样，就像朋友爱对方一样——我相信她，就像我相信上帝一样。"[44] 如此之类的信件遵循了文化感伤主义的常规；采用的"感性语言让人脸红，在道德上是向上的，令人感到内心的愉悦"，而这正是维多利亚时代的女性因为被灌输要"拒绝性的激情、愤怒和世俗野心"的产物。[45]

一些社会共有的礼节控制了女性之间的这种迷恋和狂热，而这正是 19 世纪寄宿学校的典型特征。通过在学校暗恋一位年长的、在公众面前很成功的女性，或者是一位经历更丰富的同学，女孩子们学会了如何否认身体上的性欲望，并去追求"更高层次"的理想。这种未能"满足"的暗恋也让女孩子们学会了自我控制和自我否定，历史学家克里斯蒂娜·斯坦赛尔（Christine Stansell）将此称为"对一个人喜好之合法性的羞愧"。[46]

在 19 世纪早期，一位女性不能指望在毕业后继续与她心爱的朋友生活在一起；但到了 19 世纪的最后几十年里，出现了在异性恋家庭之外过上独立生活的新的可能性，这使得一些女性能够实现上述目标。19 世纪末，在受到美化的老姑娘和新女性当中，"女性婚姻"或者说是"波士顿婚姻"变得越来越普遍。"助人服务"行业中出现的新职位，大学和社区福利服务之家这样的新型社交空间的出现，以及人们在英国和美国可以找到的公寓，甚至是女士公寓，都鼓励了女性选择禁欲，在一位相处多年的女性朋友的陪伴下生活。美国的女性大学毕业生的未婚率极高：在 1889 年至 1908 年，53% 的布尔茅尔学院毕业生保持单身。而根据 1909 年的一份报告，在曾经就读于剑桥大学的 3000 名女性中，只有 22% 的人结婚了。用一位观察人士的话说，高等教育机构已经变成"特殊的深情友谊的温床"。[47] 在那里，成双入对已经成为院系里的既定传统，而暗恋和迷狂已经成为大学生当中难以规避的习俗。[48]

与工人阶级女性隐秘的二人世界不同，"波士顿婚姻"是对外公开的，并为社会精英圈子所接受。女人们住在一起，共同拥有财产，一起出门旅行，庆祝家庭聚会，睡在同一张床上。美国禁酒运动领袖艾玛·威拉德（Emma Willard）在 1889 年写成的自传中，颂扬了女性"友情"的优点，并公开而详细地描述了自己心动的浪漫史，她注意到"女性对彼此的爱每天都在变得更多"。

在 19 世纪晚期之前，鲜有评论家将受人尊敬的女性之间的身体接触与不正当的性行为联系起来，因为他们认为这些女性在与生殖有关的性行为之外，并没有自主的性欲望存在。但是，女性自愿选择单身，以及已婚女性采取避孕措施，实际上都是在逃避生育；这促使医生们开始仔细审查女性的性冲动和性对象。到 1880 年，医学理论家已开始将异装癖和浪漫友情贬低到了女性性逆反或者女同性恋的范畴之内。

性学是对性展开的科学研究，它最早是作为法医学的附属专业开始在欧洲大陆出现的。维也纳大学精神病学教授理查德·冯·克拉夫特－埃宾（Richard von Krafft-Ebing）是性学的创始人之一，他的工作职责包括为被拽上法庭的性侵犯者找到病态或"堕落"的证据，从而确定此人是否应该为自己的行为负责。他将自己的病例汇集到了一起，并在 1886 年出版了《性心理病态》（Psychopathia Sexualis）一书。这是一本关于"性变态"的"法医学研究"著作。尽管大多数逼真但令人不快的性描述是用拉丁语写成的，以阻碍淫秽之徒阅读，但《性心理病态》还是引发了巨大的反响，并得到了专业人士的回应。克拉夫特－埃宾发现自己被性苦难的受苦者以及性压迫的受害者的自白信淹没了。在 1886 年出版时，《性心理病态》收录了 45 个病例，全书共 110 页；到 1903 年出版第 12版时，此书已经收录了 238 个病例，全书达到了 437 页。正如杰弗里·威克斯（Jeffrey Weeks）所观察到的，《性心理变态》的出现标志着"时常被人提及的性变态者开始在印刷物上集中出现，这些个体因为他（或她）自己的性冲动而有了污点"。[49]

19 世纪末的性学家在对性进行分类时，重点强调了"完全相反的性冲动"，或者是所谓的"性逆反"。"性逆反"这一分类并非性学家自主的发明：他们只不过是在复制 19 世纪文化的分类和偏见，这一文化既包括无产阶级，也包括精英阶层。正如我们曾经注意到的，无产阶级群体对"女相公"有他们自己的理解。而在波德莱尔和戈蒂耶（Gautier）等作家的笔下，同性恋妓女早已成为他们文学作品中的陈词滥调，而这些作家也受益于帕朗－迪沙特莱（Parent-Duchatelet）对卖淫的研究。一直到最后，性学家也未能对性逆反现象作出连贯一致的解释：为了理清他们发现的无数种不同的性体验，他们求助于相互重叠的、混乱的、矛盾的解释。尽管如此，他们还是为人们提供了一个新的词，对女性同性之间的性行为提出了疑问，同时也让一些进行此类性行为的人有了一种自我表达"真相"的形式。

在 19 世纪 60 年代，卡尔·乌尔利克斯（Karl Ulrichs）率先提出了男性性逆反是天生的理论，认为男同性恋者是胚胎异常发育的产物，他有男人的身体，却有着女人的想法。1869 年，德国精神病学家卡尔·韦斯特法尔（Carl Westphal）博士将同性恋的概念扩展到了女性身上。他发表了一份对一名年轻女子进行的个案研究。这位 N 小姐从小就喜欢将自己打扮成男孩，长大后也对女性很有吸引力，在她的性幻想中自己就是一位男人。韦斯特法尔总结说，N 小姐就是"性气质出现逆反"的病例，这是一种与男同性恋非常类似的先天性缺陷。[50]

N 小姐最终在克拉夫特－埃宾的性变态者群体中找到了归属。克拉夫特－埃宾构建了一个规模不断扩大的女性性逆反群体，其中有些女性并不认为自己的"外在打扮反常"，而有些则"强烈地倾向于男性的服装"，还有的人在扮演男性的角色，但堕落程度最严重的要数发生同性性关系。这些女人只是拥有女性的生殖器官而已，她们的思想、情绪、行为，甚至是外观，都与男人一样。

克拉夫特－埃宾和他的性学同行只能把女同性恋的性爱想象成男性欲望的另外一种版本：一个女人对另一个女人表达男性的欲望。然而，他们也承认，性行为不仅是一种生殖行为：它包含有感觉、冲动、情绪，还与衣着、步态、面部表情和生活方式有关。早期的性学家将女性天生的性逆反想象成思想和行为的完全异化，同时在很大程度上忽视了女性二人世界中的"女性"成员。例如，在 1883 年，美国的基尔南医生（Dr. Kiernan）将先天性的"性变态者"与"她所娶的年轻女孩"区别了开来。[51]

哈夫洛克·埃利斯（Havelock Ellis）在 1897 年出版的研究著作《性逆反》（Sexual Inversion）中，将克拉夫特－埃宾对女性性逆反的四种分类简化为两种：先天性的性逆反和后天的性恶习。先天性的性逆反者以无产阶级的异装癖为代表，她们是有着好斗的男性气质的女人。埃利斯还将注意力转向了扮演被动的女性角色的那些女人。他提到了当"正常的女人"开始复制先天性的性逆反者的行为时，对"性变态的虚假模仿"确实是存在的；他还详细地描述了鼓励这种习得行为的社会环境。而构成这种社会背景的主要是一些受过教育的新女性。埃利斯将自己的关注点集中于女性"热忱的友谊"之上。他声称这种友谊"具有或多或少的无意识性行为的特征"。[52]埃利斯认为，正是因为现代解放运动的影响，才使得同性恋在美国、法国、德国和英国的女性中越来越多。

卡罗尔·史密斯－罗森伯格（Carroll Smith-Rosenberg）认为，埃利斯通过"撕开新女性体面的外衣"，向外界揭示了"温文尔雅，受过教育，在外表、思想和行为上都非常女性化的女性"是潜在的女同性恋者。[53] 然而，对这种学术揭露的效果：无论是说它在实际上"揭开了女性的保护罩"，还是说它为同性恋女性提供了一套新的性话语体系，历史学家均不认同。此外，这种"医学模式"的普及程度和影响力也尚不清楚。对 19 世纪 90 年代之后女性话语和实践的简要考察显示，在对女性同性恋性行为的表达方面，既有一定的连续性，也存在不连续之处。

一些女性抓住了新的性学研究的机会，讲出了自己的故事。马格努斯·赫希菲尔德（Magnus Hirschfeld）是另一位著名的性学家，他坚持认为同性恋者构成的是"处于中间地带的一个性别"。一位德国女性在写给赫希菲尔德的信中说，克拉夫特－埃宾的著作让她"大开眼界"，"在读了这些作品之后，我觉得很自由，也很清醒"。这位女性将自己描述为"惯常模式和古老而永恒的自然规律出现的一个例外"，并且讲述了她自己的生活历史，最后用了一个如田园诗般、能够展现热爱家庭生活的句子来作结："我可爱而自信的娇妻操持着我们幸福家庭的事务，她就像一个真正的德国家庭主妇。而我为了养活我们，则外出工作。我就像一个充满活力的、无忧无虑的男人。"[54] 在开创性的女同性恋小说《寂寞之井》（The Well of Loneliness，1928 年）中，雷德克利芙·霍尔（Radclyffe Hall）将性学家刻画的女性性逆反的形象永久定格了。这部小说描写的是一位来自上层阶级、具有男子气概、"天生的"女同性恋者爱上了一个"正常的"女人。

另一方面，对于女性之间的友谊被性欲化和病态化，一些女人感到深深的担忧。一些女性将性学家的警告牢记在心：1908 年，珍妮特·马克斯（Jeanette Marks，她本人就是"波士顿婚姻"中的一方）写了一篇题为《不明智的大学友谊》（"Unwise College Friendships"）的文章，但这篇文章最终没有发表。在这篇文章中，马克斯警告说，充满柔情的友谊是"不正常的"，也是"不健康的"。[55] 相比之下，作家和女性权益倡导者约翰娜·埃尔贝斯克岑（Johanna Elberskirchen）强烈反对将女人爱上另一个女人解读为"男性倾向"的行为。[56] 在 20 世纪 20 年代，盐湖城的一群同性恋者私下谴责小说《寂寞之井》，因为此书将她们的存在公开化，掀开了她们早年可以享有的对外保持沉默不语的保护层。[57]

这些老式的同性依恋关系一直延续到了 20 世纪。在"女相公"的例子中，我们已经目睹了有关异装女性的某些含义在工人阶级的有色人种女同性恋中延续了下来。在中产阶层女性中，"波士顿婚姻"和浪漫友情也持续了下来。虽然女同性恋亚文化已经成为城市生活的特征，而女同性恋的标签也在文化中广泛存在，但这些女性很少认同自己就是女同性恋。然而，正如莱拉·鲁普（Leila Rupp）曾观察到的，一旦文化中出现了女同性恋这个类别，"选择拒绝接纳这种身份认同，便有了它自身的意义"。[58]

在整个 19 世纪，中产阶层改革者一直在动员进行一场与医学及道德有关的政治运动，将妓女、堕胎的母亲、异装癖者、情意绵绵的女性朋友污名化为非法且危险的。他们动员的目的不仅在于将偏离常规的女性从女性规范中区分出来，还希望能够明确女性规范，并对其予以强化，从而缓解一种人们日益增多的焦虑，即性爱已经在生殖性性行为中失去了它的地位和固定身份。尽管他们做出了这么多的努力，但是这些女性中的异类并没有安稳地受到约束，她们也没有脱离正派的社会。这些女性融入了资产阶级的女性气质，并与后者重叠在了一起，这体现在伦敦西区的购物街上妓女与时髦女郎混在了一起；这还体现在受马尔萨斯主义者逻辑影响的已婚堕胎女性；体现在具有道德优越感的女性改革者走上街头去拯救妓女；体现在品行高洁的老姑娘偏好于让女性给她们做伴；即便是女性异装癖者对确切的男性和女性身份的欣然接受，也体现了这一点。

尽管来自法律和医学的制度性力量会经常被调动起来，以控制、界定和压制女性目无法纪的行为，但法律和医学并不是唯一起作用的力量。尤其是在卖淫的问题上，国家监管的努力激起了公众的反对和女性的抵制。中产阶层女性抓住了这个机会，将卖淫作为性受害和性诱惑的叙事加以讲述。通过这种方式，她们明确表达了自己对男性的不满，并因此而确立了相对于其他女性的权威。她们能够谈论性，从而为她们打开了一个具有新的可能性的世界；但对她们所关切的对象（即平民的女儿）来说，可能性就少多了。与此同时，工人女性的性生活和主动性也发生了变化，这是对官方控制和法令的回应，也是对城市商业文化提供的可以就性进行自我表达的新机会的回应。临时的空间、匿名性和专门服务的出现，使得异装癖者、妓女、堕胎女性和女性二人世界中的不法行为变得不为人所知，而且可以在现代城市景观中创建起社交网络。

第十五章　女工

若昂・W. 斯科特（Joan W. Scott）

在 19 世纪，女工特别引人注目。当然，早在工业资本主义出现之前，女工就已经存在很久了。她们活跃在欧洲和美国的城镇和乡村，通过做纺工、裁缝、金匠、酿酒师、金属抛光工、纽扣生产者、蕾丝工、育婴女佣、挤奶工和佣人来谋生。但在 19 世纪，女工获得了前所未有的关注，人们对她们进行观察、描述和记录；与此同时，人们就她们挣取工资的活动是否合适、是否道德，甚至是否合法展开了辩论。所谓女工是工业革命的产物，与其说是机械化为她们创造了以前根本就不存在的就业机会（尽管在某些地区确实如此），倒不如说是因为在工业革命的过程中，她们变成了麻烦的、引人注目的人物。

职业女性之所以醒目，是因为人们认为她的存在是一个问题；而这个问题是最近才产生的，亟待解决。这个问题涉及女性本身的意义以及女性与挣取工资的相容性，它是在道德的层面和明确的条件下提出来并展开辩论的。不管被关注的对象是涉及滥交的工厂工作人员，还是一贫如洗的女裁缝，抑或是不被传统束缚的排字工；不管她被描述为一名年轻的单身女孩，还是母亲，抑或是上了年纪的寡妇，又或者是一个失业工人或熟练技工的妻子；不管她是被视为资本主义破坏性倾向的终极案例，还是资本主义具有进步潜力的证明；人们就女工提出的问题都是相同的：女人应该为了获得报酬而工作吗？这种赚取工资的劳动会对女性的身体、对她们履行母亲和家庭角色的能力造成什么影响？什么样的工作适合女人？并不是所有人都同意法国议员朱尔・西蒙（Jules Simon）的观点。西蒙在 1860 年宣称，"一个女人变成了工人，她就不再是女人"。但在参与女工争论的各方中，大多数人都将自己的论点建立在家庭与工作对立、母亲身份与赚钱养家对立、女性特质与生产效率对立的假设之上。[1]

19 世纪的争论往往建立在一个与工业革命（在后来对女工的大多数历史记叙中工业革命都被认为是既定的背景）有着隐性因果关系的故事之上。（通过使用"故事"一词，我旨在强调有关过去的叙事都是建构出来的，而并非客观上就是如此。我们没有办法来简单地叙述过去发生了什么；而任何故事——包括我在这里提到的——都是通过收集信息来呈现一种特殊而有争议的意义，从而提供一种解释。）这个关于工业革命的故事，帮我们找到了在工业化的过程中，当生产从家庭转移到工厂时女工问题出现的根源。虽然在前工业化时代，人们认为女性能成功地做到同时进行生产活动和照看孩子，可以兼顾工作和家庭；但随着人们工作地点发生了变化，这种兼顾即便没有成为不可能，也已经变得很困难了。因此，有人说，女性在一生中只能工作很短的一段时间，在她们结婚或生孩子之后，她们就需要退出可以获得报酬的工作。只有等到她们的丈夫无法养活一大家子的时候，她们才有可能又出来工作。因此，她们主要从事某些低薪水、非技术性的工作，这表明她们对自己的母亲身份、对家庭的承诺，要优先于任何长期的职业认同。因此，女工的"问题"就在于，在一个雇佣劳动和家庭责任都需要全职参与，而两项职责在空间上又截然分开的世界里，她们成了一个异类。问题的"原因"是不可避免的，这是工业资本主义发展的一个过程。而工业资本主义发展有其自身的逻辑。

在我看来，工作与家庭分离的故事并非历史发展的客观过程的反映，反而是这种分离推动了这种历史发展。这个故事为人们提供了合理化的术语和解释，通过将现在与过去的连续性最小化，假设所有女性的经历都是相同的，强调女性与男性之间的差异，进而建构了女工的"问题"。然而，通过将纺织业作为工业发展的象征，这种说法将其他领域的就业变得令人难以理解了（家佣行业和服装制造就是这方面的两个例子）。在整个 19 世纪，这些其他的领域雇用了大量女性，它们代表的是过去几个世纪女性职业史所呈现出来的更大的连续性。由于没有按照年龄、婚姻状况、种族或社会地位对于"女性"进行区分，家庭与工作对立的故事让已婚女性代表了所有的女性，而完全没有顾及 19 世纪的职业女性与之前的数个世纪一样，大多是年轻的单身女性。该故事将婚姻和生育视作女性最主要的命运，也是她们最终的命运。此外，它还假定家庭责任和抚养孩子的责任是固定不变的，而且前几代人都已经拥有了后来的资产阶级才持有的新标准。其结果就是，人们的注意力和政策的指向都集中到了职业女性困境的工作方面。这一方面被认为已经发生了变化，因此才造成了当代的困境。通过将拥有技术的男性工匠当作"工人"的典范，这种说法忽视了男性劳动者之间在培训、工作稳定性和聘用期限方面的差异；而实际上，男工和女工都会出现类似的非正规就业和不稳定就业的情况。将男工与毕生致力于同一种职业联系起来，同时却认为女性的职业生涯会被中断，从而给一种本来更加多样化的情况（其中的一种情况就是，女性一直占据着某些手工艺者的职位，而许多男人会从一个工作换到另一个工作，从一个行业换到另一个行业，而且会经历漫长的失业期）强加了某种具体的秩序。其结果就是，性别被当成了男性与女性在劳动力市场上出现差异的唯一原因；而实际上，这些差异本来可以从劳动力市场、经济波动和不断变化的供求关系等方面来加以解释。

对于家庭与工作分离的故事来说，它选择和组织信息的方式起到了一定的效果：它显著地强调了女人与男人在官能和生理方面的差异，并将这些差异作为社会组织的基础加以合法化和制度化。对女性工作史的这种解释，借鉴并促进了医学、科学、政治和道德领域的一些观点。这些观点被称为"家庭生活的意识形态"，或者是"两性领域之分的学说"。将这套把性别概念化的话语体系，称为19世纪的将劳动按照"自然的"性别进行分工的体系可能更合适。事实上，我认为，对劳动按照性别进行分工的关注，必须放在工业资本主义中更为广泛的劳动分工中加以解读。在组织工作、商业事务和社会生活中，劳动分工被吹捧为最高效、最合理和最具生产力的方式；但是当关注的对象是性别时，有用的和"自然的"界限是模糊不清的。

在本文中，我的关注点在于性别的话语体系，它使女工成为研究的对象和历史的话题。我希望考察家庭和工作的两难困境是如何成为人们在对职业女性进行研究时的主导话题的；而这与女性劳动力被定义为廉价劳动力的来源、只适合干某些类型的工作之间又有什么联系。为了做到这一点，我将重新讲述19世纪女工的故事，其中的变化不是归因于工业化的客观过程，而是归因于性别的话语体系。这一话语体系对劳动的性别分工进行了详尽的阐述和系统的总结，并加以制度化。这种劳动分工被认为是一种客观的社会事实，也是自然而然产生的。我不将它的存在归结于不可避免的历史发展，也将它不归结于"自然"，而是归结于话语的建构。我并不是说根据性别来进行劳动分工是19世纪才有的新鲜事物；然而，它们却是以新的方式在表达，并产生了新的社会、经济和政治影响。

有关女性工作的标准故事强调了工作地点从家庭转移到工作场所的因果重要性，它依据的是生产从农场转移到工厂、从家庭手工业转移到工厂、从小规模的工艺和商业活动转移到大规模的资本化企业的模型图式。许多历史学家认为，实际情况要比这种线性图景更加复杂。比如说，他们会认为，即便出现了机械化生产，在家庭中完成的外包工作还是延续到了 20 世纪，就连在纺织业也是如此。但是，早期的家庭式合作劳动的景象非常深入人心：父亲织布，母亲和女儿纺纱，小孩子则准备纱线。这番景象能够在前工业化时代的世界与工业化的工厂之间形成鲜明的对比。在前工业化时代的世界里，女性的工作是非正式的，也是没有报酬的，她们优先考虑的是家庭；而在工业化的工厂里，则需要离开家进行全职工作，以赚取工资。在早期，生产与生殖被描述为具有互补性的活动；但在后来，它们被认为在结构上是不可调和的，是想要工作或需要工作的女性所产生的问题的根源。而这个问题是无法解决的。

家庭工作的模式确实是对 17 世纪和 18 世纪职业生活某个方面的描述，但这种描述过于简化了。在前工业化时代，女性已经经常在家庭以外的地方工作。已婚女性和未婚女子在市场上销售商品；通过做小商贩和流动商贩来赚取现金；以临时工、护士或洗衣工的身份外出打工；制作陶器、丝绸、蕾丝、衣服、金属制品和工具；在工场织布和印花布。如果工作和照顾孩子出现了冲突，妈妈们宁愿将孩子交给奶妈或其他看护人，也不愿意放弃工作。为了挣工资，女性进入了许多行业，而且经常会换工作。莫里斯·加登（Maurice Garden）在有关法国里昂的书中评论说，"在 18 世纪的里昂，女性工作的范围如此之广，是这座城市社会生活的突出特征之一"。[2] 多米尼克·戈迪诺（Dominique Godineau）在对巴黎革命中的女性的研究中，将女工描述为"从一项工作到另一项工作的无休止的转移"，这种转移并非是由与革命而伴生的经济危机引起的，反而是这场危机加速了转移。"同样一位劳动者，你可以发现她在车间里做纽扣，在市场上的小摊卖东西，又或者是在她自己的房间里埋头缝制衣物。"[3] 据估计，在 19 世纪初的巴黎，至少有五分之一的成年女性在挣工资。尽管当时的工作地点是在家庭中，但很多挣工资的人，尤其是年轻的单身女性并不是在自己的家里工作。家庭佣工、各种农场工人、学徒和助手构成了规模庞大的、不在家工作的女性劳动力大军。例如，在 1599 年的伊灵（Ealing，位于英格兰），在 15 岁至 19 岁的女性中，有四分之三的人在给别人做佣工，没有和自己的父母住在一起。在 17 世纪的新英格兰地区的城市里，女孩子们接受了外出做学徒或佣工的教育。年轻的英国女孩以契约佣工的身份，孤身一人来到了美洲（特别是切萨皮克烟草地区）。当地还有一些契约佣工则是从非洲带到美洲的奴隶。

在前工业化时代，大多数女工都是年轻的单身女性，无论她们去的是哪种工作场所，通常都是在远离自己家的地方工作。已婚女性也是劳动力大军的活跃成员；对她们而言，工作地点也非常广泛，包括农场、商店、作坊、街道，或者是她们自己的家；而她们花在家务上的时间则取决于工作压力和家庭经济状况。

这一描述也展现了 19 世纪工业化时期的特点。当时的情况就与过去一样，无论是在更为“传统”的家佣行业，还是在新兴的纺织制造业领域，绝大多数女性劳动力都很年轻，而且单身。在大多数正在经历工业化的西方国家里，家佣行业超过了纺织业，是吸纳女性就业最多的行业。在英国这个率先进入工业化的国家，1851 年有 40% 的女工是佣工，只有 22% 的女工是纺织厂的操作工。法国 1866 年的比例与之类似：22% 在家佣行业，10% 在纺织行业；而在 1882 年的普鲁士，佣工占到了女性劳动力的 18%，而工厂工人大约为 12%。但是，无论你看到的是佣工，还是工厂的工人，你都会发现这些女孩子年龄相仿。实际上，在那些制造业吸引了大量年轻女性的地区，很可能会出现佣工短缺的抱怨。在法国纺织城镇鲁贝（Roubaix），82% 的女性雇员不到 30 岁。在英格兰的斯托克波特（Stockport），1841 年的女性织工的平均年龄为 20 岁。在马萨诸塞州洛厄尔（Lowell）的工厂里，在 19 世纪三四十年代，80% 的女性工人的年龄介于 15 岁至 30 岁之间；到了 19 世纪 60 年代，随着移民取代了当地的农场女性，女性劳动力变得更加年轻了，平均年龄为 20 岁。当然，在纺织城镇里，由于对女性劳动力的需求是如此之高，而可以提供给男性的工作又非常稀缺，已婚女性也会在纺织厂里工作。但是，实际上，这些女性在她们居住的任何地方都可以从事一些能挣得工资的工作，而且不一定是在她们自己的家里工作。因此，对当时的大部分挣取工资的女性来说，她们的转移不是从在家工作变为不在家工作，而是从一种工作场所转移到另一种工作场所。如果说存在与这种变化有关的问题（比如新的工作时间要求、嘈杂的机器、依赖于市场条件和经济周期的工资、受利润驱动的雇主）的话，那么，这些问题也不是女性从自己的家和家庭环境中走出来之后造成的。（实际上，在工厂工作往往能让女孩子们与自己的家人住在一起；而在此之前，她们可能是和雇主住在一起的。）

当时的人和历史学家将注意的焦点集中于纺织业对女性工作的影响，这引起了人们对该领域的极大关注。但在整个19世纪，纺织业并非女工的主要雇主。在"传统"行业工作的女性，要比在工业化工厂里工作的女性多得多。在小规模的制造业、商业和服务业中，已婚女性和单身女性仍在延续过去的模式，在市场、商店或者是自己家里工作，沿街叫卖食品，搬运商品，洗衣服，打理寄宿公寓，制作火柴和火柴盒、纸盒子、人造花、珠宝和服装。即使是同一位女性，也会有好几个工作地点。英国编草匠露西·拉克（Lucy Luck）记得，她"一部分时间是在工作室，另外一部分时间则是在家里工作"。在淡季，她就"当家庭清洁工或是为人洗衣服，我也帮一位先生照看过几次房子，还做过缝纫活"。[4] 如果说露西·拉克的家庭与工作之间出现了戏剧性的割裂，那显然是错误的。

正如缝纫工作在18世纪是女性的代名词一样，19世纪的情况还是如此。由于缝纫工作是女性的主要工作，这使得家庭与工作显著分离的观点难以站住脚，女性赚取工资机会减少的说法也难以成立。事实上，随着服装、鞋类和皮革贸易的增长，缝纫工作也在增多，这为一些女性提供了稳定的就业机会，也为另外一些女性提供了最后的选择。尽管很多岗位不是固定的，而且工资很低，但服装行业还是为女性提供了需要各种各样的技能和不同工资水平的就业机会。在19世纪三四十年代的法国和英国，随着成衣行业的发展，女裁缝获得的外包工作（在家或是血汗工厂里工作）也在迅速增多。尽管以工厂为基地的服装生产在19世纪出现了（在英国出现在19世纪50年代，在法国则出现于19世纪80年代），但血汗工厂的劳动依然盛行。19世纪90年代对女性的保护性立法并未涵盖家庭生产，这增加了雇主对未受到法律管理的廉价劳动力的兴趣。直到1901年的英国和1906年的法国，家庭承揽的外包工作才达到顶峰，但这并不是永久衰落的开始。即使到了现在，许多早已进入现代化的城市仍然存在着工作分包的现象；这就像18世纪的家庭手工业，以及19世纪工作量重、工资低的家庭劳动。在服装行业中，雇主通过这种做法雇用了不少女性，为她们支付计件工资。在该行业里，女性工作地点和工作结构的延续性，是比变化更为明显的特征。

服装业的例子也对在家工作适合女性的理想化图景构成了质疑。在家工作似乎让她们既能专心于家务，又能挣一份工资。但如果把工资水平考虑进去，情况就变得更加复杂了。服装工人的工资通常是按件计酬的，她们的工资是如此之低，以至于她们无法靠这些工资维持生活；而且工作的节奏和时间安排都很紧张。无论是独自在自己租住的房间里工作，还是在吵吵嚷嚷的大家庭里工作，一般的女裁缝几乎都没有时间来承担家务。伦敦的一位缝制衬衫的女性在1849年告诉亨利·梅休（Henry Mayhew），她只能靠自己的收入勉强度日，哪怕"在夏天从早上4点工作到晚上九十点，只要我能看得见就行。我通常的工作时间是从早上5点到晚上9点——冬夏都是如此"。[5]事实上，在家工作对家庭生活的破坏程度与母亲离开家一整天是一样的，但造成这种破坏的不是工作本身，而是低得令人难以置信的工资。（当然，如果一位女性的经济需求不是很大，她可以放慢工作的节奏，把家务活和挣工资兼顾起来。这些女性只是女裁缝中的很小一部分，她们可能能够为过去的理想化图景提供证明，即家庭生活和生产活动是不存在冲突的。）

服装业提供了过往的做法具有延续性的明显案例。与此同时，"白领"工作也保留了女性工作的某些关键特征。"白领"工作是在19世纪末不断扩张的商业和服务部门中出现的工作机会。当然，这些工作涉及新的任务类型，需要培养不同于在家佣行业或缝纫工作中所获得的技能；但它们招募的还是与过去同样的那些女性，也就是典型的女性劳动力：年轻的单身女孩。政府办公室、商业和保险公司请来了秘书、打字员和档案员，邮局雇用了女性来卖邮票，电话和电报公司招募了女接线员，商店和百货公司聘请了女售货员，新组建的医院录用了女护士，而国家注资的学校系统则在寻找女教师。雇主通常会为他们的员工设定一个年龄限制，有时还会将婚姻状况作为硬性要求。他们因此而招募的还是那些类型相当一致的劳动力：25岁以下，未婚。工作场所的类型可能已经改变了，但这一点不应该与劳动者家庭与工作关系的变化相混淆；对绝大多数受影响的人来说，工作通常会将她们带离自己的家。

因此，在整个19世纪，发生了从家佣行业（涵盖城市和农村、家庭、手工业和农业）到白领工作的巨大转变。比如说，在美国，1870年有50%的女性通过做佣工来挣取工资，到1920年则有近40%的女性劳动者从事的是办公室职员、教师或店员职业。在法国，到了1906年，女性占了"白领"劳动力的40%以上。

服务部门的这种变化无疑提供了新的职业，但它也代表了另外一种连续性：大多数女性工薪族从事的是服务业，而不是生产性工作。

我在这里指出连续性的存在，当然并不是要否认变化。除了从家佣行业到"白领"工作的巨大转变外，职业机会也向中产阶层女性敞开了大门。中产阶层女性是劳动力大军中相对较新的群体。总体而言，人们对女性工作问题的关注，很大程度上可能源于人们对中产阶层适龄结婚的女孩成了老师、护士、工厂督察员、社会工作者等工薪族的担忧日益增多。这些女性在过去可能会在家庭农场或家族生意中搭把手，但这样做并非为了主动地挣取工资。在19世纪的女性工薪族中，中产阶层女性只是少数。但也许正是她们，为在家工作的机会的丧失损害了女性的家庭能力和生育责任的说法提供了依据。当改革者将"女工"作为一个单独的类别加以讨论，并将案例聚焦于工厂就业时，他们可能是在笼统地讲述自己对于中产阶层女性处境的焦虑。

对于工业化导致家庭与工作分离，进而迫使女性在家庭生活与挣取工资之间作出选择的观点，并没有强有力的理由可以对其进行论证。至于随之而衍生的另一个观点，即家庭与工作的分离使得女性只能从事边缘性的低薪工作，进而引发了女性的问题，也没有强有力的理由能够支撑。不仅如此，对于女性劳动价值的一系列假定，似乎在很大程度上影响了雇主的雇佣决定（不管是在18世纪，还是19世纪，都是如此）。这些假定与工作地点没有关系。女性工作的地点和她们所从事的工作并非某种不可阻挡的工业进程的产物，而是劳动成本计算的结果，至少在一定程度上是这样。不管是在纺织、制鞋、裁缝，还是印刷行业；无论是与机械化、分散生产有关，还是与劳动过程合理化有关，女性的引入都意味着雇主们决定节省劳动成本。马克思和恩格斯在《共产党宣言》中写道，"手的操作所要求的技巧和气力越少，换句话说，现代工业越发达，男工也就越受到女工和童工的排挤"。[6] 伦敦的裁缝们解释说，他们在19世纪40年代面临危险处境，是因为雇主希望通过雇用女性和儿童，来以低于竞争对手的价格出售商品。19世纪60年代的美国印刷工人也注意到，雇用女性排字工成了"资本家的最后一招"，他们引诱女性"走出适合她们的领域"，让她们成为"压低工资水平的工具，从而使男性和女性的工资都降到了她们现在受奴役的程度"。[7] 男性把持的工会经常禁止女性加入，或者是坚持在她们挣的工资与男性相当时才能加入。1874年，伦敦行业协会的代表们对是否应该接纳女性装订商工会的一位代表而犹豫不决，因为"女性劳动力是廉价劳动力，而许多代表无法罔顾这个事实"。[8]

人们将女性与廉价劳动力联系到了一起，但并不是所有的廉价劳动都适合女性。她们被认为适合从事纺织、服装、鞋类、烟草、食品和皮革等行业的工作，却很少出现在采矿、建筑、机械制造或造船等行业，即使这些行业需要的只是所谓的非技术劳动力。一位参加了 1867 年世界博览会的法国代表清楚地描述了性别、材料和技术带来的区别："对男人来说，适合与木材和金属打交道。对女人而言，则适合家庭和布料。"[9]尽管人们对女性到底适合哪些工作，又不适合哪些工作意见不一，而在不同的时间和背景下人们又有不同的看法，但性别确实是在就业时经常被考虑到的一个因素。职业女性被雇用来做的工作被定义为"女性的工作"，在某种程度上适合她们的身体能力和天生的生产力水平。这种话语体系导致了劳动力市场的性别分工，将女性集中在某些工作岗位而不是其他的岗位上，让她们始终处于任何职业等级制度的最底层，并使她们的工资低于维持生计的水平。女工的"问题"便出现了。各种立场的支持者就该问题的社会和道德影响展开了争论，并针对这种做法的经济可行性展开了辩论。

如果家庭与工作在客观上分离的故事不能解释 19 世纪女工的"问题"，那么什么能够解释呢？我们必须用一种策略来考察劳动的性别分工观点之所以成立的话语建构的过程，而不是去寻找具体的技术原因或结构原因。这将对人们普遍接受的历史学解释进行更为复杂和批判性的分析。

在 19 世纪，人们将女性劳动与特定种类的工作绑定到了一起，将其描述为廉价劳动，并以多种方式将这种看法正规化和制度化了，以至于成了不言自明的常识。即使是那些试图改变女性工作地位的人，也不得不就那些被视为显而易见的"事实"展开争论。这些"事实"并不是客观存在的，它们的出现是因为历史学对家庭与工作分离所产生的因果关系的强调，是因为政治经济学家的理论，还因为雇主的雇佣偏好造成了劳动力明显因为性别而被分离。大多数由男性把持的工会的政策理所当然地认为，女工作为生产者的价值很低，从而将这些"事实"自然化了。改革者、医生、立法者和统计学家的研究也起到了同样的作用，他们的奔走呐喊导致了保护女性的法律的通过。从早期的工厂法，到 19 世纪后期的国际运动，这样的立法假定（并因此确保了）所有女性都呈现出了不可避免的依赖性，而女性工薪族与男性是不一样的、是弱势群体，因此必然要限制她们从事某些种类的工作。在这种大量的一致意见中，一些女性主义者、劳工领袖和社会主义者发出的不同声音很难被人听到。

政治经济学

在有关劳动性别分工的诸多话语体系中，政治经济学产生了其中的一套。19世纪的政治经济学家发展并推广了18世纪的前辈的理论。尽管不同的国家（例如，英国与法国理论家之间）有着重大的差异，而且同一个国家也有着不同的政治经济学流派，但它们的某些基本原则是一致的。其中的一个观念是，男人的工资不仅要足够维持自己的生活，还要足够养活整个家庭；正如亚当·斯密（Adam Smith）所指出的，否则的话，"这类男工的血统不会超过第一代"。而与之相反，妻子的工资"是考虑到她必须照顾孩子，被认为只要能养活她自己就足够了"。[10]

其他政治经济学家将这种有关妻子工资的假设扩展到了所有的女性。他们认为，无论女性的婚姻状况如何，她们依赖于男性的支持是自然的事情。尽管一些理论学家建议，女性的工资应该能够支付她们自己的生活费用，但另一些人坚持认为，并非一定要如此。例如，法国政治经济学家让-巴蒂斯特·萨伊（Jean-Baptiste Say）坚持认为，女性的工资将一直被压低在维持基本生活所需的水平之下，因为那些（处于"自然"状态的）女性可以依靠家庭支持，因此不需要靠工资来生活。其结果就是，那些没有组建家庭的单身女性，以及那些靠自己的收入过活的女性，将不可避免地处于贫困状态。根据萨伊的计算，男性的工资是家庭的主要收入，要能承担起繁衍后代的开销；而女性的工资则是补充性的，要么是弥补男性工资的不足，要么就是提供基本生活所需之外的资金。[11]

工资计算中的这种不对称性是惊人的：男人的工资涵盖了基本生活所需和繁衍后代的费用，而女人的工资还需要家庭来贴补，甚至都不够她自己的基本生活所需。此外，男人的工资被认为要足够为维持一个家庭提供经济支持，使得婴儿能够得到喂养，并将其抚养为能够自己工作的成年人。换言之，男人承担起了生殖的责任。

在这套话语中，生殖并没有生物学上的意义。而且按照萨伊的说法，生殖和生产在这里是同义词，都指的是赋予事物价值的活动，即把自然物质转化为具有社会认可价值（因而可以交换）的产品。女人分娩和抚养孩子的活动就提供了原材料。而将孩子转变成有谋生能力的成年人，则受到父亲工资的影响；正是父亲赋予了孩子的经济价值和社会价值，因为他的工资包括了孩子基本生活所需。

在这套理论中，工人的工资有着双重的含义。这既是对其劳动的报酬，同时也赋予了其在家庭中创造价值的地位。既然价值的衡量标准是金钱，而父亲的工资也涵盖了整个家庭的基本生活所需，因此便只有父亲的工资是重要的。母亲所做的家务活也好，挣的工资也好，既不会被人注意到，也无关紧要。由此可见，女性并没有产生重要的经济价值。在对生殖的讨论中，母亲的家务劳动没有被考虑在内；而且，她们的工资始终被认为是不够的，甚至都不能养活她们自己。政治经济学对女性工资"定律式"的描述，创造了一种循环论证的逻辑。在这种循环逻辑中，低工资导致了并论证了女性生产力不如男性这一"事实"的原因。一方面，女性的工资被设定得很低，这是建立在她们较低的生产力这一假设之上的；另一方面，女性的低工资被认为是她们不能像男性那样努力工作的证据。欧仁·比雷（Eugene Buret）在1840年写道："从工业的角度来看，女性是不完美的工人。"[12] 工人的报纸《工场》（*L'Atelier*）在面对女性的贫穷时，又开始老生常谈，"因为女性的生产力不如男人……"[13] 在19世纪90年代，费边社会主义者悉尼·韦伯（Sidney Webb）在对男性和女性工资差别进行长期研究后得出结论说，"女性挣得比男性少，不仅仅是因为她们生产得更少，还因为她们的生产在市场上具有较低的价值"。他观察到，这些价值并不是以一种完全理性的方式得出的："只要是在存在收入劣势的地方，几乎总是会同时存在工作上的低劣。由于女性的工作在总体上较为低劣，这似乎也影响到了她们在并不存在此类低劣的行业里的工资。"[14]

男性与女性工作的价值不同，男人比女人更有生产力，这样的观念并没有将女性完全排除在工业化国家的劳动力之外，也没有把她们限制在家里的灶台边。当女性自己或者是她们的家庭需要钱时，她们就会出去挣钱。但是她们能挣多少钱、怎么挣钱，在很大程度上是由那些认为女性劳动比男性廉价的理论决定的。不管她们的处境如何——无论是单身、已婚，是一家之主，还是就靠她一人来赡养父母或扶养兄弟姐妹——她们的工资都已经被设定好了，她们的收入都被当作只不过是其他家庭成员的补充而已。即便在机械化提高了女性生产力的情况下（正如 19 世纪 70 年代英格兰莱彻斯特的制袜业），女性的工资（相对于男性）仍然处于与过去一样低的水平，就好像她们的工作（像过去那样）是在家里完成的一样。在 1900 年的美国，从事半技术性和非技术性制造业工作的女性的时薪，仅为无需特别技能的男工的 76%。而在男工当中，无需特别技能的男工是挣得最少的。

政治经济学还产生了其他影响。它提出了两种不同的工资"定律"，并为劳动力的价格确定了两个不同的体系，经济学家将此解释为劳动性别分工的功能性反映，从而把劳动力按照性别分开了。此外，为了解释男人与女人的不同处境，经济学家诉诸两套"自然"法则——市场法则和生物法则，这给在当时劳动力市场盛行的实践提供了强大的合法性基础。对于大多数资本主义和女工处境的批评者来说，他们接受了经济学家所提出的法则的必然性，但主张在此基础上进行改革。尽管一些女性主义者（其中既有男性，也有女性）要求女性可以从事所有的工作，并获得与男性一样的报酬，但大多数改革者竭力主张的是女性不需要去工作。到 19 世纪末，在英国、法国和美国，很多改革者要求雇主向雇员支付"家庭工资"，这种理想的工资水平足够维持雇员一家妻小的生活。鉴于男性有着更高的生产力和独立性，女性的生产力较低，而且女性对男性的依赖是必然的，因此要求发放"家庭工资"也被认为是不可避免的。如果说女性与廉价劳动力之间确实存在联系的话，那么这种联系在 19 世纪末变得更加牢固了。作为政治经济学的一个前提，这种观点已经通过不同团体的行动者的实践，成了越来越明显的社会现象。

工作的性别分类

雇主的行为同样也有助于建构有关劳动性别分工的话语体系。当雇主需要招聘人员时，他们通常不仅会明确说明该职位所需的年龄和技能水平，还会说明希望所招雇员的性别（在美国，还会说明种族和民族）。岗位和工人的特点经常会用性别（以及种族和民族）的术语来加以描述。在 19 世纪五六十年代的美国城市里，招聘广告通常会以一句"不招爱尔兰人"结尾。英国纺织业制造商招聘"强壮的健康女孩"或者是"由多个女孩组成的家庭"从事工厂工作。[15]

在美国南方，纺织业的雇主明确要求这些女孩子和她们的家人必须是白人。（与之相反，美国南方的烟草业几乎只雇用黑人工人。）一些苏格兰的工厂主拒绝雇用任何已婚女性；另一些人则进行了更为仔细的区分，正如科恩造纸厂（位于佩尼克里克）的这位经理在 1865 年解释他的政策时所说的："为了避免孩子在家得不到照顾的情况出现，我们在工作中不雇用有年幼孩子的母亲，但如果是寡妇，或者是被丈夫抛弃了的女性，又或者是丈夫无法谋生的，则另当别论。"[16]

雇主经常会称他们的工作具有固定的性别特征。需要纤巧灵活的手指、耐心和忍耐力的任务被认为适合女性；而需要肌肉力量、速度和技巧的工作则被认为适合男人。但是这些描述并没有在所有工作种类上得到一致性的使用，事实上它们还是人们产生激烈分歧和争论的主题。然而，这些描述以及某些职位雇用女性，而另外一些职位不雇用女性的决定，最终创造了"女性工作"这样的一个类别。工资也是根据工作者的性别来决定的。实际上，对雇主来说，随着对利润和亏损的计算，以及在市场上寻找竞争优势的动机增强，节省劳动力成本成了一个越来越重要的因素。

为了削减劳动力成本，雇主制定了各种各样的策略。他们安装了机器，在生产过程中对任务进行划分和简化，从而降低了对雇员的技能（以及／或者是接受过的教育、培训）要求。他们加快了生产速度，降低了工资。但这并不总是意味着雇主会因此而雇用女性，因为有很多工作被认为不适合女性；而在另外一些工作中，男工的抵制使得雇用女性成了不可想象的事情。尽管削减劳动力成本的努力并不总是会导致工作的女性化，但是雇用女性通常意味着雇主在努力降低成本。

1835 年，苏格兰经济学家安德鲁·尤尔（Andrew Ure）用制造商熟悉的语言描述了新工厂制度的原理：

事实上，对机器的每一次改进都是基于一个永恒的目标和趋势，那就是完全取代人力劳动或降低劳动力成本，让女性和儿童可以从事的行业取代那些男性从事的行业，让普通工人就可以从事的行业取代那些受过训练的工匠才能从事的行业。在大多数的水力纺纱厂或转筒式棉纺厂里，纺纱的工作完全由 16 岁及以上的女工来负责。用自我运转的"骡子"取代正常的骡子的结果是，大部分男性纺纱工被迫离开了工厂，留下的则是青少年和儿童。斯托特波特附近的一家工厂的老板说，……通过这种替换，他每周在工资开支上可以省下 50 英镑。[17]

在 19 世纪 70 年代美国马萨诸塞州的制鞋业里，制造商在他们的工厂对劳动性别分工带来的各种变化进行了试验。他们在做鞋楦时用线取代了钉子，从而把这项工作从男性转移给了女性。他们还引进了由女性操作的切割机。在这两种情况下，女性的工资都低于被她们所取代的男性。在 19 世纪，当报纸出版在大都市中心扩张时，女性开始受雇于印刷业，此举也是为了削减劳动力成本。出版商曾尝试通过培训和雇用女性来从事排字工作，以满足每天的早报和晚报对更多排字工的需求。但此举遭到了男性印刷工人工会的反对，使得该行业招收的女性员工保持在最低限度，从而有效地防止了印刷行业的女性化。尽管如此，在许多小城镇，还是有大量的女性在从事书籍印刷和装订工作（但她们的工资低于男性）。

在专业性工作和白领工作不断增多的领域里，女性被认为是合适的雇员，这有多方面的原因。在教育和护理领域，她们的工作被说成是在养育孩子；打字被比作弹钢琴；而文书工作则被认为需要女性的顺从，对重复的容忍，以及对细节的热衷。这些特征被认为是"自然的"，正如女性的劳动力成本必然低于男性的"事实"一样。在 19 世纪三四十年代的美国，关于公共教育的大辩论便涉及成本问题，以及广大民众进入由税收支持的公立学校的问题。联邦党人和杰克逊主义者关心的是，如果建立这样的学校，他们的成本应降至最低。吉尔·康威（Jill Conway）解释了美国转向招收女教师的原因："控制成本的目标使得招聘女性完全合乎逻辑，因为参加教育辩论的各方都同意，女性没有贪婪的欲望，她们的工资只要能勉强维持生计即可。"[18] 因为美国对低成本的强调，使得美国教师的地位相较于大多数西欧国家都要低。类似的推理还让女性得以进入政府部门和民营的商业公司从事文书工作。根据塞缪尔·科恩（Samuel Cohn）的说法，在英国，雇用女性的工作是劳动密集型的，因为从事文书工作的男孩子越来越少。雇用女性往往意味着战略上的改变：雇主希望增加经济效率，并减少劳动力成本，与此同时又希望招聘到受过更好教育的雇员。[19]1871 年，英国电报局的负责人指出，"（支付给）从社会较低阶级招收的男性接线员的工资，将足以从更高的社会阶级中招收女性接线员"。[20] 他的法国同事仔细地研究了英国聘用女性职员的经验，并在 1882 年评论说，"招到的女性的受教育水平，要普遍优于对新职员的要求"。[21] 德国电报管理部门也有类似的考量，但是有些不大情愿。在 19 世纪 80 年代末，德国电报管理部门开始雇用女性做"助理"（这一职位使得她们的级别和薪水与男性不同）。

在 19 世纪的法国电报局，男性和女性在不同的房间、按不同的班次工作，这大概是为了防止两性之间的接触，以及随之而来的不道德行为。此外，工作空间的巨大差异也凸显了男性职员与女性职员的不同地位，这种地位上的差异体现在两性不同的工资标准上。在巴黎，电报局的工作架构堪称对劳动性别分工的显著示范，而且付诸了具体实践。

在 19 世纪 90 年代，法国邮政局开始在城市中心地区招收女职员；尽管在此之前，女性已经在省级邮政局工作了几十年，但此举还是被视为一项重大改变。当时，邮政部门的邮件数量不断增加，要求提高邮政服务经济效率的压力也在不断增大，而它们提供的薪水又招不到男性，于是便向女性开放了职位。最终，一个专门针对女性的类别被创造出来了，即"女员工"（dames employees），这是一种领取固定工资、没有晋升机会的文员职位。正是因为就业领域里存在这种情况，女性劳动力的流动率很高。（女性流动率高的原因还在于对年轻和婚姻状况的要求——一些销售和文员岗位只招收 16 至 25 岁的女性，还要求必须是单身。在英国和德国，针对办公室职员的婚姻门槛被强制执行，这提高了人员流动率，使得女性不可能在结婚后依然从事办公室职员的工作。）其结果是，在邮政业，男性和女性的职业发展出现了显著的差异。而这种差异正是管理策略的反映。一位人事经理曾这样描述：

> 在现如今，有一类雇员在某些方面与过去的辅助职员类似。她们就是"女员工"。她们的职责与文员相同，但她们没有指望能当上书记官长……（工作岗位的）女性化使得男性很容易就能获得更多的晋升机会。男性员工的数量更少了，而管理职位的数量趋于增加；因此，很显然，男性文员相对于之前更容易坐上书记官长的位置。[22]

工作的空间架构、工资等级、晋升和地位，以及女性集中于某些类型的工作和就业市场的某些领域，这都构成了劳动力的两性隔离和区别对待。率先建构起性别隔离的那些假定，即认为女性比男性更廉价、生产力更低；认为女性只适合在特定时期（年轻和单身的时候）工作；认为她们只能从事某种类型的工作（不需要技术、非正式的、服务性的工作）；似乎得到了女性自身所构建的就业模式的证实。例如，低工资的原因在于女性都进入了适合她们的职业，从而出现了不可避免的"拥挤"。性别隔离的劳动力市场的存在，被视为劳动的一种"自然的"性别分工早已存在的证据。与之相反，我一直认为，劳动并不存在"自然的"性别分工。这种分工是在实践中产生的，并将其自然化了；劳动力市场被按照性别进行隔离，就是其中的一个例子。

工会

另一个关于劳动性别分工的话语体系被建构的方式的例子，可以在工会的政策和实践中找到。在大多数情况下，男性工会成员为了保护自己的工作和工资，而不让女性进入他们所在的行业；而从长远来看，则是不让她们进入劳动力市场。他们接受了女性工资低于男性的必然性，并且会因此将女工视为威胁，而不是潜在的盟友。他们为将女性排除在其所在的特定行业进行辩护，笼统地表示女性的身体结构决定了母亲和家庭主妇才是她们的社会命运，因此她们既不能成为一名生产工人，也不能成为一名优秀的工会会员。在 19 世纪末，得到广泛认可的解决方案是强制执行劳动"自然的"性别分工。亨利·布罗德赫斯特（Henry Broadhurst）在 1877 年对英国工会联盟说，工会成员"作为男人和丈夫"，有责任"尽他们最大的努力来创造条件，让他们的妻子能够待在家里的适当领域，而不是让她们为了生计，被拽入与这个世界上的伟大和强壮的男人所展开的竞争当中"。[23] 除了少数例外之外，1879 年参加马赛工人大会的法国代表均赞成米歇尔·佩罗特（Michelle Perrot）的立场。佩罗特将这种立场称为"对家庭主妇的赞美"："女人真正的位置不在车间或工厂，而是在家里，与家人在一起。"[24] 而在 1875 年的哥达工人大会上，也就是德国社会民主党[1]成立大会上，代表们就女性工作的问题进行了辩论，最后呼吁禁止"可能对健康和道德有害的女性劳动"。[25]

---

[1]　该党当时叫德国社会主义工人党，1891 年才更名为德国社会民主党。——译者注

与雇主一样（但并非总是出于同样的原因），为了论证女性在体力上不具备从事"男性工作"的能力，工会的发言人援引了医学和科学研究的结果。此外，他们还预测了女性的道德会产生的危害。女性做男性的工作，可能会使她们"在社会上变得没有性别特征"；如果她们花太多时间在外面挣钱，可能会使她们的丈夫没有男子气概。对于老板认为排字是女性工作的观点，美国的印刷工人则反驳说，这项工作既需要体力又需要智慧，是典型的男子汉的工作。他们在1850年进一步警告说，随着大量女性进入该行业以及该行业的工会，男性可能会在反对资本主义的斗争中"无能为力"。[26]

当然，一些工会接纳了女性会员，女工自己也组成了一些工会。这些行业往往涉及纺织、服装、烟草和制鞋行业，女性在其中的劳动力构成中占了很大的比重。在一些地区，女性积极参加当地的工会和罢工活动。即便全国工会劝阻或禁止她们参加，她们依然如故。在另外一些地区，她们组织起了全国性的女性工会组织，从各种职业中招募女性会员。［例如，英国女性工会联盟（The British Women's Trade Union League）在1889年成立，并在1906年成立了全国女工联合会。在1914年第一次世界大战爆发前夕，该联合会拥有2万名会员。］但无论采取何种形式，她们的活动通常都被定义为女性活动；无论从事何种工作，那都是一种特殊的劳工类别，而且她们经常被组织成为不同的工会团体或某个劳动组织［比如美国劳工骑士团（American Knights of Labor）］的"女性大会"。此外，在男女成员都囊括在内的工会中，女性处于绝对的从属地位。并不是所有的工会都遵循了法国北部工人联合会（Association Ouvrières du Nord）的例子，它在1870—1880年期间要求，希望在各种会议上发言的女性必须得到丈夫或父亲的书面授权，但很多工会组织均将女性的角色定义为要跟随男性的领导。但偶尔也会出现女性成功挑战这种定义的情况，这种成功会让女性出尽风头，正如在1878年至1887年劳工骑士团所发生的情况那样；但这些胜利并非意味着与进步有关的革命性步骤，而往往是昙花一现，并没有改变女性在劳工运动中的从属地位。无论她们的罢工行动多么引人注目，无论她们对工会组织的承诺多么令人信服，女工们并没有消除人们所持有的一种普遍看法，即她们不是完全意义上的劳动者，也就是说，她们不是毕生致力于挣取工资的男人。

当女性为争取代表权而辩护时，她们诉诸工会意识形态中的矛盾之处，即一方面呼吁实现所有劳动者之间的平等，另一方面又寻求保护工人阶级的家庭生活免受资本主义的破坏。由于工作与家庭之间，以及男人与女人之间的对立，女性要求获得劳动者平等地位的论据很难被提出，也很难付诸实施。矛盾的是，当工会在支持同工同酬的原则时，却将女性排除在外，这就使得女性争取平等地位变得更难了。例如，在英国、法国和美国的印刷工会里，只有当女性挣得与男同事同样的工资时，她们才被允许加入工会。工会没有将女性与男性同工同酬作为它们的争取目标，反而是将其作为女性加入工会的先决条件。这一政策不仅假定雇主在雇用女性时可以向她们支付比男性更低的工资，还假定女性的工作价值不如男性，因此永远不可能得到同样的报酬。它隐晦地赞成了政治经济学有关女性工资的理论，因此也就支持了这样的一种观点，即男女之间的工资差异存在着一种"自然的"解释。正是基于这一信念，印刷工人对此的解决方案是禁止女性挣取工资，并呼吁在实践中落实政治经济学的一个假设，即一位男性的工资应该足够为他的整个家庭提供舒适的基本生活所需。

在 19 世纪，对家庭工资的要求日渐成为工会政治的核心。尽管这一诉求从未完全实现，而已婚女性也在继续寻找工作，但是不用工作的妻子成为体面的工人阶级的完美标准。女儿们被要求出去工作以贴补家庭的开支，但这只会持续到结婚之时。她们作为劳动者的身份只是短期的权宜之计，而不是一种持久的身份。尽管如此，但对很多女性来说，她们在一生中的大部分时间里都在挣取工资。女工被认为与男工完全不同。如果说，男性的工作旨在创造独立和个人身份的可能性的话，女性的工作则意味着要承担她们对于其他人的责任。在年轻和单身的时候，女人工作是为了履行家庭义务；当已婚且为人母之后，女人工作则被视为家庭陷入经济困境的迹象。关于已婚女性不适合从事有薪工作的讨论，是以人们对女性生理和心理的泛泛之论为框架的，因此便将已婚女性与所有女性混为一谈了。其结果就是，生育和家庭生活被等同为成年女性的状态，这些任务被视为她们独有的和主要的身份，从而解释了女性在劳动力市场的机会（较少）和工资（较低）的原因；而不是女性机会（较少）和工资（较低）造就了她们独有的和主要的身份。"女工"成了一个单独的类别，它更多的是一个需要解决的问题，而不是有待组织的选民。她们聚集在女性的工作岗位上，在工会中被单独地分组。女性的这种境遇进一步表明，有必要承认和恢复两性之间的"自然"差别。通过这种方式，关于使得生产与生殖对立了起来、男人与女人对立了起来的劳动性别分工观点，通过工会的言论、政策和实践被制度化了。

保护性立法

工会和国家保护对劳动性别分工的建构是相似的。在整个19世纪，美国和西欧国家越来越多地对制造商的雇佣行为进行干预，以加强管理。议员们对来自不同选区的压力作出了回应。这些选区出于各种各样的原因（有时是相互对立的），要求对工作条件进行改革。女性和儿童得到了最多的关注。这两个群体在过去就已经工作了很长时间，但对他们被剥削的担忧似乎与工厂制度的兴起有关。那些不情愿干涉"（男性）公民个人自由"的改革者，在面对女性和儿童时，却没有遭遇这样的麻烦。[27] 既然女性和儿童不是公民，而且不能直接获得政治权利，他们就被认为是容易受到伤害的，且依赖于他人，因此便需要保护。

女性的易受伤害性体现在许多方面：她们的身体比男性弱，因此不应该像男人一样工作同样的时间；工作会"损害"生殖器官，使得她们不适合生育和照料健康的孩子；就业会让她们从家务工作中分心；夜班会让她们在店里工作时以及上下班的路上面临性方面的危险；与男性共事或是在男性监督下工作可能会导致道德败坏。对于那些认为女性不需要别人保护，只是需要集体行动起来的女性主义者，议员和劳工代表们回应说，既然女性被排除在绝大多数由男性主导的工会之外，而她们似乎又不能形成自己的工会，因此便需要有一个强大的力量来代表她们进行干预。朱尔·西蒙（Jules Simon）于1890年在柏林举行的国际劳工保护会议上主张，"应该以人类显而易见的更高利益之名"，强制规定职业女性应该享有产假。他说，对"那些只有国家才能守护其健康和安全的人"来说，这是她们应得的保护。[28] 无论是出于身体、道德或实际方面的考虑，还是出于政治方面的考量，这些理由都将女工建划分为一个特殊的群体，而她们带薪工作所产生的问题，与那些通常与（男性）工作有关的问题是不一样的。保护性立法首次出现是在19世纪三四十年代英国的各种工厂法中，后来又出现在19世纪90年代为了宣传和协调国家法律而组织的国际会议里。这类法律的通过不仅在整体上改善了工业领域的工作条件，还对女性（和儿童）劳动者所面临的问题提出了具体的解决方案。

尽管保护性立法的支持者是在普遍意义上讨论女性（和儿童），但最后通过的立法却受到了严格限制。限制女性工作时长并完全禁止夜间工作的法律条款，通常只适用于工厂工作和男性占主导地位的行业。许多领域的工作被完全排除在法律的保护之外，其中包括农业、佣工、零售机构、家庭经营的店铺和家庭作坊。这些领域通常是女性的主要工作行业。在法国，大约四分之三的职业女性不受法律保护。在德国、法国、英国、荷兰和美国，在保护性法律通过之后，女性在家里工作的情况激增。玛丽·林恩·斯图尔特（Mary Lynn Stewart）总结了立法的影响，其最鲜明的特点是列举了一长串受到法律豁免的情况：

> 这些豁免为那些习惯于使用廉价女性劳动力的行业提供了发展空间，女性加速进入不受管制的领域，从而加剧了女性在落后产业的拥挤状况。法律的实施使得这些效应得以加强。检查人员在男性占主导地位的行业执行法律条文，却忽视了女性行业的违法行为。简而言之，针对性别的劳工立法允许并强制将女性分配到了报酬较低的次级劳工市场。[29]

即使在工业就业方面，保护性法律也强化了男工与女工之间的隔离。不论是为了适应男女不同轮班时长的需要，还是为了区分白天和晚上的工作，都起到了这样的效果。这些差别进一步证明了工资差异是合理的，也进一步证明了工资差异归因于男女不同的特征、品质和地位的合理性。斯图尔特的结论是恰当的："总体而言，根据具体的性别来确定劳动时长的最显著后果在于，它不仅将劳动性别分工牢固确立了，而且还将其夸大了。"[30] 保护性法律的前提变成了它的结果，男性与女性工作之间的裂痕进一步扩大了。在将生育角色明确为女性的主要角色之后，国家又强制规定了女性在生产活动中居于次要地位。

女工的"问题"

关于雇佣、工会政策和保护性立法的辩论，产生了大量与女工以及她们存在的社会事实有关的信息。我们可以读到议会报告、私人调查和个人证词提供的文献记录，由此了解到女性会出于各种各样的原因而工作：为了养活家庭或她们自己；她们是承继了需要专门技能的女性手工行业（比如女装和女帽制造业）的长久传统，或者是被招募到了新型的就业岗位。这些信息可以用来证明，工作可能会起到压榨和剥削女性的效果，但也可能会给女性提供自主意识，让她们在这个世界上占有一席之地。挣取工资可以被描述为"很难对付的压榨""一种必要的恶"，但也可以是一种积极的体验；这取决于它被分析的背景和框架。事实上，在 19 世纪，这些说法都被人们讲述过，有时是在同一个人的不同生命阶段被分别展现了出来。法国女人让娜·布维耶（Jeanne Bouvier）出生于1856 年，她在小时候曾做过一连串的糟糕工作，先是做家佣，之后是在一家工厂里。她后来在巴黎做缝纫女工，并最终成为一名技术熟练的女装裁缝。在这之后，她从事了一份颇为满意的（正如她回忆的）职业，成了作家和工会组织者。[31] 与她类似，那些出生于 19 世纪五六十年代的女性在写给英国女性合作协会（Women's Cooperative Guild）的职业生涯回忆录中，讲述了她们在被人雇用时遭遇的各种处境，其中一些情况让她们疲惫不堪、穷困潦倒，另一些情况则让她们充满了使命感和力量，让她们能投身于政治运动，并因此而获得了一种集体身份。[32] 一些缝纫女工告诉亨利·梅休，是低工资（而不是工作本身）迫使她们去卖身，还有些人梦想着嫁给一个收入足够养活她们的男人，这样她们就永远不用工作了。一些改革者还注意到，那些女人的骄傲和独立受到了践踏和败坏。他们认为，这种态度对家庭稳定的危害性，不亚于女工长期在身体和经济上受到的压榨。当女性工会成员呼吁让女性获得与男性同样的报酬时，她们不仅认为女性必须工作，还认为她们可能会愿意继续工作；除了经济上的需要外，对获得一份职业的渴望也是女性加入劳动力大军的原因之一。

这些相互冲突的叙述和相互矛盾的解释被纳入了当时的主流话语中。这种主流话语将一位标准的女性概念化，并认为工作违反了女性的天性。"女工问题"的定义使得劳动女性不再以受人虐待的生产要素而被人们注意到，却是被当成了一种社会病态。这个问题关注的点通常不在于工作对女性个体带来的满足或困难，不在于她们有着长期而持续地成为劳动力的历史，也不在于她们难以维持基本生活所需的工资，而在于体力消耗对她们身体的生殖能力的影响，在于假定她们不在家将对其家庭风纪和清洁所造成的影响。即便相关建议并未假定工作与成年女子的身份不相符，它们也让自己的呼吁贴近了这种观念，并强调工作会对家庭生活和母亲身份起到压榨效果。

在 19 世纪三四十年代对英国工厂法的辩论中，威廉·加斯克尔（William Gaskell）争辩说，在工厂工作的过程中，职业女性的乳房变得不适合喂养孩子。

另一些人则提到了女性与机器的不相容，提到了软与硬、自然与人为、未来和现在、物种的繁衍与无生命的商品生产之间的对立。还有一些人则描述了不道德的情况，包括女性从事条件艰苦的工作、在男女混合的工作场所暴露于男性的粗俗语言之中、掠夺成性的男性监督员要求她们提供性交换、迫于贫穷的压力而卖身。即便考虑到了低工资和恶劣的工作条件，这些描述也倾向于怪罪工作本身，尤其是家庭以外的"公共"工作，认为这是女性问题的原因。保罗·拉法格（Paul Lafargue）是法国工人党的二把手，他在1892年提议实施一项针对法国职业女性的、有着创新色彩的产假政策，即从怀孕四个月开始，到分娩一年后为止，向她们支付每日生活津贴。他建议雇主通过纳税来支持生育，因为生育是女性的"社会功能"。拉法格说，他提出这项措施，是为了纠正资本主义对家庭生活的贪婪破坏，这种破坏"迫使女性和儿童离开家庭领域，将他们变成了生产的工具"。[33] 从这里可以看出，为了证明一个进步的社会方案的正当性，人们开始诉诸女性在生产活动中处于次要地位的理想化假设。

同样，为了减轻工作对一位母亲及其家庭的影响而进行的许多尝试，包括为儿童提供日托和教育，都是以紧急措施的形式出现的，而不是长期的社会政策。一些改革者寻求通过成立托儿所或其他提供公共支持的机构，来减轻职业女性所面临的双重负担；其他人则是出于对婴儿高死亡率和"人种未来"的担忧。但这两个群体均将改革的需求戏剧化了，用粗心的保姆、托儿所的管理人员，或者是奶妈这些"非自然的"角色来替代全职妈妈的照料，从而使儿童无法得到良好的照管。即使是那些认为女性工作本身无害的人，其基本假设也似乎认为照顾家庭应该是一项全职工作。

但是作为一项职业，家务劳动并不被认为是生产性活动。对照顾家庭的重视似乎提高了女性的社会地位，女性情感和道德的影响也因此而得到了颂扬，但这仍是一项没有经济价值的工作。简·刘易斯（Jane Lewis）说，在英国，1881年的人口普查首次将女性的家务琐事排除在工作类别之外。"一旦女性从事家务劳动被归类为'未就业'，女性的就业率就下降了一半。"在此之前，20岁以上的男性和女性在经济活动中的就业水平相当。[34] 而在1881年之后，照顾家庭与生产能力被对立起来了。这种重新分类（在其他国家也发生过，却是在不同的时间点）与其说反映了就业条件的改变，不如说反映的是社会对性别的理解。在家工作的女性不是劳动者，或者说不应该是劳动者；即便有时候她们通过缝纫或其他在家做的工作来挣得工资，人口普查人员也不认为这是真正的工作，因为这既不是"全职的"，也不是在家庭之外的场所进行的。因此，官方的统计忽略了许多女性赚取工资的工作；因为它不为人们所见到，也就不能成为外界关注或要求改善的对象。

在劳动性别分工的话语体系中，建构了所谓"女性本性"的假设，使得女工本身成了一个问题。这又使得人们对解决方案的讨论偏离了她们的工作条件和低工资，偏离了她们在照顾孩子方面缺乏社会支持。他们将所有这些都视为违反男女"自然"功能之后所表现出来的症状，而不是女性工薪族陷入困境的原因所在。其结果是，人们提出了一个单一的理想目标：尽可能地去除女性的长期收入或全职收入。尽管这项政策鲜少在实践中得以实现，但它导致了针对女工的切实可行的解决方案很难被制定出来。因为这项政策认同女性永远是二等雇员这一自然的、不可避免的事实，并认为她们的身体、生产能力和社会责任已经决定了她们无法胜任那种由完全合格的劳动者所从事的工作，无法胜任那些能让她们同时赢得经济承认和社会承认的工作。

在 19 世纪，女工之所以引人注目并不是因为她们的数量的增加，也不是因为她们的工作的地点、质量或数量的变化，而是因为当时的人们对劳动性别分工中的性别问题产生了极大的关注。这种关注不是由工业发展的客观条件所引发的；正好相反，它帮助塑造了这些条件，赋予了生产关系性别化的形式，让女工处于次要地位，并让家庭与工作、生殖与生产具有了对立的意义。

在本文中，我将女性的工作史撰写成了与劳动性别分工有关的话语建构的故事。我并不是要将已经发生的事情合法化或自然化，而是为了对它提出疑问。通过这种方式，我们为这个故事提供了多种多样的解读，可以去追问事情本来可能会发展成何种不同的样子，并将我们置于一个新的位置。在这个位置上，我们可以重新思考如何构建和组织今天的女性工作。

第十六章　单身女性

塞茜尔·多芬（Cécile Dauphin）

"单身女人！（A single woman！）这两个词放在一起，不就有些悲哀了吗？"[1]这一感叹出自 19 世纪中期的一位英国记者之口。当时的许多文章和著作对这种说法附和声一片，人们纷纷注意到了"被剩下的女人"。[2]维多利亚时代的社会为以下问题所困扰：

> 这个国家的单身女性数量庞大且在不断增加，这是一个不成比例的数字，而且非常不正常；不管是从绝对的角度来说，还是从相对的角度而言，这一数字都在暗示着一种不健康的社会状态，既会由此产生很多不幸和错误，也是对许多不幸和错误的预示。不夸张地说，有成千上万的单身女性存在，她们分散在各个社会阶层，但从她们所占比例来看，大多数处于中产阶层和上层社会中。她们必须靠自己来谋生，不能花费男人的收入，也不能管理男人的工资；她们不用承担妻子和母亲的自然职责及其工作，而必须在自己的努力下痛苦地为自己找一份工作；她们不再成全他人、讨好他人、美化他人的生活方式，而是被迫过上了一种独立的、不完整的生活。[3]

因此，"单身女性"是一个在当代才出现的类别。在无休止的哀叹和骇人的警告背后，"单身女性"的定义存在多种问题。这些单身女性是谁？她们为何会存在？我们能为她们做些什么？她们畸高的人数是经济和社会动荡的征兆，而且她们的生活状况与成年女子的理想状态背道而驰，这都使得这些单身女性被推到了公众面前。然而，人们的看法不可避免地会被"老姑娘"的幽灵所困扰；

"单身女人"的标签被认为只不过是"没有男人的女人"的悲剧面具而已。自此之后，这个标签就变得司空见惯了，然而却没有确切的能与之对应的男性标签。现如今，"单身女人"一词被人们不分青红皂白地用于没有丈夫的女性、寡妇、独身主义者、母亲和没有子女的女性。

一个与女性有关的事实

对于19世纪的单身女性现象，有两点我们是清楚的：一是普遍存在，二是新近出现的。"在每次人口普查中，女性人口数量"都多于男性：这是勒瓦瑟（Levasseur）作出的评论，这听起来似乎在说单身女性是自然反常现象的反映。[4]事实上，自古以来男女出生比例似乎就维持在106∶100上下，但处于"统计时代"的欧洲却发现在他们的人口中女性过多的事实，并为此而感到痛惜不已。这在一定程度上是时代的产物。法国大革命和拿破仑时期的战争和暴力夺走了大量男性的生命。据估计，在1785年至1789年之间出生的法国女性当中，14%的人注定要保持单身。[5]

巴尔扎克等作家很快对这一事实给予了极大的关注，并解释了单身女性数量增加的原因："法兰西知道，拿破仑偏爱的政治体制留下了许多寡妇。在拿破仑政权的统治下，女继承人的数量远远超过了适婚单身男士的数量。"[6]

这些损失在19世纪影响了整个欧洲，从未因为产妇、女婴和童工的高死亡率而达到完全的平衡。[7]在18世纪末，卫生和医学的进步普遍提高了人们的预期寿命，但女性寿命的增长最为显著。无论男性死亡率过高的原因是经济上的、生物上的，还是多种因素的结合，它对女性造成的后果却是相当大的。这些后果包括单身、寡居和孤独。[8]以1851年50岁以上的法国人口为例：只有27%的男性独身或丧偶，而女性的这一比例达到了46%（其中12%是独身，34%为丧偶）。

一个欧洲模式

战时的屠戮不限于19世纪，也不局限于欧洲。欧洲与其他大洲不同的地方在于婚姻的非普适性。欧洲模式的特征是晚婚和一夫一妻制。自哈伊纳尔

（Hajnal）以来，各种各样的人口统计研究人员都对这种模式在调节人口方面所发挥的作用进行了研究。这种欧洲模式在某种意义上是一种避孕手段。[9]虽然看上去可能有点奇怪，但单身女性现象最早在历史上出现的时候，却被研究者视为人口增长中的一个消极变量。专家们曾经通过计算发现，终身不嫁的单身女性使生育率下降了7%至8%左右。

可以肯定的是，人类学家已经注意到了普遍婚姻规则还存在其他的例外。例如，在中国西藏，20世纪初的时候有大量的单身女性。在中国和印度，（上层社会的）寡妇被认为不能再婚。可以说，她们的命运就是曾经迈进婚姻的殿堂，但之后要保持独身。[10]然而，需要注意的是，在20世纪30年代，只有千分之一的中国女性终身未婚，而中国男性终身未婚的比例为千分之三。相比之下，在西方，"永久"独身的比例（即50岁以上、从未结过婚的女性的比例）很少低于10%。从长期的时间跨度来看，女性"永久"独身的比例在18世纪晚期增幅最快；在19世纪第一个十年达到顶峰之后，增长趋势趋于平稳，甚至略有下降，这与结婚年龄下降的趋势是一致的。[11]

区域对比

如果说独身确实是西方文明的与众不同之处，而且或多或少是西方文明的一个永久特征（其原因还有待阐明）的话，那么，它在不同国家和不同社会群体之间的不均衡分布，则会与当下的认知有极大的偏差。俄国1897年的独身率不到5%，普鲁士和丹麦农村地区1880年的独身率为大约8%；而法国和葡萄牙某些地区在19世纪中期的独身率高达20%，而瑞士上瓦尔登半州1860年的独身率甚至达到了48%。

目前还没有关于欧洲独身情况的综合地图和全面研究，但是所有关于这个主题的专著都展现了欧洲大陆东北部和西南部的鲜明对比。在东北部，几乎所有女性都迈入了婚姻的殿堂；而在西南部，许多女性保持单身。各国内部也存在地区差异。[12]例如，在法国，布列塔尼、科唐坦半岛（Cotentin）、比利牛斯（Pyrenees）和中央高地东南地区，独身率和守寡率较高，而巴黎盆地则低得多。德国东北部各州的独身率低于10%，而巴伐利亚州和符腾堡州的独身率高于15%。在英国，单身女性比例最高的地方是北部的农业区和威尔士。[13]

除了诸如性别比、死亡率差异、年龄结构和配偶间年龄差异这些纯粹的人口统计参数之外，上述地区模式表明独身和守寡是受某些不成文的规则支配的，而这些规则深深地铭刻在社会意识之中。人口统计学家无一例外地指出，在一个特定的社会里，独身往往会与晚婚以及缺乏避孕措施的情况同时发生。基于这些观察，他们提出了所谓的马尔萨斯人口论（该人口论主张禁欲）的假设：即宣扬节制和美德的宗教权威在无意中促进了出生率的下降，并抑制了家庭财产的分散。结果表明，"产生了大量独身个体"的地区具有以下共同特征：家庭结构为父权制；婚姻往往被小心翼翼地控制，并倾向于晚婚；在每一代人当中，被选中继承家产的那位孩子都结婚了，而其他孩子要么保持独身，要么去其他地方寻找财富。然而，在 19 世纪，工业化和城市化破坏了这些传统结构，随之而来的是原有的家庭关系的破裂，大量的劳动者被释放到了劳动力市场，而最后一点正是经济发展所需要的。

城市两极

在传统上，农村社会的过剩人口都会汇入城市这座蓄水池；但在社会剧变的背景下，城市也在以同样的方式吸引保持独身的个体。当然，城市本身也在产生单身女性，这与它们从外面接纳的单身女性一样多。早在 18 世纪，观察人士就已经被"在大城市生活的大批单身女性"震惊了，"她们是婚姻的陌生人，过着一种不合常规的生活"。[14]1866 年法国的人口普查显示，四分之三的城市出现了"女性过剩"的情况。在某些地方，男女比例失衡的情况非常严重。仅举几个例子。在圣让—当热利（Saint-Jean d'Angély），61.4% 的人口为女性，阿夫朗什（Avranches）的这一数字为 60.2%，克莱蒙（Clermont）为 59.9%。关于城市化对独身影响的比较研究（对普鲁士、萨克森、巴伐利亚、比利时、丹麦、英国、挪威、瑞士、俄国西部和奥地利等国家和地区的比较研究）显示，城市人口的独身率总是高于农村人口（实际上，在萨克森、丹麦和俄国西部，城市的独身率是农村地区的两倍），城市居民的结婚年龄普遍较晚；而且不管是男性，还是女性，情况都是这样。[15]

实际上，当单身女人搬到城市后，她们就变得引人注目了。她们首先引起了观察人士的注意。这些观察人士本身就是城里人，他们正尝试去理解社会现实，并将其书写下来。更重要的是，单身女性在社会上变得惹人注意了：单身女性（她们可能是女儿、姐妹、姑妈）在过去一直都是家庭生产单位的一部分，现在却加入了劳动力市场，并受到市场兴衰沉浮的影响。换句话说，农村产业的逐渐凋敝，以及农业就业领域出现的普遍危机，破坏了单身女性在家庭经济中的传统作用，将她们推到了边缘。

与此同时，女性（尤其是年轻女性）似乎抛弃了短期迁移至离家不远的地方（小城镇）的旧模式，开始热衷于永久性地搬到更远的目的地。到最后，女性移居者的数量超过了男性。然而，女性很少被洲际移民的前景所吸引，除非她已经嫁作他人妇，或者是成了传教士，被召唤去遥远的地方传播福音。[16]有些女性还待在原处，却是单身一人。例如，在19世纪中叶的挪威，由于许多人移居到了美国，当地出现了男性短缺，结果就是女性单身率上升（到19世纪80年代高达21.8%），而寡妇再婚的可能性也下降了。[17]

成人与主动

这种受到了维多利亚时代媒体的一致谴责。而且在整个欧洲都被观察到的"不可原谅的行为"，更多是与单身女性的社会身份相关，而不是与她们的数量相关。这些女性无意中在某种程度上越出了她们在社会中的合法地位，而且她们的数量被认为是"过剩的"。"我们该怎么对待我们的老姑娘呢？"弗朗塞丝·P.科德（Frances P. Code）曾在《弗雷泽杂志》（*Fraser's Magazine*）登载的文章中这样发问。[18]回头看来，这种在地理、社会和文化上的同时出现的移位，是女性历史和他们追求经济自主过程中的一个至关重要的现象。在婚姻之外，是没有人来拯救女人的！但是被法国的欧洲邻居广泛效仿的《拿破仑法典》，却为单身女性提供了一个选择：在法律看来，处于婚姻之外的女性是负责任的成年人，有能力处理自己的事务和财产。与已婚女性不同，单身女性享有与男人一样的权利，除非她的公民身份不受认可。虽然寡妇、分居的女性和离婚的女性通常可以得到家庭或国家的帮助，但是成年的未婚女性（至少是那些没有高额的私人收入的女性）则必须离开自己的家庭，自食其力。

单身女性进入劳动力市场、女工人口的增长与服务业发展之间存在相关性，它们表明的是一种显著的演变。人口普查数据展示了该现象在19世纪晚期的法国发展的程度："在农业领域就业的男女以及在工业和服务业就业的男性，八成以上都结婚了，单身（未婚或丧偶）的比例不到 20%；但调查显示，在农业之外的领域就业的女性似乎是在不得已的情况下才会选择结婚，其结果就是大量女性保持单身——将近五成的人未婚、丧偶或离婚了。"[19]1906 年，在 25 岁至 44 岁的女性农民中，8.5% 的人维持单身；而在工业和服务业领域就业的女性中，这一比例为 33%。

单身女性在工作世界中的参与与经济的起起落落有关。而教育似乎已经成为引导未婚女性进入就业新领域的决定性因素。可以肯定的是，她们的选择是有限的，但最终的结果是传统意义上的团结发生了深刻转变，工作场所中的男女关系发生了巨变（包括竞争和反抗），以及对女性现已成为劳动力的一部分这一新现实的逐步认知。

孤独就是与陌生人生活在一起

家佣行业并不是在 19 世纪产生的。但这种现象在过去只限于贵族阶级，现在却成为资产阶级生活的必需品，成为社会身份区别的必要条件。随着家佣服务变得更加大众化，它也不像过去那么男性化和等级化了，但女性化则意味着声望的下降。欧洲各地的城镇吸引着农村女孩来做家佣，只要她们年轻、有活力就够了，其中一些只有十三四岁。在慕尼黑，1828 年的一项人口普查显示，该城市的人口为 7 万多，其中家佣占了 1 万，也就是说占到了总人口的 14%。在 19 世纪 60 年代的伦敦，在 15 至 24 岁的女孩子中，有三分之一为女佣。1882 年的普鲁士也是如此，在那里，96% 的家佣都未婚。而在柏林、莱比锡、法兰克福、巴黎、里昂和布拉格，每座欧洲城市都有女佣存在，她们贫穷、未婚，最近才从乡下来到城里。

许多女性去做家佣，是为了给最终迈入婚姻殿堂做准备。做家佣可以积攒储蓄（许多家佣都把钱存到了银行账户），学习做家务的技巧，基本了解城市的文化元素，这些都有助于她们在这个社会中获得更好的位置。无论如何，家佣行业的工资都要比纺织业高一些。对大约三分之一的女佣来说，这项工作带来的孤独会以婚姻来结束。[20] 佣人的结婚年龄相对较大，无论如何都要比通常的平均年龄大得多。然而，大多数未婚女性会继续工作到 50 岁甚至更大的岁数，这意味着家佣很容易成为一种永久性的角色，使得成千上万的女性一直处于独身状态。

在 19 世纪，一种新型的家佣等级制度发展起来了。在"侍女"之上是家庭女教师，她们中的许多人来自体面的中产阶层家庭：牧师或小官员的女儿、孤儿、大家庭的女儿。当代的观察家几乎都将目光聚焦在这一阶层的单身女性身上，她们因为勃朗特姐妹的小说《简·爱》和《艾格妮斯·格雷》而成为不朽的人物。在冷酷的社会里，女工和家佣的不幸遭遇被人们视为无法避免的事情。但是，一位中产阶层女性在四五十岁的时候，随着父母的离世，她被迫在恶劣的条件下工作，或是生平第一次出去找工作，则被认为是更为可怜的事情。尽管这种现象在俄国、德国和法国也很普遍，但在英国却显得尤为重要。维多利亚时代的英国人寻求用第三个词语来描述与"母亲"（mother）和"妓女"（whore）形成鲜明对比的这类人，带有一定感情色彩的"老姑娘"（spinster）的形象便出现了，这个词被赋予了纯真、忠贞和牺牲的品质。

1851 年，英国有 75 万名女佣，而家庭女教师只有 2.5 万人。家庭女教师人数不多，在经济上无足轻重，在政治上也没什么存在感，但她们却代表了维多利亚时代中产阶层的价值观、问题和恐惧。顾名思义，家庭女教师就是在家里授课的女性；或者是与另一家人住在一起，作为小孩子们的玩伴和老师的女性。实际上，家庭女教师会痛苦地意识到：她作为"淑女"所接受的教育与她必须履行的职责之间存在矛盾。家庭女教师是中产阶层获得的新权利的象征（她可以在公共场合出现并被议论），并证明了一些人的妻子现在可以自由地享受休闲的生活，只需要扮演装饰性的角色。家庭教师仍然被视为"淑女"，但由于她需要领工资，她的社会地位实际上下降了。她是命运（父亲去世，或者是一个家庭的毁灭）的牺牲品，是一位需要获得帮助的中产阶层女性。她的工作相当于对自己所接受教育的"糟践"。她会陷入与家长、孩子之间的三角冲突中，很难指望从其他佣人那里得到什么帮助。家庭女教师依赖于他人提供的食宿和微薄的工资。那些因为患病或过于年老而不能去工作，或者是丢掉了工作的家庭女教师，在走投无路的情况下只能寻求某种形式的帮助，比如寻求 1841 年成立的家庭女教师关爱慈善会（Governesses' Benevolent Institution）提供的援助。

"孤独就是与陌生人生活在一起"：家佣和家庭女教师通过痛苦的方式获得了这一教训。她们与没有任何亲密关系的人住在一起。她们被放逐了，没有踏上归途的希望；她们有遮风挡雨的地方，却过着无家可归的生活。而在许多工业领域，与之类似的限制也出现了。它不仅使人的行动受到限制，还剥夺了她们的身份。

工业修道院

在19世纪，产业工人时而受到人们歌颂，时而遭到人们指责，他们正是女性劳苦的象征。我们经常将女性想象成妻子和母亲的形象。但在整个19世纪，一直在加速发展的机械化和工业化，给工厂和车间的组织结构带来了深远的变化。一些新型的实验性的工作形式出现了，它们极有可能造成孤独。在1830年之后，以马萨诸塞州洛厄尔的纺织工厂为样板，"丝绸修道院"如雨后春笋般出现在里昂附近。许多毫无技能却温驯乖巧的年轻女孩子被招募至"丝绸修道院"，她们得到了父母的允许和教会的祝福。[21] 工厂经理们负责监督这些年轻的受照料者的道德状况，因为她们一不小心就会误入歧途，甚至是走上卖淫的堕落之路。雷博（Reybaud）评论说："这些被父母抛弃的年轻的乡下女孩，将自己的命运置身于大城市的旋风里。她们至少（在工厂里）找到了一个庇护所。在这里，她们的学徒生涯不会面临重大危险，那里平静而安全，不会遭遇性变态。很少有人逃离这里。有时候，（前往工厂工作）也是缺乏经验的女孩的必然归宿。她们可能是受到别人虚荣心的刺激，但最重要的还是得到了悲惨生活的忠告。在这里，她们得到了保护，不会受到她们自己和他人的伤害。"

这些名副其实的"工业修道院"不仅大量出现在法国的瑞瑞里约（Jujurieux）、塔拉雷（Tarare）、拉索韦（La Seauve）和阿让塔勒堡（Bourg-Argental），还出现在瑞士、德国、英国和爱尔兰。这标志着工业利益集团与教会势力的"勾结"。在"工业修道院"里，对于年轻女性而言，无论是身体还是灵魂都必须屈从于这种关乎劳动和道德的严苛生活。这种状况一直要持续到她找到丈夫为止。据估计，在1880年的里昂，以这种方式被"监禁"起来的女性大约有10万人。

代价

通过"公司住房"这种模式，雇主不仅可以监视女性雇员的工作，还可以监视她们的日常生活、行为和身份。公司住房模式也在现代化经济的其他领域进行了尝试，其中最为人熟知的是大型百货公司。在巴黎的大型商店里，大多数女店员都来自外地，只得接受雇主提供的住宿。由于处于持续不断的监视之中，她们只能保持单身；因为结婚往往是被解雇的理由。欧洲其他地方的情况与之类似。例如，在波希米亚，学校教师和政府部门的女职员在 1919 年之前一直被禁止结婚。在私营部门，电话接线员、打字员、女店员和女服务员在结婚之后都必须辞职。在德国的某些州和维也纳，婚姻法禁止穷困潦倒的男子结婚；某些政府机构还会实行结婚配额，或者是要求男性职员在获得行政许可的情况下才能结婚。这些情况固然都是真实存在的，但婚姻与工作不相容的观念主要还是适用于女性。此外，这一观念还引发了一种观点，即能够体现某种人文主义理想的职业，包括护士、学校教师和社会福利工作者，都应该被视为某种世俗的神职人员。简而言之，主动选择工作或是迫不得已而工作，都将使女性在职业与家庭之间面临抉择，这一抉择将会塑造她们的人生和社会身份。并非所有为之而设立的障碍都是法律方面的，对社会变革的抵制也是一个强大的因素。

在 19 世纪，女性独身的西方模式对经济逻辑造成了深刻影响。通过工作来强制女性保持独身，之所以被认为是可以接受的，"是因为（独身）被有意识地当成一个必要的齿轮在使用，经济机器离开了它就无法顺畅地运行"。[22] 许多白领女性来自小资产阶级家庭，她们渴望把自己与蓝领工人区分开来；由于受教育程度高于一般女性，她们便试图维护自己在才智和社会方面的优越性。但是这样的渴望，再加上客观上的限制，以及她们对工作的心理投入，都使得她们无法找到丈夫。作为单身女性，她们不得不面对与她们的处境相关的不信任和声望缺乏。随着女性店员、邮政人员、学校教师和社会福利工作者的数量不断增长，她们中的许多人发现工作限制了她们的个人发展：这就是在社会阶梯上攀登所付出的代价。[23]

在所有欧洲国家，国家既是女性的主要雇主，也是独身主义的主要"推动者"。在法国、英国、德国和挪威的邮政人员的例子中，这种现象得到了尤为彻底的研究。[24] 例如，在 20 世纪来临之际，法国政府雇用的女性的未婚率是53.7%，而男性的未婚率是 18.9%。单身女性（独身或丧偶）大多从事收入较高的工作，而单身男性主要从事收入最低的工作。[25] 白领女性的结婚年龄往往要晚于蓝领女性，她们生育的孩子数量也只有蓝领女性的一半。我们显然有很好的理由来怀疑独身与学历水平之间存在相关性。在美国，1870 年至 1900 年从大学毕业的女性中，75% 的人没有结婚。在法国，在女性被允许接受中等教育（根据 1880 年 12 月通过的《卡米耶·塞法案》开始实施）之后的前二十年里，62.5% 的女性教师和女性行政人员没有结婚。在小学教师中，这一比例同样很高，在教授缝纫、体操和绘画的女教师中，未婚比例超过了 75%。[26] 到了 20 世纪，随着更多女性接受高等教育，并进入政府高层，工作与独身之间的关联越发密切了。

宗教的印记

在过去，很多男性理论家都认为大脑和子宫同步发育是不可能的，他们断言某些智识能力超出了女性的能力范围。但是，那些此时恰好显示出这些能力的女性，却似乎在她们所接触的文化的劝阻下放弃了婚姻。与此同时，社会领域的职业对独立女性具有吸引力，从而使得同情与服务的品质被神圣化了，而这些品质在传统上也被认为是属于女性的。

单身女性肩负着将家庭美德带到外面更广阔世界的责任，以提高工厂、医院、学校和其他公共机构的道德水准。在社会工作领域，人们很容易就会对在美国、英国和德国盛行的新教模式与主要流行在法国和意大利的天主教模式进行对比。[27] 在新教模式中，有女执事、传教士和志愿者组织；而在天主教模式中，则有修会和赞助人。但更有益处的做法也许在于，将注意力集中于这两种模式的共同点，这揭示了工业社会对"社会问题"的回应（女性在其中扮演了十分重要的作用）是如何取代传统的慈善形式的。伴随着宗教复兴，无论是德国和荷兰的虔敬派，还是英国的卫理公会教派，抑或是天主教国家的玛丽安派，都将一代又一代"剩女"的能量输送到了需要承担社会责任的岗位上。她们可以在这些岗位上展现活力和主动性。被"召唤"来从事这类工作的女性找到了了解社会经济和政治问题的自由，而这一发现又激发了她们新的雄心。

对女性，尤其是处于职业生涯早期的女性来说，围绕社会工作而组织起来的女性团体是她们唯一能够了解各式各样工作的地方，还能同时满足宗教上的渴望和实践中的抱负。这些团体能让她们在工作中充满勇气、力量和想象力，同时还能让她们冥想、祈祷、获得心灵上的平静。这种"女性天主教"体现的是一种独特的宗教实践形式；它基于内省，是一种极其纯粹的神秘主义形式，是一种与上帝之间的私人关系。

这些组织的成功证明，女性可以被有效地组织起来，照顾病人、教学和帮助穷人；但它也帮助传播了一种固执的观念，即某些"职业"是专属于女性的，尤其是在教育、健康和福利领域。大量的工作是由志愿者完成的，尽管我们不知道具体是多少。无论如何，人们都会理所当然地认为，从事某些职业就意味着独身。

在19世纪末向女性开放的"新职业"带有宗教模式和母性隐喻的双重印迹：奉献—有用、谦卑—服从、克制—牺牲。这些相同的主题被巧妙地纳入了教皇声明，旨在恢复"老姑娘"们的尊严。[28]宗教上的忠贞理想可以追溯到教会的起源。但在面对"女性过剩"的问题和社会苦难的祸害时，教会权威现在开始宣扬马大和马利亚的结盟：冥想式生活并不需要人们排除对这个世界的承诺。因此，对于那些仍然（令人遗憾地）未婚（这不应该视为上帝的旨意吗？）的年轻的女基督徒，她们被劝勉成为"自己姐妹的教育者和向导……她应该主要投身于那些需要机智、细腻和母性本能的事情，而不是从事官僚僵化的事务"。

变化和反抗

然而，针对人口问题发表的宗教声明，并不足以挽救婚姻。维多利亚时代的教育和天主教的道德都在教导顺从和忠贞，这显然播下了反抗的种子。婚姻有时候是不幸福的，人们并不是到了19世纪才发现这一点；但是人们通过对家庭失调的可能治疗方法进行研究，使得这一古老制度的某些现代形式凸显了出来。在离婚合法化之后不久，由女性提出的解除婚姻关系的诉求让法院应接不暇（80%的离婚诉求都是由女方提出的）。曾经被她们容忍的虐待和暴力行为也不再被接受。到19世纪末，离婚率呈指数级增长。很显然，离婚和分居的合法化对此前已长期存在的事实遗弃行为作出了法律制裁。而且，申请离婚的女性更多的是因为遭到了殴打，而不是因为遭到背叛。尽管各国的离婚法和离婚率差别很大，但越来越多的女性拿起了这个可以解放自己的武器。[29]在信仰新教的国家、城市和中产阶层当中，离婚率增长得最为迅速（英国是个例外，该国的离婚成本高昂）。不管离婚给女性带来了不受欢迎的孤独，还是渴望已久的自由；随着女性接受中等教育的机会增多和生活水平的提高，女性提出离婚的现象也越来越普遍。

当议员们直接就离婚问题进行立法时（无论是将离婚合法化，还是将离婚非法化，或者是恢复离婚制度），他们的唯一目的在于拯救家庭，让婚姻制度焕发新机。与此同时，婚姻制度的批评者却获得了空前的机会。面对厌女者的攻击，"女学究入侵"的污蔑，以及"就像野蛮人一样没有能力在这个世界上播种"的职责，许多女性开始拿出笔进行反驳。[30] 她们这样做是在抗议，是为了反抗家庭监禁而发出的呐喊，也是出于自我肯定和经济独立的打算。在婚姻制度之外，还存在着两性关系的问题：只要不同性别之间存在不平等、劣势和依赖的情况，理想的爱情似乎都是不可能实现的。一些伟大的文学人士曾对婚姻作出过严厉的判决，他们甚至敢于践行自己所宣扬的理念。但是，现在有谁还记得这些不知疲倦的女性专栏作家和时事作家？她们紧紧抓住时常遭人鄙视的大众媒体，就像抓着救生筏一样。在单身、丧偶、离婚或分居的女性中，许多人曾经接受过最低程度的教育。对她们而言，新出现的作者版税制度是天赐之物，是收入的来源。

并不是所有女性的作品都最终出版了。其中的大部分即便没有被付之一炬或者是被扔进垃圾桶，也是隐藏在角落里，不为人知。如果有人能像 V. 钱伯斯－席勒（V. Chambers-Schiller）那样获得这些私人日记，他们就能揭示一些女性选择独身的原因。[31] 如果说环境是一方面的原因，那么，女性在成长过程中形成的对独立的渴望则更经常地被人提及。在美国，在从独立战争到内战之间的这个时间段内，一些女性诚然在文化和经济上享有特权，但她们依然选择了自由，而不是婚姻："对我们当中的许多人来说，自由是比爱情更好的丈夫。"[32] 保持独身，而不是在婚姻这个难以预料的事情中失去灵魂，这一个人主义者的行为准则所固有的原则，正在逐渐侵入 19 世纪的西方文化。毫不夸张地说，该原则因为与新教教义结盟而被神圣化了。在此之后，独身被理想化，并被证明是合理的，实际上是根植于新教的至善论。至善论认为，个人是至高无上的，凌驾于一般的人类制度，尤其是婚姻制度之上，这进而导致了个人获得救赎的观念，即"与上帝独处"。在末日审判中，一个女人将独自面对这一切，她们没有丈夫，没有孩子，自己对自己负责。在 19 世纪早期的美国文本中，"单身幸福"（single blessedness）一词被广泛用于表示独身状态，成了人们真正崇拜的对象。[33]她们中的佼佼者在至福和升华中，在仁慈、有用和幸福的和谐融汇中奉献了自己。在 1840 年，高达 40% 的贵格会教派女性是独身者，这并不让人觉得奇怪。

优先的选择

19 世纪的社会经济动荡诱发了各种形式的抗议，这被证明有助于形成一项真正的文化和政治运动，而该运动致力于女性通过独身来获得独立。继"女性主义者"保利娜·罗兰（Pauline Roland）宣布放弃婚姻、弗洛伦斯·南丁格尔宣称她不希望为了丈夫而拒绝接受自己的使命之后，克丽丝塔贝尔·潘克赫斯特（Christabel Pankhurst）宣称女性独身是一种政治决定，是对性奴役状况的有意识回应。[34]在 19 世纪的最后几十年里，西方发生了一系列反对性暴力和性虐待的运动，在英国尤为激烈。为了保护自己和宣传她们的斗争，一些女性作出了彻底放弃性行为的激进选择。克丽丝塔贝尔·潘克赫斯特并不是唯一作出这种决定的人；1913 年，在女性社会政治联盟（Women's Social and Political Union）的成员中，63% 的人保持独身，其余的成员大部分是寡妇。此时，独身以及对性爱欢愉的拒绝，被视为一种暂时的政治姿态。在新的社会意识出现之前，这种做法被认为是必要的。

1870 年之后，在一些艺术和政治圈子里，一种新类型的女性已经非常普遍了。她们对外宣称自己为独身。这些新女性通常是舒适的城市环境的产物，受过良好的教育，见过世面，对扮演资产阶级妻子的角色特别不屑。这类新女性为其他人梳理了一种新可能性的榜样。在英国和美国，有关财产、离婚、教育和选举权的法律是最进步的，人们对新的独立生活方式的迷恋程度也是最高的。经济独立和自由恋爱的概念逐渐融合到了一起，"新女性"的神话由此产生了。[35]

在各行各业，女性都应该享有与男性同样的自由；这样的主张似乎是对男性霸权的挑战。面对一些女性对婚姻的否定、对事业的要求，以及对母亲和妻子神圣形象的否定，科学家、医生和性学家把所有这些现象综合在一起加以考虑。这导致他们把这些大胆的进步人士贬斥为边缘人，并给她们贴上女同恋的标签（这些人受到了维也纳精神病学家理查德·冯·克拉夫特－埃宾的影响）。[36]

他们这样做，只不过是简单地改变了过去人们常常把这种现象斥责为"子宫异常"的措辞。"子宫异常"的说法最初形成于18世纪，并在19世纪的学术论述中被不断重复。

形象的力量

有关婚姻的黄金传说与"老姑娘"这个怪诞形象之间的斗争，是永无止境的。从词典到科学文献，从谚语到小说，不管是在哪种层次的论述中，用来表示"没有丈夫的女人"的词汇都充满了对女性的歧视，这是无法回避的事实。但当人们谈到与"老姑娘"相对应的男性（也就是上了年纪的单身汉）时，贬义词就消失了：人们将会发现"天才"和"作家"的说法。[37]

泼妇、女同性恋、悍妇、妓女、轻佻的女子、装作有学问的女人——这些针对单身女性的贬义词并没有真正的事实基础，却在西方文化中无处不在。但是，有关"老姑娘"的文学形象以及刻板印象的普及是19世纪的"杰作"。[38] 在19世纪，人们对"老姑娘"的外表、生理、特征或是社会生活的讨论是如此之多，这在此前是从未有过的。只要论及单身女性，不管文本的性质如何，作者总是将其描述为对女性完美形象的偏离，而这种完美形象是由法律、某种爱情观念、生物决定论和女性美的准则所定义的。

从某种程度来说，单身女性似乎将人们对女性自主的所有恐惧都具体化了。女性自主包括性、社会、经济和智力等方面。在18世纪末，生理学的出现以及对"女性本性"的"发现"，大大颠覆了与女性忠贞相关的价值观，甚至已经成为彰显女子气质的障碍，实际上已经站到了女子气质的对立面。与此同时，独身女人和寡妇的社会作用却被忽视了，甚至到了成为无用的象征的地步；而女性的独居则被认为是对家庭的威胁。[39]

面对这种对其身份不折不扣的否认，单身女性只能通过一些复杂的运作和挑战行动，将自己定位为与母亲和妻子的高大形象相关的角色。她们有时顺应于这种模式，有时又会抗拒；她们进行过尝试，也还保有乌托邦的梦想；她们有顺从，也有升华。但有一件事情是肯定的：（对单身女性）加以嘲笑和怜悯的形象构成了当代话语体系的一个不切实际的主题。

总而言之，我一直试图追索的历史现象，即"单身女性"这一类别的出现与

19世纪社会和经济的大动荡密切相关。它在某种意义上揭示了西方"现代性"的语法，其特征表现为"个人主义形式的多样性与社会形式的多样性相对应"。[40]单身女性确实与一般的情况不同，但它是对上述规律的证实。单身女性取代了（法国大革命之前的）旧制度中的"整体"社会。[42]她们的姓名不为人知，做出的是个体行为；她们这样做也许是出于自私的考虑，也许是有着高尚的目的；她们不受约束，且具有批判性，这些单身女性最终可以被视为信仰复兴运动和清教主义的继承者。对于启蒙运动和法国大革命提出的个人自由这一重大问题，她们也做出了试探性的，也几乎是遮遮掩掩的回应。

女性主义的伟大事业

我是女人。

我出生在这里，我将死去。

没有幸福的远航，用它的翅膀来开阔我的视野。

高墙把我的房子围了起来，

我对墙外转瞬即逝的世界一无所知……

我是女人，

我将留在我的禁地……

过去的岁月在记忆中翻滚，

我将不再活在历史里。

没有一个字为我代言。

我是女人。

——克莱芒丝·罗伯特（Clémence Robert），《巴黎剪影》

（*Paris silhouette*）诗集，1839 年

然而，在 19 世纪，钟摆已经开始摆动。毫无疑问，这与现代性及它对变化的固有坚持有关，但也与女性自身的行为有关，与她们想要打破强加在女性身

上的限制有关。

在接下来的几章中，我们将描述女性这种涉及诸多方面的努力。这种努力既是个人的，也是集体的；它颠覆了有关空间、时间和记忆的传统概念，进而在历史中为女性找到了位置。我们在这里主要聚焦于突破传统禁锢的冒险：旅行、社会行动、工会组织和罢工。我们尤其对女性主义感兴趣，这无疑是19世纪最伟大的事业。安妮－玛丽·卡佩利（Anne-Marie Käppeli）描述了女性主义的出现：它的关键时机，它的主要表现形式（协会和刊物），它的诉求，它的参与者（各式各样的人物云集，由此产生的著作都需要一部"专业术语大全"），它的盟友（特别是它与社会主义之间不稳定的联系，社会主义用"阶级"的概念代替了"性别"），它的多样性和由之而展开的争论。实际上，随着女性主义的传播，它的内容已经变得纷繁复杂且自相矛盾。一场争论已经展开了：一派女性主义者以男女平等为目标，另一派则希望提高男女性别间的差异。无论有关男性和女性的二元论观点的风险有多大，它都是由大量与性别差异有关的思考所形成的，这些思考有时候接近于弗洛伊德的某些发现。对素食主义、动物保护、顺势疗法之类的运动而言，女性的参与是很重要的。许多女人反对战争，但诸如奥利弗·施赖纳（Olive Schreiner）这样的人则主张"个人即政治"。总而言之，这些新观念开始形成对世界及其存在的另外一种看法。可以肯定的是，将由不同群体所产生的分散想法聚集在一起，存在一定的人为因素。但这些群体无疑具有相当的代表性。一些个人试图为自己所在的整个性别代言，大胆地宣称"我们女性"想要这样或那样；这些自封的女性发言人的立场逐渐获得了人们认同。值得我们去注意的是这些观念是如何在欧洲和大西洋彼岸传播开来的。从某种意义上说，19世纪是西方女性主义的"黄金年代"，它借鉴并分享了民主和个人主义的进步。这加速了"新女性"在19世纪末20世纪初的出现。她们有时会受到人们称颂，有时又会受到谴责；无论如何，她们都迫使男性重新定义他们自己。

可以肯定的是，这种变化是有限的，而且女性在经济、职业、文化，尤其是政治生活等各个层面中的崛起均遭遇了强大的阻力，这一点不难证明。人们很容易就会注意到法律的僵化，教会、军队、政府、科学等男性堡垒对女性的关闭，知识的边界在不断地被重新划定，而绝大多数女性仍在沾沾自喜或在被动地听天由命，她们中的许多人甚至对最大胆的女性代表抱有敌意。应该指出的是，人们的意见分歧有时会跨越性别分歧的界限，这让问题愈加复杂。此外，无所不能的《拿破仑法典》的编纂者如果发现自己的权威受到了动摇，他还是会设法以某种方式保护自己的地位：老亚当站出来对抗新夏娃。

然而，变化是显而易见的，我们已经在本书中看到了有关证据。女性坚持要控制自己的身体和获得性知识（生命树的禁果），这也许就是有关女性要求解放的稍纵即逝却又难以捉摸的迹象。对于女性解放所产生的效应，焦虑的男性意识已经预期到了。从维也纳到伦敦，从斯德哥尔摩到波士顿，小说和戏剧都痴迷于女性解放的话题。浪漫的"偶像崇拜"让位于"黑色的"自然主义。缪斯女神与圣母马利亚突然变成了脾气暴躁的妻子、实施阉割的母亲、令人窒息的情人、独立自主的假小子、粗野无理却又难以满足的女人、现代版本的美杜莎。新艺术主义尝试用曲线把蜿蜒诱人的女性身体围闭起来，这难道不是在试图破除邪恶的魔咒吗？[1]

尽管身份危机被巴洛克式创作力的疯狂想象所放大，但这种危机仍然是真实的。在十字路口彷徨的女性发现，她们与男性有着同样的经历。女性内部出现了分歧，或多或少地都会对自己的能力和原先笃定之事失去信心，男性其实也经历过这些。对自由的行使面临一段艰苦的学徒期。做一个独立的人并不容易。

每当性别差异被重新定义时，危机就接踵而至——确定这些历史时刻是一项重要的任务。这场危机标志着 20 世纪的开端，激烈程度异乎寻常，我们可以收集到一些这方面的征兆：例如，对女家长制的激烈辩论，[2] 奥托·魏宁格（Otto Weininger）在写完《性与性格》（*Geschlecht Charakter*，1903 年）一书后不久自杀，[3] 以及马利内特（Marinetti）发表的《未来主义宣言》（*The Futurist Manifesto*）。马利内特呼吁他的男性读者"向道德主义和女性主义开战"，并且要"歌颂战争，因为战争是清洁世界的唯一手段"。从某种意义上说，战争标志着性别等级制度的回归。毫无疑问，19 世纪将男女关系的历史性置于我们关注的中心位置。

热纳维耶芙·弗雷斯　米歇尔·佩罗

第十七章　走出去

米歇尔·佩罗（Michelle Perrot）

"女人不能走出围绕她的小圈子。"玛丽－雷娜·吉多夫（Marie-Reine Guindorf）如此说。吉多夫是一位工人、空想社会主义者。她曾经下定决心要突破这种束缚，但当意识到自己失败后，她便自杀了。[1] 在 19 世纪，欧洲男性确实在试图阻止女性力量的崛起。在启蒙运动和法国大革命期间，女性力量引起了一些人的强烈不满。这些人轻而易举地就将问题的矛头指向了女性。其结果不仅仅在于女性被困在家庭之中，被排除在文学、艺术、工业、商业、政治和历史等领域之外，还在于她们的精力被转移到了新近被重新估值的家庭领域；或者更确切地说，转移到了社会的家庭领域。正如拉斯金（Ruskin）在《女王的花园》（*Of Queen's Gardens*）中所阐释的，"两性领域之分"的理论是一种将世界的性别划分和理性组织加以概念化的方式；在角色、任务和空间的和谐互补中，该理论调和了"自然"使命和社会效用。

女性提高了被男性遗弃的领域或是委托给她们的领域的本领，并借此施加影响力，这种影响力一直延伸到了权力之门。她们在这里发现了一种文化的特征，该文化是"性别意识"的母体。[2] 她们还尝试"突破"，这样"最终就可以在任何地方都感到舒适"。"突破"可以是简单的身体层面的走出去：在家以外的地方散步、去街上走一走、旅行、进入诸如咖啡馆或会议厅之类的禁地。"突破"还可能意味着道德层面的突破，跳出她自己的角色，形成某种观点，放弃屈从而选择独立——这样的行为可能是公开的，也可能是私下进行的。让我们先来仔细探讨一下此类尝试吧。

在城市里

慈善是基督教的一项古老职责。很长一段时间以来，慈善一直在将女性带出家门：去探访穷人、囚犯和病人不仅是被允许的，而且得到了祝福。19 世纪社会问题的严重性使得这种惯常行为成了必需品。女性在慈善中享有卓越的地位，这意味着她们在对社会需求进行私人化的管理。"家中的天使"也是"拯救堕落者的好女人"，拉斯金将此类活动看成是家庭杂务的延伸。天主教和新教（前者更具有命令的性质，后者对自主权更为宽容）[3] 都规劝富有的女性要关注弱势群体的物质和道德需求。

为了禁酒、卫生和道德等方面的目的，各种各样的组织、联盟和俱乐部出现了，它们有时会彼此展开竞争，竞相争取女性的参与。它们尤其喜欢招徕单身女性。如果这些单身女性不参加此类慈善活动，恐怕她们的安逸和不孕将会变成痛苦之事。莱茵－威斯特伐利亚女执事协会（Rhenish Westphalian Association of Deaconesses）成立于 1836 年，负责为医院、托儿所、收容所等机构培训新教护士和其他志愿者。到 19 世纪末，德国共有逾 1.3 万此类工作人员。在整个西方，女性被动员了起来，以提供"社会母亲"的服务。流行病（如 1832 年的霍乱大流行）、战争（这造成了大量人员受伤）和经济危机（造成大量人员失业）加速了这一基础广泛的运动的发展，而一些地方性的城市问题（比如酗酒、肺结核和卖淫）也推动了这项运动。

从慈善到社会工作

女性并不指望从"爱的劳动"中获得补偿：为整座城市打扫房屋与普通的家务一样，也不需要获得报酬。伟大的慈善家得到了尊重、荣誉和纪念雕像，但至少在 19 世纪的前三分之一个世纪里，参与其中的大多数女性都被遗忘了。没有为她们组织过任何会议，也没有为她们撰写过任何报告。凯瑟琳·迪普拉（Catherine Duprat）很难识别出巴黎幼儿学校慈善协会（Société de Charité Maternelle of Paris）"默默无闻的参与者"，哪怕该组织在复辟期间和七月王朝时期发挥了积极作用。[4] 正如西尔韦纳·马雷夏尔（Sylvaine Marechal）所写的，"一个女人的名字应该刻在她的父亲、丈夫和孩子的心上，而不是其他人那里"——而穷人则是她另外的孩子。[5] 不具名的志愿者工作默默无闻，吞噬了女性的大量精力，她们带来的社会影响很难进行估算。

　　然而，慈善事业提供了实实在在的经验，从而改变了她们对世界的看法，以及对自己的认知，在一定程度上也改变了她们的公共角色。一开始，她们加入的是由男性管理的团体；到了后来，她们组成了由女性领导的女性团体。这方面的例子包括 1830 年成立的伊丽莎白协会（Elisabeth-vereine），这是由莱茵兰地区的天主教女性在早期组建的一个组织；新教徒阿玛莉·西夫金（Amalie Sieveking）1832 年在汉堡组建的解救穷人和病人的女性联合会（Weiblicher Verein für Armen-und Krankenpflege）；[6] 埃伦·R. 怀特（Ellen·R.White）1859 年组建的伦敦《圣经》女性和护士传教会（London Bible Women and Nurses Mission）；以及奥克塔维娅·希尔（Octavia Hill）在 1869 年成立的慈善组织协会（Charity Organization Society）。[7] 如果说第一批从事慈善事业的女性在一定程度上是受到听其忏悔的神父或者是她声名远播的丈夫的激励，那么，另一批更为独立的女性也在追随她们的脚步，其中的许多人未婚或是丧偶，她们被自己身体和道德上的苦难所激发，并受到了传教士精神的激励。奥克塔维亚·希尔是一位精明的女商人，并且是一位不知疲倦的委员会成员，她认为慈善事业是一门旨在促进个人责任感的科学。她的著作《我们的共同家园》（*Our Common Land*，1877 年）充满了自由主义的意识形态，表达了她对个人主动性的乐观信念，但她对国家的干预则不太感冒。如果说慈善团体最初依靠的是贵族精英，但后来随着规模的扩大，它们越来越多地依靠中产阶层。正如约瑟芬·巴特勒在《女人的工作和女人的文化》（*Woman's Work and Women's Culture*，1869 年）一书中所观察到的，这些后来被招募的人希望通过慈善事业来推广中产阶层家政学的规范。一些团体对工人阶级女性进行了系统性的征用，她们有时会获得报酬。伦敦《圣经》女性和护士传教会的成员都是皈依者，她们务实的语言和随和（她们的名字为众人所知）受到了她们所服务群体的高度赞赏。

　　方法和目标都改变了。最初的目标是通过做好事来"做慈善"。到了后来，目标变成了教导人们要有良好的道德和卫生。募集资金的方式有很多，包括在当地募捐，大型的慈善销售，或是举行慈善义卖（从 1830 年到 1900 年，英国每年会举行超过 100 场这样的义卖）。这些"女士们的销售"严格地由女性来经营，她们很高兴有机会来管理金钱（许多女性被剥夺了这项特权）和处理商品（她们在过去往往只是被动地消费）。她们学到了做生意的方法，有些人在这方面展现出了真正的才能。在慈善仪式的掩护之下，她们还彻底转换了角色，有时还会推销政治信息。在围绕《谷物法》而展开的争论中，美国东北部的一些城市出现了反对自由贸易和反对奴隶制的义卖。

救助资金的分配也发生了变化。为了挑选出"值得帮助的穷人"，那些到贫困家庭拜访的人开始提出新的要求。她们会询问个人和家庭的历史，而她们整理的报告还会对该家庭的贫困状况进行综合性描述。女性因此获得了几乎所有的与社会问题有关的专业知识，并对贫穷地区的状况熟稔于心。穷人受到了越来越多的监督和约束。她们希望能从根本上改变穷人的习惯，帮助他们恢复支离破碎的家庭。家庭是社会的核心，尤其是"母亲—孩子"二元世界的核心，这显然是女性最为关注的领域。她们对家庭的关注甚至超过了对医院和监狱的关注。医院是弗洛伦斯·南丁格尔的领地。而在对监狱的关注方面，伊丽莎白·弗莱（Elizabeth Fry）、康塞普森·阿雷纳尔（Conception Arenal）、约瑟芬·马利特（Josphine Mallet）和德阿巴迪·德阿拉夫人（Mme d'Abbadie d'Arrast）是其中的佼佼者。

女性最重要的是要为其他女性的利益而工作——她们的姐妹需要理解、教育和保护。伦敦《圣经》女性和护士传教会经常举办茶会和母亲会议，向女性教授家政学和儿童护理的技巧，并向她们灌输建立一种对"干净而舒适"的家庭的渴望，让女性认识到晚餐时应该有干净的桌布，窗户上应该有窗帘。她们希望通过操持家务者的努力，让父亲不再酗酒，让孩子不再继续在外面浪荡。实际上，家庭主妇成了赢得一场旧战役的新希望，变成了社会和平中的关键人物。

但是，对于女性被迫面对的生活境遇，以及她们对此进行的反抗，道德教育也加以了考虑。抗议主要集中在两类女性身上：在家工作者和妓女。在当时，由于百货商店的兴起和缝纫机的发明，纺织业的扩张正在带来剧痛。为了对抗纺织业所造成的劫掠，慈善家们资助了一些研究，并试图改变消费者的习惯。美国女性组织了买家联盟，勒·普莱的追随者亨丽埃特·让·布鲁恩斯（Henriette Jean Bruhnes）将这一做法引入了法国，希望百货商店的顾客能够更具责任感。如果女性能够限制自己的需求，更好地对购物进行规划，血汗工厂和时装公司的女裁缝就不用筋疲力尽地工作到凌晨了。尽管这些努力受到了新教徒、工人合作社的支持者查尔斯·吉德（Charles Gide）的赞扬，但受到了自由主义经济学家的强烈批评；后者不乐见女人对神圣而不可侵犯的市场规律构成干扰，并认为生产是男人的领域，他们非常反感生产受到女性消费者控制的观念。加布丽埃勒·迪谢纳（Gabrielle Duchene）和让娜·布维耶（Jeanne Bouvier）等女性主义者和工会主义者组建了家庭劳动办公室（Office of Home Labor），促成了立法部门在 1915 年 7 月 10 日通过一部法律，首次对家庭劳动施加了一些限制措施，并建立了最低工资制度。这两项措施掀开了社会领域立法的新篇章。[8]很显然，慈善事业进入了新的领域，女性也突破了她们所在的小圈子。

从投身于慈善事业的普通女性到女性主义者，从法国作家弗洛拉·特里斯坦到约瑟芬·巴特勒，所有人都在同情妓女。圣拉扎尔是一座女性监狱，也是一家治疗各种性病的医院，这里成了煽动不满的中心，新教徒 [埃米莉·德·摩希尔（Emilie de Morsier）、伊莎贝尔·博热洛（Isabelle Bogelot）和 "圣拉扎尔解放运动"（L'Oeuvre des Liberees de Saint-Lazare）] 尤其利用了这一点。在约瑟芬·巴特勒发起废除卖淫管制运动的同时，慈善组织于 1885 年 7 月在海德公园组织了有史以来规模最大的 "肃娼" 集会：25 万人以 "纯洁" 的名义聚在一起，反对 "白人奴隶交易"[1]。尽管这些口号可能有些含混不清，但它们提出了与女性身体商业化有关的关键问题。

在从慈善向社会工作转变的过程中，所谓的社会服务所（settlement house）发挥了关键作用。志愿者们不是去定期拜访穷人，而是在贫困地区建立了全日制的前哨基地。这里所指的贫困地区包括郊区、周边社区和大城市的传统工业区。这场运动也是受到了新教的启发，发端于英国，最早的社会服务所是在伦敦汤恩比馆建立的 "巴尼特之家"（Barnett house）。奥克塔维娅·希尔于 1887 年在萨瑟克（Southwark）建立了首个女性社会服务所。一些社会服务所是由未婚或离异女性经营的。在有些情况下还是由成对的姐妹或者是高校教师在运营（比如在女子大学服务所）。通过这种方式，发端于大学的社群关系保持了连续性。玛莎·维奇努斯（Martha Vicinus）对这些群体的欢乐，以及她们所面临的困难进行了描述。年轻女性往往无法在为长期社会奉献而苦行与为解放女性而奉献之间作出决定。从其他方面而言，这些女性是家庭观念的鼓吹者，但她们在行动和衣着方面又都是自由的。她们拒绝传统的婚姻，将自己与自己的兄弟相提并论，认为自己也是帝国的士兵，而贫民窟就是她们需要远征的非洲和印度。[9]

---

[1] 此处的白人奴隶指的是沦为妓女的白人。——译者注

在法国，人们在沙罗纳（Charonne）和勒瓦卢瓦－佩雷（Levallois-Perret）的无产阶级居住的地区进行了类似的大众教育实验。沙罗纳的教育实验是由玛丽·加埃里（Marie Gahéry）的"家庭联盟"（Union Familiale）实施的。而勒瓦卢瓦－佩雷就是一个拾荒者居住的社区。在这里，具有反叛精神的玛丽－珍妮·巴索特（Marie-Jeanne Bassot）试图将她建立的"社会居所"打造成构建一座新城市的种子。巴索特是社会天主教徒，与西永运动（Sillon movement）有些关联，并受到了简·亚当斯（Jane Addams）和美式社会服务所模式的影响。然而，巴索特的运动遭遇了阻碍，持怀疑态度的教士在管理方面给她使绊子，而右翼势力则企图将她的社会服务所纳入自己麾下。在第一次世界大战之后，"重振法国"（Redressement Français）之类的团体动员了"志愿军"和女性"慈善工作者"，以"阻止野蛮的潮流"（这里指的是共产主义）。1922 年召开的首次社会服务大会，清楚地表明了对这些仍处于蹒跚之中的社会行动尝试进行严密组织所带来的影响。[10]

至于社会对性别意识的认知，慈善事业在这方面产生了各种各样的影响。它向资产阶级的女性揭示了另外的一个世界，有些人对此震惊不已。女性学到了与管理、金融、通信有关的知识，其中最重要的是与研究有关的知识。弗洛拉·特里斯坦（《伦敦漫步》，1840 年）和贝蒂娜·布伦塔诺 [《穷人之书》（*The Book of the Poor*）]是第一批记述与贫困有关的内容的女性。[11]亨丽埃特·让·布鲁恩斯在 1906 年建议说，"让你们自己养成不断调查的习惯"，这就扩大了女性的研究范围，并使之常规化。通过研究，女性获得了足够的知识和经验，因此成了潜在的专家。在伦敦，有的女性成了布道团或是社会服务所的带薪工作人员。而在法国，有的女性在不知道孩子性别的情况下成为其监护人（这是根据 1912 年的一项法律来实施的，由儿童法庭来任命孩子的监护人）。[12]还有的女性成为女子监狱、学校、车间和工厂的检查员。女性由此在社会工作的职业领域里获得了权威，得到了她们应得的东西。教诲、关怀和帮助：这三项使命构成了"女性职业"的基础，这些职业均带有她们最初自愿从事的烙印。[13]

通过参加社会工作，女性获得了一种能力，这种能力使得她们对管理自主权的渴望得以合法化。在 1834 年，母亲慈善协会（Maternal Charity Society）的女士们建议女性将"她们必然承担的使命视为理所当然。在管理大型机构和大笔资金方面，男人或许做得更好；但知道如何奉献自己，知道如何忍受苛刻待遇的女性，却更适合不停劝说下层社会的人要屈从于艰苦的生活。女性热爱这一点，这就是她们的工作"。[14] 随着奥克塔维娅·希尔和弗洛伦斯·南丁格尔的出现，这种谦逊的语气消失了，取而代之的是激进的批评和不屈的要求。凭借在克里米亚战争中的经验，南丁格尔不仅推动了医院的改革，还促成了军队的改革，"这是许多女性通过最初的投入而能够接触到知识和科学的第一个领域"。[15]

从事慈善事业的女士对于自己打理"社会家务"的天赋充满自信，她们将注意力转向了住房和社区。她们在这方面有着实打实的知识。她们挑战了男性的管理。法国北部的资产阶级女性与市议员发生了冲突，因为后者拒绝给予她们所要求的补贴。[16] 诸如路易斯·特文宁（Louise Twinning）这样的英国女士发起了反对工作场所管理者的运动。她们谴责这些管理者千人一面，毫无人性。此外，她们还致力于与穷人有关的法律改革工作。

作为穷人的牧师，从事慈善事业的女性对穷人行使的权力并非毫无含糊之处，也带有阶级冲突的色彩。对于那些既没有发言权，又没有投票权的穷人，她们将自己视为他们的调解人。正如圣西门主义者所论述的那样，女性与无产阶级之间只有象征性的，而不是有机的联系。欧仁妮·尼布瓦耶（Eugénie Niboyet）承认说："我喜欢对普罗大众产生影响，因为那是我能够感受到全部力量的地方。我是一位信徒。"[17] 她们以被排挤者、弱者、儿童以及大多数其他女性的名义，要求国家层面（而不仅仅是地方层面）支持这些人的权利。但事实上，她们主要是在地方层面进行运作。这主要是因为，在地方层面，她们正式或非正式的网络都是最有效的，在 19 世纪上半叶更是如此。在 1832 年的纽约的尤蒂卡（Utica），这座信奉长老会的小镇受到了火热的进步力量的震撼，当地有大约 40 个女性组织，主要致力于保护面临被强奸和卖淫危险的年轻女性。诸如"母亲协会"和"节制之女"之类的团体简直就是在扮演性警察的角色。[18] 英国和美国的女性参政权论者利用这种社区权力要求获得选举权，最初是争取市一级的选举权。女性在立法层面也进行了较小程度的干预，她们干预的方式是游说、组织和提出请愿（支持离婚、工作场所保护等等）。通过这些渠道，女性成为地方政府和中央政府的参与者。

其结果是，她们重新引起了男性的兴趣。他们迅速对这些在政治上活跃的女性加以利用，但又急于保护他们自己的特权。当赤贫成为"社会问题"时，男人们更加急迫地介入了进来。慷慨解囊向来是"父亲的"职责，因此慷慨不可能仅仅留给女性的仁慈。德·热朗多（de Gérando）已经在 1820 年撰写的《穷人的探访者》（*Le Visiteur du Pauvre*）中表达了他的意愿，即探访穷人的更多应该是从事商业的男性，他们能够为自己探访的穷人带来工作机会。到 19 世纪末，一流的慈善家都是男性：比如巴内特（Barnett）、"救世军"的创立者布思（Booth）、红十字会的创始人亨利·杜南（Henri Dunant），以及 1910 年首届失业问题国际会议的组织者马克斯·拉扎德（Max Lazard）。对社会福利的管理转移到了政治家和专业人士的手中：医生、法学家和心理学家迅速将女性视为只适合充当护士和社工等次级角色的辅助人员。一场不同类型的战斗现在开始了，而这一次是为了职业培训和认证证书，因此问题也开始发生变化。

慈善事业还产生了其他方面的影响。它在中产阶层女性之间建立起了联系，并帮助人们在从新英格兰到雅典的广泛地区播下了"性别意识"的种子。在许多情况下，这些种子后来发展成为成熟的女性主义意识。根据卡罗尔·史密斯－罗森伯格（Carroll Smith-Rosenberg）的说法，19 世纪八九十年代的新女性是 19 世纪 50 年代至 80 年代的新资产阶级女性的女儿[19]，她们跨过了政治与社会、公共与私人、宗教与道德之间的分野，这种对身份的严峻考验就好像是一场实验。

女工

女工遭受了双重攻击：作为女性，她们被认为背离了女性气质（米什莱说，女工是一个"不敬的词语"）；而作为劳工，按照法律规定，她们的薪水必须低于男性，她们挣的钱被认为只不过是家庭预算的"补充"而已。这不仅决定了女工的任务，也决定了她们的命运。所有的生产部门都不向女性开放。而且，19 世纪劳工的身份是建立在男子气概模型之上的；无论是在日常生活和私人层面，还是在公共和政治层面，均是如此。P. 斯特恩斯（P. Stearns）注意到，在 19 世纪末，英国工人阶级夫妇在性关系中面临压力。[20] 多萝西·汤普森（Dorothy Thompson）则向我们展示了在宪章时代，女性是如何从积极活动的角色中退出的。在各种会议中，她们的声音变得微弱。很快，就连她们的出现也会显得格格不入，甚至到了她们被排除在酒馆和小饭店（这些地方成为纯粹的男性聚会场所）[21] 之外的地步。虽然各地的情况有所不同，但均有类似的发展趋势。在都市丛林中，劳动阶级女性的身体成为暴力攻击的对象。家庭内部的暴力经常发生，工作场所的性骚扰也很常见。[22] 对女性来说，除了母亲或家庭主妇的身份外，她们没有获得其他方面的认可。尽管此时的美国有琼斯夫人（Mother Jones），这位爱尔兰裔女性将矿工组织了起来，但女性在当时的西方工人运动中几乎没有什么地位。而"同伴之母"（Mère des Compagnons）是个例外，这位女性运营了一处向学徒工提供寄宿的地方。但在大多数情况下，工人运动都将自己视为男性的运动，即使是它的象征也充满了男性色彩：赤裸的躯干、结实的二头肌和强壮的肌肉，健壮的男性工人形象取代了家庭主妇挎着篮子的大众形象。[23] 示威活动变得更加仪式化和体面了，但人们对女性的暴力和幻想仍心存警惕。当然，女性同伴是可以接受的，她们甚至被动员起来参加工人运动，但她们有自己的位置，只不过是在充当举旗者、装饰品和保护罩。[24] 女性甚至从记忆中被抹去了：在以男性为主的工人阶级活动家的自传中，他们很少谈及自己的妻子和母亲，这些女性经常被描述成泪流满面的讨厌鬼而被冷落在一旁，而儿子们经常成为父亲眼中的英雄。

在女性作为一个团体从街道中撤出的同时，"面包暴动"的声势也下降了。"面包暴动"是传统社会中抗议活动的主要形式，也是规范"道德经济"的一种手段，而女性一直是"道德经济"的晴雨表。通过坚持要求对食品价格进行控制，女性获得了地方乃至全国层面的政治影响力。1789 年 10 月 5 日至 6 日，巴黎拉哈勒食品市场的女性前往凡尔赛宫抗议，迫使法国王室返回了巴黎，从而从根本上重塑了"权力空间"。尽管在 19 世纪上半叶，"面包暴动"在整个欧洲仍然在大量发生，并在 1846 年至 1848 年之间形成了示威浪潮，但随着食品供应系统的改善，"面包暴动"的数量在随后下降了。随着工厂工人以及之后的工会工人逐渐占据主导地位，示威活动越来越男性化了。然而，在 1910 年至 1911 年，高昂的生活成本还是在西欧的工业区引发了一场危机，成千上万的家庭主妇（在法国，这些女性是以 1789 年 10 月的前辈为榜样）再次洗劫了市场，并进行了重新定价。尽管面临外界的严厉谴责，这些女性还是组织了"联盟"，并且对投机商进行了抵制。然而，工会对"这种本能的、无组织的、盲目的运动"提出了批评，并试图将其转变为"男性的反抗"。[25] 在 1917 年阿姆斯特丹的马铃薯暴动中，类似的剧本再次上演，只不过这次是新旧形式的微妙结合。荷兰社会民主党领袖敦促抢劫了两艘驳船的女性将领导权交给她们的儿子和丈夫，煽动他们进行罢工。[26] 简而言之，工会主义者、社会主义者与群体心理学家的观点是一致的：他们担心女性暴民更容易采用暴力。[27]

罢工是在政治觉醒后采取的行动，并将生产者组织了起来。从这个意义上说，罢工是更具男子气概的事务，而且变得越来越理性了。暴力的使用通常限定于某个特定的目的，而对女性的使用也是如此。可以肯定的是，罢工者的妻子也在发挥她们的作用：她们在"共产主义厨房"的炉灶前忙活，这在20世纪早期是对罢工运动的一种新形式的支援；她们绕着夜火高唱团结的歌曲；而在示威活动中，女性则积极地去刺探有关工厂主和"工贼"的动向。[28]与其他工人的妻子相比，矿工的妻子融入罢工群体的程度更深，她们参与到了各种形式的集体行动当中。对此饶有兴趣的左拉（Zola）在小说《萌芽》（Germinal，1885年）中提供了史诗般的记录。而对诸如警察这样的观察人士而言，参与会议或示威游行的女性人数则表明了卷入冲突的群体的不满程度。

在男女均参加的罢工行动中，男性与女性之间如何互动，是一个值得特别关注的话题。不幸的是，我们对此知之甚少，因为大多数信息来源都会将这两个性别合在一起说，用的是"他们"一词。在谈判中，女性的诉求经常会被牺牲掉，而男女之间不平等的工资也很少受到挑战。

至于只涉及女性的罢工，则完全是另外一回事：对于习惯于温顺女雇员的雇主来说，这样的罢工是一种无法容忍的反叛；对于女雇员的家庭来说，这是一种让人感到生气的烦恼，再加上罢工者通常都是年轻人，这就更让她们的家人感到恼火；而对广大公众来说，她们这样做是不适当的，舆论轻则对她们充斥着尚可容忍的傲慢（称她们为"这些贫困的疯女人"），重则诋毁她们在进行性暗示。由于这样的罢工破坏了女性一贯的顺从姿态，因此被认为是可耻的。工人们不喜欢见到他们的妻子罢工，更不喜欢他们的女儿这样做，经常会敦促她们回去工作，有时甚至会做出残忍的举动：一位愤怒的丈夫将妻子带回了她工作的工厂，并在工厂大门口当众斥责她（这件事发生在1913年巴黎的勒博迪糖厂）。在支持女性罢工方面，工会犹豫不决。根据工会的规定，女性享有较少的罢工福利，因为她们并不是家庭的顶梁柱，无论如何她们的饭量都要比男性小。女性罢工是对男权社会的一种威胁。男权社会既不急于赋予女性罢工的权利，也不急于赋予她们工作的权利。

社会对罢工的劝阻力量很容易受到赞赏。胆敢罢工就是罔顾舆论，一个女人在工厂外面游行就像是妓女在行事。在一个晴朗的春日和特殊的场合（比如，由于特殊的纪律处分而引发的愤怒，或者是由一个"煽动者"唆使；而这个"煽动者"总是会被贴上"女妖"或"泼妇"的标签）罢工，这需要鼓起勇气。例如，玛丽·汉密尔顿（Mary Hamilton）在《玛丽·麦克阿瑟》（*Mary Macarthur*，1925 年）一书中描述了一个肥胖的女人，她在 1911 年 8 月的某个早晨带领了一支罢工的女性队伍：这些女人身上散发着难闻的气味，满身都是虫子，穿戴着羽毛围巾和皮夹克之类的古怪装束。

除了某些行业（比如烟草加工业）之外，女性一般不太可能罢工。在法国，从 1870 年到 1890 年，虽然女性占到了全部劳动力的 30%，但她们在罢工者中所占的比重只有 4%。她们的罢工通常是防御性的、出于一时冲动且毫无组织、准备不足，她们更倾向于对工作时间太长、节奏太快、工作条件令人无法忍受或纪律规定太过于苛刻和武断而进行抗议。1869 年，里昂的丝绸工人宣称她们已经遭受了"很长一段时间的痛苦"。这些联盟非常短命，动不动就瓦解了。

然而，这些联盟也是某种释放压力的途径。这是罢工参与者"走出去"表达不满的独特机会，她们对这些不满的记忆要比工人运动的历史更为久远。其中一些确实被记述为重大事件：里昂的丝绸工人罢工最终被第一国际接管，第一国际随后便拒绝此次罢工的领导人菲洛梅娜·罗莎莉（Philomène Rosalie）作为代表出席巴塞尔大会。1888 年的伦敦媒人罢工标志着女性首次不诉诸男性工会组织而进行罢工；与之相反，她们呼请安妮·贝赞特（Annie Besant）组织了一个工会，并向公众传达他们的诉求，而且最后她们获得了胜利。爱丁堡的女性印刷工人发布了一份引人注目的备忘录——《我们女人》（"We Women"）。在这份备忘录中，她们以平等和能力为理据，宣称她们有权从事印刷行业。1909 年，纽约的 2 万名衬衫制造工人发起了罢工，这多亏了特蕾莎·马尔基尔（Theresa Malkiel）所作的新闻报道，她使我们对这件事情有了特别详细的了解。[29]

对于女同事的一些更为活跃的街头行为——反复吟唱、跳舞、燃起篝火，男性工人是不赞成的。这些行为实际上是年轻和有文化的女工的表达方式。在闭门会议中，女工发现语言和共同信仰具有令人陶醉的力量。她们把海报张贴在墙上，在媒体上发表宣言，从而占领了公共空间的一隅。由于在最开始缺乏经验，女人们会寻求男性同伴的帮助，但她们逐渐就对这些男性同伴的横加干涉失去了耐心，转而求助于其他女性。这些女性通常是社会主义者，女性主义者比较少。安妮·贝赞特、艾琳娜·马克思（Eleanor Marx）、碧翠丝·韦伯（Beatrice Webb）、路易丝·奥托（Louise Otto）、克拉克·蔡特金（Clara Zetkin）、保罗·曼克（Paule Minck）、路易丝·米歇尔（Louise Michel）、珍妮特·亚当斯（Janet Addams）、爱玛·戈德曼（Emma Goldman）加入了她们的斗争当中。在某些情况下，当女性的"共同阵线"开始浮现时，工会领导人就尤为担心，他们对于这一点或多或少会成为工人运动的一个永久性特征感到忧心。

工会根本就不愿意接纳女性。收会费、阅读报纸、参加咖啡馆的晚间会议——所有这些都是女性参与工会所面临的障碍。然而，女性的工作权和代表权也面临障碍。女性怎样投票？以什么名义投票？她们是为谁投票？难道男人不是一个家庭的天然代表吗？女性难道不是家庭的一分子吗？

在主要雇用男性的行业里（比如裁缝和印刷工人），女性被禁止组建工会，在德国尤其如此。在德国，工人运动领袖拉萨尔（Lassalle）对工作场所的女性抱有敌意，他的这种观念有着很大影响力，占据了主导地位。而在一些地方，男性主导的工会则欢迎女性加入。尽管他们最初有些不大情愿，但后来在19世纪和20世纪之交就变得热情多了。到这时候，他们甚至对一些女性工人不愿意加入工会提出了公开谴责，而女性的这种态度正是他们之前费尽心思希望创造的。工会没有采取任何措施来增加女性的发言权（在1880年的法国北部，如果有哪位女性想在工会会议上发言，她必须提交由丈夫或父亲签字的书面发言申请），也没有培养她们的责任感。一些起装饰作用的女性被允许走上了讲台，但鲜有女性成为工会官员，而能作为代表参加全国大会的女性就更少了。全国代表大会才是真正的权力中枢。即便是在女性占到了劳动力大军三分之二的烟草业和婚介业，大多数工会官员都是男性。因此，女性参与工会的比例很低（很少超过3%）。

早期的主动出击大多来自工人阶级之外的女性，她们是合作运动的积极分子，将团结和合作视为进行教育的机会，并可以借此提出诉求。路易丝·奥托和她的全德女性联合会（Allgemeiner Deutscher Frauenverein，莱比锡，1865年）、爱玛·帕特森（Emma Paterson）和女性工会联盟（Women's Trade Union League，1874年）、珍妮特·亚当斯和新女性工会联盟（New Women's Trade Union League，波士顿，1903年）、玛格丽特·杜兰德（Marguerite Durand）与支持《投石党报》（La Fronde）的工会、玛丽—路易丝·罗什比亚尔（Marie-Louise

Rochebillard)、塞茜尔·蓬塞(Cecile Poncet)以及里昂地区的"自由工会"——这些女性均意识到了女工可以被利用的具体方式，并了解成立不包括男性成员的工会的迫切需求。尽管这些领导人可能对"母性主义"感到内疚，但是她们鼓励激进女工的出现，因为这样的女工具备赢得独立所需的品质。

没有斗争的话，胜利是不会到来的。冲突是不可避免的，女人不仅会与男人发生冲突，女人之间也会产生冲突。"性别意识"遭遇了争夺权力和社会等级的对手。女工抱怨"资产阶级"女性不理解她们，也不能欣赏她们希望通过社会立法而获得的东西。在19世纪和20世纪之交的法国，女工们支持的一种保护形式，被女性主义者批评为具有歧视色彩。[30] 在纽约由衬衫制造者发起的罢工中，罗斯·施耐德曼(Rose Schneiderman)和保利娜·纽曼(Pauline Newman)指责富有的女性参政权论者阿娃·贝尔蒙特—范德比尔特(Ava Belmont-Vanderbilt)和安妮·摩根(Anne Morgan)对贫穷和宣传的兴趣类似于窥阴癖。"貂皮大衣帮"(The Mink Brigade)[1] 被直截了当地提醒要注意自己的站位。正如爱玛·戈德曼所说的，如果安妮·摩根能够竞选美国总统，女工们的生活状况又会有什么不同吗？

优雅的女士鲜少认为女工与她们是平等的；相反，她们将女工视为可能的仆人。在克里米亚战争期间，弗洛伦斯·南丁格尔小圈子里的"女士们"经常会与"护士们"发生争吵。这些护士认为自己是专业的，拒绝给女士们做清扫工作；而女士们则试图掌控一切，甚至包括护士们应该如何度过她们工作之外的休息时间。弗洛伦斯被迫发出了一项警告："她们必须明白，她们将会保持在与英国时一模一样的地位。也就是说，处于监管者及其助手们的管辖之下。"[31] 在女性当中，佣工服务一直是一个有争议的问题，这在1907年的法国议会上表现得尤为明显。[32]

种族和族裔问题进一步加剧了这类社会紧张关系。女性工会联盟被新教徒、意大利人和犹太人之间的对立所困扰。而在纽约服装业的罢工中，文化差异也非常显眼。

工人运动(包括工会和社会主义者)利用了这些分歧，剥夺了女性代表女工的权利。在法国，女性被认为是教会的代理人，而女性主义在本质上是"资

---

[1] 这里指的是那些支持工人罢工的富有女性或有着社会特权的女性，她们往往身着貂皮大衣。——译者注

产阶级"的。这是阻止任何"性别阵线"形成的有力论据，"性别阵线"被一如既往地指责为对工人阶级的潜在背叛。这就是某些信仰社会主义的女性〔比如法国的路易丝·萨乌莫内奥（Louise Saumoneau），或者是德国的克拉拉·蔡特金反对海伦·兰格（Helene Lange）和莉莉·布劳恩（Lily Braun）〕会持有强烈的反女性主义和反女性参政主义立场的根源。在德国和法国发生的冲突尤为严重。[33] 在英国，女性之间的社会接触程度要更高一些，女性参政权论的影响更大，因此情况就截然不同了。兰开夏郡的女性棉花工人不仅参与工会的程度很高，而且是激进的女性参政权论者。为了达到目的，她们利用了《圣经》女性传教会的慈善方式。她们还发起了一场孜孜不倦的请愿运动，收集了大约3万名女工的签名，并由她们的代表提交给了议会（1893年至1900年）。[34]

空间的扩展：迁徙和旅行

"任何一个女人，只要她抛头露面，都是对自己的侮辱。"卢梭在给达朗贝尔（d'Alembert）的信中如此写道。倘若将这句话放到外出旅行的女性身上，则是真实写照了。在当时，任何一位女性旅行者都被认为是可疑的，尤其是如果她单身的话。弗洛拉·特里斯坦在"巡游法国"时就遭遇了这种偏见（在法国南部，很多酒店拒绝向单身女性提供房间，担心此举会教唆卖淫）。她后来写了一本名为《需要欢迎外国女人》（Need to Welcome Foreign Women，1835年）的小册子。在这本小册子中，她提议组建一个社团，以对到访法国的女性游客提供帮助。该组织将有一栋建筑，里面有图书馆和可以阅读报纸的阅览室。它的口号就是"美德、谨慎和关注"。该组织的会员们将佩戴有红边的绿丝带，作为识别的标志；但为了保护隐私，会员的身份都是保密的。这个专为女性旅行者而提议的"家"成了许多同类事物的先驱，在19世纪的后半叶得到了各种团体和组织的推广。这些团体和组织大多由新教徒组成。[35]

然而，随着新的交通工具的发展，尤其是在1850年之后，女性所获得的流动性不可避免地增加了。有些女性是出于经济或政治的需要而成了移民，但女性旅行并不仅仅是因为迫不得已，有一些是出于她们自己的选择。而旅行不可避免地会对她们的世界观产生影响。

国内移民

在法国这样的国家，人口的来回流动很常见，这是典型的国内移民。男性们通常会离开家乡，前往城市的车间和建筑工地；而女性们则待在村子里，料理农场，守护古老的传统。与那些从城市回来的男性相比，她们显得迂腐而守旧。在马丁·纳多（Martin Nadaud）笔下的克勒兹村（Creuse），刚从大城市回来的年轻泥瓦匠用自己的故事迷住了听众，老太太富恩乌斯（Fouénouse）则在一旁沉默不语。[36] 但是，农村人口的迁移最终导致的是整个家庭背井离乡。中产阶层需要更多的仆人，而服装和服务行业提供的工作机会也在吸引年轻女性离开农村。在一些城市社区里，男女比例严重失衡，与异性约会并不是那么容易。舞厅在某种程度上满足了这种需求，卖淫也是如此。

女性迁徙者一开始会受到老家的人们和欢迎她们前往目的地的支持网络的密切审查，但后来逐渐获得了更大的自由。这既有好的一面，也有不好的一面。她们被引诱和抛弃，挤在产房里，找来堕胎医生，还会犯下一些轻罪。这里的轻罪主要指的是偷窃，通常是从大型百货公司里偷取面料。但她们也攒了钱，在适应这座城市的同时也为自己最终的婚姻攒够了嫁妆。她们足够聪明，能够评估成就一段婚姻的可能性。由于城市对年轻女性的服务存在需求，这让她们的欲望更难得到满足。过去的那些善良的仆人逐渐让位给了厚颜无耻的女仆，就像奥克塔夫·米尔博（Octave Mirbeau）的仆人朱丽叶（Juliette）一样；[37] 或者是让位给了那个总是"随时准备将围裙交还"的"傲慢"仆人。汉娜·卡尔威克（Hannah Cullwick）在日记中写道，在与雇主阿瑟·芒比（Arthur Munby）达成协议之前，她一直在四处奔波。作为一个已婚的仆人，她一直屈从于"马萨"（"Massa"）的性冲动，但从未得到他家庭的认可。卡尔威克的例子说明了仆人获得解放的局限性。[38] 让娜·布维耶（Jeanne Bouvier）与母亲一道于 1879 年搬到了巴黎，她的流动性令人咋舌。维也纳的阿德莱德·波普（Adelaide Popp）也是如此。当然，从迁徙者的定义来看，那些自己"混出了点名堂"的女性都是迁徙者（布维耶根据自己的三段"职业"组织了自己的回忆录。这三段职业分别是工会成员、作家和女性主义者）。迁徙是女性作出改变的必要条件，但并非充分条件，更谈不上女性会因此而获得解放了。但这表明了女性与过去决裂，并创造未来新的可能性的渴望。

农村移民，尤其是那些成了仆人的人，将城市的时尚、消费品和其他习惯带回了农村，其中就包括避孕措施。到 19 世纪末，家庭越来越不愿意让女儿离开家了。由于太过于独立，她们永远迷失在乡村里，那里的独身率正在上升。与此同时，在城市里，年轻女性（20 岁至 29 岁）的数量比年轻男性的数量多出了 20%（至少在法国是这样）。[39]

家庭教师是另一个重要的移民劳工群体。她们要么出身于家道中落的家庭，要么就是来自资产阶级知识分子家庭，他们希望自己的女儿能像儿子一样，通过离家远行来获得好处［信奉新教的雷克吕斯（Reclus）家族就是如此］。她们的视野非常开阔，许多人甚至穿越了整个欧洲。[40]法国人亨丽埃特·勒南（Henriette Renan）在波兰生活过好几年，其目的就是挣钱，以资助兄弟的研究。与勒南的迁徙方向相反，一些俄罗斯女性来到了巴黎，尼娜·贝蓓洛娃（Nina Berberova）就是其中的一位，她为自己的写作积累了丰富的观察资料。很多家庭教师来自国外，因此会受到剥削，但她们也并不总是享有良好的声誉。她们被指控阴谋勾引男人。因为爱上了一名女教师，舒瓦瑟尔－普拉兰公爵（Duc de Choiseul-Praslin）谋杀了他的妻子。发生在路易·菲利普（Louis-Philippe）统治末期的这桩丑闻，不幸地强化了人们对家庭教师的刻板印象。

长途移民

移民国外的男女比例也在以类似的方式发展。在这一时期的初期，男性明显占主导地位。之后，整个家庭会一起移民，男女比例均衡了。男人们先行一步，女人们随后跟来。边远地区是战士和拓荒者的地盘，在这个充满阳刚之气的世界里，很少会有女人出现。因此，一旦出现白肤金发的"女郎"和各式各样的妓女的极端情况，就会显得引人注目。这种情况后来反映在美国西部小说的厌女倾向中。

美国为研究此类问题提供了极具吸引力的实验室。不管是女性主义者，还是不持女性主义立场的历史学家，都开始探索这个内容丰富的领域。移民产生了相互矛盾的影响。在某些情况下，它强化了家庭的力量。家庭不仅是经济的核心，也是种族团结的中心因素；与此同时，移民也强化了性别角色的分化。按照南希·科特（Nancy Cott）的说法，在新英格兰地区，从 1780 年到 1835 年，强有力的"女性纽带"在"女性领域"发展起来了，而这也成了"性别意识"

的基础。在生活于北美草原的农民中，以及在爱尔兰和意大利的工人阶级家庭当中，母亲是一位强有力的人物，就像约翰·斯坦贝克（John Steinbeck）所撰写的《愤怒的葡萄》（Grapes of Wrath）中史诗般的母亲形象一样。在埃莉诺·勒纳（Elinor Lerner）看来，在纽约，对女性主义和女性争取选举权运动的最大支持来自犹太社区，既包括资产阶级，也包括工人阶级。最激烈、最顽强的反对则来自爱尔兰人，而意大利人则出现了分歧：南部意大利人更习惯与强势女性打交道，因此比北方人更乐于支持女性主义和女性争取选举权的运动。[41]

在某些情况下，活动空间的扩大，以及随之而来的大众对女性所施加的约束的放松，都有助于女性的自我肯定。当托克维尔在 1832 年访问美国时，他对美国女性的行动自由感到震惊。根据路易斯安那州的法律，女性有权进行私人通信。许多美国女性都是伟大的旅行家，一些人在 19 世纪末还到访了欧洲。因为热爱意大利，她们与男性竞争艺术评论家的位置［李·弗农（Lee Vernon）追随伯纳德·贝伦森（Bernard Berenson）的脚步来到了托斯卡纳，埃迪特·沃顿（Edith Wharton）也撰写关于艺术的文章］。在巴黎，她们占据了左岸地区。被称为"雅各布街的强悍女人"的娜塔莉·克利福德·巴尼（Natalie Clifford Barney）以及居住在弗勒吕街的格特鲁德·斯坦（Gertrude Stein）代表了在思想和性方面都得到了解放的新女性形象。由于她们来自别的地方，而且生活在知识界的边缘，所以更容易为人所接受。[42]

俄罗斯女性和犹太女性经常被错误地归为一类，这两个群体值得特别关注。正如南希·格林（Nancy Green）在本书的文章中所指出的，她们比其他女人更容易反叛，而且她们的影响力是巨大的。"我想要的不是工作和金钱。我想要自由。"一名刚到纽约的犹太移民如此说道。[43] 爱玛·戈德曼的回忆录堪称旅行可以带来解放的典范。[44]

在殖民地[45]

殖民式移民最初与强制放逐有关，而且最终都未能摆脱它的坏名声。在 1854 年之后的法国，被判处强迫劳动的女性因犯可以选择被送到海外殖民地的监狱，但很少有人这样做：在 1870 年到 1885 年，只有 400 名女性被送到了新喀里多尼亚（New Caledonia）。在（法属圭亚那首府）卡宴（Cayenne），只有 240 名女性，而男性多达 16805 人。[46] 这项失败的实验于 1900 年结束了。路易丝·米歇尔曾经因为参与公社运动而被放逐，她后来感性地写了一篇有关卡纳克人（Kanaks）的叙述性文章，她梦想着以自由女性的身份重回新喀里多尼亚，以便在不同的情况下重新认识岛上的原住民。

自由女性前往殖民地，并不是自愿选择的结果。法国军队不鼓励她们前往。为数不多的几位军官的妻子足够大胆，陪伴她们的丈夫前往殖民地，却发现自己相当孤独。伊莎贝尔·埃伯哈特（Isabelle Eberhardt）曾计划写一部有关这些被遗忘的女人的小说。从埃伯哈特那里，我们可以了解到，女性的辅助作用没有得到尊重。慈善组织试图诱使女性前往殖民地定居。J.-C. 贝尔特（J.-C. Bert）和孔特·德华桑维尔（Comte d'Huassonville）在1897年成立了法国殖民地女性移民协会（The Société Française d'Emigration des Femmes aux Colonies），在《两大陆评论》（Revue des Deux Mondes）杂志和《殖民地双周刊》（Quinzaine coloniale）上向女性发出了呼吁：400至500名候选人作出了响应，她们大多数接受过一些教育，但是手头拮据。从她们的信件中，我们可以看到很多女性关于对殖民地的幻想，其中掺杂着异国情调、传教士般的热情，以及对社会进步的渴望。但是这个项目没有任何结果。英国在向殖民地殖民方面要更为积极。从1862年到1914年，数十个组织赞助了2万多名女性前往殖民地定居。其中一些是由女性主义者推动的。她们认为，对于那些在国内碌碌无为的"多余女性"而言，殖民地生活是一个机会。由玛丽亚·S.莱伊（Maria S.Rye）和简·卢因（Jane Lewin）运营的女性中产阶层移民协会（Female Middle Class Emigration Society，1862年至1866年）就是这样的一个例子。莱伊热衷于找年轻女性来做家佣，而卢因则更为关注中产阶层的发展。但是，女性主义者推动移民的尝试最终以失败告终（实际上只有302名女性动身前往殖民地）。到了1881年，女性中产阶层移民协会与殖民地移民协会（Cloonial Emigration Society）合并，后者要更为有效，但它只不过是一个用来满足殖民地居民需求的安置机构。

包括严苛规定在内的殖民地习俗禁止异族通婚。从这种意义上说，从母国移民而来的女性并没有能够开阔视野。但这一禁令确实减少了不同种族之间通婚的发生率。异族通婚的典型例子是塞内加尔的"西格内尔"（Signare），这个词指的是那些嫁给最早的一批白人殖民者的黑人女性。极少数杰出的女性能够对这些事情获得一种全新的看法，其中就包括生活在阿尔及利亚的胡贝尔廷·奥克莱尔［Hubertine Auclert，她在 1900 年撰写了《阿尔及利亚的阿拉伯女性》（*Les Femmes arabes en Algérie*）一书］，以及丹妮丝·卜拉希米（Denise Brahimi）所列出的著者。[47]

其他一些女性则利用帝国的扩张，来满足她们对非洲和东方的好奇心。

旅行者

除了这些常常在戏剧化的情况下进行的移民外，随着旅游业和热疗的兴起，旅行的繁荣景象出现了。这给富裕的女性提供了出去看世界的机会。诚然，医生给她们的热情泼了一盆冷水，称太阳可能会对皮肤造成损害，而混乱的交通运输工具可能会损害内脏器官。此外，女性出行需要背负沉重的行李，还会对时间表、疾病和令人讨厌的意外事件感到担忧——这足以让许多人打消旅行的念头。海滨度假胜地和水疗中心强化了性别之间和社会之间的隔离。女人们从未享受过游泳的乐趣，也没有饱览过海滨的壮丽景色，只有与她们同行的男人才会为之欣喜若狂。[48]但女性溜出来是可能的。在溜出来的过程中，她们的那双被无数禁忌折磨得更加锋利的眼睛，成了女性接触和感知新地方的最主要器官。女人们在素描中画下景物，很快就开始拍照留念。正如普罗斯特（Proust）在《在萌芽的小树林里》（*A l'ombre des jeunes filles en fleur*）中所描述的那样，在远处，她们可能会瞥见年轻的女自行车手正在巴尔贝克的海滩上骑行。

在新教徒中，人们已经接受旅行是一个女孩子接受教育的最后阶段的组成部分。天主教徒对此接受的程度要低一些，接受的时间也要稍晚一些。学习外语使她们能够从事翻译，这对女人来说是一项可以接受的工作。一些人前往意大利和佛兰德斯参观艺术瑰宝，那里为耐心的临摹者提供了许多可以借鉴的模型。波德莱尔不是曾经说过，博物馆是女性能够体面出现的唯一公共场合吗？然而，在博物馆里，年轻女士可以了解到很多关于男性人体的知识，因此天主教教育者更希望让年轻女士去教堂。到 20 世纪初，长期以来作为年轻男士教育主要内容的"游学旅行"，也开始向他们的姐妹开放。玛格丽特·尤斯纳尔（Marguerite Yourcenar，1903—1988 年）从这个机会中获益匪浅。[49]她是旅行家、翻译和作家，是新女性文化的产物。这种文化既是古典的，又是欧洲的，从而将她带到了创造力的新高度。从此以后，旅行成为女性想象的一部分，受到《世界旅游》（*Tour du Monde*）、《时尚芭莎》（*Harper's Bazaar*）等杂志上的文字、事物和图片的刺激，她们还渴望去参观世界博览会。地中海、近东和远东，以及后来的非洲，都成为欧洲女性心理地理的一部分，满足了她们与包法利夫人（Madame Bovary）一样的、对异域风情笼统而模糊的梦想。但在某一天，这种离开家的渴望会导致什么样的戏剧性破裂呢？

在本文中，我对以文化消费为目的的旅行并不感兴趣，我感兴趣的是作为行动的旅行。在这种旅行中，女性真正试图"突破"社会分配给她们的空间和角色。要完成这样的旅行，女性必须要有逃避的愿望，经历过痛苦，并拒绝接受无法忍受的未来；她们还要有信念和发现新世界的精神或使命感，正是这样的信念和精神将圣西门主义者苏珊·瓦尔坎带到了埃及，将贝尔焦约索公主从令人窒息的意大利带到了不受传统思想束缚的法国，让俄国学生走到了"人民"当中，并让女性调查人员进入了城市里的贫困社区（这里是"人民"居住的地区，而工人是许多其他的崇高人物的代表）。[50] 慈善家、女性主义者和社会主义者纷纷去参加她们的会议，这些会议对女性政治教育的重要性无论怎么估计都不过分。代表们学会了向众多听众讲话，学会了如何处理与公众和媒体的关系，还学会了处理国际事务。爱玛·戈德曼在回忆录中提及了旅行对于政治活动家的意义。旅行引领了戈德曼的一生。她总是在路上，参加各种各样的会议，从一场会议到另一场会议——她是典型的游遍各地的激进分子；对这类人来说，人和思想比风景更重要。1919 年 10 月，让娜·布维耶作为代表出席了在华盛顿举行的国际劳动女性大会（Congress of Working Women）。对于这次跨大西洋旅行和她所获得的友好欢迎，布维耶留下了令人艳羡的描述。她还对美国女性工会联盟进行了描述，并梦想着在法国复制这一组织。[51] 女性一直很享受在剧场工作的乐趣，哪怕她们被排除在导演的工作之外；[52] 从这个意义上来说，国际劳动女性大会是一场令人叹为观止的复仇、一次进行合法旅行的机会。这些女性的严肃认真是显而易见的；但她们所获得的隐秘快乐也是可想而知的。

写作使得这种乐趣更加强烈，而旅行则为写作提供了机会，或者说是理由。倘若德国人索菲·冯·拉·罗奇（Sophie von La Roche，1730—1807 年）有机会，她一定会对四处旅行充满热情。罗奇去过一次瑞士，她攀登了勃朗峰。她在《瑞士之旅日记》（*Journal of a Trip through Switzerland*）中对此事进行了描述，被认为是有关女子体育的首次记述。曾经离婚两次的俄罗斯人莉迪娅·亚历山德拉·帕切科夫（Lydia Alexandra Pachkov）曾在圣彼得堡和巴黎做过多家报纸的记者，她以旅行写作为职业。1872 年，她游览了埃及、巴勒斯坦和叙利亚，非常迷恋帕米拉（Palmyra）古城遗址，并在《世界旅游》杂志上对此行进行了详尽的描述。帕切科夫的故事激发了伊莎贝尔·埃伯哈特（1877—1904 年）"对东方的渴望"，后者最终成功超越了她的导师。埃伯哈特是一位俄罗斯贵族女子的私生女，在瑞士过着流亡生活。她后来皈依了伊斯兰教，以年轻的反抗者马哈茂德（Mahmoud）的身份在北非作战，并让法国将军利奥泰（Lyautey）为之着迷。埃伯哈特在 27 岁的时候就离开了人世，她留下了一部聚焦于马格里布地区底层人民的未出版作品。[53]

亚历山德拉·戴维－尼尔（Alexandra David-Néel，1868—1969 年）是探险家、东方学家，她后来皈依了佛教。她通过给丈夫写信的形式，留下了有关她在远东旅行的记述，直到她丈夫于 1941 年去世。她在亚洲待了 30 多年，于 1946 年回到欧洲，当时已经 78 岁了。她将旅行的非凡记录带回了欧洲，其中大部分是以照片的形式呈现的。如今人们可以在她位于法国迪涅的家中看到这些照片，这座房子已经被开辟成了一座博物馆。

戴维－尼尔从一座藏传佛教寺院转到另一座藏传佛教寺院，陪伴她旅行的是行李搬运工。她穿越了西藏高原，去寻找供她进行东方学研究的文献，同时追寻的还有内心的平静。她在写给丈夫菲利普（Philippe）的信中说："是的。当一个人一直在这里，就没有什么更多的东西可以看了，也没有更多的事情可以做：生命就已经结束了。就像我的生命一样，已经没什么留下了，剩下的只有旅行这个很长的愿望。生命已经达到了它的终极目的。"（1917 年 8 月 8 日）[54]

至于简·迪厄拉富瓦（Jane Dieulafoy，1851—1916 年），她出生于一个不错的家庭里，在圣母升天女修道院长大，似乎没有什么因素会让她注定成为一位"女扮男装的女士"。她还是第一批女考古学家之一。她嫁给了马塞尔（Marcel）。马塞尔毕业于巴黎综合理工大学，是一位工程师。夫妇俩都对阿尔及利亚和东方感兴趣，均认为丈夫和妻子应该是生活中的伴侣。她把自己看作丈夫的合作者（collaborator，她坚持使用"collaborator"一词在法语中的阳性形式，即collaborateur，而不是阴性的collaboratrice）。她一开始是做助理，负责记录旅行、摄影和烹饪；但后来越来越多地参与考古工作。他们一起在波斯发现了著名的亚述武士的饰带，这件文物如今陈列在卢浮宫以他们名字命名的房间里。她还成了一名作家。在两次远赴波斯之后回到法国，她发现自己已经很难接受习俗的约束，并且会因为她拒绝穿男装以外的任何衣服而受到公众的嘲笑。她留着短发，有着苗条的体形，看起来就像一位少女——这种雌雄同体的形象，会让人们在脑海中想象欧洲的"美好时代"。她支持女性主义的意识形态，而她的生活则比女性主义者走得更远；但她反对离婚，因为离婚违背了她的天主教信仰。旅行并没有去除掉所有的条条框框；与之相反，它揭示了矛盾的存在。[55]

　　旅行本身并不能解决任何问题。但这是多么美妙的经历啊！它让女性能够熟悉其他的文化。一些人会继续从事创造性的工作，去尝试新的技术：女性对摄影的喜爱让人惊叹。在最初，摄影被认为是一门次要的艺术。它需要大量的精心准备和长时间待在暗房里，因此可以留给女性去做。没过多久，就有一些女性在摄影领域崭露头角：举几个例子来说吧，朱丽亚·玛格丽特·卡梅隆（Julia Margaret Cameron）、玛格丽特·伯克－怀特（Margaret Bourke-White）和吉塞拉·弗罗因德（Gisela Freund）。女性还进入了考古学和东方学等新领域；但她们也遭遇了歧视女性的偏见，这些偏见希望将她们局限于次要角色。用戴维－尼尔的话说："你进不了这些圈子，因此便无法怀疑某些男性能做出什么事来。这些男性对女性主义的仇恨与日俱增。"[56]

　　最重要的是，女性在坚决主张她们作为个体的自由：在衣着和生活方式上，在她们的宗教信仰、知识和情爱的选择上，都是如此。她们以这样或那样的方式，往往通过付出极大的代价，才打破了禁锢她们的圈子，并打破了性别的边界。

适应时间

　　在 19 世纪，是什么样的改变鼓励女性进入公共空间，尤其是政治舞台呢？为了达到这个目的，两性之间的关系是如何改变的呢？在这里，我关注的不是女性的"状况"。有关女性的历史必须与通常被贴上了"现代化"标签的东西一道进行考量，其中就包括技术发展史（如缝纫机、吸尘器）和医学发展史（如奶瓶喂养和避孕）。[57]我关注的是女性作为女演员所扮演的角色。尤其是，我们通常所说的"重大事件"的影响是什么？在该领域是什么构成了一个"重大事件"？这个概念不应该扩大或修改吗？它不应该被扩展到文化或生物学领域吗？

　　重要的书籍也在塑造读者的意识，它通过激发对话、接触和交流，使得一些观念具体化。其中就包括玛丽·沃斯通克拉夫特所著的《女权辩护》、约翰·斯图尔特·穆勒所著的《女性的屈从地位》、奥古斯特·倍倍尔所著的《女性与社会主义》，以及后来的西蒙娜·德·波伏娃（Simone de Beauvoir）撰写的《第二性》（Le Deuxième Sexe）。小说也应该被包括在这项清单里：斯塔尔夫人的《科林娜》和乔治·桑的《安蒂亚娜》为女性提供了许多新的榜样。无论是在生活中，还是在作品里，乔治·桑都超越了界限，似乎成了一位获得解放的人物，尤其是在德国。关于这类影响，我们还有很多需要了解。

教育系统的变化对女性团体（例如，英国和美国的寄宿学校是聚会的场所，也是行动的基地）产生了什么影响？或者说是对男性职业中的女性先锋（例如在各地——甚至是遥远的萨洛尼卡——的学校老师，这既是一个榜样，也成了被批评的目标）产生了何种影响？在19世纪80年代的俄国，医学研究首次向女性开放了，随后又关闭了开放的大门。但是这一新开端对一个特别活跃的群体，即女医科学生的形成起了至关重要的作用。[58] 当然，教育上的重大事件往往是对政治危机的反映，或者使其变得更为明显。

鉴于身体和健康的重要性，生物领域出现重大事件似乎也是合理的。1831—1832年霍乱的流行（以及1859年一场程度较轻的霍乱的流行）将女性动员了起来。通过迫使她们去探索贫穷社区，这些流行病改变了女性看待世界的方式，并使她们具备了专业技能。贝蒂娜·布伦塔诺和她的德国朋友目睹了标准药物的失败，于是便提倡顺势疗法和预防卫生。在诸如肺结核、酒精中毒和梅毒这样的社会瘟疫所构成的前沿阵地里，女人们在前线战斗，产生了一种正在捍卫这些灾难中的女性受害者的感觉。正是本着约瑟芬·巴特勒在批评《传染病法案》时所体现的精神，女性有时也会对"男性文明"提出激进的批评，并坚持与之相对的"纯洁"的理想。

从广义上说，公共卫生、护理和医学，尤其是妇科和产科领域，成了战场。从乌拉尔山脉到阿巴拉契亚山脉，均是如此。接生婆从产房里消失了。由于她们不能进行剖宫产或使用产钳，她们与医生发生了激烈的冲突，并在反对堕胎运动中日渐成为众矢之的。在19世纪末期，对人口的担忧使得控制生育成为一项国家事务。正如朱迪丝·沃尔科维茨（Judith Walkowitz）所指出的，对堕胎越来越多的压制，以及新马尔萨斯主义的其他的人口限制方法，导致女性开始从政治的角度来看待自己的身体。

关于父亲：法律的变化

立法者完全是依靠男性的选举权而产生的。因此，当时的法律无疑是父权力量的强硬表达。父权在当时支配着两性关系，这种支配并不是"随心所欲的"（因为它自身符合一套严格的逻辑），但在具体方式上有时会显得随心所欲。在这些男性团体内部进行的辩论中，充斥着大量与厌女有关的内容，为编纂厌女症选集提供了绝佳素材。总体而言，关注女性的立法很少：既然所有法律都被包含在法典之中了，为何要花费精力去进行关注女性的立法？当然，出于"保护"女性的需要而进行的立法除外，比如要在工作场合保护女性，而她们一开始还是与儿童被归在一类的。顺便提一下，正是因为这一点，许多女性主义者不愿意支持那些最终可能成为歧视性措施的法律。真正贯彻了平等主义的法律很少见，而且它们的起源总是存在问题：立法机构的真正动机是什么？妮科尔·阿诺德－迪克（Nicole Arnaud-Duc）曾提请人们注意 1907 年一部法国法律的模糊性；该法允许已婚女性掌控自己的工资，以便她们能够更有效地管理家庭预算。同样，穷人不堪入目的境况迫使英国议会对与女性和财产有关的法律进行了改革。社会效用比性别平等更为重要。

许多女性意识到了她们每天都在面临的法律障碍，这不断地提醒她们处于卑微的地位。有时候，一个法庭案件会揭露针对女性的骇人听闻的不公正，从而使公众立场变得旗帜鲜明起来。例如，英国的诺顿案促成了对离婚法以及与已婚女性财产有关的法律的改革。卡罗琳·诺顿（Caroline Norton）在 1836 年与丈夫分居后，成了一位著名的女作家。但是，由于她是在夫妻共同财产制度下结婚的，因此她所有的收入都属于她的丈夫。为了攫取这些收入，丈夫取得了三个孩子的监护权，并指控她与首相通奸。她在一份措辞尖锐的小册子中提出了抗议，最终促成了 1839 年法案的制定，该法案阐明了分居母亲对孩子的权利。然而，她没有就此打住：1853 年，她出版了《19 世纪英国女性法》（*English Law for Women in the Nineteenth Century*）一书；1855 年，她又给女王写了一封有关格兰沃斯勋爵（Lord Cranworth）结婚和离婚协议的一封信。她的行动得到了芭芭拉·利·史密斯（Barbara Leigh Smith，1827—1891 年）的支持。史密斯是一位自由党议员的女儿，她既为此争取到了公众舆论的支持，也得到了布鲁哈姆勋爵（Lord Brougham）领导的法律修正协会的力挺。《离婚法案》在

1857年获得通过。该法案关于女性财产的条款非常重要，但是仍不完善。在女性获得按照自己的意愿处置财产的权利之前，还需要进行更多的斗争，一些附加的法案在随后得到了通过（1870年、1882年和1893年）；对此的大部分反对意见来自上议院。这需要女性主义者和民主主义者［比如约翰·斯图尔特·穆勒和拉塞尔·格尼（Russel Gurney）］的共同努力，再加上被苏珊娜·帕尔默（Suzannah Palmer）和其他被推入贫困境地的女性的案子所激怒的女性发出的强烈抗议。在立法斗争最激烈的时期，由成千上万人联署的请愿信被送到了议会。一位议员（此人还是一位重要的实业家）说，他的女性雇员就法律改革进展向他提出了疑问，导致他根本就踏不进自己工厂的大门。[59] 在1831年至1834年的法国，情况与之类似：自由派支持离婚的努力得到了无数请愿者的支持，女性在请愿中呼吁立法者关注她们的痛苦。[60] 女性主义者坚持认为，改革的缓慢步伐证明了给予女性投票权的重要性，有了投票权她们就可以表达自己的诉求。通过将公民权利与政治权利联系起来，女性主义者表明了离婚的权利从根本上来说是对女性作为个体的认可，"是女性获得公民身份的第一步"。[61] 因此，可想而知的是，强烈的抵制只会来自传统主义者。在1882年一场史无前例的争论中，高级教士弗雷佩尔（Freppel）警告说，"不要去触碰法国家庭，因为除了宗教之外，它是我们唯一剩下的力量"。[62] 由共济会成员、新教徒和犹太人等各派组成的共和派联盟，是确保1884年《纳凯法案》（Naquet Law）通过的必要条件。

《纳凯法案》非常重要，而离婚是一个极好的问题，因为它展现了法律的真正性质——一个不断变化的力量搏斗场。在法律这个战场上，相互竞争的团体都在测试各自的实力，衡量他们面临的障碍的程度，评估他们的联盟，并对公众舆论的变化进行分析。女性主义者是政治进程与广大女性之间的调解人。对他们来说，法律斗争是一场持久战中的对抗，在其中，他们可以检验自己的代表性。在19世纪各种形式的女性主义中，法律层面都是至关重要的，因为法律象征着父亲。

关于上帝：宗教破裂

女性与宗教之间的紧密联系使得宗教活动特别重要。宗教，与纪律和责任、社交和法律、习俗和语言都紧密地联系在一起，它就像一件沉重的披风压在女性的肩膀上。但它也给女性带来了慰藉和援助。因此，19世纪宗教的女性化可以从两个层面来阐释：首先，其体现了严密组织的形式，其次，其使女性获得影响力。[63]但是宗教的权力并未女性化：它仍然是男性的，就像政治一样。

天主教会尤其如此。它存在两大信条：一是反对革命，二是教皇绝对正确、圣母无原罪始胎。在这两大信条的影响下，天主教会变得比以往任何时候都更为僵化。这个堡垒几乎没有缺口，它还经常调动军队，派遣他们进行征战。当教会鼓励女性通过法国爱国协会（Ligue Patriotique des Françaises）之类的组织进入政治领域时，它是为了捍卫不容妥协的保守家庭模式。[64]它赞美那些留在家里缝缝补补，或是去教堂祈祷的女性。社会天主教（Social Catholicism）要稍稍放松了些，但它对两性关系的影响更多的是间接的，而不是直接的。

正如让·波贝洛特（Jean Baubérot）所展示的那样，新教徒当中有更多的创新。虔敬主义鼓励了歌德时代的德国女性大胆表达自己的观点。英国和美国的奋兴运动则在庞大而僵化的体系上打开了一道裂缝，女性由此获得了立足点。在18世纪末的新英格兰，有教养的波士顿人埃丝特·伯尔（Esther Burr）与莎拉·普林斯（Sarah Prince）之间的通信展示了她们的友谊和热情；而出身卑微的新闻记者莎拉·奥斯本（Sarah Osborne）和苏珊娜·安东尼（Suzanne Anthony）则创建了有着激进的宗教性和社会性诉求的女性社团。[65]在19世纪的头三分之一个世纪里，第二次大觉醒见证了由受到鼓舞的女性传教士领导的教派的兴起，这些女性传教士包括杰迈玛·威尔金森（Jemima Wilkinson）和安娜·李（Anna Lee），后者创建了震教派（Shakerism）。在两性之间取得的暂时平等中，女性往往会与处于社会边缘的阶层结盟，这颠覆了宗教符号、仪式和信息。另一些人则对新兴城市社会出现的不公和放荡持批评态度：女性改革协会（Female Reform Society）于1834年在纽约成立，它抨击了"双重标准"的虚伪，并试图让妓女皈依，但没有取得太大成功。[66]

在英国，以卫理公会为主的宗教复兴运动在性别角色方面的态度要保守得多，但它确实鼓励女性站出来反抗。一些人欣然接受了理性主义者的倡议，主张以社会问题取代那些神圣问题的位置。其中就有爱玛·马丁（Emma Martin，1821—1851年），她在被迫保持沉默，并被当作贱民对待之后，决定成为一名助产士，就像圣西门主义者苏珊·瓦尔坎所做的那样。还有些人则将她们的精力倾注到千禧年社会主义（chiliastic socialism）当中，满怀着通过女性来实现救赎的信仰。乔安娜·索思科特（Joanna Southcott）是英国德文郡的一位仆人，她听到有声音告诉她，她就是"身披太阳的女人"，于是便开始了一场传教运动，吸引了逾 10 万信徒，其中 60% 是女性。欧文主义是一种高度理性的社会科学与千禧年主义的混合物，它也对"女性的使命"予以高度赞扬。[67]

法国的圣西门主义在某些方面与之相似，尽管它没有谈及任何具体的宗教。但是，它是对道德主义、笃信教皇的女性主义，以及对自由的热爱的非凡混合。它把目光投向东方以寻找"救世之母"，得到了女性的热烈回应，她们被召唤来以"证明与男性平等"。[68] 德西蕾·韦雷（Désirée Véret）、让娜·德鲁安（Jeanne Deroin）、欧仁妮·尼布瓦耶和克莱尔·德马尔（Claire Démar）的言谈、行为和写作都充满了救世主的信仰。但是，当圣父以一种完全像神职人员那样的方式拒绝了他所召唤的女性时，那该多么令人失望啊！女性因此而自暴自弃，甚至自杀都很常见。

所有这些派别都与一种大众考古学有些关联，甚至可能与革命的震动有关。这些派别都是对公共表达和公共责任所进行的实验，而它们的遗产将在 19 世纪剩余的时间里带来维系生命所需的营养。

祖国：为争取民族独立而进行的战争和斗争

战争是最能体现男子气概的事情，它倾向于巩固传统的性别角色。在高度强调纪律的氛围里，精心设计的言辞旨在让人感到内疚，尤其是让女性有这种感受。男性和女性都被动员起来为祖国服务，男人在前线，女人在后方。我们会发现她们在后方缝纫、制作绷带、做饭，最重要的则是照料伤员。德国女性爱国协会在 1813 年就做过这类工作。该组织还遵循拉赫尔·瓦恩哈根倡导的精神，对敌方的伤员进行照料。贝尔焦约索公主渴望在政治上发挥作用，受马齐尼（Mazzini）委托于 1849 年在罗马统筹医院和诊所。她雇用了那些勇敢且不受传统束缚的下层阶级女性，并试图用纪律约束她们。贝尔焦约索公主说："我自己都不知道，我已经组建了一个后宫。"但她会为自己辩护，以抵御外界尖锐的批评。[69] 当志愿者成为专业人士并提供建议时，冲突便产生了：在克里米亚，这样的情况就发生在弗洛伦斯·南丁格尔与俄罗斯女医学生身上。在 1878 年的俄土战争的混乱中，这些学生试图让自己的资历获得认可，但未能取得多大成功。

许多女性希望跟随克洛林德（Clorinde）、圣女贞德（Joan of Arc）或大郡主（Grande Mademoiselle）[1] 的脚步去战斗，挥舞着剑在战场上打开缺口。但是女性不被允许使用武器。西尔韦纳·马雷夏尔曾问道："让女孩和女性站岗巡逻合适吗？得体吗？"[70] 而且，他还可能会加上一句："让士兵女性化合适吗？得体吗？"这也是一个与性别有关的问题。1793 年 4 月 30 日通过的一项法律命令已经加入革命军的女性回家，并禁止女性继续在军中服务。不过，也有少数女性乔装打扮，留在了军队里。[71] 然而，自此以后，试图参军的女性被污名化。在 1848 年，不仅是德国女性受到了下流的嘲笑，巴黎的女权团体"维苏维埃"也遭遇了同样的情况。在"维苏维埃"，来自下层的女性胆大妄为，坚持有一部"女性的政治宪法"，认为她们有权穿男性的衣服，有权担任"文职、宗教和军队的"所有公共职务。杜米埃（Daumier）、福楼拜（Flaubert），甚至就连丹尼尔·斯特恩［Daniel Stern，即玛丽·达戈尔（Marie d'Agoult）］自己在满足她们要求的时候，也还带有奚落的意味。[72]

在欧洲的其他地方，女性参与的战争，比如希腊独立战争（包括武装防御和补给）引起了国际社会的注意。在革命者一方，甚至出现了参谋级的女性指挥官，并享有与男性同事一样的平等地位：她们都是富有的女性，是希腊船主的女儿或寡妇，将自己的财富和威望用于为革命事业服务。有两位女性众所周知：拉斯卡丽娜·布布莉娜（Lascarina Bouboulina，1783—1825 年），她是基督教公谊会的赞助人，为起义奠定了基础，并在围攻的黎波里的过程中发挥了重大作用。在的黎波里，她通过谈判成功地确保了乌尔基特帕夏（Hourchit Pasha）后宫中的女性安全，她还曾指挥三艘军舰对土耳其人发起攻击，并在战斗中丧生。另一位是玛多·马诺戈诺斯（Mado Mavrogenous，1797—1838 年），她说服自己所在的米克诺斯岛的首领加入了反叛阵营。在希俄斯岛大屠杀（1822 年）后，她组织了一支民兵队伍，并拿起武器亲自指挥。她还写信给"巴黎的女士"，呼请她们支持希腊基督徒反抗伊斯兰教威胁的事业："我渴望展开一天的战斗，就好像你们期待舞会的时刻一样。"由于她将自己得到的那份遗产用在战争中，她的家庭宣布与之决裂。她最后死于孤独和贫困。[73] 在当时，女战士的形象已经符合贵族和宗教的世界观，但在资产阶级占主导的世界里仍然站不住脚，女

---

[1] 即安妮·玛丽·路易丝·德·奥尔良，曾参与 17 世纪法国的"投石党运动"。——译者注

性暴力（不管是罪犯、战士，抑或是恐怖分子）均被视为丑闻。为了消弭这种丑闻，犯罪学家曾尝试将其解释为女性的天性［参见隆布罗索（Lombroso）所著的《女罪犯》］。

女性对民族斗争的支持被迫采取其他可以为大众所接受的形式。普鲁士的路易丝王后（Queen Louise）、流亡在外的波兰伯爵夫人、爱尔兰的马尔基耶维奇伯爵夫人（Countess Markievicz）和贝尔焦约索的克里斯蒂娜公主都在利用自己的影响力，来为她们的国家效劳。贝尔焦约索公主是一位记者、历史学家，也是奥古斯丁·蒂埃里（Augustin Thierry）和米涅（Mignet）的朋友。她竭尽全力争取法国知识分子和法国政府对意大利统一事业的支持。她经常对自己被放逐而感到遗憾："强迫劳动是我所需要的。我不仅仅需要用一支笔来工作，而应该采取实际行动。可是女人上哪里去找这样的东西呢？"[74] 医院是她的战利品，但是她随后与马齐尼产生了争执，失去了工作，被流放到了土耳其。那些渴望扮演政治角色的女性被认为是可疑的。然而，爱尔兰女子土地联盟（Irish Ladies' Land League）的经验则提供了另外一个例子，但这是一个集体，而不是个人。

土地联盟支持爱尔兰农民的事业。帕内尔（Parnell）与土地联盟的其他领导人呼吁女性支持他们的斗争。在帕内尔姐妹安（Ann）和范妮（Fanny）的要求下，她们根据美国模式建立起了独立的女子土地联盟。她们拒绝将自己的工作局限于慈善工作，还敦促人们抵制佃户被驱赶的行为，并为被驱逐出他们土地的佃户提供住所。她们鼓吹扣缴土地租金，这使得这场运动变得更加激进，从而引起了地主和富农的愤怒。尽管她们一直在努力筹集资金，但是预算依然处于赤字状态，这被外界用来嘲笑她们缺乏管理能力。在天主教和新教主教的鼓动下，公众舆论对女性扮演如此突出的角色提出了批评。在举行会议时，那些原先腼腆地聚在大厅后面的女性竟然登上了讲台发言，即便她们收敛了一些（安·帕内尔永远一身黑色装束，说话缓慢而平静），还是被认为是不可接受的。家庭也不赞成女性在晚上外出，认为这会辱没她们的名声。她们不是应该与普通罪犯一起被关进监狱吗？玛丽·奥康纳（Mary O'Connor）与妓女一起服刑了六个月。1881 年 12 月，女子土地联盟被取缔了，一般意义上的女性会议也被禁止，女性被排除在爱尔兰国家联盟之外。范妮·帕内尔在 34 岁时便去世了。安与父亲大吵了一架，换了一个名字，住到了一个艺术家聚居区。1911 年，安在一处波涛汹涌的海域游泳时被淹死了。她将自己的经历写了下来，这本名为《土地联盟：一个奇耻大辱的故事》（*The Land League: Story of a Great Shame*）的书长时间未能出版；在这本书中，她对自己只字未提。[75]

当和平重新降临时，对于那些在战争期间提供服务，甚至是代替男士的那些女性，人们便期望她们消失。争取独立的斗争并没有改变两性之间的关系；20 世纪给我们上了同样的一课。然而，那些在与战争有关的活动中相识的女性会发现，她们很难简单地重回家庭生活。1813 年的那一代德国女性在私人领域找到了发泄精力的出口。在美国内战后，美国女性则将废奴主义的热情带到了慈善事业和女性主义方面。

革命，姐妹？

正如我们在法国大革命（19 世纪也是从这场大革命的余波中开启的，本书也是从这场革命讲起的）中所看到的那样，革命对现有的权力结构和日常生活构成了威胁，因此有可能扰乱两性之间的关系。正如安妮－玛丽·卡佩利所展示的，在女性主义的历史以一系列的革命为标记。尽管战争以国家利益的名义让个人保持沉默，但至少在革命的最初，对诉求和不满的表达合法化了。这些诉求和不满正是革命会爆发的原因所在。为何这里指的不是女性的诉求和不满呢？女性从未像男性那样深陷这些"生命中的愉快假期"当中，这部分是缘于她们的职责在于一如既往地为家庭提供实际的需求，而革命的环境只会让这项职责变得更加困难。尽管如此，革命的巨变确实为女性提供了机会，让她们可以走出去，与其他人接触。

关于革命，女性与男性的观念更是不一样。反革命阵营有它自己的女英雄和忠实的女能手。女性们支持那些拒绝效忠共和国的神父，这一直被视为反对赋予女性投票权的论据。但在这里，我感兴趣的不是这个问题，而是"权利"这个更大的问题。关于权利的宣言总是会限定具体的条件（"普世"权利却意味着限制和排除）。就是在这个矛盾的空间里，女性主义出现了。至少在法国，一开始女性主义更多的是在法律层面争取权利，而不是在社会层面。在有的时候，女性与外国人、未成年人、农奴和贫民阶级被归为了一类，她们通过这种邻近的关系获得了一种代表的权利。

在法国大革命中，女性并未站到前列。在最开始，她们的位置处于阴影之中，所扮演的就是传统的辅助性角色：例如参加"面包暴动"、游行到凡尔赛宫的女性（1789 年 10 月 5 日和 6 日），或者是那些参加联盟节（Festival of the Federation）的女性。后者团结一致，展现了母性的力量，受到了米什莱的称赞。后来，女性因为被忽视而遭受了苦难。她们开始寻求盟友：孔多塞（Condorcet）和一些吉伦特派人士（1789 年）；圣西门派人士（1830 年）；工人（1848 年）；自由思想者、共济会成员，以及后来的民主主义者。在每个地方，女性与社会主义的结盟是最普遍的，但也是问题最多的，尤其是在 19 世纪后半叶。因为社会主义政党首先考虑的是"阶级"，反对成立任何独立的女性组织。但与男性混合在一起，不能自由选出自己的发言人的女性陷入了沉默。当她们尝试集会时，便会听到下作的嘘声。1848 年 6 月，欧仁妮·尼布瓦耶对这样的"勒索"是如此厌倦，宣布"没有母亲或姐妹的推荐，任何男性都不准加入（她们的组织）"［《自由报》（La Liberté），1848 年 6 月 8 日］，这是摆在台面上的一个讽刺反转。不希望受到压制的女性必须有自己的协会、俱乐部、会议和报纸。我们知道，这样的诉求总是会给女性带来些什么。

革命之后是复辟。从奥托国王（King Otto）的希腊到毕德麦雅（Biedermeier）时期的德国，从查理十世的法国到维多利亚时代的英国，传统主义者试图恢复秩序，并驱除堕落之风。他们指责堕落之风造成了政治的无政府状态。对女性的压制通常是复辟尝试中的一个要素。《拿破仑法典》不是比习惯法糟糕吗？一些法学家是这样认为的，一些女人也认为如此："与法国大革命前的旧制度相比，女性的整体权利被剥夺得更多。"你可以在 1838 年的《女性杂志》上看到这样的内容。乐观主义者看到了进步，激进的女性看到了倒退（而社会主义者看到了贫穷）。这些人用"原始母系社会"的人类学理论来安慰自己，而马克思主义者则通过女性遭受了"历史性挫败"的推论来认可这一理论。盟友的抛弃，当局的镇压，以及巨大的冷漠，这些因素结合在一起造成了一种深深的失望感。这种失望感鼓励了性别意识的形成，女性将她们自己视为一类人："我们"。

因此，性别关系在历史上是作为一个动态的过程出现的，这个过程由不同类型和不同重要程度的破裂所引发的冲突维持着。历史往前的跃进是否会时断时续？这就是历史通常呈现的方式，而且在男性的描述中，历史确实总是对女性问题漠不关心，甚至是不屑一顾。实际上，在各式各样的变动中，可能存在某种无形的联系。传播是通过媒体、记忆、母亲与女儿之间的直接接触而产生的，这有助于形成一个具有自我意识的群体，而这正是观念形成的基础。不言而喻的是，撰写一部有关公共舆论的性别化历史的工作还远未完成。

第十八章　女性主义者的场景

安妮—玛丽·卡佩利（Anne-Marie Käppeli）

由于女性主义有很多面，要寻找其起源毫无意义。[1] 为了考察女性主义的各种表现形式，我们有时候要集中关注它的思想和话语，而有时候则须关注它的社会实践。

在 19 世纪，少数女性借助她们的写作和组织才能，为自己打造了女性主义者的公众身份。一些女性主义者在为女性的事业而斗争时，援引了男性的权利。另一些人则在宗教方面提出异议，进而提出自己的主张。法律的修改最终使女性获得了为大众所接受的公民地位。女性参政权论者期待获得一个新的政治身份。她们打破了围绕性话题而产生的沉默，主张一种新的道德。她们努力争取工作的权利，为实现经济独立奠定了必要的基础。

在法国大革命之后，第一次世界大战之前，欧美的女性主义通过各种各样的女性运动、出版物和组织表现了出来。每个女性主义组织都有它自己的策略和联盟。女性主义者的主张及其引发的敌意表明，"女性问题"已经成为广泛的公众辩论中的一个话题，并出现在各种社会和政治斗争当中。在 19 世纪的男性以阶级为基础而组织起来的同时，女性也组织了起来，但她们是以性别为基础，从而破坏了现有的政治模式。

女性主义的兴起

启蒙哲学为女性主义者的事业提供了大量武器，其中包括理性与进步的观念、自然权利、个人成就感、教育的积极影响、自由的社会效用，以及平等权利的公理。1791 年，奥兰普·德古热要求将男性的权利扩展至包括女性，而玛丽·沃斯通克拉夫特 1792 年写成的《女权辩护》，则是以启蒙运动和法国大革命中的思想为基础。新教的社会思想进一步丰富了女性主义的土壤：就像理性主义的个人主义一样，宗教个人主义也适用于两性。[2] 但是，开明资产阶级的思想则很难找到社会和政治基础。女性主义更多地依赖于生活中两性领域之间的分离。这一遗产部分来自开明的福音派的传统，它强调女性的特殊品质和她们在公共生活中的作用；[3] 另一部分则来自资产阶级中男性和女性特征的两极化。[4] 因此，女性学会了在私人领域利用她们的权力，以及通过在公共领域提出表面上看似私人的问题来打破私人领域的界限。

平等主义与二元论思潮

19 世纪女性主义的理论基础在很大程度上是基于对女性两种截然不同的陈述：一种是基于普遍人性的观念，支持平等主义的思潮，另一种则来自"永恒的女性"的观念；由此产生了二元论的思潮。矛盾的地方在于，女性一方面要求性别平等，另一方面又坚持她们与男性不同。因此，女性主义者陷入了一般与特殊的冲突之中：在决定女性的政治地位时，人性的特质还是女性的特质更为重要？[5]

资产阶级的平等主义者将立法者视为变革的主引擎，而将国家看作解决利益冲突的伙伴。承认女性为公民的诉求，以及为了政治平等而不断进行的运动，都是人文主义者／平等主义者表达自己想法的形式。通过援引洛克（Locke）的观点，玛丽·沃斯通克拉夫特宣布反对女性应具备特定美德的观点，并反对女性属于她们自己的特定领域的看法。在 19 世纪中期，约翰·斯图尔特·穆勒坚持认为美国《独立宣言》的承诺应该扩展到女性身上。穆勒所著的论说文《女性的屈从地位》（1869 年）被翻译成了所有的欧洲语言，并成为持自由主义和平等主义立场的女性主义者的基准。[6] 在整个 19 世纪，孤身奋战的女性主义者在继续援引启蒙运动的理性主义。她们不仅在与女性选举权有关的问题上这样做，在反对与性别传统有关的双重标准时也是如此。例如，意大利人路易莎·托斯科（Luisa Tosco）在她所写的《女性事业》（*la causa delle donne*，1876 年）一书中，既援引了珍妮·德埃里库尔（Jenny d'Héricourt）的观点，也援引了约翰·斯图尔特·穆勒的理论。[7]

相比之下，二元论的陈述正在稳步获得认同，它强调女性的母性能力（maternal capacities）——这种能力不仅是在身体层面进行定义的，还存在于心理和社会层面。二元论特别关注女性的文化贡献。与约翰·斯图尔特·穆勒处于同一时代的埃内斯特·勒古韦（Ernest Legouvé）在他所著的《女性道德史》（*Histoire morale des femmes*，1849 年）一书中给女性特质平反昭雪。这本书在欧洲流传甚广；他以母性（maternity）为论据来为教育和立法改革进行辩护。与平等主义者的观点相反，二元论者的基本社会政治单元不是个体，而是夫妻和家庭。[8]

这种对平等的不同解释，进而导致了对女性的两种不同的看法，一种看法是"女性公民"，另一种看法则是"妻子和母亲"。女性主义者的问题似乎有时是政治和立法问题，有时又是社会和伦理问题。为抽象权利而进行的斗争与女性日常现实生活的关系不大，往往会使女性主义运动难以为继；二元论者的概念作为文化批评具有更大的潜力，但它掩盖了男权社会中男女之间的利益冲突。

女性主义者的活跃时期

整个 19 世纪都是女性主义者活跃的时期。这种活跃有时候只发生在一代人身上，有时候则是代代相传。在法国大革命期间，女性主义者曾尝试组织女性加入爱国俱乐部；但在拿破仑一世建立独裁主义统治之后，这种早期尝试便消失了。在拿破仑时代，所有争取女性解放的努力都停止了。1804 年的《拿破仑法典》影响了整个拿破仑时期欧洲女性的法律地位。该法典体现的理念在于女性是男性的财产，她的首要任务就是生儿育女。在这个反动的时期，女性主义发生了质变，从一场知识分子的运动转变为社会主义运动。1820 年至 1840 年间，乌托邦社会主义者的圈子在法国和英国迅速发展，他们对女性的屈从地位进行了分析，并在结论中对婚姻进行了猛烈抨击。[9]乌托邦主义者在争取两性平等的同时，也在倡导女性道德优越感的信念。安妮·惠勒（Anne Wheeler）将圣西门的思想带到了英国，从而在第一批法国和英国社会主义者之间建立起了联系。威廉·汤普森（William Thompson）和罗伯特·欧文（Robert Owen）是英国合作社运动的两位理论家，为社会主义的女性主义提供了至关重要的知识框架。在惠勒与汤普森所写的《代表女性的呼吁》（*Appeal on Behalf of Women*，1825 年）

中，他们以功利主义的术语来主张转变竞争性经济结构，以有利于女性。十年后，欧文对已经建立起来的社会秩序提出了批判，他在就"不道德的旧世界的圣职婚姻"进行的十场系列演讲中，对现有的性别角色和家庭财产处分提出了谴责。为了响应弗朗西丝·赖特（Frances Wright）、弗朗西丝·莫里森（Frances Morrison）等欧文主义者的著作和演讲，一些小型的社会团体成立了。遵循欧文主义者的模式，参加宪章运动的女性在全国层面被组织起来了，并公开发表演讲。在当时，中产阶层女性公开发言的权利还是新鲜事物，也很脆弱。

在许多其他的欧洲国家，早期的女性主义者将民主运动与民族主义运动结合到了一起。18世纪末在法国发生的事情——女性加入革命，并组成政治俱乐部——在1848年的德国也发生了，但发生的范围要小一些。年轻的路易丝·奥托在1848年写成的《德国少女之歌》（Lieder eines deutschen Mädchens）中表达了她的爱国情怀。在波兰，纳齐扎·兹米乔斯卡（Narcyza Zmichowska）周围聚集了一群"狂热分子"。在对自由和平等的热情的推动下，她们努力为人民带来更好的教育，并致力于废除农奴制。在意大利，复兴运动中涌现的"杰出女性"的政治影响力从她们的沙龙传播开来。民族主义者是这些沙龙的常客：其中最著名的是米兰的克拉拉·玛菲（Clara Maffei）。而作为意大利国家统一的女大使，克里斯蒂娜·特里武尔齐奥·贝尔焦约索于1842年至1846年在伦巴第成立了受到傅立叶主义启发的机构。1849年她又在罗马开办了医院和诊所，为意大利统一服务。同样是在伦巴第，埃丝特·马蒂妮·库丽卡（Ester Martini Currica）也是马齐尼运动的主要组织者之一。[10] 在捷克斯洛伐克，1860年之后，资产阶级的沙龙成为布拉格爱国主义者的中心，其中最著名的是卡罗利娜·斯维特拉（Karolina Svetla）和奥古丝塔·布劳内罗娃（Augusta Braunerova）。安娜·劳尔曼诺娃（Anna Lauermannova）的文学沙龙帮助捷克女性摆脱了奥地利—德国文化的束缚，并将目光投向法国以寻找可能的思想解放。[11]

女性主义者不仅从政治运动中寻求支持，还从宗教异见的中心寻求支援。在19世纪早中期出现的贵格会祈祷会，以及1830年至1840年大觉醒运动期间在瑞士和荷兰涌现的慈善组织，均使得中产阶层女性摆脱了她们的传统角色。[12] 得到高度发展的社会意识促使女性大声疾呼，并将自己组织起来。在19世纪40年代的德国，自由新教和德国天主教的专家提出了有关"女性命运"的全新问题。一位在柯尼希斯贝格（Königsberg）工作、名叫鲁普（Rupp）的天主教理论家开发了一个公社宪法的模型，保证了女性的选举权和被选举为公职的权利。[13]路易丝·奥托认为，德国天主教运动是促进女性解放的最重要因素之一，这并不令人觉得奇怪。尽管女性主义组织的发展因为反对革命思潮的出现而放缓，但它在1872年普法战争后再次活跃起来。从那时起直到第一次世界大战爆发前，工业化方面取得的进展、政党的形成，以及资产阶级对组织的偏爱，都对女性主义的巩固和多元化起到了催化剂的作用。

如果说，19世纪上半叶欧洲的女性主义受益于革命精神和宗教异见，那么美国的女性主义则打上了开拓精神的烙印。诸如阿比盖尔·亚当斯（Abigail Adams）这样的"自由之女"仍然是孤独的理论家，就像启蒙运动时期、法国大革命期间和德国三月革命之前的一段时期的女性作家一样。美国中产阶层女性在美国革命后的宗教复兴运动中学会了表达自己。在19世纪30年代，她们在反对奴隶制的运动中组建了自己的"政治学院"。然而，到了19世纪末，大西洋两岸的女性主义似乎越来越接近了。

女性媒体和女性组织的发展，是衡量女性主义是否取得成功的最好的晴雨表。19世纪中期的女性主义者很清楚这一点。在英国，弗朗西丝·鲍尔·科贝（Frances Power Cobbe）观察到，"在文明世界中，一个性别取得的进步当然是历史上史无前例的事实，它应该立即产生重要的影响"。[14]

女性主义者的媒体

创办一份女性主义者的刊物，并创建一个女性主义组织与之互相配合，这是女性主义者的通常模式。报纸或杂志成了各种论战的中心，而它们所刊载的内容可以让我们区分不同的女性主义主张。

刊物

在这些新兴的出版物中，跻身最重要刊物之列的是《英国女性杂志》（*English Woman's Journal*）。该杂志在1859年开始出版，与在朗豪坊（Langham Place）聚会的女性主义者有关。朗豪坊后来成了促进女性就业协会等组织的总部所在地。埃米莉·戴维斯（Emily Davies）是《英国女性杂志》的编辑，她曾经将该杂志作为努力提高女孩教育水平的平台。苏珊·B. 安东尼（Susan B.Anthony）

则利用《革命》（*The Revolution*，1868 年至 1870 年）杂志编辑部，将纽约的劳动女性组织了起来。通过这些以及其他的方式，一份刊物就不仅仅是影响公众舆论的工具了。《投石党报》（*La Fronde*）在 1897 年至 1903 年为日报，1903 年至 1905 年改成了月刊。该报是法国女性主义文化的真正组成部分，为巴黎女性的整个生活方式代言。在记者成为女性的一项职业方面，《投石党报》的编辑玛格丽特·迪朗（Marguerite Durand）堪称先驱。她的同事卡罗琳·雷米（Caroline Rémy）则是首位靠撰写专栏来谋生的女记者。雷米为人所知的笔名是塞夫里娜（Séverine）。[15] 海伦·塞（Hélène Sée）则出席了所有的议会辩论，成为首位女性政治专栏作家。《投石党报》还为女性免费设立了一个就业办公室。这份女性主义的共和派日报是当时法国和欧洲的主流报纸之一。[16]

在同一时期，克拉拉·蔡特金在一份旨在提高女工政治意识的日报上留下了自己的印记。在离开《女工》（*Arbeiterin*，1891 年在汉堡出版）杂志后，她创办了德国社会主义女性（实际上是国际社会主义女性）的刊物《平等》（*Gleichheit*）。这份杂志稳步吸引了许多新读者，并与许多社会主义女性领袖展开了合作：安杰莉卡·巴拉班奥夫（Angelica Balabanoff）、玛蒂尔德·维博（Mathilde Wibaut），以及荷兰的 H. 罗兰－霍尔斯特（H.Roland-Holst）、芬兰的希利亚·佩尔西宁（Hilja Parssinen）、奥地利的阿德莱德·波普（Adelheid Popp）、俄国的伊内丝·阿曼德（Ines Armand）。此外，还有劳拉·拉法尔格（Laura Lafargue）、凯特·东克尔（Käthe Duncker）、路易丝·齐茨（Louise Zietz）等人。在 19 世纪和 20 世纪之交，莉莉·布劳恩和克拉拉·蔡特金在《平等》杂志上发起了有关改革主义的论战。列宁非常欣赏《平等》杂志，他将登载在该杂志上的文章改写后刊登在俄国媒体上。[17]

开端

在女性主义历史的各个关键节点上，女性以不同的方式找到了自己的声音。最早一批为人所知的女性主义刊物出现于 19 世纪早期，是英国的自由思想家和法国的圣西门主义者出版的。在致力于推动英国议会改革的组织中，其女性成员公开质疑教会和国家的暴政。在这些女性当中，最著名的要数伊丽莎白·沙普尔斯（Elizabeth Sharples）。沙普尔斯熟稔卡莱尔（Carlyle）自由思考的理性主义，出版了她自己的刊物《伊西丝》（*Isis*），并为此撰写了有关"迷信与理性、暴政与自由、道德与政治"的文章。1832 年 7 月，圣西门主义者推出了《自由女性》（*La Femme libre*），之后更名为《新女性》（*La Femme nouvelle*），后来又更名为《女性论坛》（*la tribune des femmes*）。[18] 来自法国各地的礼物、支持和祝贺纷至沓来。这份刊物讨论了经济、政治、教育，以及女性的工作和自由恋爱问题。作者都用自己的名（而不是姓）来署名，这不仅是为了隐藏她们的身份，也是为了拒绝婚姻强加给她们的姓氏。

1848 年革命加速了一些女性刊物的创办：在法国，《女性之声》（*La Voix des femmes*）和《女性舆论》（*L'Opinion des femmes*）创办起来了；在莱比锡，路易丝·奥托创办了《女性》（*Frauenzeitung*），该刊物的口号是"为自由王国招募公民"。这些刊物很快就成为政治打压的目标。在瑞士，女性主义媒体也是在这一时期出现的。约瑟芬·斯塔德林（Joséphine Stadlin）是瑞士教育家裴斯泰洛齐（Pestalozzi）的追随者，她在 1845—1849 年编辑了《教育家》（*Die Erzieherin*）。在美国，同样是在 1849 年，在阿梅莉亚·布卢默（Amelia Bloomer）的授意下，首份女性主义刊物《百合报》（*The Lily*）出版。布卢默还提倡服装改革，因此她给自己起名叫布卢默 [Bloomer，取自"bloomers"（灯笼裤）]。

第三波女性主义出版物的出现始于 1868 年。在日内瓦，玛丽·戈埃格-波乌朱琳（Marie Goegg-Pouchoulin）出版了《团结》（*La Solidarité*），这是首个为女性主义者而开设的国际论坛，一共运营了十年时间。在美国，在试图修改宪法以保护女性权利失败后，苏珊·B.安东尼和伊丽莎白·卡迪·斯坦顿（Elizabeth Cady Stanton）推出了《革命》（1868 年）。同一年，在安娜·玛丽亚·莫佐尼（Anna Maria Mozzoni）的努力下，专门刊登海外女性主义者活动的国际报纸《女性》（*La Donna*）在意大利出现了。1869 年，莱昂·里歇尔（Léon Richer）在法国推出了《女性权利》（*Le Droit des femmes*）。[19] 与此同时，英国的全国女性协会正在以《盾牌》（*The shield*）为阵地，发起了一场反对管制卖淫的运动。

新闻业的命运

随着女性主义组织迅速增加和多元化，一个独立和多样化的媒体行业也随之成长起来，哪怕大多数出版物的生命周期都很短暂。许多女性主义者梦想成为记者：例如，伊丽莎白·卡迪·斯坦顿渴望供职于《纽约论坛报》（*New*

York Tribune），但她有七个孩子，因此她的梦想从未实现。但是，也有一些人实现了她们的雄心。例如，玛格丽特·富勒（Margaret Fuller）在 1845 年被任命为《纽约论坛报》的首席文学评论员，这是首次由女性出任该职位。然而，女性主义对官方媒体产生影响尚需时日：爱玛·戈德曼在创办《地球母亲》（Mother Earth）之前，曾在德国无政府主义报纸《自由报》（Freiheit）当过学徒。《地球母亲》是戈德曼在 1906 年创办的，她将其称为"受到溺爱的孩子"。

学会面向公众写作是女性主义产生巨大影响的关键因素。在与对女权漠不关心的现象进行斗争时，这一点显得至关重要。斯坦顿回忆说："此后，我们会拿出笔来为报纸写文章，或是向立法机构请愿；给忠诚的支持者写信；呼吁《百合报》、《乌娜》（The Una）、《解放者》（The Liberator）和《旗帜》（The Standard）记住我们的权利受到了侵犯，（同时受到侵犯的）还有奴隶的权利。"[20]

在一个特定的社会中，女性得到解放的程度，以及该社会对女性主义的容忍程度，可以通过女性主义刊物的成长速度和公众对其的接受度来进行衡量。不妨想一下瑞士女性长期处于附属地位的例子吧。直到 1912 年，埃米莉·古尔（Emilie Gourd）才创办了首份倡导女性政治权利的刊物《女性运动》（Le Mouvement féministe），该刊物接管了奥古丝特·德·摩西尔（Auguste de Morsier）在《日内瓦信号》（Signal de Genève）上发表的女性主义专栏。[21] 波兰对女性主义也不怎么友好。该国在 19 世纪的唯一一次女性运动与华沙的实证主义者圈子有关，该圈子很乐意接受约翰·斯图尔特·穆勒的思想，并且由亚历山大·希维托霍夫斯基（Alexander Swietochowski）出版了报纸《真理》（Truth）。[22] 即便在法国和德国，女性主义媒体也会触犯旨在压制各种政治团体的法律。而且，20 世纪的情况并不总是比 19 世纪更好一些。甚至到了 1914 年，当玛格丽特·桑格（Margaret Sanger）在第一期《女性起义》（The Woman Rebel）上发表了一份呼吁进行节育的文章后，她就被逮捕了。[23]

组织

一旦女性解放问题在哲学、文化和教育辩论中被谈及，男性和女性联合起来参加各种组织，以便制订战略和方法来应对成为社会性问题的女性议题，就至关重要了。其中一些组织指望着个人的主动性，另一些则在游说政府以获得支持。

在 19 世纪上半叶欧洲的社会和政治危机时期，只有零星的活动在支持女性解放，这包括法国大革命中的女性俱乐部、1830 年成立的圣西门主义者女性协会、1848 年成立的法国女性主义者俱乐部和德国民主女性协会。相比之下，在美国，建立全国性组织的更持久努力已经在进行当中：早在 1837 年，女性主义的诉求就已经通过全国女性反奴隶制协会（National Female Antislavery Association）表达了出来。该协会成为首批将纺织女工组织起来的人效仿的榜样。在这批组织者当中，最著名的是莎拉·巴格利（Sarah Bagley）。她作为女性劳工改革协会（Female Labor Reform Association）的负责人，在 1845—1846 年的抗争中担任了领袖角色。在 1848 年举行塞尼卡福尔斯大会（Seneca Falls Convention）之后，平等权利协会（Equal Rights Association）成立了。该组织存续了十多年的时间。19 世纪的美国女性展示了她们在反奴隶制斗争中获得的政治洞察力和组织技巧。

在 19 世纪下半叶，随着欧洲各国开始重塑各自的政府形式，许多女性主义者试图将其组织与促进平等主义和共和政治制度的努力联系起来。在法国，1870 年第三共和国的出现，允许女性将她们争取解放的斗争与关于法国社会本质的长期斗争联系起来；与此同时，女性主义者组成了许多团体。[24]

自由主义团体和社会主义团体

在 1865—1866 年的德国，女性运动开始围绕两个对立的中心进行组织，一个中心是自由主义的，另一个则是由女性自己创造的独立的中心。[25] 柏林莱特协会（Berlin Lette-Verein）得到了信仰新教的自由资产阶级的支持。它不仅从伦敦的促进女性劳动的协会获得了灵感，也受到了巴黎对上层阶级的女儿进行职业培训的实验的启发。通过在报纸上发表的呼吁，莱特协会在 1866 年创建了提高女性地位联盟（Verein zur Förderung des weiblichen Geschlechts），该联盟一直由一位男士来领导。这个团体对女性解放的认知非常有限。在工业化地区萨克森，就女性的教育和培训问题，路易丝·奥托将当地的团体召集到一起组织了一次会议。1865 年举行的这次会议被称为"莱比锡女性之战"（Frauenschlacht von Leipzig），获得了很大的曝光度，因为女性首次要求在公共场合发言和组织活动的权利。她们组建了德国女性总联合会（Allgemeinen

Deutschen Frauenverein），这是一个独立的女性自助团体。从那时开始，直到第一次世界大战，德国各地的女性团体迅速增加。其中有些是专业组织，还有些则是慈善团体。它们的目标包括改革女性的着装、控制酗酒和为女性争取投票权，但这些均是在德国女性总联合会的庇护下进行的。[26]

在 19 世纪中期之后，第三个见证了女性得到大规模组织的国家是英国。我们可以清楚地看到，为了回应那些对女性充满敌意的政治措施，女性团体是如何产生的。1866 年，约翰·斯图尔特·穆勒向议会递交请愿书，要求赋予女性投票权；虽然此项请愿得到了议会批准，但被时任英国首相格莱斯顿（Gladstone）否决了。结果，全国女性选举权协会（National Society for Women's Suffrage）成立了，并由莉迪娅·贝克尔（Lydia Becker）担任主席。数年后，约瑟芬·巴特勒在该组织的支持下，向"禁忌之恶"——对女性的性剥削——宣战，她们没有在争取投票权的斗争中选择妥协。为了向"禁忌之恶"宣战，巴特勒还成立了一个独立的组织——全国女性协会（Ladies' National Association）。

在瑞士这样的小国，19 世纪末的女性主义团体代表了多元社会中的利益重组。为了让女性自助团体帮助应对社会苦难所表现出来的具体症状，政府向它们提供补贴。这种女性主义在本质上是诉诸女性的社会良知，并始终依赖于政治权威。[27]

争取女性选举权、反对管制卖淫的运动推动了女性团体和出版物的增多。它们将成千上万的女性动员了起来。这种情况不仅出现在美国、英国、法国和德国（这些国家在西方女性主义的发展过程当中发挥了关键作用），也发生在其他欧洲国家以及国际层面。[28] 很显然，在这些女性运动中，其中有一项运动将自己视为争取权利的斗争，另一项运动则将自己视为反对法律滥用的斗争。由于没有投票权，女性为了强化自己的公众认同，加入了各种协会。作为所参加组织的代言人，她们使用了所有的民主表达方式：媒体、请愿书、会议、集会、游行、宴会、博览会，她们还通过全国代表大会和国际代表大会来加强女性主义者之间的交流，并创建了一个跨欧洲的网络。

与自由主义者网络同时并存的，是另一个以阶级联盟为基础而构建的社会主义女性的网络。在德国，阶级对立的情况最为明显：虽然长期受到反社会主义者的法律限制，但是随着这些限制在 1890 年得到解除，女工协会很快就与社会主义政党建立起了联系。当自由的和保守的资产阶级女性在 1894 年一起组成德国女性团体联盟时，女工协会被排除在外了。1896 年，在柏林举行的国际女性主义者大会上，社会主义女性与资产阶级女性之间的分裂突然公开化了。社会主义女性组织了她们自己的代表大会，并拒绝与资产阶级女性运动合作。即便在追求共同目标（即选举权）的问题上，她们也拒绝合作。她们在社会主义政党内部维持自己的组织，并定期举行女性会议。[29]

国际努力

随着女性主义者通过媒体、访问和国际代表大会分享经验，一些人开始朝着在国家和国际层面组建联盟的模式前进。[30] 女性主义者的观念也被翻译成了许多种类的欧洲语言，从而跨越了国家之间的边界。这些被翻译的经典作品包括约翰·斯图尔特·穆勒的《女性的屈从地位》（1869 年）和奥古斯特·倍倍尔的《女性与社会主义》（1883 年）。在当时，后一本书的译本经常是根据它在 1879 年的最初版本翻译的，原书的书名为《过去、现在和未来的女性》（*Die Frau in der Vergangenheit，Gegenwart und Zukunft*）。

组建此类国际组织的首次努力与欧洲的民主和平主义有关：那是在 1868 年，玛丽·戈埃格－波乌朱琳在《欧洲合众国》（*Les Etats-Unis d'Europe*）杂志上发表文章，呼吁组建女性国际协会。三年后，在巴黎公社遭破坏后，波乌朱琳成了镇压的受害者。[31]

约瑟芬·巴特勒在日内瓦获得了较大的成功。由于获得信仰新教的男性贵族的支持，并得益于共济会政治家艾梅·洪贝特（Aimé Humbert）的组织才能，巴特勒于 1875 年成立了“英国和欧洲大陆废除国家管制不道德行为联合会”（British，Continental and General Federation for the Abolition of the State Regulation of Vice）；该组织至今仍然存在，并以国际废娼联合会（International Abolitionist Federation）的名义继续运营。[32]

另一项国际倡议由美国女性发起。伊丽莎白·卡迪·斯坦顿和苏珊·B. 安东尼曾到访欧洲，再加上世界基督教女性禁酒联盟（World's Woman's Christian Temperance Union）取得的成功，均促成了国际女性理事会（International Council of Women）1888 年 3 月在华盛顿成立，当时正值塞尼卡福尔斯大会举行 40 周年。[33] 一开始，国际女性理事会还只是一个美国组织。其他国家成立自己的全国女性理事会还需要一些时间。1900 年，当阿伯丁伯爵夫人（Countess of Aberdeen）被选举为国际女性理事会主席时，不仅标志着该组织受美国影响弱化、独立性增强，还标志着政治建制派取得了对温和女性主义的控制。在第一次世界大战爆发前，许多国家相继成立了本国的女性理事会：加拿大（1893年）、德国（1894年）、英国（1895年）、瑞典（1896年）、意大利和荷兰（1898年）、丹麦（1899年）、瑞士（1900年）、法国（1901年）、奥地利（1902年）、匈牙利和挪威（1904年）、比利时（1905年）、保加利亚和希腊（1908年）、塞尔维亚（1911年）、葡萄牙（1914年）。在国际层面取得的一个共识是，应使女性参与政治合法化，这意味着严格遵守议会程序。然而，对于那些期望在女性参政方面实现更具体目标的人而言，他们感受到了国际女性理事会在扮演掣肘的角色。早在1899年，在这些人当中便出现了组建一个独立组织的讨论。而在1904年的柏林会议上，上述分歧表现得尤为明显。国际女性选举权同盟（InternationalWoman Suffrage Alliance）成立了，由激进的美国人卡丽·查普曼（Carrie Chapman）担任主席，获得了很多国家争取女性参政权组织的支持。该同盟被证明是一个有活力的团体，但只代表了少数女性。[34]

这两个组织的重要性不仅在于让不同国家的女性主义团体能够相互接触，还在于它们鼓励了新团体的形成。不管是它们提出的普遍要求，还是对禁酒、废娼、社会主义等具体问题的关注，这些国际组织都使其成员感到自己是世界舆论大潮流的一部分。这些组织增强了成员的自信心，并使他们强化了胜利必将到来的信念。

此时在国内外发生的大事为将女性组织起来提供了新的主题。例如，1899年，德国人玛格丽特·塞伦卡（Margarethe Selenka）在奥地利人贝尔塔·冯·祖特纳（Bertha von Suttner）的支持下，在海牙组织女性进行了有关和平主义的国际示威。演讲者在示威期间宣称，"女性问题"与"和平问题"是不可分割的："两者在本质上都是夺取法律权利的斗争，也都是反对法律权利的斗争。"[35]

跨文化的动力：旅行和放逐

19世纪女性主义所产生的跨文化动力不应该被低估，它不仅局限于国际联系的机制化。单个的女性主义者的旅行和移民促进了女性主义观念的形成。例如，瑞典作家弗雷德丽卡·布雷默（Frederika Bremer，1801—1865年）自1849年开始定期到访美国。她的短篇小说《赫莎》（*Hertha*）出版于1856年，带有明显的美国女性主义经验的痕迹。[36] 同样的，美国女性主义的声誉和象征力量还反映在挪威女性主义者协会（Norsk Kvinnesaksforening）及其在 1887 年推出的刊物《新前沿》（*Nylaende*）。

跨边界的接触变得更加便利了，这不仅是因为移民，流放也起到了同样的效果。安杰莉卡·巴拉班奥夫通过《女伴》（*Su Compagne*）杂志，在意大利和瑞士工人中间推广了女性主义的社会主义观念。这份刊物是她于 1904 年被流放到瑞士卢加诺期间出版的。而在瑞士，来自俄罗斯的医学生也接触到了苏黎世的女性主义团体。

另一种不那么引人注目，但很重要的跨文化交流形式是医学实践。穆斯林女性患者在早期便接受了诸如波斯尼亚的安娜·巴耶罗娃（Anna Bayerova）这样的女医师 [37] 和俄罗斯女医生的治疗 [38]。

诉求

女性主义媒体和组织对自立、解放和平等权利等问题进行了大量讨论。平等权利属于民主价值观，这与女性在法律上无足轻重的说法和性奴役的观念都是完全矛盾的。女性主义者在法律领域展开的斗争，旨在使法律和政治状况发生根本性变化。

法律

女性主义批评家对婚姻依赖进行了抨击，包括丈夫决定与夫妻相关事务的权利、丈夫管理和享受妻子财产的权利，以及他作为父亲享有的专有权利；他们还批评了未婚妈妈及其孩子所面临的不公待遇，以及将卖淫合法化并对其加以管制的问题。女性主义者还主张女性获得高等教育、进行投票的权利，以及男女同工同酬。

对法律问题的优先关注产生了激进的效果。[39] 德国女性运动激进派的法律顾问阿妮塔·奥格斯普格（Anita Augspurg）确信，"女性问题在很大程度上是一个经济问题，甚至更可能是一个文化问题……但它首先是一个法律问题。因此，只有在成文法的基础之上……，我们才可以宣称能够找到可靠的解决办法"。[40]针对政治活动的压制性法律限制了女性运动在进行斗争时的可用手段，并限制了克拉拉·蔡特金所说的"请愿英雄主义"的表达。

在 19 世纪和 20 世纪之交，选举权成了女性主义者斗争的最重要目标。对激进派来说，这不仅仅是一个平等的问题，还是在公共生活和私人生活中获得平等权利的必要条件。对于温和派来说，选举权仍然是一个遥远的目标，是所有努力直到最终才会实现的终极目标：她们将首先争取获得更好教育的权利，从而证明她们能够提供有用的公共服务。女性首先必须跨越"能力"的门槛。[41] 与世纪之交德国和英国的激进女性参政权论者不同，19 世纪末的美国人发现，为女性争取选举权的斗争作为革命传统、乌托邦社会主义和反对奴隶制斗争的继承者，已经失去了改变社会的政治能力。[42] 很显然，女性仅仅争取获得与男性一样平等的法律地位，这还是不够的。只有当女性质疑整个权力结构时，她们提出的法律诉求才有意义。

教育与培训

在大多数欧洲国家，教育在女性主义的诉求中占据首要地位。主张女孩和妇女应接受更好教育的人指出，知识在生活中是不可或缺的。[43] 女性主义者认为，女性在文明社会中起着至关重要的作用，因为她们承担着教育孩子的责任。如果不掌握专业技能，她们就无法实现经济独立。自 18 世纪末以来，女性心理学便得到了讨论：诸如玛丽·沃斯通克拉夫特和热尔梅娜·德·斯塔尔等知识分子对卢梭的观点进行了研究。这场辩论的其他参与者还包括共和派，比如马奎斯·德·孔多塞（Marquis de Condorcet）和泰奥多尔·戈特利布·冯·希佩尔（Theodor Gottlieb von Hipple）。在 19 世纪上半叶，人们根据女性的社会角色来对教育进行构想。而每发生一次革命，女性主义都会对女性的社会角色重新加以定义。到 19 世纪下半叶，问题逐渐变成女性应该获得中等教育、高等教育和职业培训。从伊丽莎白·杰茜·里德（Elizabeth Jesse Reid）创建的贝德福德女子学院（Bedford Ladies' College，1849 年）[44]，到持博爱主义立场的社会主义者茜比拉·阿莱拉莫（Sibilla Aleramo）成立的罗马女性联盟（Union of Roman Women，该联盟成立于 1904 年，旨在为目不识丁的农民女性提供夜校课程）[45]；在整个 19 世纪，人们尝试了各种各样的实验，希望给各个阶级的女性带来受教育的机会。女性没有坐等国家来满足她们的诉求。与之相反，她们自发地建立了一些私人机构，并自己安排了全部课程。在 20 世纪初，许多欧洲女性主义者受到了美国新方案的启发，开始倡导男女同校和性教育。[46]由此看来，每一代人都提出了与女性教育有关的问题。

女性主义者成为教育家的需求永远存在，这一点值得深思。这就好像是在说，在资产阶级的社会计划对女性政治和经济地位的忽视，使得女性主义者只剩下一个复仇的领域，那就是教育。因此，女性主义者充分利用"自然"赋予他们的权利，将教育作为他们的第一项职业劳动。未婚的学校女教师能够在经济不依赖丈夫的情况下生活，她们成了典型的女性主义者的模范。在第三代女性主义领袖中就有许多教师，她们来自各个政治派别：德国人海伦妮·朗格（Helene Lange，1848—1930年）、明娜·考厄（Minna Cauer，1842—1922年）、克拉拉·蔡特金（1857—1933年）、阿妮塔·奥格斯普格（1857—1943年）、格特鲁德·鲍默（Gertrud Bäumer，1873—1954年），奥地利人奥古丝塔·菲克特（Augusta Fickert，1855—1910年），瑞士人埃玛·格拉夫（Emma Graf，1881—1966年），意大利人玛丽亚·朱迪切（Maria Giudice，1880—1953年）、阿德莱德·夸里（Adelaide Coari，1881—1966年）、琳达·马尔纳蒂（Linda Malnati，1885—1921年）。另外还有很多其他人，不胜枚举。学校教师的组织还将"同工同酬"列为其首批诉求之内，并为支持女性争取选举权的事业提供了大量的活动人士。在将女性主义传播到欧洲主要城市之外的地方的过程中，这些组织也发挥了重要作用。[47]

身体的自主权

女性主义者发现很难将与女性身体有关的问题列入公共议程。他们一开始关注的是民法问题，比如离婚权。[48]到了后来，19世纪30年代的乌托邦社会主义者和19世纪与20世纪之交的无政府主义者则对婚姻制度发起了更为激进的攻击。[49]1913年，亚历山德拉·科伦泰（Alexandra Kollontai）为"新女性"而欢呼。这些新女性未婚，为自己内心的坚强而感到自豪，不愿为了爱情或激情而牺牲自己的生活。对当时的大多数女性主义者来说，无论她们属于哪个派别，都是自愿不结婚的。虽然有些人认为，被称为"小姐"（Miss）是对她们身体完整和道德操守的一种赞扬，但许多女性主义者坚持认为，所有年龄超过18岁的女性都应该被称为"女士"（Mrs）。[50]

在节育问题上，许多拥有家庭的已婚女性同意女性主义者的观点。这个问题是在人们对性有了新印象之后产生的。在美国，19世纪70年代出现的道德教育协会大力提倡"自我所有权"和性欲合理化的概念。在这场法律和教育运动中，露辛达·钱德勒（Lucinda Chandler）是发出最坚决声音的人士之一。

几乎在同时，约瑟芬·巴特勒在英国发起了一场反对国家对卖淫进行管制的运动。对于与性有关的问题，人们不仅从道德的角度进行了审视，还从科学、政治和经济的角度进行了研究。[51] 通过坚称性行为的危险性，活动人士希望迫使男性和女性将性自制作为化解性双重标准的解药。因此，在19世纪最后四分之一个世纪里，"社会纯洁性"成为女性主义者的口号。到20世纪初，女性对性采取更为积极的态度已经成为可能。这在一定程度上是因为第一代女医生已经向人们展示了女性如何能够借助科学知识来重新获得对自己身体的掌控，她们的教导有助于女性克服对自己身体本质的恐惧和无知。还有一部分原因在于，形形色色的新马尔萨斯主义组织开始宣传各种避孕方法。但当时的环境仍然非常棘手。安妮·贝赞特是英国马尔萨斯主义联盟的成员。她因为在1877年出版了一本有关人口控制的书而被捕。[52]

性快感与生殖的分离引发了恐惧。阿莱特·雅各布斯（Alette Jacobs）和她的丈夫一道，在1881年创建了荷兰新马尔萨斯主义联盟（Dutch Neo-Malthusian League）。她后来辞去了在该组织的职务，因为她认为该组织对形势的分析过于依赖经济。作为一名持女性主义立场的医生，她继续在阿姆斯特丹的一个工人阶级社区提供免费的医学咨询。她和女性们谈论避孕方法，并教她们如何使用子宫帽，这使她受到了大多数男性同事的谴责。[53]

新马尔萨斯主义在英国出现30年后，保罗·罗宾（Paul Robin）将它引入了法国，并在这里遭遇了主张让人口重新增长者的敌视。早在1902年，内莉·鲁塞尔（Nelly Roussel）、加布丽埃勒·珀蒂（Gabrielle Petit）和克莱尔·加利岑（Claire Galichen）就在为罗宾的观点辩护。但是，佩尔蒂埃医生（Dr. Pelletier）是唯一以完美的逻辑一致性来主张堕胎权利的人。[54] 与此同时，日内瓦的新马尔萨斯主义团体正在推动发行三种语言版本的《私密生活》（*La Vie intime*，1908—1914年），并支持有计划的生育。在19世纪早期的瑞士女性主义刊物中，唯一对避孕和堕胎进行讨论的是《被剥削者》（*L'Exploitée*，1907—1908年）。在德国有一份与《被剥削者》相对应的刊物，即《捍卫者》（*Die Vorkämpferin*，1906—1920年）。这两份刊物都是由玛格丽特·法斯－哈德格

（Marguerite Faas-Hardegger）编辑的，此人是瑞士联合工会（Swiss Syndical Union）的干事。[55]

在美国，玛格丽特·桑格和爱玛·戈德曼因为推广避孕而触犯了法律。在第一次世界大战之前的女性主义者当中，她们是将避孕问题置于优先地位的少数人士之一。[56]诸如丝特拉·布朗（Stella Browne）、玛丽·斯托普斯（Marie Stopes）等英国女性主义者也参与了节育和堕胎运动，她们后来还参与了与性有关的改革运动。她们也敢于在科学的背景下讨论女同性恋。[57]在德国，一些孤身奋战的女性主义者指出了人们对同性恋的污名化，但是在战前由基督教福音派和持"母性主义"立场的女性主义主导的保守气氛中，成立女同性恋的政治组织是不可能的。[58]

对时尚垄断和紧身衣提出反对要容易得多。一些女性主义者为女性提出了一套新的着装规范。争取身体自由是女性主义文化的一个方面，也受到了素食主义和动物保护运动的影响。在美国，自由着装联盟（Free Dress League）在1878年成立了。这种思想在19世纪末传到了欧洲。1899年，荷兰女性成立了改进女性着装组织（Organization for the Improvement of Women's Clothes）。[59]将女性身体从累赘的服装中解放出来的目标，通常与女性运动的发展是同步的。

道德

对19世纪的女性主义者来说，勇气和美德比身体更重要。教育工作者在精神和社会层面提倡的母性主义，首批护士进行的人道主义努力，专业的社会工作的一开始展现出来的慈善态度——所有这些都在呼唤女性的勇气和美德，并让她们去完成社会使命。不满和反叛总是从经历不公正和痛苦开始的。弗洛伦斯·南丁格尔在《给宗教真理探索者的思考建议》（*Suggestions for Thought to Searchers after Religious Truth*，1859年）中这样说："为何女性表现出了激情、智慧和道德行为……然而，在社会上却有一个地方，这些品质都不能成为优势？……我必须立志为女性争取更好的生活。"[60]

南丁格尔在克里米亚战争中担任护士，这段经历最后促成她创办了护士学校。对一些女性主义者来说，"拯救世界"的传统深深根植于福音派的传统，他们为此而展开了一场推广文明价值观的活动。新教女性主义者埃米莉·德·摩西尔（Emilie de Morsier）简洁地表达了这一点，她1899年在巴黎召集了国际女性工作和机构大会（Congrès International des Oeuvres et Intitutions Féminines）。摩西尔提出了一项平衡政治女性主义的方法，并重新定义了女性主义针对男性的行动领域："我们永远不会对你[1]的荣耀提出丝毫异议……如果我们与你们并肩作战，为改善社会而努力……这是因为在我们女性看来，祖国是任何人都在受苦的地方。"[61]从历史上看，社会工作的专业化在让女性得到解放的过程中，也见证了慈善行动。到19世纪末，一些慈善家与争取女性选举权的团体之间建立起了联系。[61]

如果说英美的慈善活动是克服女性主义与资产阶级社会之间冲突的一种方式，那么，德国的"精神母性"（gcistige Mütterlichkeit）观念则被证明更为有效。在没有引起任何明显冲突的情况下，性二元论悄然取代了平等主义的解释。因此，在1882年，亨丽埃特·戈尔德施密特（Henriette Goldschmidt）不顾女性主义者的批评，使女性运动服务于维护政治稳定："女性天生的职业精神的提升，不仅会导致她们有意识地去理解家庭责任；这也使我们发现，唤醒我们下层社会的'母性之心'是女性的文化使命，从而把一种本能的、被动的角色转变为与男性同等重要的有意识的角色。"[63]因此，女性的母性美德与公民美德被混淆在了一起。15年后，海伦妮·朗格提出了文化解放的概念，这与人权的概念截然不同。朗格援引了（德国哲学家、社会家）格奥尔格·齐美尔（Georg Simmel）的名字，使得"精神母性"的观念再次流行开来，她将此作为女性教育的一种理想，并将其作为对文化异化的批判。[64]在这种论调的保守的版本中，母性被神化了。此种形式的文化抵抗实际上是社会对女性永久排斥所表现出来的症状。[65]

为了处理婚姻内外的性关系，女性主义者还重新用到了道德。而且，19世纪早期和20世纪早期似乎都是确定新道德准则的有利时机：在19世纪初，傅立叶有关人类激情的心理学观点提出了一套新的道德准则，它使得发生性爱关系的可能性多样化了。[66]在20世纪初，激进的德国和奥地利女性主义者倡导了一种新型的性伦理，以此恢复未婚妈妈的名誉。与此同时，那些赞成废除卖淫合法化的女性在颂扬道德。在与性别双重标准斗争的过程中，她们坚持认为男性应以女性对性欲的节制为榜样。"伦理"女性主义者认为，通过男女之间的

---

[1]　即男性。——译者注

合作，社会可以达到更高的道德水准。约瑟芬·巴特勒的法国合作者主张称："法律不是正义的全部，而道德才是。"他们通过在《进步道德评论》（*Revue de Morale progressive*，1887—1892 年）和《社会道德评论》（*Revue de Morale sociale*，1899—1903 年）上发表文章，进而影响公众舆论。[67]

维也纳的罗莎·梅雷德尔（Rosa Mayreder，1858—1938 年）和柏林的海伦妮·施托克尔（Helene Stöcker，1869—1943 年）也对性别双重标准进行了攻击。但是，与废除论者不同，她们试图为女性的性行为和性兴奋平反昭雪。[68] 梅雷德尔在 1894 年创建的维也纳伦理协会中提出了她所谓的"世俗伦理"。而自 1905 年开始，施托克尔将孕产妇保护和性改革联合会（Bund für Mutterschutz und Sexualreform）和《新生代》（*Die Neue Generation*）杂志作为宣传平台，她强调需要改善未婚妈妈和非婚生子女的状况，并致力于在法律和社会上承认婚外性关系。孕产妇保护和性改革联合会在 1910 年提出了加入德国女性团体联盟的申请，但是被拒绝了。即便此前支持"新伦理"的激进人士，也拒绝接受施托克尔有关自由性爱的立场。通过将性行为高尚化为道德的美德，任何追求性自由的乌托邦式行动都被排除在外了。

经济独立

女性主义者争取经济自主的斗争经历了数个阶段。在男性法律专家和政治家的支持下，资产阶级女性开始为已婚女性争取管理自己财产的权利，她们认为这样做是合适的。美国（1848 年）和英国（1882 年）分别通过了与此相关的法律。瑞士法学家路易斯·布里代尔（Louis Bridel）还写了一篇关于夫妻权利的博士论文（1879 年）。在意大利，1907 年的全国女性大会将这项议题列入了其最低限度的女性主义计划。

在争取工作权的过程中，未婚的资产阶级女性首先要与偏见做斗争。在一些国家，资产阶级女性要求获得解放的运动要早于女工。1865 年，德国女性团体联盟将女性解放的诉求与职业培训的要求结合到了一起。在法国，1868 年在沃克斯霍尔（Vaux-Hall）举行的首次女性主义公开会议关注的就是女性的劳动问题。在瑞士，直到 19 世纪和 20 世纪之交，女性的工作权才被纳入持自由主义立场的新教团体的诉求当中。而一直到 1921 年举行第二届全国女性权益大会（Second National Congress on Women's Interests），瑞士的女性主义

者才批准了女性工作权和"同工同酬"的原则。[69] 在美国，支持女性投票权的
经济论点取代了基于自然法和二元论而提出的论点 [夏洛特·珀金斯·吉尔
曼（Charlotte Perkins Gilman），《女性与经济》（*Women and Economics*），
1898 年]。为了提高女工的声望，她们还举办了大型的产品博览会。这类博览
会在不同国家的不同时间都曾举办过：在柏林，莱特协会于 1868 年举办了一
场女性工业博览会；在海牙，全国女性劳动展览会于（Nationale Tentoonstelling
van Vrouwenarbeid）1893 年开始举办[70]；在巴黎，1902 年举办了国际女性艺术
和贸易博览会（International Exposiiton of Women's Arts and Trades）；而在瑞
士，直到 1928 年才举办了瑞士女性劳动博览会（Swiss Exposition of Women's
Labor）。到 19 世纪末，女工团体开始代表特定群体的利益。

　　在解放女性方面，工作被赋予了巨大的力量："女性劳动的整体演变……
清楚地向所有人表明，在现代世界里没有任何其他现象曾产生过这样的革命性
影响。只要人们不眼瞎，或者是没有故意视而不见，都会认识到这一点。"[71]然而，
对工人阶级女性来说，核心问题不在于工作权，而在于她们作为工人所受到的
剥削。在她们的诉求中，包括禁止夜班、每天工作 8 小时、雇用工厂巡视员、
禁止使用童工、停止剥削女佣、终止卖淫等等。

　　很少有人注意到家务劳动。只有一些早期的持社会主义立场的女性主义
者通过援引傅立叶的名字，仍然将家务劳动视为生产劳动。在 1879 年的马赛
工人大会上，胡贝尔廷·奥克莱尔是唯一提出要对家务劳动支付报酬的与会
者。德国社会主义者莉莉·布劳恩在《女性工作和家务》（*Frauenarbeit und
Hauswirtschaft*，1901 年）中提出要让家务劳动合理化。而提议捷克女性就家务
劳动问题来组织运动的是一位男性。此人是沃伊塔·芬格胡特－奈尔佩斯特克
（Vojta Fingerhut-Narpstek），布拉格工业博物馆的创始人。他发起了一场倡导
使用可以节省劳力的家用电器的大型运动，并建议捷克女性将美国家庭作为榜
样。1862 年，他号召工程师"不仅要将他们的能力和天赋用于重工业的需要，
还要用于家庭的需要"。[72]

　　在 20 世纪初，由于女佣出现短缺，家务劳动再次回到了女性主义者的议程
之上。瑞典女性主义者埃伦·基（Ellen Key）再次提出了对家务劳动支付报酬
的观点。

　　争取经济独立的斗争永无止境。即便女性在经济领域为自己争取了一席之

地，她们发现自己仍是"双日现象"（工作日加上家务劳动）和社会政策不完善的受害者。因此，在 20 世纪初，争取工作权的斗争被与反对性别歧视的斗争混淆在了一起。

策略与联盟

从改良主义到激进主义，与女性主义相关的策略与联盟无处不在。在 19 世纪中叶的美国，女性主义是持改良主义立场的资产阶级策略的一部分。[73] 该策略旨在按照理性主义和平等主义的路线重建美国的制度。这场改革运动的"关键问题"都是与公民社会有关的问题。女性主义者在私人领域寻求并获得了一定的权利。在 19 世纪末和 20 世纪初，一些女性主义者转向了分离主义者的政治策略；这种策略强调差异，植根于中产阶层女性的文化。女性俱乐部采纳了公民改革的议程，并鼓励女性将自己定义为公民，而不仅仅是妻子和母亲。这种策略影响深远，以至于一些人认为，在 20 世纪 20 年代女性获得投票权之后，美国女性主义的衰落是缘于女性文化的普遍贬值。[74] 与女同性恋有关的女性主义也从这种分离主义者倾向中得到了启发。

在欧洲，女性主义者的策略一直在自由改良主义与社会新教道德主义之间摇摆。社会主义的兴起及其组织策略和宣传方法鼓舞了女性主义者，促使她们采取更为激进的做法。[75] 活动分子把注意力集中在四个领域：宣传、温和抵抗、积极的非暴力和身体暴力。在 20 世纪初，最激进的女性主义者采用了经过验证了的社会主义者的策略——街头示威、横幅、口号、彩带、攻击对手——这为他们赢得了"激进分子"的称号。现代宣传技巧通过口耳相传而传递了开来，并且得到了广泛传播［罗西什卡·施维默（Rosiska Schwimmer）和她的追随者在匈牙利的女性参政权运动中使用了这些技巧］。只有少数人采取了温和抵抗的做法：这包括英国的女性自由联盟（Women's Freedom League）、为女性投票联谊会（Vote for Women Fellowship），还有一些孤身奋战的女性主义者，比如德国的阿妮塔·奥格斯普格和琳达·古斯塔娃·海曼（Lida Gustava Heymann）、法国的胡贝尔廷·奥克莱尔和玛德莱娜·佩尔蒂埃（Madeleine Pelletier），只要女性的代表没有出现在立法机构里，他们就拒绝纳税。

以挑战政府为目标的斗争也可以采取非暴力的积极形式：质问政客、打断立法会议、拒绝缴纳罚款和监狱绝食抗议。在英国和法国，许多不寻常的挑衅行为彰显了女性主义者的创造性。[76]1901 年 4 月，当法国发行了一枚纪念《人权宣言》的邮票时，让娜·奥多－德弗卢（Jeanne Oddo-Deflou）提议制作一个该邮票的复制凹模，上面有一位男性举着"女性权利"的一览表。此举获得了巨大的成功。当人们在 1904 年纪念《拿破仑法典》时，胡贝尔廷·奥克莱尔在女性主义示威活动中撕掉了一本《拿破仑法典》。在纪念《拿破仑法典》的宴会上，女性团结协会的干事卡罗琳·考夫曼（Caroline Kauffman）放飞了许多大气球，上面写着"《拿破仑法典》压迫女性，它是对共和国的侮辱！"。

一些英国的女性参政权论者诉诸身体暴力、纵火、故意破坏公共财物等极端的好斗行为。她们的领导人埃米琳·潘克赫斯特（Emmeline Pankhurst）说，她们借鉴了爱尔兰民族主义运动的做法。[77]

民主联盟

在政治和宗教力量聚集在一起的地方，就是联盟形成之处。一个团体，甚至是单个女性主义者的经历都可以改变它们。在整个欧洲，女性主义者和民主主义者经常会联合起来。在德国，自由教会的成员与民主主义者以及工人运动建立起了联系。通过这些持不同政见者，女性运动在 19 世纪 60 年代与民主－共和的国际主义以及和平主义取得了联系。很显然，世俗民主反对派的态度与自由教会团体，以及围绕路易丝·奥托形成的女性群体的态度相似。[78]

在法国，女性主义者与共和派在民主斗争中结成了同盟。在 1870 年至 1890 年间，法国女性主义受到了两个人的影响：一位是莱昂·里歇尔，此人是共济会成员；另一位是玛丽亚·德雷姆（Maria Deraismes），一位自由思想家。起诉父亲和离婚的权利被提上了激进的议程。但是这两位领导人不赞成立即赋予女性选举权，因为他们担心天主教教会将从中渔利。在荷兰，自由思想家与来自文学和戏剧界，尤其是"黎明"（De Dageraad）圈子的女性主义者联合起来了。[79]然而，法国女性主义者、自由思想家和共济会之间的联盟并没有取得多少实质性进展。它的影响主要是象征性的，仅仅影响了支持平等和女性政治权利的声明。法国女性主义者已经厌倦了这样的原则性声明，选择与不能令他们满意的盟友分道扬镳，进而采取了更为独立的策略。[80]

从英国到俄国，整个欧洲都形成了与自由主义者的联盟。在自由主义的诞生地，女性主义与约翰·斯图尔特·穆勒的功利主义建立起了强有力的联系。[81] 英国全国女性选举权协会的领导人莉迪娅·贝克尔就是曼彻斯特的一位自由主义者。她得到了兰开夏郡支持自由贸易的自由主义者的支持。直到 19 世纪和 20 世纪之交，左翼自由主义者在议会中经常表示支持赋予女性投票权。在 1900 年的瑞典和丹麦，女性参政权论者从他们与自由党的联盟中获益匪浅。[82] 在奥地利和德国，自由主义者鼓励成立促进女性就业的团体。而维也纳女性同业协会（1866 年）为布拉格和布伦的类似团体提供了样板。[83] 在荷兰，海伦妮·梅西耶（Helene Mercier）为社会工作所做的努力，得到了富有的左翼自由主义者的资助。[84] 即便在俄国，女性主义在 1905 年以后得到了蓬勃发展，女性主义者也从卡德特（Kadet）领导的自由党的支持中受益。[85] 相比之下，拉丁国家的女性主义者未能与自由主义者结成联盟。意大利的情况与法国类似：安娜·莫佐尼在 19 世纪 80 年代与意大利共济会成员、共和派和自由主义者密切合作，共同组成了"独立的左派"。但是她逐渐对共和派感到失望，并对反对教会干预政治的左派在经济上的失败，以及他们对民主的冷漠感到沮丧。莫佐尼从未加入过社会主义政党，但她的立场转向了社会主义。[86]

社会主义者联盟

自 19 世纪初开始，女性主义便与社会主义紧密地联系在了一起。恩格斯的《家庭、私有制和国家的起源》（1884 年）和倍倍尔的《女性与社会主义》（1883 年）的出版，为这一联盟提供了坚实的理论基础。但是，当持社会主义立场的女性主义者试图激励她们的男同事将承诺付诸实践时，矛盾和冲突就产生了。有时候，持社会主义立场的女性主义者不愿意宣布她们的女性主义目标，担心这样做有损无产阶级的事业。19 世纪 90 年代见证了一次重大的组织努力：欧洲的第一个社会主义政党——荷兰社会民主联盟（Dutch Social-Democratic）的女性主义者选择了自治。在一起经历了七年之后，她们离开了荷兰社会民主联盟，并成立了自由女性协会（Vrije Vrouwen Vereeniging，1889 年），希望给"女性问题"一个恰当的答案。当一个新的社会民主工人党在 1894 年成立之后，女性被不可避免地纳入了该党的结构当中，但她们是单独组织的：例如，玛蒂尔德·维博—贝尔戴尼斯·范贝尔科姆（Mathilde Wibaut-Berdenis van Berlekom）将西南部的劳动女性组织了起来，并在 1902 年成立"一起变强"（Samen Sterk）组织。当她发现该党的宣传未能触及阿姆斯特丹的女性时，便在当地成立了女性宣传俱乐部。尽管该党坚持将这些俱乐部作为其正式的附属机构纳入进来，但它并未对其女性刊物《无产阶级女性》（*Proletarische Vrouw*）提供资助。[87]

在意大利，安娜·库利锡奥弗（Anna Kuliscioff）是一位主张兼收并蓄的社会主义者。她 1880 年在《国际社会主义杂志》（*Revista internazionale del socialismo*）刊文认为，社会主义和女性主义就是同一项事业。但到了后来，社会主义政党的需求获得了优先地位。1902 年，当库利锡奥弗发起的关于女性和童工的法律获得通过时，她认为这场胜利对社会主义比对女性主义更为重要。同样，她也将鼓动人民支持女性的投票权视为对党的利益"不可或缺和有用的必要条件"。[88] 到最后，库利锡奥弗为意大利女性所做的事情，可能比那些所谓的女性主义团体做得更多。[89]

在第一次世界大战之前的二十年里，社会主义女性与党和工会的关系的显著特点在于，她们坚信资产阶级女性正在要求的平等权，将使得社会不平等永久化。1893 年在苏黎世举行的国际工人大会通过了保护女工的专门法律的原则，从此社会主义女性与资产阶级女性不再可能联合起来了。[90] 这种破裂在一些国家要比另外一些国家更为明显。在奥地利，社会主义女性与资产阶级女性运动之间的关系要比德国要松弛得多。例如，特雷莎·施莱辛格（Theresa Schlesinger）不仅参与了工人运动，还为独立的女权刊物《女性文献》（*Dokumente der Frauen*）撰文。《女性文献》由鼓吹女性参政权的女性奥古丝塔·菲克特、罗莎·梅雷德尔和玛丽·朗（Marie Lang）在 1899 年创办。尽管如此，奥地利社会主义女性对她们的政党绝对忠诚。1905 年，由于战术方面的原因，她们放弃了赋予女性投票权的要求，因为更为迫切的目标是为男性争取选举权。[91]

在 19 世纪末，在纺织业工作的英国女性遭遇了宪章运动者曾在 50 年前面临的同样命运。当她们要求获得选举权，并寄托于新成立的工党时，她们被告知要有耐心。与奥地利女性不同的是，这些英国女性选择了抛弃该党。在此之前，格莱斯顿领导的自由党已经让埃米琳·潘克赫斯特失望过一次，她开始尝试通过曼彻斯特的独立工党来推动女性获得投票权。在丈夫去世之后，潘克赫斯特也退出了独立工党，并集中精力和她的两个女儿一起创建了女性社会与政治联盟（Women's Social and Political Union，1903 年）。该联盟为了争取选票，很快便采取了激进的做法。[91]

与欧洲一样，美国的社会主义者－女性主义者联盟也经历了两个不同的阶段。作为乌托邦社会主义传统的产物，弗朗西丝·赖特在 19 世纪 30 年代的纽约工人运动中与罗伯特·欧文携手合作，其目标是建立一个没有阶级、种族或性别压迫的社会。但是赖特的全国教育计划在这场工人运动中几乎没有引起任何反响，这是因为家庭以外的教育吓坏了工人阶级家庭。在 19 世纪末，受美国社会学及其"阶级利益调和"观念的影响，夏洛特·珀金斯·吉尔曼提出了具有她个人特色的社会主义的女性主义。[93] 加利福尼亚工会联合会授予了她一枚奖章，并派她作为代表出席了 1896 年在伦敦举行的第二国际会议。在 1899年于伦敦举行的国际女性理事会大会（Congress of the International Council of Women）上，吉尔曼撰写的《女性与经济》（1898 年）受到了热烈欢迎。为了将自己与女性参政权论者区分开来，她这样写道："事实证明，女性参政权论者所要求的政治平等还不足以带来真正的自由。对于做佣人或没有工作的女性来说，她们的衣食和零花钱都是男人提供的，仅仅通过投票箱是无法获得自由和平等的。"[94] 对吉尔曼来说，社会主义首先意味着生产的社会化。在她看来，实行社会主义比加入任何政党都更为重要。而且，她认为开明的资产阶级要比工人阶级更加进步。

无政府主义者联盟

如果说社会主义与女性主义之间的关系是一种冲突关系的话，那么女性主义与无政府主义接触的机会则完全被错过了。持女性主义立场的无政府主义运动并没有形成。[95] 但是，个人自主的思想，以及其中隐含的女性自主的含义，受到了自由主义圈子的推崇。孤身奋战的持无政府主义立场的女性对这个问题很敏感。尤其是在法国，《无政府状态》（Anarchie）杂志的共同创办人安娜·马埃（Anna Mahé）阐述了无政府主义教育的原则，将母亲不可取代的角色与自主的理想同等考虑在内。她就这个主题写了一系列文章，最后被收录到了一个名为《遗传与教养》（L'Hérédité et l'education，1908 年）的小册子里。自由主义者既反对女性参政权论，也反对对《拿破仑法典》进行改革。但由于内莉·鲁塞尔、玛德莱娜·佩尔蒂埃和玛德莱娜·韦尔内（Madeleine Vernet）的努力，自由主义者与女性主义者就新马尔萨斯主义的问题达成了共识。在美国，爱玛·戈德曼就堕胎、避孕和输精管切除术等做了大量讲座。[96]

在瑞士，从 1905 年到 1909 年，玛格丽特·法斯-哈德格在工会组织工作中既强调了女性的社会和政治权利，也强调了避孕和堕胎的权利。[97] 她受到了法国革命工团主义及其直接行动、罢工、抵制和组建合作社等策略的启发。她还持有反对军国主义的立场，这使得她丢掉了工会干事的职位。

总体而言，只有当女性主义者强烈支持相应团体的主张时，他们与自由主义者、社会主义者和无政府主义者的联盟才会稳固。而每个政党都有其热衷讨论的话题：对自由主义者来说，是工作和女性选举权；对社会主义者来说，是工人保护和教育；而对无政府主义者来说，则是生育控制。

反女性主义

反女性主义者的反应集中在两个主要问题上。在法国，工人阶级受到了皮埃尔-约瑟夫·蒲鲁东（Pierre-Joseph Proudhon）的影响。蒲鲁东的思想与傅立叶的思想相悖。蒲鲁东的观点是，"女性要么是家庭主妇，要么是妓女"。这种观点在社会主义者和工团主义者圈子里颇有影响，饱受女性主义者的批评。在对该观点的批判中，最著名的是朱丽叶·朗贝（Juliette Lamber）所撰写的《关于爱、女性和婚姻的反蒲罗东思想》（*Idées anti-proudhoniennes sur l'amour, la femme et le mariage*，1858 年）和珍妮·德埃里库尔所撰写的《自由女性》（*La Femme affranchie*，1860 年）。1913 年在里昂发生的"曹里奥事件"（The Couriau Affair）则提供了一个工团主义者反女性主义的极其显著的例子。当印刷工人埃玛·曹里奥（Emma Couriau）提出加入工会时，不仅她的要求被拒绝了，就连她的丈夫也被该工会除名；这是因为他未能阻止妻子提出加入工会的要求。这一丑闻在工团主义者和女性主义者的媒体中均产生了巨大反响。[98] 在德国，全德工人联合会（Allgemeinen Deutschen Arbeiterverein，1863 年成立）首任主席费迪南·拉萨尔（Ferdinand Lassalle）的追随者主张捍卫女性在家工作的权利，而不是在工厂里。无产阶级的反女性主义和厌女症也将女性贬斥到了"家庭领域"。[99]

在学术界，尤其是在医学和法律领域，反女性主义者在激烈地宣传自己的主张。例如，在 19 世纪 90 年代的维也纳，女性要求进入医学院学习。外科医生阿尔贝特（Albert）教授在一本臭名昭著的小册子中表达了自己的反对意见。这本小册子引发了一场旷日持久的争论，玛丽安娜·海尼施（Marianne Hainisch）在 1896 年撰写的《先知、女巫与 19 世纪的女性幻觉》（*Seherinnen, Hexen und die Wahnvorstellungen über das Weib im 19. Jahrhundert*）中对阿尔贝特进行了反击。[100] 欧洲首位学习法律的女性是 1883 年进入苏黎世大学的埃米莉·凯姆平－施皮里（Emilie Kempin-Spyri）；她先是被拒绝授予法学学位，后来竞选罗马法系教职时又遭到了拒绝。她不得不移民纽约，并在那里创办了第一所女子法学院。当她在 1896 年回到苏黎世时，第二次尝试加入法学院，又遭遇了失败。后来，她试图在柏林成为一位国际私法专家，但也没有取得多大成功。1899 年，她的精神崩溃了。于是，她找了一份工作，成为巴塞尔一家精神病诊所的工作人员。[101]

在瑞典，人们围绕"女性主义者反对女性主义"展开了一场有趣的辩论，参与者包括奥古斯特·斯特林堡和女性主义者埃伦·基。[102] 斯特林堡批评瑞典女性主义者过于狭隘，而且与虔敬派的道德说教者过从甚密。在《已婚》（*Giftas*，1884 年）一书的序言中，斯特林堡对易卜生（Ibsen）进行了批判，并抨击了婚姻和家庭，但是他也批评了新改良主义。对他来说，这些改良主义就如事物的既定顺序那样令人感到压抑。基作为一位富有创新精神的教育家，她与斯特林堡一样，拒绝接受弗雷德丽卡·布雷默协会（Frederike Bremer Association）的女性主义者所倡导的性节制规范。但她尤其对中产阶层女性所支持的平等主义提出了批评，因为她们的野心就和男性一样。在《女性滥用权力》（*Missbrukad kvinnokraft*，1896 年）和《女性心理学和女性逻辑》（*Kvinnopsykologi och kvinnliglogik*，1896 年）中，基试图将人们的注意力重新聚焦到女性的独特之处。她对母性展开的辩护，与她对个人主义和自由的辩护联系到了一起。

在另一个极端，我们可以发现"男权主义者反对女性主义"：那些已经获得解放的女性反对女性主义者提出的任何要求。维多利亚时代的作家伊丽莎·琳恩·林顿（Eliza Lynn Linton，1822—1898 年）就持这种矛盾的立场，她选择通过否认自己的性别来对抗维多利亚时代父权制所创造的女性特质的概念。[103]

历史人物

在 19 世纪的女性主义者当中，无论她们是作为个体，还是作为一个团体，都有一些不畏艰难的特质存在。她们所取得的非凡成就让我们感受到了她们被激怒时所引发的火花；她们对一些重要的东西作出了解释，传达了一种"身为女性的自豪"。

让我们看看几位孤身奋战的女性主义者，这些女性往往超越了她们的年龄、阶级和国家。维多利亚时代的女性主义者哈丽雅特·马蒂诺（Harriet Martineau，1802—1876 年）拒绝结婚，并以写作来谋生。早在社会科学制度化之前，她就提出了一套社会和政治观察的技巧。马蒂诺在 30 岁时便因为所著的政治经济学著作而闻名遐迩，她敏锐地分析了欧洲和美国女性的角色和政治地位。她的著作促成了英国的数次进步运动，其中尤为令人关注的是改善女性教育、废除卖淫合法化，以及为女性争取投票权。[104]

瑞士贵族梅塔·冯·萨利斯－马希林斯（Meta von Salis-Marschlins，1855—1929 年）所持有的理念与她那个时代的自由主义政治背道而驰：她声援的不是民主化，而是尼采哲学意义上的贵族化。在《女性的未来》（*Die Zukunft der Frau*，1886 年）一书中，她大胆地描绘了乌托邦式的"女性人类社会"。在这样的社会里，男人和女人可以成为知心伴侣，而不需要遵从"家庭机器"的限制性框架。[105] 当时正值瑞士的女性主义沉迷于慈善事业，萨利斯－马希林斯对哲学和法律进行了潜心研究，并进行巡回演讲，为争取女性平等权利进行辩护。

另一位贵族、奥地利人贝尔塔·冯·祖特纳（Bertha von Suttner，1843—1914 年）一生只为一个理念而活：欧洲与世界的和平。不管是在威廉二世（Wilhelm Ⅱ）的殖民主义王国里，还是对巴尔干半岛实施扩张政策的哈布斯堡帝国里，争取和平都不是轻易之事。她被人嘲笑为"和平的泼妇"和"歇斯底里的女才子"，但是她的小说《放下武器！》（*Die Waffen Nieder !*，1889 年）被翻译成了十多种语言。她组织了数百场和平主义集会，并试图说服政治家和外交官。在当时，女性并没有政治权利，甚至都没有加入一个政治团体的权利。考虑到祖特纳的出身背景，在政治对年轻女士尚属禁忌话题的当时，她独特的解放姿态显得格外引人注目。[106]

荷兰歌手、女演员米娜·克鲁泽曼（Mina Kruseman，1839—1922 年）不是在宣扬解放，而是希望活在解放的状态之中。她出版的第一部小说是《印度的婚姻》（*Een huwelijk in Indië*，1873 年），讲述的是一个年轻的女性被迫违背自己的意愿而嫁人。这部小说对女性受到的压迫进行了现实主义的批评，与当时其他的荷兰小说形成了鲜明对比。米娜教年轻女性写作和表演，并教她们如何约束自己，如何与出版商进行谈判以赢得作为艺术家应得的尊重。对她而言，一个获得解放的女性既应该是单身的，也是能够发挥作用的。[107]

英国女性奥利弗·施赖纳（1855—1920 年）则是一位无与伦比的女性主义者。她出生在南非，是艾琳娜·马克思的朋友，多年来一直是英国最早的性理论学家之一哈夫洛克·埃利斯（Havelock Ellis）生活中的中心人物。在当时的英国，不管是女性主义者，还是社会主义者，都没有对英国与南非的殖民关系提出疑问，但施赖纳对这个种族问题进行了清晰的分析［在她去世后，她所著的《关于南非的思考》（*Thoughts on South Africa*）在 1923 年出版］。对她而言，生活、政治和写作是一个天衣无缝的整体，用现在一句很著名的话来说就是："个人即政治。"[108]

柏林人海德薇格·多姆（Hedwig Dohm）是一位充满激情的女性主义理论家。她的犹太人身份，可能有助于她成为一个异常敏锐的观察者。在女性主义问题的广泛战线上，她拿起笔展开了战斗。她的第一本小册子《牧师如何看待女人》（*Was die Pastoren von Frauen denken*，1872 年）抨击了神职人员。接下来她所写的《家政耶稣基督》（*Der Jesuitismus im Hausstande*，1873 年）对家庭内部对女性的压迫进行了分析。尽管当时在德国触及女性选举权的问题还为时过早。而女性运动也尚未触及该议题，但是多姆出版了《女性的天性和权利、特点和选举权》（*Der Frauen Natur und Recht*，*Eigenschaften und Stimmrecht der Frau*，1876 年）一书。而在《女性的科学解放》（*Die wissenschaftliche Emanzipation der Frau*，1874 年）一书中，她对最新的有关女性的解剖学、生理学和医学理论进行了驳斥。而在后来撰写的《反女性主义者们》（*Die Antifeministen*，1902年）中，她对自己的分析进行了进一步的阐述。海德薇格·多姆将尼采和莫比乌斯（Moebius）列为反女性主义者，并对他们进行了抨击。她毕生都在反对针对女性的压迫，这包括性、经济和心理等层面的各种压迫。[109]

这些孤身奋战的女性主义者因为其独特的力量而引人注目。其他一些人则从一生的友谊中获得了能量。美国人伊丽莎白·卡迪·斯坦顿（1815—1902 年）和苏珊·B. 安东尼（1820—1906 年）——一位是母亲，另一位出于政治选择而单身——在反对奴隶制和争取女性投票权的斗争中形影不离。即便安东尼随着年岁增长而变得更加保守，而斯坦顿变得越发激进，尤其是在宗教和性别问题上，但是她们依然维持着友谊。正是安东尼鼓励斯坦顿走出家门，参与到公共生活当中。她们之间的关系至关重要，彼此间既提供了情感上的支持，又提供了智力上的刺激，这使得这两个女人看起来更加古怪了。她们在一起创建了许多团体，发表了不计其数的巡回演讲，组织了多场女性主义者大会，而且还编辑了可以称得上鸿篇巨制的《女性选举权的历史》（*Histroy of Woman Suffrage*，1881 年）。[110]

德国人海伦妮·朗格（1848—1930 年）和格特鲁德·鲍默（1873—1954 年）都是新教牧师的女儿，她们结成了类似"夫妇"的关系。朗格是德国教师协会（Allgemeinen Deutschen Lehrerinnenvereins）的创建者，她对鲍默的知识和政治观的形成产生了深刻影响。鲍默是一位学校老师，要比朗格更年轻一些。她们的合作成果可以在《文化国家女性运动史》（*Geschichte der Frauenbewegung in den Kulturländern*，1901 年）中找到，这是对她们的文化布道的总结。[111]

瑞士女性主义者海伦妮·冯·穆利嫩（Helene von Mülinen，1850—1924 年）和埃玛·皮赛斯卡-赖兴巴赫（Emma Piecynska-Reichenbach，1854—1927 年）在 1890 年搬到了一起。她们在一起生活了 30 年，释放了巨大的能量。这两位女性创建了瑞士女性协会联盟（Alliance of Swiss Feminine）。她们在伯尔尼的家成了世界各地女性主义者的朝圣之地。在瑞士的废娼运动和创建女性慈善机构方面，她们与约瑟芬·巴特勒展开了密切合作。[112]

在一些女性主义者的家庭里，女性主义甚至延续了好几代人。其中最引人注目的是英国的潘克赫斯特家族和瑞士的德·摩西尔家族。埃米琳·潘克赫斯特（1858—1928 年）与两个女儿克丽丝塔贝尔（Christabel，1880—1948 年）、西尔维娅（Sylvia，1882—1960 年）一起创建了女性社会和政治联盟（Woman's Social and Political Union）。三人都参与到了争取女性选举权的斗争当中。[113] 而来自瑞士社会新教圈子的德·摩西尔家族三代人——埃米莉·德·摩西尔（1843—1896 年）、她的儿子奥古斯特·德·摩西尔（Auguste de Morsier，1864—1923 年）、两位孙女瓦莱丽·舍弗纳尔（Valerie Chevenard，1891—1977 年）和埃米莉·德鲁安·德·摩西尔（Emilie Droin de Morsier，出生于 1898 年），以及她们的配偶——一起为国际废娼联合会（International Abolitionist Federation）而工作。[114]

无论是通过卓越的人格，还是借助辛苦的坚持，无论是通过短暂的行动，还是以长期的耐心努力，所有这些女性都在 19 世纪的意识中留下了她们的印记。

女性运动的历史学家

一些渴望讲述她们经历的女性主义者承担起了撰写 19 世纪西方女性主义历史的任务。对于西方女性主义历史，有两个标准的参考物存在，它们反映了针对这个主题的不同方法。一个是美国版的，由伊丽莎白·卡迪·斯坦顿、苏珊·B.安东尼和玛蒂尔达·盖奇（Matilda Gage）在 1881 年和 1887 年之间编撰的六卷本的《女性选举权的历史》。另一个是德国版的，它是欧洲和美国女性主义者合作的结晶，反映了作者对组织和斗争的兴趣。这本书由海伦妮·朗格和格特鲁德·鲍默编辑，采取了手册的形式，即《女性运动手册》（*Handbuch der Frauenbewegung*，1901 年）。

克特·席尔马赫（Kaethe Schirmacher，1865—1930 年）在写作《美国、法国、英国、瑞典和俄罗斯的女性主义》（*Féminisme aux Etats-Unis*，*en France*，*dans la Grande-Bretagne*，*en Sudèe et en Russie*，1898 年）时，借助了她自己的旅行经历。她还选择以手册的方式呈现了五种不同类型的女性主义。1909 年，埃伦·基（1849—1926 年）在瑞典出版了《女性运动》（*Kvinnorröelsen*）一书。该书分析了女性主义对不同年龄层和不同社会背景的男女所产生的影响。

在第一次世界大战之后，女性主义者依然对 19 世纪的女性主义传统抱有兴趣。当蕾·斯特雷奇（Ray Strachey，1887—1940 年）出版《事业》（*The Cause*，1928 年）一书时，她利用了各种各样的材料，其中就包括她自己的回忆，以此来展现英国女性主义者各式各样的斗争。约翰娜·纳贝尔（Johanna Naber，1859—1941 年）是荷兰女性全国委员会（National Council of Dutch Women）的主席，她在《时间概览》（*Chronologisch Overzicht*，1937 年）中追溯了荷兰女性运动的发展历程。

在 20 世纪初，第三代女性主义者就像今日的女性主义者一样，面临着影响力的问题。对 19 世纪女性主义的描绘，既是为了记住，也是为了将其遗忘；既是为了认识它，也是为了与之保持距离。19 世纪的女性主义带有反抗、压迫和改革的痕迹，形成了各式各样的话语和实践。但是，荣耀很少能在战斗中幸存下来。为了朝着尚未最终实现的目标迈进，每一代女性主义者似乎都不得不重新展开斗争。

第十九章　新夏娃和老亚当

安妮莉丝·莫格（Annelise Maugue）

　　为了证明女性的境况发生了剧变，我们并没有必要去文学作品中寻找证据：在其他地方就可以找到大量的证据。然而，文学作品确实有助于明确说明这种现象是如何被同时代的人所意识到的。而且，这种意识显然会对女性运动的节奏和方向产生影响。

　　如果说女性境况发生剧变的问题让作家们颇感兴趣，那还是太过于委婉了：该问题让他们感到了兴奋。这个主题引发了大量的作品——实在是太多了，即便是那些在本质上与该主题无关的作品也是如此。简而言之，从文学作品的角度来判断的话，同时代的人很清楚这个过程的重要性。更重要的是，尽管男性作家会对第二性的命运（在新婚之夜遭受创伤或是受大学文凭梦想所困扰的女性的问题）产生浓厚兴趣并不是意料之中的，但该主题被证明是一个几乎取之不尽的灵感源泉，至少对许多作家和女性来说是如此。

　　然而，作家们的热情并没有出现在（女性运动的）议程表上，这也令人感到惊讶。毕竟，这终究是一个权利的问题。不管一个人是如何触及这个主题，无论是通过那些产生于劳动、道德和教育的问题，还是通过那些在夫妻关系中产生的问题；无论此人是以短文的形式，还是小说的形式，考虑到 19 世纪女性的处境，权利的问题（被赋予的权利，以及被剥夺的权利）总是会出现。现如今，作家就像优秀的知识分子一样，经常用他们的笔来描写那些被剥夺权利的人以及各种各样受压迫的人。他们为了其他人的利益而动员了起来。这些其他人可能是无产阶级者、黑人和犹太人。但是女性呢？没有！在每个国家，效仿约翰·斯图尔特·穆勒[1] 的人屈指可数：人们对此说了不少，但那些都是焦虑的话、谨慎的话，以及敌对的话。因此，我们会发现诸如阿纳托尔·法朗士（Anatole France）这样的民主主义者会在 1899 年郑重宣称："今天的女性解放已经走得够远了。"[1]

一个症结已经找到了。这个症结是如此严重，以至于就作家而言，他们不得不展现出一些明显的前后不连贯之处；以免被清晰的推理和他们对人道主义承诺的逻辑所强迫，从而在所有问题上作出让步。爱弥尔·左拉刚刚还在描述理想的社会，在其中"女人拥有不结婚的自由，生活得像一个男人，以各种方式、在各个地方填补男人本应扮演的角色"，但他又赶紧补充说："让自己残废、否定欲望、使自己脱离生活有什么好处？……因此，自然的秩序很快就自我恢复了，两性之间的和平得以实现，彼此都在夫妻的幸福中找到了属于自己的幸福。"[2]

除了独身、贞洁、无性和"残缺"的女性之外，左拉无法想象一个可以真正地行使她自己的权利（有权利而不行使又会有什么好处呢？）在社会上完全自由的女性。她是自由的，但不再是一位女人。"新夏娃"的表述取得了成功，在一篇又一篇文章中反复出现，D.H. 劳伦斯（D.H.Lawrence）还以"新夏娃"为题写了一篇短篇小说，而朱尔斯·博伊斯（Jules Bois）也以此为题写了一本小说。这可以用一种类似的方式加以解读：不，同时代的人没有低估这个过程的重要性，因为他们相信自己见证的绝不是简单的进化，而是一个真正的变异，而且是严格意义上的变异。

夏娃正在死去，夏娃已经死了。在她原先的位置上，出现了一种新的生物，一种与过去不同、有些奇怪的生物。还有什么比这更令人烦恼的呢？因为变化就是以这种方式被感知到的，所以很容易理解它为何会引起人们如此多的兴趣和忧虑。然而，我们的惊讶仍然存在：毕竟，把如此激进的影响仅仅归因于获得大学文凭、离婚、骑自行车或是进入投票站这样的简单行为，显得如此奇怪。

---

[1] 穆勒曾经为争取女性权益而大声疾呼，并著有《女性的屈从地位》。——译者注

谦逊的大胆

然而，那些最引人注目地体现了"新夏娃"品质的女性，却展现出了令人感到安心的维持传统的迹象。许多著名的女性主义者都在适当的时候结婚成家。英国的埃米琳·潘克赫斯特和法国的爱德华兹－皮耶博士（Dr.Edwards-Pilliet）就是如此。圣西门主义者保利娜·罗兰（Pauline Roland）和女性主义者雷吉娜·泰鲁齐（Regina Terruzzi）都是未婚妈妈，但她们并没有像卢梭那样，将自己的孩子送入国家孤儿院。至于乔治·桑，她不仅奋力争取自己孩子的监护权，还为朱尔斯·桑多（Jules Sandeau）制作葡萄干布丁，在肖邦（Chopin）生病时照顾他，为已经与她分居的丈夫做拖鞋。怎么可能不是这样呢？对所有这些女性而言，无论她们在最后变得如何激进，但在她们成长的岁月里，都曾浸染在 19 世纪的家庭、社会和文化环境中，受到了传统模式的灌输。正如西蒙娜·德·波伏娃所说的那样，她们"已经成为女人"。因此，她们的行为令人感到安心。就这一点而言，当时的女性主义者的话语也让人感到放心。以法国女性主义周刊《法国女性》（La Française）对攻读自然科学高级学位的泰蕾兹·罗伯特（Thérèse Robert）的母亲的采访为例："不要想象她的科学已经将她变成了一个书呆子。她总是乐于帮我做家务。每天早上你都能看见她在家附近买东西。多么充满感情啊！"[3] 还有关于玛丽·居里（Marie Curie）的这句话："简单而甜蜜。她牵着小女儿伊莲娜（Irène）的手，送她去上学。"[4] 此外，诚然瑞典女性主义事业取得了显著进步，"但我们不能因此就认为瑞典女性已经失去了对家庭生活的乐趣，或者是不愿意承担做母亲的责任"。[5]

这些文本虽然不是文学作品，但仍然值得引用，因为它为人们描绘出了"新夏娃"的形象，这个形象正如她最坚定的辩护者所想象的那样。贯穿了一个又一个问题的主题是明确的，并非只有《法国女性》杂志传递了这方面的信息。玛丽·达戈尔保证说，"母亲的责任与伟大的思想是相容的"。[6] 记者塞夫里娜（Séverine）曾经描述过 1900 年女性权利大会（Congress on the Rights of Women）的参会者，她这样写道："在她们的手套之下，不只是纤细的食指，可能还有小到无法察觉的刺痕。在那场平凡的战斗中，她们在拿起笔之前，早就拿起了针。"[7]

对于这种令人痛心的对传统的承诺，我们不能仅仅视其为战术决策，从而对其不加以考虑。正是因为此，如果我们今天还在问这是否可能是一个正确的决策，那就没什么意义了。此种承诺的缺席同样会令人感到痛心，但我们也没有必要担心。泰蕾兹·罗伯特很可能将"男性"品质（知性）和"女性"品质（家务技巧）结合了起来：在她的男同事面前，她并不是一个新新人类的原型。在这个原型身上，人类这个物种的所有潜在能力都和谐地结合在单个个体身上。女性主义者可能会要求设立托儿所，"为做母亲的人支付工资"，但她们从未想过要和丈夫分担家务，这几乎没有例外。尽管先驱者的雄辩之词脱离了每一个同时代女性必须与之抗争的具体和直接的矛盾，可能只是说一些大而化之的话，而且是着眼于未来的，但它从来没有表明新夏娃就是人类不可避免的命运。

"命运"是一个很大的词，它不适用于诸如照顾孩子和家务之类的日常琐事。无论如何，女性已经充分证明，即便她们在征服新的社会领域时，她们还可以继续处理这些事情。但是，如果我们费心去近距离地仔细研究她们（几个世纪以来，都没有人想到要这样做，这是一个意外吗？），我们会发现，这些负担的差别很大，处于不同社会地位的女性倾向于以不同的方式承担。可以肯定的是，她们需要获得范围广泛的技术能力，但是将她们团结起来的则是另一套能力。对泰蕾兹·罗伯特来说，这种能力就是天真烂漫。当泰蕾兹·罗伯特的母亲提到自己的女儿对家务的热情时，她认为女儿具有"充满感情"的特质：即便对于最富有的上层阶级的女性而言，在她们为了促进丈夫的事业而举行宴会时，她们也会展现这种服务他人的性情。

这里也存在一次性的牺牲，这样的牺牲英勇而出色。在这种牺牲当中，自我为了更大的荣耀而毁灭了自己。奉献可能是暂时的表现，也可能是长期做重复乏味的家务劳动（每天早晨、每一天都要做），而且奉献也不局限于此。奉献在性质上是与牺牲不同的。在这里，自我失去了，被埋葬了，但在放弃自我的时候没有获得任何回报。男人不再被指望会去实践这种特殊形式的利他主义。这仍然是女性的一种美德：通过培养奉献的精神，新夏娃希望能证明自己仍然是女人。说到底，正是这种美德在继续对女性作出定义。女性仍然被认为是一种区别与男性的形式，并与男性形成了互补（其中的区别远远超出了生物学所确定的微小差异）。

奉献、克制、谦逊，有了这些最重要的美德，破裂就不会发生。对于美国女性主义者伊丽莎白·卡迪·斯坦顿来说，尽管她认为自己拒不接受这些美德，尽管她要求记者"用大写字母"写下"自我发展是比自我更高的责任"，但她仍然对这些美德表示尊重。[8]自我发展为什么是一项责任呢？为什么不是一项权利呢？为什么不将自我实现视为一种快乐或幸福呢？不，责任仍然是最重要的，这一概念源于对他人福祉的不可抑制的关心。女性所继承的一般身份不适合主张女性的自我；它是建立在为了别人而忘记自己的基础之上的，从而使得确定女性的自我行不通，使之成为终极的禁忌。很显然，即便女性主义者也会发现，要把自己从这种持续不断的谦卑中解放出来，是极其困难的。矛盾的是，这正是她们争取双班制[1]权利的原因所在，而这增加了她们的负担。

奇怪的矛盾

只有在部分时间里女性才会成为一个完整的个体，女性作家并非不知道这样有多么奇怪。她们被迫不断地面对自己所做之事中所固有的困难和矛盾。夏洛蒂·勃朗特承认说："有时候，当我在教书或缝纫时，我宁愿去读书或写作。"[9]但时间并不是唯一的问题。欧仁妮·德·格林（Eugénie de Guérin）抱怨说，出于对他人需求的关注而产生了千头万绪的事情，"那些家务占据了我所有时间和整个人"，而这分散和稀释了自我。[10]自我寓于创造的雄心之中，渴望以特殊的强度集中精力，以展示其独特性。不可否认的是，那些希望写作、出版和赢得认可的女性，会面临男性不需要面对的困难。但并非所有的女作家都成了女性主义者，哪怕她们都有这样的日常经验，也拥有知识分子的地位。她们的作品在某种程度上解释了这一点：我们在作品中没有发现这些女性如此明显地违反一项奇怪而持续存在的禁忌吗？

在《我的一生》（*Histoire de ma vie*）中，乔治·桑将她的成长归功于意外的好运，一个不寻常的环境使她在青春期的整整一年时间内摆脱了所有的"外在影响"："如果命运将我直接从祖母的控制之下带到了丈夫的控制之下，那么我就不可能成为我自己。"[11]

因此，她呼吁人们注意传统的女性教养的破坏性方面，以及逃脱此种影响所面临的极端困难。她作品中的女性角色甜美、谦逊、忠诚，这并不令人感到

---

[1]　即争取工作的权利。女性除了工作，还要照顾家庭，因此她们的工作被称为"双班制"。——译者注

惊讶：现实主义需要这些。但另一方面，令人惊讶的是，她非但没有局限于对女性的自我牺牲进行描述，反而时常对其加以赞扬。可以肯定的是，她塑造了莱利娅（Lélia）和康素爱萝（Consuelo）这两个象征着力量和反叛的人物。但她也塑造了《魔沼》（*La Mare au diable*）中的"小玛丽"（little Marie）和"小法岱特"（little Fadette，同名小说《小法岱特》中的女主角）。有必要总结一下这两部小说的情节吗？角色的名字已经不言自明了。正如玛丽的名字所暗示的那样，这一直是个妈妈的角色。但更重要的是，她是"小玛丽"（即马利亚），这个形容词确保了她永远不会从她的角色当中获得任何权力。还有"小法岱特"，她受到了三重削弱：她很小，她的名字的词根"fade"的含义是"枯燥乏味"，而她的名字前面又加了一个"小"字，这注定了她要终身受罪。桑把这些女性描绘成了积极的人物形象，有着完美的女性气质。这仅仅是为了取悦读者吗？不，正是与莱利娅和孔苏埃洛一道，桑享受到了成功和名气。是什么鲜为人知的负罪感让桑将她的反面形象塑造成了可作楷模的人物呢？

乔治·艾略特与她的女主人公之间的关系可能更加不同寻常。不管是《弗洛斯河上的磨坊》（*The Mill on the Floss*）中的玛吉·塔利弗（Maggie Tulliver），还是《米德尔马契》（*Middlemarch*）中的多罗特娅·布鲁克（Dorothea Brooke），都远远不像小法岱特。艾略特在《米德尔马契》的开头便写道："女人与人们的想象大不一致。"她的女主人公完全符合她自己的形象，任何读者都能看出这一点。多罗特娅迷恋的理想是基督教、利他主义和神秘主义的混合体，这一点贯穿了整部小说。在多罗特娅的创造者的允许之下，她拒绝接受传统的女性模式。她对珠宝和衣服都不感兴趣，拒绝了一位年轻而有魅力的追求者，她对姐姐的孩子没有表现出应有的欣喜若狂；诸如此类，不胜枚举。然而，她却把自己的才识和道德独立性用到了奇怪的地方。她嫁给了神职人员卡苏朋（Casaubon）。她并不爱他，但仰慕她的远见卓识。最后却发现他毕生所从事的学术工作没有任何价值。在卡苏朋感觉自己气息奄奄的时候，他要求多罗特娅为了他的计划而守寡，但他的突然死亡让她得以避免作出这一承诺，也让她得以避免"顺从于她自己的非难"。当多罗特娅再次结婚时（这一次是因为爱），她再次面临放弃：首先是要宣布放弃她的财富，她这样做了，从而给了她身无分文的追求者以自尊；最重要的是，她要宣布放弃她自己，因为婚姻将让她重新回到传统的模式："在她的朋友当中，一些人对如此独立和具有独创性的生物要被另一个人的生活同化而感到遗憾。这样的话，她只能在一个小圈子里被人知晓，而且是以妻子和母亲的身份。"

艾略特解释说，多罗特娅是"一位一无所有的圣特雷莎"，现代社会的物质主义阻碍了她实现自我。是社会还是乔治·艾略特阻止了多罗特娅将自己的利他主义奉献给慈善事业？在小说的一开始，多罗特娅就对慈善事业颇感兴趣。毕竟，一些女性在现实生活中成功做到了这一点。是社会还是乔治·艾略特阻止了多罗特娅进行写作？就像乔治·艾略特自己所做的那样，多罗特娅可以借此说服他人分享她所持有的信念。通过一个奇怪的悖论，多罗特娅自愿地将她的自由奉献出去了，重新加入了芸芸众生：她否定了她自己的自由意志；与此同时，其他女性在这样做时都是不知不觉的，或者是不情愿的。她就像"一群鸭子"中的"小天鹅"，彰显出了她的优越性。当然，在乔治·艾略特自己的一生当中，她从未顺从于自我毁灭的崇高殉道事业：卡苏朋比多罗特娅大了 27 岁，但是艾略特这位小说家在 60 岁时嫁给了一位比她小 20 岁的男人。她在此之前已经与乔治·刘易斯（Geogre Lewes）在自由结合的关系中相处了近 30 年。刘易斯当时已经娶了别的女子，而且是一位父亲。但是，艾略特为玛吉·塔利弗预留了截然不同的命运。塔利弗像多罗特娅一样做出了牺牲。但她拒绝嫁给那位与她彼此相爱的男人；理由是此人与她的一个朋友关系暧昧，但既不是她的未婚夫，也不是她的丈夫，而只是她的追求者。对此，人们怎么不会去思考呢？艾略特大胆地在爱情和文学创作上做自己想做的事情，却刻画了那些将全部精力投入自己不想做的事情的女主人公，她是在多大程度上为自己请求宽恕呢？

科莱特（Colette）也做了同样的事情。这位法国作家不信仰基督教，而沉迷于感官世界，其所处的世界与乔治·艾略特完全不同；因此，这种巧合便具有更为重要的意义。科莱特通过写作而变得声名显赫。在丈夫维利（Willy）的庇护下，她写出了《克罗蒂娜》（Claudine）系列小说，女主人公拥抱爱情，大胆泼辣，拒绝遵循传统规范，和她本人没有什么不一样。从逻辑上讲，科莱特与维利的分手使她放弃这个角色。这一系列的最后一本小说叫《克罗蒂娜离开了》（Claudine s'en va）：克罗蒂娜之所以离开，是因为科莱特为了其他的书和其他的男人而离开了。但事实证明，克罗蒂娜这个角色没有她的创造者那么大胆。克罗蒂娜退隐到了乡村，全身心地投入了她年迈的丈夫身上：还有什么能比这更具有教化作用？小说中还有一名叫安妮（Annie）的女性，长期受到一位专制丈夫的压制，最后离开了他。但是，科莱特似乎是觉得有必要缓和一下这个有关女性获得解放的故事的基调，克罗蒂娜最后成了一位身患疾病的护士。

有证据表明，女性作家通过谴责女主人公的自我牺牲来为自己的大胆做补救，这种倾向具有连续性。一个截然相反的事实也解释了同样的连续性，这就是由男性作家写成的《玩偶之家》。亨利克·易卜生（Henrik Ibsen）的这个剧本写成于 1879 年。在 1900 年之后的整个欧洲被翻译、阅读、表演、评论，并以多种方式受到了剽窃。这样的成功在某些方面而言是令人讶异的，因为这部戏剧的结局几乎是不可能的。娜拉（Nora）离开了绝非暴君的丈夫。没有情人在等待着她，而且她还扔下了三个她深爱的孩子。为了生存，她必须找一份工作；但她既没有职业经历，也没有接受过培训。对于经济上的不安全感和精神的痛苦，在现实世界中，有多少女子能下决心一下子将它们同时打倒呢？但是，易卜生的这个剧本的抽象本质并非其弱点之所在，反而促成了它的影响力：通过大胆地摒弃具体的现实，剧作家将核心问题赤裸裸地呈现了出来，而日常生活的千变万化既反映了这个问题，又使其令人费解。易卜生的娜拉出走了，但没有一个"好的"理由——仅仅是她不再想成为另外一个人、一个男人（无论是丈夫还是父亲）的玩偶、财产和傀儡："我在这里只不过是你的'泥娃娃妻子'，就像我过去是父亲的'泥娃娃孩子'一样。"

根据娜拉和易卜生的观点，一个女人要想构建一个真正的身份，而又不破坏她的习得身份和一般身份，那是不可能的。一般身份通过与他者、他者的需求和欲望的联系定义了女性的自我，在这个过程中始终把伺候他者视为这位女性的首要关切。娜拉的行动、她不可思议的离去，都象征着这种态度必须转变。但这正是现实生活中的女性完全无法想象的，更不用说要为此采取实际行动。

奇怪的要求

然而，男人相信女人已经为此采取实际行动了。无论语言，还是行动，女性都无法平息男性的恐惧。我们在 1914 年之前的两性对话中发现的是一个相当令人难以置信的、男性和女性讨论彼此过去的对话。

文学作品描绘的只有被摧毁的家园，不忠且酗酒的丈夫，患有结核病和受伤的孩子——所有这些都是娜拉的残酷竞争者当中的可悲受害者。尽管这种极其怪诞的想法与现实生活不符，但它值得我们停下来想一想。成体系的戏剧化首先是对女性运动所引起的恐惧之程度的一种体现。它也反映了一个惊人的，并传播甚广的思想，即女性是如何在履行她自己的职责方面失败的。确实，一个女人并不一定要真的离开家庭去造成娜拉离开家那样的灾难性影响：如果说有几位女主人公追随娜拉的脚步离开了家，而其他人则仍然待在原来的地方，但同样的灾难还是会突然降临，因为她们在工作（这与工作的范围没有关系），或者是因为她们热衷外出，或者仅仅是因为她们喜欢阅读。得不到照料的孩子，不稳定的家庭预算，以及最终丈夫的自杀——所有这些可怕的后果就发生在"夫人回到自己的房间去阅读梅特林克（Maeterlinck）或易卜生的最新作品"的那一刻。[12] 她只是拿走了她自己时间里的一些时刻，将其作为她个人的时间，没有时时刻刻地奉献出她自己，这种行为就已经被认为是危险的，甚至已经是有罪的了。现实生活中的丈夫无疑没有如此脆弱不堪，也没有那么忧心忡忡，但在文学这个幻想领域的描述中，他们并不乐意同意某些安排，他们的想象总是带着遗憾和焦虑。

对女性无限奉献的期待，与对男性绝对统治的渴望是相伴而生的，这仅仅是合乎逻辑而已。对绝对统治的渴望可以从一种奇怪的教育痴迷中觉察出来。研究夫妇关系的理论学家似乎理所当然地认为，每个丈夫都有能力在烹饪、道德、家庭经济学和形而上学方面，向他的妻子教授好的点子："不要忘记，在接受她做你的助手时，你要保证做她的丈夫、朋友、兄弟、父亲和神父。"[13]

神父：这是理想丈夫终极的、奇怪的化身，它指向的是男性要求的矛盾性增长。如今，男人不仅梦想着控制女人的身心，还梦想着控制她们的思想。斯特林堡将此比作为"一块小黑板"，[14] 既然"女人是男人的孩子"，丈夫便可以在上面随意书写让自己感到开心的内容。有趣的是，有一位人物经常出现在文学作品当中——小妹妹，正如左拉小说《劳动》（Travail）中的索欧雷特（Soeurette），她只不过是又一个小人物当中的囚徒。在父母英年早逝之后，索欧雷特的哥哥发现要由他全权负责妹妹的教育，他以一种令人窒息的慷慨方式来履行自己的责任。他把妹妹当作自己的替身，却是一个低劣的替身。索欧雷特完全不能以最轻微的批评性立场来评价哥哥，注定要无条件地崇拜他。其结果是，她值得担当所有妻子或未婚妻的榜样："哦！去爱一个女人，就要像我爱这个女人一样。你必须在她还是一个孩子，一个小婴儿时就对她很了解，然后年复一年地将她养大，就像养一个妹妹一样。"[15]

小妹妹韦雷娜（Verena）是亨利·詹姆斯（Henry James）的小说《波士顿人》中的人物。她作为一个媒介，有着有趣的特性，必须对未来的丈夫巴西尔·兰瑟姆（Basil Ransom）的影响表现出敏锐的接受能力。又或者是人形机器人"豪道伊"（Hadaly），她是维利耶·德·利尔－阿达姆（Villiers de L'Isle-Adam）笔下创造的"未来夏娃"。还有伊丽莎·杜利特尔（Eliza Doolittle），她是乔治·伯纳德·萧（Gorge Bernard Shaw，即萧伯纳）所写的《卖花女》中的人物，她在社会上无足轻重，落入了举止文雅的希金斯（Higgins）教授的狂热魔掌。在当时，有一个梦想真正困扰着男性的想象，那就是拥有一个完全为了他自己而塑造的女性。当然，对于任何有这种幻想的男人来说，即便是最怯弱的女性所表现出来的大胆也会显得过分了。但是，在一个乍看起来就似乎特别不容易接受绝对主义白日梦的时代，为何还要培养这些特殊的幻想呢？

亚当的苦恼

然而，那是一个多美好的时期啊！在人们的体验和感知中，这是一个与夏娃本人一样崭新的时代，一个与之前的时期截然不同的世纪，一个无情地抛弃了古老地标的百年。如果四面八方都在唱着与进步和民主有关的赞美诗的话，我们也可以听到与之形成对比的悲哀之音。随着 19 世纪的过去，这种对比变得更加痛苦和悲伤：莫里斯·巴雷斯（Maurice Barrès）在小说《背井离乡的人》（*Les Déracinés*）中描绘的才华横溢的年轻人都"没有根"，他们最终注定要失败。罗伯特·穆齐尔的英雄是"没有个性的人"[1]。借用这位奥地利作家的话说："失去的是什么？"实际上，穆齐尔的英雄乌尔里希（Ulrich）并不缺乏个性。他先是在军事领域进行了尝试，之后是工程领域，最后成功地投身于数学，尽管第三项事业和前两项一样无果而终："一匹天才的赛马证实了乌尔里希的感觉，即作为一个人，他不需要有个性。"问题在于，乌尔里希致力于数学研究，并不是为了数学本身，而是为了用它来证明自己的优越性。当"时代的精神"驱

---

[1] 穆齐尔著有同名小说《没有个性的人》。——译者注

使一名记者将天才的称号赋予一匹马时，一切都变得毫无意义了："在经过一番努力之后，就在他感觉自己可能已经接近了自己的抱负目标的那一刻，在他之前到达那里的那匹马在从下面向他呼喊。"

乌尔里希的自暴自弃说明了追求权力的精神与这个时代之间的脱节。在现代，没有个性特征，讲究平稳。经济转型使得那些曾经是农民和工匠的人失去了对劳动过程的控制，这些人如今在大型工厂里机械地劳作，还有一些人则在快速发展的服务业工作。就连他们的主管也受到了影响，乌尔里希所想象的那些工程师"穿梭于好望角和加拿大之间"，结果却是"被牢牢地绑在了绘图台上"。这一过程甚至影响到了企业所有者：在19世纪，随着时间的推移，公司已经开始取代商业巨子。这些巨子曾是资本主义的英雄，在这个世界上留下了他们个人的印迹。与此同时，在政治方面，"在街头流浪的失业工人"[16]的选票与最有天赋的发明家或诗人的选票同等重要。在这个消费娱乐的社会里，发明家或诗人必须与赛马和交际花争夺名誉和威望。早在1857年，福楼拜（Flaubert）就在《包法利夫人》中通过塑造药剂师郝麦（Homais）这个人物（一个唱着赞美进步的歌曲的傻瓜），将现代主义与平庸联系到了一起。到19世纪末，从巴黎到维也纳，再到斯德哥尔摩，各地的作家都在悲哀地追随福楼拜的脚步。左拉对科技奇迹充满了热情，是与福楼拜截然不同的一位作家。但左拉到最后不还是派遣了《繁殖》（Fécondité）和《劳动》中的乌托邦英雄在这个国家度过了他们的一生吗？

这一切无疑说明了几十年来知识分子是如何与资本家的社会拉开距离的——这是一个实用、商业化和疏远的社会。但还不仅仅是如此。面对现代世界，个人危机比人们想象得要更频繁、更明显，其表现形式是性别化的。根据穆齐尔的说法，乌尔里希想成为伟大人物的愿望来自古老的"阳刚之气"，这种"阳刚之气"最近却变成了"一种意识形态的幽灵"。[17]没有什么比一个幽灵更为持久，它超过了大多数事物。生物学家、诗人、历史学家、剧作家、哲学家和小说家在继续感知和定义男子气概，其中最鲜明的一点是：男子气概意味着竞争力、征服和控制，在那些"好辩的、好战的，有着指挥本能、坚毅和个性"的人身上可以找到男子气概。蒲鲁东对上述这类人大加颂扬，但在其他地方，人们都在颂扬平等的美德。[18]几个世纪以来，人们接受了男子气概的观念，这样的形象被证明是强大的、有影响力的、令人满意的，而且是足够符合规范的。即便是那些被自己的无能所困扰的男人，也从未想过要挑战它的权威。

不，不是这样的男子气概形象无法胜任了，而是因为这个时代的原因：这是一个安逸、舒适、安全和官僚主义的时代——一个软弱无力、被阉割了的时代。巴尔贝·多尔维利（Barbey d'Aurevilly）感叹说，这是一个"雌雄同体的时代"；[19] 巴雷斯哀叹说，人口都是由"半男半女"组成[20]；左拉则痛惜道，这个世界的"阳刚之气正在衰退"。[21] 尽管 D.H. 劳伦斯的中篇小说《新夏娃与老亚当》（*New Eve and Old Adam*）主要聚焦婚姻，但丈夫彼得·莫埃斯特（Peter Moest）的不安并不局限于爱情领域。环境中最为现代的一面也发挥了作用："中央供暖系统辐射到了整个建筑。它造就了一种统一性，每个房间都像一个孵化室。还有什么比这更可恶的呢？"

失去的是什么？控制、支配、权力——甚至是对供暖的掌控。再也没有任何方式，可以断言一个独特个体的价值或卓越：它回到了人类童年早期没有个性特征、被动和无性的状态。劳伦斯对亚当的哀叹了然于胸，这也正是我们在这里所听到的："他感到自己被一股原始的男性力量所入侵，被意料之外的本能所窒息。困在这座巨大的、过热的建筑里，是无法忍受的。"

彼得（或者说是亚当）找不到适合他的地方。他已经从法国回到了家，不久又将离开伦敦前往意大利，在那里他也无法找到安宁。对于这种不稳定状态，劳伦斯没有给出社会解释：彼得的工作只是被含糊地提及。但这种事实上的遗漏实际上意义重大：不管他从事的是何种工作，这位主人公显然无法将他的"原始男性力量"发挥出任何有用的作用。于是，他转向了妻子："他的整个存在都建立在这段婚姻上。"

这句话太令人吃惊了，因为它指的是一位男性角色。根据阳刚之气的价值观所构建的等级制度是否已经被颠覆得如此厉害，以至于爱情开始凌驾于野心之上？是这样，但也不是这样：作为补偿，爱比以往任何时候都更有力量。彼得梦想着"这世界上有一个女人，她的工作——并不是职业——就是照顾他"。

如果这个世界已经逃避了亚当的主宰，那么他的家至少应该成为一个避难所（一个"和平的天堂"、一个"庇护所"）和最后的王国，他的妻子既有母性所具有的偶像崇拜，也拥有孩子般的可塑性。教育上的痴迷和对绝对占有的"过时"幻想，均源于男性利用妻子来满足他对权力的渴望和需要，而这种渴望和需要他在别的地方无法得到满足。唉！新夏娃通常会反抗，并用葆拉·莫埃斯特（Paula Moest）的话作为回应："在你眼中，女人应该是你自己的延伸。或者，更糟的是，是你亚当的肋骨，没有丝毫的自主权。我是一个独立的人，你根本体会不到。"

但探索仍在继续。劳伦斯有段时间曾定期资助一种有趣的女性主义。这种女性主义诞生于男性对现代世界的反抗之际，并在奥托·格罗斯（Otto Gross）的支持下在慕尼黑、海德堡和维也纳得到了发展。因为有害的进步是父权制的，一个积极的女性形象便出来对抗它。根据格奥尔格·齐美尔的说法，在被灌输了特定的价值观（即反主流文化的价值观）之后，女性能够比男性更接近本性，也更接近原始存在的自由和快乐，因此她可以指出生存之道。然而，在不同的女性主义之下，人们不可能不看到永恒的夏娃的永恒回归。永恒的夏娃与可以养育他人、集慈爱于一身的大地母亲是一致的。在弗丽达·冯·里希特霍芬（Frieda von Richthofen）身上，奥托·格罗斯和劳伦斯均看到了完美女人的形象。在格罗斯写给里希特霍芬的信中，自我牺牲这一不可避免的主题又出现了："你知道如何给予幸福。高贵、庄严，你热情四射而又毫无保留地给予了你自己。"[22]

性变化

因此，女性仍然被困在他者性之中，困在与男性相关的善恶之中，并且女性统统被归为一类而加以定义。当人们对新夏娃的描绘不止于她是一位骇人听闻却难以言说的新奇人物时，他们所描绘的并不是一个完全成熟的个体，一个属于女性性别的人。她经常被赋予的角色正是赛马的角色，她的"天才"让乌尔里希眼中的天才观念一无是处。她的成功并不能证明她的潜力；与之相反，她们说明了这个世界的堕落，这个世界如此坚决地要让所有的身份平等，从而成为让人类这种生物没有身份的帮凶："绝大多数老百姓从事的工作都是例行公事，即便最平庸的女性大脑在几年内都能学会。"[23]

然而，女性的成功以间接的方式被赋予了巨大的意义。根据自己的模式和经验来推理的男人们显然从来没有区分过自我主张和支配他人。如果女人打算不再忍受男性的权力，那么她们必然渴望自己掌握权力。在斯特林堡的剧本《债主》（The Creditors）中，特克拉（Tekla）厌倦了只是全神贯注地关注丈夫的语法课，而是选择将她自己学到的内容投入实际使用当中，以写出更好的东西，并借此发展了她作为小说家的才能。斯特林堡写道，特克拉的丈夫却将学到的语法忘记了。分享知识是不可能的，因为知识所赋予的权力是不能分享的。当新夏娃将"同类相食"推至极限，并在实际中成功主导了特定领域时，又会发生什么呢？根据我们的作家的说法，她就变成了一个男人，从而极其简单地证实了正是权力构成了男性的本质。

例如，乔治·桑便成为一个在精神领域拥有其权力的男人。直到如今，我们也很难评估她的作品在欧洲和美国所产生的不可思议的影响。夏多布里昂（Chateaubriand）将她与拜伦（Byron）相提并论，亨利·詹姆斯（Henry James）则将她比作歌德（Goethe）：这种赞美不可避免地让她发生了质变。很快，人们不再将她与男性相比较，而是把她与男性并列在一起。这种转变不只是发生在远处，通过一些赞美的文章而表现出来，即便在朋友的圈子里，对男人来说，桑也变成了一位男人。巴尔扎克在和桑一起待了一段时间之后，他这样告诉我们："我跟一位同志闲聊。"[24] 而福楼拜在与桑的通信中，一直称呼桑为"亲爱的师父"（cher maître）。在桑去世时，福楼拜宣称："你必须像我一样了解她，才能了解这位伟人（great man）身上的女性特质。"[25]

亨利·詹姆斯在对桑的伟大之处进行刻画时，也明显出现了类似于上述观点的惊人逆转。詹姆斯并未说桑"延伸了女性的天性"，而是说她"丰富了男性的天性"。[26] 桑是雌雄同体吗？也许是，但是因为她拥有天赋，所以她首先是一个男人，在本质上是一个男人。

但是，权力也可以在爱情中攫取。当这样的事情发生时，同样的质变也就立刻发生了。巴尔贝·多尔维利在小说中描述了一对激情四射的夫妇——奥特克莱尔（Hauteclaire）和萨维尼伯爵（the Comte de Savigny），作家将这位女士称为"这对伉俪中的男人"。[27] 在当时的小说中，很少有比这更为流行的老套情节：在福楼拜的小说中，人们可以发现爱玛·包法利（Emma Bovary）和莱昂（Léon）实际上也是同样的关系；而在左拉的《贪欲的角逐》（La Curée），以及当时的畅销书作家保罗·布尔热（Paul Bourget）、马塞尔·普雷沃斯特（Marcél Prevost）、莫里斯·多奈（Maurice Donnay）的作品中，都有这样的情节。在这些作品所描述的女性当中，既然她们的诱惑最终似乎证明了其女性特质，那么我们是否应该将这种对男性特质的提及仅仅视为对权力的机械隐喻？不，权力的行使使得女性充满了男子气概，这一点并没有被夸张地描述。抽烟、留短发、参加体育活动、穿夹克或打领带——在虚伪的女性面具之下，所有这些迹象都暴露了男人令人不安的存在。任何一件事情都是一个迹象，甚至连人体都是如此。那些没有华丽曲线的女性是如此引人注目，这表明女性困在他者性之中，这也是一个迹象：修长纤细的女人被认为是个男孩，是个小伙子，是一个英俊的青年。因此，当 19 世纪末苗条成为一种时尚时，女性们开始接受不需要那么久坐的生活方式，大批雌雄同体的人似乎突然间出现在街道和城市里。

对男人来说，女人只不过是一面镜子。据说夏娃的女儿们能够轻易进行变性手术（这种手术至少也是危险的），这比任何其他事情更能说明男性危机的深度。现代男性与其典范相比是不相称的，他们无法满足其所有的严苛要求，因此就好像已经被剥夺了男性的身份。"待在家里的男人"是女人不敢想象的形象，他被乔治·奥威尔（George Orwell）称为男性"灰姑娘"，[28] 也就是女性化的男人。这种形象开始萦绕在男人的想象中，与上述雌雄同体的形象形成了对称。巴尔贝·多尔维利惊叹道，如果乔治·桑获准进入法兰西学术院，"我们男人就要去做果酱和泡菜了"。[29]

因此，男子气概是可以利用的：女性怎么能够错过抓住它的机会呢？然而，她们却无法想象女性如何以一种新的方式设想得到解放的情景，而是运用她们的自由来证明此前的典范持续处于霸权地位：自我似乎总是通过权力来被理解，而权力则被通过男子气概来被理解。要么你是男人，要么你就不是。

替身

从另一个角度（也就是女性的角度）来看，也很难有不同的看法。女性拒绝让自己"溶解"并消失在一般身份当中，可是要为她们自己的身份注入实质和内容，她们又持有什么原则呢？像娜拉一样，她们步入了未知的世界，就像一个没有行李的旅行者走在一条人迹罕至的路线上。她们没有现成的典范可以去遵循，唯一的典范是已经占据了该领域的主人：那就是男性这个样本。

至少她们与这个典范之间的关系是外在的。距离给予了她们一个男人所没有的有利位置，因此女人预先要求有更充分的手段来分析男人与世界的关系。毕竟，她们不是最后忍受男性霸权后果的人。她们开始寻找男性霸权的起源，并试图不将它视为一成不变的，而是将其放在人类历史的背景下予以考量。当然，她们也对男性——她们的"另一半"——报以批判的眼光。因此，乔治·桑在《与皮福埃尔医生的假想对话》（*Dialogues imaginaires avec le docteur Pifföel*）中毫不留情地说，他"完全蔑视奉献，因为他相信自己天生就有这样的权利，没有别的原因，仅仅是因为他是从他亲爱的妈妈的子宫里出来的……支配、占有、让对方全神贯注，这只是他同意自己像神一样被崇拜的条件"。[30]

这句话在一个男人的身份与他和母亲的关系之间建立起了一种有趣的联系，虽然桑梦想着自己成为"女性奴隶的斯巴达克斯[1]（Spartacus）"[31]，但她从来没有将此放在理论的背景下加以探讨，19世纪的其他女性也没有这样做。在谈到她们自己遭受的压迫时，如果让她们想起了异性对专横的偏好以及对权力渴望，她们通常只是满足于陈述这一事实，而没有将男性作为一套系统理论的中心对象：父权制从来没有找到女性版的巴霍芬（Bachofen）[2]。这种不对称性值得注意。

虽然19世纪可能算是维多利亚的时代[3]，但是女性的身体已经在卖淫、文学作品（在其中，卖淫的主题非常突出）、绘画和雕塑中得到了展现，甚至出现在拉鲁斯（Larousse）的解剖学插图里，这让米什莱为之着迷。而"女性特有的"想法也展现在沙尔科让癔症的症状表现出来的过程中，患有癔症的总是女性，该病在无数的文本中得到了探究和审视，并暴露在人们面前。而反过来，女性艺术家玛丽·罗兰珊（Marie Laurencin）不画男性裸体，也不像女性主义的理论工作者一样去揭开男性的本质。谦逊不能那么快就被抛弃；客观距离也不能弥补上千年来人们用男性来定义人类所产生的禁忌。女性们认为，现在轮到她们来取得进步了，在尽可能的范围内运用大家已知和公认的方式，将她们自己提升为单独的个体。

因此，她们心甘情愿地扮演雌雄同体的角色。从某种程度上说，乔治·桑希望自己成为朋友在她身上所看到的那种男人。无论如何，她都要打扮得像个时髦的男人，用笔名，穿裤子，抽烟，并在爱情生活中表现出挑逗性的自由。她对自己的姿态有着充分的信心，她有时会谈到自己，就好像她真的是一个男

---

[1] 古罗马色雷斯角斗士，奴隶领袖，军事家，于公元前73年领导了反抗罗马共和国统治的斯巴达克斯起义。——译者注

[2] 19世纪瑞士人类学家和法学家，代表作品为《母权论》。——译者注

[3] 维多利亚时代通常被限定为1831—1901年，以社会风气保守著称。——译者注

人一样。玛丽·达戈尔的笔名是丹尼尔·斯特恩，德尔菲娜·盖伊（Delphine Gay）的笔名是洛奈子爵（the Vicomte de Launay），玛丽·安·伊万斯（Mary Ann Evans）的笔名是乔治·艾略特，让娜·拉波兹（Jeanne Lapauze）的笔名是丹尼尔·洛奈（Daniel Launay）。为何有那么多的女作家使用男性化的笔名？乍一看，解释似乎在于免于受到性别歧视，避免让她们的作品被归为"女士书籍"而受到轻视。但是秘密一旦大白于天下——而且总是会大白于天下——她们继续保持伪装又有什么用呢？这真的是伪装吗？玛丽·达戈尔直言不讳地谈到了她的观点："对于男性天才来说，需要致力的是科学问题的解决方案，以及自由和社会平等的组织。而对于女性天才来说，需要致力的则是心灵的神圣劳动，是各阶级之间的彼此和解。"[32]

　　在《共和主义书信》（*Lettres républicaines*）中，玛丽·达戈尔关心的是什么？而在《论自由》（*Essai sur la Liberté*）中，她又在关心什么？而她的《道德和政治素描》（*Esquisses morales et politiques*）呢？正如书名所展示的，她所处理的是正是她授予男性天才垄断权的领域。不，"丹尼尔·斯特恩"绝不是一个旨在欺骗他人的署名。丹尼尔·斯特恩是存在的，玛丽·达戈尔就是丹尼尔·斯特恩，她需要成为丹尼尔·斯特恩。在她看来，这样她才能在自由选择的领域里实现自己的抱负。这是一个解放自己的装置？当然。这样能够让她足够大胆，让她可以冒险进入政治理论的领域。然而，玛丽·达戈尔太胆小，倘若没有一个男性形象的介入，她往往就达不到这样的高度。从男性形象的介入这个前提开始，她是否敢把有关替身的想法坚持到底？而她也非常清楚，替身并不完全是个男人。或者，反过来说，她是否会给丹尼尔·斯特恩要处理的"男性"主题带来女性的有益经验？在雌雄同体的女性身上，男人看到了野蛮的和富有侵略性的篡夺。但是，女人做出的选择似乎正好相反，它反映的是她们必须与之展开斗争的矛盾之处，反映的是"位于心脏中心的裂痕"。弗吉尼亚·伍尔芙（Virginia Woolf）在《一间自己的房间》一书中思忖女性与写作的关系时，她便提到了"心脏中心的裂痕"。在这种替身需求的背后，以及在女作家通过某些女主角作出某种女性式的牺牲（女作家自己避免作出这样的牺牲，只有在写作中才会如此）来升华主题的背后，是谦逊，从根本上说是一种持久而痛苦的不合法的感觉："如果一个人不是男人，她真的还有权利存在吗？"

　　考虑到人类中的男男女女都对男子气概存在持续的困惑（这种困惑使得男

子气概免于受到批判性的审视），一场危机滋生了又一场危机。由于担心表现得过于大胆，女性对自己的热情设定了限制，以保护自己免于遭受嘲笑、压力、威胁和拒绝。然而，她们已经越过了足够的界限，清除了足够的地标，加深了男性因为现代性而引发的焦虑，从而加剧了每个男性都被消耗殆尽的恐惧。作为单个个体，每个男性可能都达不到他的性别为他自己所设想的宏大野心。对于人类另一半谦逊的大胆，男人的反应是怒吼，还有狂热的攻击。

我们不知道这场危机可能会带来什么光明，因为接踵而来的是战争[1]，重新洗牌了。想想两个形象：开救护车的女性和制造榴弹炮的女性，她们做着最终被社会重视的工作，必然是孤独而独立的，但还能生存；男人则戴着头盔，当着步兵，受到炮火重创，垂死挣扎（但他们的死去让武士的形象得以重新复活）。在接下来的岁月里，哪种性别将被证明更具影响力？

---

[1]　这里指第一次世界大战的爆发。——译者注

女性的幸福

这些重要的女性并不是女英雄，只不过是一些有关女性的历史喜欢描述的象征而已；但她们都是著名的女性，实际上非常著名。她们卓尔不群，在很多方面都是如此。她们足够幸运，在经济上实现了独立；她们也足够聪明，懂得利用自己的自由：她们去德国、瑞士、英国和意大利旅行；她们抛弃各种偏见，而这些偏见可以归结为一句话，即"女人最重要的是不应该主张独立"；而且，她们并不胆怯，几乎很自然地认为自己是能够与伟大的男性平等交谈的女性。她们不仅身处于她们所在的时代，也活在她们的时代里。

热纳维耶芙·弗雷斯　米歇尔·佩罗

热尔梅娜·德·斯塔尔："论从事文学的女性"

热纳维耶芙·弗雷斯（Geneviève Fraisse）

米歇尔·佩罗（Michelle Perrot）

斯塔尔夫人是在法国大革命前的旧制度下长大的。在这一时期，一些女性已经取得了对于她们沙龙的"统治权"，并享有特殊地位，有时甚至是显赫的地位。但在斯塔尔成年后，她经历了大革命和拿破仑帝国的统治，此时独立女性的地位受到质疑，而她就成了这样的女性。斯塔尔夫人没有经历过启蒙运动的时代，却希望有一天所有人都能得到启蒙，这一点是很容易理解的。这位女性讲述了她遭受的痛苦，讲述了她从一个世界进入另一个世界、从君主制到共和国所面临的种种困难；但她也知道，"心灵的快乐是用来平息内心的风暴的"。通过在这里摘录的片段，我们可以看出她的思想有着惊人的洞察力。她对两种社会进行了比较，但没有哪个社会愿意给她一席之地。通过斯塔尔的思考，我们也瞥见了除了她的爱情之外，她身为一个女人的生活的本质：她对运用自己的智慧去参与当时那个时代的知识生活充满热情，而且她坚信公共生活是真正重要的，即便对一个女人来说也是如此。在她所处的那个时代，斯塔尔夫人没有她的位置，但是为了扮演她的角色，她愿意赌上自己的全部。即使她对同时代的人有些刻薄，她也没有背叛他们。尽管她认识到自己与众不同，但她从未放弃如下观点，即女性的生活可以变得更好，而她们缺乏团结则完全是因为无知和偏见。

从许多方面来看，女性在社会中的存在依然是不明确的。取悦他人的愿望激励着她们的心智；理智则劝说她们默默无闻；而她们无论是成功也好，还是遭遇厄运也罢，都是不由她们做主的。

我相信，总有一天，达观的立法者将会严肃地关心女性应受的教育，制定保护她们的民事法律，规定她们应尽的义务，保障她们应享的福祉。但在目前的情况下，她们当中的大多数人的地位既不符合自然秩序，也不符合社会秩序。给某些女性带来成功的东西却使另一些女性归于失败。她们的品质有时会损害她们，她们的缺点有时反而会使她们得益。有时她们就是一切，有时她们又什么都不是。从某些方面来说，她们的命运跟古罗马皇帝身边的自由人有些相似。如果她们试图获得影响力，人们就会对她们企图获得法律没有赋予她们的权利而兴师问罪；如果她们甘心继续充当奴隶，就只能任人欺凌。

当然，一般说来，如果女性能够全身心地投入家庭美德当中，那会好得多。然而，男性对她们的看法非常奇怪：他们可以很快地原谅她们未能尽好本分，却不能原谅她们由于具有杰出的才能而引人注目。只要她们平庸无才，他们就可以容忍她们心灵上的堕落，而最完美无缺的正派却很难被看成一种真正的优点。

之所以会产生这种怪现象，我将在以后加以论述。现在先来考察一下在君主政体下从事文学的女性命运如何，而在共和政体下她们的前途又将怎样。我先着力于把这两种政治环境对追求文学名声的女性的命运所产生的主要不同影响加以说明，然后一般地考察一下荣誉可以给试图追求它的女性带来怎样的幸福。

在君主政体下，女性害怕的是受人耻笑；而在共和政体下，她们害怕的是遭人嫉恨……

自法国大革命以来，男性一直认为，让女性沦落至最荒谬可笑的平庸境地，在政治上和伦理上都是有好处的。他们对女性所用的语言让人很是不适，既不文雅也不风趣。女性被认为不再有发展理性的必要。然而，社会风尚并没有因此而变得更好些。通过束缚思想，古代那种纯朴的人心并不能得到恢复，其结果只能是思想越简单，感情就越粗糙，对公众利益也越发不尊重，也越来越无从排遣寂寞。这就造成了当前所有的思想状况：人们总认为知识是一切祸害的根源，为了使祸害减少，就得让人们的头脑简单一点。实际上，如果说由于知识而出了什么毛病，也只有通过获得更多的知识才能予以纠正。除非说伦理道德是一种错误观念，不然的话，那越有知识的人就越讲求伦理道德，这是真确无疑的⋯⋯

在法国，如果没有女性所固有的独立思考精神和洁身自好，男性也不足以建立起共和政体。在旧制度下，女性对国家事务的影响也许是太大了一些，但是现在当她们缺乏知识，因而也就缺乏理性的时候，她们照样会成为危险人物。这时她们会产生一些漫无节制的心血来潮的癖好，进行一些盲目的抉择，出些轻率的主意。她们只能败坏她们所爱的人，而不能使他们变得更高尚。这对国家会有什么好处？出现一位超然绝伦得跟女性的命运极不相称的女性，这样的危险十分少见：这难道会使法国过去由于取悦于人和待人接物的艺术而享有的盛誉荡然无存吗？

要是没有女性，社交界既不可能使人产生亲切之感，也不可能妙趣横生。再说，如果女性没有头脑，或者谈吐中缺乏那种显示出高尚教养的风趣，那么她们也就只能败坏社交界，而不能使它变得更美好一些。她们就会把庸俗无聊的谈话、婆婆妈妈的絮叨、平淡乏味的戏谑带到社交界来，结果必然使得真正高尚的男性对此敬而远之，使得参加巴黎那些出色集会的人限于一些无所事事的青年男子和无话可说的青年女性了。

在人世间的一切事物当中，人们都可以找出一些弊端。女性的杰出会产生弊端，男子的杰出也会产生弊端。聪明之士的自负、英雄豪杰的抱负、心胸宽阔者的不拘小节、独立不羁者的易怒、勇敢者的冒失等等，都有它们的弊端。难道就该因此抑制这些品质的发展，把社会上一切体制都向压抑才智这个方向引导吗？这种压抑能否增进家庭和政府的权威，答案也不是肯定的。不善谈吐或者缺乏文学修养的女性一般更有办法逃避她们应尽的本分，而不修文化的国家不可能是自由的国度，而且经常是要发生政权更迭的。

为了达到合乎理性的各项目标，为了奠定社会关系和政治关系的稳定基础，对女性和男性，对民族和个人进行启发、教育和提高，依然是最可靠的诀窍。

你用不着害怕女性去发展聪明才智，除非你担心这会对女性的幸福产生什么不良影响。在她们的理性得到发展的同时，她们可能会觉悟到与女性命运联系在一起的一些苦难。但当学术知识在对整个人类幸福产生影响的时候，也可能发生这样的情况。在我看来，这一点早就不成问题了。

如果女性的社会地位低下，那就应该改善她们的地位，而不是压抑她们的聪明才智。女性审慎地发展她们的聪明才智和理性，这对学术文化和社会幸福都有好处。使女性接受高等教育唯一可能产生的不良后果，就是她们中的有些人可能由于掌握了杰出的才智而产生追求名声的欲望。然而，即使是这样的偶然性对社会也不会产生任何危害，只是对极少数天资不够却强求出头的女性有害而已。

如果有哪位女性热衷于凭借才智扬名立万，并且为此孜孜以求的话，那么，只要不是为时过晚的话，还是很容易叫她回心转意的。你可以告诉她，她为自己预备的结局会是多么悲惨。你可以对她说，请你看看现在是怎样的一种社会秩序吧，整个社会都是剑拔弩张，竭力阻止一位女性企图追求与男子并驾齐驱的名声……

即便女性取得了名声，也会受到指责，因为名声与女性的命运之间是有矛盾的。即使是由于做了好事而取得名望，严肃的道德观念也会对其加以指责，就好像这一名望损害了完美的谦逊。有才华的男子发现了可与其匹敌的女性，难免会大吃一惊。他们既不能以一个对手应有的宽厚，也不能以一个保护人应有的容忍来评判她们。在这场新的战斗中，他们既不能按荣誉所要求的规则办事，连仁慈也不放在心上了。

如果一位女性不幸在政治争论中崭露头角，那么即使她并不起任何作用，其他人也以为她拥有无限的影响力，而实际上她并没有。其他人会把她的朋友们的所作所为都归罪于她，因为她的一切爱好而将她恨之入骨。人们于是先向这个无力保护自己的对象发起攻击，然后再向那些还不免有些畏惧的人下手……

而且，这还不是全部。舆论似乎在免除男性对一个才识高人一等的女性的所有义务：人们可以对她粗鲁无礼、残忍凶狠、尖酸刻薄，而舆论却不会为她挺身而出。这个女人不是非同寻常吗？那毋庸多言，就让她孤军作战，让她痛苦挣扎吧。一般的女子是会得到别人关怀的，男子是有力量做她的后盾的，可是对于才识高人一等的女性来说，上述两点她却往往得不到。她就好像印度贱民那样苟延残喘，哪个阶级也不接受她，哪个阶级都把她看成应该孑然一身的人，把她看成好奇或者妒忌的对象，仅仅只是值得人们怜悯而已。

[摘自《论文学》（*De la Littérature*），1802 年]

露·安德烈亚丝·莎乐美："女性的人性"

热纳维耶芙·弗雷斯（Geneviève Fraisse）

米歇尔·佩罗（Michelle Perrot）

到 19 世纪末，露·安德烈亚丝·莎乐美已经完全成年了，她比斯塔尔夫人更加确信自己可以自由地生活，享受自己的能力。从一位传统的缪斯女神，到凭借自身才能从事创造性工作，从而成为一位新知识分子，莎乐美在探索各种可能性方面是如此聪明，这令人惊叹。她遇到的男人——尼采、里尔克和弗洛伊德都看到了这一点，并喜欢与她辩论。与此同时，她成了女性自我实现的鼓吹者，认为女性应该允许自己与男性不同。她相信存在两个截然不同的世界，男女各有一个。在她看来，女性的世界并不见得就是不那么令人愉快的。她从性本身，也就是从身体的角度，重新定义了女性的活动范围。对她来说，一个女人的心灵并不是孤立于她的身体而存在的。因此，她可以肯定，女人绝不会像男人那样疏远她自己。她从性别差异的概念中得出的结论有时令人费解：对她而言，女性解放似乎是一种试图模仿男人的可悲尝试，而模仿就是一个陷阱。尽管她清楚地看到为何女性想要摆脱家庭圈子的束缚，但她仍然认为家庭就是女性的职业所在。然而，这显然不是她的职业：因为她将自己排除在外，所以阅读她的作品会有些尴尬。在我们摘录的文本中，是谁在发声？或者更确切地说，是哪种女性在发声？

一位女性在智力方面展现出来的举止，正如其所有存在一样，都是由她的身体存在所约束和决定的，其程度远远超过男人。这一点常常被认为是惯例，而被人们所忽略。而且，女性比其他任何人都更容易犯这样的错误，因为她们喜欢假装只有在生病时才会感受其内部器官的变化。然而，有一套规则强加在她的整个身体存在之上，即便是最健康、最成熟的女性，也不可避免地会受到影响；这套规则使得她得以区别于男人，但绝不应使她感觉低男人一等。与之相反，正是这套规则使她能够坚持自己，坚持她与生俱来的女性特质，并与男性并肩作战。这是一个非常重要的事实，并且孕育了一个后果：那就是确定了女人一生的自然节奏，这既包括生理层面，也包括心理层面。这样的生活遵循着一个秘密的节奏，有高低波动的规律。这种节奏使女性处于永无止境的循环当中。在这个循环中，她的整个存在及其所有的表现形式，都感觉受到了和谐的庇护。因此，无论是在身体上，还是在智力上，那条向无穷远的方向延伸的、微妙且有着越来越复杂分叉的前进路线，不属于女性的领域：从简单的生活事实来看，她似乎在不停地转圈。奇怪的是，这个至关重要的节奏总是被默默地忽略了，或是被毫无意义地呈现了出来。然而，事实上，正是这种节奏存在于绝对健康的生物对她自己身体的肯定当中。它让女性回想起节日的盛宴和庄严的冥想，这几年里的星期天，持续掌控、启发和安排了日常体验的那些深沉而宁静的时光，以及在桌子上摆放鲜花，并希望鲜花能够在心灵中得到绽放的要求；正是她体内不断重复（对其最狭窄的身体意义而言）的那些东西，以其恢宏和完整性，构成了女性的亲密存在。毫无疑问的是，当女性认为有必要在任何她们想证明自身价值的领域模仿男人（因此，她们开始冒用男性的名字来开展工作，这不仅仅指的是她们在写作时使用男性化的笔名）的时候，上述时光就慢慢消失了。但在尊重女性独一无二的特性方面，我们还有很长的路要走。只要女性不这样做，只要她们不尝试以与男性不同的方式（并且一开始就使用这种方式），以最热情和最深刻的方式去理解自己，并且一丝不苟地使用她们身体和灵魂的最细微的证据，她们就永远不会知道凭借其本质所独有的结构，她们的自我绽放会有多么令人愉悦、多么强大而有力，也永远不会知道她们世界的边界是多么辽阔。女人总是不能充分地了解自己的最新情况，因此她还没有充分地成为女人；至少可以这么说，因为她还生活在她们那个时代最优秀的男人的梦里，生活在她自己的梦里。她曾经缺乏对自己的实际认识（实际上所有人类都缺乏），也缺乏从根深蒂固的偏见中解脱出来的自由，而这正是她实现"充分地成为女人"

的目标所必需的。她不知道所有的财富和房间都理应属于她，因此便将自己置身于任何一个可供利用的空间里，并尽最大努力把这个空间装饰好。但后来，她屈服于恐吓，并秉持着一种极其愚蠢的态度，听从了把她从自己家里拽出来的召唤，将自己投身到大街上。不幸的是，对于许多曾经对此充耳不闻的女性来说，却发现这一召唤已不再是献殷勤，而是一种威胁。这种召唤正如其他的事情一样，已经成为命运的必然：原因很简单，去理解一个社会的必需事务（不管它是否恰好是这个社会的当务之急），会将她们推入一场大混战当中。在那里，她们就像男人一样，被迫用胳膊肘猛击，不停地击打，努力向四周突围。这是一个不能仅仅依靠言语就能消除的事实，对此我没有时间加以赘述。无论如何，有一件事情是肯定的：正是在这样的一场生命之争中，我们首先希望（也最希望）的是女性能够展现出她们的胃足够强大，即使是最坚硬的食物也能消化掉，而不会失去她们任何内在的美。让女性在环境中留下自己的印记，而不是让她们被迫放弃女性特质，即使为此她们必须牺牲一些竞争优势。只要是缺乏女性灵魂、家庭温暖与和谐的地方，女性都可以在此放置此类东西，但是需要谨慎行事。哪一个会更强大：女人，还是她从自己身上汲取的非女性特质的东西？只有时间会证明一切。

　　然而，还有一种情况也在驱使大批女性走出狭小的家庭圈子：她们自发地、深切地、不容否认地渴望获得经验，渴望从事比家里更稳定、更多样化的活动。这两种情形不应该混淆：因为只要一位年轻的女人似乎只是热切地渴望解放自己，她所寻求的便只是她的自我和她个人的发展。她甚至可能在外面找一份对她没有任何吸引力的工作。而在她沿着各种路径进行摸索的所有经历当中，她唯一的希望就是将她引导至属于她自己的道路，这样她最终可以拥抱自己，完全拥有自己。她为此已经准备好要付出自己所拥有的一切。有多少年轻女性会短暂地厌恶从事琐碎的家务，这令她们的家人感到惊愕。她们在无意中想要发展一个丰富而珍贵的女性灵魂。在这个灵魂辐射的范围内，每个人都会感到这个自己所在的世界被和平所包围。如果她被禁止进行这个实验，如果她最突出的品质衰退了，那么她将陷入一种永恒的不和谐、不诚实和不匀称的境地里。当她年老的时候，还会对很久之前不允许她付出那笔代价而愤愤不平。因此，从这方面而言，人们只能一次又一次地鼓吹自由，我们必须为此推翻每一道障碍，打破每一个人为制造的瓶颈。原因在于，相信发自人们肺腑的欲望之声（即使它们是以不好的方式表达出来的），也比援引先入为主和伪造的理论要更为明智。任何能给女人带来光彩和喜悦的东西，对她来说都是正确的。不管她走的道路看起来是如何曲折，最终的目标都是引导女人的内在走向成熟。换句话说，最终目标是要揭示女性生命中最具秘密色彩的礼物。

　　　　　　［摘自《女性的人性：问题概述》（"The Humanity of Woman: An Outline of a Problem"），1899 年。］[1]

注释

序：秩序与自由

热纳维耶芙·弗雷斯（Geneviève Fraisse）、米歇尔·佩罗（Michelle Perrot）

1. 参 见 Genèvieve Fraisse, Muse de la raison, *la démocratic exclusive et la différence des sexes* (Aix-en-Provence: Alinea, 1989), 英 文 版 见 the University of Chicago Press in 1993; Joan B. Landes, *Women and the Public Sphere in the Age of the French Revolution* (Ithaca: Cornell University Press, 1988).

第一章　自由之女与革命公民

多米妮克·戈迪诺（Dominique Godineau）

1. Arlette Farge, "Protesters Plain to See," in Natalie Zemon Davis and Arlette Farge, eds., *A History of Women*, vol. 3: *Renaissance and Enlightenment Paradoxes*, trans. Arthur Goldhammer (Cambridge, Mass.: Harvard University Press, 1993).

2. D. Godineau, Citoyennes tricoteuses. *Les femmes du peuple à Paris pendant la Révolution* (Aix-en-Provence: Alinea, 1988).

3. R. Dekker, L. Van de Pol, W. Tebrake, "Women and Political Culture in the Dutch Revolutions," in Harriet B. Applewhite and Darlene G. Levy, eds., *Women and Politics in the Age of the Democratic Revolution* (Ann Arbor: University of Michigan Press, 1990).

4. L. Kerber, *Women of the Republic: Intellect and Ideology in Revolutionary*

America (Chapel Hill: University of North Carolina Press, 1980).

5. 同上。

6. Hannah Adams, *Women Invited to War* (Boston, 1790).

7. Marcel Gauchet, *La Révolution des droits de l'homme* (Paris: Gallimard, 1989).

第二章 转折点：法国大革命
伊丽莎白·G. 希莱杰夫斯基（Elisabeth G. Sledziewski）

1. Louis de Bonald, *Théorie du pouvoir politique et religieux*, vol. 2 (Paris, 1796).

2. Edmund Burke, "First Letter on the Regicide Peace," 1796.

3. Declaration of the Rights of Man and the Citizen, article 2.

4. *Septième Lettre bougrement patriotique de la Mère Duchêne*, March 22, 1791.

5. Joachim Campe, *Lettres d'un Allemand à Paris*, August 9,1789, trans. into French by J. Ruffet (Paris, 1989).

6. Chaumette, speech to the Commune of Paris, *Révolutions de Paris*, 27 *brumaire*, Year II (November 17, 1793).

7. Talleyrand, *Rapport sur l'instruction publique*, Constituent Assembly, September 10, 11, and 19, 1791.

第三章 性别差异的哲学史
热纳维耶芙·弗雷斯（Geneviève Fraisse）

1. 本章引用了以下著作（按引用顺序罗列）：

J.G.Fichte, *Foundations of Natural Law*, 1796-1797.

Emmanuel Kant, *Metaphysics of Morals*, 1796; *Anthropology*, 1798.

G.W.F.Hegel, *The Phenomenology of Spirit*, 1807; *Encyclopedia of Philosophical Sciences*, 1817; The *Principles of the Philosophy of Law*, 1821.

Friedrich Schlegel, *Lucinde*, 1799; *On Philosophy*, 1799.

Friedrich Schleiermacher, *Confidential Letters on Lucinde*, 1800.

Charles Fourier, *Oeuvres compètes*, 尤其是 *Théorie des quatre mouvements et des destinées générales*, 1808; *Théorie de l'unité universelle*, 1822.

P.J.G.Cabanis, *Rapports du physique et du moral de l'homme*, 1802.

Jeremy Bentham, *Constitutional Code*, 1830.

James Mill, "On Government," 1820; *Encyclopaedia Britannica*, 1824.

W.Thompson, *Appeal of One-Half the Human Race, Women, against the Pretensions of the Other Half, Men,* 1825.

Arthur Schopenhauer, "Metaphysics of Love," *The World as Will and Idea*, 1819; "On Women," *Parerga and Paralipomena*, 1850.

Søren Kierkegaard, *Works*, 尤其是 *Either/Or*, 1843.

Ludwig Feuerbach, *The Essence of Christianity*, 1841.

Auguste Comte, *Oeuvres complètes*, 尤其是 *Système de politique positive*, 1851-1854; *Catéchisme positiviste,* 1909.

Pierre Leroux, *L'Egalité*, 1848.

Max Stirner, *L'Unique et sa propriété,* 1844.

Karl Marx, *1844 Manuscripts; The German Ideology*, 1845-1846; *Capital*, Book 1, 1867.

P.-J. Proudhon, *Système des contradictions* économiques ou Philosophie de la misère, 1846; *De la justice dans la Révolution et dans l'Église*, 1858; *La Pornocratie, ou les Femmes dans les temps modernes*, 1875.

John Stuart Mill, *Letters to Auguste Comte*; "Enfranchisement of Women," *The Westminster Review*, 1851 (in collaboration with Harriet Taylor); *Subjection of Women*, 1869.

Charles Secrétan, *Le Droit de la femme*, 1886.

J.J.Bachofen, *Das Mutterrecht*, 1861.

Friedrich Engels, *The Origin of the Family, Private Property, and the State*, 1884.

Herbert Spencer, *The Principles of Sociology*, 1869, *The Principles of Ethics*, 1891.

Charles Darwin, *The Descent of Man and Sexual Selection*, 1871.

Friedrich Nietzsche, *Human, All Too Human*, 1878; *The Joyful Science*, 1882;

Beyond Good and Evil, 1886.

Emile Durkheim, *Textes*, vols. 2 and 3.

Sigmund Freud, *Complete Works*，尤 其 是 *Three Essays on the Theory of Sexuality*, 1905.

Otto Weininger, *Sex and Character*, 1903.

第四章 法律的矛盾

妮科尔·阿莫一杜克（Nicole Arnaud-Duc）

本章注释中的缩略语如下：

Sirey 1898. 143, *Cass.*, 18 July 1898, 指的是法国最高法院民事庭（the French Cour de Cassation, Chambre Civile）的一项判决。刑事庭（Chambre Criminelle）由"*Cass, crim*"表示。这些法令载于 J.-B. 西雷（J.-B. Sirey）编撰的《法律与判决汇编》（*Recueil général des lois et des arrêts*）。注释还可能注明相关卷宗的年份、部分、页码、法院类型和判决日期。

Dalloz 1898.1.43, Cass., 18 July 1898, 指的是《达洛汇编》（*Recueil Dalloz*）报道的判决。缩略语"D.P."指的是《达洛期刊》（*Dalloz périodique*）。

Sirey 1898. 3, Paris, 13 May 1898, 指的是巴黎上述法院（Cour d'Appel of Paris）的一项判决。

Sirey 1898.3. C.E., 1 March 1898, 指的是法国最高行政法院（French Conseil d'État）的一项判决。

1. *Moniteur universel, Journal officiel de la République*, 22 November 1851, no. 326, p. 2917 ff.

2. Dalloz 1885.1.105, *Cass.*, 16 March 1885; Sirey 1839.1.384, *Cass.*, 21 March 1893; Sirey 1913.3.89, C.E., 20 January 1910.

3. Sirey 1910.1.600, *Cass,crim.*, 17 February 1910.

4. Sirey 1879.1.433, *Cass,crim.*, 11 July 1879.

5. Maurice Hauriou, note under Sirey 1913.3.89, C.E., 26 January 1912.

6. *Le Figaro*, October 27, 1884, Cited in G. Breuillac, *De la condition civile et politique de la femme* (Aix-en-Provence, 1886), p. 98.

7. See N. Chambelland-Liebeault, "La Durée et l'aménagement du temps de travail des femmes de 1892 à Taube des conventions collectives," Ll.D. diss., Nantes, 1989.

8. Sirey 1910.3.54, C.E., 24 January 1908.

9. Sirey 1890.4.25, Brussels, 11 November 1889.

10. Sirey, *Lois annotées*, 1901, p. 1.

11. Sirey 1885.1.487, *Cass.*, 8 July 1884.

12. Cited in Alain Corbin, *Les Filles de noce* (Paris: Aubier Montaigne, 1978), p.343, n.88.

13. Sirey 1877.2.297, note under Bourges, 17 August 1877.

14. 参见 M. Bordeaux, B. Hazo, S. Lorvellec, *Qualifié viol*, Report 1154 (Paris: Klincksieck, 1990), 尤其是在第 1 页至第 61 页。关于与强奸有关的女性"心理", 可参见 *Le Traité de médecine légale*, quoted by A. W. Bouché, *Etude sur Vadultère au point de vue pénal* (Paris, 1893), p. 208.

15. 参见 F. Ronsin, *La Grève des ventres* (Paris: Aubier, 1979).

16. 参见 A. MacLaren, *Sexuality and Social Order* (New York: Holmes and Meier, 1983).

17. Portalis, *Discours préliminaire*, in Fenet, *Recueil des travaux préparatoires du Code civil* (Paris, 1836), vol. 1, p. 522, and in Naissance du Code civil (Paris: Flammarion, 1989), p. 35 ff. 还可参见 J. Bart, "La famille bourgeoise héritière de la révolution？" in M.-F. Lévy, ed., *L'enfant, la famille et la Révolution française* (Paris: Olivier Orban, 1989), pp.357-372.

18. C. B. M. Toullier, *Le droit civil français suivant l'ordre du Code*, 3rd ed. (Paris, 1821), vol. 1, p. 15.

19. Sirey 1868.2.65, Paris, 3 January 1868.

20. J.de Maleville, *Analyse raisonnée de la discussion du Code civil au Conseil d'État*, 2nd ed. (Paris, 1807), vol. 1, p. 235.

21. Cited in Marcadé, *Explication théorique et pratique du Code Napoléon* (Paris, 1807), vol.I, no. 716, pp.581-582.

22. Toullier, *Le Droit civil*, vol. 1, p. 96.

23. Sirey 1897.1.304, *Cass, crim.*, 2 April 1897.

24. F. Basch, "La Femme en Angleterre de l'avènement de Victoria (1837) à la Première Guerre mondiale," in *Histoire mondiale de la femme* (Paris: Nouvelle Librairie de France, 1966), vol. 4, p. 199.

25. Sirey 1877.2.161, Brussels, 28 April 1875.

26. Sirey 1881.2.54, Nîmes, 6 January 1880; Sirey 1879.2.80, Rouen, 13 November 1878.

27. Sirey 1877.2.161, Brussels, 28 April 1875, note. Decision of the court of Louisville, Kentucky, reported in *Le Droit*, 28 December 1867.

28. Sirey 1830.1.99, *Cass.*, 20 January 1830.

29. Sirey 1827.1.88, *Cass.*, 9 August 1826. 还可参见 Sirey 1808.2.196, Paris, 29 May 1808; Sirey 1812.2.414, Turin, 17 July 1810; Sirey 1840.2.291, Dijon, 25 July 1840.

30. Sirey 1834.1.578, *Cass, crim.*, 18 May 1834.

31. Sirey 1839.1.817, *Cass, crim.*, 21 November 1839.

32. Sirey 1896.2.142, Nîmes, 5 June 1894.

33. Sirey 1900.2.143, Caen, 26 December 1899.

34. Sirey 1910.1.7, *Cass.*, 19 July 1909.

35. Sirey 1829.1.205, *Cass, crim.*, 17 January 1829.

36. 但是是在 1902 年的 15 天里：Sirey 1904.2.81, Algiers, 18 July 1902.

37. Sirey 1868.1.421, *Cass, crim.*, 28 February 1868.

38. Sirey 1848.1.731.

39. *Dictionnaire Dalloz*, 1790-1835, under *Adultère*, no. 48.

40. 参见 M. Bordeaux, "Le Maître et l'infidèle: Des relations personnelles entre mari et femme de l'ancien droit au Code civil," in I. Théry and C. Biet, eds., *La Famille, la lot, l'Etat* (Paris: Imprimerie Nationale, 1989), pp. 432-446.

41. Sirey 1827.2.17, Paris, 13 March 1826. 参见 J. Mulliez, "*Pater is est...*, la source juridique de la puissance paternelle du droit révolutionnaire au Code civil," in *La Farnille, la loi, l'Etat*, pp. 412-431.

42. Sirey 1868.2.65, Paris, 3 January 1868.

43. Sirey 1851.1.103, *Cass.*, 10 February 1851.

44. 参见 Nicole Arnaud-Duc, "Le Droit et les comportements, la genèse du titre V du Livre III du Code civil: les régimes matrimoniaux," in *La Famille, la lot, l'Etat*, pp. 183-195.

45. 参见 Sirey, *Lois annotées*, 1891-1895, p.473 (law of 6 February 1893) 对法律的讨论。

46. 参见 Michelle Perrot, "La Femme populaire rebelle," in Michelle Perrot, ed., *L'Histoire sans qualités* (Paris: Galilee, 1979), pp. 131-132.

47. Sirey, *Lois annotées,* 1906-1910, p. 597.

第五章　艺术和文学的偶像崇拜

斯特凡纳·米肖〔Stéphane Michaud〕

1. William Blake, *The Marriage of Heaven and Hell.*

2. Yves Bonnefoy, *La véracité de la Parole* (Paris: Mercure de France,1988).

3. "Die Frauen sind silberne Schalen, in die wir goldene Apfel legen. Meine Idee von den Frauen ist nicht von den Erschenungen der Wirklichkeit abstrahiert, sondern sie ist mir anbegoren oder in mir cntstanden."

4. "Die Welt, sie wird dich schlecht begaben, glaube mir's! Sofern du willst ein Leben haben: raub dir's!"

5. "Nun liegt es mir eigentlich ferner, von Tugenden und Leistungen zu reden, als von dem, worin ich mich kompetenter fühle: vom Glück." From "Zum Typus Weib," *Imago 3*, I (1914), p. 7.

6. "Ich kann weder Vorbildern nachleben, noch werde ich jemals ein Vorbild darstellen konnen für wen es auch sei, hingegen mein eigenes Leben nach mir selber bilden, das werde ich ganz gewiss, mag es nun gehen wie es mag. Damit ha be ich ja kein Prinzip zu vertreten, sondern etwas viel Wundervolleres, etwas das in Einem selber steckt und ganz heiss vor Lauter Leben ist und jauchzt heraus will··· Glücklicher als ich jetzt bin, kann man bestimmt nicht werden." Letter to Hendrik Gillot, May 26, 1882, quoted in Lou Andreas-Salomé, *Lebensrückblick*, 5th ed., Ernst Pfeiffer, ed. (Frankfurt: Insel), p. 78.

7. 参 见 Nicole Savy's preface to the catalogue of the show *Les Petites Filles modernes* (Paris: Réunion des Musées Nationaux, 1989).

第六章　德国的阅读和写作
玛丽－克莱尔·霍克－德马勒（Marie-Claire Hoock-Demarle）

1. Louise Ackerman, *My Life, in Works* (Lemerre, 1885), quoted in Christine Planté, *La Petite Soeur de Balzac* (Paris: Editions du Seuil, 1989).

2. 法 国 的 情 况 请 参 见 François Furet and Jacques Ozouf, *Lire et écrire: L'alphabétisation des Français de Calvin à Jules Ferry* (Paris, 1977), vol. 1. 有关法国和德国读写能力的比较研究，请参见 Etienne François, "Alphabetisierung und Lesefähigkeit in Frankreich und Deutschland um 1800," in H. Berding, E. François, and H.-P. Ullmann, eds., *Deutschland und Frankreich im Zeitalter der Französischen Revolution* (Frankfurt: Suhrkamp,1989).

3. 以罗尔夫·恩格尔辛（Rolf Engelsing）、恩斯特·希伦亨里希斯（Ernst Hinrichs）、威廉·诺登（Wilhelm Norden）和鲁道夫·施达（Rudolf Schenda）为代表的"德国学派"与以路易·马乔洛（Louis Maggiolo）、弗朗索瓦·孚雷（François Furet）和雅克·奥祖夫（Jacques Ozouf）为代表的"法国学派"之间的争论，请参见 Furet and Ozouf, *Lire et écrire*, p.4.

4. Furet and Ozouf, *Lire et écrire*, p.44.

5. 参 见 Wilhelm Norden, "Die Alphabetisierung in der oldenburgischen Küstenmarsch im 17. 18. Jht," in Ernst Hinrichs and Wilhelm Norden, eds., *Regionalgeschichte. Probleme und Beispiele* (Hildesheim, 1980).

6. Rolf Engelsing, *Analphabetentum und Lektüre. Zur Sozialgeschichte des Lesens in Deutschland zwischen feudaler und industrieller Gesellschaft* (Stuttgart, 1973).

7. Bettina von Arnim, *Dies Buch gehört dem König*, in *Werke und Briefe*, G. Konrad, ed. (Cologne, 1963), vols.3 and 4.

8. Fanny Lewald-Stahr, *Für und wider die Frauen* (Berlin: Otto Janke, 1870), p.68.

9. 克里斯蒂安娜·索菲·路德维希（Christiane Sophie Ludwig）是其中一位

自学成才的作家，她在 19 世纪末 20 世纪初创作的小说涉及黑人和犹太人的处境等主题。

10. W.von Kügelgen, *Jugenderinnerungen eines alten Mannes* (Munich, 1867), p.32.

11. Christa Wolf, *Lesen und Schreiben* (Darmstadt: Luchterhand, 1980), p.281.

12. Wolfgang von Goethe, *Wilhelm Meisters Lehrjahre.*

13. Karl Ferdinand von Klöden, *Jugenderinnerungen* (Leipzig, 1874), p.19.

14. Elisa von der Recke, *Briefe und Tagebücher*, C. Träger, ed. (1984), p.86.

15. Wilhelm Fleischer, *Plan und Einrichtung eines neuen Lese Instituts im Frankfurt-am-Main*, 1796.

16. Marie-Claire Hoock-Demarle, *La Rage d'écrire. Les femmes allemandes face à la Révolution française (1790-1815)* (Aix-en-Provence: Alinéa, 1990), pt.2, chaps.1 and 2.

17. 卡罗琳·施莱格尔－谢林（Caroline Schlegel-Schelling）在 1786 年 3 月 22 日写给妹妹洛特·米夏埃利斯（Lotte Michaelis）的信，载于 Sigrid Damm, ed., *Caroline Schlegel-Schelling in ihren Briefen* (Darmstadt, 1980), p.90.

18. 同上，pp.152-153.

19. Barbey d'Aurevilly, *Les Bas-Bleus* (Brussels, 1878). 关于"蓝袜"（bluestocking）一词的起源，请参见 Planté, *La Petite Soeur de Balzac*, p.28.

20. 凯瑟琳娜·伊丽莎白·歌德（Catharina Elisabeth Goethe，歌德的母亲）1798 年 2 月 15 日写给她儿子的信，载于 C.E.Goethe, *Briefe an ihren Sohn* (Stuttgart: Reclam, 1971), p.131.

21. J. J. Ersch, *Allgemeines Repertorium der Literatur für die Jahre 1785-1790, 1791-1795, 1796-1800.*

22. 恩格尔辛（Engelsing）在《文盲》和其他著作中使用了"intensive"和"extensive"这两个术语。

23. Marlies Prüsener, "Lesengesellschaften im 18. Jahrhundert," *Archiv für Geschichte des Buchwesens*, no. 13, 1973.

24. 同上。普鲁泽纳（Prüsener）举了一位来自汉堡地区的医生的例子，他向邻居开放了自己的图书馆，里面有 13 本书，其中 9 本涉及法国大革命。

25. Henriette Herz, *Erinnerungen*, ed. R. Schmitz (Frankfurt, 1984), p.50.

26. Johanna Schopenhauer, *Jugendleben und Wanderbilder* (1839; reprinted Munich: Winkler, 1958), p. 267.

27. Adolf von Knigge, *Über den Umgang mit Menschen*, 1790, pt. 2, chap.5.

28.《凉亭》杂志创始人 1853 年使用的术语，Cited in Renate Möhrmann, *Die andere Frau. Emanzipationsansatze deutscher Schriftstellerinnen im Vorfeld der 48-Revolution* (Metzler, 1977), p. 167.

29. Von Knigge, *Über den Umgang mit Menschen*, pt. 2, chaps. 5, 10.

30. P.-J.Proudhon, quoted in Planté, *La Petite Soeur de Balzac*, p. 216. 另请参阅保罗·莫比乌斯（Paul Möbius）的生物学理论，他在 1900 年出版的《论女性之先天低智》引起了轰动。

31. Letter of Clemens Brentano to Emilie von Niendorf, Munich, 1844.

32. *Literaturblatt*, March 15, 1839.

33. *Allgemeine deutsche Biographic*, article on Theresa Forster-Huber, excerpts from her *Memoirs* (1803).

34. 索菲·梅罗（Sophie Mereau）在 1797 年翻译了尼农·德伦克洛斯的信件；特蕾莎·胡贝尔（Theresa Huber）翻译了罗兰夫人的作品。

35. 玛丽·冯·埃布纳—埃申巴赫在 1867 年写出了悲剧《玛丽·罗兰》，但仅在魏玛（Weimar）由业余爱好者演出过一次。

36. 这是奥热（Auger）院士的说法，Cited in Jean Larnac, *Histoire de la littérature féminine en France* (Paris, 1929).

37. Marie-Claire Hoock-Demarle, "Bettina Brentano-von Arnim ou la mise en oeuvre d'une vie," Ph.D. diss., 1985.

38. 在 1830 年至 1850 年间出版的众多女性自传中，值得注意的是亨丽埃特·赫兹（Henriette Herz，1823 年撰写，1850 年出版）、埃莉莎·冯·德雷克（Elisa von der Recke，1804 年撰写，1830 年出版）和约翰娜·叔本华（乔安娜·叔本华，Johanna Schopenhauer，由她的女儿于 1839 年出版）的作品，以及拉赫尔·瓦恩哈根（Rahel Varnhagen，由她的丈夫于 1833 年出版）和贝蒂娜·冯·阿尼姆（Bettina von Arnim，在 1843 年撰写的文本中提及 1807 年）编辑的信件。

39. Louise Aston, *Meine Emanzipation, Verweisung und Rechtfertigung* (Brussels,

1846), quoted in Möhrmann, *Die andere Frau*, p. 146.

40.*Vormärz*（字面意思为"3月前"），指的是1840年至1848年3月的1848年革命爆发之前的时期。

41. Fanny Lewaid, *Meine Lebensgeschichte Berlin* (1863), vol.1, p.260.

42. 关于这些先驱者的文献，请参见 Marianne Walle, "*Contribution à l'histoire des femmes allemandes entre 1848 et 1920* (Louise Otto, Helene Lange, Clara Zetkin, et Lily Braun)," Ph.D. diss., University of Paris VII, 1989.

43. Adelheid Popp, *Die Jugendgeschichte einer Arbeiterein*, preface by August Bebel (Munich, 1909).

44. 新方向（*Neue Bahnen*）是路易丝·奥托－彼得斯（Louise Otto-Peters）在1875年为她创建的报纸起的报名。

45. Hedwig Dohm, *Die wissenschaftliche Emanzipation der Frau* (Berlin, 1893), pp. 45 and 185.

第七章　天主教模式

米凯拉·德乔治（Michela De Giorgio）

1. A.M.Mozzoni, *Un passo avanti nella cultura femminile: tesi e progetto* (Milan, 1866), pp. 27-28.

2. R.P.G.Ventura, *La donna cattolica* (Milan and Genoa, 1855), vol.3, pp.249-259.

3. G.Fraisse, *Muse de la raison* (Paris: Alinéa, 1989).

4. G.d'Azambuja, *Ciò Che per La Donna Ha Fatto Il Cristianesimo* (Rome, 1912). Italian translation of the 6th French ed.

5. R.Deniel, *Une image de la famille et de la société sous la Restauration* (Paris: Editions Ouvrières, 1965), p.125.

6. M.Bernos, "De l'influence salutaire ou pernicieuse de la femme dans la famille et la société," *Revue d'histoire moderne et contemporaine* (July-September, 1982).

7. G.Leopardi, *Dei costumi italiani*, ed. A. Placanica (Venice: Marsilio, 1989), P. 132.

8. S.Bertelli, G.Calvi, *Rituale, cerimoniale, etichetta nelle corti italiane*, in S.

Bertelli and G. Grifò, eds., *Rituale, Cerimoniale, Etichetta* (Milan: Franco Angeli, 1985), p. n and following.

9. I.Porciani, "Il Plutarco femminile," in S. Soldani, ed., *L'educazione delle donne. Scuole e modelli di vita femminile nell'Italia dell'Ottocento* (Milan, 1989).

10. A.Scattigno, "Letture devote," in Porciani, ed., *Le Donne a scuola: l'educazione femminile nell'Italia dell'Ottocento*. Catalog for documentary and monographic show (Siena, 1987).

11. F.Lebrun, ed., *Histoire des catholiques en France* (Toulouse, 1980), pp.321-330.

12. E.Saurer, "Donne e preti. Colloqui in confessionale agli inizi dell'Ottocento," presented at the Centro di Documentazione delle Donne di Bologna, in L. Ferrance, M. Palazzi and G. Pomata, eds., *Ragnatele di rapportL Patronage e red di relazione nella storia delle donne* (Turin: Rosenberg and Sellier, 1988), pp.253-281.

13. *Civiltà Cattolica* ser. I, 10 (1852): 381.

14. 感谢菲利普·布特里（Philippe Boutry）的帮助，我才获得了关于 19 世纪意大利宗教习惯的罕见的定量事实。

15. Ph.Boutry, *Prêtres et paroisses au pays du curé d'Ars* (Paris: Le Cerf, 1986), p.19. 一个 "意大利"（实际上是哈布斯堡王朝）的例子：L.Pesce, ed., *Thesaurus Ecclesiarum Italiae Recentoris Aevi*, Ⅲ, 9, *La visita pastorale di Sebastiano Soldati nella Diocesi di Treviso (1832-1838)* (Rome: Edizioni di Storia e Letteratura, 1979).

16. G.d'Azambuja, *La giovane e levoluzione moderna* (Rome, 1911), Italian translation of the 2nd French ed. (1880).

17. D'Azambuja, *Ció che per la Donna ha fatto il Cristianesimo*.

18. *Historia della Madre Barat fondatrice dell'Istituto del Sacro Cuore di Gesù* by Abbate (sic) Baunard (Rome, 1877), vol.1, p.510.

19. L.Colet, *L'Italie des italiens* (Paris, 1862), p.142.

20. J.W.Goethe, *Viaggio in Italia*, in *Opere*, Vittorio Santoli, ed. (Florence, 1970), pp.356-357.

21. M.D'Azeglio, *I miei ricordi* (Milan, 1932), p. 20.

22. N.Tommaseo, *La donna, scritti vari* (Milan, 1872; 1st ed., 1833), p.237.

23. Abbé J.Gaume, *Histoire de la société domestique* (Paris, 1844), p.472.

24. M.L.Trebiliani, "Modello Mariano e immagine della donna nell'esperienza educativa di don Bosco," in Francesco Traniello, ed., *Don Bosco nella storia della cultura popolare* (Turin: Società Editrice Internazionale, 1987), pp. 187-207.

25. Leo XIII (Gioacchino Pecci), *Arcanum*, in Il problemma femminile (Rome, 1962), p.13.

26. 一些例子: E. Nevers, L 'età del marito (Turin, 1891); T.Guidi, *L'amore dei quarant'anni* (Milan and Palermo, 1902).

27. L.Scaraffia, *La Santa degli Impossibili. Vicende e significati della devozione a S. Rita* (Turin: Rosenberg and Sellier, 1990), pp.55-56.

28. J.Vincent, *Le Livre d'amour* (Paris: Brouwer, 1960).

29. C.Langlois, *Le Catholicisme au feminin. Les congrégations françaises à Supérieur Générale au XIX siècle* (Paris: Le Cerf, 1987), pp.307-323.

30. S.Franchini, *Gli educandati nellTtalia postunitaria*, in Soldani, *L'educazione delle donne*, pp. 57-86.

31. S.Sighele, *Eva moderna* (Milan, 1910), p.182.

32. G.Rocca, "Le nuove fondazioni religiose femminili in Italia dal 1800 al 1860," in *Problemi di Storia della Chiesa dalla Restaurazione all'Unità d'Italia* (Naples, 1985), pp.107-192.

33. E.Caracciolo, *Misteri del chiostro napoletano* (1864; rpt. Florence, 1986).

34. M.Petrocchi, *Storia della spiritualità italiana* (Rome: Edizioni di Storia e Letteratura, 1979), vol.3.

35. A.Gambasin, *Religiosa magnificenza e plebi in Sicilia nel XIX secolo* (Rome: Edizioni di Storia e Letteratura, 1979), pp.163-221.

36. Sant'Alfonso de Liguori, *La vera sposa di Gesù Cristo, cioè la Monaca Santa* (Turin, 1862), p.120.

37. O.Arnold, Le Corps et l'âme. *La Vie des religieuses au XIX siècle* (Paris: Le Seuil, 1984).

38. S.O'Brien, "Terra Incognita: The Nun in Nineteenth-Century England," in *Past and Present* 121 (1988).

39. B.Welter, "The Feminization of American Religion, 1800-1860," in L. W. Banner and M. Hartman, eds., *Clio's Consciousness Raised: New Perspectives on the History of Women* (New York: Harper and Row, 1974).

40. C.Langlois, " 'Je suis Jeanne Jugan.' Dépendence sociale, condition féminine et fondation religieuse," *Archives de Sciences Sociales des Religions* 52 (1981), pp.21-35.

41. M.De Giorgio, *Les Demoiselles catholiques italiennes*, in Y. Cohen, ed., *Femmes et contre-pouvoirs* (Montreal: Boreal-Express, 1987), pp. 101-126.

42. J.Pitt-Rivers, *The Pate of Sechem, or the Politics of Sex: Essay in the Anthropology of the Mediterranean* (Cambridge: Cambridge University Press, 1977).

43. L.Guidi, "La 'Passione governata dalla virtù': benefattrici nella Napoli ottocentesca," in L. Ferrante, M. Palazzi, and G. Pomata, eds., *Ragnatele di rapporti*, pp.148-165.

44. G.Cholvy and Y.-M. Hilaire, *Histoire religieuse de la France contemporaine, 1880-1930* (Paris: Privat, 1986), p.363.

45. M.De Giorgio and P. Di Cori, "Politica e sentimenti: le organizzazioni femminili cattoliche dall'età giolittiana al fascismo," *Rivista di storia contemporanea* 3 (1980).

46. A.Pavissich, S.J., *Donna antica e donna nuova. Scene di domani* (Rome, 1909).

47. C.Dau Novelli, "Alle origini dell'esperienza cattolica femminile: rapporti con la Chiesa e gli altri movimenti femminili (1908-1912)," Storia contemporanea 22, 4/5 (1981).

48. J.W.Goethe, *Viaggio in Italia*, p.481.

49. P.Macry, "La Napoli dei dotti. Lettori, libri e biblioteche di una excapitale (1870-1900)," *Meridiana* 4 (1988).

50. E.Raimondi, *Il romanzo senza idillio* (Turin, 1974), pp.129-130.

51. M.Berengo, *Intellettuali e lihrai nella Milano della Restaurazione* (Turin: Einaudi, 1980).

52. Madame Bourdon (Mathilde Froment), *Souvenirs d'une institutrice* (Paris,

1869), 8th ed., pp.22-23.

53. D.Maldini Chiarito, "Lettrici ed editor! a Milano tra Otto e Novecento," *Storia di Lombardia* 2 (1988).

54. J.L.Desbordes, "Les Écrits de Mgr. Dupanloup sur la haute éducation des femmes," in F. Mayeur and J. Gadille, eds., *Education et images de la femme chrétienne en France au début du XXème siècle* (Grenoble: Editions Hermes, 1980).

55. M.J.Rouet de Journel, S.J., *Une russe catholique. Madame Swetchine* (Paris, 1929), pp.16-17.

56. R.Ricci, *Memoria della Baronessa Olimpia Savio* (Milan, 1911), pp.4-5.

57. M.L.Trebiliani, "Santità femminile e società a Lucca nell'Ottocento," in S. Boesch Gajano and L. Sebastiani, *Culto dei Santi, istituzioni e classi sociali in età preindustriale* (Aquila/Rome, 1984), pp.959-995.

58. P.Ramon Ruiz Amado, *La educación femenina* (Barcelona, 1912), p.115.

59. G.Thuillier, *UI ma ginaire quotidien au XIXe siècle* (Paris: Económica, 1985), p.42.

60. A.-M.Thiesse, *Le Roman du quotidien* (Paris: Chemin vert, 1984), pp.125-127.

61. "La biblioteca di una sposa," in *Fiamma viva* (April 1927), pp.251-253.

62. C.Savart, *Les Catholiques en France au XIX siècle: le témoignage du livre religieux* (Paris, 1985).

63. P.Camaiani, "La donna, la morte, e il giovane Vittorio Emanuele," in F.Traniello, ed., *Dai Quaccheri a Gandhi. Studi di storia religiosa in onore di Ettore Passerin d'Entrèves* (Bologna: Il Mulino, 1987), p.169.

64. M.-F.Levy, *De mères en filles* (Paris: Calmann-Levy, 1984).

65. Ph. Boutry, M. Cinquin, *Deux pèlerinages au XIXe siècle: Ars et Paray* (Paris: Beauchesne, 1980), p.22.

66. Thuillier, *L'Imaginaire*, pp.44-45.

67. C.Brâme, *Journal intime. Enquête de M. Perrot e G. Ribeill* (Paris: Montalba, 1985).

68. Jolanda, *Eva Regina. Consigli e norme di vita femminile contemporanea*

(Florence, 1907), p.7.

69. P.Macry, *Ottocento. Farmglia, élites e patrimoni a Napoli* (Turin: Einaudi, 1988), p.70.

70. *Journal de Marie Bashkirtseff* (Paris: Mazarine, 1980), p.45.

71. L.Accati, "La politica dei sentimenti. LTmmacolata Concezione fra '6oo e' 700," *Atti del Primer Coloqui di Historia de la Dona* (Barcelona, 1986, forthcoming).

72. M.Segalen, J.Charmarat, "La Rosière et la 'Miss': les 'reines' des fêtes populaires," *L'Histoire* 53 (1983).

73. A.Marro, *La pubertà studiata nell'uomo e nella donna (in rapporto all'Antropologia alia Psichiatria ed alia Sociologia)* (Turin, 1897).

74. L.Guidi, *L'onore in pericolo. Carità e reclusione femminile nell'Otto cento napoletano* (Naples: Guida, 1991).

75. R.Betazzi, *La giovine e la moralità* (Turin, 1915), p.19.

76. M.Turi, "La costruzione di un nuovo modello di comportamento femminile. Maria Goretti tra cronaca nera e agiografia," *Movimento operaio e socialista* 3 (1987).

77. A.Buttafuoco, *Le Mariuccine. Storia di un'istituzione laica. L'Asilo Mariuccia* (Milan: Franco Angeli, 1985).

78. *Bollettino Unione Donne Cattoliche d'Italia*, May 1911.

79. Benedetto XV (Giacomo Della Chiesa), *Allocuzione alle donne italiane*, 21 October, 1919.

80. "La virtù mal vestita," in *Fiamma viva*, October 1922, p.579.

81. J.C.Flugel, *The Psychology of Clothes* (London, 1930).

82. G.Thuillier, *L'Imaginaire*, pp. 14-16.

83. N.Ginzburg, *La famiglia Manzoni* (Turin: Einaudi, 1989), pp.37-38.

84. Madame Mathilde Bourdon, *Giornata Cristiana della giovinetta* (Turin, 1888, Fr. ed., 1867), p.xiv.

85. B.G.Smith, *Ladies of the Leisure Class. The Bourgeoises of Northern France in the Nineteenth Century* (Princeton, 1981), pp.14-16.

86. Ph.Perrot, "Pour une généalogie de l'austérité des apparences," *Communications 46* (1987), pp.157-179.

87. N. Ginzburg, *La famiglia Manzoni*, pp.132-135.

88. *Historia della Madre Barat*, p.517.

89. Ph. Aries, *L'Homme devant la mort* (Paris, 1977).

90. *Récit d'une soeur, souvenirs de famille*, collected by Madame Augustus Craven née La Ferronays (Paris, 1911) (52nd ed.), vol.1, p.199.

91. E.Legouvé, *Padri e figli nel secolo che muore* (Florence, 1899).

92. M.Gioja, *Il primo e il nuovo galateo*, p.258.

93. M.L.Trebiliani, *Don Bosco nella storia della cultura popolare*.

94. R.Deniel, *Une image de la famille*, p.194.

95. G.Leopardi, *Zibaldone*, vol.1, pp.353-356.

96. D.Maldini Chiarito, "Trasmissione di valori e educazione famigliare: le lettere al figlio di Costanza D'Azeglio," *Passato e presente* (January-April 1987), pp.35-62.

97. J.Maitre, "Idéologic religieuse, conversion mystique e symbiose mèreenfant; le cas de Thérèse Martin (1873-1897)," *Archives de Sciences Sociales des Religions 51* (1981), pp.65-99.

98. M.Milan, *Donna, famiglia, società. Aspetti della stampa femminile cattolica in Italia tra '8oo e '9oo* (Istituto di Studi Storico-Politici, Universita di Genova, 1983).

99. J.Michelet, *La Femme* (Paris, i860), p.118.

100. G.Lombroso, *L'anima della donna* (Florence, 1918), and *L'anima della donna, II: Qualità e difetti* (Florence, 1918).

第九章　现代犹太女性的形成

南希・L. 格林（Nancy L. Green）

1. Lilly Scherr, Cited in Judith Friedlander, "The Jewish Feminist Question," *Dialectical Anthroplogy 8*, 1-2 (October 1983), p. 113.

2. Rachel Biale, *Women and Jewish Law: An Exploration of Women's Issues in Halakhic Sources* (New York: Schocken, 1984), pp. 6-7; Moshe Meiselman, *Jewish Women in Jewish Law* (New York: KTAV, 1978).

3. Barbara Myerhoff, *Number Our Days* (New York: Simon and Schuster, 1980), pp. 234-235.

4. Deborah Hertz, *Jewish High Society in Old Regime Berlin* (New Haven: Yale University Press, 1988).

5. Hannah Arendt, Rahel Varnhagen: *The Life of a Jewish Woman*, rev. ed. (New York: Harcourt Brace Jovanovich, 1974), p.57.

6. Jacob Katz, *Out of the Ghetto: The Social Background of Jewish Emancipation, 1770-1870* (New York: Schocken Books, 1978), chap.4.

7. Marion Kaplan, *The Jewish Feminist Movement in Germany: The Campaigns of the Jüdischer Frauenbund, 1904-1938* (Westport, Conn.: Greenwood Press, 1979), pp. 19-20. See also her "Tradition and Transition: Jewish Women in Imperial Germany," in *Jewish Women in Historical Perspective*, Judith R. Baskin, ed. (Detroit: Wayne State University Press, 1991), pp.201-221.

8. Arendt, *Rahel*, p.8.

9. Lucy S. Dawidowicz, *The Golden Tradition: Jewish Life and Thought in Eastern Europe* (Boston: Beacon Press, 1967), p. 31; Michael Stanislawski, *Tsar Nicholas I and the Jews* (Philadelphia: Jewish Publication Society, 1983).

10. Steven J. Zipperstein, *The Jews of Odessa: A Cultural History, 1794-1881* (Stanford: Stanford University Press, 1985), pp.129-130.

11. Edward J. Bristow, *Prostitution and Prejudice: The Jewish Fight against White Slavery, 1870-1939* (New York: Schocken Books, 1983), p. 51n6.

12. Sydney Stahl Weinberg, *The World of Our Mothers: The Lives of Jewish Immigrant Women* (Chapel Hill: University of North Carolina Press, 1988), pp.76 and 276n33.

13. Elizabeth Hasanovitz, *One of Them* (New York: Houghton Mifflin, 1918), pp.6-9.

14. Nancy Green, "L'Émigration comme émancipation: Les Femmes juives d'Europe de l'Est à Paris, 1881-1914," *Pluriel 27* (1981), pp.56-58.

15. Bristow, Prostitution, pp. 51, 229; Kaplan, *The Jewish Feminist Movement*, pp.37-38, 110-112; Polly Adler, *A House Is Not a Home* (New York: Rinehart, 1953).

16. Charlotte Baum, Paula Hyman, Sonya Michel, *The Jewish Woman in America* (New York: New American Library, 1975), P. 87.

17. Paula E. Hyman, "Culture and Gender: Women in the Immigrant Jewish Community," in *The Legacy of Jewish Immigration*, David Berger, ed. (New York: Brooklyn College Press, 1983), pp. 157-168.

18. Weinberg, *World of Our Mothers*, pp. 76 and 276n33.

19. 同 上，p.281n55; Paula E. Hyman, "Gender and the Immigrant Jewish Experience in the United States," in Baskin, ed., *Jewish Women*, pp.222-242.

20. Mary Antin, *The Promised Land*, 2d ed. (Princeton: Princeton University Press, 1969), p.223.

21. Weinberg, *World of Our Mothers*, p. 174. Compare Selma Berrol, "Education and Economic Mobility: The Jewish Experience in New York City, 1880-1920," *American Jewish Historical Quarterly 63*, 3 (March 1976): 263; Sherry Gorelick, *City College and the City Poor: Education in New York, 1880-1924* (New Brunswick, N.J.: Rutgers University Press, 1981), pp.121-123.

22. Berrol, "Education"; Gorelick, *City College*, pp. 113, 114 and passim.

23. Stephen E. Brumberg, "Going to America, Going to School: The Jewish Immigrant Public School Encounter in Turn-of-the-Century New York City," *American Jewish Archives 36*, 2 (November 1984): 99; Weinberg, *World of Our Mothers*, p.117.

24. Jacob R. Marcus, ed., *The American Jewish Woman: A Documentary History* (New York: KTAV; and Cincinnati: American Jewish Archives, 1981), p.137.

25. Gorelick, *City College*, p.31.

26. Hasanovitz, *One of Them*, p.81.

27. Ellen Schiff, "What Kind of Way Is That for Nice Jewish Girls to Act? Images of Jewish Women in Modern American Drama," *American Jewish History 70*, I (September 1980), pp.112.

28. Alice Kessler-Harris, "Organizing the Unorganizable: Three Jewish Women and Their Union," in *Class, Sex, and the Woman Worker*, Milton Cantor and Bruce Laurie, eds. (Westport, Conn.; Greenwood Press, 1977), pp. 144-165; Theresa S.

Malkiel, *The Diary of a Shirtwaist Striker*, Françoise Basch, ed. (Ithaca: Cornell University Press, 1990); Susan A. Glenn, *Daughters of the Shtetl: Life and Labor in the Immigrant Generation* (Ithaca: Cornell University Press, 1990).

29. Paula E. Hyman, "Immigrant Women and Consumer Protest: The New York City Kosher Meat Boycott of 1902," *American Jewish History*, 70, Ⅰ (September 1980): 91-105; Elizabeth Ewen, *Immigrant Women in the Land of Dollars: Life and Culture on the Lower East Side, 1890-1925* (New York: Monthly Review Press, 1985), pp.126-127, 176-183.

30. Ewen, *Immigrant Women*, p.245.

31. Weinberg, *World of Our Mothers*, p.151.

32. Baum, Hyman, and Michel, *The Jewish Woman*, p.184; compare Berrol, "Class or Ethnicity: The Americanized German Jewish Woman and Her Middle-Class Sisters in 1895," *Jewish Social Studies* 47, Ⅰ (Winter 1985), pp.21-32.

33. Kaplan, *The Jewish Feminist Movement*, p.50.

第十章　女童教育的世俗模式
弗朗索瓦丝·马耶尔（Françoise Mayeur）

1. Martine Sonnet, *L'éducation des filles au temps des Lumières* (Paris: Le Cerf, 1987).

2. 参见 Françoise Mayeur, *L'Enseignement secondaire des jeunes filles sous la Troisième République* (Paris: Presses de la Fondation Nationale des Sciences Politiques, 1977), p. 489. 还可参见 Mayeur, *L'éducation des filles en France au XIXe siècle* (Paris: Hachette, 1979), p. 207.

3. David Wardle, *English Popular Education*, 1780-1970 (Cambridge: Cambridge University Press, 1970), p.118.

4. Jean Dulck, *L'Enseignement en Grande-Bretagne* (Paris: Armand Colin, 1968).

5. Elie Halévy, *Histoire du peuple anglais au XIXe siècle* (Paris: Hachette, 1926-1932, rpt. 1975), 2 vols.

6. 这是平信徒 A. 库夫勒尔（A. Couvreur），Cited in Yolande Mendes da

Costa and Anne Morelli, eds., *Femmes, libertés, laïcité* (Brussels: Universite libre, 1989).

7. Jacques Lory, *Libéralisme et instruction primaire, 1842-1879* (Louvain: Nauwelaerts, 1979).

8. Mendes da Costa and Morelli, *Femmes*, p.18.

9. J.Bartier, *Eglise et enseignement* (Brussels: Université libre, 1977).

第十一章　图像——外表、休闲与生存

安娜·希贡内（Anne Higonnet）

1. P.G.Hubert, Jr. "Art and Art Industries," *The Woman's Book* (New York: C. Scribner's Sons, 1894), vol. 1, p.4.

2. 整个案例的来源是：Charlotte Yeldham, *Women Artists in Nineteenth-Century France and England,* 2 vols. (New York: Garland, 1984).

3. Abigail Solomon-Godeau, "The Legs of the Countess," *October* 39 (Winter 1986), pp.96.

4. 同上，p.93.

5. Anna Jameson, *Legends of the Madonna as Represented in the Fine Arts, Forming the Third Series of Sacred and Legendary Art*, 2nd ed. (London: Longman, Brown, Green, Longman, and Roberts, 1857), p.58.

第十二章　对女性的描绘

安娜·希贡内（Anne Higonnet）

1.Wellesley College archives, Wellesley, Mass.

2.Lisa Tickner, *The Spectacle of Women: Imagery of the Suffrage Campaign, 1907-1914* (London: Chatto and Windus, 1987), p.71.

3. 同上，pp.74-75, 80-81, 93-95, 122-123.

家庭是女人的工作

1. Anne-Marie Sohn, "Les attentats à la pudeur sur les fillettes en France (1870-1939) et la sexualité quotidienne," *Mentalités 3* (1989). 同期杂志还包括另外一篇文

章：Amy Gilman Srebnick, "L'assassinat et le mystère de Mary Rogers," and Judith Walkowitz, "Jack l'éventreur ct les mythes de la violence masculine," 还发表在 *Feminist Studies* 8:3.

2. Anne-Louise Shapiro, "Love Stories: Female Crimes of Passion in Fin de Siècle Paris," to appear in 1991.

第十三章　身体与心灵

伊冯娜·克里比勒尔（Yvonne Knibiehler）

1. Paola Di Cori, "Rosso e bianco. La devozione al Sacro Cuore di Gesù nel primo dopoguerra," *Memoria 5* (Turin) (November 1982); 还可参见同期杂志刊载的 "Sacro e profano," pp. 82-107.

2. Yannick Ripa, "L'Histoire du corps, un puzzle en construction," *Histoire de l'éducation 37* (January 1988), pp.47-54.

3. Odile Arnold, *Le corps et l'ame: la vie des religieuses au XIXe siècle* (Paris: Editions du Seuil, 1984), chap. 3.

4. Yvonne Knibiehler, Marcel Bernos, Elisabeth Ravoux-Rallo, Eliane Richard, *De la pucelle à la minette. les jeunes filles de l'âge classique à nos jours* (Paris: Messidor, 1989), pp. 97-99.

5. Catalogue, *Les Petites Filles modernes*, edited by Nicole Savy, Les Dossiers du Musée d'Orsay, 33 (Paris, 1989).

6. Agnès Fine, "A propos du trousseau: Une culture féminine?" in Michelle Perrot, ed., *Une Histoire des femmes est-elle possible?* (Marseilles and Paris: Editions Rivages, 1984), pp. 155-188.

7. Emile Zola, *Les Quatre Evangiles. Récondité* (Paris: Bibliotheque Charpentier, 1899), p. 50.

8. *Dictionnaire des sciences médicales,* 60 vols. (Paris: Panckoucke, 1812-1822), article "Grossesse."

9. Edward Shorter, *A History of Women's Bodies* (New York: Basic Books, T982).

10. Carl Degler, *At Odds: Women and the Family in America from the Revolution*

to the Present (New York: Oxford University Press, 1980).

11. Jean-Paul Bardet, K.A.Lynch, G.-P.Mineau, M.Hainsworth, M.Skolnick, "La Mortalité maternelle autrefois, une étude comparée（de la France de l'Ouest àl'Utah)," *Annales de démographic historique*, 1981, *Démographic historique et condition féminine* (Paris: Mouton, 1981), pp.31-48.

12. Françoise Leguay and Claude Barbizet, *Blanche Edivards-Pilliet, femme et médecine, 1858-1941* (Le Mans: Editions Cenomanes, 1988).

13. Louis Henry, "Mortalité des hommes et des femmes dans le passé," *Annales de démographie historique*, 1987, pp. 87-118; Arthur Imhof, "La Surmortalité des femmes mariées en âge de procréation: un indice de la condition féminine au XIXe siècle," *Annales de démographie historique*, 1981, pp.81-87.

14. Dictionnaire des sciences médicales, 1812-1822, article "Fille."

15. Michel Poulain and Dominique Tabutin, "La surmortalité des petites filles en Belgique au XIXe siècle et début du XXe siècle," *Annales de démographie historique*, 1981, pp.105-139.

16. Amédée Dechambre, ed., *Dictionnaire encyclopédique des sciences médicales* (Paris: Asselin et Masson, 1864-1889), article "Syphilis."

17. Laura Kreyder, *L'Enfance des saints et les autres. Essai sur la Comtesse de Ségur* (Biblioteca della Ricerca, 1987), chap.4.

18. Bonnie G. Smith, *Ladies of the Leisure Class: The Bourgeoises of Northern France in the Nineteenth Century* (Princeton: Princeton University Press, 1981), p.48.

19. Edmondo De Amicis, *Amore e ginnastica*; transl into French, *Amour et gymnastique* (Paris: Editions Philippe Picquier, 1988).

20. Jacques Thibault, "Les Origines du sport féminin," in Pierre Arnaud, ed., *Les athlètes de la république: gymnastique, sport et idéologie républicaine: 1870 - 1914* (Toulouse: Privat, 1987).

21. "人的身体和道德状况之间的关系"是乔治·卡巴尼斯（Georges Cabanis）博士 1803 年在巴黎出版的一部名著的书名。

22. *Hygiène et physiologie du mariage*, published by the author (Paris, 1848), 1853 ed., chap.12.

23. *The Functions and Disorders of the Reproductive Organs in Youth, in Adult Age, and in Advanced Life: Considered in Their Physiological, Social and Psychological Relations* (Philadelphia, 1865).

24. Michelle Perrot, ed., *A History of Private Life*, vol. 4: *From the Fires of Revolution to the Great War*, trans. Arthur Goldhammer (Cambridge, Mass.: Harvard University Press, 198?).

25. Cited in Degler, *At Odds*, p.267.

26. Havelock Ellis, *Studies in the Psychology of Sex* (New York: Random House, 1936), vol.1, p.464.

27. Madeleine Pelletier, *La Femme vierge* (Paris: Editions Bresle, 1933), quoted in Claude Maignen, ed., *L'Education feministe des filles* (Paris: Syros,1978), p.9.

28. Knibielher et al., *De la pucelie*, p. 147.

29. Jean-Louis Flandrin, *Les Amours paysannes (XVIe-XIXe siècle)* (Paris: Gallimard/Julliard, 1975), pp. 114-115.

30. Jeffrey Weeks, *Sex, Politics, and Society: The Regulation of Society since 1800* (New York: Longman, 1981), p.60.

31. Marie Dugard, *La Société américaine* (Paris: Hachette, 1895), pp.170-171.

32. Degler, *At Odds*, pp.20-21.

33. *Récit de vie, Denise S,, bourgeoise d'Anvers,* interviewed by Edith R.(Brussels: Universite des femmes, .1988), p.46.

34. Louise Weiss, *Mémoires d'une Européenne* (Paris: Payot, 1970), vol.1, p.58.

35. Perrot, ed., *Histoire de la vie privée,* vol.4, p.546.

36. Thierry Eggerickx and Michel Poulain, "Le Contexte et les connaissances démographiques de l'émigration des Brabançons vers les Etats-Unis au milieu du XIXe siècle," in *Annales de démographic historique*, 1987.

37. *Annales de démographic historique*, 1981 and 1984.

38. Louis Bergeret, *Des Fraudes dans l'accomplissement des fonctions génératrices* (Paris: J.-B. Baillière et fils, 1868); English trans, by P. de Marmon, *The Preventive Obstacle, or Conjugal Onanism* (New York: Turner and Mignard, 1870).

39. Jean-Pierre Bardet and Hervé Le Bras, "La Chute de la fécondité," *Histoire*

de la population française, de 1789 à 1914 (Paris: Presses Universitaires de France, 1990), vol.3, p.361.

40. Degler, *At Odds*, p. 173; Weeks, *Sex, Politics and Society,* p. 71; Carroll Smith-Rosenberg, *Disorderly Conduct: Visions of Gender in Victorian America* (New York: Oxford University Press, 1985), p. 219.

41. Shorter, *A History of Women's Bodies*, pp. 182-190.

42. Joëlle Guillais, *La Chair de I'autre. Le Crime passionnel au dix neuvième siècle* (Paris: Olivier Orban, 1986).

43. Degler, *At Odds*, pp.279-297.

44. Jules Michelet, *L'Amour* (Paris: Calmann-Levy, n.d.), p.246.

45. Pierre Garnier, *Le Mariage dans ses devoirs, ses rapports et ses effets conjugaux* (Paris: Garnier freres, 1879), p. 540.

46. Cited in Fanny Fay-Sallois, *Les Nourrices à Paris au XIXe siècle* (Paris: Payot, 1980), p. 237.

47. Valérie Fildes, *Wet Nursing: A History from Antiquity to the Present* (Oxford: Blackwell, 1988), pp. 207, 221-241.

48. Catherine Rollet-Echalier, *La Politique à l'égard de la petite enfance sous la troisième République, Works and Documents,* notebook 127, Institut national d'études démographiques (Paris: Presses Universitaires de France, 1990).

49. François Bigot, "Les Enjeux de l'assistance à 1'enfance," Ph.D. diss., University of Tours, 1988, 2 vols., typescript, pp.138-139.

50. Agnès Fine, "Enfant et normes familiales," in Jacques Dupâquier, ed., *Histoire de la population française* (Paris: Presses Universitaires de France, 1988), vol. 3, p.437.

51. Weeks, *Sex, Politics and Society*, pp.61-62.

52. Perrot, ed., *Histoire de la vie privée*, pp. 61-6z. 还可参见 Michèle Bordeaux, Bernard Hazo, Soizic Lorvellec, *Qualifié viol* (Paris: Klincksieck, 1990).

53. Brian Juan O'Neill, *Social Inequality in a Portuguese Hamlet: Land, Late Marriage and Bastardy (1870-1978)* (Cambridge: Cambridge University Press, 1987), p.334.

54. Gianna Pomata, "Madri illegitime tra ottocento e novecento: Storie cliniche e storie di vita," in *Quaderni Storici*, 44 (August 1980), pp.506-507.

55. Perrot, ed., *Histoire de la vie privée*, pp.455-460,

56. 参 见 Marie Bashkirtseff, *Journal* (Paris: Mazarine, 1985); Eugénie de Guérin, *Journal et Fragments* (Paris: Lecoffre, 1884); Alphonse de Lamartine, *Le Manuscrit de ma mère* (Paris: Hachette, 1924).

57. Erna Olafson Hellestein et al., eds., *Victorian Women: A Documentary Account of Women s Lives in Nineteenth-Century England, Prance, and the United States* (Stanford: Stanford University Press, 1989).

58. Adrienne Necker de Saussure, *Education progressive ou étude du cours de la vie* (Paris: Garnier, n.d.; 1st ed. 1828), vol.2, p.478.

59. Caroline Brame, *Journal intime* (Paris: Montalba, 1985).

60. Hellestein et al., eds., *Victorian Women*, p.144.

61. Cited in Geneviève Fraisse, *Clemence Royer, philosophe et femme de sciences* (Paris: La Decou verte, 1985).

62. Ginette Raimbaut and Caroline Eliacheff, *Les Indomptables, figures de l'anorexte* (Paris: Editions Odile Jacob, 1989); Joan J. Brumberg, *Fasting Girls: The Emergence of Anorexia Nervosa as a Modem Disease* (Cambridge, Mass.; Harvard University Press, 1988).

63. Steve M. Stowe, "The Thing, Not Its Vision': A Woman's Courtship and Her Sphere in the Southern Planter Class," *Feminist Studies 9*, 1 (Spring 1983): 113-130. 还可参见 Hellestein et al., eds., *Victorian Women*, p.88.

64. Smith Rosenberg, *Disorderly Conduct*, pp.52-76.

65. Arnold, *Le Corps et l'âme. La Vie des religieuses au XIXe siècle.*

66. Jacques Leonard, "Femmes, religion et médecine. Les religieuses qui soignent, en France au XIXe siècle," Annales, *Economic, Société, Civilisation* (September-October 1977), pp.897-907.

67. Flaviana Zanolla, "Suocere, nuore et cognate nel primo '900 a P. nel Friuli," in *Parto e maternita, momenti della biografia femminile.* Special issue of *Quaderni Storici* 44 (August 1980), pp.429-450.

68. Smith, *Ladies of the Leisure Class*.

69. 同上, chap. 3.

70. Perrot, ed., *Histoire de la vie privée*, p.128.

71. Weiss, *Memoires d'une Européenne*, vol.1, pp.93-94.

72. Evelyne Berriot-Salvadore, "'L'Effet 89' dans le journal intime d'une jeune fille de la Belle Epoque," Proceedings of the colloquium *Les Femmes et la R*évolution française (Toulouse: Presses Universitaires du Mirai, 1989-1990).

73. Perrot, ed., *Histoire de la vie privée*, pp.516-517; Degler, *At Odds*, pp.107-108; Knibiehler et al., *De la pucelle*, p.102.

74. Robert Musil, *The Man Without Qualities* (London: Picador, 1979).

75. Jacques Poumarede, "L'lnceste et le droit bourgeois," in Poumarède and J. P. Royer, eds., *Droit, histoire et sexualité* (Pans: Publications de l'espace juridique, 1987), pp.213-228.

76. Weeks, *Sex, Politics and Society*, p.31.

77. Yvonne Knibiehler and Catherine Fouquet, *Histoire des mères, Du Moyen âge à nos jours* (Paris: Hachette, 1982), pp.186-193.

78. Will Aeschimann, *La Pensée d'Edgar Quinet. Etude sur la formation de ses idées avec essais de jeunesse et documents inédits* (Paris: Editions Anthropos, 1986).

79. H.-A. Dideriks, "Le Choix du conjoint à Amsterdam au début du 19c siècle," *Annales de démographie historique*, 1986, pp.183-194.

80. Paill Lachance, "L'Effet du déséquilibre des sexes sur le comportement matrimonial: Comparison entre la Nouvelle France, Saint-Domingue et la Nouvelle Orléans," *Revue d'histoire de l'Amérique française 39*, 2 (Autumn 1985).

81. Julie Dunfey, "'Living the Principle' of Plural Marriage: Mormon Women, Utopia, and Female Sexuality in the Nineteenth Century," *Feminist Studies* 10, 3 (Fall 1984), pp.523-536.

82. Stowe, "'The Thing, Not Its Vision': A Woman's Courtship and Her Sphere in the Southern Planter Class," pp.113-130.

83. Yvonne Knibiehler, "Fanny Reybaud," *Provence historique* (October 1991).

84. Degler, *At Odds*, pp.31-32.

85. Bernard Schnapper, "La Séparation de corps de 1837 à 1914: Essai de sociologie juridique," *Revue historique* (April-June 1978).

86. Michelet, *L'Amour*, pp.358-359.

87. Jean Estebe, *Les Ministres de la République, 1871-1914* (Paris: Presses de la Fondation Nationale des Sciences Politiques, 1982), p.91.

88. Smith-Rosenberg, *Disorderly Conduct*, pp.190-195.

89. Hellestein et al., eds., *Victorian Women*, pp.453-508.

90. Eliane Richard, "Des veuves riches au 19c siècle," Proceedings of the colloquium *Les Femmes et l'argent*, Centre d'Etudes Féminines of the Université de Provence (Aix-en-Provence: 1985), pp.21-35.

第十四章　危险的性行为

朱迪丝·R. 沃尔科维茨（Judith R. Walkowitz）

1. Kathy Peiss and Christina Simmons, "Passion and Power: An Introduction," in Peiss and Simmons, with Robert A. Padgug, eds., *Passion and Power: Sexuality in History* (Philadelphia: Temple University Press, 1989), p.3.

2. Abraham Flexner, *Prostitution in Europe* (New York: Century, 1920), p.64.

3. Downward Paths: *An Inquiry into the Causes which Contribute to the Making of the Prostitute, with a Foreword by A. Maude Royden* (London, 1913), p.48.

4. Cited in Ronald Pearsall, *The Worm in the Bud: The World of Victorian Sexuality* (Toronto: Macmillan, 1969), p.283.

5. Cited in John D'Emilio and Estelle Freedman, *Intimate Matters: A History of Sexuality in America* (New York: Harper and Row, 1988), p.182.

6. Ellen Ross, "'Fierce Questions and Taunts': Married Life in Working-Class London, 1870-1914," *Feminist Studies* 8, 3 (Fall 1982), pp.575-576.

7. Cited in Jill Harsin, *Policing Prostitution in Nineteenth-Century Paris* (Princeton: Princeton University Press, 1980), p.22.

8. William Acton, *Prostitution*, ed. Peter Fryer (1870; abridged ed. New York: Praeger, 1968), p.23.

9. *Daily Chronicle* (London), 10 November 1888.

10. Alain Corbin, "Commercial Sexuality in Nineteenth-Century France: A System of Images and Regulations," trans. Katherine Streip, *Representations* 14 (Spring 1986), pp.212-213.

11. "Report of the Royal Commission on the Administration and Operation of the Contagious Diseases Acts 1866-69 (1871)," *Parliamentary Papers*, 1871 (C.408), p. xix.

12. Cited in Judith R. Walkowitz, *Prostitution and Victorian Society: Women, Class and the State* (New York: Cambridge University Press, 1980), p.177.

13. Cited in Alain Corbin, *Les Filles de noce: Misère sexuelle et prostitution* (19e et 20e siècles) (Paris: Aubier Montaigne, 1978), p.134.

14. Cited in Henry Mayhew and Bracebridge Hemyng, "The Prostitute Class Generally," in Henry Mayhew, ed., *London Labour and the London Poor* (4 vols., London, 1861; rpt. New York: Dover, 1968), vol. 4, p.205.

15. Cited in Walkowitz, *Prostitution*, p.170.

16. Cited in Judith R. Walkowitz, "Male Vice and Female Virtue: Feminism and the Politics of Prostitution in Nineteenth-Century Britain," in Ann Snitow et al., eds., *Powers of Desire: The Politics of Sexuality* (New York: Monthly Review Press, 1983), p.423.

17. Cited in 同上, p.186.

18. Jeffrey Weeks, *Coming Out: Homosexual Politics in Britain from the Nineteenth Century to the Present* (London: Quartet, 1977), p.18.

19. Cited in Flexner, *Prostitution in Europe*, p.190.

20. 同上, p.197.

21. 同上。

22. Cited in Ute Frevert, *Women in German History: Prom Bourgeois Emancipation to Sexual Liberation*, trans. Stuart McKinnon-Evans (Oxford: Berg, 1989), pp.133-134.

23. Elizabeth Cobb to Karl Pearson, 17 July 1885. Pearson Papers, 663/ I . University College, London.

24. Maria Sharpe, "Autobiographical Notes," p. 1, Pearson Papers, 10/ I .

25. Emma Brooke, "Notes on a Man's View of the Woman Question," Pearson Papers, 10/2.

26. Rachel Bernstein, "Boarding-Housekeepers and Brothel Keepers in New York City, 1880-1910," Ph.D.diss., Rutgers University, 1984, pp.144-145.

27. Mrs. G., Interview, Dame Colet House, East London, July 1983.

28. Mrs. M., Interview, Toynbee Hall, East London, July 1983.

29. Cited in Josephine Butler, "The Garrison Towns of Kent," *The Shield* (London), 25 April 1870.

30. Bracebridge Hemyng, "Prostitution in London," in Mayhew, ed., *London Labour*, vol.4, p.250.

31. Cited in D'Emilio and Freedman, *Intimate Matters*, p.137.

32. Cited in W. T. Stead, Diary Entries, 3 March 1886. Stead Papers. 感谢 J.O. 贝伦教授（J.O.Baylen）为我获得这些论文提供的帮助。

33. Rosalind Pollak Petchesky, *Abortion and Woman's Choice: The State, Sexuality and Reproductive Freedom* (Boston: Longman, 1984), p.78.

34. Cited in Angus McLaren, "Abortion in France; Women and the Regulation of Family Size, 1800-1914," *French Historical Studies* 10, 3 (1878), pp.476.

35. Cited in Peter Gay, The Bourgeois Experience: *Victoria to Freud.* Volume 1. *Education of the Senses* (Oxford: Oxford University Press, 1984), p.254.

36. Cited in Carroll Smith-Rosenberg, *Disorderly Conduct: Visions of Gender in Victorian America* (New York and Oxford: Oxford University Press, 1985), pp.236-237.

37. Petchesky, *Abortion and Woman's Choice*, p.45.

38. Cited in 同上, p.55.

39. Cited in McLaren, "Abortion in France," p.476.

40. Petchesky, *Abortion and Woman's Choice*, p.54.

41. Cited in Margaret Hunt, "Girls Will Be Boys," *The Women's Review of Books* 6, 12 (September 1989), pp.11.

42. Cited in Anna Clark, "Cross-Dressing," Unpublished paper, 1986, p.9.

43. Cited in D'Emilio and Freedman, *Intimate Matters*, pp.124-125.

44. Cited in Smith-Rosenberg, *Disorderly Conduct*, p.58.

45. Christine Stansell, "Revisiting the Angel in the House: Revisions of Victorian Womanhood," *New England Quarterly 60* (1987): 474.

46. 同上，p.482.

47. Jeannette Marks, cited in Lillian Faderman, *Surpassing the Love of Men: Romantic Friendship and Love Between Women from the Renaissance to the Present* (New York: William Morrow, 1981), p.229.

48. Emma Willard, "Companionships," reprinted in Jonathan Katz, *Gay/Lesbian Almanac: A New Documentary* (New York: Harper and Row, 1983), pp.216-218.

49. Jeffrey Weeks, Sexuality and Its Discontents: *Meanings, Myths, and Modern Sexualities* (London: Routledge and Kegan Paul, 1985), p.67.

50. Cited in Katz, *Gay/Lesbian Almanac*, p.189.

51. Cited in ibid., p.144.

52. Cited in ibid., p.270.

53. Carroll Smith-Rosenberg, "Discourses of Sexuality and Subjectivity: The New Woman, 1870-1936," in Martin Bauml Duberman, Martha Vicinus, and George Chauncey, Jr., eds., *Hidden from History: Reclaiming the Gay and Lesbian Past* (New York: New American Library, 1989), p.270.

54. "'The Truth about Myself': Autobiography of a Lesbian" (1901), in Eleanor Riemer and John C. Fout, eds., *European Women: A Documentary History 1789-1945* (New York: Schocken, 1980), pp.235-236.

55. Cited in Faderman, *Surpassing the Love*, p.229.

56. Cited in Gudrun Schwarz, "'Virago' in Male Theory in Nineteenth-Century Germany," in Judith Friedlander et al., eds., *Women in Culture and Politics: A Century of Change* (Bloomington: Indiana University Press, 1986), p.139.

57. Cited in Katz, *Gay/Lesbian Almanac*, p.137.

58. Leila J. Rupp, "'Imagine My Surprise': Women's Relationships in Mid-Twentieth Century America," in *Hidden from History*, p.410.

第十五章　女工

若昂・W. 斯科特（Joan W. Scott）

1. Jules Simon, *L'ouvrière*, 2nd ed. (Paris: Hachette, 1861), p.v.

2. Maurice Garden, *Lyon et les Lyonnais au XVIIIe siècle* (Paris: Flammarion, 1975), p.139.

3. Dominique Godineau, *Citoyennes tricoteuses: les femmes du peuple à Paris pendant la Révolution française* (Paris: Alinea, 1988), p.67.

4. John Burnett, ed., *Annals of Labour; Autobiographies of British Working-Class People, 1820-1920* (Bloomington: Indiana University Press, 1974),p.285.

5. Eileen Yeo and E. P. Thompson, eds., *The Unknown Mayhew* (New York: Schocken Books, 1972), pp.122-123.

6. Karl Marx and Friedrich Engels, *The Communist Manifesto*, ed. D.Ryazanoff (New York: Russel and Russel, 1963), p.35. 这个论点接着说：“对工人阶级来说，性别和年龄的差别再没有什么社会意义了。他们都只是劳动工具，不过因为年龄和性别的不同而需要不同的费用罢了。”

7. Cited in Ava Baron, "Questions of Gender: Deskilling and Demasculinization in the U.S. Printing Industry, 1830-1915," *Gender and History* 1, 2 (Summer 1989), pp.164.

8. Ramsay MacDonald, ed. *Women in the Printing Trades: A Sociological Study* (London: P. S. King and Son, 1904), p.36.

9. Cited in Michelle Perrot, "Le Syndicalisme français et les femmes: histoire d'un malentendu," *Aujourd'hui 66* (March 1984), pp.44.

10. Adam Smith, *The Wealth of Nations,* 2nd ed. (Oxford: Clarendon Press, 1880), vol.1, p.71.

11. Jean-Baptiste Say, *Traité de l'économie politique*, 6th ed., 2 vols. (Paris, 1841), vol.I, p.324.

12. Eugène Buret, *De la misère des classes laborieuses en France et en Angleterre,* 2 vols. (Paris, 1840), vol. I, p. 287, cited in Thérèse Moreau, *Le Sang de I3histoire: Michelet, l'histoire, et l'idée de la femme aux XIXe siècle* (Paris, Flammarion, 1982), p.74.

13. *L'Atelier*, 30 December 1842, p.31.

14. Sidney Webb, "The Alleged Differences in the Wages Paid to Men and to Women for Similar Work," *Economic Journal* I (1891), pp.657-659.

15. Ivy Pinchbeck, *Women Workers and the Industrial Revolution*, 1750-1850 (New York: G. Routledge, 1930; rpt. A. Kelley, 1969), p.185.

16. Cited in John C. Holley, "The Two Family Economies of Industrialism: Factory Workers in Victorian Scotland," *Journal of Family History 6* (Spring 1981), pp.64.

17. Cited in Louise A. Tilly and Joan W. Scott, *Women, Work and Family* (New York: Holt, Rinehart and Winston, 1978; rpt. Methuen, 1987), p.79.

18. Jill K. Conway, "Politics, Pedagogy, and Gender," in Jill K. Conway, Susan C. Bourque, and Joan W. Scott, eds,, *Learning About Women: Gender, Politics, and Power* (Ann Arbor; University of Michigan Press, 1987), p.140.

19. Samuel Cohn, *The Process of Occupational Sex-Typing: The Feminization of Clerical Labor in Great Britain* (Philadelphia: Temple University Press, 1985).

20. Cited in Susan Bachrach, "Dames Employées: The Feminization of Postal Work in Nineteenth-Century France," *Women and History* 8 (Winter 1983), p.33.

21. 同上，p.35.

22. 同上，p.42.

23. Cited in Jane Lewis, *Women in England, 1870-1950: Sexual Divisions and Social Change* (Sussex: Wheatsheaf Books, 1984), p.175.

24. Michelle Perrot, "L'éloge de la ménagère dans le discours des ouvriers français au XIXe siècle," in *Mythes et representations de la femme au XIXe siècle* (Paris: Champion, 1977), p.110.

25. Ute Frevert, *Women in German History: From Bourgeois Emancipation to Sexual Liberation*, trans, by Stuart McKinnon-Evans (Oxford: Berg, 1989), P.99.

26. Ava Baron, "Questions of Gender," p.164.

27. Cited in Mary Lynn Stewart, *Women, Work and the French State: Labour Protection and Social Patriarchy, 1879-1919* (Montreal: McGill-Queen's University Press, 1989), p. 51.

28. 同上，p.175.

29. 同上，p.14.

30. 同上，p.119.

31. Jeanne Bouvier, *Mes mémoires: ou 59 années d'activité industrielle, sociale et intellectuelle d'une ouvrière* (Paris; L'Action Intellectuelle, 1936).

32. Margaret Lleweleyn Davies, ed., *Life as We Have Known It by Cooperative Working Women* (New York; Norton, 1975).

33. Cited in Stewart, *Women, Work and the French State*, p.177.

34. Jane Lewis, *Women in England*, p.146.

第十六章　单身女性

塞茜尔·多芬（Cecile Dauphin）

1. Dora Greenwell, "Our Single Women," *North British Review* 26 (February l862), p.63.

2. See the bibliography in Martha Vicinus, *Independent Women: Work and Community for Single Women, 1850-1920* (Chicago: University of Chicago Press, 1985), and the special issue on "Spinsters" of the *Journal of Family History* (Winter 1984), Susan Cotts Watkins, ed. Between 1840 年至 1847 年间，画家理查德·雷德格雷夫（Richard Redgrave）在皇家学院展出了一系列以"多余的女人"为主题的画作；乔治·弗雷德里克·瓦茨（George Frederick Watts）也曾探讨过这个流行话题。

3. W.R.Gregg, "Why Are Women Redundant?" *National Review* 14 (April 1862), p.436.

4. Emile Levasseur, *La Population française: Histoire de la population avant 1789 et démographic de la France comparée à celle des autres nations au 19c siècle* (Paris: A. Rousseau, 1889-1892), vol.1, p.333.

5. Jacques Dupaquier, *La Population française aux 17 e et i8e siècles* (Paris: Presses Universitaires de France, 1979), p.84.

6. Honoré de Balzac, *La Vieille Fille* (1837) (Paris: Albin Michel, 1955), p.65.

7. *Annales de démographic historique*, 1981, section A: "La Mortalité

différentielle des femmes," pp.23-140.

8. Patrice Bourdelais, "Le Poids démographique des femmes seules en France," in ibid., pp.215-227.

9. John Hajnal, "European Marriage Patterns in Perspective," in D. V. Glass and D. E. C. Eversley, eds., *Population in History* (London: Arnold, 1965), pp.101-143.

10. Jack Goody, *The Development of the Family and Marriage in Europe* (New York: Cambridge University Press, 1983).

11. Louis Henry and Jacques Houdaille, "Célibat et âge au mariage aux 18e et 19c siècles en France. I-Célibat définitif. II-Age au premier mariage," *Population* 1 and 2 (1979).

12. Patrice Bourdelais, "Femmes isolées en France, 176-196 siècles," in Arlette Farge and Christiane Klapisch-Zuber, eds., *Madame ou Mademoiselle? Itinéraires de la solitude féminine, i8e-ioe siècles* (Paris: Arthaud-Montalba, 1984), pp.66-67.

13. M.Anderson, "Marriage Patterns in Victorian Britain: An Analysis Based on Registration District Data for England and Wales 1861," *Journal of Family History* 2 (1976)155-78; John Knodel and Mary Jo Maynes, "Urban and Rural Marriage Patterns in Imperial Germany," ibid., pp.129-168.

14. Léon Abensour, *La Femme et le féminisme avant la Révolution* (1923), (rpt. Geneva: Slatkine, 1977), p.206.

15. Knodel and Maynes, "Urban and Rural Marriage Patterns."

16. To North Africa, America, and the Pacific. See Y. Turin, *Femmes et religieuses au XIXe siècle: le féminisme "en religion"* (Paris: Nouvelle Cite, 1989).

17. S.Dryvik, "Remarriage in Norway in the Nineteenth Century," in J.Dupâquier et al., eds., *Marriage and Remarriage in Populations of the Past* (San Diego: Academic Press, 1981), p.305.

18. *Fraser's Magazine* 66 (I86Z), pp.594-610.

19. Maurice Garden, "L'Evolution de la population active," in Jacques Dupâquier, ed., *Histoire de la population française* (Paris: Presses Universitaires de France, 1988), vol. 3, p. 267.

20. Theresa McBridge, "Social Mobility for the Lower Classes: Domestic

Servants in France," *Journal of Social History* (Fall 1974), pp.63-78.

21. Abel Chatelain, "Les Usines internats et les migrations féminines dans la région lyonnaise," *Revue d'his to ire économique et sociale 3* (1970), pp.373-394; Louis Reybaud, *Etudes sur le régime des manufactures, condition matérielle et morale des ouvriers en soie* (Paris: Michel-Levy Freres, 1859).

22. Francoise Parent, "La Vendeuse de grand magasin," in Klapisch-Zuber and Farge, eds., *Madame ou Mademoiselle?* p.97.

23. Pierrette Pézerat et Danièle Poublan, "Femmes sans maris, les employées des postes," in ibid., pp.117-162; Maurizio Gribaudi, "Procès de mobilité et d'intégration. Le monde ouvrier turinois dans le premier demi-siècle," Ph.D. diss., Ecole des Hautes Etudes en Sciences Sociales, 1986.

24. Gro Hagemann, "Class and Gender during Industrialization," in *The Sexual Division of Labour, 19th and 20th Centuries,* Uppsala Papers in Economic History, 7 (1989), pp. 1-29; Ursula D. Nienhaus, "Technological Change, the Welfare State, Gender and Real Women: Female Clerical Workers in the Postal Services in Germany, France and England i860 to 1945," ibid., pp.57-72.

25. *Statistique des familles*, Statistique Générale de la France, 1906.

26. Marlène Cacoualt, "Diplôme et célibat, les femmes professeurs de lycée entre les deux guerres," in Klapisch-Zuber and Farge, *Madame ou Mademoiselle?* p.177; Françoise Mayeur, *L'Enseignement secondaire des jeunes filles sous la 3e République* (Paris: Fondation Nationale des Sciences Politiques, 1977), p.256.

27. Claude Langlois, *Le Catholicism au féminin. Les Congrégations françaises à supérieure générale au 19e siècle* (Paris: Editions du Cerf, 1984); Vicinus, *Independent Women*; Lucia Ferrante et al., eds., *Patronage e reti di relazione nelle storia delle donne* (Turin: Rosenberg and Sellier, 1988).

28. *Les Enseignements pontificaux. Le Problème féminin,* introduction and tables by the monks of Solesmes (Paris: Desclée Brouwer, 1953).

29. Jacques Bertilloh, *Etude démographique du divorce et la séeparation de corps dans les différents pays de L'Europe* (Paris: G. Masson, 1883).

30. Barbey d'Aurevilly, *Les Bas-Bleus* (Paris; V. Palme, 1878).

31. V.Chambers-Schiller, *Liberty, a Better Husband: Single Women in America: The Generation of 1780-1840* (New Haven: Yale University Press, 1984).

32. 同上，见第 10 页，引用路易莎・梅・奥尔科特（Louisa May Alcott）在 1868 年的话说："自由、幸福和自尊的丧失，只换来了被称为'夫人'、而不是'小姐'的微不足道的荣誉。她向读者保证，老姑娘是一个由优秀女性组成的阶层⋯⋯对自己的选择保持忠诚，并像拥有丈夫和家庭的已婚女性一样幸福。"

33. 这个表达实际上是莎士比亚创造的，用来嘲笑拒绝结婚的女性的孤独：*A Midsummer Night's Dream* I.i.67.

34. Edith Thomas, Pauline Roland: *Socialism et féminisme au 19e siècle* (Paris: Marcel Riviere, 1956). On Nightingale and Pankhurst, see Sheila Jeffreys, *The Spinster and Her Enemies: Feminism and Sexuality, 1880-1950* (London: Pandora, 1985).

35. Carroll Smith-Rosenberg and Esther Newton, "Le Mythe de la lesbienne et la Femme nouvelle," in *Stratégies des femmes* (Paris: Tierce, 1984), pp.274-311.

36. Gudrun Schwarz, "L'Invention de la lesbienne par les psychiatres allemands," ibid., pp.312-328.

37. Jean Borie, *Le Célibataire français* (Paris: Le Sagittaire, 1976).

38. Cécile Dauphin, "La Vieille Fille, histoire d'un stéréotype," in Klapisch-Zuber and Farge, *Madame ou Mademoiselle?* pp.207-231.

39. Yvonne Knibiehler, "Les Médecins et la nature féminine au temps du Code civil," *Annales Economic, Société, Civilisation* 4 (1976), pp. 824-825; Arlette Farge, "Les Temps fragiles de la solitude des femmes à travers le discourse médical du i8e siècle," in Klapisch-Zuber and Farge, *Madame ou Mademoiselle?* pp.251-263.

40. Serge Moscovici, "Llndividu et ses repésentations," *Magazine littéraire* 264 (April 1989): 28-31.

41. 根据人类学家路易斯・杜蒙特（Louis Dumont）的说法，"整体"社会是一个更倾向于某个群体整体，而不是其组成部分或成员的社会。

女性主义的伟大事业

1. Claude Quiguer, *Femmes et machines de 1900. Lecture d'une obsession*

Modern Style (Paris: Klincksieck, 1979).

2. 参见 Stella Georgoudi, "Creating a Myth of Matriarchy," in Pauline Schmitt Pantel, ed., *A History of Women*, vol. 1 (Cambridge, Mass.: Harvard University Press, 1992).

3. Jacques Le Rider, *Le Cas Otto Wemin ger. Racines de l'antiféminisme et de l'antisémitisme* (Paris: Presses Universitaires de France, 1982).

第十七章 走出去

米歇尔·佩罗（Michelle Perrot）

1. La Tribune des Femmes, second year, quoted in Michèle Riot-Sarcey, "Parcours de femmes à l'époque de l'apprentissage de la démocratic," Ph.D. diss., University of Paris I, 1990.

2. Nancy F. Cott, *The Bonds of Womanhood: "Womans Sphere33 in New England, 1780-1855",* (New Haven: Yale University Press, 1977); Bonnie G.Smith, *Ladies of the Leisure Class: The Bourgeoises of Northern France in the Nineteenth Century* (Princeton: Princeton University Press, 1981); Eleni Varikas, "La Révolte des dames. Genèse d'une conscience féministe dans la Grece du XIXe siècle," Ph.D. diss., University of Paris VII, 1988, to be published in Paris by Klincksieck.

3. B.-C. Pope, Renate Bridenthal, and Claudia Koonz, eds., *Becoming Visible: Women in European History* (Boston: Houghton Mifflin, 1977).

4. Catherine Duprat, "Charité et philanthropic à Paris au XIXe siècle," Ph.D. diss., University of Paris I, 1991.

5. Quoted in Geneviève Fraisse, Muse de la raison. *La Démocratic exclusive et la différence des sexes* (Aix-en-Provence: Alinea, 1989), p.36.

6. Ute Frevert, *Women in German History: From Bourgeois Emancipation to Sexual Liberation* (Oxford: Berg, 1989).

7. F. K, Prochaska, *Women and Philanthropy in 19th Century England* (London: Oxford, 1980); Françoise Barret-Ducrocq, "Modalités de reproduction sociale et code de morale sexuelle des classes laborieuses à Londres dans la période victorienne," Ph.D. diss., University of Paris IV, 1987; Carroll Smith-Rosenberg, *Religion and the*

Rise of the American City (Ithaca: Cornell University Press, 1971).

8. Rosalind H. Williams, *Dream Worlds: Mass Consumption in Late Nineteenth-Century France* (Berkeley: University of California Press, 1982).

9. Martha Vicinus, *Independent Women: Work and Community for Single Women, 1850-1920* (London: Virago Press, 1985).

10. Sylvie Fayet-Scribe, "Les Associations féminines d'éducation populate et d'action sociale: De *Rerum Novarum* (1891) au Front Populate," Ph.D. diss., University of Paris Ⅶ, 1988.

11. Marie-Claire Hoock-Demarle, "Bettina Brentano von Arnim ou la mise en oeuvre d'une vie," Ph.D. diss. 2985; M. Perrot, "Flora Tristan enquêtrice," in Stéphane Michaud, ed., *Flora Tristan: Un fabuleux destin* (Dijon: Presses Universitaires, 1985).

12. Marie-Antoinette Perret, "Enquête sur l'enfance 'en danger moral,'" M.A. diss., University of Paris VII, 1989.

13. Yvonne Knibiehler, *Nous les assistantes sociales* (Paris: Aubier-Montaigne, 1981); Yvonne Knibiehler et al., *Cornettes et blouses blanches* (Paris: Hachette, 1984).

14. Duprat, "Charité et philanthropic."

15. Bonnie G. Smith, *Changing Lives: Women in European History since 1700* (Lexington: Heath, 1989), p. 218; Anne Summers, "Pride and Prejudice: Ladies and Nurses in the Crimean War," *History Workshop Journal* 16 (Autumn 1983), pp.33-57; Martha Vicinus and Bea Nergaard, eds., *Ever Yours, Florence Nightingale: Selected Letters* (London: Virago, 1990).

16. Smith, *Ladies*.

17. Quoted by Riot-Sarcey, "Parcours de femmes" (text of 1831).

18. Mary P. Ryan, "The Power of Women's Networks," in Judith L. Newton, Mary P. Ryan, and Judith R. Walkowitz, eds., *Sex and Class in Women's History* (London: Routledge and Kegan Paul, 1985), pp. 167-186.

19. Carroll Smith-Rosenberg, *Disorderly Conduct: Visions of Gender in Victorian America* (Oxford: Oxford University Press, 1985), pp.176-177.

20. Peter Steams, "Working-class Women in Britain, 1890-1914," in Martha

Vicinus, ed., *Suffer and Be Still: Women in the Victorian Age* (Bloomington: Indiana University Press, 1972), pp.100-120.

21. Dorothy Thompson, "Women and Nineteenth-Century Radical Politics: A Lost Dimension," in Juliette Mitchell and Ann Oakley, eds., *The Rights and Wrongs of Women* (New York: Penguin Books, 1976), pp.112-139.

22. Nancy Tonies, "A Torrent of Abuse: Crimes of Violence Between Working-class Men and Women in London (1840-1875)," *Journal of Social History* Ⅱ, 3 (Spring 1978), pp.328-345.

23. Eric Hobsbawm, "Sexe, vêtements et politique," *Ades de la recherche en sciences sociales 23* (1978).

24. Ludwig-Uhland Institut of the University of Tübingen, *Quand les Allemands apprirent à manifested Le Phénomène culturel des u manifestations pacifiques de rue33 durant les luttes pour le suffrage universel en Prusse*, Catalog of Exposition of May-June 1989 (Paris, 1989).

25. Jean-Marie Flonneau, "Crise de vie chère et mouvement syndical (1900-1914)," *Le Mouvement social* (July-September 1970).

26. Rudolf M. Dekker, "Women in Revolt: Popular Protest and Its Social Basis in Holland in the Seventeenth and Eighteenth Centuries," *Theory and Society*, 16 (1987), pp.337-362; Malcolm I. Thomis and Jennifer Grimmett, *Women in Protest 1800-1850* (London: Croom Helm, 1982); Louise A. Tilly, "Paths of Proletarianization: Organization of Production, Sexual Division of Labor, and Women's Collective Action," *Signs 7* (1981):4O1-417; Temma Kaplan, "Female Consciousness and Collective Action: The Case of Barcelona, 1910-1918," *Signs 7* (Spring 1982), p.564.

27. Suzannah Barrows, *Distorting Mirrors: Visions of the Crowd in Late Nineteenth-Century Prance* (New Haven: Yale University Press, 1981).

28. Michelle Perrot, *Les Ouvriers en grève* (1871-1900), vol. 1 (Paris: Mouton, 1974).

29. Claire Auzias and Annick Houel, *La Grève des ovalistes. Lyon, juinjuillet 1869* (Paris: Payot, 1982); Sian F. Reynolds, *Britannica's Typesetters: Women Compositors in Edinburgh* (Edinburgh: Edinburgh University Press, 1989); Franchise

Basch, ed., *Theresa Malkiel. Journal d'une gréviste* (Paris: Payot, 1980).

30. Nathalie Chambelland-Liebault, "La Durée et l'aménagement du temps de travail des femmes de 1892 à l'aube des conventions collectives," Ll.D. diss., Nantes, 1989.

31. Letter (XII 1855) quoted in Summers, "Pride and Prejudice," p.48.

32. Geneviève Fraisse, *Femmes toutes mains. Essai sur le service domestique* (Paris: Editions du Seuil, 1979), pp.3 ff.

33. Charles Sowerwine, *Les Femmes et le socialisme* (Paris: Presses de la Fondation Nationale des Sciences Politiques, 1978); Marianne Walle, "Contribution à l'histoire des femmes allemandes entre 1848 et 1920, à travers les itinéraires de Louise Otto, Helene Lange, Clara Zetkin et Lily Braun," Ph.D. diss., University of Paris Ⅶ, 1989.

34. Jill Liddington, "Women Cotton Workers and the Suffrage Campaign: The Radical Suffragists in Lancashire, 1893-1914," in Sandra Burman, ed., *Fit Work for Women* (London: Croom Held, 1979), pp. 98-112.

35. Reprinted by Denys Cuche and Stéphane Michaud (Paris: L'Harmattan, 1988).

36. Martin Nadaud, *Mémoires de Léonard, ancien garçon maçon*, ed. Maurice Agulhon (Paris: Hachette, 1976).

37. Octave Mir beau, *Le Journal d'une femme de chambre* (Paris, 1900).

38. Leonore Davidoff, "Class and Gender in Victorian England," in *Sex and Class in Women's History* (London: Routledge and Kegan Paul, 1983), pp.17-71; L. Stanley, ed., *The Diaries of Hannah Cullwick* (New Brunswick: Rutgers University Press, 1984).

39. J.Dupâquier, *Histoire de la population française* (Paris: Colin, 1989), vol.3, pp.133 and 184.

40. M.Jeanne Peterson, "The Victorian Governess: Status Incongruence in Family and Society," in Martha Vicinus, ed., *Suffer and Be Still: Women in the Victorian Age* (Bloomington: Indiana University Press, 1972).

41. Elinor Lerner, "Structures familiales, typologie des emplois et soutien aux

causes féministes à New York (1915-1917)," in Judith Friedlander, ed., *Stratégies des femmes* (Paris: Tierce, 1984), pp. 424-443. English ed.: *Women in Culture and Politics: A Century of Change* (Bloomington: Indiana University Press, 1986).

42. Carroll Smith-Rosenberg and Esther Newton, "Le Mythe de la lesbienne et la Femme nouvelle," in *Stratégies des femmes*, pp. 274-312; Shari Benstock, *Femmes de la Rive Gauche, Paris, 1900-1914* (Paris: Editions des Femmes, 1987).

43. Quoted in Lerner, "Structures familiales," p.429.

44. Emma Goldman, *Living My Life* (New York: Knopf, 1932).

45. Yvonne Knibiehler and Régine Goutalier, *La Femme au temps des colonies* (Paris: Stock, 1985); A. J. Hammerton, "Feminism and Female Emigration, 1861-1886," in Martha Vicinus, ed., *A Widening Sphere: Changing Roles of Victorian Women* (Bloomington: Indiana University Press, 1977), pp.52-72.

46. Odile Krakovitch, *Les Femmes bagnardes* (Paris: Olivier Orban, 1990).

47. Denise Brahimi, *Femmes arabes et soeurs musulmanes* (Paris: Tierce, 1984).

48. Alain Corbin, *Le Territoire du vide. L'Occident et le désir du rivage*, 1750-1840 (Paris: Aubier, 1988).

49. Marguerite Yourcenar, *Quoi? L'Eternité* (Paris: Gallimard, 1988), pp.98 ff.

50. Jacques Rancière, *Courts Voyages au pays du Peuple* (Paris: Editions du Seuil, 1990). 对于作家来说，女性常常代表着"人民"。

51. Jeanne Bouvier, *Mes mémoires. Une syndicaliste féministe (1876-1935)* (Paris: Maspero, 1983), pp.123-136.

52. Marie-Claire Pasquier, "'Mon nom est Persona.' Les femmes et le théâtre," in *Stratégies des femmes*, pp.259-273.

53. Edmonde Charles-Roux, *Un désir d'Orient. La Jeunesse d'Isabelle Eberhardt* (Paris: Grasset, 1988).

54. Alexandra David-Néel, *Journal de voyage (11 août 1904-1926 décembre 1917)* (Paris: Pion, 1975).

55. Eve and Jean Gran-Aymeric, Jane Dieulafoy, *une vie d'homme* (Paris: Perrin, 1990).

56. Ibid., p. 101, letter of February 11, 1912.

57. Compare Edward Shorter, *A History of Women's Bodies* (New York: Basic Books, 1982).

58. Christine Fauré, *Terre, Terreur, Liberté* (Paris: Maspero, 1979); Nancy Green, "L'Emigration comme émancipation: Les Femmes juives d'Europe de l'Est à Paris, 1881-1914," *Pluriel 27* (1981), pp.51-59.

59. Lee Holcombe, "Victorian Wives and Property: Reform of the Married Women's Property Law, 1857-1882," in Vicinus, ed., *A Widening Sphere*, pp.3-28.

60. Francis Ronsin, *Le Contrat sentimental. Débat sur le mariage, l'amour, le divorce, de l'Ancien Régime à la Restauration* (Paris: Aubier, 1990); and especially Riot-Sarcey, thesis cited.

61. Fraisse, *Muse de la Raison*, p.107.

62. Francis Ronsin, "Du divorce et de la séparation de corps en France au XIXe siècle," Ph.D. diss., University of Paris VII, 1988 (unpublished portion).

63. Barbara Welter, "The Feminization of American Religion, 1800-1860," in Mary Hartman and Lois W. Banner, eds., *Clio's Consciousness Raised: New Perspectives on the History of Women* (New York: Harper and Row, 1974), pp.137-158.

64. Anne-Marie Sohn, "Les Femmes catholiques et la vie publique en France (1900-1930)," in Friedlander, ed., *Stratégies des femmes,* pp. 97-121.

65. Lucia Bergamasco, "Condition féminine et vie spirituelle en Nouvelle-Angleterre au XVIIIe siècle," Ph.D. diss., Paris, Ecole des Hautes Etudes, 1987; and Cott, *The Bonds of Womanhood.*

66. Carroll Smith-Rosenberg, "The Cross and the Pedestal; Women, Antiritualism, and the Emergence of the American Bourgeoisie," in her *Disorderly Conduct: Vision of Gender in Victorian America* (New York: Oxford, 1985), pp.129-165.

67. Barbara Taylor, *Eve and the New Jerusalem: Socialism and Feminism in the Nineteenth Century* (London; Virago Press, 1983).

68. Jacques Rancière, *Courts Voyages au pays du Peuple* (Paris: Le Seuil, 1991) and *La Nuit des Prolétaries* (Paris: Fayard, 1981); Claire Démar, *Ma loi d'avenir*

(1831), reprinted (Paris: Maspero, 1981).

69. Beth Archer Brombert, *Cristina, Portraits of a Princess* (New York: Knopf, 1977).

70. Quoted in Fraisse, *Muse de la Raison*, p.31.

71. Rudolf M. Dekker and Lotte C. Van de Pol, "Republican Heroines: Cross-Dressing Women in the French Revolutionary Armies," in *History of European Ideas* 10, 3 (1989), pp.353-363.

72. Lucette Czyba, *La Femme dans les romans de Flaubert* (Lyon: Presses Universitaires de Lyon, 1983), pp. 193 and 366.

73. 信息由埃莱妮·瓦里卡斯（Eleni Varikas）提供。

74. Quoted in Brombert, *Cristina*, p.174.

75. Margaret Ward, *Unmanageable Revolutionaries: Women and Irish Nationalism* (London: Pluto Press, 1983).

第十八章　女性主义者的场景

安妮－玛丽·卡佩利（Anne-Marie K äppeli）

1. Geneviève Fraisse, "Droit naturel et question de l'Porigine dans la pensée féministe au XIXe siècle," in Judith Friedlander, ed., *Stratégies des femmes* (Paris: Tierce, 1984), pp. 375-390.

2. Richard J. Evans, *The Feminists: Women's Emancipation Movement in Europe, America and Australia, 1840-1920* (New York: Barnes and Noble, 1979).

3. Nancy F. Cott, T*he Bonds of Womanhood: "Woman's Sphere" in New England, 1780-1835* (New Haven: Yale University Press, 1977).

4. Karin Hausen, "Die Polarisieung der 'Geschlechtscharakter'" in Werner Conze, ed., *Sozialgeschichte der Familie in der Neuzeit Europas* (Stuttgart, 1976), pp.363-393.

5. Bärbel Clemens, "*Mensch enrechte haben kein Geschlecht": Zum Politikverständnis der bürgerlichen Frauenbewegung* (Pfaffenweiler: Centaurus, 1988), p.71.

6. Diana H. Coole, "J. S. Mill: Political Utilitarian and Feminist," in her *Women*

in Political Thought (Sussex, 1988), pp.133-153.

7. Giovanna Biadne, "Primato della ragione e doppia morale, 'La causa della donna' di Luisa Tosco," *Memoria* I (1981), pp.287-293.

8. Karen Offen, "Ernest Legouvé and the Doctrine of 'Equality in Difference' for Women," *Journal of Modern History 58* (June 1986), pp.2452-2484.

9. Elke Kleinau, Die freie Frau: *Soziale Utopien des frühen 19. Jhd* (Düsseldorf: Schwann, 1987).

10. Rachele Farina and Maria Teresa Sillano, "Tessitrici dell'Unità escluse dal Risorgimento," in N. Bortolotti, ed., *Esistere come donna* (Milan,1983).

11. Helena Volet-Jeanneret, "La femme bourgeoise à Prague 1860-1895: de la philanthropie à l'émancipation," Ph.D. diss., Faculty of Letters, University of Lausanne, 1987, p.92.

12. Tineke de Bie and Wantje Fritschy, "De 'wereld' van Reveilvrouwen, hun liefdadige activiteiten en het outstaan van het feminisme in Nederland," *De eerste feministische golf* (1985), pp. 30-58.

13. Herrad-Ulrike Bussemer, *Frauenemanzipation und Bildungsbürgertum, Sozialgeschichte der Frauenbewegung in der Reichsgründungszeit* (Weinheim: Beltz, 1985), p. 81.

14. Frances Power Cobbe (1869), in *The History of Women Suffrage* II , quoted by Barbara Verena Schnetzler, *Die frühe amerikanische Frauenbewegung und ihre Kontakte mit Europa (1836-1869)* (Berne: Lang, 1971), p.113.

15. Laure Adler, *À l'aube du féminisme : les premières journalistes (1830-1850)* (Paris: Payot, 1979); "Les Femmes et la presse, France XVIII e-XXe siècles," *Pénélope* I (June 1979); *Séverine, Choix de papiers*, annotated by Evelyne Le Garrec (Paris: Tierce, 1982); Irène Jami, "La Fronde, quotidien féministe et son rôle dans la défense des femmes salariées," M.A. diss., University of Paris I, 1981.

16. Simone Schürch, "Les Périodiques féministes. Essai historique et bibliographique" (Geneva: Ecole de Bibliothécaire, 1941), p.23.

17. Fritz Staude, "Die Rolle der 'Gleichheit' im Kampf Clara Zetkins für die Emanzipation der Frau," *Beiträge zur Geschichte der Arbeiterbewegung 16* (1974),

p.427.

18. Michelle Perrot, "Naissance du féminisme en France," *Le Féminisme et ses enjeux* (Paris: FEN-Edilig, 1988), p.41.

19. Franca Alloatti and Mirella Mingardo, "'L'Italia Femminile.' Il fiorire della stampa delle donne tra Ottocento e Novecento," in Bortolotti, ed., Esistere, pp. 153-158; Maria Pia Bigaran, "Mutamenti dell'emancipazionismo all vigilia della grande guerra-I periodici femministi italiani del primo novecento," *Memoria* 4 (1982), pp.125-132.

20. Elizabeth Cady Stanton, *Eighty Years and More* (New York, 1898), pp.165-166, quoted in Eleanor Flexner, Century of Struggle: *The Woman's Rights Movement in the United States* (Cambridge, Mass.: Harvard University Press, 1959), p.89.

21. Anne-Marie Käppeli, "Le Féminisme protestant de Suisse romande à la fin du XIXe et au début du XXe siècle," Ph.D. diss., University of Paris VII, 1987, p.281.

22. J. Moszczenska, "Die Geschichte der Frauenbewegung in Polen," in Helene Lange and Gertrud Bäumer, eds., *Handbuch der Frauenbewegung*, pt. I (Berlin: Moeser, 1901), pp. 350-360.

23. Margaret Forster, *Significant Sisters: The Grassroots of Active Feminism, 1839-1939* (New York: Penguin Books, 1984), p.255.

24. Laurence Klejman and Florence Rochefort, "Les Associations féministes en France de 1871 à 1914," *Pénélope* II (Autumn 1984), pp.147-153.

25. Bussemer, *Frauenemanzipation*, p.94.

26. Ute Frevert, *Frauen-Geschichte: Zwischen Bürgerlicher Verbesserung und Neuer Weiblichkeit* (Frankfurt: Suhrkamp, 1986), p.110.

27. Beatrix Mesmer, *Ausgeklammert-Eingeklammert, Frauen und Frauenorganisationen in der Schweiz des 19. Jhd.* (Basel: Helbling and Lichtenhahn, 1988), p.150.

28. Evans, *The Feminists*.

29. Herrad Schenk, *Die feministische Herausfor derung, 150 Jahre Frauenbewegung in Deutschland* (Munich, 1988), p.52.

30. Richard J. Evans, "Appendix: International Feminist Movements," in Evans,

The Feminists, p.52.

31. Franca P. Bortolotti, *La Donna, la pace, l'Europa, l'Associazione internationale delle donne dalle origini all prima guerra mondiale* (Milan: Franco Angeli, 1985), p.39.

32. Käppeli, "Le Féminisme protestant de Suisse romande."

33. Marie-Hélène Lefaucheux, *Women in a Changing World* (London, 1966).

34. Evans, *The Feminists*, p.252.

35. Gisela Brinker-Gabler, "Einleitung," in Gisela Brinker-Gabler, ed., *Frauen gegen den Krieg* (Frankfurt: Fischer, 1980), pp.19-20.

36. Janet E. Rasmussen, "Sisters across the Sea: Early Norwegian Feminists and Their American Connections," *Women's Studies International Forum 5, 6* (1982): 647-654.

37. Volet-Jeanneret, "La Femme bourgeoise à Prague," p.244.

38. M.Bessmertny, "Die Geschichte der Frauenbewegung in Russland," in Lange and Bäumer, eds., *Handbuch der Frauenbewegung (1895)*, p.345.

39. Ute Gerhard, "Bis an die Wurzeln des Uebels," *Feministische Studien 3, 1* (May 1984), pp.77.

40. Anita Augspurg, "Gebt acht, solange noch Zeit ist!" in *Die Frauenbewegung*, p.4.

41. Maria Pia Bigaran, "Progetti e dibattiti parlamentari sul suffragio femminile: da Peruzzia Giolitti," *Rivista di Storia Contemporanea* I (1985), pp.50-82.

42. Ellen Carol Du Bois, ed., *Elizabeth Cady Stanton, Susan B. Anthony, Correspondence, Writings, Speeches* (New York: Schocken, 1981), p.193.

43. Use Brehmer et al., Frauen in der Geschichte, IV, "Wissen heisst leben" (Düsseldorf: Schwann, 1983).

44. Philippe Levine, "Education: The First Step," in Philippe Levine, *Victorian Feminism 1850-1900* (London: Hutchinson, 1987), pp.26-56.

45. Sibilla Aleramo, *La donna e il femminismo* (Rome: Riuniti, 1978), p.26.

46. Madeleine Pelletier, *L'Education féministe des filles et autres textes* (Paris: Syros, 1978).

47. Laurence Klejman and Florence Rochefort, "La Province à l'heure du féminisme," in Klejman and Rochefort, eds., *L'Egalité en mar ch e: Le feminisme sous la troisième République* (Paris: Presses de la Fondation Nationale des Sciences Politiques et des Femmes, 1989), pp.175-182.

48. Susan Groag Bell and Karen M. Offen, *Women, the Family, and Freedom,* vols.1 and 2 (Stanford: Stanford University Press, 1983).

49. Kleinau, *Die freie Frau.*

50. Klejman and Rochefort, *L'Egalité*, p.314.

51. Judith R. Walkowitz, *Prostitution and Victorian Society: Women, Class, and the State* (Cambridge: Cambridge University Press, 1980).

52. Sheila Rowbotham, *Hidden from History* (London: Pluto Press, 1980).

53. Wantje Fritschy, Floor Van Gelder, and Ger Harmsen, "Niederlande," in Ernest Bornemann, ed., *Arbeiterbewegung und Feminismus, Berichte aus vierzehn Ländern* (Frankfurt: Ullstein, 1981), pp.132-133.

54. Klejman and Rochefort, *L'Egalité*, p.327.

55. Ursula Gaillard and Annik Mahaim, *Retards de règles* (Lausanne, 1983).

56. Forster, *Significant Sisters*, p.241.

57. Sheila Jeffreys, *The Spinster and Her Enemies: Feminism and Sexuality, 1880-1950* (London: Pandora, 1985), p.102.

58. Ilse Kokula, *Weibliche Homosexualität um 1900 in zeitgenossischen Dokumenten* (Munich: Frauenoffensive, 1981), p.42.

59. Carin Schnitger, "'Ijdelheid hoeft geen ondeugd te zip.' De Vereeniging voor Verbetering van Vrouwenkleeding," in *De eerste feministische golf*, pp.163-185.

60. Florence Nightingale, *Suggestions for Thought to Searchers after Religious Truth*, quoted in Ray Strachey, The Cause (London: Virago, 1979), p.27; Martha Vicinus and Bea Nergaard, *Ever Yours, Florence Nightingale: Selected Letters* (London: Virago, 1989).

61. Käppeli, "Le Féminisme protestant de Suisse romande," p. 225.

62. Françoise Ducrocq, "Les Associations philanthropiques en Grande-Bretagne au XIXe siècle: Un facteur d'émancipation pour les femmes de la bourgeoisie?"

Pénélope II (Autumn 1984), pp.71-77.

63. Bussemer, *Frauenemanzipation*, p.246.

64. Barbara Brick, "Die Mütter der Nation: Zu Helene Lange Begründung einer 'weiblichen Kultur,'" in Brehmer et al., Frauen in der Geschichte, pp.99-132; Marianne Ulmi, *Frauenfragen-Männergedanken. Zw Georg Simmels Philosophic und Soziologie der Geschlechter* (Zürich: efef-Verlag, 1989); Suzanne Vromen, "Georg Simmel and the Cultural Dilemma of Women," *History of European Ideas 8*, 4 and 5 (1987), pp.563-579.

65. Ulrike Hass, "Zum Verhältnis von Konservatismus, Mütterlichkeit und dem Model! der neuen Frau," in Barbara Schaeffer-Hegel and Barbara Wartmann, eds., *Mythos Frau* (Berlin: Publica, 1984), pp.81-87.

66. Kleinau, *Die freie Frau*, p.50.

67. Käppeli, "Le Féminisme protestant de Suisse romande," p.289.

68. Ann Tylor Allen, "Mothers of the New Generation; Adele Schreiber, Helene Stöcker, and the Evolution of a German Idea of Motherhood, 1900-1914," *Signs 3*, 10 (1985), pp.418-438.

69. Elisabeth Joris and Heidi Witzig, eds., *Frauengeschichte(n)* (Zürich: Limmat-Verlag, 1986), pp.189-190.

70. Mirjam Elias, *Drie Cent in het urt* (Amsterdam: FNV Secretariaat, 1984).

71. Lily Braun, *Die Frauenfrage. Ihre geschichtliche Entwicklung und ihre wirtschaftliche Seite* (Leipzig, 1901), p.278.

72. Volet-Jeanneret, "La Femme bourgeoise à Prague," p.167.

73. William Leach, *True Love and Perfect Union: The Feminist Reform of Sex and Society* (New York: Basic Books, 1980), p.9.

74. Estelle Freedman, "Separation as Strategy: Female Institution Building and American Feminism 1870-1930," *Feminist Studies 5*, 1 (Spring 1979), p.524.

75. Evans, *The Feminists*, p.189,

76. Klcjman and Rochefort, *L'Egalité*, p.256.

77. Evans, *The Feminists*, p.194.

78. Bussemer, *Frauenemanzipation*, p.87.

79. Fritschy et al., "Niederlande," in Bornemann, ed., *Arbeiterbewegung und Feminismus*, p.129.

80. Klejman and Rochefort, *L'Egalité*, p.61.

81. Coole, *Women in Political Thought*, p.149.

82. Evans, *The Feminists*, pp.73 and 79.

83. Marianne Hainisch, "Die Geschichte der Frauenbewegung in Oesterreich," in Lange and Bäumer, *Handbuch der Frauenbewegung*, pp.170-171.

84. Inge de Wilde, "The Importance of Hélène Mercier for the Women's Movement," in *De eerste feministische golf*, p.204.

85. Richard Stites, *The Womens Liberation Movement in Russia: Feminism, Nihilism and Bolshevism 1860-1950* (Princeton: Princeton University Press, 1977), p.198.

86. Donald Meyer, *Sex and Power: The Rise of Women in America, Russia, Sweden, Italy* (Middletown: Wesleyan University Press, 1987), p.124.

87. Fritschy et al., "Niederlande," p.132.

88. Marilyn J. Boxer and Jean H. Quataert, eds., *Socialist Women: European Socialist Feminism in the 19th and Early 20th Century* (New York: Elsevier, 1978), p.159.

89. 同上，p.175.

90. Jean H. Quataert, *Reluctant Feminists in German Social Democracy, 1885-1917* (Princeton: Princeton University Press, 1979).

91. Herta Firnberg, "Oesterreich," in Bornemann, *Arbeiterbewegung und Feminismus*, p.83.

92. Ray Strachey, *The Cause* (London: Virago, 1979), p.288.

93. Sigbert Kluwe, *Weibliche Radikalität* (Frankfurt: Campus, 1979), p.41.

94. *The Living of Charlotte Perkins Gilman: An Autobiography (1935)*, reprinted (New York: Harper, 1975), p.235.

95. Marie-Jo Dhavernas, "Anarchisme et féminisme à la Belle Epoque," *La Revue dsen face 13* (Winter 1983), p.174.

96. Claire Auzias-Gelineau et al., eds., "Preface," to Emma Goldman, *La*

Tragédie de l'émancipation féminine (Paris: Syros, 1978), p.31.

97. Monica Studer, "Schweiz," in Bornemann, ed., *Arbeiterbewegung und Feminismus*, p.62.

98. Klejman and Rochefort, *L'Egalité*, p.245.

99. Walter Thonnessen, *Frauenemanzipation: Politik und Literatur der deutschen Sozialdemokratie zur Frauenbewegung 1863-1933* (Frankfurt, 1969).

100. Evans, *The Feminists,* pp.175-176.

101. Susanna Woodtli, *Du féminisme à l'égalité politique-un siècle de luttes en Suisse 1868-1971* (Lausanne: Payot, 1977), p.53.

102. Meyer, *Sex and Power*, p.176.

103. Nancy Fix Anderson, *Women Against Women in Victorian England: A Life of Eliza Lynn Linton* (Bloomington: Indiana University Press, 1986).

104. Gaby Weiner, "Harriet Martineau: A Reassessment," in Dale Spender, *Feminist Theorists* (London: Women's Press, 1983).

105. Meta von Salis, "The Position of Women in Europe," *The Postgraduate and Wooster Quarterly 2*, I (October 1887): 39; Doris Stump, *Sie töten uns-nicht unser Ideen, Meta von Salis-Marschlins* (Thalwil: paeda media, 1986).

106. Gisela Brinker-Gabler, *Bertha von Suttner* (Frankfurt: Fischer,1982), pp.11-12.

107. Fia Dieteren, "Mina Kruseman and Her Circle, a Network of Dutch Women Artists in the Nineteenth Century," in *Language, Culture and Female Future.* Workshop, Utrecht, April 1986, pp.11-18.

108. Liz Stanley, "Olive Schreiner: New Women, Free Women, All Women (1855-1920), 55 in Spender, ed., *Feminist Theorists*, pp.229-243.

109. Renate Duelli, "Hedwig Dohm: Passionate Theorist," in ibid., pp.165-183.

110. Spender, *Feminist Theorists*, p.198.

111. Marie Luise Bach, *Gertrud Bäumer* (Weinheim: Beltz,1988).

112. Woodtli, *Du féminisme à l'égalité politique*, pp.76-78.

113. Spender, *Feminist Theorists*, pp.397-408.

114. Käppeli, "Le Féminisme protestant de Suisse romande," pp.184-248 and

350-359.

第十九章　新夏娃和老亚当
安妮莉丝·莫格（Annelise Maugue）

1. Anatole France in *L'Estafette*, July 24,1899.

2. Emile Zola, *Travail* (1901) (Paris: Fasquelle, 1906), vol.2, p.487.

3. *La Française* 3 (November 1906).

4. *La Française* 4 (November 1906).

5. *La Française* 5 (November 1906).

6. Quoted by Barbey d'Aurevilly, *Les Bas-Bleus* (Brussels: Victor Palme, 1878), p.70.

7. Séverine (pseud.), in *La Chevauchée* 2 (October 15, 1900).

8. Quoted in Carol Gilligan, *In a Different Voice* (Cambridge, Mass.: Harvard University Press, 1982), p. 129.

9. Quoted in Mrs. Gaskell, letter of March 16, 1837.

10. Eugénie de Guérin, *Journal*, March 22, 1836, pp.113-114.

11. George Sand, *Histoire de ma vie, in Oeuvres autobiographiques* (Paris; Pleiade, 1970-71), vol. 1.

12. Théodore Joran, *Le Mensonge du féminisme* (Paris: Jouve, 1905), p.184.

13. Alexandre Dumas fils, *L'Homme-Femme* (Paris: Levy Freres, 1872), p.174.

14. August Strindberg, *The Creditors*, 1888.

15. Marcel Prevost, *Les Demi-Vierges* (Paris; Lemerre, 1894), p.87.

16. Emile Faguet, *Le Féminisme* (Paris: Boivin, 1906), p.16.

17. Musil, *The Man Without Qualities*.

18. P.-J. Proudhon, *La Pornocratie* (Paris: Lacroix, 1875), p.29.

19. Barbey d'Aurevilly, *Les Bas-Bleus*, preface.

20. Barrès, *Les Déracines*, p.86.

21. Emile Zola, *Fécondité* (Paris: Fasquelle, 1906), p.39.

22. Otto Gross, letter to Frieda, quoted in Martin Green, *The Von Richthofen Sisters* (New York: Basic Books, 1974).

23. Faguet, *Le Féminisme*, p.11.

24. Honoré de Balzac, letter to Mme Hanska, *Correspondance* (Paris, 1967-1970), vol.1, p.584.

25. Gustave Flaubert, *Correspondance*, vol.15, pp.181-182.

26. Henry James, *Notes on Novelists* (New York, 1914), pp.220-221.

27. Barbey d'Aurevilly, *Les Diaboliques* (1874), in *Oeuvres complétes* (Geneva: Slatkine Reprints, 1979), vol.2, p.176.

28. George Orwell, *Collected Essays, Journalism and Letters* (New York: Penguin Books, 1970), vol.1, p.222.

29. Barbey d'Aurevilly, *Les Bas-Bleus*, p.82.

30. Sand, *Oeuvres autobiographiques*, vol.2, pp.987-988 (entry for June 13, 1837).

31. Sand, *Correspondance*, vol.3, pp.18-19.

32. Daniel Stern, Lettres républicaines (1848), quoted by B. Slama in *Misérable et glorieuse, la femme du XIXe siècle* (Paris: Fayard, 1980), p.239.

露·安德烈亚丝·莎乐美："女性的人性"

热纳维耶芙·弗雷斯（Geneviève Fraisse）

米歇尔·佩罗（Michelle Perrot）

1. 这篇文章于1899年发表于《新德意志评论》（*Neue deutscbe Rundschau*）；德国马特斯&塞茨出版社1979年重印，收录在《情色》（*Die Erotik*）当中。法文版为亨利·普拉德（Henri Plard）译，载于《爱神》（*Eros*，巴黎：午夜出版社，1984年），第27-30页。本文是从法文版重新翻译过来的。

参考文献

Abel, Elizabeth, ed. *Writing and Sexual Difference.* Chicago: University of Chicago Press, 1982.

Accati, Luisa. "La politica dei sentimenti: L'Immacolata Concezione fra 600 e 700." *Atti del Primer Coloqui di Historia de la Dona.* Barcelona, 1986 (forthcoming).

Addis Saba, Marini, et al. *Storia delle donne, una scienza possibile.* Rome: Edizione Felina Libri, 1986.

Adler, Laure. *A l'aube du féminisme: Les premières journalistes (1830–1850).* Paris: Payot, 1979.

—— *Secrets d'alcôve: Histoire du couple de 1830 à 1930.* Paris: Hachette, 1983.

—— *La Vie quotidienne dans les maisons closes, 1830–1930.* Paris: Hachette, 1990.

Adler, Polly. *A House Is Not a Home.* New York: Rinehart, 1953.

Agulhon, Maurice. *Marianne au combat: L'imagerie et la symbolique républicaines de 1789 à 1880.* Paris: Flammarion, 1979.

—— *Marianne au pouvoir: L'imagerie et la symbolique républicaines de 1880 à 1914.* Paris: Flammarion, 1989.

Aimer en France, 1760–1860. *Actes du Colloque International de Clermont-Ferrand,* 2 vols., collected and presented by Paul Villaneix and Jean Ehrard. Faculté des Lettres et Sciences Humaines de Clermont-Ferrand, 1980.

Albistur, Maïté, and Daniel Armogathe. *Histoire du féminisme français.* Paris: Editions des Femmes, 1977.

Allen, Ann T. "Spiritual Motherhood: German Feminists and the Kindergarten Movement, 1848–1911," in *History of Education Quarterly* 22, 3 (Autumn 1982).

Amoros, Celia. *Hacia una crítica de la razón patriarcal.* Madrid, 1985.

Amsden, Alice H., ed. *The Economics of Women.* New York: Penguin Books, 1980.

Anderson, Gregory, ed. *The White-Blouse Revolution: Female Office Workers since 1870.* Manchester: Manchester University Press, 1988.

Anderson, Michael. *Family Structure in Nineteenth-Century Lancashire.* Cambridge: Cambridge University Press, 1971.

Annales de démographie historique, "La Femme seule," section C (1981): 207–317.

Antin, Mary. *The Promised Land,* 2nd ed. Princeton: Princeton University Press, 1969.

Applewhite, Harriet B., and Darline G. Levy, eds. *Women and Politics in the Age of the Democratic Revolution.* Ann Arbor: University of Michigan Press, 1990.

Ardener, Shirley, ed. *Women and Space.* London: Croom Helm, 1981.

Arendt, Hannah. *Rahel Varnhagen: La vie d'une juive allemande à l'époque du romantisme.* Paris: Tierce, 1986; English rev. ed.: *Rahel Varnhagen.* New York: Harcourt Brace Jovanovich, 1974.

Ariès, Philippe, and Georges Duby, eds. *A History of Private Life,* vol. 4: *From the Fires of Revolution to the Great War,* Michelle Perrot, ed. Trans. Arthur Goldhammer. Cambridge, Mass.: Harvard University Press, 1990.

Arnaud, Pierre, dir. *Les Athlètes de la République: Gymnastique, sport, et idéologie républicaine, 1870–1914.* Bibliothèque historique. Toulouse: Privat, 1987.

Arnaud-Duc, Nicole. *Droit, mentalités et changement social en Provence occidentale: Une étude des stratégies et de la pratique notariale en matière de régime matrimonial.* Aix-en-Provence: Edisud, 1985.

Arnold, Odile. *Le Corps et l'âme: La vie des religieuses au XIXè siècle.* Paris: Le Seuil, 1984.

Ascoli, Giulietta, et al., eds. *La questione femminile in Italia dal '900 ad oggi.* Milan: Franco Angeli, 1977.

Asher, Carol, Louise De Salvo, and Sara Ruddick. *Between Women: Biographers, Novelists, Critics, Teachers, and Artists Write about Their Work on Women.* Boston: Beacon Press, 1984.

Association internationale pour l'histoire de l'education. Service d'histoire de l'education, Paris. *L'Offre d'école.* Paris: Publications de la Sorbonne, INRP, 1983.

Atti del Primer Coloqui di Historia de la Dona. Barcelona, 1986 (forthcoming).

Audoux, Marguerite. *Marie-Claire,* Les Cahiers rouges. Paris: Bernard Grasset, 1910.

——— *L'Atelier de Marie-Claire,* Les Cahiers rouges. Paris: Bernard Grasset, 1920.

Bacci, Massimo Levi. *A History of Italian Fertility during the Last Two Centuries.* Princeton: Princeton University Press, 1977.

Badinter, Elisabeth. *L'Un et l'autre sexe.* Paris: Odile Jacob.

Baldassari, Aldo. *La capacità patrimoniale della donna maritata nel diritto civile dei principali Stati d'Europa, e i conflitti di leggi.* Rome, 1910.

Ballestrero, Maria Vittoria. "Sorelle di fatiche e di dolori" and "Madri di pioneri e di soldati," in Giovanni Tarello, *Studi materiali per una storia della cultura giuridica,* vol. 7. Bologna: Il Mulino, 1977.

Banks, Olive. *Becoming a Feminist: The Social Origins of "First Wave" Feminism.* Brighton: Wheatsheaf Books, 1986.

Banner, Lois W., and Mary Hartman, eds. *Clio's Consciousness Raised: New Perspectives on the History of Women.* New York: Harper and Row, 1974.

Baron, Ava. "Women and the Making of the American Working Class: A Study of the Proletarianization of Printers," *The Review of Radical Political Economics* 14 (1982): 23–42.

Barret-Ducrocq, Françoise. *L'Amour sous Victoria.* Paris: Plon, 1989.

—— "Modalités de reproduction sociale et code de morale sexuelle des classes laborieuses à Londres dans la période victorienne." Thesis, Paris IV, 1987. Published in part under the title *Pauvreté, charité et morale à Londres au XIXè siècle: Une sainte violence.* Paris: Presses Universitaires de France, 1991.

Barrett, Michèle, and Mary McIntosh. "The 'Family Wage': Some Problems for Socialists and Feminists," *Capital and Class* 11 (1980): 51–72.

Barry, Joseph. *Infamous Woman: The Life of George Sand.* New York: Doubleday, 1977.

Basch, Françoise. *Les Femmes victoriennes, roman et société, 1837–1867.* Collection "Le Regard de l'histoire." Paris: Payot, 1979.

—— *Rebelles américaines au XIXè siècle.* Paris: Méridiens-Klincksieck, 1990.

—— *Theresa Malkiel: Journal d'une gréviste.* Paris: Payot, 1980.

Basch, Norma. *In the Eyes of the Law: Women, Marriage, and Property in Nineteenth-Century New York.* Ithaca: Cornell University Press, 1982.

Bashkirtseff, Marie. *Journal.* Paris: Mazarine, 1887.

Baubérot, Jean. *Un Christianisme profane?* Paris: Presses Universitaires de France, 1978.

—— *Le Retour des huguenots: La vitalité protestante XIXe-XXème s.* Paris and Geneva: Cerf-Labor and Fides, 1985.

Bauer, Karin. *Clara Zetkin und die Proletarische Frauenbewegung.* Berlin: Oberbaum, 1978.

Baum, Charlotte, Paula Hyman, and Sonya Michel. *The Jewish Woman in America.* New York: New American Library, 1977.

Baxandall, Roselyn. "Women in American Trade Unions: An Historical Analysis," in Judith Mitchell and Ann Oakley, eds., *The Rights and Wrongs of Women*, pp. 256–270. New York: Penguin Books, 1976.

Beck, C. H., and Arthur E. Imhof. *Der Mensch und sein Körper von der Antike bis Heute,* ed. Arthur E. Imhof. Munich: Verlag C. H. Beck, 1983.

Belle, Susan, and Karen M. Offen, eds. *Women, the Family, and Freedom,* 2 vols. Stanford: Stanford University Press, 1983.

Bennent, Heidemarie. *Galanterie und Verachtung: Eine philosophiegeschichtliche Untersuchung zur Stellung der Frau in Gesellschaft und Kultur.* Frankfurt, 1985.

Benstock, Shari. *Femmes de la rive gauche: Paris, 1900–1914.* Paris: Editions des Femmes, 1987.

Berding, Helmut, Etienne François, and Hans Peter Ullmann. *Deutschland und Frankreich im Zeitalter der Französischen Revolution*. Frankfurt: Suhrkamp, 1989.

Berg, Maxime. "Women's Work, Mechanization, and the Early Phases of Industrialization in England," in Patrick Joyce, ed., *The Historical Meanings of Work*, pp. 64–98. Cambridge: Cambridge University Press, 1987.

Berkeley, Ellen Perry, ed. *Architecture: A Place for Women*. Washington: Smithsonian Institution Press, 1989.

Berrol, Selma. "Class or Ethnicity: The Americanized German-Jewish Woman and Her Middle-Class Sisters in 1895," *Jewish Social Studies* 47, 1 (Winter 1985).

——— "Education and Economic Mobility: The Jewish Experience in New York City, 1880–1920," *American Jewish Historical Quarterly* 65, 3 (March 1976): 257–271.

Bertin, Célia. *La Femme à Vienne au temps de Freud*. Paris: Stock, 1989.

Besombes, Amédée. "Condition juridique de la femme mariée espagnole." Law thesis. Toulouse, 1927.

Biale, Rachel. *Women and Jewish Law: An Exploration of Women's Issues in Halakhic Sources*. New York: Schocken Books, 1984.

Bidelman, Patrick Kay. *Pariahs Stand Up! The Founding of the Liberal Feminist Movement in France (1858–1889)*. Westport, Conn.: Greenwood Press, 1982.

Bigot, François. "Les Enjeux de l'assistance à l'enfance." Sociology thesis, 2 vols., Université de Tours, 1988.

Birkett, Dea. *Spinsters Abroad: Victorian Lady Explorers*. Oxford: Basil Blackwell, 1989.

Black, Clementina, ed. *Married Women's Work*. London: G. Bell and Sons, 1915.

Blackburn, Helen, and Nora Vynne. *Women under the Factory Act*. London: Williams and Norgate, 1903.

Blanc, Olivier. *Olympe de Gouges*. Paris: Syros, 1989.

Blewett, Mary H. *Men, Women, and Work: Class, Gender, and Protest in the New England Shoe Industry, 1780–1910*. Urbana: University of Illinois Press, 1988.

Blom, Ida. *Den haarde Dyst: Birth and Birth Help in Norway since 1800*. Oslo: Cappelen, 1988.

——— "'Real Excellent Men Do Not Grow on Trees': Breadwinning and Structures of Authority in Bourgeois Marriage around the Turn of the Century," *Deutsch-Norwegischen Historikertreffen* (May 28–31, 1987).

Blunden, Katherine. *Le Travail et la vertu. Femmes au foyer: Une mystification de la Révolution industrielle*. Paris: Payot, 1982.

Boesch Gajano, Sofia, and Lucia Sebastiani. *Culto dei santi: Istituzioni e classi sociali in età preindustriale*. Aquila and Rome: Japadre Editore, 1984.

Bois, Jean-Pierre. *Les Vieux: De Montaigne aux premiers retraités*. Paris: Fayard, 1989.

Bonnefoy, Yves. *La Vérité de la parole.* Paris: Mercure de France, 1988.

Bonnet, Marie-Jo. *Un Choix sans équivoque: Recherches historiques sur les relations amoureuses entre les femmes, XVIè-XXè siècles.* Paris: Denoël-Gonthier, 1981.

Bordeaux, Michèle. "Droit et femmes seules: Les pièges de la discrimination," in Arlette Farge and Christiane Klapisch-Zuber, *Madame ou Mademoiselle? Itinéraires de la solitude féminine, XVIIIè-XXè siècles,* pp. 19–57. Paris: Montalba, 1984.

Bordeaux, Michèle, Bernard Hazo, and Soizic Lorvellec. *Qualifié viol.* Collection "Déviance et société." Paris: Méridiens Klincksieck, 1990.

Borie, Jean. *Un Siècle démodé.* Paris: Payot, 1989.

———— *Le Tyran timide: Le naturalisme de la femme au XIXè siècle.* Paris: Klincksieck, 1973.

Bornemann, Ernest, ed. *Arbeiterbewegung und Feminismus: Berichte aus vierzehn Ländern.* Frankfurt: Ullstein, 1982.

Bortolotti, Franca P. *La donna, la pace, l'Europa: L'associazione internationale delle donne dalle origini alla prima guerra mondiale.* Milan: Franco Angeli, 1985.

———— *Alle origini del movimento femminile in Italia, 1848–1892.* Rome: Einaudi, 1963.

Boston, Sarah. *Women Workers and the Trade Unions.* London: Lawrence and Wishart, 1987.

Bourgade, Germaine. *Contribution à l'étude d'une histoire de l'éducation féminine à Toulouse de 1830 à 1914.* Toulouse: Association des Publications de l'Université de Toulouse le Mirail, 1980.

Bouvier, Jeanne. *Histoires des dames employées dans les postes, télégraphes et téléphones de 1714 à 1929.* Paris: Presses Universitaires de France, 1930.

Bovenschen, Sylvia. *Die imaginierte Weiblichkeit: Exemplarische Untersuchungen zu Kulturgeschichtlichen und literarischen Präsentationsformen des Weiblichen.* Frankfurt: Suhrkamp, 1979.

Bowlby, Rachel. *Just Looking: Consumer Culture in Dreiser, Gissing, Zola.* London: Methuen, 1985.

Boxer, Marilyn J., and Jean H. Quataert, eds. *Socialist Women: European Socialist Feminism in the Nineteenth and Early Twentieth Century.* New York: Elsevier, 1978.

Boyd, L. A., and R. D. Brackenridge. *Presbyterian Women in America.* Westport, Conn.: Greenwood Press, 1983.

Branca, Patricia. *Silent Sisterhood: Middle-Class Women in the Victorian Home.* London: Croom Helm, 1975.

Brehmer, Ilse, et al., eds. *Frauen in der Geschichte,* vol. IV: *Wissen heisst leben.* Düsseldorf: Schwann, 1983.

Bridel, Louis. *Los derechos de la mujer y el matrimonio.* Madrid, 1894.

———— *La Femme et le droit.* Lausanne, 1884.

Bridenthal, Reina, and Claudia Koonz, eds. *Becoming Visible: Women in European History.* Boston: Houghton Mifflin, 1987.

Brinker-Gabler, Gisela. *Deutsche Literatur von Frauen*, 2 vols. Munich: Beck, 1988.

Bristow, Edward J. *Prostitution and Prejudice: The Jewish Fight against White Slavery, 1870–1939*. New York: Schocken Books, 1983.

Brive, Marie-France, ed. *Les Femmes et la Révolution française*, 3 vols. *Actes du Colloque de Toulouse*, April 12–14, 1989. Université Internationale de Toulouse le Mirail, 1989–1992.

Brombert, Beth A. *Cristina: Portrait of a Princess*. New York: Alfred A. Knopf, 1977; French ed.: *La Princesse Belgiojoso ou l'engagement romantique*. Paris: Albin Michel, 1989.

Brumberg, Joan J. *Fasting Girls: The Emergence of Anorexia Nervosa as a Modern Disease*. Cambridge, Mass.: Harvard University Press, 1988.

Brumberg, Stephen E. "Going to America, Going to School: The Jewish Immigrant Public School Encounter in Turn-of-the-Century New York City," *American Jewish Archives* 36, 2 (November 1984): 86–135.

Buhle, Mari Jo. *Women and American Socialism, 1870–1920*. Urbana: University of Illinois Press, 1981.

Burguière, André, Christiane Klapisch-Zuber, Martine Segalen, and Françoise Zonabend, eds. *Histoire de la famille*, vol. 2: *Le Choc des modernités*. Paris: Armand Colin, 1986.

Burman, Sandra, ed. *Fit Work for Women*. London: Croom Helm, 1979.

Bussemer, Herrad-Ulrike. *Frauenemanzipation und Bildungsbürgertum: Sozialgeschichte der Frauenbewegung in der Reichsgründungszeit*. Weinheim: Beltz, 1985.

Buttafuoco, Annamarita. *La mariuccine: Storia di un' istituzione laica. L'Asilo Mariuccia*. Milan: Franco Angeli, 1985.

Cantor, Aviva. *The Jewish Woman, 1900–1985: A Bibliography*. Fresh Meadows, N.Y.: Biblio Press, 1987.

Capia, R. *Les Poupées françaises*. Paris: Hachette, 1979.

Caplan, Jane. "Women, the Workplace, and Unions in International Perspective," in *International Labor and Working Class History* 35 (Spring 1989).

Cassin, René. *L'Inégalité entre l'homme et la femme dans la législation civile*. Marseilles: Barlatier, 1919.

Catalogue de l'exposition, "L'Education des jeunes filles il y a cent ans." Rouen: Musée National de l'Education, 1983.

Chafe, William H. *The American Woman: Her Changing Social, Political, and Economic Roles, 1920–1970*. New York: Oxford University Press, 1972.

Chambelland-Liebault, Noëlle. "La Durée et l'aménagement du temps de travail des femmes en France de 1892 à l'aube des conventions collectives." Law thesis, Nantes, 1989.

Chambers-Schiller, Lee V. *Liberty, a Better Husband: Single Women in America: The Generation of 1780–1840*. New Haven: Yale University Press, 1984.

Charles-Roux, Edmonde. *Un Désir d'Orient: La jeunesse d'Isabelle Eberhardt*. Paris: Grasset, 1988.

Charlot, Monica. *Victoria: Le pouvoir partagé*. Paris: Flammarion, 1989.

Chauvin, Jeanne. *Des professions accessibles aux femmes en droit romain et en droit français: Evolution historique de la position économique de la femme dans la société*. Paris: Ginard and Brière, 1892.

Chew, Doris Nield. *Ada Nield Chew: The Life and Writings of a Working Woman*. London: Virago, 1982.

Citron, Pierre. *Dans Balzac*. Paris: Le Seuil, 1986.

Clark, Alice. *The Working Life of Women in the Seventeenth Century*. London: G. Routledge and Sons, 1919 (reissued by Frank Cass, 1968).

Clark, Linda L. *Schooling the Daughters of Marianne: Textbooks and the Socialization of Girls in Modern French Primary Schools*. Albany: State University of New York Press, 1984.

Claverie, Elisabeth, and Pierre La Maison. *L'Impossible Mariage: Violence et parenté en Gévaudan, 17è, 18è and 19è siècles*. Paris: Hachette, 1982.

Clemens, Bärbel. *"Menschenrechte haben kein Geschlecht": Zum Politikverständnis der bürgerlichen Frauenbewegung*. Pfaffenweiler: Centaurus, 1988.

Cohen, Yolande. *Femmes et contre-pouvoirs*. Montreal: Boréal-Express, 1987.

Collet, Clara E. "Women's Work," in Charles Booth, ed., *Life and Labour of the People in London*, vol. 4, first series. London: Macmillan, 1902.

Condorcet, *Ecrits sur l'instruction publique*, vol. 1: *Cinq mémoires sur l'instruction publique*, presented by Charles Coutel and Catherine Kintzler. Paris: Edilig, 1989; vol. 2: *Rapport sur l'instruction publique*, presented by Charles Coutel. Paris: Edilig, 1989.

Conti, Odorisio G. *Storia dell'idea femminista in Italia*. Turin: ERT, 1980.

Coole, Diane H. *Women in Political Theory: From Ancient Misogyny to Contemporary Feminism*. Brighton: Wheatsheaf Books, 1988.

Corbin, Alain. *Les Filles de noce: Misère sexuelle et prostitution (19è and 20è siècles)*. Paris: Aubier-Montaigne, 1978.

Cott, Nancy F. *The Bonds of Womanhood: "Woman's Sphere" in New England, 1780–1835*. New Haven: Yale University Press, 1977.

———— *The Grounding of Modern Feminism*. New Haven: Yale University Press, 1987.

———— "Passionlessness: An Interpretation of Victorian Sexual Ideology, 1790–1850," in Nancy F. Cott and Elizabeth H. Pleck, eds., *A Heritage of Her Own*, pp. 162–181. New York: Simon and Schuster, 1979.

Dall'Ava-Santucci, Josette. *Des Sorcières aux mandarines: Histoire des femmes médecins*. Paris: Calmann-Lévy, 1989.

Damez, Albert. *Le Libre Salaire de la femme mariée et le mouvement féministe*. Paris: Rousseau, 1905.

Daric, Jean. *L'Activité professionnelle des femmes en France. Etude statistique: Evolution et comparaisons internationales*, I. N. E. D., Cahier 5. Paris: Presses Universitaires de France, 1947.

Daudet, Mme. Alphonse. *L'Enfance d'une parisienne: Enfants et mères*. Paris, 1892.

Daumard, Adeline. *La Bourgeoisie parisienne de 1815 à 1848*. Paris: Sevpen, 1963.

Dauphin, Cécile, et al. "Culture et pouvoir des femmes: Essai d'historiographie." *Annales Economie, Société, Civilisation* 41 (1986).

Davidoff, Leonore, and Catherine Hall. *Family Fortunes: Men and Women of the English Middle Class, 1780–1850*. London: Hutchinson, 1987.

Davin, Anna. "Imperialism and Motherhood," *History Workshop* 5 (1978).

Degler, Carl. *At Odds: Women and the Family in America from the Revolution to the Present*. New York: Oxford University Press, 1980.

Dekker, Rudolf. "Republican Heroines: Cross-Dressing Women in the French Revolution Armies," *History of European Ideas* 10, 3 (1989): 353–363.

———— "Women and Political Culture in the Dutch Revolutions," in Applewhite and Levy, *Women and Politics*, pp. 109–146.

———— "Women in Revolt: Collective Protest and Its Social Basis in Holland, 1600–1795," *Theory and Society* 16 (1987).

D'Emilio, John, and Estelle Freedman. *Intimate Matters: A History of Sexuality in America*. New York: Harper and Row, 1988.

Deniel, Raymond. *Une Image de la famille et de la société sous la restauration*. Paris: Les Editions Ouvrières, 1965.

Derrida, Jacques. *Eperons: Les styles de Nietzsche*. Paris: Flammarion, 1978.

De Saive, J. P. "Le nu hurluberlu," *Ethnologie française* 3–4 (1976).

Dessertine, Dominique. *Divorcer à Lyon sous la Révolution et l'Empire*. Lyon: PUL, 1981.

Dhavernas, Odile. *Droits des femmes: Pouvoir des hommes*. Paris: Le Seuil, 1978.

Doray, Marie-France. *Une Étrange Paroissienne: La Comtesse de Ségur*. Marseilles: Rivages, 1990.

Doux de Labro, Yvonne. *Journal d'une jeune fille à la Belle Epoque*. Paris: Le Cerf, 1991.

Drake, Barbara. *Women in Trade Unions*. London: Allen Unwin, 1920.

Drees, Annette. *Die Ärzte auf dem Weg zu Prestige und Wohlstand: Sozialgeschichte der würtembergischen Ärzte im 19. Jahrhundert*. Collection *Studien zur Geschichte des Alltags*. Münster: Coppenrath, 1988.

Duberman, Martin Bauml, Martha Vicinus, and George Chauncey, Jr., eds. *Hidden from History: Reclaiming the Gay and Lesbian Past*. New York: New American Library, 1989.

Dublin, Thomas. *Women at Work: The Transformation of Work and Community in Lowell, Massachusetts, 1826–1860*. New York: Columbia University Press, 1979.

Dubois, Ellen C. *Feminism and Suffrage: The Emergence of an Independent Women's Movement in America, 1848–1869*. Ithaca: Cornell University Press, 1978.

Duhet, Paule-Marie. *Les Femmes et la Révolution, 1789–1794*. Paris: Julliard, 1971.

Dumont-Johnson, Micheline, and Nadia Fahmy Eid. *Les Couventines: L'education des filles au Québec dans les congrégations religieuses enseignantes (1840–1960).* Quebec: Boréal, 1986.

Dupaquier, Jacques, ed. *Histoire de la population française,* vol. 3: *De 1789 à 1914.* Paris: Presses Universitaires de France, 1988.

Duprat, Catherine. "Charité et philanthropie à Paris dans la première moitié du XIXè siècle." Thesis, Paris I, 1991.

"Écriture, féminité, féminisme," *Revue des Sciences humaines* 168, 4 (1977).

Elshtain, Jean Bethke. *Public Man, Private Woman: Women in Social and Political Thought.* Princeton: Princeton University Press, 1981.

Emilie, 1802–1872, presented by Bernard de Freminville. Paris: Le Seuil, 1985.

Engelsing, Rolf. *Analphabetentum und Lektüre: Zur Sozialgeschichte des Lesens in Deutschland (1500–1800).* Stuttgart: Metzler, 1973.

—— *Der Bürger als Leser.* Stuttgart: Metzler, 1974.

—— *Zur Sozialgeschichte deutscher Mittel- und Unterschichten.* Göttingen: Vanderhoeck and Ruprcdd, 1973.

Ertel, Rachel. *Le Shtetl: La bourgade juive de Pologne.* Paris: Payot, 1982.

Escher, Nora. *Entwicklungstendenzen der Frauenbewegung in der deutschen Schweiz, 1850–1918/19.* Zurich: ADAG, 1985.

Evans, Richard J. *Comrades and Sisters: Feminism, Socialism, and Pacifism in Europe, 1870–1945.* New York: St. Martin's, 1987.

—— *The Feminist Movement in Germany, 1894–1944.* London: Sage, 1976.

—— *The Feminists: The Women's Emancipation Movement in Europe, America, and Australia, 1840–1920.* New York: Barnes and Noble, 1979.

—— "Prostitution, State, and Society in Imperial Germany," *Past and Present* 70 (1976): 106–129.

—— *Sozialdemokratie und Frauenemanzipation im deutschen Kaiserreich.* Berlin: Dietz, 1979.

Evans, Sara. *Born for Liberty: A History of Women in America.* New York: The Free Press, 1989.

—— *Personal Politics: The Roots of Women's Liberation in the Civil Rights Movement and the New Left.* New York: Vintage Books, 1980.

Ewen, Elizabeth. *Immigrant Women in the Land of Dollars: Life and Culture on the Lower East Side, 1890–1925.* New York: Monthly Review Press, 1985.

Eyquem, Marie-Thérèse. *La Femme et le sport.* Paris: Ed. Susse, 1944.

Faderman, Lillian. *Surpassing the Love of Men: Romantic Friendships between Women from the Renaissance to the Present.* New York: William Morris, 1981.

Farge, Arlettc, and Christiane Klapisch-Zuber, eds. *Madame ou Mademoiselle? Itinéraires de la solitude féminine, 18è-20è siècles.* Paris: Arthaud-Montalba, 1984.

Farina, Rachele, et al., eds. *Esistere come donna.* Milan: Mazzotta, 1983.

Fauré, Christine. *Terre, Terreur, Liberté.* Paris: Maspero, 1979.

Fay-Sallois, Fanny. *Les Nourrices à Paris au XIXè siècle*. Paris: Payot, 1980.

Fayet-Scribe, Sylvie. *Associations féminines et catholicisme: De la charité à l'action sociale (XIXè-XXè siècle)*. Paris: Les Éditions Ouvrières, 1990.

Feminist Studies, 9, 1 (Spring 1983); 9, 2 (Summer 1983); 9, 3 (Fall 1983); 10, 3 (Fall 1984).

Feministische Studien, 3, 1 (1984): "Die Radikalen in der alten Frauenbewegung."

La Femme, Recueil de la Société Jean Bodin pour l'Histoire comparative des institutions, XII. Brussels: Librairie Encyclopédique, 1962.

"La Femme soignante," *Pénélope* 5 (Autumn 1981).

Femmes, libertés, laïcité. Centre d'action laïque, Editions de l'Université Libre de Bruxelles, under the direction of Yolande Mendes da Costa and Anne Morelli. Brussels: Editions de l'Université, 1989.

Ferando, Lloyd. "George Eliot, Feminism, and Dorothea Brooke," in *Review of English Literature* (January 1963).

Ferrante, Lucia, Maura Palazzi, and Gianna Pomata. *Ragnatele di rapporti: Patronage e reti di relazione nella storia delle donne*. Turin: Rosenberg and Sellier, 1988.

Ferrero, Pat, Elaine Hedges, and Julie Silber. *Hearts and Hands: The Influence of Women and Quilts on American Society*. San Francisco: The Quilt Digest Press, 1987.

Fildes, Valérie. *Wet Nursing: A History from Antiquity to the Present*. Oxford: Basil Blackwell, 1988.

Les Filles de Marx: Lettres inédites. Presented by Michelle Perrot. Paris: Albin-Michel, 1979.

Flandrin, Jean-Louis. *Les Amours paysannes (XVIè-XIXè siècles)*. Collection Archives, Gallimard, Julliard, 1975.

Flexner, Eleanor. *Century of Struggle: The Woman's Rights Movement in the United States*. Cambridge, Mass.: Harvard University Press, 1973.

Folguera, Pilar, ed. *El feminismo en España: Dos siglos de historia*. Madrid: Ediciones de la Fundación Pablo Iglesias, 1988.

Forster, Margaret. *Significant Sisters: The Grassroots of Active Feminism, 1839–1939*. New York: Penguin Books, 1984.

Foucault, Michel. *La Volonté de savoir*, vol. 1: *Histoire de la sexualité*. Paris: Gallimard, 1976.

Fout, John C., ed. *German Women in the Nineteenth Century: A Social History*. New York: Holmes and Meier, 1984.

Fox-Genovese, Elizabeth. *Within the Plantation Household: White and Black Women in American Slave Society*. Chapel Hill: University of North Carolina Press, 1988.

Fraisse, Geneviève. *Clémence Royer: Philosophe et femme de sciences*. Paris: La Découverte, 1985.

——— *Femmes toutes mains: Essai sur le service domestique*. Paris: Le Seuil, 1979.

——— *Muse de la raison: La démocratie exclusive et la différence des sexes*. Aix-en-Provence: Alinéa, 1989.

———— "La Rupture révolutionnaire et l'histoire des femmes," in *Actes du Colloque "Femmes et pouvoirs"* held in Paris, Reid Hall, December 1989. Marseilles: Rivages, 1991.

Francheo, Marianne. "La Femme allemande au XIXè siècle: Statut juridique et condition sociale." Thesis (Nouveau Régime), Paris IV, 1986–1987.

Franchini, Sylvia. "L'Instruzione femminile in Italia dopo l'Unita: Percossi di una ricerca sugli educandati pubblici di elite," *Passato e Presente* 10 (1986): 53–94.

François, Etienne. "Alphabetisierung und Lesefähigkeit in Frankreich und Deutschland um 1800," in Berding, François, and Ullmann, *Deutschland und Frankreich im Zeitalter der Französischen Revolution*. Frankfurt: Suhrkamp, 1989.

Frank, Louis. *Essai sur la condition politique de la femme: Etude de sociologie et de législation*. Paris: Rousseau, 1892.

———— *La Loi sur l'enseignement supérieur et l'admission des femmes dans les facultés belges*. Brussels, 1889.

Fraser, Harrison. *The Dark Angel: Aspects of Victorian Sexuality*. Sheldon Press, 1977. 2nd ed., Glasgow: Fontana/Collins, 1979.

Frei, Annette. *Rote Patriarchen: Arbeiterbewegung und Frauenemanzipation in der Schweiz um 1900*. Zurich: Chronos, 1987.

Frevert, Ute. *Frauengeschichte: Zwischen bürgerlicher Verbesserung und neuer Weiblichkeit*. Frankfurt: Suhrkamp, 1978.

———— *Krankheit als politisches Problem, 1770–1880: Soziale Unterschichten in Preussen zwischen medizinischer Polizei und staatlicher Sozialversicherung*. Göttingen: Vandenhoeck and Ruprecht, 1984.

———— *Women in German History: From Bourgeois Emancipation to Sexual Liberation*. Oxford: Berg, 1989.

————, ed. *Bürgerinnen und Bürger—Geschlechterverhältnisse im 19. Jhd.* Göttingen: Vandenhoeck and Ruprecht, 1988.

Frey, L., and J. Schneider. *A Bibliography of Women in West European History*. Brighton: Harvester Press, 1986.

Frey, L., M. Frey, and J. Schneider. *Women in Western European History: A Select Chronological, Geographical, and Topical Bibliography*. Brighton: Harvester Press, 1982.

Friedlander, Judith. "The Jewish Feminist Question," *Dialectical Anthropology* 8, 1–2 (October 1983): 113–120. French ed.: "La Question féministe juive," *Nouvelles questions féministes* 1–2 (October 1983): 21–34.

————, ed. *Women in Culture and Politics: A Century of Change*. Bloomington: Indiana University Press, 1986. French ed.: *Stratégies des Femmes*. Paris: Tierce, 1984.

Furet, François, and Jacques Ozouf. *Lire et écrire: L'alphabétisation des Français de Calvin à Jules Ferry*, 2 vols. Paris: Minuit, 1977.

Gaillard, Henry. *La Condition des femmes dans la législation des Etats-Unis*. Law thesis. Paris, 1899.

Galoppini, Anna Maria. *Il lungo viaggio verso la parità: I diritti civili e politici delle donne dall'unità a oggi*. Bologna: Zanichelli, 1980.

Garrison, Dea. "The Tender Technicians: The Feminization of Public Librarianship, 1876–1905," in *Clio's Consciousness Raised*, pp. 158–178. New York: Harper and Row, 1974.

Garrisson-Estebe, J. *L'Homme protestant*. Paris: Hachette, 1980.

Gautier, Arlette. *Les Sœurs de solitude: La condition féminine dans l'esclavage aux Antilles du XVIIè au XIXè siècle*. Paris: Editions Caribéennes, 1985.

Gdalia, Janine, and Annie Goldman. *Le Judaïsme au féminin*. Paris: Balland, 1989.

"Le Genre de l'histoire," *Les Cahiers du GRIF* 37–38 (1988).

Georgel, P. *Léopoldine Hugo: Une jeune fille romantique*. Paris: Catalogue du Musée Victor Hugo, 1967.

Gerbod, Paul. "Les Métiers de la coiffure dans la première moitié du XXè siècle," *Ethnologie française* (January-March 1983).

Gerhard, Ute. *Verhältnisse und Verhinderungen: Frauenarbeit, Familie und Rechte der Frauen im 19. Jahrhundert*. Frankfurt: Suhrkamp, 1978.

Gerster, Franziska, and Ursi Blosser. *Töchter der guten Gesellschaft: Frauenrolle und Mädchenerziehung im schweizerischen Grossbürgertum um 1900*. Zurich: Chronos, 1985.

Gibson, Mary. *Prostitution and the State in Italy, 1860–1915*. New Brunswick, N.J.: Rutgers University Press, 1986.

Giddings, Paula. *When and Where I Enter: The Impact of Black Women on Race and Sex in America*. New York: Morrow, 1984.

Gide, Paul. *Etude sur la condition privée de la femme*. Paris: L. Larosse and Forcel, 1885.

Gilbert, Sandra M., and Susan Gubar. *The Madwoman in the Attic: The Woman Writer and the Nineteenth-Century Literary Imagination*. New Haven: Yale University Press, 1979.

Glassman Hersh, B. *The Slavery of Sex: Feminist-Abolitionists in America*. Urbana: University of Illinois Press, 1978.

Glickman, Rose L. *Russian Factory Women: Workplace and Society, 1880–1914*. Berkeley: University of California Press, 1986.

Godineau, Dominique. "Autour du mot *citoyenne*," *Mots* 16 (March 1988).

——— *Citoyennes tricoteuses: Les femmes du peuple à Paris pendant la Révolution française*. Aix-en-Provence: Alinéa, 1988.

——— "Qu'y a-t-il de commun entre vous et nous? Enjeux et discours sur la différence des sexes pendant la Révolution (1789–1793)," *La Famille, la loi, l'état*. Paris, 1989.

——— "La *Tricoteuse*: Formation d'un mythe contre-révolutionnaire," in Michel Vovelle, ed., *L'Image de la Révolution française*, vol. 3. Oxford: Pergamon Press, 1990.

Goldberg, Vicki. Catalog of the "Margaret Bourke-White Retrospective." Paris: Palais de Tokyo (June-September 1989).

The Golden Tradition: Jewish Life and Thought in Eastern Europe, presented by Lucy S. Dawidowicz. Boston: Beacon Press, 1967.

Goldman, Emma. *Living My Life*, 2 vols. New York: Da Capo, 1976.

Gordon, Eleanor. *Women and the Labour Movement in Scotland*. Oxford: Oxford University Press, 1989.

Gordon, Linda. *Woman's Body, Woman's Right: A Social History of Birth Control in America*. New York: Crossman Publishers, 1976; Penguin Books, 1977.

Gorelick, Sherry. *City College and the Jewish Poor: Education in New York, 1880–1924*. New Brunswick, N.J.: Rutgers University Press, 1981.

Goren, Arthur. *New York Jews and the Quest for Community: The Kehillah Experiment, 1908–1922*. New York: Columbia University Press, 1970.

Grafteaux, S. *Mémé Santerre: Une vie*. Paris: Marabout, 1978.

Gran-Aymeric, Eve and Jean. *Jane Dieulafoy: Une vie d'homme*. Paris: Perrin, 1991.

Greard, Octave. *Education et instruction: Enseignement secondaire*, vol. 1. Paris: Hachette, 1987.

Greaves, R. L., ed. *Triumph over Silence: Women in Protestant History*. London: Greenwood Press, 1985.

Green, Martin. *The Von Richthofen Sisters*. New York: Basic Books, 1974; French ed., Paris: Le Seuil, 1979.

Green, Nancy. "L'Emigration comme émancipation: Les femmes juives d'Europe de l'est à Paris, 1881–1914," *Pluriel* 27 (1981): 51–59.

Grellet, I., and C. Kruse. *Histoire de la tuberculose: Le fièvres de l'âme, 1800–1940*. Paris: Ramsay, 1983.

Greven-Aschoff, Barbara. *Die bürgerliche Frauenbewegung in Deutschland, 1894–1933*. Göttingen: Vandenhoeck and Rupprecht, 1981.

Grimal, Pierre, ed. *Histoire mondiale de la femme*, vol. 4. Paris: Nouvelle Librairie de France, 1966.

Grimmett, Jennifer, and Malcolm I. Thomis. *Women in Protest, 1800–1850*. London: Croom Helm, 1982.

Groneman, Carol, and Mary Beth Norton. *To Toil the Livelong Day: America's Women at Work, 1870–1980*. Ithaca: Cornell University Press, 1987.

Grubitzsch, Helga, et al., eds. *Grenzgängerinnen: Revolutionäre Frauen im 18. und 19. Jhd., Weibliche Wirklichkeit und männliche Phantasien*. Düsseldorf: Schwann, 1985.

Guermont, Marie-F. *La "Grande Fille": L'hygiène de la jeune fille d'après les ouvrages médicaux (fin XIXè début XXè)*. Master's thesis, Université de Tours, 1981.

Guidi, Laura. *L'Onore in pericolo: Carità e reclusione femminile. Nele'ottocento napoletano*. Naples: Guida, 1991.

Guilbert, Madeleine. *Les Fonctions des femmes dans l'industrie*. Paris: Mouton, 1966.

Guilbert, Madeleine, Nicole Lowit, and Marie-Hélène Zylberberg-Hocquart. *Travail et condition feminine (bibliographie commentée)*. Published with the help of Centre National de la Recherche Scientifique: Editions de la Courtille, 1977.

Guillais, Joëlle. *La Chair de l'autre: Le crime passionnel au dix-neuvième siècle*. Paris: O. Orban, 1986.

Hahn, Barbara. *"Antworten sie mir"*: *Rahel Levin Varnhagens Briefwechsel.* Frankfurt: Stromfeld and Roterstern, 1990.

—— *Unter falschem Namen: Von der schwierigen Autorschaft der Frauen.* Frankfurt, 1991.

Hall, Jacquelyn Dowd, ed. *Like a Family: The Making of a Southern Cotton Mill World.* Chapel Hill: University of North Carolina Press, 1987.

Hamer, T. L. *Beyond Feminism: The Women's Movement in Austrian Social Democracy, 1890–1920.* Thesis, Ohio State University, 1973.

Harsin, Jill. *Policing Prostitution in Nineteenth-Century Paris.* Princeton: Princeton University Press, 1985.

Hasanovitch, Elizabeth. *One of Them.* New York: Houghton Mifflin, 1918.

Hause, Steven. *Women's Suffrage and Social Politics in the French Third Republic.* Princeton: Princeton University Press, 1984.

Hausen, Karin, ed. *Frauen suchen ihre Geschichte.* Munich: Beck, 1983.

Heller, Geneviève. *"Propre en ordre": Habitation et vie domestique, 1850–1930—L'exemple vaudois.* Lausanne: Editions d'En Bas, 1979.

Hertz, Deborah. *Jewish High Society in Old Regime Berlin.* New Haven: Yale University Press, 1988.

Hervé, Florence. *Geschichte der deutschen Frauenbewegung.* Cologne: Pahl-Rugenstein, 1982.

——, ed. *Frauenbewegung und revolutionäre Arbeiterbewegung. Texte zur Frauenemanzipation in Deutschland und in der BRD von 1848–1980.* Frankfurt: Verlag Marxistische Blätter, 1981.

Hewitt, Margaret. *Wives and Mothers in Victorian Industry.* London: Rockliff, 1958.

Higonnet, Margaret R., Jane Jenson, Sonya Michel, and Margaret G. Weitz. *Behind the Lines: Gender and the Two World Wars.* New Haven: Yale University Press, 1987.

Hilden, Patricia Jane. *French Socialism and Women Textile Workers in Lille-Roubaix-Tourcoing (1880–1914): A Regional Study.* Oxford: Clarendon Press, 1986.

Himmelfarb, Gertrude. *Marriage and Morals among the Victorians.* London: Faber, 1986.

Holcombe, Lee. *Victorian Ladies at Work.* Hamden, Conn.: Archon Books, 1973.

—— *Wives and Property: Reform of the Married Women's Property Law in Nineteenth-Century England.* Toronto: University of Toronto Press, 1983.

Hollis, Pat, ed. *Women in Public: The Women's Movement (1850–1910): Documents.* London: Allen and Unwin, 1979.

Honneger, Claudia. *Die Ordnung der Geschlechter: Die Wissenschaft vom Menschen und das Weib.* Frankfurt, 1991.

Hoock-Demarle, Marie-Claire. *La Femme au temps de Goethe.* Paris: Stock, 1987.

—— *La Rage de lire: Les femmes allemandes face à la Révolution française (1790–1815).* Aix-en-Provence: Alinéa, 1990.

Houghton, Walter E. *The Victorian Frame of Mind, 1830–1870*. Published for Wellesley College by Yale University Press: New Haven, 1957.

Hufton, Olwen. "Women in the French Revolution," *Past and Present* 53 (1971).

Hunt, Felicity, ed. *Lessons for Life: The Schooling of Girls and Women, 1850–1950*. Oxford: Basil Blackwell, 1987.

Hunt, Lynn. "L'Axe masculin/féminin dans le discours révolutionnaire," in *La Révolution française et les processus de socialisation de l'homme moderne*. Actes du Colloque de Rouen, 13–15 October 1988. Paris: Messidor, 1989.

Hyman, Paula. "Culture and Gender: Women in the Immigrant Jewish Community," in David Berger, *The Legacy of Jewish Immigration*, pp. 157–168. New York: Brooklyn College Press, 1983.

——— "Immigrant Women and Consumer Protest: The New York City Kosher Meat Boycott of 1902," *American Jewish History* 60, 1 (September 1980): 91–105.

Irigaray, Luce. *Spéculum de l'autre femme*. Paris: Minuit, 1974.

Jalland, Pat. *Women, Marriage, and Politics, 1860–1914*. Oxford: Oxford University Press, 1988.

Janiewski, Dolores E. *Sisterhood Denied: Race, Gender, and Class in a New South Community*. Philadelphia: Temple University Press, 1985.

Janz, Marlies. "Hölderlins Flamme—Zur Bildwerdung der Frau in 'Hyperion,'" *Hölderlin-Jahrbuch* (1980–1981): 122–142.

Jardine, Alice. *Gynesis*. Ithaca: Cornell University Press, 1985; French ed., Paris: Presses Universitaires de France, 1991.

Jauche, Ursula Pia. *Immanuel Kant zur Geschlechterdifferenz: Aufklärerische Vorurteilskritik und Bürgerliche Geschlechtsvormundschaft*. Vienna: Passagen, 1988.

Jeffrey, Julie Roy. *Frontier Women: The Trans-Mississippi West, 1840–1880*. New York: Hill and Wang, 1980.

Jeffreys, Sheila. *The Spinster and Her Enemies: Feminism and Sexuality, 1880–1930*. London: Pandora, 1985.

John, Angela V., ed. *Unequal Opportunities: Women's Employment in England, 1880–1918*. Oxford: Basil Blackwell, 1986.

Johnson, Barbara. *A World of Difference*. Baltimore: Johns Hopkins University Press, 1987.

Jones, Jacqueline. *Labor of Love, Labor of Sorrow: Black Women, Work, and the Family from Slavery to the Present*. New York: Basic Books, 1985.

Joris, Elisabeth, and Heidi Witzig, eds. *Frauengeschichte (n)*. Zurich: Limmat-Verlag, 1986.

Joselit, Jenna. "The Special Sphere of Middle-Class American-Jewish Woman: The Synagogue Sisterhood, 1890–1940," in J. Wertheimer, *The American Synagogue: A Sanctuary Transformed*, pp. 206–230. New York: Cambridge University Press, 1987.

Journal of Family History, 1, 2 (Winter 1976); Special no., "Spinsters," ed. Susan Cotts Watkins (Winter 1984).

Kaplan, Marion A. *The Jewish Feminist Movement in Germany: The Campaigns of the Jüdischer Frauenbund, 1904–1938.* Westport, Conn.: Greenwood Press, 1979.

Käppeli, Anne-Marie. "Le Féminisme protestant de suisse romande à la fin du XIXè et au début du XXè siècles." Thesis, Paris VII, 1987.

——— *Sublime croisade: Ethique et politique du féminisme protestant (1875–1928).* Preface by Mireille Cifali. Geneva: Editions Zoé, 1990.

Karlsen, Carol F. *"Devil in the Shape of a Woman": Witchcraft in Colonial New England.* New York: Norton, 1987.

Katz, Jacob. *Out of the Ghetto: The Social Background of Jewish Emancipation, 1770–1870.* New York: Schocken Books, 1978; French ed.: *Hors du ghetto: L'emancipation des juifs en Europe (1770–1870).* Preface by Pierre Vidal-Naquet. Paris: Hachette, 1984.

Katz, Jonathan. *Gay/Lesbian Almanac: A New Documentary History.* New York: Harper and Row, 1983.

Katzman, David M. *Seven Days a Week: Women and Domestic Service in Industrializing America.* Urbana: University of Illinois Press, 1981.

Kelly, Joan. *Women, History, and Theory.* Chicago: University of Chicago Press, 1984.

Kennedy, E., and S. Mendus. *Women in Western Political Philosophy: Kant to Nietzsche.* Brighton: Wheatsheaf Books, 1987.

Kerber, Linda K. *Women of the Republic: Intellect and Ideology in Revolutionary America.* Chapel Hill: University of North Carolina Press, 1980.

Kessler-Harris, Alice. "Organizing the Unorganizable: Three Jewish Women and Their Union," in M. Cantor and B. Laurie, *Class, Sex, and the Woman Worker,* pp. 144–165. Westport, Conn.: Greenwood Press, 1977.

Kessner, T., and B. B. Caroli. "New Immigrant Women at Work: Italians and Jews in New York City, 1880–1905," *Journal of Ethnic Studies* (Winter 1978).

Kittler, Friedrich. *Aufschreibesysteme, 1800–1900.* Munich: Fink, 1985.

Kleinau, Elke. *Die freie Frau: Soziale Utopien des frühen 19. Jhd.* Düsseldorf: Schwann, 1987.

Klejman, Laurence, and Florence Rochefort. *L'Egalité en marche: Le féminisme sous la Troisième République.* Paris: Editions Des Femmes, 1989.

Klinger, Cornelia. "Das Bild der Frau in der Patriarchalen Philosophiegeschichte: Bibliographie," in Herta Nagl, ed., *Feminismus und Philosophie.* Munich: Oldenbourg Verlag, 1990.

Knibiehler, Yvonne. *Cornettes et blouses blanches: Les infirmières dans la société française, 1880–1980.* Paris: Hachette, 1984.

Knibiehler, Yvonne, and Catherine Fouquet. *La Beauté pour quoi faire?* Paris: Temps actuels, 1982.

——— *La Femme et les médecins.* Paris: Hachette, 1983.

——— *Histoire des mères: Du moyen age à nos jours.* Paris: Montalba, 1980; Hachette, 1987.

Knibiehler, Yvonne, and Régine Goutalier. *La Femme au temps des colonies.* Paris: Stock, 1985.

Knibiehler, Yvonne, Marcel Bernos, Richard Eliane, and Elisabeth Ravoux-Rallo. *De la pucelle à la minette: Les jeunes filles de l'âge classique à nos jours,* 2nd ed. Paris: Messidor, 1989.

Kofman, Sarah. *Le Respect des femmes.* Paris: Galilée, 1984.

Kokula, Ilse. *Weibliche Homosexualität um 1900 in zeitgenössischen Dokumenten.* Munich: Frauenoffensive, 1981.

Krug, Charles. *Le Féminisme et le droit civil français.* Paris, 1899.

Labalme, Patricia H., ed. *Beyond Their Sex: Learned Women of the European Past.* New York: New York University Press, 1984.

Lamphere, Louise. *From Working Daughters to Working Mothers: Immigrant Women in a New England Industrial Community.* Ithaca: Cornell University Press, 1987.

Landes, Joan. *Women in the Public Sphere in the Age of the French Revolution.* Ithaca: Cornell University Press, 1988.

Langlois, Claude. *Le Catholicisme au féminin: Les congrégations françaises à supérieure générale au XIXè siècle.* Preface by René Rémond. Paris: Le Cerf, 1984.

Langlois, Claude, and Paul Wagret. *Structure religieuse et célibat féminin au XIXè siècle.* Lyon: Centre d'Histoire du Catholicisme, 1972.

Laqueur, Thomas. *Making Sex: Body and Gender from the Greeks to Freud.* Cambridge, Mass.: Harvard University Press, 1990.

Leach, William. *True Love and Perfect Union: The Feminist Reform of Sex and Society.* New York: Basic Books, 1980.

Lebsock, Suzanne. *The Free Women of Petersburg: Status and Culture in a Southern Town (1784–1860).* New York: W. W. Norton, 1984.

Léger, Christine. "Le Journal des demoiselles." Thesis, Paris VII, 1989.

Lerner, Elinor. "Jewish Involvement in the New York City Women's Suffrage Movement," *American Jewish History* 70, 4 (June 1981): 442–461.

Lerner, Gerda. *De l'esclavage à la ségrégation: Les femmes noires dans l'Amérique des Blancs.* Paris: Denoël-Gonthier, 1975.

Lespine, Louis. *La Femme en Espagne: Etude juridique, sociale, économique, et de législation comparée.* Toulouse: Clémence-Isaure, 1919.

Levine, Philippa. *Victorian Feminism, 1850–1900.* London: Hutchinson, 1987.

Lévy, Marie-Françoise. *De mères en filles: L'éducation des françaises (1850–1880).* Paris: Calmann-Lévy, 1984.

Lewis, Jane. *Women in England, 1870–1950: Sexual Divisions and Social Change.* Bloomington: Indiana University Press, 1984.

———, ed. *Before the Vote Was Won: Arguments for and against Women's Suffrage, 1864–1896.* London: Routledge and Kegan Paul, 1988.

———, ed. *Labour and Love: Women's Experience of Home and Family, 1850–1940.* Oxford: Basil Blackwell, 1986.

Liddington, Jill, and Jill Norris. *One Hand Tied behind Us.* London: Virago Press, 1978.

Lloyd, Geneviève. *The Man of Reason: "Male" and "Female" in Western Philosophy*. London: Methuen, 1984.

Lory, Jacques. *Libéralisme et instruction primaire, 1842–1879: Introduction à l'étude de la lutte scolaire en Belgique*, 2 vols. Louvain: Ed. Nauvwelaerts, 1979.

Lowder Newton, Judith. *Women, Power, and Subversion: Social Strategies in British Fiction, 1778–1860*. Athens: University of Georgia Press, 1981. Rev. ed., London: Methuen, 1985.

Luker, Kristin. *Abortion and the Politics of Motherhood*. Berkeley: University of California Press, 1984.

Lundbergh, Beate. *Kom ihag att du är underlägen: Pedagogik för borgarflickor i 1880 talets Sverige*. Lund: Student Litteratur, 1986.

Lundgreen, Peter. *Sozialgeschichte der deutschen Schule im Überblick*, I, *1770–1918*. Göttingen: Vandenhoeck, 1980.

Lyon-Caen, Léon. *La Femme mariée allemande—ses droits, ses intérêts pécuniaires: Etude de droit civil et de droit international privé allemand*. Paris: Rousseau, 1903.

McCrone, Kathleen E. *Sports and the Physical Emancipation of English Women, 1870–1914*. London: Routledge and Kegan Paul, 1988.

McLaren, Angus. *Reproductive Rituals: The Perceptions of Fertility in England from the Sixteenth Century to the Nineteenth Century*. London: Methuen, 1984.

———— *Sexuality and the Social Order: The Debate over the Fertility of Women and Workers in France, 1770–1920*. New York: Holmes and Meier, 1983.

Maire, Catherine-Laurence. *Les Possédées de Morzine, 1857–1873*. Lyon: PUL, 1981.

Malkiel, Theresa. *Journal d'une gréviste*, F. Basch, ed. Paris: Payot, 1980.

Maquieira, Virginia, and Cristina y Sánchez, eds. *Violencia y sociedad patriarcal*. Madrid: Ediciones de la Fundación Pablo Iglesias, 1990.

Marcil-Lacoste, Louise. *La Raison en procès: Essais sur la philosophie et le sexisme*. La Salle and Quebec: Hurtubise, 1986; Paris: Nizet, 1986.

Marcus, Jacob R., ed. *The American Jewish Woman: A Documentary History*. New York: KTAV; Cincinnati: American Jewish Archives, 1981.

Margadant, Jo B. *Madame le professeur: Women Educators in the Third Republic*. Princeton: Princeton University Press, 1990.

Marthe (1892–1902), presented by Bernard de Fréminville. Paris: Le Seuil. Collection "Libre à elles," 1985.

Martin-Fugier, Anne. *La Bourgeoise: La femme au temps de Paul Bourget*. Paris: Grasset, 1983.

———— *La Place des bonnes: La domesticité féminine à Paris en 1900*. Paris: Grasset, 1979.

"Masculin/Féminin," *Actes de la Recherche en Sciences Sociales* 84 (September 1990).

Mattaei, Julie A. *An Economic History of Women in America: Women's*

Work, the Sexual Division of Labor, and the Development of Capitalism. New York: Schocken Books, 1982.

Maugue, Annelise. *L'Identité masculine en crise au tournant du siècle.* Marseilles: Rivages, 1987.

Max-Planck Institute for Human Development and Education. *Between Elite and Mass Education. Education in the Federal Republic of Germany.* Albany: State University of New York Press, 1983.

Mayeur, Françoise. *L'Education des filles en France au XIXè siècle.* Paris: Hachette, 1979.

—— *L'Enseignement secondaire des jeunes filles sous la Troisième République.* Paris: Presses de la Fondation Nationale des Sciences Politiques, 1977.

Mayeur, Françoise, and Jacques Gadille. *Education et images de la femme chrétienne en France au début du XXè siècle.* Lyon: L'Hermès, 1980.

Mayreder, Rosa. *Zur Kritik der Weiblichkeit: Einleitung von H. Schnedl.* Munich: Frauenoffensive, 1982.

Meiselman, Mosche. *Jewish Women in Jewish Law.* New York: KTAV, 1978.

"Métiers de femmes," *Le Mouvement social* 140 (July-September 1987).

Meyer, Donald. *Sex and Power: The Rise of Women in America, Russia, Sweden, and Italy.* Middletown: Wesleyan University Press, 1987.

Milan, Maria. *Donna, famiglia, società: Aspetti della stampa femminile cattolica in Italia tra 800 e 900.* Università degli studi di Genova, Istituto di Studi Storico-Politici, 1983.

Mill, John Stuart, and Harriet Taylor Mill. *Essays on Sex Equality.* Introduction by Alice S. Rossi. Chicago: University of Chicago Press, 1970.

Mirabel, Cecil. *Heroines in Love, 1750–1914.* London: Michael Joseph, 1974.

Mitchell, Judith, and Ann Oakley, eds. *The Rights and Wrongs of Women.* New York: Penguin Books, 1976.

Möhrmann, Renate. *Die andere Frau: Emanzipationsansätze deutscher Schrifstellerinnen im Vorfeld der 48—Revolution.* Stuttgart: Metzler, 1977.

Moller Okin, Susan. *Women in Western Political Thought.* Princeton: Princeton University Press, 1979.

Moreau, Thérèse. *Le Sang de l'histoire: Michelet, l'histoire et l'idée de la femme au XIXè siècle.* Paris: Flammarion, 1982.

Moses, Claire. *French Feminism in the Nineteenth Century.* Albany: State University of New York Press, 1984.

Myerhoff, Barbara. *Number Our Days.* New York: Simon and Schuster, 1980.

"Mythes et représentations de la femme," *Romantisme* 13 and 14 (1976).

Nead, Lynda. *Myths of Sexuality: Representations of Women in Victorian Britain.* London: Basil Blackwell, 1987.

Neuman, R. P. "Working-Class Birth Control in Wilhelmine Germany," *Comparative Studies in History and Society* 20 (1978): 408–428.

Newton, Judith L., Mary P. Ryan, and Judith R. Walkowitz, eds. *Sex and Class in Women's History: Essays from Feminist Studies*. London: Routledge and Kegan Paul, 1985.

Niggemann, Heinz. *Emanzipation zwischen Sozialismus und Feminismus*. Wuppertal: Hammer, 1981.

Norton, Mary Beth. *Liberty's Daughters: The Revolutionary Experience of American Women, 1750–1800*. Boston: Little, Brown, 1980.

—— *Major Problems in American Women's History: Documents and Essays*. Lexington, Mass.: D. C. Heath, 1989.

Offen, Karen M., ed. *Women in European Culture and Society*, special ed., *History of European Ideas* 8, 4/5 (1987).

Offen, Karen M., Ruth R. Pierson, and Jane Rendall, eds. *Writing Women's History: International Perspectives*. Published by The International Federation for Research in Women's History (forthcoming).

Olafson Hellerstein, Erna, Leslie Parker-Hume, and Karen M. Offen, eds. *Victorian Women: A Documentary Account of Women's Lives in Nineteenth-Century England, France, and the United States*. Stanford: Stanford University Press, 1989.

Opinions de femmes, de la veille au lendemain de la Révolution française, presented by Geneviève Fraisse. Paris: Côte-Femmes Éditions, 1989.

Ortner, S., and H. Whitehead, eds. *Sexual Meanings: The Cultural Construction of Gender and Sexuality*. Cambridge, Mass.: Harvard University Press, 1981.

Outram, Dorinda. *The Body and the French Revolution: Sex, Class, and Political Culture*. New Haven: Yale University Press, 1989.

Owen, Alex. *The Darkened Room: Women Power and Spiritualism in Late Nineteenth-Century England*. London: Virago, 1989.

Palacio, Jean de. "La Curée: Histoire naturelle et sociale, ou agglomérat de mythes?" Société des Etudes romantiques, *La Curée de Zola*. Paris: SEDES, 1987.

Parker, Rozsika, and Griselda Pollock. *Old Mistresses, Women, Art, and Ideology*. New York: Pantheon, 1981; London: Pandora Press, 1986.

Paroles d'hommes, 1790–1793, presented by Elisabeth Badinter. Paris: POL, 1989.

Pateman, Carole. *The Sexual Contract*. London: Polity, 1988.

Peiss, Kathy, and Christina Simmons, eds., with Robert A. Padgug. *Passion and Power: Sexuality in History*. Philadelphia: Temple University Press, 1989.

Pellegrin, Nicole. "Chemises et chiffons: Le vieux et le neuf en Poitou et Limousin, XVIIIè-XIXè siècles," *Ethnologie française* 3–4 (1986): 283–298.

—— "Les Chiffons de la naissance (XVIè-XXè siècles)." *Actes du Colloque "L'Aventure de Naître,"* pp. 55–75. Poitiers: Le Lezard, 1989.

—— *Les Vêtements de la Liberté*. Aix-en-Provence: Alinéa, 1989.

Perrot, Michelle, ed. *Une histoire des femmes est-elle possible?* Marseilles: Rivages, 1984.

Perrot, Philippe. *Les Dessus et les dessous de la bourgeoisie.* Editions Complexe, Librairie Arthème Fayard, 1981.

—— *Le Travail des apparences ou les Transformations du corps féminin XVIIIè–XIXè siècle.* Paris: Le Seuil, 1984.

Petchesky, Rosalind Pollack. *Abortion and Women's Choice: The State, Sexuality, and Reproductive Freedom.* Boston: Northeastern University Press, 1984.

Pinchbeck, Ivy. *Women Workers and the Industrial Revolution, 1750–1850.* New York: Kelley, 1969 (original ed., 1930).

Planté, Christine. *La Petite Sœur de Balzac: Essai sur la femme auteur.* Paris: Le Seuil, 1989.

Polasky, Janet L. "Women in Revolutionary Belgium: From Stone Throwers to Hearth Tenders," *History Workshop Journal* 21 (Spring 1986): 87–104.

Popp, Adelheid. *La Jeunesse d'une ouvrière* (1909); French ed., Paris: Maspero, 1979.

Preaux, Jean, ed. *Eglise et enseignement.* Brussels: Editions de l'Université Libre de Bruxelles, 1977.

Prochaska, F. K. *Women and Philanthropy in Nineteenth-Century England.* Oxford: Clarendon Press, 1980.

Prüsener, Marlies. "Lesegesellschaften im 18. Jahrhundert: Ein Beitrag zur Lesergeschichte," in *Archiv für die Geschichte des Buchwesens* 13 (1973).

Pusch, Luise, ed. *Feminismus: Inspektion der Herrenkultur.* Frankfurt: Suhrkamp, 1983.

Quaderni storici, no. 44, *Pareto e maternità: Momenti della biografia femminile.* Rome, August 1980.

Quataert, Jean H. *Reluctant Feminists in German Social Democracy, 1885–1917.* Princeton: Princeton University Press, 1979.

Quiguer, Claude. *Femmes et machines de 1900: Lecture d'une obsession modern style.* Paris: Klincksieck, 1979.

Ravera, Camilla. *Breve storia del movimento femminile in Italia.* Rome: Ed. Riuniti, 1978.

Rendall, Jane. *Equal or Different: Women's Politics, 1800–1914.* Oxford: Basil Blackwell, 1987.

—— *The Origins of Modern Feminism: Women in Britain, France, and the United States, 1780–1860.* London: Macmillan, 1985.

Revue d'histoire de l'amérique française, special no., *Histoire de la famille* 39, 2 (Autumn 1985). Quebec: Institut d'Histoire de l'Amérique Française.

Reys, Jeske, et al., eds. *De eerste feministische golf, 6 de Jaarboek voor Vrouwengeschiedenis.* Nijmegen: SUN, 1985.

Richebächer, Sabine. *Uns fehlt nur eine Kleinigkeit: Deutsche proletarische Frauenbewegung, 1890–1914.* Frankfurt: Fischer, 1982.

Rider, Jacques le. *Le Cas Otto Weininger: Racines de l'antiféminisme et de l'antisémitisme.* Paris: Presses Universitaires de France, 1982.

Riley, Denise. *Am I That Name? Feminism and the Category of "Women" in History.* London: Macmillan, 1988.

—— *War in the Nursery: Theories of the Child and Mother.* London: Virago, 1983.

Riley, Glenda. *Frontierswomen: The Iowa Experience.* Ames: Iowa State University Press, 1981.

Riot-Sarcey, Michèle, and Marie-Hélène Zylberberg-Hocquard. *Travaux de femmes au XIXè siècle.* Paris: Musée d'Orsay-CRDP, 1987.

Ripa, Yannick. *La Ronde des folles: Femme, folie, et enfermement au 19è siècle.* Paris: Aubier, 1986.

Rollet-Echalier, Catherine. *La Politique à l'égard de la petite enfance sous la Troisième République.* Cahier de l'INED (127). Paris: Presses Universitaires de France, 1990.

Romantisme anglais et Eros. Faculté des Lettres de l'Université de Clermont-Ferrand II, 1982.

Rosa, Annette. *Citoyennes: Les Femmes et la Révolution française.* Paris: Messidor, 1988.

Rosenberg, Rosalind. *Beyond Separate Spheres: Intellectual Roots of Modern Feminism.* New Haven: Yale University Press, 1982.

Ross, Ellen. "Survival Networks: Women's Neighbourhood Sharing in London before World War I," *History Workshop Journal* 15 (Spring 1983): 4–27.

Roth, Marie-Louise, and Roberto Olmi. "Musil," *Cahiers de l'Herne,* 1982.

Rothman, Sheila M. *Woman's Proper Place: A History of Changing Ideals and Practices, 1870 to the Present.* New York: Basic Books, 1978.

Roudinesco, Elisabeth. *Théroigne de Méricourt: Une femme mélancolique sous la Révolution.* Paris: Le Seuil, 1988.

Rowbotham, Sheila. *Hidden from History.* London: Pluto Press, 1973.

—— *Women, Resistance, and Revolution.* London: Allen Lane, 1972.

Rowe, K. E., ed. *Methodist Women.* Lake Junaluska, N.C.: General Commission on Archives and History, the United Methodist Church, 1980.

Ryan, Mary P. *Cradle of the Middle Class: The Family in Oneida County, New York (1790–1865).* New York: Cambridge University Press, 1981.

Sachsse, Christoph. *Mütterlichkeit als Beruf: Sozialarbeit, Sozialreform und Frauenbewegung, 1871–1929.* Frankfurt: Suhrkamp, 1986.

Saisselin, Rémy G. *The Bourgeois and the Bibelot.* New Brunswick, N.J.: Rutgers University Press, 1984; French ed., Albin Michel, 1990.

Schenda, Rudolf. *Volke ohne Buch: Studien zur Sozialgeschichte der populären Lesestoffe, 1770–1910.* Frankfurt: Klostermann, 1970.

Schiff, Ellen. "What Kind of Way Is That for a Nice Jewish Girl to Act?: Images of Jewish Women in Modern American Drama," *American Jewish History* 10, 1 (September 1980): 106–118.

Schnapper, Bernard. "La Séparation de corps de 1837 à 1914: Essai de sociologie juridique," in *Revue Historique* 526 (April-June 1978): 453–466.

Schnetzler, Barbara V. *Die frühe amerikanische Frauenbewegung und ihre Kontakte mit Europa (1836–1869).* Bern: Lang, 1971.

Schorske, Carl E. *Vienne fin de siècle*. Paris: Le Seuil, 1983.

Schröder, Hannelore. *Die Rechtlosigkeit der Frau im Rechtsstaat*. Frankfurt: Campus, 1979.

Schuller, Marianne. *Freud und Leid: Bei Tragik und Tod*. Frankfurt, 1991.

———— *Im Unterscheid: Lesen/Korrespondieren/Adressieren*. Frankfurt, 1990.

Scott, Joan W. *Gender and the Politics of History*. New York: Columbia University Press, 1988.

———— "'L'Ouvrière! Mot impie, sordide . . .': Women Workers in the Discourse of French Political Economy, 1840–1860," in Patrick Joyce, ed., *The Historical Meanings of Work*, pp. 119–142. Cambridge: Cambridge University Press, 1987.

Scott, Joan W., and Louise Tilly. *Women, Work, and Family*. New York: Holt, Rinehart, and Winston, 1978; French ed.: *Les Femmes, le travail et la famille*. Marseilles: Rivages, 1987.

Seccombe, Wally. "Patriarchy Stabilized: The Construction of the Male Breadwinner Wage Norm in Nineteenth-Century Britain," *Social History* 2 (January 1986): 53–76.

Segalen, Martine. *Mari et femme dans la société paysanne*. Paris: Flammarion, 1980.

Seller, Maxine. "The Education of the Immigrant Woman, 1900–1935," *Journal of Urban History* 4, 3 (May 1978): 307–330.

The Sexual Division of Labour, 19th and 20th Centuries. Uppsala Papers in Economic History. Uppsala: Uppsala University, 1989.

"Sexuality and the Social Body in the Nineteenth Century," *Representations* 14 (1986).

Shanley, Mary Lindon. *Feminism, Marriage, and the Law in Victorian England, 1850–1895*. Princeton: Princeton University Press, 1989; London: Tauris, 1990.

Shorter, Edward. *A History of Women's Bodies*. New York: Basic Books, 1982. French ed.: *Le Corps de femmes*. Paris: Le Seuil, 1984.

———— *Naissance de la famille moderne*. Paris: Le Seuil, 1981.

"Silence: Emancipation des femmes entre public et privé," *Cahiers du CEDREF* 1 (Paris VII), 1989.

Singer, Isaac. "Yentl the Yeshiva Boy," in *Short Friday and Other Stories*. New York: Farrar, Straus, and Giroux, 1964. French ed.: "Yentl," in *Yentl et autres nouvelles*. Paris: Stock, 1984.

Sledziewski, Elisabeth G. *Révolutions du sujet*. Paris: Méridiens Klincksieck, 1989.

Smith, Bonnie G. *Changing Lives: Women in European History since 1700*. Lexington, Mass.: D. C. Heath, 1989.

———— *Ladies of the Leisure Class: The Bourgeoises of Northern France in the Nineteenth Century*. Princeton: Princeton University Press, 1981; French ed.: *Les Bourgeoises du nord*. Paris: Perrin, 1989.

Smith-Rosenberg, Carroll. *Disorderly Conduct: Visions of Gender in Victorian America*. New York: Oxford University Press, 1986.

———— *Religion and the Rise of the American City*. Ithaca: Cornell University Press, 1971.

Snitow, Ann, et al. *Powers of Desire: The Politics of Sexuality in America.* New York: Routledge and Kegan Paul, 1984.

Sochen, June. *Consecrate Every Day: The Public Lives of Jewish American Women, 1880–1980.* Albany: State University of New York Press, 1981.

Sohn, Anne-Marie. "Les Rôles féminins dans la vie privée: Approche méthodologique et bilan de recherches," *Revue d'histoire moderne et contemporaine* 28 (October-December 1981): 597–623.

"Solidarietà, Amicizia, Amore," Marina d'Amelia, ed., *Donnawomanfemme* 10–11 (January-June 1979).

Soldani, Simonetta, ed. *L'educazione delle donne: Scuole e modelli di vita femminile nell'Italia dell'ottocento.* Milan: Franco Angeli, 1989.

Solomon-Godeau, Abigail. "The Legs of the Countess," *October* 39 (Winter 1986): 65–108.

Sonnet, Martine. *L'Education des filles au temps des Lumières.* Paris: Le Cerf, 1987.

Sowerwine, Charles. *Les Femmes et le socialisme.* Paris: Presses de la Fondation Nationale des Sciences Politiques, 1978. English trans.: *Sisters or Citizens? Women and Socialism in France since 1876.* New York: Cambridge University Press, 1982.

Spender, Dale. *Feminist Theorists.* London: Women's Press, 1983.

——— *Women of Ideas.* London: Routledge and Kegan Paul, 1982.

Stanislawski, Michael. *Tsar Nicholas I and the Jews: The Transformation of Jewish Society in Russia, 1825–1855.* Philadelphia: Jewish Publication Society, 1983.

Stansell, Christine. *City of Women: Sex and Class in New York (1789–1860).* New York: Knopf, 1986.

Starobinski, Jean. *Le Remède dans le mal.* Paris: Gallimard, 1989.

Stefan, Inge, and Sigrid Weigel. *Die verborgene Frau.* 3rd ed. Berlin: Argument Verlag, 1988.

Stites, Richard. *The Women's Liberation Movement in Russia: Feminism, Nihilism, and Bolshevism, 1860–1930.* Princeton: Princeton University Press, 1977.

Stratton, Joanna L. *Pioneer Women: Voices from the Kansas Frontier.* New York: Simon and Schuster, 1981.

Studer, Monica. "L'Organisation syndicale et les femmes: L'action de Margarete Faas-Hardegger à l'Union Syndicale Suisse (1905–1909)." Master's thesis, Université de Genève, 1975.

Suleiman, Susan Rubin, ed. *The Female Body in Western Culture: Contemporary Perspectives.* Cambridge, Mass.: Harvard University Press, 1986.

Sullerot, Evelyne. *Histoire de la presse féminine en France des origines à 1848.* Paris: A. Colin, 1966.

Susman, Margarete. *Frauen der Romantik.* Cologne: Meltzer, 1960.

Swain, Gladys. "L'Âme, la femme, le sexe et le corps: Les métamorphoses de l'hystérie au XIXè siècle," *Le Débat* (March 1983).

Szapor, Judith. "Les Associations féministes en Hongrie XIXè-XXè siècles," in *Penelope* 11 (Autumn 1984): 169–173.

Taeger, Annemarie. *Die Kunst: Medusa zu töten.* Bielefeld: Aisthesis Verlag, 1987.

Tax, Meredith. *The Rising of the Women Feminist Solidarity and Class Conflict, 1880–1917.* New York: Monthly Review Press, 1980.

Taylor, Barbara. *Eve and the New Jerusalem: Socialism and Feminism in the Nineteenth Century.* London: Virago, 1979; Cambridge, Mass.: Harvard University Press, 1993.

Thalmann, Rita, ed. *Femmes et fascismes.* Paris: Tierce, 1986.

Théry, Irène, and Christian Biet, eds. *La Famille, la loi, l'état: De la Revolution au code civil.* Paris: Imprimerie Nationale et Centre Georges-Pompidou, 1989.

Thomas, H. F., and R. Skinner Keller. *Women in Two Worlds,* 2 vols. Nashville: Abington Press, 1981–82.

Thompson, Dorothy. "Women and Nineteenth-Century Radical Politics: A Lost Dimension," in Mitchell and Oakley, *Rights and Wrongs.*

Thumerel, Thérèse. "Maupassant ou le double saturnien de Nerval," *Romantisme* (forthcoming).

Tickner, Lisa. *The Spectacle of Women: Imagery of the Suffrage Campaign, 1907–1914.* London: Chatto and Windus, 1987.

Tomalin, Claire. *The Life and Death of Mary Wollstonecraft.* New York: Harcourt Brace Jovanovich, 1974.

"Travaux de femmes dans la France du XIXè siècle," *Le Mouvement social* 105 (October-December 1978).

Turin, Yvonne. *Femmes et religieuses au XIXè siècle: Le féminisme "en religion."* Paris: Editions Nouvelle Cité, 1989.

Twellmann, Margrit. *Die deutsche Frauenbewegung.* Ihre Anfänge und erste Entwicklung. Quellen, 1843–1889. Meisenheim-am-Glan, 1972.

Vance, Carole S. *Pleasure and Danger: Exploring Female Sexuality.* New York, 1984.

Varikas, Eleni. *"La Révolte des dames: Genèse d'une conscience féministe dans la Grèce du XIXè siècle."* Thesis, Paris IV, 1988.

Verdier, Yvonne. *Façons de dire, façons de faire: La laveuse, la couturière, la cuisinière.* Paris: Gallimard, 1979.

Viala, Robert. *L'Enseignement secondaire des jeunes filles, 1880–1940: Par ceux qui l'ont créé et celles qui l'ont fait vivre.* Sèvres: CIEP, 1987.

Vicinus, Martha. *Independent Women: Work and Community for Single Women, 1850–1920.* Chicago: University of Chicago Press, 1985.

———, ed. *Suffer and Be Still: Women in the Victorian Age.* Bloomington and London: Indiana University Press, 1972.

———, ed. *A Widening Sphere: Changing Roles of Victorian Women.* Bloomington: Indiana University Press, 1977.

"Victoria Station," *Critique* (February-March 1981): 405–406.

Vidal, Christiane. "Une Surmortalité féminine prolongée en Europe: Le cas français des Alpes du sud," *Population* 35 (1980): 698–708.

"Vieillesses des femmes," *Pénélope* 13 (Autumn 1985).

Voeltzel, R. *Service du Seigneur.* Strasbourg: Oberlin, 1983.

Volet-Jeanneret, Helena. *La Femme bourgeoise à Prague, 1860–1895: De la philanthropie à l'émancipation*. Thesis, Université de Lausanne. Geneva: Slatkine, 1988.

Waithe, Mary Ellen, ed. *A History of Women Philosophers (1600–1900)*, vol. 3. Dordrecht: Martinus Nijhoff Publishers, 1987.

Walkowitz, Judith. *Prostitution and Victorian Society: Women, Class, and the State*. New York: Cambridge University Press, 1980.

Walle, Marianne. "Contribution à l'histoire des femmes allemandes entre 1848 et 1920 (Louise Otto, Helene Lange, Clara Zetkin, Lily Braun)." Thesis, Paris VII, 1989.

Walter, Eva. *Schrieb oft, von Mägde Arbeit müde, Lebenszusammenhänge deutscher Schriftstellerinnen um 1800, Schritte zur bürgerlichen Weiblichkeit*. Düsseldorf: Schwann, 1985.

Ward, Margaret. *Unmanageable Revolutionaries: Women and Irish Nationalism*. London: Pluto Press, 1983.

Weaver, Mike. *Julia Margaret Cameron (1815–1879)*. An exhibition arranged by the John Hansard Gallery, the University, Southampton: The John Hansard Gallery, 1984.

Weber-Kellerman, Ingeborg. *Die deutsche Familie: Versuch einer Sozialgeschichte*. Frankfurt: Suhrkamp, 1974.

Weeks, Jeffrey. *Coming Out: Homosexual Politics in Britain from the Nineteenth Century to the Present*. London: Quartet Books, 1977.

——— *Sex, Politics, and Society: The Regulation of Sexuality since 1800*, vol. 13. London and New York: Longman, 1981.

——— *Sexuality and Its Discontents: Meanings, Myths, Modern Sexualities*. London: Routledge and Kegan Paul, 1985.

Weickart, Eva. "Zur Entwicklung der polnischen Frauenbewegung in der 1. Hälfte des 19. Jhd," in Jutta Dalhoff, Uschi Frey, and Ingrid Schöll, eds., *Frauenmacht in der Geschichte*. Düsseldorf: Schwann, 1986.

Weiland, Daniela. *Geschichte der Frauenemanzipation in Deutschland und Oesterreich*. Düsseldorf: Econ-Verlag, 1983.

Weinberg, Sydney S. *The World of Our Mothers: The Lives of Jewish Immigrant Women*. Chapel Hill: University of North Carolina Press, 1988.

Welsch, Ursula, and Michaela Wiesner. *Lou Andreas-Salomé*. Munich and Vienna: Verlag Internationale Psychoanalyse, 1988.

Wemyss, A. *Histoire du réveil*. Paris: Les Bergers and les Mages, 1977.

Werner, Pascale, ed. *L'Histoire sans qualités*. Paris: Galilée, 1979.

Wheelwright, Julie. *Amazons and Military Maids: Women Who Dressed as Men in Pursuit of Life, Liberty, and Happiness*. London: Pandora, 1989.

White, Cynthia. *Women's Magazines, 1693–1968*. London: Michael Joseph, 1970.

Whitelegg, Elizabeth, ed. *The Changing Experience of Women*. Oxford: Basil Blackwell, 1982.

Wilkman, Ruth. *Women, Work, and Protest: A Century of American Women's Labour History*. London: RKP, 1985.

Willemsen, Roger. *Robert Musil: Vom intellektuellen Eros*. Munich: Piper, 1985.

Williams, Rosalind H. *Dream Worlds: Mass Consumption in Late Nine-teenth-Century France.* Berkeley: University of California Press, 1982.

Woodtli, Susanna. *Du féminisme à l'égalité politique: Un siècle de luttes en Suisse, 1868–1971.* Lausanne: Payot, 1977.

Woolf, Virginia. *The Common Reader; The Second Common Reader; The Death of the Moth; The Captain's Death Bed; The Moment; Granite and Rainbow.* London: Hogarth Press.

Yeldham, Charlotte. *Women Artists in Nineteenth-Century France and England,* 2 vols. New York and London: Garland, 1984.

Yezierska, Anzia. *The Bread Givers.* New York: Persea, 1975.

Zipperstein, Steven J. *The Jews of Odessa: A Cultural History, 1794–1881.* Stanford: Stanford University Press, 1985.

Zyllberberg-Hocquard, Marie-Hélène. *Féminisme et syndicalisme en France.* Paris: Anthropos, 1978.

图书在版编目（CIP）数据

女性史. 革命与战争时期卷 / (法) 乔治·杜比主编;
陈向阳译. -- 杭州：浙江大学出版社，2024.8
书名原文: Storia delle donne in Occidente, Vo.
IV
ISBN 978-7-308-24808-2

Ⅰ.①女… Ⅱ.①乔… ②陈… Ⅲ.①妇女史学—世
界 Ⅳ.①D441.9

中国国家版本馆CIP数据核字（2024）第071697号

浙江省版权局著作权合同登记图字：11-2023-422号

女性史：革命与战争时期卷

（法）乔治·杜比　主编　陈向阳　译

责任编辑	谢　焕	
责任校对	陈　欣	
封面设计	云水文化	
出版发行	浙江大学出版社	
	（杭州天目山路148号　邮政编码：310007）	
	（网址：http://www.zjupress.com）	
排　　版	浙江大千时代文化传媒有限公司	
印　　刷	杭州钱江彩色印务有限公司	
开　　本	710mm×1000mm　1/16	
印　　张	33.25　　插　页　22	
字　　数	543千	
版 印 次	2024年8月第1版　2024年8月第1次印刷	
书　　号	ISBN 978-7-308-24808-2	
定　　价	118.00元	

版权所有　侵权必究　　印装差错　负责调换

浙江大学出版社市场运营中心联系方式：（0571）88925591；http://zjdxcbs.tmall.com